God zoekt de mens

O mijn God, hoe is het toch mogelijk, dat u in deze arme oude wereld zo groot bent en dat toch niemand u vindt, dat u zo luid roept en niemand u hoort, dat u zo dichtbij bent en niemand u voelt, en dat u uzelf geeft aan iedereen en niemand uw naam kent?
De mensen ontvluchten u en zeggen dat ze u niet kunnen vinden.
Ze keren u de rug toe en zeggen dat ze u niet zien,
ze stoppen hun oren dicht en zeggen
dat ze u niet horen.

Hans Denck (ca. 1500-1527)

Fenomenologische klassieken deel 4

Abraham Joshua Heschel

God zoekt de mens

Een filosofie van het jodendom

UITGEVERIJ ABRAXAS AMSTERDAM
2011

BIJ DEZELFDE UITGEVER VERSCHEEN VAN A. J. HESCHEL IN ÉÉN BAND:

De sabbat, zijn betekenis voor de moderne mens
&
Vernieuwing vanuit de traditie, een joodse visie op verbondenheid
(*Het gebed*, bidden als oefening – *Het geheiligde mensbeeld*, de mens als bron van goddelijke zorg – *Protestantse vernieuwing*, een joodse visie op het christendom – *Dieptetheologie*, het verinnerlijken van de openbaringsgedachte – *Vermenging van goed en kwaad*, een Hebreeuwse beoordeling van Reinhold Niebuhr – *God is groter dan de godsdienst*, de interreligieuze beweging)
ISBN 90-807300-7-6

Basisvertaling: Hendrik de Bie †
Eindredactie: Daniël Mok

1e druk: De Haan/Unieboek bv Houten, 1986
2e druk: De Haan/Unieboek bv Houten, 1987
3e licht herziene druk: Uitgeverij Abraxas Amsterdam, 2005
4e geheel herziene druk: Uitgeverij Abraxas Amsterdam, 2011

Oorspronkelijke titel: *God in Search of Man; a philosophy of Judaism*
Published by arrangement with Farrar, Straus and Giroux, LLC, New York

NUR: 705, 708, 716
Trefwoorden: Godsdienstfilosofie; Jodendom; Joodse filosofie; Spiritualiteit.

ISBN: 978-90-807300-5-2
EAN: 9789080730052

INHOUD

Rudolf Otto, *Heilig, heilig, heilig* XVIII

DEEL I *GOD*

Hoofdstuk 1 *Het zelfbewustzijn van het jodendom*

1 Het terugvinden van de vragen 21
2 Filosofie en theologie 21
3 Situationeel denken 22
4 Grondig zelfbewustzijn 24
5 Dieptetheologie 25
6 De zelfkennis van de godsdienst 26
7 Kritische herwaardering 27
8 Intellectuele eerlijkheid 28
9 Filosofie als godsdienst 29
10 Filosofie als uitzicht 29
11 Elliptisch denken 30
12 De godsdienstfilosofie 31
13 Een manier van denken 32
14 Metafysica en metageschiedenis 33
15 Een uitdaging voor de filosofie 35
16 De aanbidding van het verstand 36
17 Ideeën en gebeurtenissen 38
18 De filosofie van het jodendom 40

Hoofdstuk 2 *Wegen naar zijn aanwezigheid*

1 De Bijbel is afwezig 41
2 Herinnering en inzicht 42
3 De zoektocht van de mens naar God 44
4 'Zoek mijn aangezicht' 45
5 Drie wegen 47

‣ **Hoofdstuk 3** ***Het verhevene***
1 Het grootse uitgangspunt 49
2 Macht, schoonheid, grandeur 49
3 Het wantrouwen van het geloof 51
4 Over het verhevene in de Bijbel 53
5 Het mooie en het verhevene 54
6 Het verhevene is niet het basisprincipe 56
7 Afschuw en verrukking 57

‣ **Hoofdstuk 4** ***Verwondering***
1 Een erfdeel van verwondering 58
2 Een kleine schroef 59
3 Twee soorten verwondering 60
4 'Sta stil en denk na' 61
5 'Voor Jouw voortdurende wonderen' 63
6 Hij alleen weet 65

‣ **Hoofdstuk 5** ***Het gevoel voor het mysterie***
1 'Ver weg en diep' 67
2 In ontzag en verbazing 67
3 'De wijsheid – waar moet je haar zoeken?' 68
4 Twee soorten onwetendheid 69
5 Wij voorvoelen en kunnen niet bevatten 70
6 'Verborgen zijn de dingen die we zien' 70

‣ **Hoofdstuk 6** ***Het mysterie is niet opgelost***
1 God vertoeft 'in donkere wolken' 72
2 Een brood 73
3 De onuitsprekelijke naam 74
4 Het mysterie is niet God 76
5 Voorbij het mysterie ligt de genade 77
6 Drie houdingen 77
7 God is niet eeuwig stil 79

Hoofdstuk 7 ***Ontzag***

1 'Als de grote afgrond' 81
2 Het begin van wijsheid is ontzag 82
3 De betekenis van ontzag 82
4 Ontzag en vrees 84
5 Ontzag gaat vooraf aan geloof 85
6 Terugkeer tot de eerbied 85

Hoofdstuk 8 ***Hemelse glorie***

1 Het majesteitelijke is het onuitsprekelijke 86
2 De glorie is geen ding 87
3 De hemelse glorie is de nabijheid van God 88
4 De levende aanwezigheid 88
5 De kennis van het majestueuze 89
6 Geen oog hebben voor het wonder 91
7 Hardheid van hart 91

Hoofdstuk 9 ***De wereld***

1 De aanbidding van de natuur 93
2 De ontgoocheling 94
3 De ontheiliging van de natuur 95
4 Het gegevene is niet het uiteindelijke 96
5 De onzelfstandigheid van de natuur 97
6 Het bedrog van de afzondering 100
7 De natuur aanbidt God 100
8 Een ding door God 102
9 De vraag van de verbazing 103

Hoofdstuk 10 ***Een aan ons gerichte vraag***

1 Bovennatuurlijke eenzaamheid 105
2 Geen wetenschappelijk probleem 105
3 Voorbij definities 106
4 Het principe van de onverenigbaarheid 107
5 De dimensie van het onuitsprekelijke 108

6 Het besef van transcendente betekenis 110
7 Het gevoel van verwondering is ontoereikend 111
8 Het argument van ontwerp ofwel het teleologische bewijs 112
9 Religie begint met verwondering en mysterie 113
10 Een aan ons gerichte vraag 114
11 'Een paleis vol van licht' 115
12 Wat te doen met verwondering 116

▸ **Hoofdstuk 11** ***Een ontologische vooronderstelling***
1 Momenten van inzicht 118
2 De ontmoeting met het onbekende 118
3 Voorconceptueel denken 119
4 Religie is de weerklank op het mysterie 120
5 Boven onze wijsheid uitrijzen 121
6 Ultieme betrokkenheid is een vorm van verering 122
7 Wij prijzen voordat wij bewijzen 123
8 Een ontologische vooronderstelling 124
9 De ongelijkheid van ervaring en uitdrukking 125

▸ **Hoofdstuk 12** ***Over de betekenis van God***
1 Het minimum aan betekenis 128
2 Twee gevolgtrekkingen 131
3 Gods aandeel in menselijk inzicht 131
4 De rol van de tijd 132
5 De religieuze situatie 133
6 Momenten 134
7 Een vermomd antwoord 135

▸ **Hoofdstuk 13** ***God zoekt de mens***
1 'Waar ben je?' 136
2 Geloof is een gebeurtenis 137
3 Een flits in de duisternis 139
4 Terugkeer tot God is een antwoord aan hem 141
5 Een spirituele gebeurtenis 142

▸ **Hoofdstuk 14 *Inzicht***
1 Hoor, o Israël – *Shemá Yisra'el* 144
2 Het initiatief van de mens 145
3 'Het oog van het hart' 146
4 'Deuren voor de ziel' 147

▸ **Hoofdstuk 15 *Geloof***
1 'Kun jij Gods wijsheid ten diepste doorgronden?' 149
2 Geen geloof op het eerste gezicht 149
3 Geloof is verbondenheid 151
4 Het onbehagen van het geloof 151
5 Geloof omvat trouw 152

▸ **Hoofdstuk 16 *Het begripsvermogen te boven*** 154
1 Binnen het bereik van het geweten 155
2 God is het onderwerp 156
3 Bijwoorden 157
4 Eenheid is de maatstaf 157
5 Van inzicht tot actie 158
6 Alleen inzichten en niets anders?' 159

DEEL II *OPENBARING*

▸ **Hoofdstuk 17 *Het denkbeeld van openbaring***
1 De mens met de Thora 163
2 Waarom dit vraagstuk bestuderen? 163
3 Wij vergaten de vraag 164
4 Het dogma van de onafhankelijkheid van de mens 164
5 De gedachte van menselijke onwaardigheid 166
6 De afstand tussen God en mens 167
7 Het dogma van Gods totale zwijgen 169
8 De persoonlijke overeenkomst 169

▸ **Hoofdstuk 18** ***Het profetische understatement***

1 De idee, de aanspraak en het resultaat 171
2 Wat is profetische inspiratie? 172
3 Woorden hebben vele betekenissen 173
4 Het profetische understatement 174
5 De taal van grootsheid en mysterie 175
6 Beschrijvende en richtinggevende woorden 176
7 Responsieve uitleg 177

▸ **Hoofdstuk 19** ***Het mysterie van de openbaring***

1 Openbaring en de ervaring van openbaring 179
2 Het mysterie van de openbaring 179
3 De negatieve theologie van de openbaring 181
4 Beeldend beschrijven leidt tot een vertekening 181
5 Het elimineren van de mensvormige God 182
6 Zoals geen andere gebeurtenis 183

▸ **Hoofdstuk 20** ***De paradox van Sinaï***

1 De paradox van de profetie 185
2 In diepe duisternis 186
3 Voorbij het mysterie 187
4 De twee aspecten 187
5 Was Sinaï een illusie? 189
6 Een wijze van denken 190
7 Een extase van God 191

▸ **Hoofdstuk 21** ***Een religie van tijd***

1 Het denken en de tijd 193
2 De God van Abraham 194
3 De categorie van het ongeëvenaarde 194
4 De uitverkoren dag 195
5 Het unieke van de geschiedenis 197
6 Ontsnapping naar het tijdloze 198
7 Zaden van de eeuwigheid 199

8 Ongevoelig voor wanhoop 199
9 Evolutie en openbaring 200

▸ **Hoofdstuk 22** ***Proces en gebeurtenis***
1 Proces en gebeurtenis 202
2 Het verleden in de huidige tijd zien 204

▸ **Hoofdstuk 23** ***Israëls verplichting***
1 Toewijding aan gebeurtenissen 205
2 Het herinneren van een verplichting 205
3 Trouw aan een moment 205
4 Een erewoord 206
5 Leven zonder verplichting 208
6 Openbaring is een begin 208

▸ **Hoofdstuk 24** ***Een onderzoek naar de profeten***
1 Wat voor bewijs? 210
2 De onjuiste mening 210
3 Is openbaring verklaarbaar? 212
4 Zijn de profeten betrouwbaar? 214
5 Een gevolg van krankzinnigheid 215
6 Zelfbedrog 215
7 Een pedagogische uitvinding 218
8 Verwarring 219
9 De tijdgeest 221
10 Het onderbewuste 222
11 Er zijn geen bewijzen 224

▸ **Hoofdstuk 25** ***De Bijbel en de wereld***
1 Is de Bijbel een illusie? 225
2 Is God overal aanwezig? 225
3 De plaats van de Bijbel in de wereld 226
4 Wat de Bijbel deed 227
5 Geen woorden die meer betekenen 228

6 Het unieke van de Bijbel 229
7 Hoe de Bijbel te verklaren? 230
8 De almacht van de Bijbel 231
9 Kostbaar voor God 232
10 Heiligheid in woorden 233
11 Israël als bewijs 235
12 Hoe de zekerheid van Israël te delen 236
13 Niet op grond van bewijzen 236

Hoofdstuk 26 ***Geloof, samen met de profeten***
1 Geloof met de profeten 238
2 Oorsprong en aanwezigheid 239
3 De grens van de geest 241
4 Niet zomaar een boek 242
5 'Verwerp mij niet' 244

Hoofdstuk 27 ***Het beginsel van de openbaring***
1 Openbaring is geen chronologisch kwestie 245
2 De tekst zoals die is 246
3 Openbaring is geen alleenspraak 247
4 De stem begrijpelijk voor iedereen 249
5 Wijsheid, profetie en God 249
6 De niet-geopenbaarde Thora 250
7 De Thora is in ballingschap 251
8 Denkbeeld en uitdrukking 252
9 Alledaagse passages 253
10 Weerzinwekkende passages 255
11 De Bijbel is geen utopie 258
12 Voortdurend begrijpen 261
13 De mondelinge Thora is nooit opgeschreven 263

DEEL III *WEERKLANK*

Hoofdstuk 28 ***Een wetenschap van daden***

1 De hoogste berusting 267
2 De dadensprong 268
3 De daad is het waagstuk 269
4 Onze uiteindelijke belemmering 270
5 Een meta-ethische benadering 271
6 Het partnerschap van God en mens 273
7 Wegen, geen wetten 273
8 De goddelijkheid van daden 274
9 Te doen wat hij is 275
10 Gelijkenis in daden 276
11 'De goede motivatie' 277
12 Bedoelingen hebben de mens nodig 277
13 Een wetenschap van daden 278

Hoofdstuk 29 ***Meer dan een innerlijke betekenis***

1 Door geloof alleen? 279
2 De vergissing van het formalisme 278
3 Geen tweedeling 281
4 Spiritualiteit is het doel, niet de weg 282
5 Zelfstandigheid en afhankelijkheid 283
6 De wet 284
7 Van een geestelijke orde 286
8 Een theologische overdrijving 287

Hoofdstuk 30 ***De kunst van het zijn***

1 Alleen daden en niets anders? 290
2 Een roep om creativiteit 290
3 God vraagt het hart 292
4 Waarom *kavanah*, oriëntatie op God? 294
5 Doen om te zijn 294
6 De inwoning van God in daden 295
7 Aanwezig zijn 296

Hoofdstuk 31 ***Kavanah***

1 Oplettendheid 297
2 Waardering 289
3 Integratie 299
4 Meer dan kavanah 299

Hoofdstuk 32 ***Een godsdienstig gedragspatroon***

1 Een godsdienstig gedragspatroon 301
2 Spinoza en Mendelssohn 302
3 Jodendom en wetsverering 303
4 Het fundamentele belang van *aggada*, de verhalende traditie 305
5 Thora is meer dan wet 306
6 Voorbij *halacha*, de voorschriften 307
7 Pan-halachisme 309
8 Een godsdienst zonder vertrouwen 309
9 Dogma's zijn niet voldoende 310
10 De vier ellen 312

Hoofdstuk 33 ***Het probleem van de polariteit***

1 Halacha en aggada 314
2 Hoeveelheid en kwaliteit 315
3 Halacha zonder aggada 316
4 Aggada zonder halacha 317
5 De polariteit van het jodendom 318
6 De spanning tussen halacha en aggada 319
7 Routine en spontaniteit 320
8 De waarde van gewoonte 322
9 Daden onderwijzen 323

Hoofdstuk 34 ***De betekenis van 'observance', het naleven van de wet***

1 Oorsprong en aanwezigheid 325
2 De betekenis van religieuze voorschriften 325
3 Eeuwigheid, geen nuttigheid 326
4 Geestelijke betekenis 327

5 Een antwoord aan het mysterie 329
6 Avonturen van de ziel 330
7 'Een lied elke dag' 331
8 Geheugensteuntjes 332
9 Handelen als hereniging 333
10 Verbondenheid met het heilige 334
11 De vervoering van daden 335

▸ **Hoofdstuk 35** ***Mitswa en zonde***
1 De betekenis van *mitswa,* het religieuze en ethische gebod 337
2 'Want wij hebben gezondigd' 339
3 'De kwade neiging', *jeetser hara'* 340
4 'Het is maar één stap' 341

▸ **Hoofdstuk 36** ***Het probleem van het kwaad***
1 Een paleis in vlammen 342
2 'In de macht van de boosdoeners' 342
3 De verwarring van goed en kwaad 344
4 Verzoening voor het heilige 346
5 Religie is geen luxe 346
6 Het grootste verschil 347
7 Hoe een bondgenoot te vinden 348
8 De Thora is een tegengif 349
9 Is het goede een parasiet? 350
10 Het kwaad is niet het uiteindelijke probleem 351
11 God en de mens hebben een gemeenschappelijke taak 351
12 Het vermogen om te volbrengen 352
13 Behoefte aan verlossing 345

▸ **Hoofdstuk 37** ***Het probleem van het neutrale***
1 Het isoleren van de ethiek 355
2 Hoe met het neutrale om te gaan 356
3 Alle vreugdes komen van God 357

▸ **Hoofdstuk 38** ***Het probleem van de integriteit***

1 Gevestigde belangen 360
2 Vreemde gedachten 360
3 De vlucht in wantrouwen 361
4 De beproeving van Job 363
5 'Een kroon om over op te scheppen' 364
6 Vermomd veelgodendom 365
7 Het falen van het hart 365

▸ **Hoofdstuk 39** ***Het zelf en het niet-zelf***

1 Is verlangen de maat van alles?' 367
2 De omzetting van behoeften 368
3 Bescheidenheid 369
4 Zelfrespect 371

▸ **Hoofdstuk 40** ***De daad verlost***

1 Besef van innerlijke onderwerping, *anawah* 372
2 Momenten van zuiverheid 373
3 Berouw 373
4 God is vol compassie 374
5 Resultaten zuiveren de motieven 374
6 De daad verlost 375
7 'Dien hem met vreugde' 377
8 'Wij verknoeien en hij herstelt' 377

▸ **Hoofdstuk 41** ***Vrijheid***

1 Het probleem van de vrijheid 379
2 Vrijheid is een gebeurtenis 380
3 Vrijheid en schepping 381
4 Goddelijke zorgzaamheid, *rachamiem* 382

▸ **Hoofdstuk 42** ***De geest van het jodendom***

1 De betekenis van geest 384
2 De geest van het jodendom: *sabbat* 386

3 De kunst om de beschaving te overtreffen 387

▸ **Hoofdstuk 43 *Het volk Israël***
1 De betekenis van het joodse bestaan 390
2 Denken verenigbaar met onze bestemming 391
3 Israël – een geestelijke orde 393
4 De waardigheid van Israël 394

▸ Dankbetuiging van de schrijver 397
▸ Opmerkingen van de vertaler 398
▸ Literatuur 399

▸ **Noten bij *God zoekt de mens*** 400

De nadagen van Maimonides 459

▸ Nawoord van de vertaler 473

▸ **Noten bij *De nadagen van Maimonides*** 474

▸ Heschels fenomenologische methode 477
▸ Personenregister 478

Heilig, heilig, heilig

HET IS SABBAT, IN DE AL DONKERE VOORHOF HOREN WE DE ZEGENSPREUKEN *(bensjen)*, die eentonige mengeling van gebeden en schriftlezing, dat nasale half gezongen, half gesproken geluid dat zowel de kerk als de moskee hebben overgenomen van de synagoge. Het geluid is aangenaam, en al spoedig kunnen vaste stembuigingen en ritmes worden onderscheiden die elkaar met regelmatige tussenpozen opvolgen als een Leitmotiv. Je oor probeert grip te krijgen op de woorden, maar dat lukt nauwelijks en je hebt de poging al bijna opgegeven als de wirwar van stemmen zich plotseling oplost en... een overweldigend ontzag zegeviert in pure vorm, alomspannend, helder en onmiskenbaar:

Kadosh, Kadosh, Kadosh Elohim Adonai Zebaoth.
Male'u hashamayim wahaarets kebodo!
(Heilig, heilig, heilig, is de EEUWIGE *van de hemelse machten.*
Heel de aarde is vervuld van zijn majesteit.)

Ik heb het *sanctus, sanctus, sanctus* van de kardinalen in de Sint-Pieter gehoord, het *swiat, swiat, swiat* in de kathedraal van het Kremlin en het *holy, holy, holy* van de patriarch in Jeruzalem. In welke taal dan ook, deze woorden, de hoogstverhevene ooit door menselijke lippen gevormd, raken je in het diepst van je ziel, met een machtige huivering het mysterie van die andere wereld die erin verborgen ligt oproepend en openbarend. En dat, sterker dan waar ook, hier in deze eenzame plaats, waar ze weerklinken in dezelfde taal waarin Jesaja ze ooit als eerste ontving, en gesproken door de lippen van de mensen die deze woorden rechtstreeks beërfden.

Mogador (Essaouira), *Yom Kippur* 1911 — Rudolf Otto

(Zie hierover ook: *A Jewish Theology* van rabbijn Louis Jakobs, Londen 1973, pp. 180-182.)

Deel 1

GOD

Kijk omhoog: wie heeft dit alles geschapen?

DEEL I *GOD*

Voor

SYLVIA

HOOFDSTUK 1

HET ZELFBEWUSTZIJN VAN HET JODENDOM

§ 1 HET TERUGVINDEN VAN DE VRAGEN

Het is gebruikelijk om de wereldse wetenschap en de anti-godsdienstige filosofie de schuld te geven van de ontluistering van de godsdienst in onze samenleving. Het zou eerlijker zijn om de godsdienst zelf de schuld te geven van zijn nederlagen. De godsdienst raakte niet in verval omdat hij weerlegd werd, maar omdat hij irrelevant, saai, benauwend en zouteloos werd.

Wanneer geloof helemaal vervangen wordt door leer, aanbidding door regels, liefde door gewoonte; wanneer de crisis van vandaag niet onder ogen wordt gezien door de luister van het verleden; wanneer geloof meer een erfgoed is dan een levende fontein; wanneer geloof alleen maar spreekt namens het gezag en niet met de stem van het mededogen – dan wordt zijn boodschap zinloos.

Godsdienst is een antwoord op de uiterste vragen van de mens. Zodra wij de uiterste vragen vergeten, verliest de godsdienst zijn belang en begint de crisis. De eerste taak van de godsdienstfilosofie is om de vragen terug te vinden waar de godsdienst een antwoord op is. Het onderzoek moet gedaan worden door zowel in het bewustzijn van de mens als in de lessen en de opvattingen van de religieuze traditie te speuren.

Er zijn dode gedachten en er zijn levende gedachten.* Een dode gedachte is ooit vergeleken met een steen die je in de grond kunt planten. Er zal niets uit groeien. Een levende gedachte is als een zaadje. In het denkproces is een antwoord zonder een vraag levenloos. Het kan in de geest opkomen maar zal niet tot de ziel doordringen. Het kan een deel worden van iemands kennis maar zal zich niet ontwikkelen tot een creatieve kracht.

[* Zie ook: William James, *De wil om te geloven*, § 1 *Hypotheses en keuzes*, Amsterdam 2007.]

§ 2 FILOSOFIE EN THEOLOGIE

Bij onze zoektocht naar vergeten vragen zijn de methode en de geest van filosofisch onderzoek van groter belang dan de theologie die hoofdzakelijk beschrijvend, normatief en historisch is. Filosofie kun je omschrijven als de kunst om de juiste vragen te stellen. Een van de kenmerken van filosofisch denken is dat het geen zelfgenoegzaam uitstorten van inzicht is, maar de duidelijke formulering van een probleem en de poging daarop een antwoord te formuleren. Theologie begint met dogma's, filosofie begint met problemen. Filosofie ziet eerst het probleem, theologie heeft het antwoord al klaar. Een belangrijk verschil is ook dat de problemen van de filosofie anders zijn dan die van de godsdienst, net zoals hun status. Filosofie is, in zekere zin, een manier van denken die een begin heeft maar geen einde. In de filosofie overleeft het besef van het probleem alle oplossingen. Haar antwoorden zijn vermomde vragen, elk nieuw antwoord roept nieuwe vragen op.[1]

Daartegenover zweeft in de godsdienst het mysterie van het antwoord boven alle vragen. De filosofie behandelt problemen als universele vraagstukken. Voor de godsdienst zijn de universele vraagstukken persoonlijke problemen. Filosofie legt dus de nadruk op het probleem, godsdienst legt de nadruk op de persoon.

Fundamentalisten beweren dat alle uiterste vragen beantwoord zijn. De logisch-positivisten houden vol dat alle uiterste vragen zinloos zijn. Zij die niet de verwaandheid van de eerste, of de onverschilligheid van de tweede delen en zowel de schijnbaar oprechte antwoorden als de valse ontwijkingen afwijzen, weten dat in ons bestaan een uiterste inzet op het spel staat, waarvan het belang alle uiteindelijke formuleringen te boven gaat. Deze verwarring nu is het uitgangspunt voor ons denken.

§ 3 SITUATIONEEL DENKEN

Er zijn twee soorten van denken; het ene behandelt *concepten* en het andere gaat over *situaties*. In onze dagen wordt het negentiende-eeuwse conflict tussen wetenschap en godsdienst vervangen door een tegenstelling tussen het denktype dat zich bezighoudt met bijzondere concepten van de geest en het denktype dat zich bezighoudt met de situatie van de mens. Conceptueel denken is een manier van redeneren, situationeel denken sluit een innerlijke ervaring in; door een oordeel te vellen over een kwestie valt de persoon zelf onder het oordeel. Conceptueel denken is op zijn plaats wanneer we onze kennis van de wereld willen vergroten. Situationeel denken is nodig wanneer we proberen kwesties te begrijpen waarvoor we ons bestaan zelf op het spel zetten.

Je bespreekt de toekomst van de mensheid in het militair-kernindustriële tijdperk niet op dezelfde manier zoals je over het weer praat. Het zou verkeerd zijn om tijdens een dergelijke gedachtewisseling het ontzag, de vrees, de bescheidenheid en de verantwoordelijkheid weg te laten die net zo goed tot het vraagstuk behoren of zouden moeten behoren als de kerndeeltjes zelf. We staan niet tegenover een probleem dat los van ons staat, maar zitten middenin een situatie waar wij zelf onderdeel en volledig bij betrokken zijn. Om het probleem te begrijpen moeten we de situatie onderzoeken.

De houding van de conceptuele denker is onbevooroordeeld: hij staat tegenover een onafhankelijk voorwerp van onderzoek. De houding van de situationele denker is er een van betrokkenheid: hij beseft dat hij betrokken is bij een situatie die doorzien moet worden.

Het begin van situationeel denken is niet twijfel of onbevooroordeeldheid, maar verwondering, ontzag, betrokkenheid. Daardoor is de filosoof een getuige en geen boekhouder van andermans zaken. Als we niet betrokken zijn, is het probleem niet aanwezig. Als we niet liefhebben of ons levendig herinneren wat ons overkwam toen we liefhadden, weten we niets van liefde. Scheppend denken wordt niet bevorderd door willekeurige kwesties maar door persoonlijke problemen. En zo is bijvoorbeeld het probleem van de godsdienstfilosofie niet hoe de *mens* komt tot een begrijpen van God, maar eerder hoe *wij* kunnen komen tot een begrijpen van God.

In diepere zin is een filosoof nooit alleen maar toeschouwer. Zijn wijsheid is geen handelsartikel dat op verzoek vervaardigd kan worden. Zijn boeken zijn geen *Responsa*, als antwoorden van joodse geleerden op voorgelegde vragen over de leer.* Boeken zijn geen spiegels die jouw problemen weerkaatsen, maar eerder ramen die je een kijkje gunnen in de ziel van de schrijver. Filosofen besteden hun kracht en hartstocht aan wat ze zelf raakt. De ziel onderhoudt zich alleen met zichzelf wanneer het hart geroerd is. Netelige kwesties die het hart van de filosoof raken, vormen de motieven die hem aanzetten tot een gezwoeg om de waarheid. Alle filosofie is een *apologia pro vita sua*, rechtvaardiging van zijn leven.

[* Responsa (*She'elot u-Teshuvot*) zijn de verzamelingen van specifieke vragen over de *halacha*. Deze kwesties werden schriftelijk afgehandeld.]

§ 4 GRONDIG ZELFBEWUSTZIJN

Er bestaan twee soorten filosofie. Filosofie kan beoefend worden als een denkproces, van analyseren van de *inhoud van het denken*, zoals beginselen, veronderstellingen en leerstukken. Of ze kan worden beoefend als denken over denken, als *grondige zelfkennis*,[2] als een proces van analyse van de *verrichtingen van het denken*, een proces van naar-binnen-kijken, van waarneming van het doen en laten van het intellectuele zelf.

Het werk van de intellectueel zelf voltrekt zich op twee niveaus: op het niveau van het inzicht en op het niveau waarop inzichten worden omgezet in concepten en symbolen. Grondige zelfkennis moet niet alleen de vruchten van het denken, de concepten en symbolen, omvatten, maar ook de wortel van het denken, de diepte van het inzicht, de ogenblikken van urgentie in de verbondenheid van het eigen wezen met de werkelijkheid.

Het bestuderen van religie bestaat daarom uit twee hoofdtaken. De ene is het doorgronden van wat het betekent om te geloven, om *het geloven zelf* te analyseren, om te vragen wat het is dat ons dwingt om in God te geloven. De tweede is om *de inhoud van het geloven* uit te leggen en te onderzoeken, om te analyseren waarin wij geloven. De eerste heeft betrekking op het probleem van het *geloof*, op concrete situaties. De tweede slaat op het probleem van de *leer*, op conceptuele relaties. De middeleeuwse joodse filosofie hield zich vooral bezig met het probleem van de leer. Ze hield zich uitvoeriger bezig met de vraag: wat is de *inhoud* (en het doel) van ons geloof in God? – of hoogstens de aard van het geloof – dan met het probleem van de *oorsprong* van ons geloof in God. Waarom überhaupt te geloven? Deze filosofie schonk meer aandacht aan de vraag *wat* wij weten over God dan aan de vraag *hoe* wij weten over hem. Het is niet onze eerste zorg om concepten te analyseren maar om situaties te onderzoeken. De religieuze situatie gaat aan de religieuze voorstelling vooraf. Het is een verkeerde abstractie om bijvoorbeeld de godsvoorstelling te behandelen los van de omgevingssituatie waaruit dit begrip voortkomt. Daarom is het niet het belangrijkste om de achterliggende filosofie van een doctrine en interpretaties van een dogma te ontvouwen. Het gaat om concrete gebeurtenissen, handelingen, inzichten die horen bij de religieuze mens. Want religie is meer dan een geloofsovertuiging of ideologie. Het kan niet los van daden en gebeurtenissen begrepen worden. Het licht op in momenten waarin de ziel van de mens door en door in beslag wordt genomen door de vraag naar de betekenis van alle betekenis, naar zijn uiterste betrokkenheid die een wezenlijk deel van zijn bestaan zelf is. Het overkomt je wanneer alle vanzelfsprekendheden en alle uiterlijke alledaagsheden wegvallen.

Het geloof, de rituele of religieuze ervaring staat niet voorop, maar de oorsprong van al deze verschijnselen: de algemene situatie van de mens. Niet hoe hij het bovennatuurlijke ervaart, maar waarom hij het ervaart en aanvaardt.[3]

§ 5 DIEPTETHEOLOGIE

Het thema van de theologie is de geloofsinhoud. Het thema van deze studie is het geloven zelf. De bedoeling van dit boek is om de diepte van het geloof en de voedingsbodem waaruit het ontstaat na te gaan. Deze methode kan *dieptetheologie* genoemd worden.

Om een inzicht te krijgen in de diepte van religieus vertrouwen willen we niet zozeer proberen vast te stellen wàt de mens kan uitdrukken, maar juist wat hij niet kan uitdrukken, de inzichten die geen taal kan verwoorden. We moeten in gedachten houden dat 'het voornaamste gevaar van de filosofie, naast traagheid en wolligheid, de *scholastiek* is, waarvan de kern is het vage te behandelen alsof het iets vastomlijnd is en dat dan in een bepaalde logische categorie proberen te laten te passen'.[4] Een van de noodlottige vergissingen van de conceptuele theologie is inderdaad geweest om de daden van het religieuze bestaan los te koppelen van de verklaringen daarover. Denkbeelden over geloof kunnen niet gescheiden worden van geloofsmomenten. Wanneer een plant uit de grond wordt getrokken en buiten haar natuurlijke omgeving in een kas wordt gepoot, zal het bestuderen van die plant dan haar oorspronkelijke aard onthullen? Het groeiende innerlijk wezen van de mens die reikt naar en zich wendt tot het licht van God, kan nauwelijks worden overgeplant in de oppervlakkigheid van de loutere bespiegeling. Ontrukt aan haar voedingsbodem in het menselijke leven is ze als rozenblaadjes die te drogen worden gelegd tussen de bladzijden van een boek. Godsdienst is inderdaad weinig méér dan een verdord restant van een ooit levende werkelijkheid wanneer het gedegradeerd wordt tot termen en definities, tot reglementen en catechismussen.

Religie kan alleen worden bestudeerd in zijn natuurlijke omgeving van geloof en vertrouwen, binnen een ziel waarin het goddelijke voor alle gedachten bereikbaar is.

Alleen zij zullen een inzicht verwerven in religie die de dieptes ervan kunnen peilen, die intuïtie en liefde kunnen koppelen aan de stiptheid van methode. Je moet de categorieën kunnen vinden die zich laten vermengen met het onvermengde en om de niet-taxeerbare grootheid tot unieke uitdrukking te brengen. Het is niet genoeg om de gegeven inhoud van het religieuze bewustzijn te beschrijven. We moeten dit religieuze bewustzijn bestoken met vragen, de mens dwingen om de betekenis te begrijpen en te ontrafelen van wat er gebeurt in zijn leven zoals dat aan de goddelijke horizon staat. Door in het bewustzijn van de gelovige mens door te dringen kunnen we misschien de werkelijkheid erachter ontwaren.

[Voor een verdere uitwerking van het thema *dieptetheologie*, zie *De sabbat*, p. 175.]

§ 6 DE ZELFKENNIS VAN DE GODSDIENST

Filosofie is bespiegelend denken en de godsdienstfilosofie kan worden omschreven als een reflectie van de godsdienst over zijn grondinzichten en -houdingen, *als grondige zelfkennis van de godsdienst naar zijn eigen geest.* Het is een poging tot zelfverduidelijking en zelfonderzoek.

Met *zelfverduidelijking* bedoelen we de krachtsinspanning om ons te herinneren waar we voor stáán, om de ervaringen, de inzichten, de houdingen en de beginselen van de godsdienst te analyseren, zijn belangrijkste eigenschappen te ontdekken, zijn uiterste aanspraken, om de betekenis van zijn voornaamste lessen te bepalen en om het verschil te zien tussen principes en meningen.

Met *zelfonderzoek* bedoelen we de krachtsinspanning om de betrouwbaarheid van onze positie nauwkeurig te onderzoeken. Is onze religieuze houding er een van overtuiging of van louter aanmatiging? Is het bestaan van God een waarschijnlijkheid voor ons of een zekerheid? Is God voor ons alleen maar een woord, een naam, een mogelijkheid, een veronderstelling, of is hij een levende aanwezigheid? Zijn de aanspraken van de profeten beeldspraak voor ons of een dwingende overtuiging?

Religieus denken, geloven, voelen behoren tot de meest bedrieglijke bezigheden van de menselijke geest. Vaak doen we maar alsof het God is in wie we geloven, maar in werkelijkheid kan het een symbool van persoonlijke belangen zijn waar we bij blijven stilstaan. We doen alsof we ons tot God voelen aangetrokken, maar in werkelijkheid kan het een macht in de wereld zijn die het object van onze verering is. We doen alsof we God liefhebben, maar het kan ons eigen ego zijn waarover we ons druk maken. Het onderzoeken van ons religieus bestaan is dus een constante bezigheid.
Het is de taak van de filosofie om te begrijpen wat we bedoelen. Wij denken in woorden, maar het gebruiken van woorden is niet hetzelfde als het begrijpen van hun betekenis. Bovendien is de relatie tussen woorden en hun betekenis rekbaar. Woorden blijven terwijl hun betekenis kan veranderen. De uitdrukking 'onze vader in de hemelen' kan bij sommigen het beeld oproepen van een lichamelijke gestalte die op een troon zit. Voor anderen betekent deze uitdrukking het hoogste van alle majesteit, een beeldspraak om de Onnoembare aan te duiden die zich aan elke omschrijving onttrekt.
Deze zelfkennis is om vele redenen nodig. De oorspronkelijke godsdienstlessen zijn niet overgeleverd in verstandelijke, dogmatische termen maar in aanduidende uitdrukkingen. Daarom is het nodig om hun betekenissen te verklaren. Omdat ze verwoord zijn in een antieke taal, moet bovendien de ware bedoeling van de bijbelse schrijvers zorgvuldig worden doorgrond.

§ 7 KRITISCHE HERWAARDERING

Hoewel de in dit boek gebruikte methode voornamelijk die van de zelfkennis is, bestaat er een andere benadering die we in gedachten moeten houden. De godsdienstfilosofie hoort op twee manieren te worden beoefend: als een grondig begrijpen van de godsdienst in de termen naar zijn eigen geest en als een *kritische herwaardering van de godsdienst uit filosofisch oogpunt*. Dit betekent een poging van de godsdienst om zijn aanspraken te rechtvaardigen – om zijn *geldigheid* uiteen te zetten en niet alleen zijn *bruikbaarheid*. Er zijn valse en echte profeten. Er zijn valse en waarachtige godsdienstige uitgangspunten. Wanneer een godsdienst beweert waar te zijn, is het verplicht een maatstaf voor zijn geldigheid aan te bieden in termen van concepten, of in termen van gebeurtenissen.

Een kritische herwaardering van de godsdienst is noodzakelijk geworden door onze huidige manier van denken. We kunnen ons kritisch vermogen niet blijven gebruiken in alles wat we ondernemen en tegelijkertijd afzien van het stellen van vragen over de godsdienst. 'Ons tijdperk is het tijdperk van kritiek, waar alles aan onderworpen moet worden. De heiligheid van de godsdienst en het gezag van de wetgeving worden door velen beschouwd als redenen tot vrijstelling van de beoordeling door dit tribunaal. Maar als ze geëxcuseerd worden, dan worden ze het voorwerp van een gerechtvaardigde achterdocht en kunnen zij geen aanspraak maken op oprecht ontzag, die de rede alleen toekent aan wat de proef heeft doorstaan van een ongehinderd en openbaar onderzoek', schrijft Kant in *Kritiek van de zuivere rede.*[5]
Kritiek op de godsdienst moet zich niet alleen uitstrekken over zijn grondaanspraken maar over al zijn uitingen. Godsdienst loopt het risico van vertekening van buitenaf en van innerlijk bederf. Omdat het vaak wezensvreemde ideeën overneemt, is het nodig om verschil te maken tussen de echte en de valse ideeën. Bovendien kunnen bijgeloof, trots, intolerantie, vooroordeel en platvloersheid de beste tradities bezoedelen. Geloofsijver kan ontaarden in onverdraagzaamheid. Daarom kunnen de kritiek van het verstand, de uitdaging en de twijfel van de ongelovige meer bijdragen aan de zuiverheid van het geloof dan het simpele vertrouwen op het eigen geloof.

§ 8 INTELLECTUELE EERLIJKHEID

Intellectuele eerlijkheid is een van de hoogste doelen van de godsdienstfilosofie, zoals zelfbedrog de voornaamste oorzaak is van verderfelijk godsdienstig denken, dodelijker dan dwaling. Schijnheiligheid is – meer dan dwaalleer – de oorzaak van geestelijk verval. *U wilt dat waarheid mij vervult* (Psalm 51:8).

Rabbi Bunam van Pzysza had de gewoonte om de volgende omschrijving van een *chassid* [een joodse mysticus uit de Poolse traditie] te geven: 'Volgens middeleeuwse bronnen is een chassid iemand die meer doet dan de wet eist. Nu is dit de wet: *Benadeel je naaste niet* (Leviticus 25:17). Een chassid overtreft de wet. Hij wil zelfs zichzelf niet bedriegen'.
Elke koning heeft een zegel dat, gehecht aan een document, de echtheid ervan waarborgt. Het zegel bevat een symbool van de macht en de majesteit

van de koning. Welk symbool is gegraveerd in het stempel van de Koning der koningen? '*Het zegel van God is waarheid,*'[6] en waarheid is onze enige maatstaf. *Want huichelaars verschijnen niet voor hem* (Job 13:16).

§ 9 FILOSOFIE ALS GODSDIENST

De godsdienstfilosofie als kritische bespreking van de godsdienst kan haar taak niet vervullen als zij zich gedraagt als tegenstander, als imitator of als rivaal. Kritiek ziet vaak over het hoofd dat, bijvoorbeeld, de grote richtingen in de kunst door haar worden beoordeeld, maar niet door haar zijn gecreëerd. Dit geldt ook voor de godsdienst. Maar het is verwarrend dat de filosofie de eeuwige rivaal van de godsdienst blijft. Zij is een kracht die godsdienst zou creëren als dat binnen haar bereik zou liggen. Keer op keer heeft ze geprobeerd antwoorden te geven op de uiterste vragen en steeds is dat mislukt.

De filosofie brengt niet altijd haar eigen thema's voort. Haar onderwerpen worden ontleend aan levenswijsheid, aan de kunstwereld, religie, wetenschap en het maatschappelijk leven. Thema's als het goede, het mooie, sympathie, liefde, God, de maatschappelijke orde en de staat zijn geen uitvinding van de bespiegelende geest. De filosofie is vruchtbaarder in symbiose met het leven dan in het doordenken van thema's die voortkomen uit haar eigen overpeinzingen. Daardoor blijft de godsdienstfilosofie meer een methode van verduidelijking, onderzoek en bevestiging dan een bron van uiterste inzichten. Verder dient zij het wezenlijke verschil tussen filosofie en godsdienst te verhelderen. Het is niet alleen haar taak om de aanspraken van de godsdienst in het licht van de filosofie te onderzoeken, maar ook om de aanspraak van de filosofie te weerleggen wanneer die zich aanmatigt om een vervangster van de godsdienst te worden, en om de ongeschiktheid van de filosofie daartoe aan te tonen.

§ 10 FILOSOFIE ALS VERGEZICHT

Wanneer de filosofie godsdienstige begrippen onderzoekt, doet ze er goed aan om rekening te houden met haar eigen beperkte positie. Filosofen beperken zich namelijk vaak tot de wezenlijke gezichtspunten van één school of van één periode en in dat geval blijft haar ervaring beperkt tot een

deel van de werkelijkheid. Inderdaad is de term 'filosofie' zonder nadere omschrijving niet zomaar toepasbaar. Er bestaat niet één filosofie, er bestaan vele filosofieën en de verschillen tussen Aristoteles en Augustinus, de stoïcijnen en de Indiase denkers zijn net zo groot als het verschil tussen Mozes en Boeddha. Zij die geloven in het bestaan van een onvergankelijke filosofie, geloven wellicht in de mogelijkheid van een kritische herwaardering van de godsdienst vanuit het perspectief van een vastgesteld filosofisch systeem waarvan de geldigheid buiten kijf staat. Voor hen die de geldigheid van een onvergankelijke filosofie betwijfelen, is de filosofie voortdurend in beweging en dient ze voortdurend te worden onderzocht. De godsdienstfilosofie zou dan omschreven kunnen worden als een kritische herwaardering van de godsdienst vanuit het perspectief van een bepaalde filosofische positie.
Ondanks al haar beperkingen is de filosofie de menselijke poging om een beknopt overzicht van het bestaande te verkrijgen, om de wereld in haar geheel én in haar onderdelen te kunnen overzien. Omdat de godsdienst de neiging heeft om opgeblazen te worden en de aspecten van de werkelijkheid die niet van direct belang zijn voor het dogma en het ritueel te verwaarlozen, heeft de godsdienstfilosofie de taak om de godsdienstige visie te betrekken op het geheel van de menselijke kennis. De menselijke kennis groeit constant en de eeuwige vragen van de godsdienst worden opnieuw belangrijk als ze tegenover de krachten van het eeuwig doorgaande proces van menselijk onderzoek komen te staan.

§ 11 ELLIPTISCH DENKEN

De godsdienstfilosofie heeft twee ouders: de filosofie en de godsdienst. Ze is niet geboren uit de zelfbezinning van de godsdienst maar uit de ontmoeting van die twee. Sterker nog, alle godsdienstfilosofie komt pas tot leven wanneer zowel godsdienst als filosofie beweren ideeën te hebben over de uiteindelijke problemen. Omdat de Griekse godsdienst niet beweerde een bron van dergelijke ideeën te zijn, ontstond de godsdienstfilosofie niet in Athene maar in de ontmoeting tussen het jodendom en de Griekse filosofie.[7]
Godsdienstfilosofie is een vorm van polariteit. Als een ellips draait ze om twee brandpunten: filosofie en godsdienst. Met uitzondering van twee punten op de kromme baan die even ver van de beide brandpunten verwijderd

zijn, verwijdert haar denken zich verder van het ene naarmate het dichter bij het andere komt. Het onvermogen om de geweldige spanning tussen filosofische en godsdienstige categorieën aan te voelen heeft veel verwarring veroorzaakt.

Deze unieke toestand van blootgesteld zijn aan twee verschillende krachten, aan twee wedijverende bronnen van begrip, moet niet worden prijsgegeven. Want juist die spanning, dat elliptische denken, is een verrijking zowel voor de filosofie als voor de godsdienst.

§ 12 DE GODSDIENST VAN DE FILOSOFIE

Door de wens om de geestes- en de natuurwetenschappen met de godsdienst te verzoenen zijn regelmatig pogingen gedaan om niet alleen te bewijzen dat de geopenbaarde leer niet strijdig is met de door ons eigen verstand verkregen ideeën, maar ook dat ze in de kern identiek zijn. Toch brengt een dergelijke verzoening geen ver- maar ontbinding, waardoor de godsdienst moet wegkwijnen. Als wetenschap en godsdienst wezenlijk gelijk zijn, is een van de twee overbodig. Bij zo'n verzoening is de godsdienst niet veel meer dan een slechte wetenschap en een naïeve ethiek. Als zijn diepte is verdwenen en zijn majesteit vergeten is, wordt zijn waarde twijfelachtig. Zijn enige rechtvaardiging is dan van pedagogische aard, als de kortste weg naar de filosofie, als een filosofie voor de massa.

Filosofen hebben het gebrek aan overeenkomst met de godsdienst vaak ten onrechte aangezien voor filosofische onrijpheid. Ze hebben godsdienst benaderd als een rudimentaire vorm van filosofie, in plaats van te proberen godsdienst te begrijpen als godsdienst. Bij een zo'n benadering werd het object van onderzoek aangepast aan de voorstelling van de onderzoeker. Godsdienstige categorieën, die al voor de start van het onderzoek 'aangepast' waren, werden als filosofische abstracties behandeld. De uitkomst van zo'n onderzoek is meestal een in hoge mate verheven godsdienst. Wat begint als een godsdienstfilosofie, eindigt als een *godsdienst van de filosofie*.

[Zie hierover ook het artikel van Heschel-biograaf Edward K. Kaplan: *Heschel as Philosopher: Phenomenology and the Rhetoric of Revelation in Modern Judaism*, jaargang 21 № 1, Oxford februari 2001, pp. 1-14.]

§ 13 EEN MANIER VAN DENKEN

Filosofie begint niet uit het niets. Filosofie kan op zijn best worden omschreven als een wetenschap met een minimum aan vooronderstellingen. Maar ze kan nooit alle vooronderstellingen loslaten. Bovendien brengt ze een bepaalde *manier van denken* mee, bepaalde manieren en categorieën van benadering en waardebepaling. De belangrijkste veronderstellingen van de westerse filosofie zijn afgeleid van de Griekse manier van denken.

Er zijn meer denkwijzes. Israël en Griekenland ontwikkelden niet alleen uiteenlopende leerstukken, ze werkten in verschillende categorieën. De Bijbel bevat bijvoorbeeld – evenals de filosofie van Aristoteles – meer dan een opsomming van leerstellingen. Het vertegenwoordigt een *manier van denken*, een bepaalde context waarin algemene concepten een bijzondere betekenis hebben, een maatstaf voor waardebepaling, een mogelijkheid tot oriëntatie. De Bijbel is niet alleen een geestelijk stelsel maar heeft ook een zekere strategie. Het is een manier van samenweven en onderling verbinden van intuïties en waarnemingen. Het is een ongeëvenaard weefgetouw van gedachten.

De menselijke geest is eenzijdig. Nooit kan hij de gehele werkelijkheid tegelijk begrijpen. Wanneer we naar de dingen kijken, zien we óf de trekken die ze gemeen hebben, óf de trekken die ze van elkaar onderscheiden. Er zijn perioden in de geschiedenis van het denken waarin het gevoel voor het gewone en het algemene het meest ontwikkeld is en er zijn perioden waarin het gevoel voor het verschillende en het afzonderlijke bijzonder scherp is. Philo's geest bewoog zich bijvoorbeeld op een weg die het bijzondere en het verschillende, zowel in het jodendom als in het hellenisme, links liet liggen. Voor zijn besef hadden ze dezelfde boodschap. Hij nam aan dat de extase die hij kende uit de hellenistische erediensten hetzelfde was als de staat waarin de Hebreeuwse profeten de openbaring ontvingen.[8] In zijn voetspoor waren veel denkers er voornamelijk op uit om te wijzen op de gemeenschappelijke elementen in de rede en in de openbaring en wensten ze gelijk te maken wat erin ongelijk was. Zij zagen de unieke rijkdom van geestelijk inzicht niet, besloten in de gedachten der profeten over de goddelijke bewogenheid. Het Hebreeuwse denken voltrekt zich in categorieën die anders zijn dan die van Plato of Aristoteles. Die onenigheid tussen hun soorten van onderwijs zijn niet alleen maar een kwestie van verschillende manieren van uitdrukking.

Het zijn twee verschillende manieren van denken. Door de nadruk te leggen op de gemeenschappelijke elementen van de rede en de openbaring werd een synthese bereikt van de twee geestelijke machten. De prijs was de opoffering van een aantal van hun unieke inzichten.
Hoewel het voor het jodendom van levensbelang is om zich in niet-joodse culturen te begeven, om elementen in zich op te nemen die het kan gebruiken voor de verrijking van zijn leven en denken, mag dit niet gebeuren ten koste van het prijsgeven van zijn intellectuele integriteit. Wij moeten niet vergeten dat de poging om een synthese te vinden tussen profetisch denken en Griekse metafysica, hoe wenselijk die kan zijn in een bijzondere historische situatie, niet noodzakelijkerwijze geldig is *sub specie æternitatis*, in het licht der eeuwigheid. Geografisch en historisch gezien liggen Jeruzalem en Athene, het tijdperk van de profeten en het tijdperk van Pericles, niet al te ver uit elkaar. Geestelijk gesproken gaapt er een onmetelijke kloof tussen. Hier staat tegenover dat wanneer Jeruzalem aan de voet van de Himalaya had gelegen, de monotheïstische filosofie beïnvloed zou zijn door de traditie van oosterse denkers. Onze intellectuele positie tussen Athene en Jeruzalem is daarom niet definitief. De Voorzienigheid zou op een goede dag een situatie kunnen creëren die ons zou plaatsen tussen de Jordaan en de Ganges en de vraagstukken die dan oprijzen zullen anders zijn dan die het joodse denken ondervond toen het de Griekse filosofie ontmoette.

§ 14 METAFYSICA EN METAHISTORIE

Er bestaat bijvoorbeeld een fundamenteel verschil in betekenis, bedoeling en onderwerp tussen een wetenschappelijke theorie over het ontstaan van het heelal en wat de eerste hoofdstukken van het boek *Genesis* proberen te zeggen. Genesis heeft niet de bedoeling iets uit te leggen. Het mysterie van het ontstaan van de wereld wordt in geen enkel opzicht begrijpelijker gemaakt door een vaststelling als *In het begin schiep God de hemel en de aarde*. Bijbel en wetenschap hebben niet hetzelfde probleem.
De wetenschap vraagt naar de oorsprong van het heelal. Zij denkt in de categorie van oorzakelijkheid en oorzakelijkheid maakt zich een voorstelling van de relatie tussen oorzaken en gevolgen als onderdelen van een doorgaand proces, als veranderlijke onderdelen van een onveranderlijk geheel.

De Bijbel maakt zich juist een voorstelling van de relatie tussen de Schepper en het heelal als een relatie tussen twee wezenlijk verschillende en onvergelijkbare grootheden en beschouwt de Schepping zelf meer als een *gebeurtenis* dan als een *proces* (zie hoofdstuk 22). De Schepping is dus een idee dat de oorzakelijkheid overstijgt. Zij vertelt ons hoe het komt dat deze causaliteit bestaat. Liever dan de wereld te verklaren in aan de natuur ontleende categorieën, zinspeelt ze op wat de natuur mogelijk maakte, te weten een vrije daad van God.

De Bijbel wijst op een manier van verstaan van de wereld vanuit het gezichtspunt van God en behandelt niet het *zijn als zijn*, maar het *zijn als schepping*. De belangstelling gaat niet uit naar de ontologie of de *metafysica*, maar naar de geschiedenis en de *metageschiedenis*, de geschiedenis achter de geschiedenis. De belangstelling van de Bijbel ligt meer bij de tijd dan bij de ruimte.

De wetenschap werkt met vergelijkingen, de Bijbel verwijst naar het unieke en het weergaloze. Het doel van de natuurwetenschap is om de feiten en de processen in de natuur te onderzoeken. Het doel van de godsdienst is om de natuur te begrijpen in relatie tot de wil van God. Het doel van wetenschappelijk denken is een antwoord op de vragen van de mens en voldoen aan zijn zucht naar kennis. Het ultieme oogmerk van het religieuze denken is de beantwoording van een vraag die niet door de mens gesteld wordt en om te voldoen aan Gods behoefte aan de mens.

De filosofie is een poging om de aard van de dingen te ontdekken, de beginselen van het zijnde. De bijbelse godsdienst is een poging om de mens te leren over de Schepper van alle dingen en over het kennen van zijn wil. De Bijbel leert niet de beginselen van de schepping of van de verlossing. De Bijbel kwam om ons te leren dat God leeft, dat hij de Schepper en de Verlosser is, de leraar en de wetgever. Het doel van de filosofie is om te analyseren of te verklaren. Het doel van de godsdienst is om te zuiveren en te heiligen. De godsdienst wortelt in een bijzondere traditie of in een persoonlijk inzicht. De klassieke filosofie claimt te wortelen in universele uitgangspunten.

Beschouwingen beginnen met *concepten*. De bijbelse godsdienst begint met *gebeurtenissen*. Het religieuze leven bestaat niet uit het verstandelijk conserveren van ideeën maar uit gebeurtenissen en inzichten, uit iets wat gebeurt in de tijd.

§ 15 EEN UITDAGING VOOR DE FILOSOFIE

Godsdienst, we herhalen het, is een unieke bron van inzicht. Dit betekent dat de inzichten en de vragen van de godsdienst niet volledig gesynchroniseerd kunnen worden met de conclusies van een specifiek filosofisch stelsel en dat ze ook niet adequaat in wetenschappelijke termen kunnen worden uitgedrukt. Wat in de godsdienst betekenisvol is, is niet noodzakelijk betekenisvol in de filosofie en omgekeerd. De rol van de godsdienst is om *een uitdaging te zijn voor de filosofie*, niet alleen maar een onderwerp van onderzoek.

De filosofie zou veel van de Bijbel kunnen leren. Voor de filosoof is de idee van het goede de meest verheven gedachte. Voor de Bijbel is de idee van het goede de meest verheven gedachte op één na: zij kan niet bestaan zonder het heilige. Het heilige is het wezen, het goede is zijn uitdrukking. De in zes dagen geschapen dingen vond hij *goed*, de zevende dag maakte hij *heilig*.[9]

Plato's *Euthyphro* stelt een probleem aan de orde waarover in uiteenlopende formuleringen in de christelijke en de islamitische scholastiek veel werd gestreden, namelijk: hebben de goden het goede lief omdat het goed is, of is het goed omdat de goden het liefhebben? Een dergelijk probleem kon alleen opkomen wanneer de goden en het goede als twee verschillende grootheden werden beschouwd en waar het vanzelf sprak dat de goden niet altijd handelden in overeenstemming met de hoogste maatstaven van goedheid en gerechtigheid. De vraag: is een bepaalde handeling heilig (opgedragen door of welgevallig aan God) omdat ze goed is, of is ze goed omdat ze heilig is (opgedragen door of welgevallig aan God)?, zou even zinloos zijn als de vraag: wordt een bepaald punt binnen een cirkel het middelpunt genoemd omdat het van alle punten van de omtrek even ver verwijderd is, of is het van alle punten van de omtrek even ver verwijderd omdat het 't middelpunt is? De tweedeling van het heilige en het goede is vreemd aan de geest van de grote profeten. In hun opvatting is de rechtvaardigheid van God onafscheidelijk van zijn wezen.

Wijze kritiek begint altijd met zelfkritiek. Ook de filosofie kan niet zonder constant onderzoek en voortdurende zuivering. Als het verstand de godsdienst op de proef stelt, stelt zij zichzelf op de proef. Ze onderzoekt haar eigen vooronderstellingen, reikwijdte en macht en gaat na of ze voldoende gevorderd is om de inzichten van de profeten te doorgronden. Er zijn inderdaad inzichten van de geest die ons verstand pas laat aanvaardt, dikwijls te laat en pas na eerst ze verworpen te hebben.

Om te kunnen slagen moet de godsdienstfilosofie bedenken dat zowel de filosofie als de godsdienst uniek én begrensd zijn.

De godsdienst gaat, zoals we zullen zien, de filosofie te boven. Het is de taak van de godsdienstfilosofie om de geest naar het hoogste peil van denken te voeren, om begrip te kweken waarom de problemen van de godsdienst niet met aan de wetenschap ontleende termen kunnen worden aangepakt, om te doen beseffen dat godsdienst zijn eigen gebied, vooruitzicht en doel heeft, en om ons bloot te stellen aan de majesteit en het mysterie, in de aanwezigheid waarvan de geest niet doof is voor wat de geest overstijgt. Een van de doelstellingen van de godsdienstfilosofie is om een *kritische herwaardering van de filosofie vanuit het perspectief van de godsdienst* te stimuleren.

§ 16 DE AANBIDDING VAN HET VERSTAND

Het is onjuist om godsdienstfilosofie te omschrijven als een poging om de godsdienst een redelijke basis te verschaffen, omdat zo'n omschrijving de filosofie stilzwijgend vereenzelvigt met redelijkheid. Als rationalisme het kenmerk van een filosoof zou zijn, zouden Plato, Friedrich Schelling, William James en Henri Bergson moeten worden uitgesloten als filosofen. Volgens de filosoof en pedagoog John Dewey († 1952) 'sluit de redelijkheid godsdienstig geloof, met welke kenmerken dan ook, uit. Ze laat slechts ruimte voor een geloof dat een onbetwistbare, redelijke gevolgtrekking is uit wat we met volstrekte zekerheid kennen.'[10]

Extreme rationaliteit kun je omschrijven als de mislukking van het denken om zichzelf, haar buitenredelijkheid en haar bovenredelijke bedoelingen te begrijpen. We zullen het verschil moeten kennen tussen onwetendheid en gevoeligheid voor het mysterie, tussen het alledaagse redelijke en het buitenredelijke. De weg opgaan naar de waarheid is een daad van de rede. De liefde tot de waarheid is een daad van de geest. Elke daad van de rede staat in een haar overstijgende relatie tot de geest. Wij denken met de rede omdat we streven naar de geest. Wij denken met de rede omdat we zeker zijn van een bedoeling. Ons verstand verdort zonder de geest, zonder de waarheid over het gehele leven.

Rede wordt vaak vereenzelvigd met sciëntisme, maar wetenschap is niet in staat om ons de totale waarheid over het complete leven te geven. Wij hebben de geest nodig om te weten wat we met de wetenschap moeten doen. De wetenschap houdt zich bezig met de relaties tussen zaken in het heelal, maar de mens is begiftigd met de betrokkenheid van de geest, en de geest houdt zich bezig met de relatie tussen het heelal en God. De wetenschap zoekt de waarheid over het heelal. De geest zoekt de waarheid die groter is dan het heelal. Het doel van het verstand is het onderzoek en de vaststelling van objectieve verbindingen. Het doel van de godsdienst is het onderzoek en de vaststelling van de uiteindelijke persoonlijke relaties.

Een uitdaging is niet hetzelfde als een botsing van meningen en uit elkaar gaan betekent geen conflict. Het hoort bij de menselijke staat om in polariteiten te leven. In ons geloof in één God ligt de zekerheid besloten dat rede en openbaring uiteindelijk uit dezelfde bron komen. Maar wat in de schepping één is, is niet altijd één in onze historische situatie. Het is een daad van verlossing wanneer het ons vergund wordt om de hogere eenheid van rede en openbaring te ontdekken.

De vaak verkondigde gelijkstelling van jodendom en rationalisme is een intellectuele vlucht uit de ernstige moeilijkheden en paradoxen van joods vertrouwen, geloof en wetsgetrouwheid. De opvattingen over wat redelijk is, zijn tijdgebonden en aan verandering onderhevig. Het leek de Romeinse filosofen niet redelijk om één dag in de week niet te werken. Ook leek het sommige plantage-eigenaren niet onredelijk om slaven uit Afrika in de Nieuwe Wereld te importeren. Met welk stadium van de ontwikkeling van de rede zou de Bijbel verenigbaar zijn?

Ondanks alle waardering en dankbaarheid voor de rede heeft de joodse traditie het menselijk verstand nooit als zelfgenoegzaam beschouwd. *Vertrouw op de EEUWIGE met heel je hart, steun niet op eigen inzicht.* (Spreuken 3:5). *Zelfverzekerd in je slechtheid dacht je: Er is niemand die me ziet. Je wijsheid en je kennis hebben je misleid, je dacht: Ik, en ik alleen!* (Jesaja 47:10).

Enkele fundamentele vooronderstellingen van het jodendom kunnen niet volledig aannemelijk worden gemaakt in termen van de menselijke redelijkheid. Het concept van de aard van de mens als geschapen naar de gelijkenis van God, het concept van God en de geschiedenis, de uitverkiezing van

Israël, van het gebed en zelfs van de ethiek, onttrekken zich aan sommige van de conclusies waar we in alle eerlijkheid aan het einde van onze analyse en ons onderzoek toe gekomen waren. Wat geloof van de mens vraagt, is een mysterie dat hem tot eerbied en zwijgen brengt.[11] Respect, liefde, gebed, vertrouwen gaan oppervlakkige redeneringen te boven.

Daarom moeten we de godsdienst niet uitsluitend beoordelen vanuit het gezichtspunt van het verstand. De godsdienst ligt niet binnen, maar buiten de grenzen van de zuivere rede. Het is geen religieuze opdracht om te wedijveren met de rede, maar religie kan ons wel helpen wanneer ons denkvermogen maar gedeeltelijk soelaas biedt. De betekenis moet worden opgevat in termen *verenigbaar met het gevoel voor het onuitsprekelijke.*

Het gevoel voor het onuitsprekelijke is een intellectueel streven uit de diepte van het verstand, het is een bron van kennis en inzicht. Er is dus geen rivaliteit tussen religie en rede zolang we ons bewust zijn van hun verschillende taken en gebieden.

Het gebruik van het verstand is onmisbaar voor het begrijpen en dienen van God. Zonder redelijkheid verwelkt de godsdienst. De inzichten van het geloof zijn algemeen en vaag en moeten onder woorden worden gebracht om ze over te brengen aan de geest, te integreren en tot een bruikbaar geheel te maken. Zonder redelijkheid wordt het geloof blind. Zonder het verstand zouden we niet weten hoe we de inzichten van het geloof op de concrete problemen van het leven kunnen toepassen. Verering van de rede is arrogantie en verraadt een tekort aan begrip. Verwerping van de rede is lafheid en verraadt een gebrek aan vertrouwen.

§ 17 IDEEËN EN GEBEURTENISSEN

Het thema van een filosofie van het jodendom is jodendom. Maar wat voor soort samenhangend geheel is het jodendom eigenlijk? Is het een stel ideeën of principes, een leerstuk? Een poging om de Bijbel, die overloopt van leven, drama en spanning, te herleiden tot een reeks beginselen zou lijken op een poging om een levend persoon te herleiden tot een grafische voorstelling. De uittocht uit Egypte of de openbaring op de Sinaï of Miriams laster tegenover Mozes zijn gebeurtenissen en geen denkbeelden. Het zijn spontane manifestaties en geen theorieën. Aan de andere kant zal degene die de Bijbel probeert te reduceren tot een catalogus van gebeurtenissen, tot een heilige geschiedenis, eveneens falen. *De* EEUWIGE *is Eén of Gerechtigheid, gerechtigheid zult gij najagen,* is eerder een idee of een norm dan een gebeurtenis. Een filosofie van het jodendom is dus een *filosofie van zowel ideeën als gebeurtenissen.*

Mozes Maimonides (1135-1204) vat de kern van het jodendom samen in dertien geloofsartikelen:

1- Het bestaan van God; 2- Zijn eenheid; 3- Zijn onstoffelijkheid; 4- Zijn eeuwigheid; 5- God alleen is het voorwerp van aanbidding; 6- Openbaring door Zijn profeten; 7- De voorrang van Mozes onder de profeten; 8- De hele Pentateuch is op goddelijke wijze aan Mozes gegeven; 9- De onveranderlijkheid van de Wet van de Thora; 10- Gods kennis van de daden en gedachten van de mens; 11- Beloning en straf; 12- De komst van de Messias; 13- Wederopstanding.

Met uitzondering van 6, 8, 12 en 13 verwijzen deze artikelen naar beginselen of het rijk der ideeën en niet naar gebeurtenissen of het rijk der geschiedenis. Het is veelzeggend genoeg dat de formulering waarin deze artikelen populair werden, en zelfs in vele gebedenboeken werden opgenomen, begint met de woorden: '*Ik geloof vast en zeker dat...*'

De geloofsbelijdenis van Maimonides steunt op de premisse dat de uiteindelijke werkelijkheid haar uitdrukking vindt in ideeën. Hoe dan ook, voor de bijbelse mens wordt de ultieme werkelijkheid ervaren in gebeurtenissen, en niet alleen uitgedrukt in ideeën. De inhoud van het jodendom is zowel in de geschiedenis als in het denken gegeven. We aanvaarden gedachten en gedenken gebeurtenissen. De jood zegt: 'Ik vertrouw,' en hem wordt opgedragen: 'Gedenk!' Zijn geloofsbelijdenis bestaat uit een samenvatting van grondgedachten en uit een samenvatting van uitzonderlijke gebeurtenissen.[12]

In de joodse denkwijze leert men God niet zozeer begrijpen door op een Griekse manier te verwijzen naar de tijdloze eigenschappen van een opperwezen, naar ideeën over goedheid of volmaaktheid, maar meer door de levende daden van zijn zorg, zijn dynamische aandacht voor de mens aan te voelen. We spreken niet over Gods goedheid in het algemeen, maar over zijn compassie met de individuele mens in een bepaalde situatie. Gods goedheid is geen kosmische kracht, maar een bijzondere daad van mededogen. Wij kennen dit verschijnsel niet zoals het *is*, maar zoals het *gebeurt*.

Om een voorbeeld te noemen: 'Rabbi Meir zei: Wat zegt de *Sjechina* als een menselijk wezen lijdt? Mijn hoofd is te zwaar voor Mij; Mijn arm is te zwaar voor Mij. En wanneer God zo bedroefd is over het bloed van de boze dat wordt vergoten, hoeveel te meer zal Hij bedroefd zijn over het bloed van de rechtvaardige.'[13] Deze verklaring, die in de *misjna* geciteerd wordt direct na de beschrijving van de doodstraf, bedoelt over te brengen hoe pijnlijk voor God het lijden van zijn kinderen is, zelfs al is het een misdadiger die voor zijn misdaad gestraft wordt.

De problemen komen anders te liggen wanneer we een dergelijke benadering aanvaarden. Het probleem is dan niet langer hoe de Bijbel te verzoenen met Aristoteles' opvatting van het heelal en van de mens, maar eerder: wat is de bijbelse opvatting van het heelal en van de plaats van de mens daarin? Hoe kunnen we onszelf begrijpen in termen van bijbels denken? Het probleem luidt: wat zijn de uiteindelijke vragen van het bestaan die de godsdienst beantwoordt? Wat zijn de ideeën waar een religieus mens voor staat?

§ 18 DE FILOSOFIE VAN HET JODENDOM

De term jodendom in de uitdrukking 'filosofie van het jodendom' kan als *object* of als *subject* worden gebruikt. In de eerste betekenis is de filosofie van het jodendom een beoordeling van het jodendom: het jodendom als een thema of het voorwerp van ons onderzoek. In de tweede betekenis is de filosofie van het jodendom vergelijkbaar met een manier van uitdrukken zoals de filosofie van Kant of de filosofie van Plato: het jodendom als een bron van ideeën die we proberen te begrijpen.

Nu is het jodendom een werkelijkheid, een drama in de geschiedenis, een feit en niet alleen maar een gevoel of een ervaring. Het stelt dat er bepaalde uitzonderlijke gebeurtenissen hebben plaatsvonden waaruit het is voortgekomen. Het staat voor bepaalde en fundamentele lessen. Het beweert dat het de toewijding is van een volk aan God. Het is de opdracht van een filosofie van het jodendom om de betekenis van deze gebeurtenissen, lessen en vormen van toewijding te begrijpen.

Zoals gezegd is onze werkwijze in dit boek op de eerste plaats, maar niet uitsluitend, gericht op het begrijpen van onszelf, en de term jodendom in de ondertitel van dit boek wordt voornamelijk gebruikt als onderwerp.

HOOFDSTUK 2

WEGEN NAAR ZIJN AANWEZIGHEID

§ 1 DE BIJBEL IS AFWEZIG

Als we de westerse filosofie lezen, ontmoeten we steeds opnieuw Plato of Aristoteles, de stoïcijnen of de neoplatonisten. De geest van hun denken zweeft boven elke bladzijde van de filosofische geschriften. Maar in geen uithoek van de westerse metafysica is de Bijbel terug te vinden. De profeten zijn afwezig als de filosofen over God spreken.

Met de afwezigheid van de Bijbel in de geschiedenis van de filosofie bedoelen we geen verwijzingen of citaten, nu en dan zijn bijbelse passages opgenomen. We bedoelen de geest, de denkwijze, de manier van kijken naar de wereld, naar het leven; de fundamentele veronderstellingen voor beschouwingen over het zijn, over waarden, over zin. Sla een willekeurig boek over de geschiedenis van de filosofie op. Thales of Parmenides zijn er, maar zijn Jesaja of Elia, Job of Prediker ooit vertegenwoordigd? Het gevolg van deze omissie is dat de fundamentele veronderstellingen van de westerse filosofie eerder van het Griekse dan van het Hebreeuwse denken zijn afgeleid.

In het filosofisch denken hebben twee benaderingen van de Bijbel de overhand. De eerste benadering beweert dat de Bijbel een naïef boek is en bestaat uit poëzie of mythologie. Hoe mooi het ook is, de Bijbel hoeft niet serieus genomen te worden want de denkwereld is primitief en onrijp. Hoe zou men de Bijbel kunnen vergelijken met Hegel of Hobbes, John Locke of Schopenhauer? De vader van de onderwaardering van de intellectuele betekenis van de Bijbel is Spinoza (†1677). Hij kan verantwoordelijk worden gesteld voor vele verkeerde voorstellingen van de Bijbel in filosofie en exegese.

De tweede benadering beweert dat Mozes dezelfde ideeën onderwees als Plato of Aristoteles en dat er geen serieus verschil is tussen de leer van de filosofen en die van de profeten. Het verschil, zo meent men, is alleen een kwestie van uitdrukking en stijl. Aristoteles bijvoorbeeld gebruikte ondubbelzinnige termen, terwijl de profeten zich van beeldspraak bedienden. De vader van deze benadering is Philo. Theologie werd overheerst door de theorie van Philo, terwijl filosofie in het algemeen de houding van Spinoza aannam.

(Zie over de houding van Baruch de Spinoza hoofdstuk 32, § 2.)

Er bestaat een verhaal over een aankomend journalist die een bruiloft moest verslaan. Toen hij terugkwam, zei hij teneergeslagen dat hij geen verhaal kon maken omdat de bruidegom niet was komen opdagen...
Het is waar dat men vergeefs naar een filosofische woordenschat in de Bijbel zoekt, maar de toegewijde onderzoeker moet niet uitkijken naar wat hij al heeft. De categorieën waarbinnen de filosofische beschouwing van de godsdienst zich voltrekt, zijn eerder ontleend aan Athene dan aan Jeruzalem. Het jodendom is een confrontatie met de Bijbel, en een filosofie van het jodendom moet een confrontatie zijn met de gedachtewereld van de Bijbel.

§ 2 HERINNERING EN INZICHT

De Bijbel is niet het enige boek waarin betrokkenheid met de ultieme religieuze problemen wordt gevonden. In veel landen en in veel tijden heeft de mens naar God gezocht. Toch is de bijbelse periode de toonaangevende episode in de geschiedenis van de worsteling van de mens met God (en van Gods worsteling met de mens). En zoals we in een onderzoek naar morele waarden de grote traditie van de filosofische ethiek niet kunnen negeren, zo mogen we in onze worsteling met godsdienstige onderwerpen de in de Bijbel bijeen gebrachte inzichten niet negeren. Om die reden nemen wij als richtsnoer het tijdperk van de Bijbel, duizend jaren van verlichting.
Wat hebben wij en het volk van de Bijbel gemeen? De zorgen en de vreugdes van het leven, de verwondering en de weerstand daartegen, het besef van de God die zich verbergt, en momenten van verlangen om een weg naar hem te vinden.
De centrale gedachte van het jodendom is *de levende God*. Dit is het perspectief waaruit alle andere problemen worden bekeken. De belangrijkste vraag in elke filosofie van het jodendom is: wat zijn de uitgangspunten voor het geloof van de mens in de werkelijkheid van de levende God? Is de mens wel in staat om zulke redenen te ontdekken? Voordat we proberen deze kwestie te behandelen is het nodig om te vragen: is het verenigbaar met de geest van het jodendom om vol te houden dat de mens moet onderzoeken hoe hij tot God kan komen, dat het ons wellicht niet zal lukken om hem te vinden behalve als we hem zoeken? Bestaat er een manier om een gevoeligheid voor God te ontwikkelen en een verbondenheid met zijn aanwezigheid?

Wat was de bron van het geloofsvertrouwen van het volk in bijbelse dagen? Is het juist om hun geloof te omschrijven als een daad van vertrouwen in een overgeërfde leer? Is het correct om te zeggen dat de Joden gedurende meer dan drieduizend jaren slechts uit één geloofsbron konden putten: de getuigenissen van de openbaring? Is het waar dat het jodendom zijn religieuze vitaliteit uitsluitend ontleende aan zijn trouw aan de gebeurtenissen die plaatsvonden in de tijd van Mozes, en aan zijn gehoorzaamheid aan de Schrift waarin deze gebeurtenissen vermeld zijn? Zo'n gedachte lijkt de aard van de mens en zijn geloof over het hoofd te zien. Een grote gebeurtenis die – hoe wonderbaarlijk ook – slechts één maal plaatsvindt, kan nauwelijks de geest van de mens voor altijd beheersen. De herinnering alleen aan zo'n gebeurtenis is amper krachtig genoeg om de ziel van de mens met haar voortdurende rusteloosheid en vitaliteit in haar ban te houden. Uit de worsteling om inzicht putte het joodse geloof zijn kracht.

De Bijbel bevat niet alleen woorden van de profeten, maar ook woorden die kwamen over niet-profetische lippen. Terwijl de Bijbel beweert woorden van inspiratie door te geven, bevat deze ook woorden van menselijk zoeken en zorgen. Er is in de Bijbel een spreken van God tot de mens, maar er is ook een spreken van de mens tot God en over hem – niet alleen Gods onthulling, maar ook het inzicht van de mens. De profetische ervaring ligt ver buiten het bereik van de moderne mens. Maar de profeten waren ook menselijk, de profetische ervaringen waren enkele ogenblikken in hun leven. Buiten die momenten ontmoetten ze goed en kwaad, licht en donker, leven en dood, liefde en haat – levenservaringen die vandaag nog even echt zijn als drieduizend jaar geleden. Deze voorstellingen weerspiegelen menselijk, niet alleen profetisch denken. De spontaniteit van de bijbelse mens vond haar uitdrukking voornamelijk in de *Chetoebim*, de z.g. wijsheidsliteratuur, zoals de boeken Job, Spreuken, Prediker, maar ook in het boek der Psalmen.

Het zoeken naar God ging door van eeuw tot eeuw, en om het jodendom te leren kennen moeten we een onderzoek instellen naar de weg en de geest van dat zoeken, ook in de na-bijbelse joodse geschiedenis.

Twee bronnen van godsdienstig denken zijn ons gegeven: *herinnering* (traditie) en *persoonlijk* inzicht. We moeten vertrouwen op onze herinnering en we moeten streven naar nieuwe inzichten. We *horen* van de traditie, ook *begrijpen*

wij door ons eigen zoeken. De profeten doen een beroep op de geestelijke kracht in de mens: *Wees u er daarom van bewust en laat goed tot u doordringen dat de* EEUWIGE *de enige God is, boven in de hemel en hier beneden op de aarde; een ander is er niet* (Deuteronomium 4:39). De psalmist roept ons toe: '*Proef, en geniet de goedheid van de* EEUWIGE' (34:9).[1] Hoe weet men? Hoe proeft men?
In het lied van Mozes aan de Rietzee werd een toespeling gezien op de voor elk mens geldende noodzaak om zelf naar God te zoeken:

> *Hij is mijn God, hem wil ik eren,*
> *de God van mijn vader, hem loof en prijs ik.* Exodus 15:2

Door zijn eigen inzicht moet een mens er eerst toe komen om te begrijpen: *Hij is mijn God, hem wil ik eren,* en daarna zal het besef doorbreken dat Hij *de God van mijn vader is, hem loof en prijs ik.*[2]

§ 3 DE ZOEKTOCHT VAN DE MENS NAAR GOD

Brandoffers en andere offers vormen een belangrijk deel van de bijbelse vroomheid. En toch: *Want liefde wil ik, geen offers; met God vertrouwd* (=kennis) *zijn is meer waard dan enig offer* (Hosea 6:6). Er is een weg die tot begrip leidt. *Maar tenslotte zult u de* EEUWIGE, *uw God, weer zoeken, en hem ook vinden, als u hem tenminste met hart en ziel zoekt* (Deuteronomium 4:29). *Jullie zullen mij zoeken en ook vinden, als jullie mij tenminste met hart en ziel zoeken* (Jeremia 29:13).
Als een mens tegen je zegt, ik heb mij ingespannen en niet gevonden, geloof hem niet. Als hij zegt, ik heb me niet ingespannen, maar toch gevonden, geloof hem niet. Als hij zegt, ik heb mij ingespannen en gevonden, dan mag je hem geloven.[3]
Het is waar dat hij ons bijstaat als wij hem zoeken. Maar het initiatief en de intensiteit van ons zoeken liggen in onze macht. '*Als je erom vraagt de dingen te begrijpen en roept om inzicht, dan zul je kennis van God verwerven.*[4] *Alles is in de macht van de hemel behalve het ontzag en de vreze voor de hemel.*[5]
De Bijbel heeft verschillende woorden voor het daadwerkelijk zoeken van God (*darash, bakkesh, shahar*). In sommige passages worden deze woorden gebruikt om te vragen naar zijn wil en bevelen:

> *Laat mij voortgaan op een ruime weg, want steeds zoek ik uw regels.* Psalm 119:45
> *Ik ben van u, red mij, want steeds zoek ik uw regels.* 94
> *Redding blijft ver van de zondaars, want uw wetten zoeken ze niet.* 155

In andere passages betekenen deze woorden echter méér dan het stellen van een vraag om informatie. Dan richt een mens zich rechtstreeks tot God om dicht bij hem te komen, er is dan eerder sprake van een verlangen naar ervaring dan van een zoeken naar informatie.[6] Hem te zoeken omvat het zich houden aan zijn geboden, maar het is meer. *Zie uit naar de* EEUWIGE *en zijn macht, zoek voortdurend zijn nabijheid* (Psalm 105:4). Bidden betekent inderdaad niet alleen *hulp* zoeken, het betekent ook *hem* zoeken.

De geboden die ik u vandaag heb gegeven, zijn niet te zwaar voor u en liggen niet buiten uw bereik. Ze zijn niet in de hemel, dus u hoeft niet te zeggen: 'Wie stijgt voor ons op naar de hemel om ze daar te halen en ze ons bekend te maken, zodat wij ernaar kunnen handelen?' Ook zijn ze niet aan de overkant van de zee, dus u hoeft niet te zeggen: 'Wie steekt de zee voor ons over om ze daar te halen en ze ons bekend te maken, zodat wij ernaar kunnen handelen?' Nee, die geboden zijn heel dichtbij, u kunt ze in u opnemen en ze u eigen maken; u kunt ze volbrengen.

(Deuteronomium 30:11-14)

Toch kunnen dezelfde woorden niet gezegd worden met het oog op God. *Ben ik alleen een God van dichtbij, ben ik niet ook een God van ver? – spreekt de* EEUWIGE (Jeremia 23:23). Er zijn inderdaad ogenblikken dat hij ver weg is en zich verbergt voor de mens. *Zoek de* EEUWIGE *nu hij zich laat vinden, roep hem terwijl hij nabij is* (Jesaja 55:6) (zie hoofdstuk 12, § 3 e.v.). Niet alle mensen uit de Bijbel zijn tevreden met het *besef* van Gods macht en aanwezigheid. Er zijn er '*die u zoeken, die zich tot u wenden* – het volk van Jakob' (Psalm 24:6). 'Ik vraag aan de EEUWIGE één ding, het enige wat ik verlang: wonen in het huis van de EEUWIGE alle dagen van mijn leven, *om de liefde van de* EEUWIGE *te aanschouwen*' (Ps. 27:4). 'Bij God te zijn is mijn enig verlangen' (Ps. 73:28).

Volgens de overlevering was het volk Israël bij de Sinaï niet bereid de goddelijke woorden door een bemiddelaar in ontvangst te nemen. Ze zeiden tegen Mozes: 'Wij willen de woorden van onze Koning van Hemzelf horen... Wij willen onze Koning zien.'[7]

§ 4 'ZOEK MIJN NABIJHEID'

Het verlangen naar God is nooit gestild in de joodse ziel. Ondanks de waarschuwing *mijn gezicht zul je niet kunnen zien, want geen mens kan mij zien en in leven blijven* (Exodus 33:20), waren er velen die volhardden in smachten waaraan Jehuda Halevi op onvergetelijke wijze uitdrukking heeft gegeven:

Het is mijn enige verlangen om het gelaat van mijn Koning te zien. Ik ben voor niemand beducht, behalve voor Hem; ik vereer Hem alleen. Ik wenste dat ik Hem mocht zien in een droom! Ik zou doorslapen in alle eeuwigheid. Ik wenste dat ik Zijn gelaat mocht aanschouwen in mijn hart! Nimmer zouden mijn ogen vragen iets anders te aanschouwen.[8]

> *Zoals een hinde smacht naar stromend water,*
> *zo smacht mijn ziel naar u, o God.*
> *Mijn ziel dorst naar God,*
> *naar de levende God,*
> *wanneer mag ik nader komen en Gods gelaat aanschouwen?* Psalm 42:2-3

Zoals Mozes vroeg: *Laat mij toch uw majesteit zien* (Exod. 33:18), bidt de psalmist:

> *God, u bent mijn God, u zoek ik,*
> *naar u smacht mijn ziel,*
> *naar u hunkert mijn lichaam in een dor en dorstig land, zonder water.*
> *In het heiligdom heb ik u gezien,*
> *uw macht en majesteit aanschouwd.* Psalm 63:2-3

> *Reikhalzend kijk ik naar u uit, zelfs 's nachts verlang ik naar u.* Jesaja 26:9

> *In die dagen, in die tijd, keert het volk van Israël terug, samen met het volk van Juda – spreekt de* EEUWIGE. *In tranen zullen ze op weg gaan om de* EEUWIGE, *hun God, te zoeken.* Jeremia 50:4

God wacht tot de mens hem zoekt. *De* EEUWIGE *kijkt vanuit de hemel naar de mensen om te zien of er één verstandig is, één die God zoekt* (Ps. 14:2). *Mijn hart zegt u na: 'Zoek mijn nabijheid!'* (Ps. 27:8). En gedurende de tien *ontzagwekkende dagen*, ook wel de dagen van inkeer genoemd waarmee elk joods jaar begint, herinneren wij ons in deemoed: *Tot de dag van zijn dood wacht Jij op de terugkeer van de mens.*
Aan de andere kant moet je altijd de mogelijkheid van mislukking onder ogen zien, met het gevaar ingesloten te raken in ruimtes zonder licht, zonder beweging. *Er zijn er van wie hun daden verhinderen terug te keren naar hun God... Als ze dan met hun schapen, geiten en runderen op weg gaan om de* EEUWIGE *te zoeken, zullen ze hem niet vinden: hij zal zich voor hen verborgen houden.* Hosea 5:4-6

We moeten blijven proberen terug te keren, om de Eeuwige lief te hebben, hem te zoeken. Het is een uitzonderlijke daad van goddelijke genade dat zij die hem niet liefhebben plotseling ontdekken dat ze dichtbij hem zijn. *Al vragen zij niet naar mij, toch laat ik me raadplegen, en al zoeken ze mij niet, toch laat ik me vinden. Al roept dit volk mijn naam niet aan, toch antwoord ik: 'Hier ben ik, hier ben ik'* (Jesaja 65:1). In zijn laatste woorden waarschuwde David zijn zoon Salomo: *Als je hem zoekt, zul je hem vinden. Als je hem verlaat, zal hij je voor eeuwig verstoten.*

1 Kronieken 28:9

§ 5 DRIE WEGEN

Hoe zoek je de Eeuwige? Hoe vind je in deze wereld, in je eigen menselijke bestaan en in je relatie met deze wereld, wegen die leiden tot de zekerheid van zijn aanwezigheid?

De joodse literatuur bevat veel aanwijzingen van een besef van onze problemen, maar dat besef wordt zelden met zoveel woorden genoemd. In het verleden deinsde de jood gewoonlijk terug voor het uiten van zijn persoonlijke religieuze belangstelling en ervaring en daardoor is zijn terughoudendheid vaak ten onrechte aangezien voor geestelijke ongevoeligheid. De waarheid is dat de ziel nooit zweeg. Tot in de negentiende eeuw waren er maar enkele vooraanstaande talmoedisten die niet geraakt werden door bijvoorbeeld de hunkeringen en overpeinzingen van de *Zohar*. Onder het kalme oppervlak van geloof en wet waren de zielen in beweging. Het is daarom onze taak om door te dringen tot achter de rust van geloof en traditie om de echo's van de worsteling op te vangen en de levende inzichten te heroveren.

Er zijn drie uitgangspunten om over God na te denken, drie sporen die tot hem leiden. De eerste is de weg van het bespeuren van de aanwezigheid van God in de wereld, in dingen,[9] de tweede is de weg van het bespeuren van zijn aanwezigheid in de Bijbel en de derde is de weg van het bespeuren van zijn aanwezigheid in heilige daden.

Deze drie wegen worden aangeduid in drie bijbelpassages:

Kijk omhoog: wie heeft dit alles geschapen?	Jesaja 40:26
Ik ben de EEUWIGE, uw God.	Exodus 20:2
Alles wat de EEUWIGE gezegd heeft zullen we ter harte nemen.	Exodus 24:7

Deze drie wegen corresponderen met de drie voornaamste aspecten in onze traditie van het godsdienstige bestaan: eredienst, leren en handelen. Deze drie zijn één en we moeten alle drie wegen gaan om die éne bestemming te bereiken. Want die bestemming is de ontdekking van Israël: de God van de natuur is de God van de geschiedenis en de weg die naar hem leidt, is het doen van zijn wil.

Het heroveren van de inzichten die op deze drie wegen verkregen worden, is teruggaan naar de wortels van de bijbelse ervaring van leven en werkelijkheid. Het betekent het vorsen in het godsdienstige drama van Israël om zo te kunnen begrijpen waarom Job kon zeggen:

Ik weet: mijn redder leeft,
en hij zal ten slotte hier op aarde ingrijpen.
Hoezeer mijn huid ook is geschonden,
toch zal ik in dit lichaam God aanschouwen.
Ik zal hem aanschouwen,
ik zal hem met eigen ogen zien, ik, geen ander,
heel mijn binnenste smacht van verlangen. Job 19:25-27

Hoe bereikt de mens het niveau van denken waarop hij in staat is om te zeggen: 'In dit lichaam zal ik God aanschouwen'?

Elk van de drie delen van dit boek is daarom gewijd aan een van die wegen:

1 God,
2 openbaring (*onthulling of ontsluiering*) en
3 weerklank (*respons*).

HOOFDSTUK 3

HET VERHEVENE

§ 1 HET GROOTSE UITGANGSPUNT

Hoe vind je de weg naar een besef van God door de wereld hier en nu gade te slaan? Om het bijbelse antwoord te begrijpen moeten we proberen vast te stellen wat de wereld betekent en te doorgronden wat de categorieën zijn zoals de Bijbel de wereld ziet: het verhevene, de verwondering, het mysterie, het ontzag en de luister.

Sla uw ogen op en zie. Hoe slaat iemand zijn ogen op om wat hoger te kunnen kijken dan zichzelf? *Het grootse uitgangspunt*, de *belangrijkste premisse* van religie is dat *de mens zichzelf kan overtreffen*, dat hij deel uitmaakt van deze wereld en in relatie kan treden tot dat wat groter is dan de wereld. Dat de mens zijn geest kan verheffen en verbinding kan krijgen met het absolute, dat de mens die bepaald is door een veelheid van omstandigheden, in staat is om te leven met aanspraken die onbepaald zijn. Hoe rijst men boven de horizon van de geest uit? Hoe laat je de gezichtspunten van het ego, de groep, de aarde en het tijdperk los? Hoe vinden we in deze wereld een weg die kan leiden naar een besef van Hem, die boven deze wereld is?

§ 2 MACHT, SCHOONHEID, GROOTSHEID

Klein is de wereld waar de meesten hun aandacht op richten en beperkt is onze betrokkenheid. Wat zien we als we de wereld zien? Drie aspecten van de natuur eisen onze aandacht op: haar *macht*, haar *schoonheid* en haar *grandeur*. Daarom zijn er drie manieren waarop we ons met de wereld kunnen inlaten – we kunnen haar uitbuiten, van haar genieten en haar in ontzag aanvaarden. In de geschiedenis van de beschaving hebben verschillende aspecten van de natuur de talenten van de mens in beweging gebracht. Soms hebben haar macht, soms haar schoonheid en nu en dan haar grootsheid zijn geest aangetrokken. Ons tijdperk beschouwt het nut van de natuur als haar voornaamste verdienste. Het meent dat het voornaamste doel van de mens in Gods schepping het verwerven van macht is en het gebruiken van de natuurlijke hulpbronnen. De mens is inderdaad in de eerste plaats een gereedschapmakend dier geworden en de wereld is nu een gigantische gereedschapskist voor de bevrediging van zijn behoeften.

De Grieken leerden om te begrijpen. De Hebreeën leerden om te vereren. De mens van nu leert om te gebruiken. Aan Sir Francis Bacon (†1626) danken we de uitspraak '*Kennis is macht*'. Zo worden de mensen aangezet om te leren: kennis betekent succes. We weten niet meer hoe we een waarde anders moeten rechtvaardigen dan in termen van doelmatigheid. De mens is bereid zichzelf te omschrijven als *een zoeker naar een maximum aan comfort tegen een minimum aan inspanning*. Hij stelt waarde gelijk aan wat voordeel brengt. Hij voelt, handelt en denkt alsof de enige opzet van het heelal zou zijn om zijn behoeften te bevredigen. Voor de moderne mens lijkt alles berekenbaar – alles tot een bedrag herleidbaar. Hij heeft het grootste vertrouwen in statistieken en verafschuwt de gedachte van een mysterie. Hardnekkig negeert hij het feit dat we allemaal omringd zijn door dingen die we waarnemen maar niet kunnen begrijpen en dat zelfs het verstand een mysterie voor zichzelf is. Hij is zeker van zijn vermogen om elk mysterie weg te verklaren. Pas één generatie geleden was hij overtuigd dat de wetenschap bezig was om alle raadsels van de wereld op te lossen. In de woorden van een dichter:

Alles wat er te weten valt
Zullen we eens weten.

Religieuze kennis wordt beschouwd als de laagste vorm van kennis. Volgens de filosoof en socioloog Comte doorloopt de menselijke geest drie stadia van denken: de theologische, de metafysische en de positieve. Uit de primitieve religieuze kennis ontwikkelde zich langzamerhand de metafysica die op weer werd opgevolgd door de positieve, wetenschappelijke wijze van denken. De moderne mens die het laatste stadium heeft bereikt, schuwt elk beroep op onwaarneembare grootheden en vraagt niet meer naar het waarom, maar uitsluitend naar het hoe. De mensheid – de *grand Être* – als middelpunt van de eredienst. Hoe dan ook, wat vanuit het standpunt van de moderne mens als een prestatie wordt beschouwd, kan door de postmoderne mens als een verlies worden gezien. 'De volgende generaties zullen moeilijk kunnen begrijpen hoe vroeger de idee van God niet werd beschouwd als het hoogste concept dat de mens zich kan indenken, maar die integendeel zich daarvoor schaamden en die de ontwikkeling van het atheïsme als een teken van vooruitgang in de emancipatie van het menselijk denken beschouwden.'[1]

Verblind door de schitterende successen van het verstandelijke vermogen in wetenschap en techniek hebben we niet alleen de overtuiging gekregen dat wij het voornaamste van de wereld zijn, we zijn er ook van overtuigd geraakt dat onze behoeften en belangen de beslissende maatstaf zijn voor wat goed en kwaad is.
Comfort, luxe en succes prikkelen voortdurend onze begeerten en belemmeren onze kijk op wat nodig is, maar dat niet altijd gewenst wordt. Zij maken het ons makkelijk om blind te worden voor waarden. En voor een blinde is zijn geleidehond van belang als gids en verkenner.

§ 3 HET WANTROUWEN VAN HET GELOOF

Langzamerhand herstelt de moderne mens zich van de schok, veroorzaakt door het besef dat hij – verstandelijk gezien – niet meer het recht heeft om te dromen en niet meer het recht heeft om te treuren om het verlies van zijn verlangen naar wat hij nodig zou kunnen hebben maar waarvoor hij onverschillig geworden is. De mens is inderdaad lang geleden opgehouden zijn vertrouwen te stellen in zijn *wil om te geloven* of zelfs in zijn verdriet over het verlies van een verlangen om te geloven.
Een huiver waart door onze nachten. In onze steden is niet één huis zonder ten minste één ziel die weeklaagt te midden van vreugde, beangstigd door wat bereikt is, ontzet door de gewenning aan behoeften, door het onvermogen om te vertrouwen wat hij koestert.
Wat opgaat voor morele oordelen, geldt ook voor godsdienstige inzichten. Het is allang bekend dat behoefte en verlangen een rol spelen bij het vormen van godsdienstige inzichten. Maar is het waar, zoals de psychologie vaak beweert, dat onze godsdienstige inzichten niets anders zijn dan pogingen om onze onderbewuste wensen te bevredigen? Dat het concept van God alleen maar een projectie is van egocentrische gevoelens, het objectiveren van subjectieve behoeften, het zelf in vermomming? De neiging om aan de oprechtheid van het menselijke verlangen naar God te twijfelen is een niet minder ernstige uitdaging dan de neiging om aan het bestaan van God te twijfelen. Een bewijs van de betrouwbaarheid van het geloof hebben wij dringender nodig dan een bewijs van het bestaan van God.

We hebben niet alleen ons geloof verspeeld. We hebben ons geloof in de betekenis van het geloof verloren. Alles wat wij hebben, is een gevoel van dodelijke angst. We zijn bang voor de mens. We zijn doodsbang voor onze eigen macht. Onze trotse westerse beschaving heeft geen weerstand geboden aan de stroom van wreedheid en misdaad die is losgebarsten uit de onderstroom van het kwade in de menselijke ziel. We verdrinken bijna in een stroom van schuld en ellende die geen geweten zuiver laat. Wat hebben we gedaan met onze macht? Wat hebben we de wereld aangedaan? De stortvloed van armzaligheid sleurt onze monsterlijke verwaandheid mee. Wie is de Eeuwige? Wij hebben de hoop opgegeven om ooit opnieuw nog een besef van hem te krijgen, om ooit ons geloof in de betekenis van het geloof te herwinnen. Vanuit een denksysteem waarin kennis macht is, waarin waarde een ander woord is voor behoefte, waarin de piramide van het zijn op haar kop is gezet – is het inderdaad moeilijk om een weg te vinden naar een besef van God. Als de wereld alleen maar macht voor ons is en wij allen opgaan in een jacht naar goud, dan is de enige god die we kunnen tegenkomen het gouden kalf. De natuur als gereedschapskist is een wereld die niet verwijst naar iets verders dan zichzelf. Wanneer de natuur wordt ervaren als een groots mysterie, roept ze ons op verder te kijken dan onze neus lang is.
Het besef van de grootsheid en van het verhevene is vrijwel verdwenen uit de moderne geest. Ons onderwijs vindt het van groot belang om de leerling te leren het machtsaspect van de werkelijkheid uit te buiten. Tot op zekere hoogte proberen ze het vermogen om schoonheid te waarderen te ontwikkelen. Maar er is geen opleiding tot het verhevene. We leren kinderen hoe te meten, hoe te wegen. We leren ze niet hoe te vereren, hoe verwondering en ontzag te voelen. Het gevoel voor het verhevene, het teken van de innerlijke grandeur van de menselijke ziel, in beginsel geschonken aan iedereen, is nu een zeldzame gave. Toch wordt, zonder dat gevoel, de wereld plat en de ziel een vacuüm. Hier kan de bijbelse kijk op de werkelijkheid als gids dienen. Het is veelbetekenend dat het onderwerp van de bijbelse poëzie niet de bekoorlijkheid of de schoonheid van de natuur is. Het is de grootsheid, het is het *verheven* aspect van de natuur dat de bijbelse poëzie probeert te vieren.

§ 4 OVER HET VERHEVENE IN DE BIJBEL

Er is vaak beweerd dat verhevenheid een bijzondere eigenschap van de Hebreeuwse Bijbel is, onbekend bij de Griekse klassieke schrijvers. De Engelse dichter, denker en literatuurcriticus Samuel Coleridge zei eens: 'Hebt u in de klassieke Griekse literatuur ooit iets verhevens in onze betekenis van het woord kunnen ontdekken? Verhevenheid is Hebreeuws van geboorte.' Zijn bewering spreekt aan maar is te absoluut. Je kunt betogen dat voorbeelden van de hoogst mogelijke verhevenheid te vinden zijn bij Hebreeuwse schrijvers als Jesaja. Verder kan worden aangevoerd dat latere schrijvers zoals John Milton veel van hun verhevenheid direct of indirect aan Hebreeuwse bronnen te danken hebben. Maar aan de andere kant kunnen we die eigenschap – hoe krachtig onze omschrijving van haar ook mag zijn – moeilijk ontzeggen aan vroege Griekse schrijvers zoals Homerus of Aeschylus (†456 v.c.) en aan de vroege fases van de modernere literatuur.[2] Maar het is wel duidelijk dat besef van het verhevene als een bijzondere en geheimzinnige soort van schoonheid ontbreekt in de klassieke periode van de Griekse wijsbegeerte. Het Griekse woord voor 'verheven' als stijlbegrip is niet aanwijsbaar vóór de eerste eeuw van onze tijdrekening.[3]

De oudste verhandeling over het onderwerp, *Over het Verhevene*, toegeschreven aan Longinus, is vermoedelijk na de dood van Augustinus (†430) geschreven. Hoewel het in de eerste plaats gaat over het verhevene als een eigenschap van de stijl, verwijst de schrijver ook naar de verhevenheid in de natuur buiten hem, en uit het menselijke vermogen om daarop te reageren leidt hij *de innerlijke grootheid van de menselijke ziel* af.

De natuur heeft in de menselijke ziel een onoverwinnelijke liefde voor de grootsheid geplant én een verlangen om alles, wat het goddelijke dichter schijnt te naderen dan hijzelf, voorbij te streven. 'Daarom is het hele heelal niet voldoende voor het uitgestrekte arbeidsveld en de doordringende beschouwingen van het menselijke verstand. Het overschrijdt de grenzen van de stoffelijke wereld en verheft zich naar believen de eindeloze ruimte in.' De natuur spoort ons aan om niet een kleine rivier 'die aan onze behoeften tegemoetkomt' te bewonderen, maar de Nijl, de Donau en de Rijn. De zon en de sterren 'verrassen' ons net zo, en 'een vuurspuwende Etna dwingt onze bewondering af'.[4]

Om zijn theorie toe te lichten verwijst Longinus naar het boek *Genesis*. "De joodse wetgever, geen gewoon mens, omdat hij het vermogen had om de goddelijke macht op waardige wijze te ontvangen en door te geven, schrijft aan het begin van zijn wetgeving: 'En God zei...' Wat was het dat God zei? 'Er moet licht komen,' en er was licht, 'Er moet land komen,' en er was land."[5]

§ 5 HET MOOIE EN HET VERHEVENE

Wat bedoelen we met het verhevene? En waarom dacht Longinus dat het menselijke vermogen om te reageren op het verhevene een teken van de innerlijke grootheid van de menselijke ziel is? Sinds de tijd van de Ierse staatsman en en filosoof Edmund A. Burke (1729-1797)* vormt het verhevene een contrast met het mooie.[6] Hij identificeerde het *verhevene* met het onmetelijke, het ontzettende en duistere, die het gevoel van pijn en verschrikking opwekken, en het *mooie* met het zachte, het kleine en het tere, die een gevoel van liefde en tederheid oproepen. 'Verheven objecten zijn onmetelijk in hun omvang, mooie objecten zijn relatief klein, schoonheid behoort zacht en gepolijst te zijn... licht en fijntjes, en grote objecten behoren duurzaam te zijn en zelfs massief.'

Volgens Kant (*Kritik der Urteilskraft*) behaagt *het mooie* los van elk belang en het verhevene behaagt zelfs als het met ons gevoelsmatige belang in strijd is.[7] Hij omschrijft het verhevene als 'datgene waarmee in vergelijking al het andere klein is' (p. 102). Het is 'de natuur in diegene van haar verschijningsvormen, waarvan de beschouwing de idee van oneindigheid meebrengt' (p. 109). Het is 'wat groter is dan wij kunnen bevatten'.

Hoewel hij niet de mening van Burke deelt dat verheven objecten een gevoel van angst en dreigend gevaar opwekken, stelt Kant met nadruk dat ze ontzagwekkend moeten zijn. Het verhevene is alleen te vinden in de natuur, niet in het karakter, het verstand of de kunst, omdat in deze gevallen het 'menselijke streven zowel de vorm als de omvang bepaalt' (p. 113).

Objecten van verheven gevoel zijn volgens Kant 'forse, overhangende en, als het ware, dreigende rotsen; in de lucht opgestapelde wolken, in beweging door bliksemflitsen en donderslagen; vulkanen in al hun vernietigend geweld; orkanen met hun spoor van verwoesting; de onmetelijke oceaan in beroering; de trotse waterval van een machtige rivier' (p. 125).

Volgens ons is de betekenis en de waarneming van het verhevene in deze theorieën niet juist beschreven.
Het verhevene staat niet tegenover het mooie en dient ook niet als een esthetische categorie te worden beschouwd. Het verhevene kan zowel in mooie dingen als in daden van goedheid en in het zoeken naar waarheid bespeurd worden. De waarneming van schoonheid kan het begin zijn van de ervaring van het verhevene. Het verhevene is wat we zien maar niet kunnen overbrengen. Het is de zwijgende toespeling van dingen op een bedoeling, groter dan henzelf. Het is datgene waar uiteindelijk alle dingen voor staan. Het is 'het hardnekkige zwijgen van de wereld die ongevoelig blijft voor nieuwsgierigheid als ver gebladerte in de schemering'. Het is wat onze woorden, onze vormen, onze categorieën nooit kunnen bereiken. Daarom moet het gevoel voor het verhevene beschouwd worden als de oorsprong van creativiteit in kunst, denken en grootmoedig leven. Zoals geen flora de verborgen levenskracht van de aarde volledig ten toon kan spreiden, zo heeft geen kunstwerk, geen filosofisch stelsel, geen wetenschapstheorie ooit de diepe betekenis, de verheven werkelijkheid van het zicht waarin zielen van heiligen, kunstenaars en filosofen leven, onder woorden gebracht.[8]
Daarbij is het verhevene niet noodzakelijk verbonden met het onmetelijke en overstelpende in omvang. Het is te bespeuren in elke zandkorrel, in elke waterdruppel.** Elke bloem in de zomer, elke sneeuwvlok in de winter kan ons gevoel van verwondering oproepen als onze reactie op het verhevene .

To me the meanest flower that blows can give
Thoughts that do often lie too deep for tears.

De kleinste bloem die bloeit kan mij gedachten geven
die vaak te diep zijn voor tranen.

William Wordsworth, *Song at the Feast of Brougham Castle*

A sense sublime
Of something far more deeply interfused,
Whose dwelling is the light of setting suns,
And the round ocean and the living air,
And the blue sky, and in the mind of man;

A motion and a spirit, that impels
All thinking things, all objects of all thought,
And rolls through all things.

Een verheven gevoel
Van iets veel dieper versmolten,
Welks woning is het licht van ondergaande zonnen,
En de ronde oceaan en de levende lucht,
En de blauwe hemel en in de geest van de mens;
Een beweging en een geest, die aandrijft
Alle denkende dingen, alle objecten van alle denken,
En wentelt door alle dingen.

William Wordsworth, *The Old Cumberland Beggar*

§ 6 HET VERHEVENE IS NIET HET BASISPRINCIPE

Het is niet het verhevene als zodanig waarvan de bijbelse mens zich bewust is. Voor hem is het verhevene slechts een manier waarop de dingen reageren op de aanwezigheid van God. Het is nooit een ultiem aspect van de werkelijkheid, een eigenschap die op zichzelf betekenis heeft. Het staat voor iets groters, het staat in relatie tot iets boven zichzelf wat het oog nooit kan zien. Het verhevene is er niet zomaar. Het is geen ding of een eigenschap, maar eerder een gebeurtenis, een daad van God, een wonder. Zo wordt zelfs een berg niet beschouwd als een ding. Wat steen lijkt te zijn, is een drama – wat natuurlijk lijkt te zijn, is wonderbaarlijk. Er zijn geen verheven feiten. Er zijn alleen goddelijke *daden*.

Bovendien is het verhevene in bijbelse zin niet alleen te vinden in het onmetelijke en machtige, in de 'forse, overhangende en, als het ware, dreigende rotsen', maar ook in de kiezelstenen op de weg. *Zelfs de stenen klagen je aan vanuit de muur* (Habakuk 2:11). *De steen die de bouwers afkeurden is een hoeksteen geworden.* (Psalm 118:22). Een simpele steen die Jakob voor de nacht onder zijn hoofd had gelegd, werd als een zuil rechtop gezet om *een huis van God* te zijn (Genesis 28:17,22). Het verhevene wordt niet alleen onthuld in de 'wolken opgestapeld in de lucht, in beweging door bliksemflitsen en donderslagen', maar ook in de regen die God laat vallen om *wildernis en woestenij te doordrenken zodat er overal jong gras opschiet* (Job 38:27). Niet alleen onthuld in de 'vulkanen in al hun vernietigend geweld' maar ook daarin dat God *de listen van de sluwen doorkruist*, en *wat zij ondernemen laat mislukken* (Job 5:11-12). Niet alleen in 'de orkanen met hun spoor van verwoesting' maar ook in *het suizen van een zachte stilte* (1 Koningen 19:12). Het verhevene wordt niet alleen onthuld in 'de onmetelijke tumultueuze oceaan' maar daarin, dat hij de zee een grens stelde *en zei: 'Tot hiertoe en niet verder, dit is de grens die ik je trotse golven stel'* (Job 38:11).

§ 7 AFSCHUW EN VERRUKKING

Het verhevene veroorzaakt een gevoel van verwondering, die Burke omschrijft als 'die gemoedstoestand van de ziel waarin al zijn reacties met een zekere mate van afschuw tot stilstand komen', waarin 'de geest zo volledig vervuld is van zijn object dat hij aan niets anders kan denken en dus ook niet over dat onderwerp dat de geest bezig houdt'. Daartegenover wordt de bijbelse mens die het verhevene bespeurt, meegesleurd door zijn hevige verlangen om de schepper van de wereld te loven en te prijzen.

> *Heel de aarde, juich voor God,*
> *bezing de eer van zijn naam,*
> *breng hem eer en lof.*
> *Zeg tot God: 'Hoe ontzagwekkend zijn uw daden...'* Psalm 66:1-3

Tegenover bedreigende gebeurtenissen kon de bijbelse mens zeggen: *Al gaat mijn weg door een donker dal, ik vrees geen gevaar, want u bent bij mij* (Ps.23:4).
In nog een opzicht wijkt de ervaring van de bijbelse mens af van de esthetische ervaring van het verhevene. De meest verheven dingen zoals de hemel of de sterren en de mens zelf hebben een mysterie gemeen: de voortdurende afhankelijkheid van de levende God. Daarom is de reactie op verheven objecten niet zomaar 'schrikwekkende verbazing' of 'de verdoving van de geest en het gevoel', zoals Burke schreef, maar verwondering en verbazing.

[* Edmund Burke bestreed de Verlichtingsfilosofie en de ideeën van de Franse revolutie en legde daarmee de grondslag voor het conservatisme. Zijn invloed is groot geweest op de Romantiek in Engeland en Duitsland.

** Zie bv. (of luister) ook: Bob Dylan, *Every grain of sand*, 1981]

HOOFDSTUK 4

VERWONDERING

§ 1 EEN ERFDEEL VAN VERWONDERING

Onder de vele dingen die de religieuze traditie voor ons in petto houdt, is een *erfdeel van verwondering*. De zekerste manier om ons vermogen te onderdrukken om de bedoeling van God en het belang van de eredienst te begrijpen, is *de dingen als vanzelfsprekend te zien*. Onverschilligheid voor het verheven wonder van het leven is het begin van het einde.

De moderne mens liep in de val door te geloven dat alles kan worden verklaard en dat de werkelijkheid een eenvoudige zaak is die alleen maar georganiseerd hoeft te worden om te worden beheerst. Alle raadsels zijn oplosbaar en alle verwondering is slechts 'het effect van iets nieuws op onwetendheid'. Hij was ervan overtuigd dat de wereld zijn eigen verklaring is en dat het niet nodig is om buiten de wereld een verklaring te zoeken voor zijn bestaan. Dit gebrek aan verwondering, deze grootspraak van de pretentie van wetenschappelijk onderzoek, is vaak meer typerend voor schrijvers van populair-wetenschappelijke boeken dan voor echte geleerden.

Herbert Spencer (†1903) en anderen 'lijken bezeten te zijn door de gedachte dat de wetenschap het heelal vrijwel ontraadseld heeft, terwijl mensen als Michael Faraday (†1867), de grondlegger van de toepassing van elektriciteit, en Isaac Newton, de grondlegger van de klassieke natuurkunde, zichzelf beschouwen als kinderen die een paar mooie kiezelsteentjes op het strand van de oceaan hebben opgeraapt. Maar voor de meesten van ons is het moeilijk om de grootheid en het wonderbaarlijke te herkennen van iets dat ons vertrouwd is. Zoals de profeet niet (in eigen land) geëerd wordt, zo is het ook met verschijnselen.'[1] 'Wij durven te zeggen dat de feiten van de zaak zo wonderbaarlijk zijn dat – van het begin tot het einde – geen algemene indruk van de natuur, verkregen op wetenschappelijke dan wel op andere wijze, die ook maar in de buurt van de waarheid komt, geen toon doet klinken van blijde waardering en van eerbiedige verwondering.'[2]

'De geschiedenis van het Europese denken is, tot op de dag van vandaag, besmet door een noodlottig misverstand. Het kan Het Dogmatisch Bedrog worden genoemd. De dwaling bestaat uit de overtuiging dat we in staat zijn om begrippen voort te brengen waarvan de omschrijving recht doet aan de ingewikkelde verwantschap die nodig is voor hun verklaring in de werkelijke wereld. Kunt u door te onderzoeken het heelal beschrijven? Wellicht met uitzondering van eenvoudiger noties van de rekenkunde zijn onze meest vertrouwde ideeën, schijnbaar voor de hand liggend, aangestoken door deze ongeneeslijke vaagheid. Ons juiste begrip van de methoden van de intellectuele vooruitgang wordt bepaald doordat we dit kenmerk van ons denken voor ogen houden... Gedurende de middeleeuwse periode in Europa waren de theologen de grootste zondaars als het ging om het dogma als laatste woord. Gedurende de laatste drie eeuwen is hun kampioenschap in deze slechte gewoonte overgegaan op de beoefenaren van de natuurwetenschap[3].

§ 2 EEN KLEINE SCHROEF

Toen de elektrische tram voor het eerst in Warschau verscheen, konden sommige goede, oude joden hun ogen niet geloven. Een wagen die beweegt zonder paard! Sommigen van hen waren verbijsterd en verschrikt en geen van hen had een idee hoe deze verbazingwekkende uitvinding verklaard kon worden. Op een dag, toen men erover sprak in de synagoge, kwam een man binnen van wie bekend was dat hij niet alleen in de Talmoed studeerde, maar ook boeken kende over niet-godsdienstige onderwerpen, geabonneerd was op een dagblad en goed thuis was in wereldse zaken.

– Jij moet weten hoe dit ding werkt, zeiden ze allen tegen hem.

– Natuurlijk weet ik dat, zei hij. En allen hingen aan zijn lippen in een volkomen concentratie.

– Stel je vier grote wielen voor, verticaal staande in de vier hoeken van een vierkant, met draden aan elkaar verbonden. Kunnen jullie mij volgen?

– Ja, we kunnen je volgen,

– De draden zijn in het middelpunt van een vierkant aan elkaar geknoopt en in een groot wiel gedaan, dat horizontaal is opgesteld. Kunnen jullie mij volgen?

– Ja, we kunnen je volgen.

– Boven het grote wiel zijn er verschillende wielen, het ene kleiner dan het andere. Kunnen jullie mij volgen?

– Ja, we kunnen je volgen.

Boven op het kleinste wiel is een kleine schroef, die door een draad verbonden is met het middelpunt van de wagen, die boven op de wielen ligt. Kunnen jullie mij volgen?
– Ja, we kunnen je volgen.
– De bestuurder van de wagen drukt op de knop die de schroef in beweging brengt, die de horizontale wielen in beweging brengt en zo rijdt de wagen door de straat.
– Aha, nu begrijpen wij het!

§ 3 TWEE SOORTEN VERWONDERING

Verwondering of fundamentele verbazing is het voornaamste kenmerk van de houding van de religieuze mens tegenover de geschiedenis en de natuur. Eén houding is hen vreemd: dingen vanzelfsprekend vinden en gebeurtenissen als een normale gang van zaken beschouwen. Het bij benadering vinden van een oorzaak van een verschijnsel is geen antwoord op zijn hartgrondige verwondering. Hij weet van het bestaan van wetten die de loop van natuurlijke processen bepalen. Deze kennis kan echter zijn gevoel van voortdurende verbazing over het feit dat er feiten bestaan niet verminderen. Kijkend naar de wereld zou hij zeggen: *Dit is het werk van de* EEUWIGE, *een wonder in onze ogen* (Psalm 118:23).

Dat 'verwondering het gevoel van een filosoof is en dat de filosofie begint met verwondering' is verklaard door Plato[4] en bevestigd door Aristoteles: 'Want het is het gevolg van hun verwondering dat mensen zowel nu beginnen als aanvankelijk begonnen te filosoferen.' Tot vandaag wordt de verstandelijke verwondering gewaardeerd als '*semen scientiæ*', als het zaad van de kennis, als iets wat leidt tot kennis, maar er niet toe behoort.[6]

Verwondering is het voorspel tot kennis, ze houdt op zodra de oorzaak van een verschijnsel duidelijk is.[7]

Maar ligt de waarde van verwondering alleen daarin dat zij aanzet tot het verwerven van kennis? Is verwondering hetzelfde als nieuwsgierigheid? Bij de profeten is verwondering *een manier van denken*. Zij is niet het begin van kennis, maar een houding die de kennis te boven gaat. Ze eindigt niet wanneer de kennis verworven is maar is een houding die nooit ophoudt. Er is in de wereld geen antwoord op de oerverbazing van de mens.

§ 4 'STA STIL EN DENK NA'

Terwijl de beschaving vooruitgaat, neemt het gevoel van verwondering af. Deze vermindering is een alarmerend teken van onze geestestoestand. De mensheid zal niet omkomen door een tekort aan informatie maar alleen door een tekort aan waardering. Het begin van ons geluk ligt in het begrijpen dat een leven zonder verwondering niet waard is om geleefd te worden. Wat we missen is niet de wil om te geloven maar de wil om ons te verwonderen.

Het besef van het goddelijke begint met verwondering. Het is het gevolg van wat de mens doet met zijn hoger onbegrip. De grootste hinderpaal voor een dergelijk besef is onze aanpassing aan conventionele ideeën, aan geestelijke clichés. Verwondering of radicale verbazing, het niet aangepast zijn aan woorden en ideeën is daarom een eerste vereiste voor een echt bewustzijn van wat dat is.

Fundamentele verbazing heeft een groter bereik dan elke andere menselijke houding. Terwijl elke waarneming of kennis als object een selectief deel van de werkelijkheid heeft, verwijst wezenlijke verbazing naar de complete werkelijkheid – niet alleen wat we zien, maar ook het zien zelf evenals onszelf, het verwijst naar het zelf dat ziet en verbaasd is over zijn vermogen om te zien.

De grootsheid of het mysterie van het zijn is niet zo'n bijzonder vraagstuk voor het verstand als bijvoorbeeld een vulkaanuitbarsting. We hoeven niet eindeloos door te redeneren om dit te begrijpen. Overal en altijd komen we te staan tegenover grandeur en mysterie. Zelfs het denken zelf verbijstert ons denken, zoals elk begrijpelijk feit, doordat het een feit is, verzadigd is van een verbijsterende terughoudendheid. Heerst het mysterie niet in redeneren, in waarnemen, in uitleggen? Waar is het zelfbegrip dat het wonder van ons eigen denken zou kunnen ontvouwen, dat de gracieuze wijze zou kunnen verklaren waarop we het concrete inhoudloos maken met abstracte toverformules? Hoe zou je het raadsel van het denken zelf kunnen uitleggen en oplossen? Bij ons gaat het niet om iets concreets of om een gedachte, maar alleen om de subtiele magie om beide te vermengen.*

Wat ons met opperste verbazing vervult is niet dat elk ding relationeel is ingebed, maar het feit dat zelfs het minimum aan waarneming een maximum aan raadselachtigheid is. Het meest onbegrijpelijke feit is het feit dat we begrijpen kunnen.[8]

De weg tot het geloof leidt door telkens opnieuw ervaren verwondering en verregaande verbazing. De tot Job gerichte woorden gelden voor elk mens:

Laat dit tot je doordringen, Job,
sta even stil en heb oog voor Gods wonderen.
Weet jij hoe God ze onder zijn bevel brengt,
hoe zijn licht de wolken doorboort?
Weet jij hoe de wolken blijven zweven,
hoe hij die alles weet zijn wonderen verricht?
Wanneer de aarde in de zuidenwind verstart
en de hitte jou in je kleren al te machtig wordt,
kun jij dan als hij de hemelkoepel uithameren,
die zo hard is als een gegoten spiegel?
Vertel ons dan wat wij hem moeten zeggen;
wij kunnen onze zaak niet zelf voorleggen,
ons omringt de duisternis.
Krijgt hij het te horen wanneer ik tot hem spreek?
Wie heeft gezegd dat woorden hem bereiken?
Soms blijft de zon onzichtbaar,
terwijl ze achter de wolken straalt,
maar daarna komt de wind en blaast de hemel schoon.
Uit het noorden nadert een gouden schittering;
huiveringwekkend is de luister waarin God zich hult. Job 37:14-22

Kom en zie de werken van God,
zijn daden vervullen de mens met ontzag. Psalm 66:5

De grote wonderen verpletteren de ziel niet, verhevenheid roept bescheidenheid op. Omhoogkijkend naar de met sterren bezaaide hemel roept de psalmist uit:

Zie ik de hemel, het werk van uw vingers,
de maan en de sterren door u daar bevestigd,
wat is dan de sterveling dat u aan hem denkt,
het mensenkind dat u naar hem omziet? Psalm 8:4-5

In opperste verbazing aanschouwt de bijbelse mens *de grote, ondoorgrondelijke dingen, ontelbare wonderen zonder tal* (Job 5:9). Hij komt ze tegen in de ruimte en in de tijd, in de natuur[9] en in de geschiedenis.[10] En dan niet alleen in de ongewone maar ook in de gewone gebeurtenissen in de natuur.[11] Niet alleen roepen de dingen buiten hem de verbazing van de bijbelse mens op, ook zijn eigen wezen vervult hem met ontzag.

Ik loof u voor het ontzaglijke wonder van mijn bestaan,
wonderbaarlijk is wat u gemaakt hebt.
Ik weet het, tot in het diepst van mijn ziel. Psalm 139:14[12]

§ 5 'VOOR JOUW VOORTDURENDE WONDEREN'

Het diepe en blijvende besef van het wonder te bestaan is een deel geworden van het joods-religieuze bewustzijn. Driemaal per dag wordt er gebeden:

> *Wij danken Jou...*
> *Voor Jouw wonderen, die dagelijks bij ons zijn,*
> *Voor Jouw voortdurende wonderdaden...*

In de avonddienst reciteren we de woorden van Job (9:10):

> *Hij doet grote, ondoorgrondelijke dingen,*
> *ontelbaar zijn de wonderen die hij verricht.*

Elke avond reciteren we: 'Hij schept het licht en maakt de duisternis.' Twee keer per dag zeggen we: 'Hij is Eén.' Waarom zo'n herhaling? Een wetenschappelijke theorie hoeft, wanneer ze eenmaal gepubliceerd en aanvaard is, niet twee maal per dag te worden herhaald. De inzichten van de verwondering moeten voortdurend levend gehouden worden. Omdat er dagelijks behoefte is aan verwondering, is er behoefte aan een dagelijkse eredienst.

Het gevoel voor 'wonderen die dagelijks bij ons zijn', het gevoel voor 'voortdurende verwondering', is de bron van het gebed. Er is geen eredienst, geen muziek en geen liefde wanneer we de zegeningen of de nederlagen van het leven als vanzelfsprekend beschouwen. Geen routine op sociaal, fysiek of fysiologisch gebied mag het gevoel van verrassing afstompen voor het feit dát er zo'n gebied bestaat.

We zijn geoefend om ons gevoel van verwondering levend te houden door vóór het eten een gebed uit te spreken. Telkens wanneer we op het punt staan om een glas water te drinken, herinneren we het eeuwige mysterie van de schepping: 'Gezegend zijt Gij Eeuwige, onze God... door jouw woord zijn alle dingen ontstaan' (*Baruch atta ha-Shem Elohenu...*). Een alledaagse handeling én een verwijzing naar het allergrootste wonder. Bij brood of fruit, het genieten van een aangename geur, een goed glas wijn, bij de eerste verse seizoensvrucht, als we een regenboog, de oceaan of bloesemende bomen zien, bij een wijze les uit de Thora, of in seculiere studie, bij het horen van goed of slecht nieuws – ons is geleerd om zijn grote naam aan te roepen en ons bewust te zijn van hem. Zelfs bij een lichamelijke handeling, zeggen wij: 'Gezegend Jij... die elk lichaam geneest en *wonderen doet*.'
Dit is een van de bedoelingen van de joodse levenswijze: het ervaren van alledaagse handelingen als geestelijke avonturen, het voelen van de verborgen liefde en wijsheid in alles.
In het lied van de Rietzee lezen we:

> *Wie onder de goden is uw gelijke,* EEUWIGE?
> *Wie is uw gelijke, zo ontzagwekkend en heilig,*
> *wie dwingt zoveel eerbied af met roemrijke daden,*
> *wie anders verricht zulke wonderen?*

Exodus 15:11

De rabbijnen merkten op: Er staat hier niet geschreven:
Die wonderen verrichtte, maar: *Die wonderen verricht...* Hij deed en doet nog wonderen voor ons in elke generatie, zoals er gezegd is:

> *Wonderbaarlijk is wat u gemaakt hebt.*
> *Ik weet het, tot in het diepst van mijn ziel.* Psalm 139:14[13]

Rabbi Eleazar zegt: 'Verlossing en je brood verdienen zijn met elkaar te vergelijken. Je dagelijkse brood verdienen is iets wonderlijks en het verlossen van de wereld is ook iets wonderlijks. En zoals het brood verdienen dagelijks plaatsvindt, zo vindt ook verlossing dagelijks plaats.'[14]
Koning David zei: 'Ik zal getuigenis afleggen van de liefde van de Heilige, Hij zij geprezen en van de weldaden die Hij aan Israël bewijst, uur na uur en dag

na dag. Dag na dag wordt de mens verkocht (als slaaf) en elke dag wordt hij verlost. Elke dag wordt de mens zijn ziel ontnomen en overgegeven aan de Hoeder. De volgende dag wordt zij aan hem teruggegeven, zoals er geschreven staat: *In uw hand leg ik mijn leven,* EEUWIGE, *trouwe God, u verlost mij* (Ps.31:6). Elke dag maakt de mens wonderen mee, zoals die geschiedden tijdens de Uittocht. Elke dag ervaart hij verlossing, zoals zij die uit Egypte trokken. Elke dag wordt hij gezoogd aan de borsten van zijn moeder en elke dag wordt hij gestraft voor zijn daden, zoals een kind door zijn meester.'[15]

§ 6 HIJ ALLEEN WEET

Besef van het wonder is niet hetzelfde als het kennen van de wonderen die ons overkomen. Wonderen gebeuren zonder dat wij ze kunnen opmerken. De psalmist (136:3) verklaart:

> *Loof de oppermachtige Eeuwige*
> *die wonderen doet, hij alleen.*

En de rabbijnen merkten op: 'Is er iets wat Hij doet met hulp van een ander? Wat betekent het woord alleen? Hij alleen weet welke wonderen Hij doet... Zoals er geschreven is:

> *Veel wonderen hebt u verricht,*
> *veel goeds voor ons besloten,*
> EEUWIGE, *mijn God.*
> *Niemand is te vergelijken met u!*
> *Wil ik erover spreken, ervan verhalen,*
> *het is te veel om op te sommen.* Psalm 40:6

Ik heb niet het recht Uw lof te vermelden. Ik ben onwaardig Uw wonderen te verhalen.'[16]

Het geloof in 'de verborgen wonderdaden is de basis van de hele Thora' schrijft Nachmanides. 'Een mens neemt pas deel aan de Thora als hij gelooft dat alle zaken en gebeurtenissen in het leven van de enkeling én in het leven van de gemeenschap wonderen zijn. Er bestaat niet zoiets als de natuurlijke loop der dingen...'[17]

Het gevoel voor het wonder en de transcendentie moet geen 'kussen voor het

luie intellect' worden. Het mag niet in de plaats komen van analyse als analyse mogelijk is, het mag de twijfel niet tot zwijgen brengen waar die twijfel gerechtvaardigd is. Het moet hoe dan ook een voortdurend besef blijven wanneer de mens trouw wil blijven aan de waardigheid van Gods schepping omdat een dergelijk besef de bron is van al het creatieve denken.
Zo'n besef was de bron van Kants fundamentele inzicht:
'Twee dingen vervullen de geest met altijd nieuwe bewondering en ontzag, hoe vaker en hoe gestadiger we ze overpeinzen: *de met sterren bezaaide hemel boven ons en de morele wet in ons*... Het eerste schouwspel van een ontelbare hoeveelheid van werelden vernietigt als het ware mijn betekenis als een *lichamelijk creatuur*, dat, na korte tijd voorzien te zijn geweest van levenskracht – hoe weten we niet –, de stof waar het uit gemaakt was terug moet geven aan de planeet die het bewoont (slechts een stip in het heelal). Daarentegen verhoogt het tweede oneindig mijn waarde als denkend wezen door mijn persoonlijkheid, waarin de morele wet mij een leven openbaart dat onafhankelijk is van de lichamelijkheid en zelfs van de hele waarneembare wereld – tenminste voor zover dat kan worden opgemaakt uit de aan mijn bestaan door deze wet toegeschreven bestemming. Een bestemming die niet beperkt is tot de omstandigheden en beperkingen van dit leven maar die reikt tot in het oneindige.'[18]

[* Onder invloed van analytici van het religieuze gevoel zoals Friedrich Schleiermacher, Rudolf Otto en Max Scheler legde Heschel, als aanvulling op de chassidische vroomheid en poëzie uit zijn eigen traditie, in zijn derde academische jaar in Berlijn de kiem van zijn latere in Amerika ontwikkelde filosofie van *radical amazement*.]

HOOFDSTUK 5

HET GEVOEL VOOR HET MYSTERIE

§ 1 'VER WEG EN DIEP'

In het boek *Prediker* (*Kohelet*) lezen wij het verhaal van een man die wijsheid zocht, die op zoek was naar inzicht in de wereld en zijn betekenis. *Ik zei tegen mezelf: Laat ik wijsheid zoeken* (7:23) en: *Ik zocht met heel mijn hart naar wijsheid. Alles wat de mens op aarde onderneemt, wilde ik doorgronden* (8:16). Slaagde hij daarin? Hij zegt: *Ik heb meer en groter wijsheid verworven dan iedereen die voor mij in Jeruzalem heeft geregeerd.* (1:16). Maar uiteindelijk besefte hij dat *bij alles wat God doet onder de zon, hij doet wat hij doet. De mens is niet in staat de zin ervan te vinden. Hij tobt zich af en zoekt ernaar, maar hij vindt hem niet, en al zegt de wijze dat hij inzicht heeft, ook hij is niet in staat de zin ervan te vinden* (8:17).

'Ik zei tegen mezelf: *Laat ik wijsheid zoeken, maar ze bleef ver weg. Ver is alles wat er is geweest, dieper nog dan diep. Wie zal ooit inzicht vinden?*' (7:23-24). Prediker zegt niet alleen dat de wijzen der wereld niet wijs genoeg zijn, hij stelt het drastischer. Wat *bestaat* is meer dan je ziet, het *is* 'ver weg en onpeilbaar'. *Zijn is mysterieus.*

Dit is een van de voornaamste inzichten van Prediker: *Ik heb gezien dat het een kwelling is, die hem door God wordt opgelegd. God heeft alles wat er is de goede plaats in de tijd gegeven, en ook heeft hij de mens inzicht in de tijd gegeven. Toch kan de mens het werk van God niet van begin tot eind doorgronden* (3:10-11).[1]

Wijsheid ligt buiten ons bereik. We zijn niet in staat inzicht te krijgen in de uiteindelijke betekenis en bedoeling van de omstandigheden. De mens kent de gedachten van zijn eigen geest niet en hij is evenmin in staat om de betekenis van zijn eigen dromen te begrijpen. *Daniël antwoordde de koning: 'Wijzen, bezweerders, magiërs noch toekomstvoorspellers kunnen het mysterie dat de koning wil begrijpen aan hem onthullen'* (zie: Daniël 2:27).

§ 2 IN ONTZAG EN VERBAZING

In ontzag en verbazing staan de profeten voor het mysterie van het heelal:

> *Wie heeft de wateren met holle hand omvat, de hemel gemeten met een ellenmaat? Wie heeft het stof van de aarde met een maatlepel afgepast? Wie heeft de bergen gewogen op een weegschaal, de heuvels met balans en gewichten?*
>
> Jesaja 40:12

Een nog dieper gevoel van bescheidenheid (*anawa*) komt tot uitdrukking in de woorden van Agur [Hebr.: 'verzamelaar']:

> *Ik ben dommer dan ieder ander, elk menselijk inzicht ontbreekt mij.*
> *Ik heb geen wijsheid opgedaan, van de Heilige weet ik niets.*
> *Wie is naar de hemel geklommen en weer afgedaald?*
> *Wie heeft de wind met zijn handen gevangen?*
> *Wie heeft het water in zijn mantel gebonden?*
> *Wie heeft de grenzen van de aarde bepaald?*
> *Noem mij zijn naam, en de naam van zijn zoon, als je die kent.*
>
> Spreuken 30:2-4

§ 3 WIJSHEID – WAAR MOET JE HAAR ZOEKEN?

Wijsbegeerte is de liefde tot en de zoektocht naar wijsheid. Het bereiken van wijsheid is een van de hoogste verlangens.

> *Maar de wijsheid – waar moet je haar zoeken, en het inzicht – waar is het te vinden?*
> *Geen sterveling kent de weg erheen, de wijsheid is niet in het land der levenden.*
> *De oervloed zegt: 'Ze is niet bij mij,' de diepste zee: 'Bij mij evenmin.'*
>
> *Maar van waar stamt de wijsheid dan, en het inzicht – waar is het te vinden?*
> *De wijsheid is verborgen voor de blik der levenden, ook aan de vogels in de lucht laat ze zich niet zien.*
> *De afgrond en de dood, ze zeggen beide: 'Onze oren kennen haar slechts bij geruchte.'*
>
> Job 28:12-14, 20-22

Wat hebben Job, Agur en Prediker ontdekt tijdens hun grondige onderzoek? Ze hebben ontdekt dat het bestaan van de wereld een mysterieuze realiteit is. Ze verwijzen niet naar wonderen of naar alarmerende verschijnselen. Ze wijzen naar de natuurlijke orde der dingen. Ze verklaren met nadruk dat de wereld van het bekende een onbekende wereld is, verborgenheid, mysterie. Wat hun zielen in beweging bracht, was niet het verborgene of het aanwijsbare, maar het verborgene in het aanwijsbare – niet de orde, maar het mysterie van de orde die heerst in het heelal.

We leven op de grens van de werkelijkheid en weten nauwelijks hoe de kern te bereiken. Wat is onze wijsheid? Van de dingen waar wij rekening mee houden, kunnen we geen rekenschap afleggen. Wij onderzoeken manieren van zijn, maar we weten niet wat, waarom of waartoe zijn is. Noch de wereld, noch ons denken over, of onze bezorgdheid voor de wereld zijn verklaarbaar. Ervaringen en gedachten worden ons opgedrongen zonder dat wij weten waar ze vandaan komen. Elke ervaring is verankerd in mysterie. Elke nieuwe gedachte is een signaal dat we niet helemaal kunnen thuisbrengen. We zullen wel veel raadsels kunnen oplossen, maar de geest zelf blijft een sfinx. Het geheim is in de kern van het aanwijsbare, het bekende is slechts het voor de hand liggende aspect van het onbekende. Geen feit in de wereld staat los van de universele samenhang. Niets is hier definitief. Het mysterie is niet alleen boven ons en ver van ons vandaan, we zijn erin betrokken. Het is onze bestemming en 'het lot van de wereld hangt af van het mysterie'.[2]

§ 4 TWEE SOORTEN ONWETENDHEID

Er zijn twee soorten onwetendheid. De ene, 'bot, ongevoelig en onvruchtbaar', is het gevolg van traagheid. De andere is levendig, doordringend en schitterend. De ene leidt tot verwaandheid en zelfvoldaanheid, de andere leidt tot bescheidenheid. Aan de ene proberen we te ontsnappen, in de andere vindt de geest rust.

Hoe dieper we bij ons onderzoek graven, hoe duidelijker wij gaan inzien dat we niet weten. Wat weten we werkelijk over leven en dood, over de ziel of de gemeenschap, over de geschiedenis of de natuur?

'In toenemende mate zijn we ons pijnlijk bewust geworden van onze grondeloze onwetendheid. Vijftig jaar geleden kon geen wetenschapper hebben beseft dat hij net zo onwetend was als alle huidige toonaangevende wetenschappers zich nu beschouwen.'[3] 'Kunnen we niet inzien dat nauwkeurige wetten, net als alle andere uitersten en totalen, even ongeloofwaardig zijn als de pot met goud aan de voet van de regenboog?'[4] *Maar zeg niet: Wij hebben de wijsheid in hem gevonden* (Job 32:13).[5] 'Zij die erop uitgaan om wijsheid na te jagen, wandelen slechts in een cirkel en keren na al hun inspanning terug tot hun vroegere onwetendheid.'[6] '

Geen verlichting', zegt de Pools-Britse schrijver Joseph Conrad in *The Arrow of Gold* uit 1919, 'kan alle mysterie uit de wereld wegvagen. Als de duisternis vertrokken is, blijven de schaduwen achter.'

§ 5 WIJ VOORVOELEN EN KUNNEN NIET BEVATTEN

Het mysterie is een ontologische categorie. Waar het voor staat wordt aan de meeste mensen het beste duidelijk door de ervaring van uitzonderlijke gebeurtenissen. Het is niettemin een dimensie van alle bestaan die je overal en altijd kunt tegenkomen. Als we de term mysterie gebruiken, bedoelen we niet een of ander esoterisch kenmerk dat voor ingewijden onthuld kan worden, maar het wezenlijke mysterie van zijn als zijn, de aard van zijn als Gods schepping uit het niets en daarom iets wat het menselijke begrip te boven gaat. We komen het niet alleen tegen in de climax van ons denken of bij het zien van vreemde, buitengewone feiten, maar in het opzienbarende feit dat er feiten zijn: het zijn, het heelal, het ontvouwen van de tijd. We kunnen het keer op keer tegenkomen, in een zandkorrel, in een atoom, even goed als in de ruimte van de sterren. Alles bevat het grote geheim. Want het is de onontkoombare toestand van al het zijnde dat het een relatie heeft met het oneindige mysterie. We kunnen doorgaan met het veronachtzamen van het mysterie, maar we kunnen het niet ontkennen of ontlopen. De wereld is iets wat wij *zien maar niet kunnen doorzien.*

Het is tekenend dat het Hebreeuwse woord *'olam*, dat in de na-bijbelse tijd 'wereld' of 'universum' ging betekenen, volgens sommige geleerden is afgeleid van de wortel *'alam* wat verbergen, geheimhouden betekent.[7] De wereld zelf is verborgenheid – zijn essentie is een mysterie.

Een dergelijk besef bleef een onderdeel van het joods-religieuze bewustzijn. Het kwam op vele manieren tot uitdrukking. De volgende passage is een treffende formulering.

§ 6 'VERBORGEN ZIJN DE DINGEN DIE WE ZIEN'

"*Een lied op 'Alamôth van de Korachieten* (Psalm 46:1). Dit is bedoeld met het vers: *Hij doet grote, ondoorgrondelijke dingen, ontelbaar zijn de wonderen die hij verricht* (Job 9:10). Het gaat de kracht van de mens te boven om de wonderen van de Heilige, Hij zij geprezen, te verhalen. Er is gezegd: *Hij, die grote wonderen doet, Hij alleen* (Ps. 136:4). Wat is de betekenis van het woord *alleen*? Hij alleen weet wat Hij voor je doet. Het is in deze zin dat de zonen van Korach een lied aanhieven op 'Alamôth: *verborgen zijn de dingen die we zien; wij weten niet wat wij zien.*" (*'Alam* betekent, zoals boven gezegd, verbergen, geheimhouden).[8]

De inzichten in de aard van de uiteindelijke werkelijkheid zijn voor ons ontoegankelijk. Zelfs wat geopenbaard is, is onvolledig en gesluierd. Van Mozes, de grootste der profeten, wordt ons verteld dat God hem alle 'vijftig poorten van de wijsheid op één na' had toevertrouwd.[9] Hij was niet volmaakt of alwetend. Er waren dingen die hij moeilijk kon begrijpen,[10] en er waren problemen met de goddelijke wet die hij niet kon oplossen.[11] En hoewel hij ten hemel opsteeg en de Thora ontving zonder tussenpersoon, bleef het mysterie van God ondoorgrondelijk voor hem.[12]

Volgens de legende had God aan Mozes de schatten onthuld van de Thora, van wijsheid, kennis en de toekomst van de hele wereld.[13] Toch waren er aanduidingen in de Thora die niet aan Mozes verklaard waren. Deze aanduidingen zijn besloten in 'de kronen' of de drie haaltjes, geschreven boven zeven letters van het Hebreeuwse alfabet, elke keer wanneer ze in de Thora voorkomen.[14] Over deze toespelingen, die niet door letters of door woorden worden uitgedrukt, is er gezegd: 'wat niet aan Mozes geopenbaard werd, was bekend aan rabbi Akiba' (die rond het jaar 132 de marteldood stierf).[15]

De Thora, zo wordt ons gezegd, is zowel verborgen als geopenbaard,[16] en dit geldt voor alle werkelijkheid. Alle dingen zijn zowel bekend als onbekend, duidelijk en raadselachtig, doorzichtig en ondoordringbaar. *Verborgen zijn de dingen die we zien; wij weten niet wat we zien.* De wereld is zowel open als verborgen, een feit en een mysterie. Wij weten en wij weten niet – dit is onze toestand.

Zonderling zijn de woorden die het slot van de Pentateuch vormen. Na ons omstandig te hebben verteld waar Mozes begraven werd:

> *En de EEUWIGE begroef hem in een vallei in Moab, tegenover Beth-Peor,*

besluit de Thora:

> *Tot op de dag van vandaag weet niemand waar zijn graf is.*

De Thora, zeiden de rabbijnen, leert ons de weg van het geloof. Hoewel wij de plaats van Mozes' graf en alle gegevens over haar aardrijkskundige ligging kennen, moeten we beseffen dat we niets weten over de eigenlijke plaats.[17]

HOOFDSTUK 6

HET MYSTERIE IS NIET OPGELOST

§ 1 GOD VERTOEFT IN 'DONKERE WOLKEN'

Het geheim van God blijft altijd voor de mens verzegeld. *Mijn gezicht zul je niet kunnen zien, want geen mens kan mij zien en in leven blijven.* Zelfs de serafs bedekken in de aanwezigheid van God hun gezichten met hun vleugels (Jesaja 6:2). Salomo, die de grote Tempel in Jeruzalem bouwde, wist dat de Eeuwige, die de zon in de hemel plaatste, besloten had *'in een donkere wolk te willen wonen'* «'arafel» (1 Koningen 8:12).[1]

Hij maakte van het donker zijn schuilplaats (Psalm 18:12). *'Zie hoe groot God is, buiten elk begrip'* (Job 36:26). *'God laat zijn donder wonderbaarlijk rollen, hij doet grote dingen die wij niet bevatten.'* (Job 37:5). Niet alleen zijn wezen – zijn wegen zijn diep, geheimzinnig, ondoorgrondelijk. Zijn gerechtigheid, *'als de machtige bergen'*, gaat ons begrip te boven en zijn rechtvaardigheid is *een wijde oceaan* (Ps. 36:7). *Mijn plannen zijn niet jullie plannen, en jullie wegen zijn niet mijn wegen – spreekt de EEUWIGE. Want zo hoog als de hemel is boven de aarde, zo ver gaan mijn wegen jullie wegen te boven, en mijn plannen jullie plannen* (Jesaja 55:8-9).

De geheimen van de natuur en de geschiedenis daagden de bijbelse mens uit en doen hem vaak opschrikken. Maar hij wist dat hij niet in staat was om ze te doorgronden. *Wat verborgen is, behoort de EEUWIGE, onze God, toe* (Deut. 29:28). *God is in de hemel en jij bent op aarde, dus moet je spaarzaam met je woorden zijn* (Pred. 5:1). We hebben niet meer dan een besef van de aanwezigheid van het mysterie, maar het is een aanwezigheid die de geest nooit kan doorgronden. Deze houding staat in contrast met Hegels beschrijving van de overgang van de Egyptische naar de Griekse godsdienst. 'Het raadsel is opgelost. De Egyptische sfinx is volgens een zeer diepzinnige en bewonderenswaardige mythe door een Griek verslagen en zo werd het raadsel opgelost.'[2]

Voor de joodse geest blijven de ultieme raadsels ondoorgrondelijk. *Eer aan God, omdat hij dingen verbergt* (Spreuken 25:2). Het is een koninklijk voorrecht van de mens om de wereld van tijd en ruimte te onderzoeken, maar het is een onmogelijke opdracht om te onderzoeken wat zich buiten de wereld van tijd en ruimte bevindt. 'Voor wie zijn geest richt op vier dingen, zou het beter geweest zijn als hij niet op de wereld gekomen zou zijn: wat is boven? – wat is beneden? – wat was vroeger? – en wat zal hierna zijn?'[3] 'Zoek niet wat te wonderlijk voor je is en speur niet naar wat voor jou verborgen is. Denk diep na over wat je is toegestaan. Laat je niet in met geheimen.'[4] Occultisme is aanmatiging. Magie, waarzeggerij en dodenbezwering zijn door de goddelijke wet verboden. *Wat verborgen is, behoort de* EEUWIGE, *onze God, toe* en alleen van hem moet de kennis en het antwoord komen.

Er zijn mensen geweest die, zoals de schrijver van de middeleeuwse *Lofprijzing*, beleden: 'Mijn ziel verlangde in Uw schuilplaats al Uw mysterie te kennen.' Toch zegt de psalmist: *'Ik ben stil geworden, ik heb mijn ziel tot rust gebracht. Als een kind op de arm van zijn moeder.* EEUWIGE, *niet trots is mijn hart, niet hoogmoedig mijn blik, ik zoek niet wat te groot is voor mij en te hoog gegrepen* (Psalm 131:1-2).

Met vrees en beven moeten de priesters en de Levieten 'de allerheiligste dingen naderen'. *Aäron en zijn zonen komen bij hen en wijzen ieder van hen toe wat hij moet dragen. Zelf mogen ze het heilige niet binnengaan, want als ze er ook maar een glimp van zouden opvangen, zouden ze sterven* (Numeri 4:19-20).[5]

§ 2 EEN BROOD

Wij hebben hierboven gezegd dat de wortel van de verering ligt in het gevoel voor de 'wonderen die dagelijks bij ons zijn'. Er is geen verering of ritueel zonder een gevoel voor het mysterieuze. Want aanbidding en ritueel sluiten het vermogen in om ons tot God te richten – een gegeven dat niet in enig systeem van zuiver naturalisme kan worden geïntegreerd – en zijn slechts zinvol als een mysterie waarvan wij overtuigd zijn, zonder dat wij het kunnen analyseren of onderzoeken. Wat meer is: alle verering en rituelen zijn in de kern pogingen om onze ongevoeligheid voor het mysterie van ons eigen bestaan en van onze eigen bezigheden weg te nemen.

Neem een brood. Het komt voort uit klimaat, grond en het werk van de boer, de koopman en de bakker. Als we de krachten willen prijzen die hebben samengewerkt bij de broodproductie, dan moeten we de loftrompet steken over de zon en de regen, de grond en het menselijk verstand. Toch prijzen we deze niet voor we het brood breken. Wij zeggen: *Gezegend Jij, o Eeuwige onze God, koning van het heelal, die het brood voortbrengt uit de aarde.* Zou het op grond van de gang van zaken niet juister zijn om de boer, de koopman en de bakker de eer te geven? In onze ogen zijn zij het die het brood voortbrengen.

Zoals we aan het mysterie van de plantengroei voorbijgaan, slaan we het wonder van de landbouw over. We zegenen hem die zowel de natuur als de beschaving mogelijk maakt. Het is onbelangrijk om telkens stil te staan bij wat brood feitelijk is, te weten 'een voedingsmiddel gemaakt van meel van graan gemengd met water waar meestal gist aan wordt toegevoegd om het te laten rijzen, waarna het mengsel wordt gekneed en gebakken tot broden'. Het is belangrijk om steeds stil te staan bij wat brood uiteindelijk is.
Sterk en duurzaam zijn de natuurwetten. En toch wordt ons gezegd dat een boer die zaad zaait om het te laten groeien, dit moet doen in godsvertrouwen, niet in geloof in de natuur.[6] Want dit is het wezen van het geloof: zelfs wat de gewoonste zaak van de wereld lijkt te zijn, is een daad van God.[7]
Joodse observantie is een constante herinnering. Het is een krachtig pleidooi om je aandacht te richten op hem die de natuur te boven gaat, zelfs als we met de natuur bezig zijn. Het besef van het mysterie, dat niet vaak onder woorden wordt gebracht, is altijd aanwezig. Een klassiek voorbeeld van dat besef is de houding tegenover de *Onuitsprekelijke Naam*.

§ 3 DE ONUITSPREKELIJKE NAAM

De ware naam van God is een mysterie. In de Talmoed wordt gezegd: "*En God zei tot Mozes... Dit is Mijn naam voor eeuwig* (Exodus 3:15). Het Hebreeuwse woord 'voor eeuwig' (*leolam*) is hier zó geschreven dat het gelezen kan worden *lealem*, wat betekent 'verbergen'. De naam van God moet verborgen blijven."[8]
Door de eeuwen heen zijn de joden teruggedeinsd voor het uitspreken en – tot op zekere hoogte – het voluit schrijven van de vierletterige heilige naam van God (het *Tetragrammaton*).[9] Behalve in de Bijbel wordt de naam gewoonlijk niet voluit geschreven. Zelfs wanneer het stuk uit de Pentateuch in de eredienst wordt gelezen, wordt de naam nooit uitgesproken zoals hij geschreven is. De echte naam is de *Onuitsprekelijke Naam*. Hij wordt door de joden weergegeven als *Adonai* (letterlijk 'mijn Eeuwige'),[10] door de Samaritanen als *Hashem* en door de vertalers van de Bijbel in het Grieks met het woord 'Eeuwige' (*kyrios*). Volgens Abba Saul zullen zij die de Onuitsprekelijke Naam uitspreken geen deel uitmaken van de wereld die komen gaat.[11] 'Niemand mag het mysterie van Jouw naam uitspreken.'[12]

Slechts één maal per jaar, op Grote Verzoendag, werd de Onuitsprekelijke Naam uitgesproken door de hogepriester in de Tempel te Jeruzalem. En wanneer de naam uit zijn mond kwam, 'in heiligheid en zuiverheid', 'bogen zij die bij hem stonden zich in het stof en zij die veraf stonden zeiden: *Gezegend zij de naam... voor eeuwig en altijd*'. Tijdens de viering werd de naam tien maal uitgesproken en toch waren alle mensen de uitspraak al vergeten voordat ze de Tempel verlaten hadden.[13] Volgens een middeleeuwse bron ontsnapte de naam zelfs aan de hogepriester, zodra hij de Tempel verliet.[14]

Tot op de dag van vandaag sluiten de priesters hun ogen wanneer ze de zegen uitspreken, omdat zij toen de Tempel bestond de Onuitsprekelijke Naam plachten uit te spreken... en de *Sjechina* op hun ogen placht te rusten. Ter herinnering daaraan sluiten zij hun ogen.[15]

De Tien Woorden bevatten geen enkel gebod om God te aanbidden. Zij zeggen ons '*Toon respect voor uw vader en uw moeder*', ze zeggen ons niet 'eer uw God, aanbid hem, breng hem offers'. De enige verwijzing naar aanbidding is indirect en negatief: *Misbruik de naam van de* EEUWIGE, *uw God, niet.*

Het gevoel voor het onuitsprekelijke, het besef van de grootsheid en het mysterie van het leven, hebben alle mensen gemeen en in de diepte van een dergelijk besef zijn religieuze daden en gedachten vol betekenis. De religieuze voorstellingen zijn *een antwoord* waar het mysterie *een probleem* is.

Als je het bekijkt vanuit een oogpunt van nut, als hun betekenis letterlijk wordt opgevat als oplossingen voor wetenschappelijke problemen, dan zijn ze gedoemd tot zinloosheid. Daarom hebben de fundamentele *voorstellingen* in het jodendom meer dan één dimensie. Ze verwijzen naar een mysterie en ze raken verwrongen wanneer ze als feitelijke beschrijvingen worden opgevat. De voorstelling van de mens als een wezen, geschapen als gelijkenis van God, de voorstelling van de schepping, van goddelijke kennis, de verkiezing van Israël, het probleem van het kwaad, messianisme, het geloof in de wederopstanding of geloof in openbaring worden karikaturen wanneer ze in de hokjes van het alledaags denken worden ondergebracht.[16]

In zijn stervensuur vroeg Mozes: 'Eeuwige van het Heelal, ik vraag van Jou één gunst voor ik sterf, dat alle poorten van zowel de hemel als van de afgrond geopend worden en de mensen zullen zien dat er buiten Jou niemand is.'[17] Mozes' verzoek werd niet ingewilligd en de poorten bleven gesloten.

§ 4 HET MYSTERIE IS NIET GOD

Is dit de betekenis van de menselijke situatie: vastgebonden te zijn op de brandstapel en te volharden? Job is niet opgedragen om de roede te kussen, om zich te onderwerpen aan het noodzakelijke. Hem is niet gezegd dat er geen gerechtigheid of wijsheid is, maar alleen de duisternis van het mysterie. Bij zijn speuren naar betekenis wordt hem gezegd:

God kent haar wegen
en hij weet waar ze verblijft.
Want hij ziet tot aan de randen van de aarde,
onder heel de hemel ontsnapt niets aan zijn blik.
Toen hij de kracht schiep van de winden
en de wateren omgrensde,
toen hij zijn wet oplegde aan de regen
en de wegen van de donderwolken baande,
zag hij de wijsheid en hij toetste haar,
hij peilde en doorgrondde haar.
En hij sprak tot de mens:
'Ontzag voor de Eeuwige – dat is wijsheid;
het kwaad mijden – dat is inzicht.' Job 28:23-28

Gods macht is niet willekeurig. 'De Almachtige – die wij niet kunnen herleiden is groot in macht, maar toch maakt Hij geen inbreuk op recht en overvloedige rechtvaardigheid.' Wat voor ons mysterieus is, is van God uit gezien eeuwig betekenisvol. De natuur is onderworpen aan zijn doelbewuste wil en de mens aan wie een deel van zijn wijsheid werd geschonken, is geroepen tot verantwoordelijk leven en om deelgenoot van God te zijn in de verlossing van de wereld.

Van de uiterste verborgenheid van God zijn we ons voortdurend bewust. Toch is zijn mededogen, zijn leiding, zijn wil, zijn gebod geopenbaard aan de mens en door de mens te ervaren .

God is een mysterie, maar het mysterie is niet God.[18] Hij *onthult mysteries* (Daniël 2:47). 'Hij onthult diepe, verborgen dingen, hij weet wat in duister is gehuld, en het licht woont bij hem' (Dan. 2:22). In de woorden van de liturgie van de Ontzagwekkende Dagen: 'Jij kent eeuwige geheimenissen en de diepste geheimen van al wat leeft.' De zekerheid dat er aan gene zijde van het mysterie een bedoeling is, is de reden voor uiteindelijke blijdschap.

> De EEUWIGE is koning – laat de aarde juichen,
> laat vreugde heersen van kust tot kust.
> *In wolk en duisternis is hij gehuld,*
> *zijn troon stoelt op recht en gerechtigheid.* Psalm 97:1-2

We vergoddelijken het mysterie niet. We vereren hem die in zijn wijsheid alle wonderen te boven gaat. Zoals al gezegd, het is niet onze taak om de barrières te doorbreken, om de geheimen te doorgronden. Elke poging om de geheimen te peilen door middel van occulte kunsten, dodenbezwering of door zijn toevlucht te nemen tot orakels is bij de wet verboden.[19]

§ 5 AAN GENE ZIJDE VAN HET MYSTERIE IS GENADE

Welke geheimen werden onthuld toen het grote ogenblik aanbrak en de stem van God hoorbaar werd bij de Sinaï? In apocalyptische visioenen worden 'de schatten van de sterren' getoond, bergen van goud, zeeën van glas, steden van jaspis. Leerde Israël bij de Sinaï iets over het mysterieuze van het heelal? Over de omstandigheden van overleden zielen? Over demonen, engelen, de hemel? De stem die zij hoorden zei: Houd de sabbat in ere, het is een heilige dag... Toon respect voor uw vader en uw moeder...
Toen de Eeuwige op Mozes' verzoek verscheen om hem te zeggen wat hij is, zei hij toen: ik ben de al-wijze, de volmaakte en van oneindige schoonheid? Hij zei: Ik ben vol van liefde en compassie. Waar in de godsdienstgeschiedenis werd – voor de dagen van Mozes – het Opperwezen verheerlijkt omdat hij meeleefde met het lijden van de mens? Hebben de filosofen niet ingestemd, zoals Nietzsche opmerkte, met het kleineren van het medelijden?

§ 6 DRIE HOUDINGEN

Er zijn drie houdingen tegenover het mysterie: de fatalistische, de positieve en de bijbelse.

1 Voor de fatalist is het mysterie de hoogste macht, die de gehele werkelijkheid beheerst. Hij gelooft dat de wereld wordt beheerst door een redeloze, geheel onnaspeurlijke en blinde macht die verstoken is van zowel recht-

vaardigheid als van enige bedoeling. De Maat van de Egyptenaar, Pta en Asha van de Indiërs en de Perzen en de Moira van de Grieken betekenen een macht die boven de goden is gesteld. De strenge besluiten van Moira worden zelfs door Zeus gevreesd. Vanuit het noodlot gezien is de geschiedenis een ondoordringbaar mysterie en verkeert de mens in duistere onzekerheid over de toekomst. Een tragische doem, waar goden en mensen op dezelfde manier aan onderworpen zijn, hangt over de wereld en de enige houding die je kunt aannemen, is er een van berusting. Het is een visie die in verschillende vormen en maten in bijna alle heidense godsdiensten, vele moderne geschiedenisfilosofieën (de geschiedenis als een kringloop van opkomst en verval) en ook in het populaire denken wordt gevonden.

2 De positivist bekijkt het zakelijk: het mysterie bestaat niet. Wat als zodanig beschouwd wordt, is gewoon dat wat we nu nog niet weten maar later kunnen verklaren. De logisch-positivist houdt vol dat alle beweringen over de aard van de werkelijkheid of over een rijk van waarden dat de vertrouwde wereld overstijgt zonder betekenis zijn en dat daartegenover alle zinvolle vragen in principe te beantwoorden zijn.

3 Het besef van het mysterie was normaal voor alle mensen in de oudheid. Een nieuw tijdperk begon toen verteld werd dat het mysterie *niet* het laatste is. Dat geen demonisch blinde macht de wereld regeert, maar een rechtvaardige God. In de Griekse tragedie is de mens onveranderlijk het slachtoffer van een of andere onzichtbare macht die hem verdoemt tot een ramp. 'Verschrikkelijk is de geheimzinnige macht van het lot.' 'Bid helemaal niet, stervelingen ontkomen toch niet aan een voorbestemde ramp.'[20] In contrast hiermee staat Abraham voor God, pleitend voor de redding van Sodom: '*Zoiets kunt u toch niet doen, hen samen met de schuldigen laten omkomen! Dan zouden schuldigen en onschuldigen over één kam worden geschoren. Dat kunt u toch niet doen! Hij die rechter is over de hele aarde moet toch rechtvaardig handelen?*'[21]

De theologie van het noodlot kent alleen een eenzijdige afhankelijkheid van de hoogste macht. Die macht voelt geen zorg of belangstelling voor de mens. De geschiedenis gaat haar gang als een alleenspraak. Maar voor de joodse religie wordt de geschiedenis bepaald door het verbond: God heeft de mens nodig.[22] Het hoogste is geen wet maar een rechter, geen macht maar een vader.

§ 7 GOD IS NIET EEUWIG STIL

De joodse houding tegenover het mysterie kan worden vergeleken met de volgende verklaring van Plotinus: "Als een mens aan de Natuur zou vragen: 'Waarom breng je schepselen voort?' en ze zou bereid zijn om te luisteren en te antwoorden, dan zou zij zeggen: 'Vraag me niet, maar begrijp stilzwijgend, zoals ik zwijg'."[23]

Een jood zal dat antwoord niet aanvaarden. Hij zal doorgaan met bidden: *Hoe lang nog oordeelt u onrechtvaardig en kiest u partij voor wie kwaad doen?* (Psalm 83:2). *Waarom verbergt u uw gelaat, waarom vergeet u onze ellende, onze nood?* (Ps.44:25). God zwijgt niet altijd en Israël wacht op zijn woord. 'Hij is onze God, Hij is onze Vader, Hij is onze Koning, Hij is onze Verlosser. Hij zal wederom in Zijn genade in de aanwezigheid van al wat leeft aan ons aankondigen... jullie God te zijn – ik ben de Eeuwige jullie God.'[24]

Bovendien is het meest lastige en bediscussieerde onderwerp binnen het joodse denken niet: 'Waarom brengt gij schepselen voort?', maar meer: 'Waar is uw genade?' *Waar is uw strijdlust en zijn uw machtige daden? U bent niet meer met mij begaan, uw compassie gaat aan mij voorbij. Zie neer vanuit de hemel, kijk vanuit uw heilige en luisterrijke woning.*[25]

Een talmoedische legende geeft twee problemen weer die de rabbijnen* verbijsterden: de verkiezing van Israël en het lijden van Israël. Beide problemen werden door Mozes aan de orde gesteld en deden zich voor in het leven van rabbi Akiba. Het eerste probleem: waarom werd Mozes van alle mensen gekozen om het woord van God aan de wereld te brengen, hoewel een man als rabbi Akiba niet zijn mindere was in geestkracht?[26] Het tweede probleem: waarom moest rabbi Akiba de marteldood sterven?

Toen Mozes opsteeg naar de hemel, vond hij de Heilige – hij zij geprezen – bezig met het aanbrengen van kronen boven de letters van de Thora (zie hoofdstuk 5, § 6). Mozes zei: Eeuwige der wereld, wie weerhoudt je om in woorden te openbaren wat slechts in de kronen mag worden aangeduid? Hij antwoordde: Aan het einde van vele generaties zal een man opstaan, genaamd Akiba ben Joseph, die naar aanleiding van elk tekentje zeer vele wetten zal uitleggen. Eeuwige der wereld, zei Mozes, sta mij toe hem te zien. Keer je om en zie, antwoordde de Eeuwige. Mozes ging en zat achter de achtste rij en daar kon hij de gedachtewisselingen tussen rabbi Akiba en zijn leerlingen volgen. Maar Mozes kon de discussies niet begrijpen en hij was zeer teleurgesteld. Maar toen hoorde hij de leerlingen over een bepaald onderwerp aan hun meester vragen: Hoe weet je dat? En hij antwoordde: Dit is een wet die aan Mozes gegeven is op de Sinaï, en Mozes was getroost. Daarop keerde Mozes terug naar de Heilige – hij zij geprezen – en zei: Eeuwige der wereld, je beschikt over zo'n man en je geeft de Thora aan Israël door mij! Maar God antwoordde: *Zwijg*, want dit is mijn besluit. Toen zei Mozes: Eeuwige der wereld, jij hebt me toegestaan zijn lessen bij te wonen, laat mij de beloning zien die voor hem is weggelegd. Keer je om en zie, zei de Eeuwige en Mozes keerde zich om en zag hoe de Romeinen het vlees van de martelaar Akiba verkochten op de markt. Eeuwige der wereld, riep Mozes, is dit de beloning voor dergelijk onderwijs? En de Eeuwige antwoordde: *Zwijg, want dit is mijn besluit.*[27]

Marc Chagall *Rabbi Akiba*, 1947

[* Met 'de rabbijnen' worden in de joodse traditie de leraren bedoeld uit de z.g. rabbijnse periode, in de jaren 100-600, de tijd van de Misjna en de Talmoed.]

HOOFDSTUK 7

ONTZAG

§ 1 ALS DE GROTE AFGROND

Het ontzag en de bescheidenheid, gevoeld tegenover het mysterie en de grootsheid van de natuur en de geschiedenis, beïnvloedden het bijbelse begrijpen van de aard, het bereik en de waarde van menselijke kennis en wijsheid. Omdat alle werkelijkheid besloten ligt in de wil en gedachte van God, zal je, als je de wereld wilt begrijpen, moeten te proberen God te begrijpen. Maar wat is de manier om hem te begrijpen?

> *Kun jij Gods wijsheid ten diepste doorvorsen, het wezen van de Ontzagwekkende geheel omvatten? Van de hemelse hoogten – vermag jij daar iets? – tot het diepst van het dodenrijk – reikt jouw kennis zo ver? Langer dan de aarde is zijn maat, hij is breder dan de zee.*
>
> Job 11:7-9

Veel is er gezegd tot lof van de wijsheid en de wijze: *De lessen van de wijze zijn een bron van leven* (Spreuken 13:14). *Wat de wijze zegt, brengt genezing* (Spr. 12:18). *Het voordeel van de wijsheid is dat ze de mens meer schaduw in het leven biedt* (Prediker 7:12). Menselijke wijsheid is echter niet onze hoogste veiligheid.

Menselijke wijsheid is betrekkelijk, niet absoluut. Zij is door God geschonken en kan door hem worden weggenomen. *Want het is de* EEUWIGE *die wijsheid schenkt* (Spreuken 2:6), maar ook *die wijzen naar de achtergrond dringt en hun kennis bespottelijk maakt* (Jesaja 44:25).

De levenswijsheid die de mens kan verwerven en die zo gewaardeerd en geprezen werd, wordt onwetendheid wanneer we tegenover het mysterie van de natuur en de geschiedenis worden geplaatst.

De boodschap die de Bijbel brengt is er niet een van wanhoop of agnosticisme. Job zegt niet eenvoudig 'We weten het niet', maar juist dat God het weet, dat 'God de weg erheen kent'. Hij weet waar de wijsheid is. Dit nu is voor ons gevoel de bijzondere betekenis van mysterie. Het is geen *synoniem voor het onbekende*, maar eerder een naam voor een *bedoeling die in relatie staat tot God.*

§ 2 HET BEGIN VAN WIJSHEID IS ONTZAG

De hoogste betekenis en de hoogste wijsheid worden niet gevonden in de wereld maar in God en de enige weg naar de wijsheid is, zoals hierboven gezegd, door onze relatie tot God. Die verhouding is ontzag. Ontzag in deze zin is meer dan een emotie – het is een manier van begrijpen. Ontzag is een vorm van inzicht in een betekenis die groter is dan onszelf.

Daarom wordt de vraag *waar zal de wijsheid gevonden worden?* door de psalmist beantwoord: *Het begin van wijsheid is ontzag voor de* EEUWIGE.[1] De Bijbel predikt ontzag niet als een vorm van verstandelijke berusting en zegt niet: ontzag is het einde van de wijsheid. Het lijkt de bedoeling te zijn dat ontzag een weg is naar wijsheid. In Job komen we precies hetzelfde tegen: *Ontzag voor de Eeuwige – dat is wijsheid.*[2]

Het begin van ontzag is verwondering, en het begin van wijsheid is ontzag.

§ 3 DE BETEKENIS VAN ONTZAG

Ontzag is een manier om een goede verstandhouding met het geheim van alle werkelijkheid te hebben. Het ontzag dat wij voelen of zouden horen te voelen in de aanwezigheid van een menselijk wezen, is een ogenblik van intuïtie voor de gelijkenis van God die in zijn wezen verborgen ligt. Niet alleen de mens, ook zielloze dingen hebben een relatie met de schepper. Het geheim van elk wezen is de goddelijke zorg en betrokkenheid die erin gelegd zijn. Bij elke gebeurtenis staat er iets heiligs op het spel.[3]

Ontzag is een intuïtie voor de waardigheid van al het geschapene en voor hun dierbaarheid voor God. Een besef dat dingen niet alleen zijn wat ze zijn, maar ook – hoe ver verwijderd ook – staan voor iets absoluuts. Ontzag is een gevoel voor de *transcendentie*, de superioriteit, voor de overal voorkomende verwijzing naar hem die alle dingen te boven gaat. Het is een inzicht dat beter in gedrag dan in woorden kan worden overgedragen. Hoe vuriger wij het willen uitdrukken, hoe minder er van overblijft.

De bedoeling van ontzag is om te beseffen dat het leven zich voltrekt onder wijde horizonten, blikvelden die verder reiken dan een individueel leven of zelfs dan het leven van een volk, een generatie of tijdperk. Ontzag stelt ons in staat om in de wereld aanduidingen van het goddelijke waar te nemen, om in kleine dingen het begin van een oneindige betekenis te voelen, om het hoogste te voelen in het alledaagse en het eenvoudige. Ontzag maakt het mogelijk om in de drukte van alles wat voorbij gaat de stilte van het eeuwige te bespeuren.

Wanneer we iets analyseren of waarderen, denken en oordelen we vanuit een bepaald gezichtspunt. Al naar gelang onze achtergrond en opleiding schenken we aandacht aan verschillende aspecten van hetzelfde object. De beperking van de geest is zo dat hij nooit drie kanten van een gebouw tegelijk kan zien. Het gevaar begint wanneer wij vanuit één gezichtspunt een gedeelte als het geheel proberen te beschouwen. In de schemering van dit perspectivisch kijken wordt zelfs de aanblik van het deel vertekend. Wat we niet door analyse kunnen begrijpen, worden we ons bewust in ontzag. Wanneer we 'stilstaan en overwegen', aanschouwen we en zijn we getuige van wat immuun is voor analyse.

Kennis wordt door nieuwsgierigheid bevorderd en wijsheid door ontzag. Sommigen beschouwen wijsheid misschien als 'een ongewone mate van gewoon verstand'. Voor ons is wijsheid het vermogen om alle dingen te beschouwen vanuit Gods gezichtspunt, meegevoel met het goddelijke *pathos*, de vereenzelviging van de wil met de wil van God.*

Dit zegt de EEUWIGE: *De wijze moet zich niet beroemen op zijn wijsheid, de sterke niet op zijn kracht, de rijke niet op zijn rijkdom. Wil iemand zich op iets beroemen, laat hij zich erop beroemen dat hij mij kent, inziet dat ik, de* EEUWIGE, *dit land liefde schenk, rechtvaardigheid en recht, want daar schep ik behagen in – spreekt de* EEUWIGE. (Jeremia 9:22-23)

Natuurlijk zijn er momenten van een hogere of een lagere intensiteit van ontzag. Wanneer een mens het feit ontdekt dat God 'de grote heerser is, de rots en het fundament van alle werelden, voor wie alle bestaande dingen nietig zijn, zoals er gezegd is, *de mensen op aarde zijn slechts nietige wezens*' (Daniël 4:32),[4] dan zal hij overweldigd worden door een gevoel van de heiligheid van God. Een dergelijk ontzag weerklinkt in de aansporing van de profeten: '*Verschuil je tussen de rotsen, verberg je onder de grond, vlucht voor de vreselijke macht van de* EEUWIGE, *voor zijn geduchte majesteit*' (Jesaja 2:10).

Bij Maimonides vinden we een klassieke verklaring van de betekenis van ontzag en van de wijze waarop het zich uitdrukt:

'Wanneer een mens bij een machtige koning is, zal hij niet zitten of bewegen en zich gedragen zoals hij thuis zou doen. Ook zal hij niet in de gehoorzaal van de koning op dezelfde ongedwongen wijze spreken zoals hij zou doen in zijn eigen gezin of bij vrienden. Daarom moet iedereen die naar menselijke volmaaktheid verlangt en een echte 'mens van God' wil worden, het feit ontdekken dat de grote Koning die hem voortdurend beschermt en nabij is, machtiger is dan elk individu, zelfs als het David of Salomo zou zijn. Die Koning en voortdurende bewaarder is de geest die op ons is neergedaald en die de band vormt tussen ons en God. Zoals wij Hem waarnemen in het licht dat Hij op ons doet schijnen – zoals er gezegd is: *Door úw licht zien wij licht* (Psalm 36:10) – zo ziet God op ons neer in datzelfde licht. Door dat licht is God altijd bij ons, uit de hoge op ons neerziend: *Als iemand zich verbergt, zou ik hem dan niet zien? – spreekt de* EEUWIGE (Jeremia 23:24).'[5]

§ 4 ONTZAG EN VREES

Volgens de Bijbel is de voornaamste religieuze deugd *yirah*. Wat is de aard van yirah? Het woord heeft twee betekenissen: *vrees* en *ontzag*. Er is iemand die de eeuwige vreest opdat hij niet lichamelijk, in zijn gezin of in zijn bezittingen gestraft zal worden. Een ander vreest de Eeuwige omdat hij bang is voor straf in de komende wereld. Beide typen worden in de joodse traditie als minderwaardig beschouwd.[6] Job, die zei: *Hoewel Hij mij slaat, toch zal ik mijn vertrouwen op Hem stellen*, werd tot zijn vroomheid niet zozeer aangezet door vrees als wel door ontzag, door het besef van de *grandeur* van zijn eeuwige liefde.

Vrees is het vooruitlopen op en de verwachting van kwaad of pijn, in tegenstelling tot hoop wat het verwachten van het goede inhoudt. Ontzag, aan de andere kant, is het gevoel van verwondering en bescheidenheid, ingegeven door het verhevene of gevoeld in de aanwezigheid van het mysterie. *Vrees is niets anders dan het opgeven van de hulp die het redelijk denken biedt.*[7] Ontzag is het verkrijgen van inzichten die de wereld voor ons in petto houdt. Anders dan vrees doet ontzag ons niet terugdeinzen voor het object dat ons ontzag inboezemt. Integendeel: het fascineert ons. Daarom is ontzag zowel met liefde[8] als met vreugde[9] verenigbaar.

In zekere zin is ontzag het tegengestelde van vrees. Te voelen *De* EEUWIGE *is mijn licht, mijn behoud* is het gevoel van *wie zou ik vrezen?* (Psalm 27:1).[10] *God is voor ons een veilige schuilplaats, een betrouwbare hulp in de nood. Daarom vrezen wij niet, al wankelt de aarde en storten de bergen in het diepst van de zee* (Psalm 46:2-3).

§ 5 ONTZAG GAAT VOORAF AAN GELOOF

Ontzag gaat vooraf aan geloof. Het ligt eraan ten grondslag. We moeten groeien in ontzag om geloof te bereiken. We moeten geleid worden door ontzag om geloof waardig te worden. Meer dan geloof is ontzag de belangrijkste houding van de religieuze jood. Het is 'het begin en de toegangspoort van het geloof, het eerste voorschrift van alle en de gehele wereld is er op gegrond'. In het jodendom is *yirat hashem*, het ontzag voor God, of *yirat shamayim*, het 'ontzag voor de hemel', bijna gelijkwaardig aan het woord 'religie'. In de bijbelse taal wordt de religieuze mens geen 'gelovige' genoemd, zoals dat bijvoorbeeld in de islam gebeurt (*mu'min*), maar *yare hashem*. [Hij die ontzag heeft voor God.]

§ 6 TERUGKEER TOT DE EERBIED

Er is dus maar één weg tot de wijsheid: ontzag. Verspeel je gevoel van ontzag, laat je verwaandheid jouw vermogen tot aanbidding verminderen, en het heelal wordt een marktplein voor je. Het verlies van ontzag is de grote hinderpaal voor inzicht. Een terugkeer tot diepe eerbied is het eerste vereiste voor de opbloei van wijsheid, voor de ontdekking van de wereld als een zinspeling op God. Wijsheid komt niet zozeer voort uit scherpzinnigheid als wel uit ontzag. Zij wordt niet opgeroepen in momenten van berekening, maar in ogenblikken waarin je in aanraking komt met het mysterie van de werkelijkheid. De grootste inzichten komen tot ons in momenten van ontzag.

Een moment van ontzag is een moment van zelfheiliging. Zij die het wonder voelen, delen in het wonder. Zij die wat heilig is heilig houden, zullen zelf heilig worden.[12]

[* Met *pathos* wordt de concreet ingevulde houding, de van gevoelswaarde doortrokken reactie van God op menselijk handelen aangeduid. God is persoonlijk, intiem betrokken bij de geschiedenis. Wat de profeten ervaren is niet in eerste instantie Gods wil (*ethos*), maar Gods concrete houding. *Pathos* = hartstocht en staat tegenover *apathes* = vrij-zijn van 'passies', de koele afstandelijke kenmerken van het abstracte godsbegrip. De profeet gaat met God meevoelen. De *pathos* van God roept bij de profeet *sympathie* en *empathie* op. In zijn dissertatie *Die Prophetie* (Krakow 1936) werkt Heschel dit thema uit, en in 1962 uitgebreider in *The Prophets*.]

HOOFDSTUK 8

HEMELSE GLORIE

§ 1 HET MAJESTEITELIJKE IS HET ONUITSPREKELIJKE

In zijn grote visioen neemt Jesaja de stem van de serafijnen waar zelfs *vóórdat* hij de stem van de Eeuwige hoort. Wat is het dat de serafijnen aan Jesaja openbaren: *'Heilig, heilig, heilig is de* EEUWIGE *van de hemelse machten. Heel de aarde is vervuld van zijn majesteit* (6:3). Het wordt niet uitgeroepen als een messiaanse belofte, maar als een feit. *De mens* voelt het misschien niet, maar *de serafijnen* verkondigen het. Het is de eerste uitspraak die Jesaja als profeet ontving. Toen de hemelen geopend werden bij de rivier de Kebar, hoorde ook Ezechiël het geluid van een geweldig geraas: *'De luister van de* EEUWIGE *zij geloofd in zijn woning!'* (3:12). *En daar, vanuit het oosten, zag ik de God van Israël in al zijn luister verschijnen, met een geluid als het gebulder van de zee, en de aarde straalde ervan* (43:2). In de Pentateuch wordt het feit dat de glorie van God de wereld vervult in de naam van God uitgesproken. 'De EEUWIGE antwoordde: ... Maar zo waar ik leef en *– de hele aarde vervuld is van de majesteit van de* EEUWIGE... (Numeri 14:21).

Is de aanwezigheid van de majesteit in de wereld een goddelijk geheim iets wat alleen bekend is aan God en de serafijnen? Volgens de psalmist *'verhaalt de hemel van Gods majesteit'* (19:2). Hoe vertellen zij die? Hoe openbaren zij die? *De dag zegt het voort aan de dag die komt, de nacht vertelt het door aan de volgende nacht.* Zeggen? Vertellen? Wat is de taal, wat zijn de woorden waarin de hemelen de glorie uitspreken? *Er wordt niets gezegd, geen woord gehoord, het is een spraak zonder klank. En toch gaat over heel de aarde hun stem, tot aan het einde van de wereld hun taal* (Psalm 19:4-5). Het hemelse lied is niet uit te spreken.

Het majestueuze is verborgen, maar er zijn momenten waarop zij geopenbaard wordt, in het bijzonder aan de profeten. Tijdens de tocht door de woestijn gebeurde het meer dan eens dat *de majesteit van de* EEUWIGE *aan het verzamelde volk verscheen* (Leviticus 9:23); *...verscheen de majesteit van de* EEUWIGE *aan het hele volk* (Numeri 16:19). *Ze zagen hoe... de majesteit van de* EEUWIGE *verscheen* (17:7). *Toen verscheen de majesteit van de* EEUWIGE (20:6), zodat het boek Deuteronomium kon erkennen dat *de* EEUWIGE, *onze God, ons zijn luister en zijn grootheid heeft laten zien* (Deut. 5:24).[1]

§ 2 DE GLORIE IS GEEN DING

Wat is de aard en de betekenis van de glorie of, zoals ze later veelvuldig genoemd werd, de *Sjechina*? Omdat de hemelse glorie vaak geopenbaard werd in een wolk en haar verschijning vergeleken werd met een laaiend vuur (Exodus 24:17), werd ze soms getypeerd als een zuiver extern verschijnsel, zonder enige inhoud; een vertoon van macht, nooit van de geest.[2] Toch is zo'n voorstelling verkeerd. Is het mogelijk vuur of wolk in de profetie van Haggai (2:8) in de plaats te stellen van het majesteitelijke: *mijn huis zal ik vullen met pracht en rijkdom*? Of in de woorden van de psalmist (85:10): *Voor wie hem eren is zijn hulp nabij: zijn glorie komt wonen in ons land*? Is het bovendien denkbaar dat dit is wat de serafijnen verkondigen: de hele aarde is vol vuur of duisternis?

Het is waar dat de glorie, het *majesteitelijke*, als profetisch verschijnsel niet onverhuld optreedt.

Terwijl Mozes de berg op ging, werd deze overdekt door een wolk: de majesteit van de EEUWIGE *rustte op de Sinaï. Zes dagen lang bedekte de wolk de berg. Op de zevende dag riep de* EEUWIGE *Mozes vanuit de wolk. En terwijl de Israëlieten de majesteit van de* EEUWIGE *zagen, als een laaiend vuur op de top van de berg, ging Mozes de wolk binnen en klom hij verder omhoog* (Exod. 24:15 e.v). *Toen werd de ontmoetingstent overdekt door een wolk en werd de tabernakel gevuld door de majesteit van de* EEUWIGE. *Mozes kon de ontmoetingstent niet meer binnengaan, want de wolk rustte daarop en de majesteit van de* EEUWIGE *vulde de tabernakel. Zolang hun tocht duurde, trokken de Israëlieten pas verder wanneer de wolk zich van de tabernakel verhief. Wanneer de wolk niet opsteeg, trokken ze niet verder; ze wachtten tot de wolk weer opsteeg. Zolang hun tocht duurde, rustte overdag de wolk van de* EEUWIGE *op de tabernakel, 's nachts verscheen er een vuur in, dat voor alle Israëlieten zichtbaar was* (40:34 e.v.). *Zodra de priesters uit het heiligdom naar buiten kwamen, vulde een wolk de tempel van de* EEUWIGE. *De priesters konden hun dienst niet meer verrichten, want de majesteit van de* EEUWIGE *vulde de hele tempel.* (1 Koningen 8:11)

Een verheven verschijnsel als een storm, een vuur, een duistere wolk of weerlicht, het verschaft een 'achtergrond voor de luister. Het is niet de glorie zelf'.[3]

Evenmin is de glorie hetzelfde als het wezen of het bestaan van God. Het gebed van de psalmist *De luister van de* EEUWIGE *moge eeuwig duren* (104:31) kan niet opgevat worden als: 'Het bestaan van de Eeuwige zet zich voort tot in eeuwigheid' – dit zou godslasterlijk zijn.

§ 3 DE HEMELSE GLORIE IS DE NABIJHEID VAN GOD

Wat is dan de aard van de glorie, de hemelse heerlijkheid? Misschien was het wat Mozes zo vurig wenste te kennen toen hij bad: '*Laat mij toch uw majesteit zien.*' Zijn gebed werd verhoord en de EEUWIGE antwoordde: '*Ik zal in mijn volle luister voor je langs gaan*' (Exodus 33:18,19). De luister is dus geen tastbare verschijning. Ze wordt gelijkgesteld aan de goedheid van God.
En zo werd de glorie geopenbaard. Mozes stond alleen op de top van de berg, het majesteitelijke ging voorbij, 'de EEUWIGE daalde af in een wolk', en het grote antwoord werd geopenbaard:

> *De EEUWIGE! De EEUWIGE! Een God die liefdevol is en genadig, geduldig, trouw en waarachtig, die duizenden generaties zijn liefde bewijst, die schuld, misdaad en zonde vergeeft, maar niet alles ongestraft laat en voor de schuld van de ouders de kinderen en kleinkinderen laat boeten, en ook het derde geslacht en het vierde.* Exodus 34:6-7

De glorie is de nabijheid, niet het wezen van God. Het is meer een daad dan een kwaliteit, een gebeuren en geen substantie. De hemelse heerlijkheid toont zich voornamelijk als een macht die de wereld overweldigt. Ze is een macht die eerbetoon verlangt en neerdaalt om leiding te geven, om te doen herinneren. De glorie weerspiegelt een overvloed van goedheid en waarheid, de macht die optreedt in de natuur en in de geschiedenis.
Heel de aarde is vervuld van zijn majesteit. Dit betekent niet dat de glorie de aarde vult zoals ether de ruimte of water de oceaan vult. Het betekent dat de hele aarde vol is van zijn nabijheid.[4]

§ 4 DE LEVENDE AANWEZIGHEID

De Engelse uitdrukking dat een persoon '*has presence*' is moeilijk te omschrijven. Er zijn mensen waarvan hun aanwezigheid hier en nu gevoeld wordt, ook wanneer ze geen aandacht vragen. Zij maken 'indruk'. Er zijn ook mensen die er altijd kunnen zijn zonder dat het wordt opgemerkt. Iemand wiens uiterlijk iets zegt over zijn innerlijke kracht of grootheid, wiens ziel straalt en zich uitdrukt zonder woorden, noemen wij indrukwekkend.
Zijn majesteit strekt zich uit over de gehele aarde. Het uiterlijk van de wereld maakt iets kenbaar van de inwonende verhevenheid van God, die uitstraalt en zich zonder woorden uitdrukt.*

'Toch wordt er niets gezegd, geen woord gehoord, het is een spraak zonder klank. Over heel de aarde gaat hun stem (meetlint), tot aan het einde van de wereld hun taal' (Psalm 19:4-5). De glorie is geen esthetische of stoffelijke categorie. Het is te bespeuren in grandeur, maar is meer dan dat. Ze is, zoals we zeiden, een levende nabijheid *of de straling van een levende aanwezigheid.*

§ 5 DE KENNIS VAN HET MAJESTUEUZE

Is de hemelse glorie iets wat wordt gezien, gehoord of duidelijk beseft? In het visioen waarin de alomtegenwoordigheid van de glorie aan Jesaja wordt geopenbaard, wordt de *verzuimde gevoeligheid* van de mens aangeduid:

> *Ga en profeteer het volgende tegen dit volk:*
> *'Luister goed, maar begrijpen zul je het niet;*
> *kijk goed, maar inzien zul je het niet.'*
> *Maak het hart van het volk ongevoelig, stop hun oren toe, smeer hun ogen dicht.*
> *Dan kunnen ze met hun ogen niet zien, met hun oren niet luisteren,*
> *en tot hun hart zal het niet doordringen.*
> *Ze zullen niet naar mij terugkeren en geen herstel vinden.* Jesaja 6:9-10

De hele aarde is vol van zijn glorie, maar we beseffen het niet. Ze ligt binnen ons bereik, maar gaat ons begrip te boven.

> *Hij gaat mij voorbij en ik zie hem niet,*
> *hij glipt langs mij heen en ik merk het niet.* Job 9:11

De aarde is vol van zijn glorie, zij is niet vol van de kennis van de glorie. In de komende wereld zal 'de aarde *vol kennis van de grootheid van de* EEUWIGE zijn, zoals de zee vol water is' (Habakuk 2:14). Nu is het majestueuze *verborgen*, in de komende wereld 'zal *de luister van de* EEUWIGE *zich openbaren* voor het oog van al wat leeft' (Jes. 40:5). In messiaanse zin bidt de psalmist: *'Geprezen zij zijn luisterrijke naam, voor eeuwig. Moge zijn luister heel de aarde vervullen. Ameen, ameen!'* (72:19).[5] En toch is de glorie ons niet helemaal onbekend. Dat niet alleen de hemelen in staat zijn om het te openbaren, kan worden afgeleid uit het feit dat wij allen worden opgeroepen: *Maak aan alle volken zijn majesteit bekend, aan alle naties zijn wonderdaden* (1 Kronieken 16:24). *Laten zij spreken over de glorie van uw majesteit, ook ik wil uw wonderen bekendmaken* (Ps. 145:5). We hebben geen woorden om de majesteit te beschrijven, we hebben geen geschikte manier om haar te kennen. Toch is het niet van beslissende betekenis dat wij haar kennen, maar wel ons besef door haar *gekend te worden*.

U weet het als ik zit of sta,
u doorziet van verre mijn gedachten,
ga ik op weg of rust ik uit, u merkt het op,
met al mijn wegen bent u vertrouwd.
Geen woord ligt op mijn tong,
of u, EEUWIGE, *kent het ten volle.*

Hoe zou ik aan uw aandacht ontsnappen,
hoe aan uw blikken ontkomen?
Klom ik op naar de hemel – u tref ik daar aan,
lag ik neer in het dodenrijk – u bent daar.

Al verhief ik mij op de vleugels van de dageraad,
al ging ik wonen voorbij de verste zee,
ook daar zou uw hand mij leiden,
zou uw rechterhand mij vasthouden.

Al zei ik: 'Laat het duister mij opslokken,
het licht om mij heen veranderen in nacht,'
ook dan zou het duister voor u niet donker zijn –
de nacht zou oplichten als de dag,
het duister helder zijn als het licht.

Psalm 139:2-4, 7-12

Oog in oog met de wereld bespeuren we vaak een geest die ons begripsvermogen te boven gaat. De wereld is te veel voor ons. Zij is één en al wonder. De glorie is geen uitzondering maar een glans die ligt op al wat is, een spirituele omlijsting van de werkelijkheid.
Voor de religieuze mens lijkt het alsof de dingen met hun achterkant naar hem gekeerd staan en hun voorkant gekeerd naar God. Alsof de glorie van de dingen daarin bestond dat ze het voorwerp zijn van goddelijke aandacht.[6]

§ 6 GEEN OOG HEBBEN VOOR HET WONDER

Het ervaren van gelukzaligheid is een zeldzame gebeurtenis in onze levens. We verwonderen ons niet, we reageren niet op de aanwezigheid. Dit is de tragedie van ieder mens: 'alle verwondering door onverschilligheid te ontluisteren.' Leven is sleur en sleur is weerstand tegen verwondering. 'Vervuld is de wereld met een geestelijke straling, vervuld met verheven en wonderbare geheimen. Maar een kleine hand voor het oog gehouden verbergt alles,' zegt de Baäl Sjem. 'Zoals een kleine munt die voor het gezicht wordt gehouden, het zicht op een berg kan belemmeren, zo kunnen de futiliteiten van het leven het zicht belemmeren op het oneindige licht.'[7]

De wonderen zijn dagelijks bij ons (zie hoofdstuk 4 *Verwondering*, § 5 e.v.) en toch wordt 'het wonder niet begrepen door degene die het meemaakt'.[8] Het begrijpen is geen kwestie van zintuiglijke waarneming. 'Welk nut heeft een geopend oog als het hart blind is?'[9] Je kunt veel dingen zien zonder ze waar te nemen:

– *Het ziet veel, maar onthoudt niets, het heeft zijn oren open, maar hoort niets.*[10]

De Eeuwige richtte zich tot mij: 'Mensenkind, je woont te midden van een opstandig volk. Het heeft ogen om te kijken maar het ziet niets, en oren om te horen maar het luistert niet, opstandig als het is.'[11]

'Beklagenswaardig zijn de mensen die zien, maar niet weten wat ze zien, die staan, maar niet weten waarop ze staan.'[12]

§ 7 HARDHEID VAN HART

In de Bijbel is ongevoeligheid de wortel van de zonde. Er zijn veel woorden om dit uit te drukken: '*Mijn eigen koppige hart*', '*hardheid van hart*' (Deuteronomium 29:18). *U zult hun geest verblinden* (Klaagliederen 3:65); *halsstarrig en eigenzinnig* (Ezechiël 2:4); *hardnekkig volk* Jesaja 46:12); *onbesneden van hart* (Jeremia 9:25). *Gevoelloos als vet is hun hart*, roept de psalmist uit (119:70).

Voortdurend verwijten de profeten Israël een gebrek aan gevoeligheid:

> *Het ziet veel, maar onthoudt niets,*
> *het heeft zijn oren open, maar hoort niets.* Jesaja 42:20

In een bittere stemming klaagt de profeet dat ongevoeligheid het voortdurende kenmerk van het volk geweest is:

Niets heb je hiervan gehoord of geweten,
deze dingen zijn je niet eerder ter ore gekomen.
Ik weet hoe onbetrouwbaar je bent,
een geboren zondaar word je genoemd.

Jesaja 48:8

Toen onze voorouders in Egypte waren,
sloegen zij geen acht op uw wonderen,
dachten zij niet aan uw tekenen van trouw,
en kwamen in opstand aan de oever van de Rietzee.

Psalm 106:7

[* *Kavod* is de bijbelse term voor de manifestatie van Gods aanwezigheid op aarde.
Zijn kavod vervult de hele aarde.
In het na-bijbelse jodendom wordt *kavod* langzamerhand vervangen door de uitdrukking *Sjechina*, 'de inwonende goddelijke aanwezigheid'. Zie ook noot 4 op p. 412.]

HOOFDSTUK 9

DE WERELD

§ 1 DE AANBIDDING VAN DE NATUUR

Niemand is zonder een gevoel van ontzag, een behoefte om te vereren, een drang om te aanbidden. De vraag is alleen wat te vereren, of meer in het bijzonder: wat in de buitenwereld is onze aanbidding waard. 'De met sterren bezaaide hemelen... vervullen de geest met altijd nieuwe en groeiende bewondering en eerbied.' Het is inderdaad moeilijk om te leven onder een hemel vol sterren en niet geraakt te worden door dit mysterie. De zon heeft een gave van kracht en schoonheid die zichtbaar is voor alle ogen. Wie zou het prijzen van zijn grootsheid kunnen nalaten? Wie zou verder kunnen komen dan het besef: natuur is het uiteindelijke mysterie, en mysterie is het laatste?

De Grieken beschouwden de elementaire krachten van de natuur als heilig. Uitdrukkingen als 'de heilige regen' of 'het heilige licht' zijn tekenend voor hun houding.[1] 'O Natuur, hoezeer aanbidden wij je zelfs tegen onze wil,' bekent Seneca.[2] In *King Lear* roept Edmund uit: 'Jij, Natuur, bent mijn godin, jouw wet bepaalt mijn diensten.'[3] Belarius zegt: 'Buigen, jongens: deze poort leert jullie hoe *de hemelen te aanbidden* en leert jullie je te onderwerpen aan een heilige ochtendceremonie.'[4]

De natuurgodsdienst, de aanbidding van de grootsheid van het gegevene, heeft altijd zijn aanhangers gehad. Ondanks het gebod '*als u omhoog kijkt en de zon, de maan en de sterren ziet, al die lichten aan de hemel, laat u er dan niet toe verleiden daarvoor neer te knielen en te vereren wat de EEUWIGE, uw God, voor de andere volken op aarde heeft bestemd.*' (Deuteronomium 4:19), waren er, zelfs ten tijde van de Babylonische ballingschap, lieden die hun gezichten naar het oosten keerden en de zon aanbaden.[5]

De pracht van de natuur kan inderdaad een bedreiging vormen voor ons religieuze begrip – er bestaat een levensgroot gevaar om door haar kracht betoverd te worden.

> *Keek ik ooit naar de zon, haar stralende licht,*
> *naar de maan in haar wassende pracht,*
> *terwijl mijn hart zich heimelijk liet lokken*

en ik in verering mijn mond op mijn hand drukte?
Ook dat zou een misdrijf zijn dat bestraft moet worden,
want dan zou ik God daar boven verloochend hebben. Job 31:26-28

§ 2 DE ONTGOOCHELING

Tijdens de romantische beweging ontstond een nieuw godsdienstig enthousiasme voor de natuur dat tot vandaag voortleeft. De natuur kreeg de grootste betekenis en werd het hoogste object van verering en werd de enige bron van troost en zaligheid die in laatste instantie de rangorde der waarden bepaalt. Haar lief te hebben, een relatie met haar te onderhouden, zich open te stellen voor haar genezende sympathie was de hoogste vorm van religieuze ervaring. God Pan was opgestaan. Maar al spoedig stierf hij weer toen de postromantische mens ontdekte dat de natuur hem niet kon redden, de natuur moet zelf worden gered. Meedogenloos is het zwijgen van het uitspansel. De natuur is doof voor onze kreten en onverschillig voor onze waarden. Haar wetten kennen geen genade, geen verdraagzaamheid. Ze zijn onverbiddelijk, onverzoenlijk, meedogenloos.
De Grieken richtten zich tot de aarde, de lucht en de zon met hun klaagzangen. Maar van enig geloof in de macht van de natuur om het hart te troosten, de hartstochten te bedwingen en van vrede te spreken tot de zielen van de mensen vinden we in de Griekse poëzie geen spoor. Het Griekse gevoel bevestigt niet de woorden van de Engelse dichter William Cowper (†1800): 'Waar Flora regeert, wordt zwaarmoedigheid zelden gevonden.' De Grieken namen de natuur niet als medicijn. Levenloze dingen zonder eigen ethiek konden geen ethische impuls geven.[6]

> 'Een relatie onderhouden met het hart van de natuur – dat is de erkende mode geweest sinds de dagen van Wordsworth. De natuur, zo verzekert Coleridge ons, geeft hulp om haar dwalende en verwarde kind te genezen...
> Ik geloof niet dat de natuur een hart heeft en ik vermoed dat aan haar, zoals met veel andere schoonheid, een hart wordt toegeschreven vanwege haar gezicht... Maar wat moet ze ook met een hart of met hersens? Ze weet dat ze mooi is en ze is rustig tevreden met die kennis. Ze is

> gemaakt om te worden aangestaard en ze beantwoordt aan het doel van haar schepping... Zij kan niet geven wat zij niet nodig heeft en als wij maar op dezelfde wijze georganiseerd zouden zijn, zouden we onafhankelijk van sympathie zijn. Een mens kan niet recht op zijn doel afgaan, omdat hij een hart heeft. Hij kan niet eten, drinken, slapen, geld verdienen en voldaan zijn omdat hij een hart heeft. Het is een schadelijk ding en daarom grijpen wijze mensen de eerste de beste kans om het weg te geven.
> Maar ten slotte is de kwestie toch te serieus voor grappen. Wat is het hart van de natuur, als het al bestaat? Is het zoals de gebruikelijke – van Wordsworth en Shelley afgeleide – leer een liefdevol hart, in harmonie met het hart van de mens en tot hem komend langs wel duizend wegen van zwijgende sympathie? Nee, in deze zin herhaal ik in ernst wat ik terloops heb gezegd: de natuur heeft geen hart.'[7]

Het geleidelijke verval van het naturalisme in de huidige kunst en filosofie is in zekere zin een beweging van geestelijke beeldenstorm. Gelijktijdig dreigt de natuur – eens het object van de diepste verering – een bron van diepste wanhoop te worden. Voor het jodendom is de verering van de natuur even absurd als de vervreemding van de natuur onnodig is.

§ 3 DE ONTHEILIGING VAN DE NATUUR

Het bijbelse denken slaagde erin om de algemene neiging van de mens in de oudheid om aan de natuur een mysterieus vermogen toe te schrijven als *mana* en *orenda** te overwinnen, door de nadruk te leggen op de verwijzing in de gehele natuur naar de wijsheid en de goedheid van de Schepper.
Een van de grote daden van de profeten was de verwerping van de natuur als object van aanbidding. Zij probeerden ons te leren dat noch de schoonheid of de grootsheid van de natuur, noch kracht of de staat, noch geld of dingen in de ruimte onze hoogste verering, liefde, offer of toewijding waardig zijn. Toch was de *ontheiliging van de natuur* in het geheel geen reden tot vervreemding van de natuur. Ze bracht de mens samen met alle dingen in een gemeenschap van lofprijzing. De bijbelse mens kon zeggen dat hij *'een verbond met de stenen van het veld'* (Job 5:23) had.

[*MANA: bijzondere macht die volgens de opvatting van natuurvolkeren de oorzaak is voor alle onverklaarbare verschijnselen; bovenmenselijke kracht die afzonderlijke mensen bezitten.
ORENDA: macht die in materiele voorwerpen verborgen ligt, niet ver verwijderd van onze term 'energie'.]

§ 4 HET GEGEVENE IS NIET HET UITEINDELIJKE

Wat is het uiteindelijke dan? Wat is onze diepste verering waard? Deze vragen zijn verweven in alle problemen waarmee de mens tot op de dag van vandaag blijft worstelen. De westerse mens moet kiezen tussen de aanbidding van God en de aanbidding van de natuur. De Bijbel verklaart dat de natuur ondanks haar kracht en waarde, schoonheid en grootsheid niet alles is. Zij roept ons op om te bedenken dat het gegevene niet het uiteindelijke is. Zij roept ons op om de wereld niet als een muur tussen ons en God te laten staan.

Voor de Griekse geest is het heelal de som en het wezen van alles wat bestaat; zelfs de goden zijn meer een deel dan de oorzaak van het heelal. 'De wereld (kosmos), dezelfde voor allen, werd niet door enige god of mens gemaakt, maar was en is en zal altijd zijn.'[8] Voor Plato is het heelal 'een zichtbaar, levend wezen... een waarneembare god... de grootste, beste, zuiverste, meest volmaakte'.[9] 'O Natuur, uit u zijn alle dingen, in u zijn alle dingen, tot u keren alle dingen terug.'[10]

In contrast hiermee beseft de bijbelse geest ten diepste dat het ultieme, God, het gegevene te boven gaat. Wat gegeven is, is niet het ultieme, maar geschapen door de Eeuwige die niet gegeven is. Nergens in de Bijbel wordt de werkelijkheid van het heelal in twijfel getrokken, maar tegelijkertijd overheerst de zekerheid dat ondanks al zijn grootheid het heelal, vergeleken bij zijn maker, niets is. *De hemel is mijn troon, de aarde mijn voetenbank* (Jesaja 40:17). *De volken betekenen niets in zijn ogen, voor hem zijn ze minder dan niets* (40:17).

Wellicht maakte een dergelijk besef de beroemde woorden mogelijk: *Lucht en leegte, zegt Kohelet, lucht en leegte, alles is leegte. Welk voordeel heeft de mens van alles wat hij heeft verworven, al zijn moeizaam gezwoeg onder de zon?* (Prediker 1:2-3).

Bij de Grieken, zoals bij veel andere volken, is de aarde algemeen bekend als *Moeder Aarde*. Zij is de moeder die vruchten voortbrengt, de schenkster van kinderen en bij hun dood keren de mensen tot haar terug. De Griekse poëzie en het Griekse drama verheerlijken de goddelijkheid van de aarde en volgens Plutarchus 'is de naam van Gaia dierbaar en kostbaar voor elke Helleen en is het onze traditie om haar als elke andere god te eren'. De aanbidding van de schoonheid en de overvloed van de aarde wordt in de Griekse literatuur gekleurd door een gevoel van dankbaarheid tegenover de aarde en voor haar geschenken aan de mens.

Zo'n soort concept is de bijbelse mens vreemd.[11] Hij erkent maar één ouder: God als zijn vader. De aarde is eerder zijn zuster dan zijn moeder. De mens en de aarde zijn in dezelfde mate creaties van God. De profeten en de psalmist eren of verheerlijken de aarde niet, hoewel ze uitweiden over haar grootsheid en overvloed. Zij prijzen de Enige die haar schiep.

§ 5 DE ONZEKERE FACTOR VAN DE NATUUR

Voor de bijbelse mens bevindt de macht van God zich achter alle verschijnselen[12] en hij wil liever de wil van God kennen die de natuur aanstuurt dan de ordening van de natuur zelf. Hoe belangrijk en indrukwekkend de natuur voor hem ook is, God is dat oneindig veel meer. Daarom is Psalm 104 (*Prijs de* EEUWIGE, *mijn ziel.* EEUWIGE, *mijn God, hoe groot bent u. Met glans en glorie bent u bekleed, in een mantel van licht gehuld.*) meer een lofzang op God dan een lied op de kosmos.

Het denkbeeld van de kosmos is een van de opmerkelijke bijdragen van de Griekse wijsbegeerte en we kunnen goed begrijpen waarom zo'n voorstelling in het Hebreeuwse denken niet opkwam. Want het denkbeeld van een kosmos, van een totaliteit van dingen, volledig in zichzelf, sluit het concept in van een *immanente*, innerlijke norm van de natuur, van een orde die zijn grondslag in de natuur zelf heeft.

Maar wat zijn de grondslagen van de natuur? Voor de Grieken, die de wereld aanvaarden als een gegeven, is de natuur, de orde het antwoord. Voor de bijbelse geest in zijn opperste verbazing zijn natuur en orde geen antwoord maar een probleem: waarom is er orde, waarom is er iets überhaupt?

Wat zijn de grondslagen van de aarde? Er zijn geen natuurlijke grondslagen. De fundering van de wereld is niet van deze wereld. De aarde blijft bestaan omwille van —

Hij die troont boven de schijf van de aarde
– haar bewoners zijn als sprinkhanen –,
hij spreidt de hemel uit als een doek,
spant hem uit als een tent om in te wonen.
Hij maakt vorsten nietig,
de leiders van de aarde onbeduidend:
nauwelijks hebben ze wortel geschoten,
of hij blaast over hen, en ze verdorren
en de stormwind neemt hen op als kaf.

Jesaja 40:22-24

Nu was de bijbelse mens zich uiteraard bewust van een natuurlijke orde waarop hij in het dagelijkse leven kon vertrouwen. Maar die orde is door de wil van God in de natuur aangebracht en blijft voortdurend van hem afhankelijk. Het is geen eigen wet maar een goddelijk besluit dat alles beheerst. God had het water met zijn woord zijn plaats gegeven, hij had de fundamenten van de aarde gelegd (*Spreuken* 8:29), en hij bleef de wereld regeren van buitenaf. De natuur is het voorwerp van zijn onafgebroken zorg, maar deze afhankelijkheid van de natuur van de goddelijke zorg is een uitdrukking van haar afhankelijkheid. De bijbelse mens aanvaardt niets als een gegeven en voor hem moeten de natuurwetten net zo goed een herkomst hebben als de processen die door deze wetten bestuurd worden. Het voortbestaan van de wereld wordt gewaarborgd door Gods trouw aan dit verbond. *Maar dit zegt de* EEUWIGE: *Ik heb een verbond met de dag en de nacht gesloten en de hemel en de aarde aan vaste wetten onderworpen* (Jeremia 33:25). De wereld is geen ontologische noodzaak. Inderdaad zullen wellicht de hemel en de aarde niet altijd voortbestaan:

Vóór alle tijden hebt u de aarde gegrondvest,
de hemel is het werk van uw handen.
Zij zullen vergaan, maar u houdt stand,
zij zullen als kleren verslijten,
u verwisselt ze als een gewaad en zij verdwijnen,
maar u blijft dezelfde, uw jaren nemen geen einde.

Psalm 102:26-28[13]

De wereld is niet het *al* voor de Bijbel en daarom kon met het *al* nooit de wereld worden aangeduid. De bijbelse mens is door het gegevene niet betoverd. Hij beseft het alternatief, namelijk de vernietiging van het gegevene. Hij is niet betoverd door de orde, want hij heeft een visioen van een nieuwe orde. Het hier en nu laat hem niet onverschillig, evenmin als het daar en dan. Hij ervaart het niet-gegevene met het gegevene, het verleden en de toekomst met het heden. Hem is geleerd dat '*Al zouden de bergen wijken en de heuvels wankelen, mijn liefde zal nooit meer van jou wijken en mijn vredesverbond is onwankelbaar...*' (Jesaja 54:10).

De Hebreeuwse gedachtegang is terecht door de Engelse wiskundige en filosoof A. N. Whitehead († 1947) gekarakteriseerd als de leer van de *opgelegde* wet in tegenstelling tot de leer van de *immanente* wet, zoals ontwikkeld door de Griekse filosofie. Volgens de leer van de *opgelegde* wet is het voor alles wat bestaat noodzakelijk om zich te verbinden met andere samenstellende onderdelen van de natuur. Deze opgelegde gedragspatronen zijn de natuurwetten. Isaac Newton bijvoorbeeld verklaart duidelijk dat de elkaar beïnvloedende gedragswijzes van de lichamen van het zonnestelsel, God nodig hebben voor het opleggen van de beginselen waar alles van afhangt.

De leer van de opgelegde wet leidt tot het monotheïstische concept van God als wezenlijk transcendent en alleen terloops immanent. De leer van de immanente wet leidt tot de pantheïstische leer over God als wezenlijk immanent en op geen enkele manier transcendent. 'Nadere beschouwing,' zegt Whitehead, 'aarzelt tussen deze twee uitersten en zoekt hun verzoening. In dit opzicht, evenals in de meeste andere, bestaat de geschiedenis van het westerse denken in de beproefde samensmelting van denkbeelden die in oorsprong overwegend hellenistisch zijn, met denkbeelden die overwegend Semitisch zijn.'[14]

Ten diepste wordt de vraag: wat is de werkelijkheid? - wat is de wereld voor de bijbelse mens? - het best beantwoord door een andere vraag: wat is de wereld voor God? Voor hem is het onderwerp van de vraag – de wereld – te wonderlijk om volledig begrepen te kunnen worden in zijn relatie tot de mens. In zijn uiteindelijke betekenis moet de wereld worden begrepen in relatie tot God, en het antwoord op de vraag is: alles is aan hem onderworpen.

EEUWIGE, voor eeuwig
staat uw woord in de hemel vast.
Uw trouw duurt van geslacht op geslacht,
u hebt de aarde gegrondvest en zij houdt stand.
Naar uw voorschriften blijven hemel en aarde bestaan,
alles is aan u onderworpen. Psalm 119:89-91

§ 6 HET BEDROG VAN DE AFZONDERING

De profeten bestreden wat je zou kunnen noemen het bedrog van de afzondering. Dingen en gebeurtenissen, de mens en de wereld, kunnen niet los van de wil van God worden behandeld maar alleen als onafscheidelijke delen van een gebeurtenis waarbij het goddelijke betrokken is. Als parafrase op de dichtregel 'je kunt een bloem niet aanraken zonder een ster te hinderen' zou een profeet kunnen zeggen: 'Je kunt een menselijk wezen niet kwetsen zonder de levende God te raken.' Ons is geleerd te geloven dat waar de mens de mens liefheeft, Gods naam geheiligd wordt en dat in de harmonie tussen geliefden de nabijheid van God vertoeft.

Voor de bijbelse mens is het verhevene slechts een vorm waarin de aanwezigheid van God doorbreekt. Niet altijd zijn de dingen lijdzaam. De sterren juichen, de bergen huiveren in zijn aanwezigheid.[15] Om aan God te denken moet de mens de wereld horen. De mens is niet alleen in het verheerlijken van God. Hem te prijzen is zich te voegen bij alle dingen in hun loflied tot God. Onze verwantschap met de natuur is een verwantschap van lofprijzing. Alle wezens prijzen God. We leven in een gemeenschap van lofprijzing.

§ 7 DE NATUUR AANBIDT GOD

Er zijn in de Bijbel maar weinig liederen die de schoonheid van de natuur verheerlijken, en deze liederen bewijzen overtuigend dat de bijbelse mens in hoge mate gevoelig was voor vorm, kleur, kracht en beweging. Omdat echter het verband tussen de wereld en God in zijn geest niet verbroken was, was de schoonheid van het heelal niet het hoogste voorwerp van zijn aanbidding. Voor de bijbelse mens kwam de schoonheid van de wereld voort uit de grootsheid van God. Boven het adembenemende mysterie van het heelal torende zijn majesteit. Het mysterie verpletterde hem niet, het inspireerde

hem zijn majesteit te loven. En liever dan de wereld om zijn schoonheid te prijzen, riep hij de wereld op om zijn Schepper te prijzen.
Wat de psalmist voelde toen hij de wereld ontmoette, is bondig uitgedrukt in de uitroep:

> *Zing voor de* EEUWIGE *een nieuw lied,*
> *zing voor de* EEUWIGE, *heel de aarde.* Psalm 96:1

> *Loof hem, zon en maan,*
> *loof hem, heldere sterren,*
> *loof hem, hoogste hemelen,*
> *water boven de hoge hemel.*
> *Laten zij loven de naam van de* EEUWIGE:
> *op zijn bevel zijn zij geschapen,*
> *hij gaf hun een plaats voor eeuwig en altijd,*
> *hij stelde een wet die nooit zal vergaan.*
>
> *Loof de* EEUWIGE, *bewoners van de aarde,*
> *zeemonsters en oceanen,*
> *vuur en hagel, sneeuw en rook,*
> *stormwind die doet wat hij zegt.*
> *Alle bergen en heuveltoppen,*
> *hout dat vrucht draagt, alle ceders,*
> *dieren van het veld en dieren in de wei,*
> *alles wat kruipt en op vleugels gaat.* Psalm 148:3-10

De Egyptische priester kon de sterren niet oproepen om de goden te prijzen. Hij geloofde dat de ziel van Isis in Sirius fonkelde, de ziel van Horus in Orion en de ziel van Typhon in de Grote Beer.[16] Het lag buiten zijn gezichtsveld om zich voor te stellen dat alle wezens ontzag hebben voor God en hem aanbidden. Voor de bijbelse geest was de hele schepping door God tot leven gewekt om hem te verheerlijken, en elk schepsel heeft zijn eigen lofzang waarmee hij de schepper prijst. *Laten al uw schepselen u loven,* EEUWIGE, *en uw getrouwen u prijzen* (Psalm 145:10). Het is een geloof dat in de joodse liturgie keer op keer beleden wordt.

Er bestaat een klein Hebreeuws boek, geschreven in de Middeleeuwen, genaamd *Het Hoofdstuk van het Lied*, dat vierentachtig liederen bevat die de hemelse en aardse wezens zingen tot lof van God. Sterren en wolken, wind en regen, bronnen en rivieren, bomen en kruiden, beesten en vogels – elk schepsel heeft zijn eigen lied.[17]

§ 8 EEN DING DOOR GOD

Volgens de Bijbel is het 'innerlijke' leven van de natuur voor de mens een gesloten boek. De Bijbel zegt niet dat de dingen tot de mens spreken, hij leert alleen dat de dingen tot God spreken. Levenloze voorwerpen zijn dood voor de mens maar levend in hun relatie tot God. Ze zingen voor God. *De bergen smelten als was voor de* EEUWIGE (Ps. 97:5). *Toen het water u zag, o God, toen het water u zag, begon het te beven, een huivering trok door de oceanen* (77:17). *Voor het aanschijn van de Eeuwige, – beef, aarde! – voor het aanschijn van de God van Jakob* (114:7).
Wiens oor heeft de bomen God horen bezingen? Heeft ons verstand er ooit aan gedacht om de zon op te roepen om de EEUWIGE te prijzen? En toch, wat het oor niet kan waarnemen, wat het verstand niet kan bevatten, dat maakt de Bijbel ons duidelijk. Het is een hogere waarheid die door de geest kan worden begrepen.
De moderne mens weidt uit over de orde en kracht van de natuur. De profeten blijven stilstaan bij grootsheid en de schepping ervan. De mens richt zijn aandacht op het exploiteerbare en begrijpelijke aspect van het universum. De profeet richt zich op het mysterie en het wonder ervan. Wat de profeten in de natuur voelen is geen afspiegeling van God, maar een verwijzing naar hem. De natuur is geen deel van God, maar meer een vervulling van zijn wil.
Sla uw ogen op naar omhoog en kijk: wie heeft dat alles geschapen? Er is een hogere vorm van zien. We moeten leren om onze ogen op te heffen om te zien dat de wereld meer een vraag dan een antwoord is. De schoonheid en de kracht van de wereld zijn van geen enkele waarde bij hem vergeleken. De grootsheid van de natuur is alleen maar een begin. *Voorbij de grootsheid is God.*
De bijbelse mens ziet de natuur niet los van maar in relatie tot God. 'In den beginne schiep God de hemel en de aarde': deze weinige woorden vermelden de onzelfstandigheid en de volstrekte afhankelijkheid van alle werkelijkheid. Wat is dan de werkelijkheid? Voor de westerse mens is zij *iets in zichzelf.*

Voor de bijbelse mens is ze *iets concreets door God*. Ernaar kijkend zien bijbelse ogen niet zozeer vorm, kleur, kracht en beweging als wel een daad van God. De wereld is een poort, geen muur.

§ 9 DE VRAAG VAN DE VERBAZING

De Griekse filosofie ontstond in een wereld zonder God. Zij kon de goden of het voorbeeld van hun gedrag niet aanvaarden. Plato moest met de goden breken en vragen: wat is goed? Zo ontstond het probleem van de waarden. En het denkbeeld van de waarden nam de plaats van God in. Plato laat Socrates vragen: wat is goed? Maar de vraag van Mozes was: wat verlangt God van u?

In het bijbelse Hebreeuws bestaat er geen woord voor twijfel, er zijn veel uitdrukkingen voor verwondering. Zoals twijfel het uitgangspunt is bij het vellen van een vonnis, zo is verwondering het bijbelse uitgangspunt tegenover de werkelijkheid. Het gevoel van de bijbelse mens voor de bovenmenselijke grootsheid van de werkelijkheid stond de macht van de twijfel om zijn eigen onafhankelijke dynastie te stichten in de weg. Twijfel is een houding waarin de geest zijn eigen denkbeelden onderzoekt, verwondering is een houding waarin de geest het heelal beschouwd. Extreme scepsis is de uitwas van spitsvondige eigendunk en zelfvertrouwen. Toch was er geen eigendunk in de profeten en geen zelfvertrouwen in de psalmist.

En daarom vraagt de bijbelse mens nooit: is er een God? Het stellen van een dergelijke vraag, waarin de twijfel tot uiting komt welke van twee mogelijke houdingen de juiste is, betekent de aanvaarding van de kracht en de geldigheid van een derde houding, namelijk de houding van de twijfel. De Bijbel kent de twijfel als een absolute houding niet. Want er is geen twijfel waar het geloof geen rol in speelt. De vragen die de Bijbel ter sprake brengt zijn van een andere orde.

Kijk omhoog: wie heeft dit alles geschapen?

Dit geeft geen denkproces weer dat keurig de volgorde in acht neemt van eerst de twijfel en daarna het geloof, eerst de vraag en dan het antwoord. Het geeft een toestand weer waarin de geest *oog in oog* staat met het mysterie en niet met zijn eigen ideeën.

Een vraag is een vragende zin, waarop of een bevestigend, ofwel een ontkennend antwoord wordt verwacht. Maar de zin *wie heeft dit alles geschapen?* is een vraag die de onmogelijkheid inhoudt een ontkennend antwoord te geven. Het is een vermomd antwoord, *een vraag uit verbazing*, niet uit nieuwsgierigheid. Dit nu is de stelling van een profeet: er is een manier om de grote vraag zo te stellen dat ze alleen maar een bevestigend antwoord kan uitlokken. Wat is die manier?

Maar toen de zeven jaren verstreken waren, sloeg ik, Nebukadnessar, mijn ogen naar de hemel op en keerde mijn verstand in mij terug. Deze bekentenis van de koning van Babylon, vermeld in het boek van *Daniël* (4:34), geeft ons een vermoeden van de manier waarop men zijn vermogen terug kan krijgen om de uiteindelijke vraag te stellen: zijn ogen opslaan naar de hemel. Het is dezelfde uitdrukking als die Jesaja gebruikte: *Heft uw ogen naar omhoog en ziet: wie heeft dit alles geschapen?*

De volgende parabel werd verteld door meesterverteller rabbi Nachman van Bratzlav (†1811).

Er was een prins die op grote afstand van zijn vader leefde en die erg naar hem verlangde. Eens ontving hij een brief van zijn vader en hij was buiten zichzelf van vreugde en koesterde die brief. Maar de vreugde en het plezier die de brief hem schonken, maakten zijn verlangen nog heftiger. Hij ging dan neerzitten en klaagde: ‘Oh, oh, als ik alleen maar zijn hand zou kunnen aanraken! Als hij zijn hand naar mij zou willen uitstrekken, hoe zou ik die grijpen. Elke vinger zou ik kussen in mijn grote verlangen naar mijn vader, mijn leraar, mijn licht. Genadige vader, hoe graag zou ik ten minste je pink willen aanraken!’ En terwijl hij klaagde, voelde en verlangde naar een aanraking van zijn vader, flitste een gedachte door zijn geest: heb ik niet de met zijn eigen hand geschreven brief van mijn vader! Is het handschrift van de koning niet vergelijkbaar met zijn hand? En een grote vreugde laaide in hem op.

Zie ik de hemel, het werk van uw vingers.

Psalm 8:4

HOOFDSTUK 10

EEN AAN ONS GESTELDE VRAAG

§ 1 BOVENNATUURLIJKE EENZAAMHEID

Hebben de idealen die wij nastreven of de waarden die wij proberen te verwezenlijken enige betekenis op het gebied van de natuurlijke processen? De zon schijnt met haar stralen zowel op de rechtvaardigen als op de kwaadaardigen, net zoals op de bloemen en de slangen. Het hart klopt normaal in hen die martelen en doden. Is alle goedheid en alle streven naar waarachtigheid niet meer dan een verzinsel van de geest, dat in werkelijkheid aan niets beantwoordt? Waar gelden de waarden van de geest? In het innerlijke leven van de mens? Maar de geest is een vreemdeling in de ziel. Een gebod zoals *heb je naaste lief als jezelf* is in het zelf niet thuis.

We hebben allemaal dezelfde verschrikkelijke eenzaamheid. Dag na dag komt een wanhopige vraag in ons op: zijn we *alleen* in de woestijn van het zelf, alleen in dit zwijgende heelal, waarvan we deel uitmaken en waarin we ons tegelijkertijd vreemdelingen voelen?

Een dergelijke situatie maakt ons rijp om op zoek te gaan naar een stem van God in de wereld van de mens: de smaak van de uiterste eenzaamheid. De ontdekking dat – behalve als God een stem heeft – het leven van de geest een gril is, dat de wereld zonder God een onvoltooid werkstuk is, dat een ziel zonder geloof een stronk is.

§ 2 GEEN WETENSCHAPPELIJK PROBLEEM

Wat is de basis voor onze zekerheid van de werkelijkheid van God? Het is duidelijk dat we religie niet aan wetenschappelijke logica kunnen onderwerpen. Wetenschap is niet de enige weg naar de waarheid, en haar methoden vertegenwoordigen niet het complete menselijke denken. Ze zijn inderdaad misplaatst in die dimensie van het menselijke bestaan waarin God een brandende kwestie is.

God is geen wetenschappelijk probleem en wetenschappelijke methoden zijn ongeschikt om het op te lossen. Men denkt vaak dat wetenschappelijke methoden geschikt zijn om het op te lossen door het succes van hun toepassing in de waarneembare wetenschappen. De dwaling in deze vergelijking is de behandeling van God alsof hij een verschijnsel is dat binnen de alledaagse orde valt. De waarheid is echter dat het probleem van God niet alleen verband houdt met natuurverschijnselen, maar met de natuur zelf. Het is een probleem dat verband houdt met wat de natuur te boven gaat, met wat achter alle dingen en alle concepten ligt.

Op het ogenblik dat we de naam van God uitspreken, verlaten wij het vlak van het wetenschappelijk denken en betreden we het domein van het onuitsprekelijke. Zo'n stap kunnen we niet op wetenschappelijke wijze nemen omdat het de grenzen van alles wat gegeven is overstijgt. Ondanks alle waarschuwingen is de mens nooit opgehouden zich met de uiteindelijke vragen bezig te houden. De wetenschap kan hem niet tot zwijgen brengen omdat wetenschappelijke termen zinloos zijn voor de geest die deze vragen oppert, zinloos voor het verlangen naar een waarheid groter dan de wereld die door de wetenschap wordt onderzocht.

God is niet het enige probleem dat voor de wetenschap ontoegankelijk is. Het probleem van de oorsprong van de werkelijkheid blijft voor haar onaantastbaar. Sommige aspecten van de gegeven werkelijkheid stemmen overeen met de categorieën van de wetenschappelijke logica, terwijl andere aspecten van de werkelijkheid voor deze logica ontoegankelijk zijn. Zelfs sommige aspecten en ideeën van ons eigen denken zijn ondoordringbaar voor analyse.

§ 3 VOORBIJ DEFINITIES

Een van de eerste dialogen van Plato, de *Charmides*, is gewijd aan het onderzoek van de vraag wat gematigdheid is. Verschillende definities worden geopperd, maar ze blijken allemaal onvoldoende te zijn. Dan geeft Socrates toe dat matigheid niet omschreven kan worden: 'Ik ben geheel verslagen en heb niet kunnen ontdekken waaraan de toekenner van namen deze naam van matigheid gegeven heeft.' Het is mogelijk dat een mens 'weet heeft van iets wat hij helemaal niet kent'.

De diepzinnigste leerstukken 'kunnen niet zoals andere wetenschappelijke onderwerpen onder woorden worden gebracht'. Ze kunnen alleen begrepen worden 'door een continue toepassing op het onderwerp zelf en de omgang daarmee'. Zo'n begrip wordt 'plotseling in de ziel geboren, als een licht door een overspringende vonk ontstoken, en daarna voedt het zichzelf'.[1]

Het is onmogelijk om 'goedheid' of 'feit' te definiëren, niet omdat ze iets aanduiden wat strijdig met het verstand of zinloos is, maar omdat ze denkbeelden aanduiden die de grenzen van elke definitie te buiten gaan, ze zijn meer buitenredelijk dan redelijk. We kunnen *het heilige* niet definiëren of in woorden uitspreken wat we bedoelen als we zeggen 'gezegend zij Hij'. Waar *heilig* naar verwijst, wat we bedoelen met 'gezegend zij Hij', ligt buiten het bereik van woorden. 'Het beste gedeelte van schoonheid is datgene wat een afbeelding niet kan uitdrukken.'[2]

Als onze basisconcepten zich niet lenen voor analyse, moeten we niet verbaasd zijn als de uiteindelijke antwoorden onvindbaar zijn voor het verstand alleen. Wanneer het onmogelijk is om 'goedheid', 'waarde' of 'feit' te definiëren, hoe zou het ons dan ooit lukken om te definiëren wat wij onder God verstaan? Elke religieuze daad en elk religieus oordeel houdt aanvaarding van het onuitsprekelijke in, de erkenning van het onbegrijpelijke. Wanneer de grondwaarden van de religie, zoals God, openbaring, gebed, heiligheid, geboden, worden opgelost in alledaagse categorieën en beroofd van hun verheven betekenis, dan zijn ze zo goed als zinloos.

De categorieën van religieus denken zijn, zoals hierboven gezegd, uniek en vertegenwoordigen een manier van denken op een vlak dat dieper ligt dan het vlak van ideeën, uitspraken en symbolen. Het is onmiddellijk, onuitsprekelijk en staat boven symboliek. Godgeleerden hebben altijd geprobeerd hun inzichten op te tillen tot het vlak van uitspraken, dogma en belijdenis. Toch moeten zulke uitspraken worden beschouwd als aanwijzingen, als pogingen om over te dragen wat niet goed onder woorden gebracht kan worden, willen ze geen belemmering voor echt geloof vormen.

§ 4 HET PRINCIPE VAN DE ONVERENIGBAARHEID

Het doel van wetenschap is het verklaren van wetmatigheden in de natuur. Elke wetenschappelijke verklaring van een natuurverschijnsel berust op de veronderstelling dat dingen zich gedragen op een manier die fundamenteel redelijk is en begrijpelijk voor het menselijke verstand.[3] Door de vooruitgang van de wetenschap worden steeds meer verschijnselen begrijpelijk, waardoor de veronderstelling bevestigd wordt van de redelijkheid van de manier waarop dingen zich gedragen en van hun verenigbaarheid met het menselijke verstand. Veel verschijnselen die nu nog onbegrepen zijn, zullen waarschijnlijk verklaard worden als het wetenschappelijke onderzoek vooruitgang blijft boeken.

De essentie van de werkelijkheid blijft echter onverenigbaar met onze categorieën. De natuur zoals zij is en zelfs het denken zelf gaat ons begrip te boven. Het wezen van de dingen is onuitsprekelijk en dus onverenigbaar met het menselijke verstand, en het is juist deze *onverenigbaarheid* die de bron is van alle creativiteit in kunst, religie en het morele leven. We kunnen dus stellen dat, zoals de ontdekking van de verenigbaarheid van de werkelijkheid met de menselijke geest de wortel van de wetenschap is, zo ook de ontdekking van de onverenigbaarheid van de wereld met de menselijke geest de wortel van kunstzinnig en religieus inzicht is. Het is het gebied van het onuitsprekelijke, waar het mysterieuze binnen het bereik van alle gedachten is, waarin de ultieme problemen van de religie geboren worden.

§ 5 DE DIMENSIE VAN HET ONUITSPREKELIJKE

Met het onuitsprekelijke bedoelen we niet het onbekende als zodanig. Kwesties die nu onbekend zijn kunnen over duizend jaar bekend zijn. Met het onuitsprekelijke bedoelen we dat aspect van de werkelijkheid dat naar zijn aard ons begrip te boven gaat en waarvan de geest erkent dat het buiten zijn bereik ligt. Het onuitsprekelijke heeft evenmin betrekking op een gebied dat losstaat van het waarneembare en het bekende. Het slaat op de onderlinge afhankelijkheid van het bekende en het onbekende, van het kenbare en het onkenbare, wat de geest bij al zijn denken en voelen tegenkomt.

Het gevoel van het onuitsprekelijke is een gevoel voor het bovenzinnelijke, een gevoel dat de werkelijkheid verwijst naar een betekenis die het verstand te boven gaat. Het 'onuitsprekelijke' is dus een synoniem voor 'verborgen betekenis' en niet voor het 'ontbreken van betekenis'. Het staat voor een dimensie die in de Bijbel *(hemelse) glorie, (geluk-) zaligheid, (hemelse) heerlijkheid* of het *(eeuwig) heil* wordt genoemd, een dimensie zo werkelijk en zo verheven dat zij ons vermogen om haar te aanbidden bedwelmt en ons meer met ontzag dan met nieuwsgierigheid vervult.

Het heelal met zijn ontelbare hemellichamen, waarvan de verste zich op een onvoorstelbare afstand van de aarde bevinden, houdt geen enkel verband met de levensbehoeftes zoals wij die kennen. Vanuit het gezichtspunt van de mens lijkt het heelal geen doel of oogmerk te hebben en het zou zonder zin lijken wanneer de mens de maatstaf zou zijn voor wat zinvol en zinloos is. Maar hier maken we ons schuldig aan een tegenstrijdigheid. Hoe zou de mens de maatstaf kunnen zijn voor wat wel en voor wat geen zin heeft als er uiteindelijk geen zin is? Tegenover de immense grootsheid van het heelal kunnen we alleen maar toegeven dat er een zin is die groter is dan de mens.
Er lijken twee richtingen van menselijk denken te bestaan: de ene begint bij de mens, zijn levensbehoeftes en doelstellingen in de veronderstelling dat het heelal een zinloze voorstelling of een verspilling van energie is. De andere begint in verbazing, in ontzag en bescheidenheid en eindigt in de veronderstelling dat het heelal vervuld is van een hemelse glorie die de mens en zijn geest te boven gaat, maar eeuwig zinvol is voor de Enige die het zijn mogelijk maakte.

Laten wij ons herinneren wat elders[4] is gezegd in antwoord op de vraag: wat kunnen wij op goede gronden zeggen over de eindeloze mysterieuze stroom waarin onze zielen gevangen zijn? Is het onbekend en strijdig met onze categorieën omdat het zinloos is? We hebben geopperd dat, behalve als onze inzichten over ontzag signalen van krankzinnigheid zijn en verachting voor de grandeur en het mysterieuze van het heelal de enige redelijke houding van de ziel is, het een teken van afstomping zou zijn om ons intuïtieve gevoel voor het mysterie te negeren en te beweren dat de uiteindelijke raadsels de rand van chaos en niet de oever van eindeloze inhoud vormen.

In onze eigen studeerkamer kunnen we elk denkbeeld dat bij ons opkomt overwegen. In die situatie is het zelfs aanvaardbaar om te zeggen dat de wereld waardeloos is en alle zin een droom of een verzinsel. Maar niemand kan de sterren bespottelijk maken, zijn neus ophalen voor de dageraad, het uitbarsten van de lente belachelijk maken of de totaliteit van alles dat bestaat beschimpen. Weg van het onmetelijke, gekluisterd in onze eigen gedachtenspinsels kunnen we alles minachten en zwart maken. Maar staande tussen hemel en aarde wordt ons het zwijgen opgelegd.

§ 6 HET BESEF VAN TRANSCENDENTE BETEKENIS

We zijn geconditioneerd door de structuur van de natuur en door de structuur van ons denkvermogen. En belangrijker dan het gevoel van ontzag is de geldigheid van en de behoefte aan ontzag die door de menselijke geest onbetwist blijven. Ontzag is het besef van een *transcendente betekenis*, van een geestelijke suggestie naar de werkelijkheid. Ontzag is vol toespelingen op een buitenzintuiglijke betekenis. De wereld in zijn grootsheid is vol van een geestelijke glans waarvoor we geen naam en ook geen concept hebben.

We worden geraakt door de onmetelijke kostbaarheid van het bestaan. Een kostbaarheid die geen voorwerp van analyse is maar een reden tot verwondering. Ze is onverklaarbaar, naamloos en kan niet omschreven of in een categorie ondergebracht worden. Toch hebben wij een zekerheid zonder kennis: ze is werkelijk zonder verklaarbaar te zijn. Ze kan niet aan anderen worden meegedeeld, ieder mens moet haar zelf vinden. In ogenblikken waarin wij het geheiligde voelen, zijn we even zeker van de waarde van de wereld als van haar bestaan. Er moet een waarde zijn die het ontstaan van de aarde rechtvaardigde. We mogen betwijfelen of de wereld volmaakt is. Hoe dan ook, zelfs wanneer we haar onvolmaaktheid erkennen, is de kostbaarheid van haar grootsheid boven elke twijfel verheven.

Ontzag is dus meer dan een gevoel. Het is een antwoord van het hart en de geest op de nabijheid van het mysterie in alles, *een intuïtie voor een betekenis aan gene zijde van het mysterie*, een besef van de *transcendente waarde van het heelal*.

Als we zeggen dat het heelal een transcendente betekenis heeft die losstaat van ons bevattingsvermogen, dan verlenen we aan een louter denkbeeld geen werkelijk bestaan, evenmin als we dat doen door te beweren: 'Dit is een oceaan' wanneer zijn golven ons meevoeren. De geheimenis en de grootsheid die wij waarnemen zijn overweldigend echt. Waar zij voor staan is zo verheven dat het ons vermogen om te aanbidden bedwelmt. Het dwingende van het ontzag is zijn bewijsstuk, een universeel bewijsstuk dat wij allen bevend en betoverd bezegelen, *niet* omdat wij dat wensen, maar omdat we verdoofd zijn en er niet tegen opgewassen zijn. Er is zoveel meer betekenis in de werkelijkheid dan de ziel kan opnemen. Voor ons gevoel voor het mysterie en het wonder is de wereld té ongelofelijk, té vol met betekenis voor ons en is haar bestaan het meest onwaarschijnlijke, meest ongelooflijke feit,

indruisend tegen alle redelijke verwachting. Zelfs ons vermogen om ons te verwonderen vervult ons met verbazing.
Dit nu is een inzicht dat wij elke keer als wij ons verwonderen verwerven: om betekenis niet te meten met onze eigen maatstaven, maar om een betekenis te voelen die oneindig veel groter is dan wijzelf.
Voor de zekerheid van een uiteindelijke betekenis zetten we ons leven op het spel. Bij elk oordeel dat we vormen, bij elke handeling die we verrichten, gaan we ervan uit dat de wereld vol betekenis is. Het leven zou waardeloos worden wanneer wij handelden alsof er geen uiteindelijke betekenis zou zijn. Haar ontkenning zou inderdaad een tegenspraak in zichzelf zijn, omdat als er geen uiteindelijke betekenis zou zijn, de ontkenning ervan zinloos zou zijn. In een wereld die niet door betekenis geleid wordt, zou het verschil tussen bevestiging en ontkenning betekenisloos zijn.

§ 7 HET GEVOEL VAN VERWONDERING IS ONTOEREIKEND

Onze stelling moet worden toegelicht. Niet elke bespiegeling leidt tot ontzag. De Duitse astronoom en astroloog Johannes Kepler (†1630) kon God ervaren in de wiskundige wetten van de natuur. Toen hij de orde en de harmonie in de natuur ontdekte, kon hij uitroepen: ‘Uw gedachten denk ik U na, o God!’ Maar wij zijn inmiddels ver verwijderd van deze benaderingswijze. Voordat we kunnen vaststellen of ons verlies van ontzag onherstelbaar is, moeten we proberen te begrijpen hoe het verlies kon gebeuren.
De hedendaagse natuurkunde gaat niet over de natuur. Het gaat om cijfers, formules en instrumenten. ‘Als hij de structuur van een atoomkern zou willen begrijpen, moet hij een half miljoen pond uitgeven voor een enorme machinerie en terwijl het experiment aan de gang is, moet hij zich erop voorbereiden dat hij door dikke lagen beton zal worden afgeschermd van wat er gebeurt.’ ‘Terugblikkend op – bijvoorbeeld – de polemiek tussen Goethe en Newton over de aard van het licht, kunnen we nu zien dat wat Goethe miste in Newtons benadering, een houding van eerbied was.
Niemand kan zich vandaag tussen natuurkundigen bewegen zonder vrijwel hetzelfde gevoel te hebben: er is respect en opwinding, soms verbazing, maar er is heel weinig ontzag.’[5]

De hemelen vertellen Gods eer. De mens staat tegenover een wereld die verwijst naar iets wat haar te boven gaat, naar een waarheid die zich niet laat ervaren. Het zinspeelt op een betekenis die niet van deze wereld is, en het is die toespeling die ons het besef bijbrengt van een geestelijke dimensie van de werkelijkheid, de verbondenheid van het zijn met de transcendente betekenis. Toegegeven, het mysterie van de betekenis zwijgt. Er is geen spraak en er zijn geen woorden, de stem wordt niet vernomen. Maar los van ons redeneren en los van ons geloven is er een *a-priorisch* vermogen dat de glorie, de aanwezigheid van het goddelijke voelt. We nemen het niet waar. We hebben geen kennis, we hebben alleen maar een besef. We zijn er getuige van. En getuige zijn is meer dan een verslag geven. We hebben geen concept en we kunnen ook geen theorie ontwikkelen. Alles wat we hebben is een besef van iets wat niet in een concept of in een symbool kan worden weergegeven.
Het antwoord op de uiteindelijke vraag is niet te vinden in het denkbeeld dat de grondslagen van de wereld midden in een ondoordringbare mist liggen. Mist kan niet de plaats innemen van licht, en de geheel onbekende God is niet een god maar een naam voor de kosmische duisternis. De God wiens nabijheid we in de wereld bespeuren, is naamloos, geheimzinnig. Wellicht kunnen we voelen dát hij is, niet wát hij is. Wat is zijn naam, zijn wil, zijn hoop voor mij? Hoe zou ik de Levende moeten dienen, hoe de Eeuwige aanbidden? Het gevoel van verwondering, ontzag en mysterie is noodzakelijk, maar is niet toereikend om de weg te vinden van verwondering naar aanbidding, van bereidheid naar verwezenlijking, van ontzag naar daden.

§ 8 HET ARGUMENT VAN EEN ONTWERP

Van de verschillende manieren waarop het bestaan van een opperste intelligentie is aangetoond, moet het argument van een ontwerp (*het teleologische bewijs*) volgens Kant 'altijd met eerbied genoemd te worden'. Het stelt dat de orde en de inrichting van het heelal niet afdoende verklaard kunnen worden zonder het handelen van een intelligente God te veronderstellen.[6]
De teleologische redenering leidt het bestaan van een goddelijke macht af uit de doelbewuste structuur van de natuur. Orde sluit intelligentie in. Die intelligentie is God. Een klassieke formulering is te vinden in een bekende passage in *Natural Theology* (1803) van de anglicaan William Paley († 1805),

hoofdstuk 1. 'Stel dat ik een horloge had gevonden op de grond... Als het binnenwerk bekeken is... lijkt de slotsom onvermijdelijk dat het horloge een maker moet hebben. Dat eens op de een of andere plaats een vakkundige moet hebben bestaan die het maakte voor het doel waaraan het volgens ons oordeel beantwoordt, die de constructie begreep en zijn gebruik uitdacht.' Het heelal verhoudt zich tot God zoals het horloge zich verhoudt tot de ambachtsman die het vervaardigde. De hemelen zijn het werk van zijn handen, zoals het horloge het werk is van de horlogemaker.

Deze vergelijking beschouwt het heelal en ook het horloge als een afzonderlijk, onafhankelijk en absoluut geheel. De natuur is iets in zichzelf, compleet en onafhankelijk op het onderhavige moment. Het probleem op deze wijze benaderd gaat niet over het bestaan maar over het ontstaan van het heelal, niet zijn heden maar zijn verleden. Omdat de uiteindelijke structuur en de orde van de natuur als een technisch geheel werden beschouwd, werd haar oorsprong of schepping ook als een technisch proces voorgesteld, vergelijkbaar met het proces van het maken van een horloge.

De tekortkoming van deze visie is dat zij zowel het horloge als alle werkelijkheid als vanzelfsprekend aanvaardt. Het uiteindelijke probleem is niet alleen hoe het ontstond, maar ook hoe het mogelijk is dat het is. Verder gaat het probleem niet alleen over het onderwerp van de vraag, maar ook over het stellen van de vraag. We kunnen het bestaan van het horloge niet als een betrouwbaar uitgangspunt nemen en zomaar vragen wie het maakte. *Is het horloge zelf niet een mysterie? Is het niet volstrekt onbegrijpelijk dat ik het horloge waarneem en zijn bedoeling begrijp?*

§ 9 RELIGIE BEGINT MET VERWONDERING EN MYSTERIE

Het waardevolle van teleologische bewijs is dat het een antwoord geeft op een theoretisch probleem. De zwakte is dat het geen antwoord geeft op het religieuze probleem. Het eerste probleem komt voort uit het zoeken van hen die zeker zijn van wat ze weten (het feit van de bedoeling van het heelal). Het andere probleem ontspruit aan de verbazing van hen die weten dat ze niet weten. De beschouwende geest zoekt om het bekende te verklaren. De religieuze geest zoekt een manier om het onbekende te verklaren. Wanneer de wereld als vanzelfsprekend is aanvaard, dan hoeven we alleen nog maar de oorzaak te kennen. Als de wereld een mysterie is, dan is het meest urgente probleem: waar staat het voor? Wat is de zin ervan? Elke verwijzing naar denkbeelden die gelijk zijn aan wereldse waarden, wordt volstrekt onvoldoende.

Er is geen antwoord in de wereld voor de uiteindelijke verwondering van de mens over de wereld. Er is geen antwoord in het zelf voor de uiteindelijke verwondering van de mens over het zelf. De vraag 'Wie heeft dit alles geschapen?' kan niet worden beantwoord door te verwijzen naar een oorzaak of een kracht, omdat de vraag zou blijven: wie schiep de kracht of de oorzaak? Er is niets in de wereld dat de naam God verdient. De wereld is een mysterie, een vraag, niet een antwoord. Alleen een denkbeeld dat groter is dan de wereld, een denkbeeld dat niet ontleend is aan ervaring of theorie, is toereikend en waard om met het religieuze probleem in verband te worden gebracht. Liever het mysterie van de schepping dan het concept van de bedoeling. Liever een God die boven het mysterie staat dan een ontwerper of een *mastermind*. Liever een God in relatie waarmee de wereld hier en nu betekenis zou kunnen krijgen – dat zijn antwoorden die bij het religieuze probleem passen. De erkenning dat wij de oorsprong van het heelal niet begrijpen is eerlijker dan het aanvaarden van een ontwerper.

§ 10 EEN AAN ONS GERICHTE VRAAG

Er is een ander wezenlijk verschil tussen de theoretische en de religieuze benadering van de kwestie God. De eerste is een vraag *over* God, de tweede is een vraag *van* God. De eerste gaat over de oplossing van het probleem of er een God bestaat en, als er een God bestaat, wat is dan zijn aard? De tweede gaat over ons persoonlijke antwoord op het probleem dat ons in de feiten en gebeurtenissen van de wereld en van onze eigen ervaring wordt voorgelegd. Anders dan wetenschappelijke vragen, die we desgewenst aan anderen kunnen overlaten, laat de uiteindelijke vraag ons niet met rust. We worden allemaal opgeroepen om te antwoorden.

Voor de theoretische denker is de wereld een raadsel. Voor de religieuze denker is de wereld een uitdaging. Het theoretische vraagstuk is onpersoonlijk. Het religieuze probleem richt zich tot de persoon. Het eerste gaat over het vinden van een antwoord op de vraag: wat is de oorzaak van alles wat is?

Het tweede gaat over het geven van een antwoord op de vraag: wat wordt er van ons verwacht?
Denken is geen geïsoleerd verschijnsel. Het beïnvloedt het hele leven en wordt op zijn beurt beïnvloed door alles wat je weet, voelt, waardeert, uitspreekt en doet. Ons denken over God wordt beïnvloed door ontzag en arrogantie, door bescheidenheid en egoïsme, door gevoeligheid en harteloosheid.
We denken niet in een leegte. Denken betekent in de eerste plaats het overwegen van wat ons bezighoudt. Wat ons in het religieuze denken bezighoudt is geen hypothese maar is het verhevene, het wonder, de geheimenis, de uitdaging. Denken over God betekent niet gewoon theoretiseren of gissen over iets wat zinloos en onbekend is. We kunnen de betekenis van God niet oproepen uit het niets. We staan niet tegenover een leegte maar tegenover het verhevene, het wonder, het mysterieuze, de uitdaging.
Er is geen aandacht voor God als er geen ontzag is. Alleen in ogenblikken van ontzag wordt God gevoeld als een vraag. Op momenten van onverschilligheid en hoogmoed kan God een concept zijn, maar geen gevoel van betrokkenheid. Het is alleen *een betrokkenheid* die aanzet geeft tot religieus denken.

§ 11 ‘EEN PALEIS VOL VAN LICHT’

Heft uw ogen omhoog. Religie is het resultaat van wat de mens doet met zijn ultieme verwondering, met zijn momenten van ontzag en met zijn gevoel van het mysterie.
Hoe kwam Abraham tot de zekerheid dat er een God is die betrokken is bij de wereld? Volgens de rabbijnen kan Abraham “vergeleken worden met een man die van plaats naar plaats reisde toen hij *een paleis vol van licht* zag.[7] ‘Is het mogelijk dat er niemand is die om het paleis geeft?’ vroeg hij zich verwonderd af. Totdat de eigenaar van het paleis naar hem keek en zei: ‘Ik ben de eigenaar van het paleis.’ Op dezelfde wijze vroeg stamvader Abraham zich verwonderd af: ‘Is het denkbaar dat de wereld geen leider heeft?’ De Heilige, Hij zij geprezen, keek op en zei: ‘Ik ben de Gids, de Oppermachtige van de wereld’.”[8] Het was in verwondering dat Abrahams zoektocht naar God begon.

§ 12 WAT TE DOEN MET VERWONDERING

Het is daarom geen gevoel voor het mysterie dat het leven, of een gevoel van ontzag, verwondering of vrees dat de kern van het geloof is. Het is meer de vraag *wat te doen* met het gevoel voor het mysterie van het leven, wat te doen met ontzag, verwondering of vrees. Het denken over God begint wanneer we niet meer weten hoe ons te verwonderen, hoe te huiveren, hoe ontzag te hebben. Want verwondering is geen toestand van esthetisch genot. Eindeloze verwondering is eindeloze spanning, een toestand waarin we geschokt zijn door de ontoereikendheid van ons ontzag, door de zwakheid van onze schrik en ook doordat ons de uiteindelijke vraag wordt gesteld.

Een gevoel van verplichting is ingeplant in onze ziel. Verwondering, ontzag en huiver roepen dat gevoel van verplichting op. Het is een wonder dat ons de vraag wordt gesteld.

Ondanks onze trots, ondanks onze hebzucht, worden we gedreven door een besef dat er iets van ons gevraagd wordt, dat we gevraagd worden om te verwonderen, te vereren, te denken en te leven op een manier die verenigbaar is met de grootsheid en het mysterie van het leven.

Religie wordt niet geboren uit intellectuele nieuwsgierigheid maar uit het feit en de beleving van de aan ons gestelde vraag.

Alles wat ons rest is een keuze – antwoorden of weigeren te antwoorden. Maar hoe aandachtiger we luisteren, hoe meer wij onze arrogantie en ongevoeligheid verliezen die ons alleen al in staat zouden kunnen stellen om te weigeren. Wij dragen een last van verbazing die we zouden willen ruilen voor de eenvoudige kennis waarvoor we leven. Een last die we nooit kunnen afleggen maar die we evenmin kunnen blijven dragen zonder te weten waar ze heenvoert.[9]

Als ontzag schaars is, als de verwondering dood is en het gevoel voor mysterie afgestorven, dan bestaat het probleem niet van wat we met ontzag, verwondering en mysterie moeten doen, en je hebt niet het gevoel gevraagd te zijn. Het besef gevraagd te zijn kan gemakkelijk worden onderdrukt want het is een echo van de wenk die klein is en stil. Het zal hoe dan ook niet voorgoed getemperd blijven. De dag komt waarop de stille, kleine wenk de *stormwind* wordt *die doet wat hij zegt* (Psalm 148:8).

De dode leegte in het hart is voor de levende mens inderdaad ondraaglijk. We kunnen niet overleven behalve als we weten wat er van ons gevraagd wordt. Maar aan wie is de mens in zijn onschatbare en tomeloze vrijheid iets verschuldigd? Waar komt het vragen vandaan? Aan wie is hij verantwoording verschuldigd?

[Het Hebreeuwse oerwoord *jir'a* is de bron van het Engelse woord *awe*. *Jir'at hasjeem* = 'de vreze des HEREN'. Als deze uitdrukking te strikt wordt opgevat kan dit tot een godsdienst van angst leiden. Het woord is ook verbonden met 'eerbied' en 'een gevoel van huivering' of 'ontzag' voor de *majestas* van de Almachtige. Sidderen en beven klinkt er ook in door. Vandaar het befaamde, door Rudolf Otto geijkte begrip *mysterium tremendum & fascinosum*: het mysterie dat ons doet huiveren en tegelijk ook fascineert, terwijl het zich onttrekt aan onze begrippen. De 'religieuze vrees' is een dubbele beweging, het doet je trillen en beven, maar je wordt niet weggeslagen, je blijft gefascineerd. Het is een fysieke en geestelijke spanning. Het Duitse *Scheu* heeft naast 'vrees' en 'ontzag' ook de betekenis van 'schroom' en 'schuwheid', maar de laatste twee lijken iets te zwak.

'De verwondering is het begin van de wijsheid op de wijze waarop de vreze des HEREN dat is. Misschien is zij daarmee op een of andere wijze wel identiek. Zij is enerzijds een voortdurende onrust; het gewone wordt geladen met betekenissen die men daarin niet vermoedde. Zij dwingt de mens voortdurend in openheid te treden, zijn wereld en bestaan te herzien. Zij is een crisis. Maar van de andere kant kan zij niemand overkomen in wie niet reeds het vertrouwen is in de krachten die de chaos ordenen.'
'We zouden niet angstig *durven* zijn als we niet wisten dat we onze angst kunnen overleven, en niet durven slapen zonder de zekerheid van het ontwaken. Zo kunnen we ons ook niet verwonderen zonder een gevoel van geborgenheid in een wereldgrond.'
Cornelis Verhoeven: *Inleiding tot de verwondering*, Utrecht 1967.]

HOOFDSTUK 11

EEN ONTOLOGISCHE VOORONDERSTELLING

§ 1 MOMENTEN VAN INZICHT

Maar hoe kunnen wij ooit de Eeuwige, die het mysterie te boven gaat, leren kennen? Hoe komen wij van de aanduidingen van het goddelijke tot een gevoel voor de werkelijkheid van God? De zekerheid van de werkelijkheid van God ontstaat:

Als weerklank van de hele persoon op het mysterie en de transcendentie van het leven.

Als weerklank is het een uit de diepten van de ziel doen opstijgen van een *ontologische vooronderstelling*, die deze reactie intellectueel begrijpelijk maakt.*

De betekenis en de toetsing van de ontologische vooronderstelling worden in zeldzame *ogenblikken van inzicht* doorzien.

§ 2 DE ONTMOETING MET HET ONBEKENDE

Het mysterie wekt onze religieuze aandacht en het is het mysterie waar het religieuze denken moet beginnen. De wijze van denken over God in de traditionele speculatie is de *via eminentiae* geweest, een voortschrijden van het bekende naar het onbekende. Ons uitgangspunt is niet het bekende, het eindige, de orde, maar *het onbekende in het bekende*, het oneindige in het eindige, *het mysterie in de orde.*

Al het creatieve denken loopt uit op *een ontmoeting met het onbekende.* Wij gaan niet onderzoeken wat allang bekend is, behalve als we opeens ontdekken dat het toch eigenlijk een raadsel is. Dus moet de geest buiten de grenzen van zijn kennis treden om te voelen wat ons tot de kennis drijft. Als wij beginnen te begrijpen of ons gaan assimileren en de werkelijkheid aan ons denken gaan aanpassen, dan trekt de geest zich terug in zijn omhulsel.

Inderdaad, kennis ontstaat niet alleen als vrucht van denken. Alleen een extreme rationalist of solipsist** beweert dat kennis alleen wordt bijgebracht door de combinatie van ideeën. Elke echte ontmoeting met de werkelijkheid is een ontmoeting met het onbekende, is een intuïtie waarin een besef van iets wordt verworven, een rudimentaire, *voorconceptuele* kennis. Inderdaad, niets wordt werkelijk gekend tenzij het eerst in zijn onbekendheid is ervaren.

Het is een feit van grote betekenis dat we meer voelen dan we kunnen zeggen. Wanneer we oog in oog staan met de grootsheid van de wereld, lijkt elke poging om onze gedachten onder woorden te brengen een anticlimax. In het besef dat het mysterie waar we tegenover staan onvergelijkbaar veel dieper is dan onze kennis, begint al het creatieve denken.

§ 3 VOORCONCEPTUEEL DENKEN

De ontmoeting met de werkelijkheid vindt niet plaats op het vlak van concepten door de kanalen van logische categorieën. Concepten zijn nadere overwegingen. Elk begrip is symbolisering, een aanpassing van de werkelijkheid aan de menselijke geest. De levende ontmoeting met de werkelijkheid vindt plaats op een vlak dat voorafgaat aan begripsvorming, op een vlak dat spontaan reageert, dat *rechtstreeks*, *voorconceptueel* en *voorsymbolisch* is.[1]

Theorie, speculatie, generalisatie en hypothese zijn pogingen om de inzichten die voorconceptuele ervaring verschaft te verhelderen en te funderen. 'Te veronderstellen dat kennis alleen opkomt als resultaat van nadenken, dat door symbolen en het hanteren van tekens verwekt is, is in beginsel een terugkeer naar de afgod van puur rationalisme tegen wie de hele krachtige beweging van het hedendaagse empirisme zo'n wezenlijk en noodzakelijk protest gericht heeft.'[2]

Elk inzicht bevindt zich tussen twee gebieden:

1 het gebied van de objectieve werkelijkheid en

2 het gebied van het conceptuele en het woord-voor-woord kennen.

Conceptuele kennis moet bestand zijn tegen een dubbele relatie, namelijk de verbinding met ons stelsel van concepten en het verband tot de inzichten waaruit zij voortvloeit.

De ongelijkheid tussen wat wij ontmoeten en wat in woorden en symbolen is uitgedrukt, vooral in het religieuze en artistieke denken, kunnen woorden noch symbolen passend uitdrukken. In onze religieuze situatie begrijpen wij het transcendente niet, we zijn er aan onderhavig, we zijn er getuigen van. Hoeveel we ook weten, het is ontoereikend. Wat we ook zeggen, het blijft onder de maat. We hebben een besef dat dieper is dan onze concepten. We bezitten inzichten die ontoegankelijk zijn voor ons uitdrukkingsvermogen.

Kennis is niet hetzelfde als besef en expressie is niet hetzelfde als ervaring. Voortgaande van besef naar kennis winnen we aan helderheid en verliezen we aan directheid. Wat wij winnen aan duidelijkheid door van ervaring naar het onder woorden brengen van die ervaring te gaan, verliezen we aan echtheid. Het verschil wordt een uiteenlopen als onze voorconceptuele inzichten verloren raken in de door ons gevormde concepten, als de ontmoeting met het onuitsprekelijke verloren gaat in onze symboliseringen, wanneer de dogmatische formule belangrijker wordt dan de religieuze situatie.
Het hele gebied van religieus denken en uitdrukkingsvermogen is in zekere zin een 'verheffing' van een voorsymbolische kennis die het besef van het onuitsprekelijke schenkt. Dat besef kan maar gedeeltelijk 'verheven' worden tot rationele symbolen.
De godsdienstfilosofie is een poging om de *meta-symbolische betekenis van religieuze termen* in herinnering te roepen en levend te houden. Het godsdienstig denken loopt voortdurend het gevaar om voorrang te geven aan concepten en dogma's en de intuïtieve waarneming van inzichten te verliezen, te vergeten dat het bekende slechts een geheugensteuntje van God is, dat het dogma een afgeleide van zijn wil is, de expressie het minimum van wat niet uit te drukken valt. Concepten en woorden moeten geen schermen worden, ze moeten beschouwd worden als ramen.

§ 4 RELIGIE IS DE WEERKLANK OP HET MYSTERIE

De wortels van de ultieme inzichten worden, zoals hierboven gezegd, niet gevonden in het gebied van het redenerende denken, maar op het gebied van de verwondering en de verregaande verbazing, in de diepte van het ontzag, in onze gevoeligheid voor het mysterie, in ons besef van het onuitsprekelijke. Het is het niveau waarop de grote dingen met de ziel gebeuren, waar de unieke inzichten van kunst, religie en filosofie tot leven komen.
Het is niet vanuit ervaring, maar *vanuit ons onvermogen om te ervaren* wat aan onze geest geschonken is, waar de zekerheid van de werkelijkheid van God uit voortkomt. Het is niet de orde van het zijn, maar het transcendente in de onvoorziene gebeurtenissen van alle orde, de verwijzingen naar de transcendentie in alle handelingen en alle dingen, die de diepste opvattingen uitdagen.

Onze zekerheid is het resultaat van verwondering en ultieme verbazing, van ontzag voor het mysterie en de betekenis van het leven in zijn geheel die ons rationele waarnemingsvermogen te boven gaan. Geloof *is het antwoord* op het mysterie, doordrenkt van betekenis; het antwoord op een uitdaging die niemand voor altijd kan negeren. 'De hemel' is een uitdaging. Als gij *uw ogen heft naar omhoog*, staat u voor de vraag. Geloof is een daad van de mens die door *zichzelf te verheffen* reageert op de Levende, die *de wereld verheft*.

§ 5 BOVEN ONZE WIJSHEID UITRIJZEN

Zo'n reactie is een teken van de wezenlijke waardigheid van de mens. Want het wezen en de grootheid van de mens liggen niet in zijn vermogen om zijn ego te behagen, zijn behoeften te bevredigen, maar juist in zijn vermogen om boven zijn ego te staan, om zijn eigen behoeften te negeren en om zijn eigen belangen op te offeren voor het heilige. De aandrang van de ziel om zijn eigen oordelen te oordelen, om te zoeken naar betekenis aan gene zijde van wat tastbaar en eindig is – kortom de drang van de ziel *om boven zijn eigen wijsheid uit te rijzen* – is de basis van religieus vertrouwen.

God is het grote mysterie, maar ons geloof in hem leert ons meer over hem dan verstand of waarneming kan begrijpen.

Rabbi Mendel van Kotsk hoorde over een grote heilige uit zijn tijd die beweerde dat zijn ogen gedurende de zeven dagen van het Loofhuttenfeest konden zien dat Abraham, Isaak, Jakob, Jozef, Mozes en David naar zijn loofhut kwamen. Rabbi Mendel zei: 'Ik zie de hemelse gasten niet, ik geloof alleen dat ze in de loofhut aanwezig zijn en geloof hebben is groter dan zien.'

Dit is inderdaad de grootsheid van de mens: in staat zijn om te vertrouwen. Want vertrouwen is een daad van vrijheid, van onafhankelijkheid van onze eigen beperkte vermogens als verstand en waarneming. Het is *een daad van geestelijke vervoering*, van uitrijzen boven onze eigen wijsheid.

In deze zin is de drang om te geloven het omgekeerde van de kunstzinnige daad waardoor we proberen het ontastbare in het tastbare te grijpen. In het geloof proberen we niet te ontcijferen, duidelijk te spreken in onze eigen woorden, maar om boven onze eigen wijsheid uit te rijzen, over de wereld te denken in de woorden van God, te leven in overeenstemming met wat voor God relevant is.

Geloven is geen capituleren, maar stijgen naar een hoger peil van denken. Geloven is niet het menselijke verstand tarten, maar delen in de goddelijke wijsheid.
Heft uw ogen omhoog en ziet: wie heeft dit alles geschapen? Je moet stijgen naar een hoger niveau van denken om te zien, om de toespelingen, de glorie, de nabijheid te voelen. Je moet stijgen naar een hoger levenspeil en leren om het dringende te voelen van de ultieme vraag, de verheven waarde van de eeuwigheid. Hij die niet aangekomen is in het hoogste gebied, de sfeer van het mysterie, hij die niet beseft dat hij leeft aan de rand van het mysterie, hij die alleen gevoel heeft voor het voor de hand liggende en klaarblijkelijke, zal niet in staat zijn om zijn ogen naar boven te richten, want alles wat duidelijk is, is niet verbonden met het hoogste domein – wat het hoogste is, is verborgen. Het vertrouwen, geloven in God, is verbondenheid met het hoogste gebied, de sfeer van het mysterie. Dit is zijn wezen. Ons geloofsvertrouwen is in staat de sfeer van het mysterie te bereiken.[3]

§ 6 ULTIEME BETROKKENHEID IS EEN VORM VAN VERERING

Het gevoel van verwondering, ontzag en mysterie geeft ons geen kennis over God. Het leidt ons alleen tot een niveau waar de vraag over God onontkoombaar op ons afkomt, tot een plek waar we ontdekken dat we evenmin onze bezorgdheid kunnen opbergen in de kluis van meningen, als aan anderen de dringende taak kunnen overlaten om de ultieme vraag te beantwoorden.
Een dergelijke ultieme betrokkenheid is *een vorm van verering*, een vorm van erkenning – en dat op de krachtigste wijze – van het alles overtreffende gewicht van de kwestie. Het is geen keuze, iets dat we voorgoed kunnen negeren. Het is het openbaar maken van een fundamenteel feit van het menselijke bestaan, het feit van de verering.
Ieder van ons moet een uiteindelijk object van verering hebben. In de keuze van het object van zijn verering is hij echter vrij. Zonder dit kan hij niet leven – het kan een verzinsel of iets echts zijn, God of een afgod.
Het is een kenmerkende omkering om te spreken van het 'probleem van God'. In de gedachtewisseling over het probleem van God is het probleem van de mens de inzet. *De mens is het probleem.* Zijn lichamelijke en geestelijke werkelijkheid staat buiten kijf. De betekenis van de mens en zijn geestelijke

belang is een vraag die dringend om antwoord vraagt. En verering is een antwoord. Want verering is een daad waardoor de mens een verbintenis aangaat met de ultieme betekenis. Behalve als de mens het vermogen heeft een relatie aan te gaan met de uiteindelijke betekenis, is verering een illusie. En als verering zinloos is, is het menselijk bestaan een absurditeit.

Omdat onze betrokkenheid bij de vraag naar God een wijze van verering is en omdat verering uitgaat van de werkelijkheid van haar object, sluit onze betrokkenheid zelf stilzwijgend de aanvaarding van zijn werkelijkheid in.

Zoals de hoogste verering van een ultieme buitenwereld de mens eigen is, zo is de uitdrukkelijke ontkenning van de werkelijkheid van een ultiem niet-ik absurd. Laat de mens zijn ontkenning verkondigen met een versterker die zijn stem zou kunnen laten klinken in de melkweg, honderd miljoen lichtjaren van ons verwijderd, hoe belachelijk zou hij zijn.

Er kan geen eerlijke ontkenning van het bestaan van God zijn. Er kan alleen maar geloof zijn of de eerlijke erkenning van het onvermogen om te geloven – of verwaandheid. De mens zou zijn onvermogen om te geloven kunnen volhouden of zijn oordeel kunnen uitstellen, als hij niet door de druk van het bestaan in een situatie werd gedreven waarin hij moet beslissen tussen ja en nee, een situatie waarin hij moet beslissen wat of wie te aanbidden. Hij wordt gedreven tot een of de andere verklaring. Maar welke beslissing hij ook neemt, hij aanvaardt stilzwijgend de werkelijkheid van God of de dwaasheid van deze te ontkennen.

§ 7 WIJ PRIJZEN VOORDAT WIJ BEWIJZEN

We kunnen God niet leren kennen door alle argumenten voor en tegen op een rijtje te zetten en dan daarna te debatteren of hij een realiteit is of een verzinsel. God kan niet gevoeld worden als een veranderbare gedachte, als een verklaring van de oorsprong van het heelal. God is de eerste en de laatste, óf een concept als elk ander.

Theorie gaat niet aan geloof vooraf. Verwondering en lofprijzing gaan aan het geloof vooraf. Verering van God gaat vooraf aan de erkenning van zijn werkelijkheid. Wij *prijzen* voordat wij *bewijzen*. Wij antwoorden voordat wij vragen.

Bewijzen van het bestaan van God kunnen ons geloofsvertrouwen versterken, ze produceren het niet. Het menselijk bestaan impliceert de werkelijkheid van God. Er is een zekerheid zonder kennis in de diepte van ons wezen die ons de uiteindelijke vraag laat stellen, een zekerheid a-priori die zich onttrekt aan elke formulering of verwoording.

§ 8 EEN ONTOLOGISCHE VOORONDERSTELLING

Het is *de bewering* dat God werkelijk is, onafhankelijk van ons bevooroordeelde bewustzijn, die het grote probleem vormt. Een subjectief besef is niet altijd een teken van waarheid. Wat subjectief waar is, is niet noodzakelijk objectief werkelijk. Alles wat we hebben is het bewustzijn van toespelingen op zijn zorg, aanduidingen van zijn nabijheid. Het spreken over zijn werkelijkheid is het transcenderen van het bewustzijn, van de grenzen van het denken. Het is als opspringen, los van de grond. Is het verstandelijk gerechtvaardigd om uit ons bewustzijn een werkelijkheid af te leiden die dat besef zelf te boven gaat? Zijn we bevoegd van een domein in deze wereld op te stijgen naar een sfeer die de wereld te boven gaat?
Vaak maken wij ons schuldig aan het verkeerd begrijpen van de aard van een verklaring zoals 'God is'. Een dergelijke verklaring zou een sprong zijn als zij iets zou toevoegen aan ons onuitsprekelijke besef van God. De waarheid is echter dat de woorden 'God is' minder betekenen dan wat ons directe besef bevat. *De verklaring 'God is' is een te zwakke aanduiding.*
De zekerheid van de werkelijkheid van God ontstaat dus niet als een voortvloeisel uit logische aannames, als een sprong van het domein van de logica naar de sfeer van de ontologie, van een vermoeden naar een feit. Het is integendeel een overgang van een directe waarneming naar een gedachte, van een vooropgezet bewustzijnsbesef naar een bepaalde zekerheid, van overweldigd te zijn door de aanwezigheid van God tot een besef van zijn bestaan. Wat wij met denken proberen is het verheffen van dat vooraf geprogrammeerde besef tot het niveau van begrijpen.
Door de spirituele dimensie te voelen van al het zijnde worden wij ons bewust van de absolute werkelijkheid van het goddelijke. Door een credo te formuleren, door te verklaren: *God is*, brengen we alleen maar een overweldigende werkelijkheid terug naar het niveau van het denken. Ons denken is slechts een achterafgeloof.

Met andere woorden: ons geloof in de werkelijkheid van God is geen kwestie van eerst een denkbeeld hebben en vervolgens het bijbehorende, ontologische deel op te stellen. Of om een beeld van Immanuel Kant te gebruiken, van eerst het denkbeeld te hebben van honderd dollar en dan aanspraak te maken op hun bezit op grond van dat denkbeeld. Hier is het feitelijke bezit van de dollars aan de orde en daarna de poging om de som te tellen. Er is een mogelijkheid van vergissing bij het tellen van de biljetten, maar de biljetten zijn hier.[4]

Anders gezegd, ons geloof in zijn werkelijkheid is geen sprong over een ontbrekende schakel in een redenering, maar meer een *herwinnen*, meer het opgeven van een inzicht dan het toevoegen van een nieuw inzicht. Het is een gang voorbij het bewustzijn en een onderzoeken van het zelf met al zijn aanspraken op kennis. *Het is een ontologische vooronderstelling.*

In de diepte van het menselijk denken veronderstellen wij allen de een of andere uiteindelijke werkelijkheid, die op het niveau van het logische denken gekristalliseerd is in het concept van een macht, een beginsel of een structuur. Dit is dus de volgorde in ons denken en bestaan: het ultieme of God komt eerst en daarna ons redeneren over hem. De metafysische speculatie heeft de volgorde omgekeerd: redeneren komt eerst en dan pas de vraag over zijn werkelijkheid; óf hij is bewezen, óf hij is niet werkelijk.

Maar net zo min als er over de wereld te denken valt zonder een voorop gestelde gedachte van de werkelijkheid van de wereld, kun je over God denken zonder de vooronderstelling van de werkelijkheid van God.

§ 9 DE ONGELIJKHEID VAN ERVARING EN UITDRUKKING

Sommige beweringen, met name beweringen die de bedoeling hebben om de functionele aspecten van de werkelijkheid te beschrijven, het aspect van de kracht, lijden niet onder de ongelijksoortigheid en ontoereikendheid van de uitdrukking. Wat gemeten, gewogen of berekend kan worden, kan nauwkeurig onder woorden worden gebracht. Maar beweringen die het wezen van de werkelijkheid beogen weer te geven of het aspect van mysterie en grandeur, zijn altijd zwakke afspiegelingen. Ontoereikendheid is hun onmiskenbare kenmerk. Wij beschikken dus niet over woorden of symbolen die toereikend zijn om God of het mysterieuze van het bestaan te beschrijven.

Het uiteenlopen van ons denken en spreken vindt zijn oorsprong in de noodzaak van de aanpassing van ons inzicht aan de gewone categorieën van denken en spreken. Daarom is het probleem *hoe* de religieuze mens zijn ideeën, zijn geloof zou moeten verantwoorden in de taal van religieus inzicht en religieuze ervaringen, lastiger dan bij het gebruik van de taal van het filosofisch denken. Er bestaat een diepgaande ongelijkheid tussen de mens en de werkelijkheid, tussen ervaring en expressie, tussen bewustzijn en voorstelling, tussen geest en mysterie. De ongelijkheid tussen godsvertrouwen en geloofsovertuiging is dan ook een groot probleem in de godsdienstfilosofie.

Maimonides spoort de lezer van zijn *Guide of the Perplexed* aan om de 'eenheid van God' op de juiste wijze te leren begrijpen en te gaan behoren tot hen 'die een idee hebben van de waarheid en haar aangrijpen, zelfs wanneer zij er niet over spreken, zoals de vromen wordt aanbevolen: *Bezin u in de nacht en zwijg*' (Psalm 4:5).[5] Waarom zou je moeten zwijgen? Waarom verdient zwijgen de voorkeur? Kijk naar Maimonides' ervaring van de ontoereikendheid van al onze categorieën. Na de verklaring dat Gods eenheid niet iets is wat extra is toegevoegd aan zijn wezen ('Hij is Eén zonder eenheid'), zegt Maimonides: 'Deze subtiele concepten, die ons begrip bijna te boven gaan, kunnen niet makkelijk onder woorden worden gebracht. In het algemeen vormen woorden een van de voornaamste oorzaken van dwaling, omdat – welke taal we ook gebruiken – de mogelijkheid om ons uit te drukken op zeer zorgelijke wijze wordt beperkt. We kunnen zelfs geen beeld krijgen van dit concept als gevolg van ons onnauwkeurige taalgebruik.'[6] En elke communicatievorm is onnauwkeurig.

Om te spreken moeten we concessies doen en compromissen sluiten. We moeten er daarom aan denken dat de uiteindelijke denkbeelden nooit echt verwoord kunnen worden. 'Omdat het algemeen bekend is dat zelfs die kennis van God die voor de mens toegankelijk is, niet verworven kan worden dan langs de weg van ontkenningen en dat ontkenningen geen echt idee geven van het Wezen waarop ze betrekking hebben, verklaarden alle mensen... dat God niet het voorwerp van menselijk begrip kan zijn, dat niemand dan Hijzelf begrijpt wat Hij is en dat onze kennis bestaat in het kennen van ons onvermogen om Hem werkelijk te begrijpen... Het denkbeeld is het

beste in de psalmen uitgedrukt: *Voor u is stilte een lofzang* (65:2).*** Het is een veelzeggende opmerking over dit onderwerp, want alles wat wij uitspreken met de bedoeling om Hem te verheerlijken en te loven, bevat iets wat op God niet kan worden toegepast en houdt kleinerende uitdrukkingen in. Daarom is het passender om te zwijgen en met verstandelijke overdenking tevreden te zijn... *Bezin u in de nacht en zwijg* (Psalm 4:5).'[7]
Stilte verdient de voorkeur boven spreken. Woorden zijn niet onmisbaar voor kennis. Ze zijn alleen nodig wanneer we onze denkbeelden aan anderen willen vertellen of hun willen bewijzen dat wij kennis hebben verworven.[8]
Als besluit van zijn bespreking van de natuur en de attributen van God schrijft Maimonides: 'Geprezen is Hij die zodanig is dat wanneer onze geesten zich een voorstelling ervan proberen te maken hun kracht om te begrijpen onnozelheid wordt, wanneer zij het verband tussen Zijn werken en Zijn willen bestuderen hun kennis onwetendheid wordt, en wanneer onze tongen Zijn grootheid in beschrijvende woorden bekend willen maken alle welsprekendheid onvermogen en dwaasheid wordt.'[9]

Wij zeiden dat God een ontologische vooronderstelling is en dat alle verklaringen over hem slappe aftreksels zijn. Maar wat is de betekenis en de inhoud van die ontologische vooronderstelling? Wij geloven dat er een andere bron van zekerheid van Gods bestaan is en wel een die geschikter is om ons een begrip te geven dat uitgaat boven ons loutere besef. Die bron van zekerheid is het onderwerp van het volgende onderzoek.

[* ONTOLOGIE: v. Gr. *ontos* = zijnde, *logos* = verklaring, leer. Leer van de algemene eigenschappen van de dingen of zijnsleer. De term ontstond in de wijsbegeerte van de 17e eeuw en was een synoniem voor metafysica, maar kreeg een speciale betekenis: de ontologie werd de leer van de zijnden als zodanig, hun aard, eigenschappen, rangorde en onderlinge betrekkingen ('algemene metafysica').

** SOLIPSISME: Lat.: *solus*=alleen; *ipse*=zelf. Filosofische leer dat alleen ons eigen ik en zijn bewustzijnsdaden bestaan.]

*** *U komt de lof toe.* Heschel citeert hier de *Septuaginta* en de *Pesjitta*, de Syrische Bijbel: *Silence is praise to Thee.*]

HOOFDSTUK 12

OVER DE BETEKENIS VAN GOD

§ 1 HET MINIMUM AAN BETEKENIS

Wanneer we iets gaan onderzoeken, moeten we een minimum aan kennis bezitten van de betekenis van wat we gaan te onderzoeken. Geen enkel onderzoek begint zonder enige voorkennis. Bij het stellen van de eerste vraag moeten we een bepaalde voorstelling hebben van de aard van het onderwerp van onze vraag. Dat is omdat we anders niet zouden weten in welke richting we verder moeten vragen en ook niet zouden weten of het resultaat van ons onderzoek een antwoord op onze vraag zal zijn.

We vragen naar God. Maar wat is het minimum aan betekenis dat het woord God voor ons heeft? In de eerste plaats roept het de gedachte op van iets *onovertrefbaars*. God is een Wezen waarboven niemand kan bestaan. Verder betekent het één, uniek en eeuwig. Deze bijvoeglijke naamwoorden zijn alleen maar hulpwoorden van het zelfstandig naamwoord waar ze mee verbonden zijn. Zelf drukken zij het wezen niet uit. Wij verkondigen dat God Eén is; het zou intellectuele afgoderij zijn om te zeggen dat de Ene God is. Maar wat is dan de betekenis van het zelfstandig naamwoord, waarmee onovertrefbaarheid of eenheid verbonden is? Is het de gedachte van het absolute? Of het concept van een eerste oorzaak?

Als we zeggen dat ons onderzoek naar God een onderzoek is naar de idee van het absolute, dan schuiven we het vraagstuk dat we proberen te onderzoeken terzijde. Een eerste oorzaak of een idee van het absolute – verstoken van leven, gespeend van vrijheid – is eerder een onderwerp voor de natuurwetenschap of de metafysica dan van belang voor de ziel of het geweten. De vaststelling van het bestaan van een dergelijke oorzaak of zo'n idee zou geen antwoord zijn dat verband hield met onze vraag. De levende ziel heeft geen belangstelling voor een dode oorzaak, maar voor een levende God. Het is ons doel om vast te stellen dat er een Wezen bestaat aan wie we onze zwakheden kunnen toegeven, een God die liefheeft, een God die niet te verheven is om belang te stellen in ons vragen naar en zoeken van hem – een vader en geen absolute macht.

Vanaf het begin moet helder zijn dat het minimum aan betekenis dat we met het woord God verbinden is dat hij leeft – of om het negatief te zeggen: hij is niet minder dan wij in de rangorde van wat er bestaat. Een wezen dat de kenmerken van een persoonlijk bestaan mist interesseert ons niet.

Daarom is deze minimale betekenis dat het woord God voor ons inhoudt: *God leeft.* Aanvaarding van het tegendeel, namelijk dat het woord God slaat op een wezen zonder leven en vrijheid – minder dan wij in de rangorde van het leven en beperkter dan wij zelf – zou onmiddellijk het vraagstuk dat ons bezighoudt ontkrachten, en wel op dezelfde wijze als waarop de veronderstelling dat het heelal beperkter is dan ons eigen lichaam elke poging om de betekenis van het heelal te onderzoeken, waardeloos zou maken.

Er zijn inderdaad maar twee echte manieren om te beginnen: door te denken over God als over een vrij en oorspronkelijk wezen óf als over een onbezield wezen. Hij leeft of hij is levenloos. Beide gedachten zijn onbewijsbaar, maar toch lijkt de laatste hypothese, geformuleerd als God is de grote onbekende, voor de meeste mensen de meest acceptabele. Laten we die laatste gedachtegang onderzoeken.

De verklaring 'God is de grote onbekende', waarmee bedoeld wordt dat men hem nooit heeft gekend en hem nooit zal kennen, is een absolute bewering die steunt op de theorie dat God eeuwig verborgen blijft. Een dergelijke theorie is echter een innerlijk tegenstrijdig dogma. Want door eeuwige verborgenheid toe te schrijven aan het onovertrefbare wezen, beweren we beslist het te kennen. Dus is het ultieme wezen geen onbekende, maar een bekende God. Met andere woorden: een God die we kennen, maar die niet weet, de grote niet-weter. We verkondigen de onwetendheid van God samen met onze wetenschap dat hij onwetend is.

Dit lijkt een deel te zijn van onze heidense erfenis: door te zeggen dat de Allerhoogste een volstrekt mysterie is, maar door tevens de idee van een eerste oorzaak te aanvaarden met de macht om het heelal tot leven te brengen, klampen we ons vast aan het vermoeden dat de macht die het ontstaan van de wereld mogelijk maakte, nooit in staat is geweest zichzelf te leren kennen. Waarom zouden we toch aannemen dat de absolute macht volkomen machteloos is? Waarom zouden we *bij voorbaat* leven en vrijheid voor het ultieme wezen uitsluiten?

Een denken over God als een speculatief probleem zou misschien kunnen uitgaan van de gedachte van Gods absolute raadselachtigheid. Een denken over God als een religieus probleem, dat begint met verwondering, ontzag, lof, vrees en beven en opperste verbazing, komt geen stap verder als het vastzit aan de gedachte dat God levenloos is. We kunnen geen woorden spreken en tegelijk ontkennen dat er woorden zijn. Wij kunnen in het religieuze denken niet God zeggen en tegelijkertijd ontkennen dat hij leeft. Als God dood is, is verering dwaasheid.

Het probleem van het religieuze denken is niet alleen of God dood of levend is, maar ook of wij dood of levend zijn tegenover zijn werkelijkheid. Een onderzoek naar God houdt een onderzoek in naar wat wij zelf waard zijn. Het is een test van onze eigen spirituele mogelijkheden. O zeker, er zijn denkniveaus waar we rustig kunnen volhouden dat God niet leeft: op het niveau van verwaandheid en ongevoeligheid voor de grandeur en het mysterie van het leven. Op momenten waarin uiterste verwondering ons vervult, weten we dat de uitspraak dat God leeft wel erg zwak is uitgedrukt.

Maar misschien is er nog een derde mogelijkheid: God is niet levend of levenloos, maar een *symbool*. Wanneer God omschreven wordt 'als een naam voor wat de mens ten diepste bezighoudt', dan is hij alleen maar een symbool van de laatste vragen van de mens, de objectivering van een subjectieve gemoedstoestand. Maar als zodanig zou God weinig meer zijn dan een projectie van onze verbeelding.

Zoals de aanvaarding van God en de verwerping van de afgoden in de eerste twee van de Tien Geboden zijn aangeduid, zo is de verwerping van het symbool begrepen in het derde gebod: 'Misbruik de naam van de Eeuwige, uw God, niet.'

Ongetwijfeld is God meer dan 'een naam voor wat de mens ten diepste bezighoudt'. Alleen heiligen houden zich ten diepste met God bezig. Wat de meesten van ons ten diepste bezighoudt, is ons ego. Het bijbelse bewustzijn begint niet met de menselijke, maar met *de goddelijke zorg*. Het belangrijkste in de ogen van de profeten is de aanwezigheid van Gods betrokkenheid bij de mens en de afwezigheid van de menselijke betrokkenheid bij God. Het is Gods betrokkenheid bij de mens die opklinkt achter elk woord van hun boodschap. Maar hoe worden we ons bewust van zijn betrokkenheid?

§ 2 TWEE GEVOLGTREKKINGEN

Aanvaarding van de opvatting dat je over God niet kunt denken in termen van een levenloos wezen, heeft twee belangrijke gevolgen. Het ene gaat over *zijn aandeel* in ons streven om hem te begrijpen en het andere over *de rol van de tijd* bij zo'n interpretatie.

Pogingen om vertrouwd te raken met een steen of een plant hangen bijna uitsluitend af van wil en verstand. De plant of steen heeft geen stem en staat onafgebroken ter beschikking. In tegenstelling hiermee hangen pogingen om een ander mens te leren kennen niet alleen af van jezelf, maar ook van de bereidheid van de ander om door jou gezien en begrepen te worden. Het is mogelijk dat de mens bepaalde anderen graag tot zijn kennissenkring zou willen rekenen en weer anderen op een afstand wil houden. En misschien behandel je dezelfde mensen iedere keer weer anders.

Als we nu aannemen dat God geen passief voorwerp is maar een wezen met ten minste evenveel leven en wil als wij hebben, kan het streven om hem te begrijpen niet een proces zijn dat zich ongeacht zijn instemming voltrekt. Als God leeft, moeten wij aannemen dat hij een rol speelt in onze pogingen om hem te begrijpen; dat ons begrijpen van God niet alleen afhangt van onze bereidheid om tot Hem te naderen, maar ook van Gods bereidheid om benaderd te worden.[1]

§ 3 GODS AANDEEL IN MENSELIJK INZICHT

Er bestaat een veel voorkomend misverstand over de betekenis van goddelijke bijstand in het jodendom. Algemeen wordt erkend dat de hoop op die hulp een integraal deel van het religieuze bewustzijn is. Toch beperken we die hoop in de regel tot de praktijk, alsof van God verwacht werd om ons bij onze materiële, maar niet bij onze spirituele pogingen bij te staan. De waarheid is dat we voor al onze verlangens geestelijk blind blijven, behalve als we worden geholpen. God is geen parel op de bodem van de oceaan waarvan de ontdekking afhangt van de bekwaamheid en het verstand van de mens. Wij moeten de eerste stap doen, maar het resultaat hangt af van hem, niet alleen van ons. Zonder zijn liefde, zonder zijn hulp is het voor de mens niet mogelijk hem te naderen.[2]

En toch: 'Alles is in de handen van de hemel, behalve de vreze des hemels.'[3] De mens is vrij om hem te zoeken en vrij om hem te negeren. Slechts hij die zichzelf probeert te zuiveren, wordt door de hemel bijgestaan.[4] Alleen hij die zichzelf een beetje heiligt, wordt een grotere heiligheid door de hemel geschonken.[5]

§ 4 DE ROL VAN DE TIJD

Als we niet over God denken als over een onbezield wezen, een wezen dat met wil noch vrijheid geëquipeerd is, dan moeten we aannemen dat hij niet op elk ogenblik tot onze beschikking staat. Er zijn momenten waarop hij uitgaat om ons te ontmoeten en er zijn momenten waarop hij zijn gelaat voor ons verbergt.[6]

De Duitse geschiedschrijver Leopold von Ranke (†1886) betoogde dat elk tijdperk even dicht bij God is. Voor een mens die bijbels denkt, kan net zo goed gezegd worden dat elk tijdperk even ver van God is. De joodse traditie beweert dat er een rangorde bestaat van tijdsmomenten. Niet alle tijdperken zijn gelijk. De mens kan op dezelfde manier op elke plaats tot God bidden, maar God spreekt niet op elk ogenblik op dezelfde wijze tot de mens. Sinaï gebeurt niet dagelijks en profetie is geen permanent proces. Er zijn tijdperken waarin mensen worden gekozen om profeten te zijn en er zijn tijdperken waarin de stem der profetie getemperd is.

En toch betekent dit niet dat God in ons tijdperk volkomen zwijgt. De goddelijke stem is niet verflauwd 'tot een echo van de heuvels van Judea'. Ze kan losbreken om de verschrikkelijke stilte van onze tijd te doorboren. Er zijn vele wegen en niveaus waarop Gods wil zich aan de mens toont.

De rol van de tijd wordt meebepaald door de menselijke situatie. Omdat in ons begrijpen van God de hele persoon met hart en ziel betrokken is, met zijn verstand, aandacht, ervaring en verder alles waarmee hij zich verbonden voelt, kan dat begrip niet worden beschouwd als onveranderlijk, tijdloos en universeel. De mens is niet altijd dezelfde. Alleen op bepaalde momenten wordt hij zich bewust van de hartverscheurende ondoorgrondelijkheid van zijn leefwereld waaraan hij geen aandacht schenkt. Dan vraagt hij zich af: wat is mijn plaats te midden van de schrikaanjagende onmetelijkheid van tijd en ruimte? Wat is mijn taak? Wat is mijn positie daarin?

§ 5 DE RELIGIEUZE SITUATIE

We kunnen de redenen niet begrijpen die ons dwingen om zeker te zijn van Gods werkelijkheid, behalve als we de situatie begrijpen waarin we ons in de ultieme vraag verdiepen.

Een gerechtvaardigde vraag vertegenwoordigt meer dan ze onder woorden brengt. Ze vertegenwoordigt een extreme situatie die haar ontstaan verklaart, een *raison d'être* voor de aanwezigheid van de vraag in de geest. De vraag naar God neemt niet steeds ons denken in beslag. Soms worden we door haar achtervolgd, soms lijkt ze van geen belang. Er zijn momenten dat de verwondering dood is, wanneer de ultieme vraag zinloos is, en er zijn momenten dat er alleen maar verwondering is en het mysterie binnen het bereik van alle gedachten is.

We moeten daarom de ultieme vraag niet behandelen los van de situatie waarin deze zich voordoet, los van de inzichten die haar hebben opgeroepen en waar ze mee samenhangt. Los van haar menselijke en persoonlijke context verbleekt ze tot zuivere speculatie. Toch behandelen wij haar hier als een religieuze aangelegenheid.

Bovendien is de uiteindelijke vraag een vraag die opkomt op het niveau van het onuitsprekelijke. Ze is niet ingekleed in *concepten* maar in *handelingen.* Geen enkele abstracte formulering is in staat haar over te brengen. Daarom is het nodig de innerlijke logica van de situatie te begrijpen, het geestelijke klimaat waarin ze leeft, om te kunnen bevatten wat de ultieme vraag inhoudt. Het is een situatie waarin we worden uitgedaagd, geprikkeld en in beweging gebracht door het verhevene, de verwondering, het mysterie en de goddelijke nabijheid. Het is niet onze keuze om de vraag te stellen, wij worden ertoe gedwongen.

De vraag komt op met het besef dat de mens het probleem is. Dat de mens meer een probleem is voor God dan dat God een probleem is voor de mens. De vraag: bestaat er een persoonlijke God? - is een symptoom van de onzekerheid: bestaat er een persoonlijke mens?

Op momenten waarin de ziel volledig beseft dat het mysterie slingert tussen haar eigen onzekere bestaan en haar ondoorgrondelijke zin, is het voor ons een ondraaglijke absurditeit om het wezen van de mens te omschrijven aan de hand van wat hij weet of van wat hij tot stand kan brengen.

Voor het besef van het onuitsprekelijke ligt het wezenlijke van de mens daarin dat door hem iets hogers wordt uitgedrukt, dat hij een aanduiding is van een onuitsprekelijke betekenis.

§ 6 MOMENTEN

Anders dan bij wetenschappelijk denken komt begrip voor de werkelijkheid van God dus niet tot stand door scherpzinnigheid, door een serie abstracties of door een denken dat voortschrijdt van concept tot concept op weg naar een eindconclusie, maar door inzicht. Het uiteindelijke inzicht is het resultaat van *momenten* van diepe ontroering, verwondering, ontzag, lof, vrees en beven en van opperste verbazing. Het is een doorzicht op het besef van grandeur, van waarnemingen die we voelen maar niet onder woorden kunnen brengen, van ontdekkingen van het onbekende, van ogenblikken waarin we de pretentie de wereld te kennen laten vallen, van *wéten door onbekendheid*. Op het hoogtepunt van dit soort numineuze momenten krijgen we de zekerheid dat het leven betekenis heeft, dat tijd meer is dan vluchtigheid, dat voorbij al het zijnde iemand is die om ons geeft.

Nogmaals: alleen in zulke momenten, in momenten die worden beleefd op het niveau van het onuitsprekelijke, krijgen religieuze categorieën en handelingen hun werkelijke betekenis. Uitingen van liefde hebben alleen betekenis voor iemand die liefheeft, en niet voor degene wiens hart en geest verzuurd zijn. Hetzelfde geldt voor de religieuze categorieën. Want het hoogste inzicht vindt plaats op het a-priorische denkniveau, vóór alle symboliek. Het is inderdaad moeilijk om inzichten, omschreven in de *noëtische*, presymbolische taal van innerlijke gebeurtenissen, te vertalen in de symbolische taal van concepten.[7]

In het conceptuele denken blijft wat op een bepaald moment helder en duidelijk is, dat ook op andere momenten. Daarentegen zijn hoogste inzichten eerder gebeurtenissen dan een permanente gemoedstoestand. Wat op een bepaald moment helder is, kan op het volgende moment weer duister worden. Concepten verkrijgen en behouden wij. We hebben geleerd dat twee plus twee gelijk is aan vier en wanneer we eenmaal overtuigd zijn van de geldigheid hiervan, zal deze zekerheid ons niet verlaten. Het geestelijke leven is echter niet altijd op zijn toppunt en de genade van God schenkt de mens niet op elk ogenblik de hoogste zegeningen. Flitsen van inzicht 'komen en gaan, dringen door en trekken terug, ontstaan en verdwijnen'. Want dit is de wijze waarop elke uitstraling gebeurt: 'Onophoudelijk vloeit het licht uit Hem en vloeit het terug, van de allerhoogste hoogten tot de allerlaagste diepten.'

De directe zekerheid die we krijgen in momenten van inzicht, behoudt niet haar intensiteit als die momenten voorbij zijn. Bovendien zijn deze numineuze ervaringen of goddelijke ingevingen zeldzaam.* Voor sommigen zijn ze als vallende sterren, voorbijgaand en vergeten. In anderen ontsteken ze een licht dat nooit dooft. De herinnering aan die ervaring en de trouw aan het antwoord van dat ogenblik zijn de krachten die ons geloof ondersteunen. In deze zin is *geloof geloofsvertrouwen,* trouw aan een gebeurtenis, trouw aan ons antwoord.[8]

§ 7 EEN VERMOMD ANTWOORD

De uiteindelijke vraag die onbedwingbaar in onze zielen opkomt, is te ontstellend, te zwaar beladen met onuitsprekelijke verwondering om een academische vraag te zijn die evengoed met 'ja' als met 'nee' beantwoord kan worden. We kunnen niet langer vragen: is er een God? In bescheidenheid en berouw onderkennen we de pretentie van dit soort vragen. Hoe dieper we mediteren des te duidelijker beseffen we dat de vraag die we stellen een vraag is die aan ons wordt gesteld. We realiseren ons dat *de vraag van de mens naar God, de vraag is van God naar de mens.*

Iemand die nooit door zo'n wezenlijke situatie is verrast, zal niet kunnen begrijpen wat voor zekerheid dit veroorzaakt. Hij die verstek laat gaan, die altijd afwezig is als God aanwezig is, zou de redenen voor zijn alibi moeten verklaren en zich onthouden van het afleggen van getuigenis. Iemand die nooit een ogenblik van fundamenteel inzicht doorleefd heeft, kan niet getuigen dat God niet bestaat, zonder zijn ziel te bezwaren met meineed.

[* Zie hierover ook: Tjeu van den Berk, *Het numineuze*, Zoetermeer 2005.]

HOOFDSTUK 13

GOD ZOEKT DE MENS

§ 1 'WAAR BEN JE?'

De meeste theorieën over religie beginnen met het omschrijven van de godsdienstige situatie zoals het zoeken naar God door de mens. Ze onderschrijven de grondregel dat God zwijgt en verborgen is en dat hij geen belang stelt in het zoeken naar hem door de mens. Door het aanvaarden van dit axioma is het antwoord gegeven voordat de vraag is gesteld. Voor het bijbelse denken is de omschrijving onvolledig en het axioma vals. De Bijbel spreekt niet alleen over het zoeken door de mens naar God, maar ook over *Gods zoeken naar de mens.* 'U bespringt mij als een leeuw,' riep Job uit (10:16).

'Van het begin af aan hebt U de mens uitgekozen en hem waardig geacht om in uw nabijheid te vertoeven.'[1] Dit is de geheimzinnige paradox van het bijbelse geloof: *God achtervolgt de mens.*[2] Het is alsof God niet alleen wil zijn en hij de mens heeft uitgekozen om hem te dienen. Dat wij hem zoeken is niet alleen onze, maar ook zijn zaak en moet dan ook niet als een uitsluitend menselijke aangelegenheid worden beschouwd. Zijn wil is bij ons sterke verlangen betrokken. De hele geschiedenis van de mensheid zoals die in de Bijbel beschreven staat, kan in één zin worden samengevat: *God zoekt de mens.* Geloven in God is een antwoord op Gods vragen.

> Eeuwige, waar zal ik U vinden?
> Verheven en verborgen in Uw plaats;
> En waar zal ik U niet vinden?
> De wereld is vol van Uw heerlijkheid.
>
> Ik heb Uw nabijheid gezocht;
> Met mijn hele hart heb ik U geroepen,
> *En toen ik uitging om U te ontmoeten,*
> *Bemerkte ik dat U mij tegemoet kwam.*
>
> Nu ik U door het wonder van Uw macht,
> In heiligheid aanschouwd heb,

Wie zal zeggen dat hij U niet heeft gezien?
Zie, de hemelen en hun eeuwige der sterren
Vertellen hun ontzag voor U,
Hoewel hun stem niet wordt vernomen.[3] (Juda Halevi)

Toen Adam en Eva zich voor zijn nabijheid verborgen, riep de Eeuwige: *Waar ben je?* (Genesis 3:9). Deze roep gaat steeds weer opnieuw uit. Het is een gedempte kleine echo van een zachte kleine stem, niet uitgesproken in woorden, niet uitgedrukt op een begrijpelijke wijze, maar onuitsprekelijk en geheimzinnig, even onuitsprekelijk en geheimzinnig als de glorie waar de wereld vol van is. Het is gehuld in stilte. Verborgen en getemperd lijkt het toch of alle dingen de bevroren echo zijn van de vraag: *Waar ben je?*
Geloof komt voort uit ontzag, uit een besef van leven in zijn nabijheid, uit verlangen om te voldoen aan de uitdaging van God, uit een besef dat er een beroep op ons wordt gedaan. Religie bestaat uit *Gods vraag en het antwoord van de mens*. De weg náár geloof is de weg ván geloof. De weg naar God is een weg van God. Behalve als God de vraag stelt, zijn al onze onderzoekingen tevergeefs. Het antwoord duurt even, de verplichting blijft. Behalve als het besef van het onuitsprekelijke mysterie van het bestaan een blijvende gemoedstoestand wordt, is alles wat overblijft een verplichting zonder geloof. Het doel van de eredienst en het respect voor geschonken regels is onze waakzaamheid te versterken en onze eerbied voor het mysterie te zuiveren. Want geloof blijft niet stilstaan. We moeten doorgaan met bidden, doorgaan met gehoorzamen om in staat te zijn te vertrouwen en verbonden te blijven met zijn aanwezigheid.
Het gebied waar God en de mens elkaar ontmoeten is verborgen, maar niet helemaal ondoordringbaar. Hij plaatste iets van zijn geest in het binnenste van de mens (zie Jesaja 63:11: ... *bezielde hen met de heilige geest*) en *het is de geest van God in de mens, de adem van de Ontzagwekkende die inzicht brengt* (Job 32:8).

§ 2 GELOOF IS EEN GEBEURTENIS

Vaak is er door mensen geprobeerd om gedetailleerd te verantwoorden waarom ze het bestaan van God voor waar moeten aannemen. Zulke verklaringen zijn als rijpe vruchten die we van de bomen plukken. Toch voltrekt de geloofsdaad zich voorbij alle redelijkheid, onder de grond waar het zaad een boom begint te worden.

Zelden weet de ziel hoe ze haar diepe geheimen omhoog kan brengen tot een niveau in het gemoed waarop ze bespreekbaar zijn. Daarom moeten we de daad van het geloof niet gelijkstellen met zijn uitdrukking. De uitdrukking van geloof is een bevestiging van de waarheid, een nauwkeurig oordeel, een overtuiging, terwijl het geloof zelf een *gebeurtenis* is, iets dat eerder gebeurt dan dat het wordt opgeslagen, het is een *moment* waarin de ziel van de mens in verbinding staat met de glorie van God.[4]

De ommuurde geest van de mens heeft geen beschikking over een ladder waarlangs hij op eigen kracht tot de kennis van God kan opklimmen. Toch is zijn ziel uitgerust met heldere ramen die uitkijken op het onbekende. En als hij opstaat om zijn hand naar de Eeuwige uit te steken, is het een weerspiegeling van het goddelijke lichtschijnsel in hem dat hem de kracht geeft tot zo'n hunkering. We staan soms in vuur en vlam vlakbij en voorbij onze eigen kracht, en behalve als we de menselijke ziel afdoen als een gekkenhuis, levert een spectrumanalyse van dit stralende lichtpuntje het bewijs van de juistheid van zijn inzicht.

Want God zwijgt niet altijd en de mens is niet altijd blind. Zijn glorie vervult de wereld. Zijn Geest zweeft boven de wateren. Er zijn ogenblikken waarop, om een talmoedische uitdrukking te gebruiken, hemel en aarde elkaar kussen. Een moment waarop de sluier over de horizon van het bekende wordt opgelicht, zodat een vergezicht geopend wordt op wat eeuwig is in de tijd. Sommigen van ons hebben ten minste één keer de ontzagwekkende werkelijkheid van God ervaren. Sommigen van ons hebben minstens een glimp opgevangen van de schoonheid, de vrede en de kracht die stromen door de zielen van hen die de Aanwezige zijn toegewijd. Er kan een moment komen als een donderslag in de ziel, als de mens niet alleen geholpen wordt, niet alleen door Gods mysterieuze hand geleid wordt, maar ook geleerd wordt hoe te helpen, hoe andere schepselen te leiden. Voor altijd klinkt de stem van de Sinaï:

'Deze woorden – deze en niet meer – heeft de EEUWIGE op de berg, vanuit vuur en dreigende, donkere wolken tot u gesproken toen u daar bijeen was. *Met een geweldig stemgeluid, dat weerklinkt voor eeuwig.*'[5]

§ 3 EEN FLITS IN DE DUISTERNIS

Dat de levende zekerheid van het geloof uiteindelijk een conclusie is, eerder getrokken uit handelingen dan uit logische vooronderstellingen, wordt door Maimonides vermeld:

> 'Beeldt u niet in dat deze grote geheimen aan iemand van ons door en door bekend zijn. Dit is zeker niet het geval: soms glanst de waarheid voor ons op met de helderheid van het daglicht, maar al snel is ze verduisterd door de beperkingen van onze stoffelijke natuur en dagelijkse gewoonten en vallen we terug in een duisternis die bijna even zwart is als die waarin we tevoren waren. Zo zijn we als iemand wiens omgeving van tijd tot tijd door de bliksem wordt verlicht, terwijl hij in de tussentijd in een gitzwarte nacht is gedompeld. Sommigen van ons beleven vaak zulke flitsen van verlichting, totdat ze in bijna onafgebroken helderheid leven, zo dat de nacht voor hen licht als de dag. Dat was het voorrecht van de grootste van alle profeten, Mozes, tot wie God zei: *Maar jij moet hier blijven, bij mij* (Deuteronomium 5:31) en over wie de Schrift zegt: *de huid van zijn gezicht glansde* (Exodus 34:30). Sommigen zien één enkele lichtstraal in de gehele nacht van hun leven. Dat was het lot van hen over wie gezegd is: *ze begonnen te profeteren. Dat is daarna niet opnieuw gebeurd* (Numeri 11:25). Voor weer anderen zijn er lange of korte tussenpozen tussen de flitsen van verlichting en ten slotte zijn er aan wie niet is vergund dat hun duisternis door een bliksemflits wordt verlicht, maar alleen als het ware door de glans van een gepolijst voorwerp of iets dergelijks, zoals de stenen en (fosforescerende) stoffen die schijnen in de donkere nacht; en zelfs dat schaarse licht dat ons verlicht is niet duurzaam maar flikkert en verdwijnt alsof het *het heen en weer flitsende, vlammende zwaard* was (Genesis 3:24). De mate van menselijke volmaaktheid variëren in overeenstemming met deze verschillen. Zij die nooit ook maar voor één ogenblik het licht hebben gezien, maar rondtasten in hun nacht, zijn degenen over wie gezegd is: *U toont geen inzicht, geen begrip, en doolt in duisternis rond* (Psalm 82:5). De waarheid is voor hen volledig verborgen ondanks haar krachtige helderheid, zoals er ook over hen gezegd is: *Soms blijft de zon onzichtbaar, terwijl ze achter de wolken straalt, maar daarna komt de wind en blaast de hemel schoon* (Job 37:21). Deze vormen de grote meerderheid van de mensheid...'[6]

Alleen zij die dagen doorleefd hebben waarin woorden betekenisloos waren, waarin de meest briljante theorieën klonken als schuttingtaal, alleen zij die het uiterste niet-weten, het stemloos zijn van een door het wonder getroffen ziel, de totale sprakeloosheid hebben ervaren, zijn in staat om zich te begeven in de betekenis van God, een betekenis groter dan de menselijke geest. Er is een eenzaamheid in ons die luistert. Als de ziel het gezelschap van het ego en zijn gevolg van onnozele ideeën verlaat, wanneer we ophouden met het uitbuiten van alles en in plaats daarvan de kreet van de wereld, het zuchten van de wereld smeken, dan hoort onze eenzaamheid misschien de levende genade die alle macht te boven gaat.

We moeten eerst in de duisternis turen, ons gewurgd en begraven voelen in de hopeloosheid van het leven zonder God, voordat we klaar zijn om de nabijheid van zijn levende licht te ervaren.

Wanneer ik wolken samendrijf boven de aarde en in die wolken de boog zichtbaar wordt, zal ik denken aan mijn verbond met jullie (Genesis 9:14, 15).

Wanneer onwetendheid en verwarring alle gedachten uitwissen, dan kan het licht van God plotseling in de geest doorbreken als een regenboog in de lucht. Ons begrijpen van de grootsheid van God voltrekt zich als een daad van verlichting. Zoals de Baäl Sjem zei:

'Zoals een bliksem plotseling de hele wereld verlicht, zo verlicht God de geest van de mens en stelt hem daardoor in staat om de grootsheid van onze schepper te verstaan.' Dit wordt bedoeld als de psalmist zegt: *Hij schoot zijn pijlen en sloeg de vijanden uiteen, wierp zijn bliksemschichten en verdreef hen.* De duisternis wijkt, *de beddingen van het water werden zichtbaar, de grondvesten van de wereld kwamen bloot* (Psalm 18:15, 16).[7]

De kern van het joodse religieuze denken is niet dat het een concept van God overdenkt. Het is wel het vermogen om een herinnering van verlichtingsmomenten door de aanwezigheid van de Eeuwige onder woorden te brengen. Israël is geen volk van beschrijvers maar een volk van getuigen zegt Jesaja: '*Mijn getuigen zijn jullie*' (43:10).

Herinneringen aan wat ons onthuld is, staan boven onze zielen als sterren, ver weg en van bovenmenselijke grootsheid. Zij schijnen door duistere en gevaarlijke tijden en hun weerschijn is zichtbaar in de levens van hen die het pad van geweten en herinnering bewaren in de woestijn van achteloos leven.

Sinds deze steeds weer opduikende herinneringen onze zielen zijn binnengetrokken, heeft verwondering ons nooit meer verlaten. Oplettend staren we door de telescoop van oude rituelen, om niet de eeuwige helderheid die onze zielen wenkt uit het oog te verliezen. Onze ziel heeft de vlam niet ontstoken, heeft deze beginselen niet voortgebracht. Toch bezielen zij onze gedachten met hun gloed. Wat is de aard van deze gloed, van ons vertrouwen en hoe wordt die waargenomen?

§ 4 TERUGKEER TOT GOD IS EEN ANTWOORD AAN HEM

We hoeven de wereld van het geloof niet te ontdekken; we hoeven haar alleen maar terug te vinden. Het is geen *terra incognita*, een onbekend land. Het is een vergeten land en onze relatie tot God is eerder een *palimpsest*, waar het oorspronkelijk geschrevene door de overwoekering heen nog herkenbaar is, dan een onbeschreven blad, een *tabula rasa*. Er is niemand die geen vertrouwen heeft. Iedereen stond aan de voet van de Sinaï en hoorde de stem die uitriep: *Ik ben de Eeuwige uw God.*[8] Iedereen nam deel in het antwoord: *Wij zullen doen en wij zullen horen.* Het is het boze in de mens en het boze in de samenleving die de ziel doen verstommen en ons vertrouwen blokkeert en verstoort. 'Voor U is het duidelijk en bekend dat het onze wil is om Uw wil te doen. Maar wat staat ons in de weg? De zuurdesem in het deeg (de boze impuls) en de dienstbaarheid aan de koninkrijken.'[9]

In de geest van het jodendom is ons zoeken naar God een terugkeer tot God. Ons denken aan hem is een herleving, een poging om tevoorschijn te komen uit de diepte van onze verdrongen genegenheid. Het Hebreeuwse woord voor berouw, *teshuvah*, betekent *terugkeer*. Maar het betekent ook *antwoord*. Terugkeer naar God is een antwoord aan hem. Want God zwijgt niet. *Kom terug, ontrouwe kinderen – spreekt de* EEUWIGE (Jeremia 3:14).[10] De rabbijnen menen dat elke dag, elk ogenblik, *een stem roept: Baan voor de* EEUWIGE *een weg door de woestijn, effen in de wildernis een pad voor onze God* (Jesaja 40:3). *Hoor, de* EEUWIGE *roept tot de stad* (Micha 6:9).[11]

Elke ochtend wekt hij mijn oor, zodat het toegerust is om aandachtig te horen (Jes. 50:4). De beweging in de mens om zich tot God te keren is in werkelijkheid een 'herinnering van God aan de mens'.[12] Het is een roep die niet door een lichamelijk zintuig van de mens vernomen wordt, maar de 'geestelijke ziel' in hem bespeurt de roep.[13] De kostbaarste geschenken bereiken ons, maar we hebben niets in de gaten en ze blijven dus ongezien. Gods genade weerklinkt in onze levens als een staccato. Alleen door de ogenschijnlijk losse noten vast te houden lukt het ons om het thema te overzien.

Is het mogelijk om de aard van zulke ervaringen te omschrijven? Het is geen waarneming van een ding, van iets stoffelijks. Het is ook niet altijd een onthulling van tot dan toe onbekende ideeën. Het lijkt erop dat het voornamelijk een verheffing van de ziel is, een verscherping van het geestelijke besef, een begunstiging met een nieuwe gevoeligheid. Het is meer een ontdekking in de tijd dan wat dan ook in de ruimte.

Zoals helderzienden de toekomst kunnen zien, zo gaat de religieuze mens het huidige moment waarnemen. En zo volbrengt hij een daad van de hoogste orde. Want het onderhavige moment is de nabijheid van God. Dingen hebben een verleden en een toekomst, maar alleen God is zuivere aanwezigheid.

§ 5 EEN SPIRITUELE GEBEURTENIS

Maar als inzichten geen stoffelijke gebeurtenissen zijn, in welke zin bestaan ze dan werkelijk?

De achterliggende gedachte van de visie van de moderne mens is dat objectieve werkelijkheid stoffelijk is: alle immateriële verschijnselen kunnen worden herleid tot materiële fenomenen en kunnen in fysieke termen verklaard worden. Daarom hebben slechts die soorten menselijke ervaringen die ons bekendmaken met de kwantitatieve kanten van materiële verschijnselen betrekking op de werkelijke wereld. Geen van de andere soorten van onze ervaring, zoals het gebed of het besef van de nabijheid van God, heeft een objectieve tegenhanger. Zij zijn denkbeeldig in die zin dat ze ons geen kennis verstrekken over de aard van de objectieve wereld.

Iedereen die in de moderne samenleving het gelijkstellen van het werkelijke en het stoffelijke weigert te aanvaarden, wordt beschouwd als een mysticus. Omdat God niet het voorwerp is van een fysieke ervaring, brengt het gelijkmaken dus de onmogelijkheid van zijn bestaan met zich mee. Of God is slechts een woord dat niets werkelijks aanduidt, óf hij is minstens net zo echt als de mens die ik voor mij zie.

Dit is de aanname van geloofsvertrouwen: spirituele gebeurtenissen zijn echt. Uiteindelijk worden alle creatieve gebeurtenissen veroorzaakt door spirituele handelingen. De God die hemel en aarde schept is de God die zijn wil aan de geest van de mens meedeelt.

Door úw licht zien wij licht (Psalm 36:10). Er is een goddelijk licht in elke ziel, het sluimert en wordt verduisterd door de dwaasheden van deze wereld. Eerst moeten we ons van dit licht bewust worden, dan zal het licht van boven op ons komen. In Uw licht, dat binnen in ons is, zullen wij licht zien (rabbijn Aäron van Karlín).

We moeten niet passief wachten op inzichten. In de donkerste momenten moeten wij proberen ons innerlijk licht te blijven uitstralen. *Ze staat al op als het nog donker is* (Spreuken 31:15).

HOOFDSTUK 14

INZICHT

§ 1 HOOR, O ISRAËL

De stem van God is niet altijd onhoorbaar. 'In elke generatie maakte U gedeeltes van het mysterie van Uw naam bekend.'[1]

"Dagelijks weerklinkt een hemelse stem van de berg Horeb die uitroept: 'Wee het volk voor hun veronachtzaming van de Thora'."[2] "Elke dag klinkt er een stem op, die zegt: 'Hoe lang nog zullen spotters behagen scheppen in hun schimpscheuten en zullen dwazen kennis haten?' *Kom terug, afvallige kinderen, ik zal jullie genezen van je ontrouw* (Jeremia 3:22). Maar er is niemand die zijn oor te luisteren legt. De Thora doet een beroep op de mens maar er is niemand die zich dat aantrekt."[3]

De Baäl Sjem stelde de vraag: wat is het doel van de stem? Als niemand haar hoort, welk nut heeft ze dan? Als er altijd iemand is die haar hoort, zou die het dan durven toe te geven? Hij legde het zo uit: De stem die van boven opklinkt, bereikt niet het stoffelijke oor van de mens. '*Het is een spraak zonder klank, er wordt niets gezegd en geen woord gehoord*.'[4] Zij uit zich niet in geluiden maar in gedachten en symbolen die de mens moet leren waar te nemen. 'Een mens die niet verstaat wat hem door een wenk wordt getoond, is niet waardig om zich in symbolen uit te drukken tegenover de koning.'[5] Alle verlangens om tot God terug te keren die bij de mens opkomen en elke innerlijke bewustwording, van vreugde of van ontzag, zijn schatplichtig aan die stem.[6]

Prijs de EEUWIGE, u die zijn boden bent, sterke helden die doen wat hij zegt, gehoorzaam aan het woord dat hij spreekt (Psalm 103:20). 'Met de engelen (*boden*) worden de heiligen van deze wereld bedoeld die door de Heilige, Hij zij gezegend, net zo worden gewaardeerd als de engelen in den hoge... Ze horen de stem van de Eeuwige en zijn zo bevoorrecht om dagelijks de stem van boven te horen.'[7]

Hoor, o Israël... 'Elke dag weerklinkt een stem van de berg Horeb, die de rechtvaardigen vernemen. Dit wordt bedoeld met *Hoor, o Israël*: jij, Israël, hoor de stem die altijd, op elk moment, uitroept: De Eeuwige is onze God, de Eeuwige is Eén.' De daden van God zijn eeuwig en gaan altijd door. Elke dag ontvangt hij die het waardig is de Thora, staande bij de Sinaï. Hij hoort de Thora uit de mond van de Eeuwige net zoals Israël toen zij bij de Sinaï stonden. Elke Israeliet is in staat dat niveau te bereiken, het niveau van te staan bij de Sinaï.'[8]

§ 2 HET INITIATIEF VAN DE MENS

Hoor! Mijn lief klopt aan! 'Doe open, zusje, mijn vriendin, mijn duif, mijn allermooiste' (Hooglied 5:2). 'De stem van mijn geliefde, de Heilige, Hij zij geprezen, roept: Open Mij een opening niet groter dan het oog van een naald en Ik zal voor u de hemelse poorten openen. Doe Mij open, mijn zuster, want jij bent de deur die toegang geeft tot Mij. Als jij niet opent, ben Ik gesloten.'[9]

Keer op keer gaat zijn roep uit tot de ziel: Doe mij open, mijn zuster, mijn liefste, mijn duifje. Maar de roep gaat meestal verloren in de verwarring van het hart, in de dubbelzinnigheid van de wereld. Toch probeert God op vele manieren de ziel te bereiken. *U doet de sterveling terugkeren tot stof en zegt: 'Keer terug, mensenkind'* (Psalm 90:3).

Zonder Gods hulp kan de mens hem niet vinden. Als de mens niet zoekt, verleent hij geen hulp. "De Gemeente van Israël sprak voor de Heilige, Hij zij geprezen:

– Eeuwige der Wereld, het hangt van U af, bekeer ons dus tot U.

Hij sprak tot hen:

– Het hangt van u af, zoals er geschreven is: *Keer terug naar mij – zegt de* EEUWIGE *van de hemelse machten –, dan zal ik naar jullie terugkeren* (Maleachi 3:7).

De Gemeente sprak ten overstaan van Hem:

– Eeuwige der Wereld, het hangt van U af, zoals er gezegd is, *God, onze helper, keer tot ons terug* (Ps.85:5). En daarom eindigt het boek *Klaagliederen* met de woorden: *'Breng ons terug bij u,* EEUWIGE, *laat ons terugkeren'*."

Het ligt in het vermogen van de mens om God te zoeken. Het ligt buiten zijn bereik om hem te vinden. Alles wat Abraham had, was verwondering en alles wat hij op eigen kracht kon bereiken, was bereidheid om waar te nemen. Het antwoord werd hem onthuld, het werd niet door hem gevonden.[10]

Maar het initiatief ligt bij de mens. Het grote inzicht wordt niet gegeven, behalve als wij klaar zijn om te ontvangen. God voltooit, maar wij beginnen. 'Wie dan ook op weg gaat om zichzelf te zuiveren, wordt uit den hoge bijgestaan.'[11] "De *Sjechina*, de aanwezigheid van God, wordt niet gevonden in het gezelschap van zondaren. Maar wanneer de mens zich zuivert en de Heilige dichterbij brengt, dan rust de Sjechina op hem. Wanneer de mens gereed is om *'Ik ben van mijn beminde'* te zeggen, dan *verlangt hij naar mij*. De mens moet beginnen zich te zuiveren, dan wordt hij gezuiverd", zo staat geschreven in de Zohar.[12]

In de vlam die oprijst uit een brandende kool of een kaars zijn twee lichten: het ene wit en helder en het andere zwart of blauw. Het witte licht is hoger dan het andere en stijgt gestaag op. De twee zijn onafscheidelijk verbonden; het witte rust tronend op het zwarte. Het blauwe of zwarte onderstuk is op zijn beurt verbonden met iets onder hem wat maakt dat het blijft vlammen en het ertoe brengt om zich vast te houden aan het witte licht boven hem. Het is een verbindende schakel tussen het witte licht, waaraan het naar boven is verbonden en het vaste voorwerp waaraan het naar onderen verbonden is. De prikkel waardoor dit blauwe licht ontstoken is, komt slechts van de mens.[13] Het blauwe licht wordt niet door het witte licht ingehaald voordat het als eerste is gaan stijgen; maar wanneer het dat doet, dan rust het witte licht onmiddellijk op hem. Over het witte licht is gezegd: *God, houd u niet stil, zwijg niet, God, zie niet onbewogen toe* (Psalm 83:2). Over het blauwe licht is gezegd: *Jullie die een beroep doen op de EEUWIGE, gun jezelf geen rust* (Jesaja 62: 6).[14]

§ 3 'HET OOG VAN HET HART'

In zijn grote codex die begint met de woorden 'Het beginsel van alle beginselen en de zuil waar elke wetenschap op rust, is te weten dat er een Eerste Wezen is dat al het bestaande heeft laten ontstaan,' geeft Maimonides geen speculatief bewijs voor het bestaan van God. Hij verklaart dat de bron van onze kennis van God het innerlijke oog is, *het oog van het hart*, een middeleeuwse naam voor intuïtie.[15]

Voor de antieke joodse denkers was het bewijs voor hun zekerheid van het bestaan van God geen spitsvondigheid of conclusie, afgeleid van abstracte, voorafgaande stellingen. Het is geen lichamelijke ervaring, maar een inzicht. Het oog van het lichaam is geen bezield oog en de ziel, zo geloofde men, bereikt nu en dan hogere inzichten.[16]

Bachja ibn Pakoeda geloofde dat God 'mysteriën van Zijn wijsheid' zou openbaren aan hem wiens geest zich altijd van hem bewust is. Zo'n persoon kan 'zien zonder ogen, horen zonder oren, spreken zonder tong, dingen waarnemen die zijn zintuigen niet kunnen waarnemen. Hij kan dingen begrijpen zonder gebruik van zijn verstand'.[17]

Mozes ibn Ezra vertelt ons: 'Mijn gedachten prikkelen mij om U te zien en stellen mij in staat Uw wonderen te zien met het oog van mijn hart.'[18]

Yehuda Halevi stelt dat, zoals de Eeuwige ons allen een lichamelijk oog gegeven heeft om naar buiten te kijken, hij sommige mensen begunstigd heeft met 'een innerlijk oog' of 'innerlijk zintuig'.[19] In zijn gedichten zegt hij zelf God gezien te hebben met het hart (meer dan met het fysieke oog).[20] 'Mijn hart zag U en geloofde U.'[21] 'Ik heb U gezien met het oog van het hart.'[22]

> De Schepper die alles uit niets aan het licht brengt,
> Wordt onthuld aan het hart, maar niet aan het oog;
> Vraag dus niet hoe en waar –
> Want Hij vervult hemel en aarde.
> Verwijder wellust uit het midden van u;
> U zult Uw God in uw borst vinden,
> Vriendelijk wandelend in uw hart –
> Hij die neerhaalt en die verheft.[23]

§ 4 'DEUREN VOOR DE ZIEL'

In de *Zohar* lezen we de volgende verhandeling over het vers: Haar echtgenoot ('echtgenoot' of 'meester', wordt beschouwd als synoniem voor God) *geniet bekendheid in de stad, hij vergadert met de oudsten in de poort* (Spreuken 31:23). "De Heilige, Hij zij gezegend, gaat in Zijn heerlijkheid alles te boven, Hij is verborgen en gaat ons begrip verre te boven. Er is niemand in de wereld en is er nooit iemand geweest die Zijn wijsheid en wezen doorgrondt, want Hij leeft verborgen in het duister en gaat ons begrip te boven, zodat noch de hemelse, noch de lagere wezens in staat zijn zich met Hem één te voelen, behalve als ze de woorden uitspreken: *'De luister van de* EEUWIGE *zij geloofd in zijn woning!'* (Ezechiël 3:12). De creaturen op de aarde denken over Hem als levende in den hoge: *'Verheven boven alle volken is de* EEUWIGE, *verheven boven de hemel zijn luister'* (Psalm 113:4), terwijl de hemelse wezens over Hem denken als beneden levend: *'laat uw glorie heel de aarde vervullen'* (Ps.57:12), totdat ze beiden, in hemel en op aarde, eenstemmig zeggen: 'Gezegend zij de heerlijkheid des HEREN in zijn woonplaats', omdat Hij onkenbaar is en niemand Hem werkelijk kan verstaan. Hoe kan men dan, als dit zo is, zeggen: 'Haar echtgenoot is bekend in de poorten'? Maar inderdaad, de Heilige maakt zich bekend aan iedereen in overeenstemming met het inzicht van zijn eigen hart en vermogen om zich aan de geest van goddelijke wijsheid te binden. Op deze wijze 'is haar echtgenoot bekend', niet 'in de poorten' (*bishe'arim*), maar, zoals we ook kunnen vertalen, 'door inzicht', hoewel een volledig kennen buiten het bereik van elk wezen ligt... Volgens een andere uitleg zijn de poorten die in deze passage vermeld worden dezelfde als in de passage '*Hef, o poorten, uw hoofden omhoog*' (Psalm 24:7), en slaan ze op de hoogste gradaties waardoor en waarin alleen een begrijpen van de Almachtige voor de mens mogelijk is en waar buiten de mens geen relatie met God zou kunnen hebben. Evenmin kan de ziel van de mens rechtstreeks gekend worden behalve door de lichaamsdelen die de kwaliteit hebben om de instrumenten van de ziel te vormen. Zo is de ziel bekend en onbekend. Zo is het ook met de Heilige, Hij zij gezegend, want Hij is de Ziel van alle zielen, de Geest van alle geesten, bedekt en omsluierd. Toch maakt de Heilige zichzelf bekend door die poorten die deuren zijn voor de ziel. Want er is een deur achter een deur, een niveau achter een niveau, waardoor de luister van de Heilige bekend wordt gemaakt."[24]

HOOFDSTUK 15

VERTROUWEN

§ 1 'KUN JIJ GODS WIJSHEID TEN DIEPSTE DOORGRONDEN?'

Denken over het hoogste, opklimmend naar het onzichtbare, voert langs een pad met ontelbare afgronden en heel weinig houvast. Ondanks al ons vertrouwen worden we gemakkelijk van ons stuk gebracht door een twijfel die we niet helemaal kunnen verdrijven. Wat zou de bange voorgevoelens kunnen wegnemen dat het verlangen om God te begrijpen nutteloos is?

De mens kan spontaan proberen zich voor de verborgen God open te stellen om met zijn geest de duisternis van zijn verte te doordringen. Maar hoe zal hij weten of het God is waarvoor hij zich probeert open te stellen en niet een of andere verpersoonlijkte waarde? Hoe zal hij weten waar of wanneer God gevonden is? In een bespiegelende stemming kunnen we zijn tegenwoordigheid onverwacht ontmoeten. Maar ontmoet God ons? Wij kunnen zijn *hemelse glorie* diep en met ons hele hart aanbidden. Maar hoe weten we dat hij aan onze aanbidding aandacht schenkt?

Kun jij Gods wijsheid ten diepste doorvorsen, het wezen van de Ontzagwekkende geheel omvatten? (Job 11:7). Job erkent spontaan: *Zie hoe groot God is, buiten elk begrip* (36:26).[1] *De Ontzagwekkende, die wij niet kunnen vatten, is groot door zijn kracht en door zijn recht; wie rechtvaardigheid tentoonspreidt onderdrukt hij niet* (37:23). Alles wat Abraham uit eigen kracht kon bereiken was verwondering en verbazing. De kennis dat er een levende God bestaat werd hem door God gegeven.

Er bestaat geen vervanging voor geloofsvertrouwen, geen alternatief voor profetie en geen surrogaat voor traditie.

§ 2 GEEN GELOOF OP HET EERSTE GEZICHT

Er is geen geloof of vertrouwen op het eerste gezicht. Een geloof dat ontstaat als een vlinder is vluchtig. Wie gauw gelooft, vergeet gauw. Geloof ontstaat niet uit het niets, achteloos, onvoorbereid, als een onverdiende verrassing. Geloof wordt voorafgegaan door ontzag, door verbazing over wat we waarnemen maar niet kunnen begrijpen. In de geschiedenis van de Rode Zee lezen we: *Toen het tot hen doordrong hoe krachtig de* EEUWIGE *was opgetreden, kregen ze <u>ontzag</u> voor de* EEUWIGE *en <u>stelden ze hun vertrouwen</u> in hem* (Exodus 14:31). We moe-

ten leren hoe 'de wonderen, die ons dagelijks omringen' te zien, we moeten leren hoe in ontzag te leven om de inzichten van het geloof te verkrijgen.
Wie onnozel is, hecht aan ieder woord geloof, wie verstandig is, let op elke stap (Spr.14:15).
De wil om te geloven kan een verkapte wil tot macht zijn, toch sluiten de wil tot macht en de wil tot geloof elkaar uit. Want in ons streven naar macht matigen we ons aan wat aan God toekomt en onderdrukken we de aanspraak van zijn nabijheid. We moeten leren voorrang te geven aan zijn wil. We moeten begrijpen dat ons geloof niet alleen onze zaak is, maar ook de zijne. Zijn wil is dat we geloven, dat is belangrijker dan onze wil om te geloven.
Het is niet makkelijk om tot geloof en vertrouwen te komen. Een wilsbesluit, de wens om te geloven, is geen geloofsgarantie. Dag na dag moeten we doorgaan met het verdiepen van ons gevoel voor het mysterie om het geloof waardig te worden. Ongevoeligheid voor het mysterie is het grootste struikelblok. In het kunstlicht van trots en zelfgenoegzaamheid zullen we de glans nooit zien. Alleen *in zijn licht zien we het licht.*
De zoektocht van de mens naar God is geen speurtocht naar louter informatie. Gegevens werden nauwelijks verkregen door de ontelbaren die zich inspanden om een antwoord te vinden. Alleen als reactie, als een antwoord aan de Eeuwige die vroeg, werd veel bereikt en kan door ieder van ons veel bereikt worden. In de wereld van de wetenschap kan een vraag gesteld en een antwoord gegeven worden door één mens voor alle mensen. In het rijk van de religie moet ieder voor zichzelf de vraag onder ogen zien en wordt het antwoord individueel gegeven.
God is van geen belang behalve als hij het allergrootste belang is.[2] We kunnen niet in het midden laten of er al dan niet een levende God is, die betrokken is bij de integriteit van de mens. We kunnen niet in het midden laten of we al dan niet weten wat hij van ons verlangt. Het antwoord op deze vragen is niet zomaar te vinden. Volgens Maimonides 'is het algemeen bekend en zeer duidelijk dat de liefde van God niet krachtig wortel kan schieten in het hart van de mens, behalve als ze zijn aandacht voortdurend in beslag neemt zodanig dat niets in de wereld hem belang inboezemt dan deze liefde van God'.[3] Wat van toepassing is op de liefde van God, is tot op zekere hoogte ook van toepassing op het vertrouwen in God.

§ 3 GELOOF IS VERBONDENHEID

Geloof is niet hetzelfde als geloven in de betekenis van iets voor waar houden.[4] Toen het volk van Israël een gouden kalf aanbad, veertig dagen na Sinaï, was hun geloof in de gebeurtenis stellig aanwezig. Religieus vertrouwen is een handeling van de complete mens, van geest, wil en hart. Geloof is *gevoeligheid, begrip, verplichting* en *verbondenheid*. Het is niet iets wat voor eens en voor al is bereikt, maar een houding die je kunt bereiken en verliezen.

De generatie die uit Egypte trok en getuige was van de wonderen aan de Rode Zee en bij de Sinaï, verwierf het geloof niet volledig. Aan het einde van de veertig jaar in de woestijn riep Mozes heel Israël bijeen en zei tot hen:

'U hebt in Egypte met eigen ogen gezien wat de EEUWIGE allemaal heeft gedaan met de farao en zijn onderdanen, met heel zijn land. U was getuige van zijn grootse daden en tekenen en wonderen, maar pas vandaag heeft de EEUWIGE u werkelijk inzicht gegeven, u de ogen en oren geopend' (Deuteronomium 29:1-3).

Hun voorouders zagen hoe hij een wonder verrichtte. Toch bleven zij zondigen, op zijn wonderen vertrouwden zij niet (Psalm 78:12, 32).

§ 4 HET ONBEHAGEN VAN HET GELOOF

Vertrouwen in de levende God, wij herhalen het, wordt niet makkelijk verkregen. Als het mogelijk zou zijn geweest om zijn bestaan onweerlegbaar aan te tonen dan zou het atheïsme allang als een dwaling verworpen zijn. Als het mogelijk zou zijn geweest om in ieder mens de kracht op te wekken om zijn laatste vraag te beantwoorden, zouden de grote profeten dit lang geleden al hebben gedaan. Tragisch is het onbehagen van de gelovige.

Tranen zijn mijn brood, bij dag en bij nacht, want heel de dag hoor ik zeggen: 'Waar is dan je God?' (Psalm 42:4). *'Waar blijft hij dan met zijn wonderbaarlijke daden, waarover onze voorouders hebben verteld?'* (Rechters 6:13). (Zie Psalm 44:2: *God, met eigen oren hebben wij het gehoord, onze voorouders vertelden het ons door: de daden die u verrichtte in hun dagen, in de dagen van weleer.*) *Hoe lang nog, EEUWIGE? Bent u voor altijd verborgen?* (89:47). *Mijn God, mijn God, waarom hebt u mij verlaten?* (22:2).

Waarom, zo vragen we vaak in onze gebeden, hebt u het zo moeilijk gemaakt om u te vinden? Waarom moeten we zoveel zielenleed en moeite ondervinden voor we een glimp van uw nabijheid kunnen opvangen? Wat een treurig schouwspel bieden de eerlijke pogingen van grote geesten om uw bestaan te bewijzen! En waarom staat u toe dat geloof zich zo gemakkelijk vermengt met fanatisme, arrogantie, wreedheid, dwaasheid en bijgeloof?

Waarom, EEUWIGE, *liet u ons afdwalen van uw wegen?*
Waarom hebt u ons onbuigzaam gemaakt,
zodat wij geen ontzag meer voor u hadden? Jesaja 63:17

Er moet een diepgaande reden zijn voor dit feit, voor de zeer grote ellende van de mens. Misschien is de reden dat God in zijn verhouding tot ons niet alleen de weg volgt van het mededogen maar ook de weg van de rechtvaardigheid, en dat zijn compassie schuilgaat achter zijn rechtvaardigheid zoals zijn rechtvaardigheid schuilgaat achter zijn compassie.

§ 5 GELOOF OMVAT TROUW

Geloof omvat *trouw*, kracht om te wachten, aanvaarding van zijn verborgenheid, trotsering van de geschiedenis.

EEUWIGE, *onze God,*
andere heren hebben ons in hun macht gehad,
maar alleen uw naam zullen wij prijzen. Jesaja 26:13

Geen moment in de geschiedenis van de mensheid was zo droevig als het moment waarop God tegen Mozes zei: *Nee, ik ben het die zich van hen afkeert, omdat ze zoveel kwaad hebben gedaan en zich met andere goden hebben ingelaten.* (Deuteronomium 31:18).[5]

'Wie is aan U gelijk in stilte!' Wie is zo stil als Gij, die ziet hoe Uw kinderen beledigd worden en toch stil blijft?'[6]

Het falen van de waarneming, het onvermogen om de Eeuwige rechtstreeks te begrijpen is de treurige paradox van ons religieuze leven. Het was een buitengewoon ogenblik toen de mens zo vrijmoedig was om uit te roepen:

Hij is mijn God, hem wil ik eren,
de God van mijn vader, hem loof en prijs ik.

Exodus 15:2

De normale toestand wordt weergegeven in de woorden van Job:

> *Hij gaat mij voorbij en ik zie hem niet,*
> *hij glipt langs mij heen en ik merk het niet.* Job 9:11

God staat echter niet onverschillig tegenover de zoektocht van de mens naar hem. Hij heeft de mens nodig, het aandeel van de mens in de verlossing heeft hij nodig. God, die de wereld schiep, is niet thuis in de wereld, in zijn duistere stegen van ellende, afstomping en opstandigheid.

Van Noach is er gezegd: *Noach wandelde met God, hij was in zijn tijd de enige die een voorbeeldig leven leidde.* (Genesis 6:9), en tegen Abraham zei God: '*Leef in verbondenheid met mij, leid een onberispelijk leven*' (17:1). De Midrasj* zegt: 'Noach zou vergeleken kunnen worden met de vriend van een koning die dwaalde langs donkere wegen. Toen de koning uitkeek en hem zag, zei hij tot hem: Kom en ga met mij in plaats van langs donkere wegen te dwalen. Maar het geval van Abraham is beter te vergelijken met dat van *een koning die langs donkere wegen voortstrompelde* en toen zijn vriend hem zag, zette deze een lamp voor hem op de vensterbank. Toen zei de koning tot hem: Kom en loop met *een licht voor mij* uit, in plaats van mij door het raam bij te lichten.'[7] De wereld was in duisternis gehuld, maar Abraham schonk het licht dat zijn tegenwoordigheid verlichtte.

De woorden *Ik ben een vreemdeling op aarde* (Psalm 119:19) werden toegeschreven aan God. God is een vreemdeling in de wereld. De *Sjechina*, de aanwezigheid van God, is in ballingschap. Het is onze taak om God terug te brengen in de wereld, in onze levens. Aanbidden is de aanwezigheid van God in de wereld te verspreiden. Vertrouwen in God is onthullen wat verborgen is.

[* MIDRASJ: afgeleid van het werkwoord *darasj*, onderzoeken, ondervragen.
De klassieke joodse bijbeluitleg uit de tijd van Misjna en Talmoed.
De hier geciteerde Midrasj is *Genesis Rabba*, de interpretatie van het boek Genesis.]

HOOFDSTUK 16

HET BEGRIPSVERMOGEN TE BOVEN

§ 1 BINNEN HET BEREIK VAN HET GEWETEN

Wat voegen inzichten toe aan onze kennis? Wat wordt er op zulke momenten onthuld en wat blijft verborgen? Wanneer iemand door een kogel getroffen wordt, voelt hij de pijn maar niet de kogel. Als iemand teruggeroepen wordt, is het gevoel dat hij geroepen wordt sterker dan de roep zelf. De leidende hand is verborgen. Wellicht voelt hij zich *een voorwerp van aandacht*. Er kan geen roep tot de mens uitgaan zonder aandacht voor de mens.

Dit is de zekerheid die in dit soort momenten overweldigt: de mens leeft niet alleen in tijd en ruimte maar ook in de dimensie van Gods aandacht. God is betrokken, geen macht *sec*. Het is God *tegenover wie we verantwoording moeten afleggen*.

In het spoor van religieus inzicht blijft ons een besef bij dat het de transcendente God is *voor wie ons geweten open ligt*. Ondanks een zekere dubbelzinnigheid in bepaalde vragen behouden we een direct contact dat ononderbroken kan voortduren. We zijn blootgesteld aan de uitdaging van een macht die niet is geboren uit of ingesteld door onze wil en die ons onze onafhankelijkheid ontneemt door haar oordeel over de oprechtheid of verdorvenheid van onze daden en door aan ons geweten te knagen wanneer wij haar geboden overtreden. Het is alsof we in onszelf geen plek meer voor onszelf hebben, geen mogelijkheid om ons terug te trekken of te ontsnappen, geen plaats in ons om de overblijfselen van onze schuldgevoelens te begraven. Er is een stem die overal doordringt, die geen genade kent, die graaft in de begraafplaatsen van milde vergeetachtigheid.

Is de God van dit besef de God *aan wie wij verantwoording moeten afleggen?* Is dit besef kunstmatig voortgekomen uit angsten en hersenschimmen en geleidelijk aan ontwikkeld tot een houding tegenover de wetten die orde aanbrachten in de schriftloze samenleving? Juist zij die denken dat dit het geval is, moeten niet de fout maken de waarde van dingen te bepalen aan de hand van hun ontstaanswijze. Enkele van de belangrijkste en meest wezenlijke instellingen van de mensheid zijn terloops ontstaan. Het is heel goed mogelijk dat de vaardigheid om gereedschappen te maken of de ontdekking van het gistingsproces hun oorsprong hebben in magie en bijgeloof. Wat de oorsprong van het geweten ook mag zijn, er zijn weinig dingen in het menselijke leven die zo elementair van betekenis zijn. Het is net zo krachtig en verreikend als het verstand. Want zoals het verstand accepteert dat de natuurprocessen te begrijpen zijn, dat er een redelijke verwantschap bestaat tussen gebeurtenissen, daardoor aanvaardend dat het menselijke verstand en de natuurlijke orde elkaar niet uitsluiten, zo stelt ons morele bewustzijn dat er een morele relatie tussen God en mens bestaat.

Ons gevoel van wat goed of kwaad is, kan af en toe vaag zijn. Met een boven alle twijfel verheven zekerheid voelen wij ons verplicht om ons gedrag te verantwoorden. Het is een unieke eigenschap van het geweten dat – anders dan bij het verstand – de aandacht niet in de eerste plaats uitgaat naar begrijpen, maar naar betrokkenheid, naar verantwoordelijkheid, naar geoordeeld te worden net zo goed als naar oordelen. Verantwoordelijkheid betekent verantwoordelijk zijn *tegenover* iemand. Wie is die iemand? Die iemand kan niet een abstracte wet of een blinde macht zijn; bij het overtreden van een natuurwet voelen we nooit enige schuld. Ons eigen zelf kan het ook niet zijn, de wezenlijke erkenning van de ziel is dat het zelf niet zijn hoogste gezag is. We hebben niet de macht om onszelf het onrecht dat we aanrichten te vergeven. We staan open voor en in verbinding met iemand die ons te boven gaat en die betrokken is bij ons leven.

§ 2 GOD IS HET ONDERWERP

Het gevoel voor de werkelijkheid van God is niet te vinden in smakeloze concepten, niet in scherpzinnige, saaie of bange meningen, en niet in liefde die zuinig en wispelturig is. Gevoeligheid voor God wordt geschonken aan een gebroken hart, aan iemand die boven zijn eigen wijsheid uitstijgt. Het is een gevoeligheid die alle abstracties openbreekt. Het is niet zomaar een spel met een idee. Er is geen veroordeling zonder boetvaardigheid. Er bestaat geen plechtige belofte die vrijblijvend is. Besef van God is een reactie en God is meer een uitdaging dan een begrip. We denken hem niet, hij brengt ons in beweging. Wij kunnen hem nooit beschrijven, we kunnen alleen tot hem terugkeren. We kunnen ons tot hem richten, we kunnen hem niet begrijpen. We kunnen zijn nabijheid voelen. Zijn essentie is ongrijpbaar voor ons.

Van hem komt de roep, van ons komt de omschrijving. Van hem is de schepping, van ons komt de reflectie, de weerklank. Hij is geen object om te begrijpen, geen stelling om te bevestigen. Ook geen optelsom van alles wat feitelijk bestaat of een overzicht van alles wat er idealiter zou moeten zijn. Hij is het ultieme onderwerp.
Het trillende gevoel van Gods aanwezigheid is het vermoeden van onze verantwoordelijkheid tegenover hem. Godsbesef is geen daad van God die bekend is aan de mens. 't Is het besef dat God de mens kent. Door over God te denken worden wij door God gedacht.[1]

§ 3 BIJWOORDEN

Als we beginnen een opvatting over God als de absolute te huldigen, blijft zijn werkelijkheid afgegrendeld achter de abstractie. Maar meningen zijn al te eenvoudige voorstellingen, conclusies. In plaats van te getuigen van een ontmoeting, verwoorden ze een conclusie uit voorafgaande stellingen. Zelfs de indruk die iets op het gemoed maakt, kan niet worden uitgedrukt in de vorm van een mening of een conclusie. Concluderen betekent beëindigen. Maar wie kan de impact van de sterrenhemel op de ziel beëindigen?
Als we over de aard van God spreken, horen we zelfstandige naamwoorden te vermijden want dat veronderstelt begrip. Maar zelfs de wereld die we aantreffen is er een die we vrezen, voorvoelen maar niet kunnen begrijpen.
God schijnt ver weg te zijn, maar niets is zo nabij als hij. Als we denken dat hij nabij is, dan is hij ver weg. Wanneer we denken dat hij ver weg is, dan is hij dichtbij (de Baäl Sjem). De brug naar God is ontzag.
In ontzag vragen we niet wat zijn wezen is, maar wat zijn relatie tot de mens is. Als God is afgeleid van abstracties, dan blijft zijn onverschilligheid voor de mens en de onbelangrijkheid van de mens voor hem verenigbaar met zijn grootheid. Maar wanneer ons besef van God een antwoord is op zijn zoeken van de mens, of een terugkeer, dan worden ons zijn werkelijkheid en zijn betrokkenheid duidelijk. Gods vraag aan de mens is een daad van zijn betrokkenheid.
We hebben geen zelfstandige naamwoorden om zijn wezen te beschrijven. We hebben alleen *bijwoorden* om de wegen aan te geven waarlangs hij tegenover ons handelt.

§ 4 EENHEID IS DE MAATSTAF

Overal ontmoeten we het mysterie: in de rots en in de bij, in de wolk en in de zee, het lijkt alsof alle dingen doorgangsroutes zijn. Maar leiden alle wegen naar *één* doel, naar *één* God? Hoe weten wij dat alle mensen de hele tijd en op alle plaatsen een en dezelfde werkelijkheid ervaren? Getuigen de uiteenlopende ervaringen met het mysterie niet eerder voor een veelheid van godheden dan voor één God?

Religieus inzicht, hoe kostbaar en intens ook, is onderhevig aan twijfel. Wat geeft ons de zekerheid dat de substantie van ons inzicht geen projectie van onze ziel is? Is de ziel geen broedplaats van illusies? Hoe weten we dat onze uitleg van wat ons op momenten van religieus inzicht geschonken wordt, juist is? Hoe weten we dat het een levende God is, de schepper van hemel en aarde, wiens betrokkenheid van invloed is op de ziel? Wat is de standaard aan de hand waarvan de geloofwaardigheid van religieuze inzichten kan worden getoetst?

Zo'n standaard zou een denkbeeld moeten zijn, geen gebeurtenis. Het zou een idee van de allerhoogste orde moeten zijn, waardig om te dienen als een identificatie van het goddelijke en tegelijk het meest waardevolle denkbeeld in het menselijke denken, een universeel denkbeeld. Een dergelijk denkbeeld is *eenheid* of *liefde*, die een uitdrukking van eenheid is.

Elke kennis, elk begrip, zowel in wetenschap, kunst en ethiek als in religie steunt op zijn geldigheid.[3] Eenheid is de regel, de maat en het doel. Als zich in de naglans van een religieus inzicht een mogelijkheid voordoet om onze uiteengevallen levens te herenigen, om bijeen te brengen wat met elkaar strijdt – dan weten we dat het een richtingaanwijzer is op weg des Heren. Wanneer een gedachte hoogmoed opwekt, leidt tot een verwijdering van het lijden van anderen, wereldvreemd staat tegenover de gevaren van het kwaad – dan weten we dat het een afwijking is van de goddelijke weg.

Een inzicht heeft geen betekenis voor één mens behalve als het van betekenis kan worden voor alle mensen. Hij die gemaakt heeft wat voor alle tijden is, verlicht de mens met gedachten die altijd geldig zouden moeten zijn.

Alleen wat goed is voor alle mensen, is goed voor ieder mens. Niemand wordt werkelijk bezield ter wille van zichzelf. Hij die gezegend wordt, is een zegen voor anderen.

Er zijn vele wegen, maar er is slechts *één* doel. Als er een oorsprong is van alles, moet er ook een doel zijn voor alles en iedereen. De vurige verlangens zijn de onze, maar het antwoord is van *hem*.

De genade van God gaat alle mysterie te boven. Het is een liefde, een genade die de wereld en haar waarde en verdienste overstijgt. Te leven door zo'n liefde, die te weerspiegelen, hoe bescheiden ook, is de toets van een religieus leven.

Samengevat: de kracht van de religieuze waarheid is een moment van inzicht en haar inhoud is eenheid of liefde. Oorsprong en inhoud kunnen worden samengevoegd in één woord: *transcendentie*.

Transcendentie is de proeve van religieuze waarheid. Een echt inzicht ontsluit het hart en geeft een mens de kracht boven zichzelf uit te stijgen.

§ 5 VAN INZICHT TOT ACTIE

Hoe kunnen we zeker weten dat eenheid werkelijk een weg van God is? Verbeelden we ons niet te weten wat zich aan gene zijde van het mysterie bevindt? De zekerheid blootgesteld te zijn aan een aanwezigheid die niet van deze wereld is, is een feit van het menselijke bestaan. Maar zo'n zekerheid vindt niet haar vervulling in esthetische overpeinzingen. Er roert in haar een verlangen om te leven op een manier die recht doet aan deze aanwezigheid.

Het begin van het geloof is, zoals hierboven gezegd, niet een gevoel voor het mysterie van het leven of een gevoel van ontzag, verwondering en verbazing. De wortel van religie is de vraag wat te doén met het gevoel voor het mysterie van het leven, wat te doen met ontzag, verwondering en verbazing. Religie begint met een weten dat iets van ons wordt gevraagd. In dat gespannen, eeuwige vragen wordt de ziel gevangen en wordt aan de mens zijn antwoord ontlokt.

Iets wordt van ons gevraagd. Maar wat? De uiteindelijke vraag die onze ziel prikkelt is anoniem, geheimzinnig, krachtig, maar onuitsprekelijk. Wie zal de weg van God onder woorden brengen, wie leert ons de goddelijke weg? Hoe zullen we weten of de weg die we kozen de weg is die de Eeuwige ons wil laten gaan?

Op momenten van inzicht worden we teruggeroepen. Maar hoe keert men om? Wat is de weg naar hem? We voelen allemaal de grandeur en het mysterie. Maar wie vertelt ons hoe we op het mysterie moeten reageren? Wie zal ons vertellen hoe te leven op een manier die aansluit bij de grootsheid, het mysterie en de hemelse glorie? Het enige wat we hebben is een voorstelling, maar geen woorden of daden om een reactie uit te drukken of te vormen.

De mens leeft niet door inzicht alleen. Er is een geloofsbelijdenis nodig, een dogma, een manier om zich te uiten, een levenswijze. Inzichten vormen geen veilig bezit. Ze zijn vaag en zeldzaam. Ze zijn als goddelijke vonken die voor ons oplichten en weer doven, en wij vallen terug in een duisternis 'die bijna even zwart is als die waarin we tevoren waren'. Het probleem is: hoe verbinden we deze zeldzame ogenblikken met alle uren van ons leven? Hoe kunnen we intuïtie toevertrouwen aan concepten, het onuitsprekelijke aan woorden, inzicht aan verstandelijk begrip? Hoe moeten we onze inzichten aan anderen overbrengen en ons verenigen in een gemeenschap vol van vertrouwen?

Momenten van inzicht worden niet door iedereen intensief ervaren. Die vonken zijn krachtig genoeg om een ziel, maar niet om de wereld te verlichten. Heeft God niet ooit gezegd: 'Laat er licht zijn, zodat de hele wereld het zal zien?' In momenten van inzicht richt God zich tot een enkele ziel. Heeft hij zich nooit gericht tot de wereld, een volk of een gemeenschap? Heeft hij zichzelf spoorloos laten verdwijnen in de geschiedenis voor hen die de kracht missen om hem steeds opnieuw te zoeken?

§ 6 ALLEEN INZICHTEN EN NIETS ANDERS?

Als we denken over de wereld, kunnen we niet verder komen zonder leiding van de logica en een wetenschappelijke methode. In het denken over de levende God moeten we ons door de profeten laten leiden.

Zij die delen in het erfgoed van Israël geloven dat God niet altijd ontwijkt. Op zeldzame momenten vertrouwde hij zichzelf toe aan hen die uitverkoren waren om leiding te geven. Wij kunnen God niet onder woorden brengen, maar God brengt ons zijn wil onder woorden. Door zijn woord weten we dat God niet boven goed en kwaad verheven is. Ons eigen denken zou ons in een toestand van verwarring achterlaten als we geen leiding zouden krijgen.

Het is niet juist dat wij op God wachten alsof hij nooit de geschiedenis binnengekomen was. In zijn zoektocht naar God moet de mens die na Sinaï leeft, de werkelijkheid leren begrijpen van Gods zoeken naar de mens. De wereld van de profeten, het wachten van God op de mens, moet hij niet vergeten.

Wat een beeldhouwer doet met een blok marmer, doet de Bijbel met onze fijnste intuïtie. Het lijkt op het verheffen van het mysterie tot een uitdrukkingskracht.

Persoonlijke inzichten en bezieling bereiden ons voor om te aanvaarden wat de profeten duidelijk maken. Zij stellen ons in staat de vraag te begrijpen waarop openbaring een antwoord is, want ons vertrouwen ontleent zijn inhoud niet geheel aan persoonlijke inzichten. Ons geloof is geloof door de heilzame werking die uitgaat van de gemeenschap van Israël en door ons aandeel in het geloof van de profeten. Uit hun woorden leiden we de normen af waaraan we de geloofwaardigheid van onze eigen inzichten kunnen toetsen.

Het is door de profeten dat we misschien in staat zijn de Eeuwige te ontmoeten als een wezen dat verborgen gaat achter de sluier van het mysterie. In de profeten werd het onuitsprekelijke een stem die onthult dat God geen wezen is dat zich afzijdig en verre van ons houdt, zoals men in de oudheid geloofde. Dat hij geen raadsel is, maar gerechtigheid en genade. Niet alleen een macht tegenover wie we verantwoordelijk zijn, maar ook een blauwdruk voor ons leven. Hij is niet de onbekende. Hij is de vader, de God van Abraham; uit een eindeloze eeuwigheid komen mededogen en leiding. Zelfs hij die zich verlaten voelt, herinnert zich hem als de God van zijn voorouders.

Deel 2

OPENBARING

Ik ben de EEUWIGE, uw God.

DEEL II *OPENBARING*

HOOFDSTUK 17

HET DENKBEELD VAN OPENBARING

§ 1 DE MENS MET DE THORA

Sinds de dag waarop de stem van God op de Sinaï ons overweldigde, zijn we nooit meer dezelfde geweest. Het is voor altijd onmogelijk om ons terug te trekken in een tijdperk dat voorafgaat aan de gebeurtenis op de Sinaï. Een gebeurtenis zonder weerga vond plaats. God openbaarde zijn naam en de joden zijn naar hem genoemd. *Alle andere volken zullen opmerken dat u de* EEUWIGE *toebehoort* (Deut. 28:10). Er bestaan twee Hebreeuwse namen voor jood: *Yehudi*, waarvan de eerste drie letters de eerste drie letters zijn van de Onuitsprekelijke naam, en *Israël*, waarvan het slot, *el*, in het Hebreeuws God betekent.

Als andere godsdiensten omschreven kunnen worden als een relatie tussen de mens en God, dan kan de joodse leer worden getypeerd als een relatie tussen *de mens met de Thora* en *God*. De jood is nooit alleen voor Gods aangezicht, de Thora is altijd bij hem. Een jood zonder Thora heeft afgedaan.

De Thora is niet de wijsheid maar de bestemming van Israël. Het is geen joodse literatuur maar de wezenlijke kern van het jodendom. Er wordt van gezegd dat ze niet ontstaan is door bespiegelingen of dichterlijke bezieling, maar door profetie of openbaring.

Het is gemakkelijk om profetie, openbaring te zeggen. Maar zijn we ons wel bewust van wat we zeggen? Begrijpen we wel wat deze woorden betekenen? Bedoelen we een zekerheid of verbeelding, een denkbeeld of een feit, een mythe of een mysterie wanneer we spreken over profetie of openbaring? Kwam het ooit voor dat God zijn wil openbaarde aan enkele mensen ten gunste van alle mensen?

§ 2 WAAROM DIT VRAAGSTUK BESTUDEREN?

Het is geen historische nieuwsgierigheid die onze belangstelling voor het vraagstuk van de openbaring wekt. Als openbaring alleen maar een gebeurtenis uit het verleden was die de loop van de beschaving heeft beïnvloed, zou het de geest van de moderne mens niet méér bezighouden dan de Slag bij Marathon of het Congres van Wenen. Wanneer het ons aangaat is het niet om de sterke invloed op vervlogen generaties, maar als iets van al of niet eeuwigdurende en onverminderde betekenis. Met deze redenering roepen we niet de schaduw op van een antiek verschijnsel, maar proberen we de vraag aan de orde te stellen of we mogen geloven dat er een stem in de wereld is die zich in de naam van God tot ons richt.

Dus is het niet alleen een persoonlijk probleem, maar een die de geschiedenis van alle mensen raakt, van het begin van de tijd tot het einde der dagen. Niemand die ten minste één keer in zijn leven de angstaanjagende ernst van de menselijke geschiedenis of het serieuze van het individuele bestaan heeft ondervonden, kan zich veroorloven dit probleem te negeren. Hij moet beslissen, hij moet kiezen tussen ja en nee.

§ 3 WIJ VERGATEN DE VRAAG

De grootste hinderpaal voor de moderne mens om een discussie over openbaring aan te gaan is niet de twijfel aan de authenticiteit van de berichten van de profeten over hun ervaringen. De scherpste verdediging van deze berichten, voorzover al mogelijk, zou weinig terzake zijn. Het meest serieuze probleem is *de afwezigheid van het probleem.* Wil een antwoord zinvol zijn, dan impliceert dat kennis van de vraag die er aan voorafging, maar het huidige klimaat heeft geen zielsverwantschap met de voortdurende groei van vragen die men eeuwenlang heeft gekoesterd. De Bijbel is een antwoord op de allerbelangrijkste vraag: *wat vraagt God van ons?* Toch speelt deze vraag geen rol meer in de wereld. God wordt afgeschilderd als een portie vaagheid achter een sluier van ondoorgrondelijkheid en zijn stem is buitenaards geworden voor onze manier van denken, voor onze harten en voor onze zielen. We hebben geleerd te luisteren naar elk 'ik' behalve het 'Ik' van God. De hedendaagse mens kan zelfverzekerd verklaren: niets dierlijks is mij vreemd, maar wel alles wat goddelijk is. Dit is de positie van de Bijbel in het moderne leven: het is een schitterend antwoord, maar de vraag kennen we niet meer. Als we de vraag niet terugvinden, is er geen hoop dat we de Bijbel zullen begrijpen.

§ 4 HET DOGMA VAN DE ONAFHANKELIJKHEID VAN DE MENS

In onze tijd kwam de weerstand tegen de openbaring van twee lijnrecht tegenover elkaar staande opvattingen over de mens: de ene beweerde dat de mens te groot was om goddelijke leiding nodig te hebben, en de andere beweerde dat de mens te klein was om goddelijke leiding waardig te zijn. Het eerste concept kwam van de sociale wetenschappen en het tweede van de natuurwetenschappen.

Sinds de dagen van de deïsten* is de gedachte van de onafhankelijkheid van de mens als argument gebruikt om het opstandingsgeloof in diskrediet te brengen. De zekerheid van het vermogen van de mens om vrede, volmaaktheid en bestaanszin te vinden, werd met de vooruitgang van de technologie hoe langer hoe groter. Het lot van de mens, zo werd ons verteld, hing alleen af van de ontwikkeling van zijn sociale besef en het gebruik van zijn eigen kracht. De loop der geschiedenis werd beschouwd als een voortdurende vooruitgang in samenwerking, een groeiende harmonisatie van belangen. De mens is te goed om een bovennatuurlijke leiding nodig te hebben.

De gedachte van de onafhankelijkheid van de mens, het overdreven bewustzijn van zichzelf, steunde op een generalisatie. Uit het feit dat de technologie sommige problemen kon oplossen werd afgeleid dat de technologie alle problemen kon oplossen. Dit bleek een denkfout te zijn. Men dacht dat sociale hervormingen alle kwalen zouden genezen en elk kwaad uit de wereld zou bannen. Uiteindelijk hebben we echter ontdekt wat profeten en heiligen altijd al geweten hebben: brood en macht alleen zullen de mensheid niet redden.

Er is een hartstocht en een neiging voor wrede daden die alleen door het ontzag en de vrees voor God gestild kan worden. Er is een verstikkend egoïsme in de mens dat alleen door heiligheid verdreven kan worden.

De mens zonder God is zonder betekenis en elke poging om een waardensysteem te bouwen op de grondslag van het dogma van de menselijke zelfgenoegzaamheid is gedoemd te mislukken.

Onze visie op de mens en zijn vrijheid is in onze tijd diepgaand gewijzigd. Het probleem van de mens is ernstiger dan we ons een generatie geleden konden voorstellen. Wat we in onze ergste angsten voorvoelden, bleek een utopie te zijn vergeleken bij wat in onze dagen is gebeurd. We hebben ontdekt dat het verstand pervers kan zijn en dat de wetenschap geen veiligheid biedt.

Is vrijheid zelf, los van wat we ermee doen, los van goed en kwaad, van goedheid en wreedheid, het beste? Is vrijheid een leeg idee? Is vrijheid het recht om te doen en te laten wat we willen? Is de betekenis van vrijheid niet afhankelijk van haar verenigbaarheid met gerechtigheid? Er is geen vrijheid dan de ons door God geschonken vrijheid. Er is geen vrijheid zonder heiligheid.

§ 5 DE GEDACHTE VAN MENSELIJKE ONWAARDIGHEID

De vooruitgang van zowel de natuur- als de sociale wetenschappen heeft ons doen realiseren hoe onbeduidend klein de mens is in het universum en dat zijn pogingen om tot een algemeen geldig waardensysteem te komen bij voorbaat tot mislukken zijn gedoemd. In zo'n toestand van bescheidenheid vindt de moderne mens het ongerijmd om aan te nemen dat de oneindige Geest zou neerdalen om zich te verbinden met het zwakke, begrensde gemoed van de mens, dat de mens een oor voor God zou kunnen zijn. Waar het concept van het absolute het begrip van de mens zo verre te boven gaat, is hij op zijn best verbijsterd door de aanspraken van de profeten. Met zijn relatieve gevoel voor waarden, met zijn opportunistische denken, door de omstandigheden bepaald en teruggebracht tot de reikwijdte van het beetje bij beetje, voortdurend struikelend in zijn pogingen om een systeem te vestigen van algemeen aanvaarde ideeën, – hoe kan hij zich voorstellen dat de mens ooit in staat was om het onvoorwaardelijke te begrijpen?
Bovendien is het moeilijk te geloven dat een lid van een soort die de moord van miljoenen kan organiseren of er zelfs maar getuige van kan zijn, ooit zou kunnen worden uitgerust met het vermogen om een gedachte van God te ontvangen. Als de mens gevoelloos kan blijven voor de verschrikking van het uitmoorden van miljoenen, als de mens met bloed bevlekt en intolerant kan zijn, als hij kan verdraaien wat zijn geweten hem zegt, zeep kan maken van menselijk vlees, hoe kunnen we dan aanvaarden dat hij waardig is om door de oneindige God te worden benaderd en geleid?**
Zelden begrijpt de mens hoe gevaarlijk machtig hij is. Het besef begint nu te dagen dat, behalve als de mens zich aansluit bij een bron van spirituele kracht – opgewassen tegen de energiebron die hij nu in staat is te exploiteren – een paar mensen alle mensen in een definitief onheil kunnen storten. Er is maar één bron: de wil en de wijsheid van de levende God.

Het besef van de gevaarlijke grootheid van de mens, van zijn immense macht en zijn vermogen om alle leven op aarde te vernietigen, moet ons concept van de plaats en de rol van de mens in het goddelijke plan volledig veranderen. Als deze grote wereld van ons geen kleinigheid in Gods ogen is, als de schepper zich hoe dan ook om zijn schepping bekommert, dan is de mens – die zowel cultuur kan scheppen als misdaden kan plegen – belangrijk genoeg om ontvanger te zijn van geestelijk licht op de zeldzame momenten in zijn geschiedenis dat de dageraad doorbreekt.

Behalve als de geschiedenis een zinloze gril is, moet er een tegenwicht zijn tegen de onmetelijke macht van de mens om te vernietigen, moet er een stem zijn die NEE tegen de mens zegt, geen vage stem, niet zwak en inwendig, als de stem van het geweten, maar in geestelijke kracht opwegend tegen het vermogen van de mens om te vernietigen.

De stem spreekt tot de geest van profetische mensen in zeldzame momenten van hun leven en schreeuwt tot de massa's door de verschrikkingen van de geschiedenis heen. De profeten geven gehoor, de menigte wanhoopt.

De Bijbel, die spreekt namens een wezen dat gerechtigheid met almacht verenigt, roept onafgebroken 'Nee' tot de mensheid. Te midden van onze bewondering voor de prestaties van de beschaving werpt de Bijbel zich op als een mes dat kerft in onze zelfgenoegzaamheid en ons zo in herinnering brengt dat God ook nog een stem in de geschiedenis heeft. Alleen zij die tevreden zijn met de stand van zaken of zij die de weg van de minste weerstand kiezen door de samenleving de rug toe te keren, liever dan erin te blijven en zich niet te laten besmetten door schijnbaar oprechte pracht en praal, zullen zijn aanval op de menselijke onafhankelijkheid kwalijk nemen.

§ 6 DE AFSTAND TUSSEN GOD EN MENS

Weerstand tegen de openbaring, de onthulling, kwam ook voort uit de opvatting over God. Eén ding schijnen we zeker te weten: God woont oneindig ver van de mens, in een diepe stilte. Is het dan zinvol om over communicatie tussen God en mens te spreken?

De wereld van de natuur is geduldig, flexibel en onderworpen aan ons verstand, maar de natuur is halsstarrig stil. We bewonderen haar rijkdom en haar zwijgende wijsheid, verveeld ontcijferen we haar tekenen, maar zij spreekt nooit tegen ons. Of verwachten we dat de sterren ons begrijpen of dat de zee overtuigd kan worden? Communicatie is een samenspel, afhankelijk van zoveel ingewikkelde en samengestelde voorwaarden dat het ondenkbaar is dat de natuur zich tot de mens zou wenden. Communicatie zou niet alleen veronderstellen dat de natuur uitgerust is met een ziel, maar ook dat de mens het geestelijke vermogen zou bezitten om de specifieke tekenen van haar communicatie te begrijpen. Toch staat het profetische woord dat de eeuwige God zich gewend heeft tot de sterfelijke mens niet vijandig tegenover het verstand. De precieze constructie van de materie is mogelijk door de manier waarop het oneindige in het allerkleinste kristalliseert. Als de energiestroom die in zon en aardbodem aanwezig is in een grassprietje kan samenstromen, waarom zou het dan *bij voorbaat* uitgesloten zijn dat de geest van God tot in het mensenhart zou kunnen reiken?

Er is zo'n grote afstand tussen de zon en een bloem. Kan een bloem, werelden verwijderd van de bron van energie, haar oorsprong gewaarworden? Kan ooit een waterdruppel zich verheffen om, al is het maar voor een onderdeel van een seconde, de ver verwijderde bron van de stroom te aanschouwen? In de profetie is het alsof de zon in nauw contact staat met de bloem, alsof de bron een stroom uitzendt om een druppel te bereiken.

Laten we even stilstaan om de constante *wisselwerking* tussen lichaam en geest te overdenken. Een aanraking met de vingertoppen wordt overgebracht in een begrip, terwijl een voornemen van de geest aan het lichaam wordt doorgegeven. Hoe deze wisselwerking plaatsvindt is niet onder woorden te brengen. Is het dan – vanwege het onomschrijfbare van de openbaring – gerechtvaardigd om de bewering van de profeten te verwerpen als bij voorbaat onjuist? Is het *a-priori* onbestaanbaar dat in de geschiedenis van Israël het goddelijke enkele uitverkoren zielen aanraakte? Dat de scheppende oorsprong van ons eigen zelf zich richtte tot de mens?

Als een genie namens alle mensen kan spreken, waarom zouden we dan ontkennen dat er momenten zijn waarop een stem namens God spreekt? Dat de bron van goedheid zijn weg naar de menselijke geest zoekt?

Zeker, het lijkt ongelofelijk dat wij met open mond woorden kunnen vasthouden die Gods adem bevatten. We vergeten dat we elk moment ademen wat God schept en dat we vlak voor ons werken kunnen zien die zijn oneindige wijsheid en goedheid weerspiegelen.

§ 7 HET DOGMA VAN GODS COMPLETE STILTE

In veel geesten die God niet kennen is een afgrond waarboven een gerucht over een ultiem wezen zweeft, met als enige kennis dat het een immense, niet wetende, mysterieuze massa is. Vanuit dit kennisperspectief lijken de aanspraken van de profeten belachelijk. Laten we dit gezichtspunt onderzoeken. Door eeuwige geheimzinnigheid aan het ultieme wezen toe te kennen beweren we bepaald het te kennen. Zo is het ultieme wezen geen onbekende, maar een bekende God. Met andere woorden: een God die wij kennen, maar een die niet kent, de grote Niet-kenner. We verkondigen zowel de onwetendheid van God als onze kennis van zijn onwetendheid!

Dit schijnt een deel te zijn van onze heidense erfenis: te stellen dat de Allerhoogste een absoluut mysterie is en hoewel we de God van de schepping aanvaard hebben, huldigen we nog altijd de stelling dat hij die de macht heeft een wereld te scheppen, nooit in staat is om een woord te uiten. Waarom zouden we toch stellen dat God voor eeuwig in stilte gevangen is? Waarom zouden we *bij voorbaat* uitsluiten dat het allerhoogste wezen in staat is om zich uit te drukken? Wanneer de wereld het werk van God is, is het dan niet denkbaar dat er in zijn werk tekenen van zijn uitdrukking zouden zijn? We houden niet op *het dogma van Gods volstrekte zwijgen* te verkondigen en gedragen ons alsof God nooit had gesproken, en áls hij zou hebben gesproken, was de mens te doof om te horen. Maar bij tijd en wijle huiveren sommigen van ons: is dat dogma geen verschrikkelijke schandvlek?

Zeker, de oproep van de profeten is onthutsend, bijna ongelofelijk. Maar voor ons die in deze afschuwelijk mooie wereld leven, is Gods ondoordringbare zwijgen onvergelijkbaar schrikbarender en ook volstrekt ongelofelijk.

§ 8 DE PERSOONLIJKE OVEREENKOMST

In het persoonlijke leven ervaren velen dat er andere bronnen van kennis zijn dan beschouwing en waarneming. Als we in harmonie leven met het wonder van de zich gestaag ontvouwende wijsheid, hebben we soms het gevoel alsof de echo van een echo van een stem het zwijgen doordringt in een vergeefse poging onze aandacht te trekken. Soms voelen we ons geroepen, zonder te weten door wie, tegen onze wil, verbijsterd door de kracht die in onze woorden, in onze daden, in onze gedachten besloten ligt.

In ons eigen leven spreekt de stem van God langzaam, een lettergreep per keer. Wanneer we op het hoogtepunt van ons leven enkele van onze dierbare illusies verjagen en leren om achteraf de betekenis van levenservaringen nauwkeurig te omschrijven, ontdekken sommigen hoe de verstrooide lettergrepen één enkele zin vormen. Zij die weten dat ons leven zich afspeelt in een wereld die in het geheel niet in menselijke termen verklaard kan worden en dat elk ogenblik een zorgvuldig verborgen daad van zijn schepping is, kunnen slechts vragen: is er iets waarin zijn stem niet onderdrukt wordt? Is er iets waarin zijn schepping niet verborgen is?

Achter de glanzende wolk van het leven hebben enkele mensen tot verbijstering van de niet-kennende zielen het geluid van *Er moet komen,* in de volheid van het bestaan vernomen. Bij anderen drong niet alleen een lied door, maar een stem die de sluier van het onbevattelijke omhoogtrok. Zij die weten dat de genade van het gidsen uiteindelijk kan worden geschonken aan hen die erom smeken, om bidden, op hopen, dat ze ondanks hun onwaardigheid en creatuurlijkheid verlicht kunnen worden door een vonk die onverwacht komt maar in een verstrekkende wijsheid, onverdiend maar verlossend, zullen zich verwant voelen met hen die niet een vonk maar een vlam waarnamen.

De idee van openbaring blijft een absurditeit zolang we niet in staat zijn om de impact te begrijpen waarmee Gods werkelijkheid de mens, elk mens, achtervolgt. Wanneer we echter de herinneringen oproepen aan de vonken van verlichting die we hebben waargenomen, de gedeeltes van inzicht die ons door de jaren heen geschonken zijn, dan is het onmogelijk om overtuigd te blijven van de onmogelijkheid van revelatie.

[* DEÏSME: de godsdienstfilosofische gedachte die Gods bestaan erkent als onafhankelijk en los van de wereld in de zin dat God, na de wereld geschapen te hebben, op de gang van de dingen geen invloed meer uitoefent (als zodanig het tegenovergestelde van theïsme).

** Zie de voetnoot op bladzijde 354.]

HOOFDSTUK 18

HET PROFETISCHE UNDERSTATEMENT

§ 1 DE IDEE, DE AANSPRAAK EN HET RESULTAAT

In het vorige hoofdstuk bespraken we *de idee* van de openbaring en de belangrijkste redenen van het verzet daartegen. We hebben geprobeerd het belang hiervan voor de menselijke situatie aan te geven en opperden dat het onmogelijk is om overtuigd te blijven van de onmogelijkheid van openbaring. Maar *een idee* hoeft, zelfs wanneer het aannemelijk blijkt te zijn, nog geen feit te zijn. Is het niet denkbaar dat God niet aan onze verwachtingen voldeed? Wat geeft ons de zekerheid dat ons geloof in de openbaring geen compromis met onze wensen is? Zouden we niet berusten in het geloof dat er een God is, maar zonder stem?

Een verheldering van deze vraag zal afhangen van de manier waarop we een andere vraag behandelen, namelijk waarom we de Bijbel opslaan bij ons zoeken naar de stem van God in de wereld. Dat is omdat de Bijbel meer doet dan de gedachte of de mogelijkheid van openbaring te suggereren. In de Bijbel komen we te staan tegenover *een bewering*, tegenover profeten die beweren de wil van God over te brengen, een feit dat de geschiedenis van Israël beheerst heeft. Wanneer we de Bijbel zo benaderen, bespreken we geen beginsel, een algemene gedachte of een metafysische mogelijkheid maar specifieke profetische daden die, volgens de Bijbel, werden verricht te midden van het volk gedurende de periode van Mozes tot Maleachi.

Als de Bijbel verloren zou zijn gegaan, de woorden van de profeten verdwenen zouden zijn en alleen een herinnering aan de mensen die meenden profeten te zijn geweest zou zijn overgebleven, dan zou het enige onderwerp van onderzoek hun bewering zijn. Maar de Bijbel is tot op de dag van vandaag bij ons en we komen niet alleen mensen tegen die beweren buitengewone ervaringen te hebben gehad, we komen ook buitengewone woorden tegen. Het is dus niet die bewering alleen en zelfs niet in de eerste plaats, die onze aandacht op de Bijbel vestigt. Het gaat erom *wat* de profeten zeggen.

Het zijn de woorden van de profeten die voor ons leven, voor ons denken een uitdaging vormen en die ons voortdrijven in onze pogingen om de betekenis van die bewering te begrijpen.

Het is dus nodig om verschil te maken tussen drie aspecten van het vraagstuk van de openbaring: *de idee, de aanspraak* en *het resultaat.* De idee van de openbaring bespraken we in het vorige hoofdstuk. We zullen nu naar de aanspraak kijken, voordat we de woorden of het resultaat bespreken.
In onze bespreking komt niet alleen het geloof dat de wil van God tot het hart van de mens kan doordringen aan de orde, maar ook het aanvaarden dan wel verwerpen van de ontzagwekkende bijbelse pretentie dat God werkelijk is zoals de profeten hem verkondigen – dat zijn wil werkelijk is zoals de profeten beweren.

§ 2 WAT IS PROFETISCHE INSPIRATIE?

Het besef van de profeten dat ze geïnspireerd werden, de rotsvaste overtuiging dat de boodschap die ze aan het volk brachten niet door hun eigen hart werd voortgebracht, is het uitgangspunt van ons onderzoek.
In een ogenblik van crisis zet Mozes zijn hele gezag op het spel door te beweren dat hij door God geïnspireerd is.[1] Op allerlei manieren houden de profeten vol dat hun woorden niet uit henzelf voortkwamen: *Wee de verdwaasde profeten die hun eigen ingevingen volgen zonder iets te hebben gezien!* (Ezechiël 13:3), en dat hun profetieën ingevingen en geen uitvindingen waren. Dat het God was die hen tot het volk zond: *God, de EEUWIGE, heeft mij gezonden, met zijn geest* (Jesaja 48:16). Het is onze taak om twee vragen onder ogen te zien: wat is de betekenis van profetische inspiratie en wat is de waarheid over profetische inspiratie? De eerste vraag onderzoekt wat de aard is van het gebeuren dat wordt aangeduid als profetische inspiratie. De tweede vraag onderzoekt of het waar is, of het werkelijk gebeurde.
Ons onderzoek hoort met de eerste vraag te beginnen, want het is uiteraard nodig om te weten wat profetische inspiratie is voordat we proberen aan te tonen dat een dergelijke inspiratie al dan niet heeft plaatsgevonden. Welk soort feit wordt door de term profetie beschreven? Wat is de betekenis?
Het is voorstelbaar dat tv- en radio-uitzendingen van de woorden van een groot spreker uiteindelijk het brandpunt zouden worden van de aandacht van de mensheid. Maar het gaat ons verbeeldingsvermogen te boven om ons een menselijk wezen voor te stellen dat het brandpunt zou kunnen worden van de aandacht van hemel en aarde en tot wie het heelal zich zou richten.

Zelfs wanneer we aannemen dat er een geest is die alles wat bestaat leven geeft, dan nog gaat zijn geheimzinnigheid absoluut het menselijk verstand te boven. De ervaring te zijn toegesproken door hem die meer is dan hemel en aarde heeft een grandeur waarbij alle woorden hun kracht verliezen. Een onderzoek van de geestelijke en historische omstandigheden zou weinig relevant zijn. Welk antwoord ook gevonden zou worden op de vraag – Hoe kwam de profetie tot stand? Was het een innerlijke of een uitwendige ervaring? Wat was haar historische achtergrond? – het zou altijd draaien om bijzaken, net zoals een bespreking van dubbele punten en puntkomma's de inhoud van een zin nauwelijks doet uitkomen. De woorden en hun betekenis moeten eerst begrepen worden.

Een zin kan pas goed begrepen worden als hij de bedoeling van zijn schrijver juist weergeeft. Onze vraag luidt dan: wat bedoelde de profeet met de zin 'God sprak'? Om de mededelingen van de profeet over zijn ervaring te begrijpen moeten we de volgende beginselen over de aard van deze mededelingen in gedachten houden:

1 dingen en woorden hebben vele betekenissen;
2 de mededelingen van de profeet zijn gematigd uitgedrukt;
3 de taal van de profeet is de taal van grandeur en mysterie;
4 er is een verschil tussen beschrijvende en aanduidende woorden en
5 de mededelingen van de profeten moeten als responsief* begrepen worden.

§ 3 WOORDEN HEBBEN VELE BETEKENISSEN

De beste manier om openbaring niet te begrijpen is haar letterlijk te nemen, zich voor te stellen dat God de profeet via een telefoonlijn toesprak. Toch raken de meesten van ons op dat dwaalspoor omdat we vergeten dat de hoofdzonde bij het denken over de laatste vragen *de letterlijke gezindheid* is.

De vergissing om het letterlijk op te vatten is het idee dat dingen en woorden maar één betekenis hebben. In werkelijkheid hebben ze verschillende betekenissen in verschillende situaties. Goud betekent rijkdom voor de koopman, een sieraad voor de juwelier, 'een niet roestend, smeed- en pletbaar metaal met een hoog soortelijk gewicht' voor de technicus en vriendelijkheid voor de mooiprater ('een hart van goud'). Licht is een vorm van energie, een voertuig van liefelijkheid en een uitdrukking van grootsheid in het eerste boek van de Bijbel. *Ruach,* het Hebreeuwse woord voor geest, betekent ook adem, wind, richting. Als je alleen aan adem denkt, ontgaat je de diepere betekenis van het woord. God wordt vader genoemd, maar hij die deze naam fysiologisch opvat, vertekent de betekenis van God.

De geloofstaal gebruikt maar weinig woorden die alleen betrekking hebben op het eigen religieuze gebied. De meeste termen zijn voortgekomen uit de algemene sfeer van menselijke ervaring en werden verrijkt met een nieuwe betekenis. Wanneer we deze termen letterlijk opvatten, missen we de unieke gevoelswaarde die ze door het religieuze gebruik hebben aangenomen.

In de wetenschappelijke taal moet de betekenis van de woorden helder, bepaald en ondubbelzinnig zijn en moeten ze hetzelfde concept aan iedereen overbrengen. In de dichtkunst worden echter woorden die maar één betekenis hebben als vlak beschouwd. Het juiste woord is vaak het woord dat een veelheid aan betekenissen oproept en op meer dan één niveau begrepen moet worden. Wat een deugd is in de wetenschappelijke taal, is in het poëtisch uitdrukkingsvermogen een gebrek.

Is het correct om te eisen dat bijbelse woorden uitsluitend in één letterlijke betekenis moeten worden begrepen? Vaak lijkt het alsof de profeten de bedoeling hadden om niet begrepen te worden op één manier, op één niveau, maar op vele manieren, op vele niveaus al naar gelang de omstandigheden waarin wij ons bevinden. En als dit hun doel was, moeten wij ons begrijpen niet tot één betekenis beperken.

§ 4 HET PROFETISCHE UNDERSTATEMENT

Gewoonlijk gaan we ervan uit dat de bijbelse schrijvers een voorliefde hadden voor verheven, gezwollen taal, een voorkeur voor buitensporige overdrijving van hun uiteenzettingen. Wanneer we echter de grote lijnen overdenken van wat zij onder woorden probeerden te brengen, wordt het ons duidelijk dat wat ons als *hoogdravende welsprekendheid* in de oren klinkt, *een zwakke afspiegeling* is en *ingetogenheid van uitdrukking*. Hun woorden moeten inderdaad niet letterlijk worden opgevat, omdat het letterlijk nemen een gedeeltelijk, oppervlakkig begrijpen zou zijn. Omdat de letterlijke betekenis maar een *minimum betekenis* is.[2]

'God sprak.' Moet dit symbolisch worden opgevat: Hij sprak niet, maar het was alsof hij sprak? In werkelijkheid is dat *wat voor ons letterlijk waar is, beeldspraak is vergeleken bij wat bovenzintuiglijk werkelijk is voor God.* Duizend jaren voor ons zijn een dag voor hem. En op hem toegepast zijn onze machtigste woorden zwakke understatements.

En toch is 'God sprak' geen symbool. Een symbool doet geen wereld ontstaan uit het niets. Ook roept een symbool geen Bijbel in leven. Het spreken van God is niet minder maar meer dan letterlijk werkelijk.

§ 5 DE TAAL VAN GRANDEUR EN MYSTERIE

De moderne mens die zich in de Bijbel verdiept heeft de neiging om de Bijbel uit te leggen in het licht van zijn eigen wereldbeschouwing. Om de oorspronkelijke bedoeling van de Bijbel te begrijpen moeten we zijn basisgedachte over de wereld voor ogen houden. De bijbelse mens richt zijn aandacht in de eerste plaats op het aspect van *grootsheid*, en zijn taal voor openbaring is die van grandeur en mysterie.

Waarmee zou 'Het woord van God', 'God sprak' vergeleken kunnen worden? Zou het vergeleken kunnen worden met de gearticuleerde uitspraak van een menselijk wezen? Nu moet het woord van God – wil het door de mens waargenomen worden door een stem worden overgebracht, maar om goddelijk te zijn moet ze overgebracht worden door iets wat veel groter is dan een stem. Er zijn veel stemmen in de wereld – wat was de goddelijke hoedanigheid van dat spreken? Als het God is die de wereld geschapen heeft, hoe kan zijn spreken dan vergeleken worden met een verschijnsel dat zelfs in de wereld zo weinig te betekenen heeft?

Het zou een te zwakke aanduiding zijn om te zeggen dat voor de bijbelse mens het woord van God even groot is als de kosmische kracht, als de kracht die de elementen en de machten bij elkaar houdt. Het woord van God is de kracht van de schepping. Hij zei: *'Laat er zijn' en het was.*

> *Door het woord van de* EEUWIGE *is de hemel gemaakt,*
> *door de adem van zijn mond het leger der sterren.*
> *Want hij sprak en het was er,*
> *hij gebood en daar stond het.*
>
> Psalm 33:6, 9

Verheven, luisterrijk is de wereld. Maar toch, zonder zijn woord zou er geen wereld zijn, geen verhevenheid en geen luister.
Wat betekent het woord van God voor de profeten? Een combinatie van geluiden die een gebruikelijk denkbeeld overbrengen, geschikt om te dienen als een deel van een zin?

> *Is mijn woord niet als een vuur,*
> *als een hamer die een rots verbrijzelt?* Jeremia 23:29

De buitengewone kwaliteit van het goddelijke woord ligt in zijn mysterieuze almacht. Uit God kwam het raadsel van zijn manier van uitdrukken voort en een woord, een geluid, bereikte het oor van de mens. De *spirit* van zijn scheppende kracht bracht een stoffelijke wereld tot leven. De geest van zijn openbarende kracht bracht de Bijbel tot leven.

§ 6 BESCHRIJVENDE EN AANDUIDENDE WOORDEN

De menselijke geest is een vergaarbak van verschillende denkbeelden waarvan sommige omlijnd en omschrijfbaar zijn, terwijl andere zich niet laten beschrijven en onuitsprekelijk blijven. In samenhang hiermee zijn er twee soorten van woorden:

1. *beschrijvende* woorden – die in een vaste verhouding staan tot gebruikelijke en welomschreven betekenissen, zoals concrete zelfstandige naamwoorden, stoel, tafel, of de natuurwetenschappelijke termen; en
2. *aanduidende* woorden – die in vloeiende verhouding staan tot onuitsprekelijke betekenissen en die, in plaats van te beschrijven, alleen iets te kennen geven dat wij intuïtief aanvoelen maar niet helemaal kunnen begrijpen.

De betekenis van woorden als God, tijd, schoonheid of eeuwigheid kunnen we ons niet precies voorstellen of in onze gedachten weergeven. Toch dragen ze een rijkdom aan betekenis over aan ons gevoel voor het onuitsprekelijke. Het is niet hun taak om in onze geest een definitie op te roepen, maar om ons binnen te leiden in de werkelijkheid die zij aanduiden.
De taak van beschrijvende woorden is om een idee op te roepen dat we al hebben, om *betekenissen op te roepen die ons al bekend zijn.* Aanduidende woorden hebben een andere functie. Ze roepen niet zozeer een herinnering op als wel een *reactie,* ongekende ideeën, betekenissen die we eerder nog niet volledig beseft hadden.

Een groot aantal woorden heeft zowel een beschrijvende als een aanduidende functie. Voor de kapitein van een schip hebben de woorden 'wind' en 'dageraad' een bepaalde betekenis: een massa lucht in beweging in een specifieke richting met een bepaalde snelheid, een chronologisch omschrijfbaar moment. Maar wanneer we in een gedicht lezen over *'de wind die zucht vóór de dageraad'*, proberen we dan *exact* het ogenblik vast te stellen dat de dichter beoogde? Vragen we wat de richting en de snelheid van de wind was? En toch staat het vast dat de dichter dezelfde wind en dezelfde dageraad bedoelt als die waar de kapitein mee te maken heeft. Hij heeft een ander aspect van hetzelfde verschijnsel op het oog.

Het is ook waar dat iemand die leest over 'de wind die zucht' geen vragen zal stellen over de fysiologie van de wind die lucht in- en uitademt. En toch is er altijd een soort lezer die, wanneer er wordt verteld over de ladder van Jakob, naar het aantal sporten gaat vragen.

§ 7 RESPONSIEVE UITLEG

De wind in de hierboven geciteerde regel is geen beeldspraak. Als we dat woord *figuurlijk* opvatten, het beschouwen alsof het iets anders dan wind bedoelt, dan miskennen we de ervaring en de bedoeling van de dichter. Maar als we het *letterlijk* opvatten in de zin waarin de meteoroloog het kent, dan bevinden we ons op een niveau van betekenis dat niet het niveau is waarop de dichter het aanvoelde. Woorden in deze zin gebruikt moeten niet letterlijk of figuurlijk worden opgevat maar als woorden om op te *reageren.*

Het letterlijk nemen van een woord betekent het reproduceren in onze geest van een denkbeeld dat het woord aanduidt en waarmee het voorgoed in ons geheugen verbonden is. Het is duidelijk dat alleen beschrijvende woorden letterlijk kunnen worden opgevat. Het als figuurlijk beschouwen van een beschrijvend woord houdt in dat men aanneemt dat de schrijver met twee tongen spreekt: hij zegt het ene maar bedoelt het andere. Het is duidelijk dat alleen als gelijkenis bedoelde uitdrukkingen figuurlijk dienen te worden opgevat. Aanduidende woorden moeten worden opgevat als woorden om op te reageren. Om ze te begrijpen moeten we breken met vooraf bedachte betekenissen, clichés zijn waardeloos. Die woorden zijn geen portretten maar *aanwijzingen,* die als gidsen dienen om een denkrichting in overweging geven.

Dit is in werkelijkheid onze situatie tegenover een verklaring als 'God sprak'. Dit verwijst naar een idee dat in de menselijke geest niet thuis is en de enige manier om zijn betekenis te begrijpen is erop te *reageren*. We moeten onze geesten aanpassen aan een nooit eerder gehoorde betekenis. Het woord is niet meer dan een aanwijzing, de concrete taak om tot begrip te komen drukt op de geest en de ziel van de lezer.

[* RESPONSIEF = een antwoord inhoudende.]

HOOFDSTUK 19

HET MYSTERIE VAN DE OPENBARING

§ 1 OPENBARING EN DE ERVARING VAN OPENBARING

Als openbaring een ogenblik was waarin God erin slaagde de mens te bereiken, dan zou een poging om dit uitsluitend te beschrijven als een waarneming van de ogen of van het gehoor, of de vraag of het een visioen was dan wel een geluid en of het luid of zacht was, nog belangrijker zijn dan de vraag naar de snelheid van 'de wind die zucht vóór de dageraad'. Zeker, de profeten beweerden te hebben gezien en ook te hebben gehoord. Maar die wijze van zien en horen kan niet worden onderworpen aan een psychologische of fysiologische analyse. Een analyse van het vermogen van de dichter om de wind te horen zuchten is onbelangrijk voor het begrijpen van het gedicht. Beweerde de profeet God ontmoet te hebben zoals hij een van zijn tijdgenoten tegenkwam of op de wijze waarop Aristoteles Alexander de Grote tegenkwam?

Als openbaring *niets meer* zou zijn dan een psychosomatische daad, dan zou het weinig meer zijn dan een menselijke ervaring, een gebeurtenis in het leven van de mens.* Maar net zoals een beeldhouwwerk meer is dan de steen waar het uit gevormd is, is openbaring *meer* dan een menselijke ervaring. Toegegeven, een openbaring die niet door ervaring bekend zou worden, zou zijn als een gestalte gesneden uit lucht. Toch is menselijke ervaring maar een deel van wat er werkelijk gebeurt bij openbaring en daarom moeten we de gebeurtenis van de openbaring niet gelijkstellen met de menselijke ervaring van de openbaring.

§ 2 HET MYSTERIE VAN DE OPENBARING

De aard van de openbaring, een gebeurtenis op het gebied van het onuitsprekelijke, is iets wat woorden niet kunnen bezweren en de menselijke taal nooit zal kunnen uitbeelden. Onze categorieën zijn niet toepasbaar op wat zich zowel binnen als buiten het gebied van materie en geest bevindt. Hoe beschrijvender de woorden bij het spreken over openbaring zijn, hoe gebrekkiger de beschrijving is. De woorden waarmee de profeten hun ervaringen probeerden te vertellen waren geen foto's maar illustraties, geen beschrijvingen maar gezangen. Een psychologische reconstructie van de profetische daad is dus net zo min mogelijk als de poging om een fotografische gelijkenis van een gezicht te schilderen op grond van een lied. Het woord 'openbaring' is als een uitroep en het is meer een *aanduidend* dan een beschrijvend woord. Zoals alle woorden die het hoogste uitdrukken, verwijst het meer naar zijn betekenis dan dat het die vertolkt. 'Het is zeer moeilijk om een juiste voorstelling te hebben van de gebeurtenissen bij Sinaï, want zoiets is eerder nooit gebeurd en zal ook nooit meer gebeuren.'[1]

'Wij geloven,' zegt Maimonides, 'dat de Thora van God Mozes bereikt heeft op een manier die de Bijbel figuurlijk beschrijft met de term *woord* en dat niemand ooit heeft geweten hoe dat plaatsvond behalve Mozes zelf die dat woord ontving.'[2]

We moeten niet proberen om de hoofdstukken van de Bijbel die gaan over de gebeurtenis bij Sinaï te lezen alsof ze tot de systematische theologie behoren. Het is zijn bedoeling om de geheimenis te vieren, om dit mysterie bij ons in te leiden en niet om erin door te dringen of het te verklaren. Als bericht over openbaring is de Bijbel zelf *een midrasj* [*darasj* = 'zoeken'].

Om door te geven wat de profeten ervoeren, kon de Bijbel beschrijvende of aanduidende woorden gebruiken. Iedere beschrijving van de daad van de openbaring in op ervaring steunende woorden zou een karikatuur hebben opgeleverd. Daarom doet de Bijbel niet meer dan te verklaren *dat* openbaring geschied is. *Hoe* ze geschiedde is iets wat alleen kon worden overgebracht met woorden die iets oproepen en aanduiden.

Een woord kan op verschillende manieren worden gebruikt. Het geluid is hetzelfde, maar de geest is anders. 'En God zei: Er er moet licht komen' ademt een andere geest dan een verklaring als: 'En Smith zei: Laten wij het licht aandoen.' De tweede verklaring behelst een heldere betekenis en de eerste verklaring ontlokt een innerlijke reactie op een onuitsprekelijke betekenis. De verklaring 'de mens spreekt' beschrijft een fysiologische en psychologische handeling – de verklaring 'God spreekt' behelst een mysterie. Ze roept ons vermogen tot verwondering en verbazing op om te reageren op een mysterie dat ons begripsvermogen te boven gaat.

Er zijn spirituele feiten die helemaal niet onder woorden gebracht kunnen worden en die zich compleet onttrekken aan verbeelding of omschrijving.

Het was niet noodzakelijk dat zijn wil werd doorgegeven door middel van geluid – het was noodzakelijk dat hij ons bekend werd gemaakt. Het geluid of de aanblik is voor een bovenzintuiglijke gebeurtenis wat een metafoor is voor een abstract beginsel.

§ 3 DE NEGATIEVE THEOLOGIE VAN DE OPENBARING

Wanneer de profeten ter verantwoording werden geroepen, konden ze slechts ontkennen dat hun woorden uit henzelf voortkwamen: Mozes zei: *'Nu zult u inzien dat het de* EEUWIGE *is die mij gezonden heeft om alles te doen wat ik heb gedaan, en dat het niet uit mijzelf is voortgekomen'* (Numeri 16:28; vergelijk Ezechiël 13[2a]). Openbaring kan alleen beschreven worden *met hulp van ontkenningen*; we kunnen alleen zeggen wat zij niet is. Misschien is het oudste voorbeeld van negatieve theologie gebruikt om openbaring te begrijpen. We lezen dat Elia de opdracht kreeg (1 *Koningen* 19:11-12):

> *'Kom naar buiten,' zei de* EEUWIGE, *'en treed hier op de berg voor mij aan.' En daar kwam de* EEUWIGE *voorbij. Er ging een grote, krachtige windvlaag voor de* EEUWIGE *uit, die de bergen spleet en de rotsen aan stukken sloeg, maar de* EEUWIGE *bevond zich niet in die windvlaag. Na de windvlaag kwam er een aardbeving, maar de* EEUWIGE *bevond zich niet in die aardbeving. Na de aardbeving was er vuur, maar de* EEUWIGE *bevond zich niet in dat vuur. Na het vuur klonk het gefluister van een zachte bries.*

Letterlijk: *een stem van stilte*. Pas toen hij het bijna onhoorbare hoorde, bedekte de gepassioneerde vurige Elia zijn hoofd met zijn mantel. Hij ging naar buiten en bleef in de ingang van de spelonk staan om naar de stem te luisteren. De stem die hij waarnam, was bijna stil.

§ 4 BEELDEND BESCHRIJVEN LEIDT TOT EEN VERTEKENING

Als we ons dus een voorstelling van openbaring maken, namelijk haar opvatten als een geestelijk of lichamelijk proces, dan misbruiken wij haar wezen en vernielen we haar mysterie. Het is even misplaatst om openbaring op te vatten als een geestelijk-lichamelijke handeling als het is om God op te vatten als een lichamelijk wezen. Weinigen van ons zijn in staat om te denken op een wijze die nooit wordt gekruist door het pad der verbeelding en het is gewoonlijk op de kruising van gedachte en verbeelding dat de vlucht der gedachten afdwaalt en terechtkomt in het slop van een gelijkenisachtig beeld.

Men vertelt dat een chassid, na geluisterd te hebben naar de verhandeling van iemand over het verheven concept van God volgens de filosofen, zei: 'Als God was zoals jij je hem voorstelt, dan zou ik niet in hem geloven.' Hoe subtiel en nobel onze concepten ook mogen zijn, zodra ze beschrijvend en vooral nauwkeurig worden, dan beperken ze de Eeuwige en forceren ze hem in de alledaagsheid van onze geesten. Nooit schiet onze geest meer te kort dan bij de poging om God te beschrijven. Hetzelfde geldt voor de idee van de openbaring. Afgebakend en omschreven ontgaat het ons volkomen.

§ 5 HET ELIMINEREN VAN DE MENSVORMIGE GOD

Het is ontmoedigend om te zien hoe de waarheid zich terugtrekt bij onbeholpen taalgebruik, hoe veel van onze concepten van God en zijn daden hem dreigen te beperken en te vertekenen. We zijn geneigd God een menselijke gedaante toe te schrijven en om de profetie als een psychosomatische handeling te beschouwen. Toch is het axioma van het bijbelse denken dat God die de wereld schiep anders is dan de wereld. Het vormen van een beeld van hem of van zijn daden is het ontkennen van zijn bestaan. Niet alle werkelijkheid is stoffelijk, niet alle werkelijke daden zijn waarneembaar voor onze lichamelijke zintuigen. Het is niet alleen met zijn oor dat de mens kan horen. Het is niet alleen het geluid in natuurkundige zin dat de geest van de mens kan bereiken.

De hoofdmomenten in het joodse denken sporen ons niet aan om ons voor te stellen dat God spreekt of dat hij een geluid maakt via spraakorganen.

'Waarneming door de zintuigen, vooral door horen en zien, is ons het meest vertrouwd. We hebben geen idee of notie van een andere manier van omgang tussen de ziel van de ene mens en die van een ander dan door middel van de spraak, vooral door de geluiden voortgebracht door de lippen, de tong en andere spraakorganen. Wanneer ons daarom zal worden meegedeeld dat God dingen kent en dat hij mededelingen doet aan de profeten die ze aan ons doorgeven, stellen zij hem aan ons voor... als sprekende, namelijk dat mededelingen van hem de profeten bereiken.'[3]

Maar wanneer ons 'verteld wordt dat God zich tot de profeten richtte en tot hen sprak, is het slechts de bedoeling dat onze geesten de indruk krijgen dat er een goddelijke kennis is die de profeten verwerven. Ons moet de gedachte worden bijgebracht dat de zaken die de profeten ons verkondigen van God komen en niet *in hun geheel* uit hun eigen concepten en denkbeelden voortkomen... We moeten ons niet voorstellen dat God een stem of een geluid gebruikte om te spreken.'[4]

'Elk verstandig mens weet' dat als de Bijbel zegt dat het volk bij Sinaï de stem zag of hoorde, dit niet slaat op een 'waarneming door het oog' of een 'waarneming door het oor' maar op een religieuze waarneming.[5] 'Er was geen fysieke stem of fysieke waarneming, maar meer een geestelijke stem... Is het denkbaar dat de woorden door God gesproken ook maar zouden lijken op menselijke spraak? Deze woorden waren hoorbaar voor Mozes maar niet voor het volk. Is het normaal dat één en dezelfde stem door de ene mens wél en door de andere niet gehoord zou kunnen worden?'[6]

§ 6 ZOALS GEEN ANDERE GEBEURTENIS

Elke poging is zinloos om de verborgen omstandigheden waarin een woord van God de ziel van een profeet alarmeerde te reconstrueren. Wie zou de goddelijke gegevens van Mozes kunnen onthullen of zijn vreemde waarnemingen aan elkaar kunnen flansen? De profeet liet geen inlichtingen achter. Alles wat we hebben is de zekerheid van de profeet, zijn oneindige ontzag en oneindige waardering. Alles wat we hebben is een boek en alles wat we kunnen doen is proberen om het woordeloze dwars door de woorden heen te voelen.

Wat werkelijk doordringt is voor ons even onvoorstelbaar als het ongelofelijk was voor hen die er getuigen van waren. We kunnen het niet begrijpen. We kunnen er alleen op reageren. Of weigeren erop te reageren.

Sommigen van ons benaderen de Bijbel sluipend op de bombast van een definitie. Maar wie zijn wij om zonder kennis te spreken over het mysterie en om te verklaren wat het betekent dat zijn geest met kracht te voorschijn kwam uit zijn verborgenheid? Wie heeft de diepte van de Bijbel gepeild? Zijn wij de bronnen van zijn wijsheid binnengegaan of hebben wij gewandeld in de schuilhoeken van zijn diepste betekenis? Zijn de poorten van zijn heiligheid ooit open voor ons geweest en hebben we ooit de uitgestrektheid van zijn woord begrepen? Waar waren wij toen het woord werd gesteld als een grens en God zei: *Tot hiertoe en niet verder zal mijn wijsheid onthuld worden?*

Zielen worden niet naar een bergketen geleid via de gunst van een definitie. Ons doel moet dus niet zijn om een definitie te vinden, maar om te leren de wil van God in de woorden intuïtief aan te voelen. De essentie van de intuïtie is niet om het beschrijfbare te snappen, maar om het onuitsprekelijke aan te voelen. Het doel is om het verstand te oefenen, om te leren wat het verstand te boven gaat te gaan waarderen. Alleen door ons besef van het onuitsprekelijke kunnen we het mysterie van de openbaring intuïtief gaan aanvoelen.
De dogmatische theoloog die de daad van openbaring probeert te begrijpen in de termen van zijn eigen algemeenheden, neemt zichzelf te serieus en maakt zich schuldig aan verschralende versimpeling. Openbaring is een mysterie waarvoor het verstand geen concepten heeft. Het negeren van haar mysterieuze aard is een vergissing met fatale gevolgen. Uit de duisternis kwam de stem tot Mozes – en uit de duisternis komt het Woord tot ons. De gang van zaken is verbijsterend.
En als men vraagt: waar leek het op toen het volk bij Sinaï stond en Gods stem hoorde? dan moet het antwoord luiden: het leek op geen andere gebeurtenis in de geschiedenis van de mens. Er bestaan ontelbare legendes, mythen en verslagen, maar niet één vertelt van een heel volk dat getuige is van een gebeurtenis zoals bij Sinaï.

[* PSYCHOSOMATICA, (Gr.: *soomatikos* = lichamelijk) lichaamspsychologie, ofwel die van de functionele wisselwerking tussen lichamelijke verrichtingen en bewustzijnstoestanden.]

HOOFDSTUK 20

DE PARADOX VAN SINAÏ

§ 1 DE PARADOX VAN DE PROFETIE

Voor ons van vandaag is het grote raadsel: hoe is openbaring mogelijk? Hoe breng je onder woorden dat het eeuwig verborgene geopenbaard zou worden? Terwijl voor de bijbelse mens het grote raadsel is: hoe is de ervaring van openbaring mogelijk? Hoe is het mogelijk dat de mens de verpletterende nabijheid van God doorstaat?

Voor de bijbelse mens is God een wezen wiens verschijning meer is dan vlees en bloed kunnen verdragen. Je kunt hem niet zien, je kunt hem niet horen en in leven blijven (Exodus 33:20: *'mijn gezicht zul je niet kunnen zien, want geen mens kan mij zien en in leven blijven'*; Deuteronomium 4:33: *Is er ooit een volk geweest dat de stem van een god heeft gehoord en dat heeft overleefd?*). *Opeens werd hij overweldigd door angst en diepe duisternis* (Genesis 15:12). Hem te ontwaren is door zijn majesteit verpletterd te worden. Voor zijn aangezicht bedekken de serafs hun gelaat en de profeet roept: *'Wee mij! Ik moet zwijgen'* (Jesaja 6:5). Als de wereld in vuur en vlam staat door zijn nabijheid, wordt zij verteerd.

Toen vond het ontstellende moment plaats: God verscheen aan Mozes *in een vuur dat uit een doornstruik opvlamde. Mozes zag dat de struik in brand stond en toch niet door het vuur werd verteerd* (Exodus 3:2). Geconfronteerd met dit schrikwekkende feit dacht Mozes: *Hoe kan het dat die struik niet verbrandt? Ik ga dat wonderlijke verschijnsel eens van dichtbij bekijken.* De vraag 'waarom' is nooit beantwoord. Hoe is het immers voor de wereld mogelijk om het goddelijke te verdragen?

Wellicht is dit de betekenis van de brandende braamstruik. Een nieuw element werd geschapen: vuur dat brandt maar niet verteert. Het wees op een nieuw element in Gods verhouding tot de mens, namelijk dat *hij moet verhullen om te openbaren*, dat hij zijn kracht moet verbergen om zijn *wijsheid* te onthullen. Het maakte openbaring mogelijk.

De struik was het precedent voor Sinaï dat niet verpletterd werd en voor Israël dat niet verteerd werd. Toen de EEUWIGE op het punt stond om zijn woord uit te spreken:

> *De Sinaï was volledig in rook gehuld,*
> *want de* EEUWIGE *was daarop neergedaald in vuur.*

De rook steeg op als de rook uit een smeltoven,
en de berg trilde hevig. Exodus 19:18

De berg laaide van hemelhoog vuur,
te midden van duisternis en dreigende, donkere wolken. Deuteronomium 4:11

De berg stond in brand en werd niet verteerd.
Voor de bijbelse mens bestond het wonder van de openbaring niet alleen uit het feit dat God sprak, maar ook uit het feit dat de mens dit kon verdragen. *Ga de hele geschiedenis maar eens na, vanaf de dag dat God de mens op aarde schiep, en doorkruis de hele wereld van het uiterste oosten tot het uiterste westen: is zoiets geweldigs ooit voorgekomen, heeft men ooit iets dergelijks vernomen? Is er ooit een volk geweest dat net als u vanuit een vuur de stem van een god heeft gehoord en dat heeft overleefd?* (Deut. 4:32-33).
Aan de voet van de Sinaï smeekte het volk Mozes: *'Spreekt u met ons, wij zullen naar u luisteren. Maar laat God niet met ons spreken, want dan sterven we'* (Exodus 20:19).

§ 2 IN DIEPE DUISTERNIS

De inhoud van de Tien Geboden is volkomen duidelijk en heel eenvoudig: Pleeg geen moord... Steel niet... En toch, de manier waarop deze woorden werden verkondigd, is gehuld in een mysterie. 'Deze woorden (namelijk de decaloog) heeft de EEUWIGE tot u gesproken, toen u daar bijeen was, *vanuit het vuur* (esh), *de donkere* ('arafel) *wolken* ('anan)*'* (Deuteromonium 5:22). Om te begrijpen wat hier onder woorden is gebracht moeten we eerst vaststellen of 'vuur', 'wolk' en 'donkerheid' lege gemeenplaatsen zijn of onmiskenbare woorden die een omlijnd concept uitdrukken.
'Diepe duisternis' (*'arafel*) is waar God woont. Salomo die de grote Tempel in Jeruzalem bouwde wist dat God, die de zon aan de hemel plaatste, besloot in 'diepe duisternis' te verblijven.[1]
Met verbazingwekkende consequentie vermeldt de Bijbel dat de *theofanieën* (godsverschijningen) waarvan Mozes getuige was, plaatsvonden in een wolk. Keer op keer horen we dat de EEUWIGE *tot Mozes riep vanuit de wolk* (Ex. 24:16); *dat de* EEUWIGE *verscheen en tot hem sprak 'in de wolkkolom'* (Numeri 12:5; Deut. 31:15; Psalm 99:7); *De* EEUWIGE *daalde neer in een wolk* (Ex. 34:5; Num. 11:25); *de majesteit van de* EEUWIGE *verscheen in een wolk* (Ex. 16:10); *'Ik verschijn in de wolk'* (Lev. 16:2).

Deze zwaarwegende termen mogen we niet opzettelijk negeren of verkeerd gebruiken alsof het allegorieën waren. Wat voor specifiek feit ze ook mogen aanduiden, ze brengen ondubbelzinnig de fundamentele waarheid onder onze aandacht dat God *verborgen* was zelfs toen hij *openbaarde* dat, zelfs toen zijn stem duidelijk werd, zijn wezen verborgen bleef.
In de hemelse woorden, die voor de eerste keer aan Mozes verkondigden dat de weergaloze godsverschijning op Sinaï op het punt staat te gebeuren voor de ogen van het gehele volk, komt een uitdrukking zonder weerga voor die nergens anders in de Bijbel staat en die uitdrukt hoe God zich openbaarde: '*Ik kom naar je toe in een donkere wolk*' (Ex. 19:9). In het duisterste of meest verborgen deel van een wolk, of in een verborgenheid, dieper dan die welke Mozes zelf gekend had, voltrok zich de theofanie op Sinaï.

§ 3 VOORBIJ HET MYSTERIE

Het mysterie staat tussen God en het volk. Het volk bij Sinaï is vervuld van ontzag, het huivert en blijft op afstand staan.[2] Maar voorbij het mysterie is het vol betekenis, voorbij 'de diepe duisternis' is het licht. Hierdoor was Mozes in staat om te naderen tot *de diepe duisternis waarin God was*, in staat om 'de wolk' in te gaan (Exodus 20:21; 24:18).
De bijbelse mens was zich voortdurend bewust van de uiterste verborgenheid van God. Dit bewustzijn maakte de transcendente betekenis duidelijk van het goddelijke woord: de heldere, ondubbelzinnige wil van God is niet lager, maar hoger dan het mysterie. Er ligt een zinvolle *betekenis voorbij het mysterie*. Dit is onze reden tot ultieme vreugde:

> *De EEUWIGE is koning – laat de aarde juichen,*
> *laat vreugde heersen van kust tot kust.*
> *In wolk en duisternis is hij gehuld,*
> *zijn troon stoelt op recht en gerechtigheid.* Psalm 97:1-2

§ 4 DE TWEE ASPECTEN

Wat gebeurde er op Sinaï? De Bijbel probeert dit op twee manieren te zeggen. Op de ene manier zegt de Bijbel iets wat woorden nauwelijks kunnen dragen: *De EEUWIGE was op de top van de Sinaï neergedaald* (Ex. 19:20). Geen zin ter wereld heeft ooit meer gezegd: Hij die is aan gene zijde, verborgen en verheven boven ruimte en tijd was eenvoudig hier en waarneembaar voor heel Israël. Maar de Bijbel spreekt ook op een andere manier: *'Ik heb vanuit de hemel met u gesproken'* (Exod. 20:22). Hij daalde niet af op de aarde. Het enige dat er gebeurde was dat zijn woord 'van de hemel' uitging. Deze passages spreken elkaar niet tegen. Ze verwijzen niet naar één maar naar twee gebeurtenissen. Want *openbaring was zowel voor God als voor de mens een gebeurtenis.* Inderdaad spreekt God in de tweede passage (in de eerste persoon); de eerste passage drukt uit wat het volk ervoer (ze spreekt van God in de derde persoon). Dezelfde handeling had twee aspecten. God daalde af en hij daalde niet af op de aarde. De stem kwam uit de hemel, maar de mens hoorde haar van Sinaï.

Karig en pover zijn de verslagen van de gebeurtenis als ze niet meer overbrengen dan wat ze letterlijk beschrijven, namelijk een gewoon verschijnsel. Voor ons is vuur een natuurkundig verschijnsel zonder verdere boodschap en zonder verwijzing naar God die de wereld en de kracht van het vuur veroorzaakt. Sinaï was een ogenblik waarin het vuur dat niet verteert, een getuigenis was van God.

En toch was de waarneming van vuur, donder en bliksem een waarneming aan de buitenzijde. Ze aanschouwden een ontzagwekkend licht, maar ze durfden het niet binnen te gaan.

Heel het volk was getuige van de donderslagen en lichtflitsen, het schallen van de ramshoorn en de rook die uit de berg kwam. Bij die aanblik deinsden ze achteruit, en ze bleven op grote afstand staan... maar Mozes ging naar de donkere wolk waarin God aanwezig was (Exodus 20:18-21).

Toen de heilige meester rabbi Isaac Jakob, de ziener van Lublin, de zegen over de vier boomtakken van *Soekot* zou gaan uitspreken, drong de menigte achter hem de *soeka* binnen.* Ter voorbereiding van het uitspreken van de zegen verzonk de meester in een meditatie die bijna een uur duurde. Ondertussen wiegde hij op en neer bevend van ontzag. De menigte die elke beweging gadesloeg, werd meegesleept door wat zij zagen en wiegden met hem en beefden. Er was één *chassidiem* [aanhanger van een mystieke stroming rond de Baäl Sjem, circa 1750] die aan de kant stond en zich niet uitputte in voorbereidende extases. Maar toen al het buigen en beven afgelopen was en de meester de woorden van de zegen begon uit te spreken, kwam de chassidiem naderbij om in zich op te nemen wat hij hoorde.

Zo ging het bij Sinaï. De menigtes namen het uiterlijke waar: ze zagen het bazuingeschal en de donder en de bliksem en de berg in vlammen en ze beefden toen ze het zagen – maar ze bleven ver weg. Mozes echter schonk geen aandacht aan al deze verschijnselen. In plaats daarvan 'naderde hij tot de diepe duisternis waar God was'.[3]

§ 5 WAS SINAÏ EEN HERSENSCHIM?

Hoe wist Israël dat wat hun oog en oor hadden waargenomen in de woestijn van Sinaï, niet denkbeeldig was? Luchtspiegelingen (*fata morgana*) zijn een gewoon verschijnsel in de woestijn. Optische illusies zijn reflecties van een zich in koudere lucht bevindend object tegen warme lucht. Door atmosferische omstandigheden kunnen – bij warm weer – reizigers die tevoren een *echte* waterplas hebben gezien een *weerkaatsing* zien op een asfaltweg. Waar en wanneer heeft nu – voorafgaande aan het moment op Sinaï – het volk Israël of welk ander volk ter wereld vanuit de atmosfeer een stem gehoord die zei:

> *'Ik ben de* EEUWIGE, *uw God, die u uit Egypte, uit de slavernij, heeft bevrijd.*

Inderdaad kan elke waarneming in principe een illusie zijn. Maar er zijn waarnemingen die zo overweldigend zijn dat het zinloos is om een vermoeden in die richting te opperen.

Een kosmisch ontzag omsingelde allen die bij Sinaï stonden, een ogenblik overweldigender dan het hart kon voelen. De aarde reageerde heftiger dan het menselijke hart: *Iedereen beefde... de berg trilde hevig* (Exodus 19:16 e.v.). Was die waarneming een waandenkbeeld? *Wát* we zien kan een zinsbegoocheling zijn – *dát* we zien kan nooit in twijfel worden getrokken. De donder en de bliksem bij Sinaï kunnen louter een indruk zijn geweest, maar om plotseling uitgerust te zijn met het vermogen om de wereld vervuld te zien met een overweldigend ontzag voor God was een nieuw soort waarneming.

Op dat moment was het volk Israël niet alleen in staat om een gevoel te koesteren, maar ook om te delen in een ontzag dat de wereld plotseling vervulde. Alleen op momenten waarop we in staat zijn deel te hebben aan de geest van ontzag die de wereld vervult, zijn we in staat om te begrijpen wat Israël overkwam bij Sinaï. Er is gezegd dat het doel van deze gebeurtenis was *om u op de proef te stellen en u met ontzag voor hem te vervullen, zodat u niet meer zondigt* (Ex. 20:20).

Het is Gods gebed: '*Hadden ze altijd maar zo'n verlangen om mij te vereren en mijn geboden na te leven; voor eeuwig zou het hun en hun kinderen goed gaan.*' (Deut. 5:29).
Net zo belangrijk als het probleem van de *oorsprong* of het directe *auteurschap,* is het probleem van het *belang* van de Bijbel: of de normen waar deze voor staat alleen voor de mens van belang zijn of ook voor God. Openbaring betekent dat de diepe stilte die de onmetelijke afstand tussen God en de menselijke geest vult doorbroken werd en dat de mens werd gezegd dat God betrokken is bij het menselijke streven. Niet alleen dat de mens God nodig heeft, maar ook dat God behoefte aan de mens heeft. Deze wetenschap maakt de ziel van Israël ongevoelig voor wanhoop. Hier is de waarheid niet tijdloos en los van de wereld, maar een wijze van leven en meespelend in alle daden van God en mens. Het woord van God is geen voorwerp van beschouwing. Het woord van God moet geschiedenis worden.
Zo kwam het woord van God de wereld van de mens binnen, niet als een 'verplichting en noodzakelijkheid per saldo', geen denkbeeld zwevend tussen zijn en niet-zijn, geen schaduw van de wil of een aardigheidje van de geest, maar een eeuwigdurende gebeurtenis, een verlangen van God, werkelijker dan een berg, indrukwekkender dan alle donderende bliksemslagen.

§ 6 EEN WIJZE VAN DENKEN

De kern van de filosofie is vaak gekarakteriseerd als *de zoektocht naar waarden,* als een zoeken naar wat van de grootste waarde is. Wat is de aard van de Bijbel? Het gaat hier niet om het abstracte concept van niet tastbare waarden, losgemaakt van de bestaande werkelijkheid. Het gaat hier om de mens en zijn verhouding tot de wil van God. De Bijbel is de *zoektocht naar de rechtvaardige mens,* naar een rechtvaardig volk.

> *De EEUWIGE kijkt vanuit de hemel naar de mensen*
> *om te zien of er één verstandig is, één die God zoekt.*
> *Allen zijn afgedwaald, allen ontaard,*
> *geen van hen deugt, niet één.* Psalm 14:2, 3

De gebeurtenissen die in de Bijbel voor het opmerkzame oog zijn opgetekend zijn episodes van één groot drama: de zoektocht van God naar de mens, zijn zoeken van de mens en de vlucht van de mens voor hem.

Het jodendom is *een manier van denken,* niet alleen een manier van leven. En dit is een van zijn kardinale vooronderstellingen: de bron van de waarheid is niet te vinden in 'een proces dat zich voor eens en altijd in het hart van de mens heeft ontwikkeld', maar in unieke gebeurtenissen die zich op bepaalde momenten in de geschiedenis voltrokken. Openbaring en profetische gebeurtenissen zijn onvervangbaar. Het joodse denken wordt niet bepaald door abstracte denkbeelden en een altijd en overal geldende moraal. Bij Sinaï hebben we geleerd dat geestelijke waarden niet alleen verlangens in ons zijn, maar een reactie op iets dat buiten en boven de wereld staat en een beroep op ons doet.

§ 7 EEN EXTASE VAN GOD

Ondanks alle vaagheid tekent één trek zich duidelijk af. Voor het besef van de profeet was een openbaring niet zuiver een gebeurtenis die hem alleen overkwam. De profetische daad is *een ervaring van een daad van God,* die zowel de mens te boven ging als in het belang van de mens plaatsvond.

Anders dan de mystieke levenswijze is openbaring niet het gevolg van een zoeken naar esoterische ervaringen. Het is integendeel een kenmerk van de profeet dat hij moeite doet om een dergelijke ervaring te ontwijken. Nooit schept hij genoegen in zijn visioen zoals men verlangt naar het bereiken van een hevig verlangd doel. Openbaring is geen onderdeel van zijn zoeken maar van zijn gezocht worden, een onderdeel van Gods zoeken naar de mens. De profeet probeerde niet God te bereiken. Gods zoeken naar de mens, niet de zoektocht van de mens naar God, is naar algemene opvatting de belangrijkste gebeurtenis in de geschiedenis van Israël geweest.

Dit is de kern van al het bijbelse denken: God is geen wezen dat los van de mens is en dat gezocht moet worden, maar een kracht die de mens zoekt, achtervolgt en uitnodigt. De weg tot God is een weg van God. De religie van Israël was meer het initiatief van God dan een menselijke inspanning. De joodse religie was geen uitvinding van de mens, maar een creatie van God. Het was geen resultaat van een beschaving maar een zelfstandig domein. De mens zou God niet gekend hebben als hij niet dicht bij de mens was gekomen. Gods relatie tot de mens was er eerder dan de relatie van de mens tot hem.

De mystieke ervaring is het keren van de mens naar God. Het profetische handelen is Gods wending naar de mens. Het eerste is voornamelijk een gebeurtenis in het leven van de mens, afhankelijk van het streven en het initiatief van de mens. Het tweede is voornamelijk een gebeurtenis in het leven van God, afhankelijk van de *pathos*, de bezieling en het initiatief van God. Dankzij de mystieke ervaring kunnen we een menselijk inzicht bereiken in het leven van God. Dankzij de profetische daad komen we achter een inzicht van God in het leven van de mens.
Daarom is het karakteriseren van openbaring als een profetisch inzicht of een profetische ervaring, de verarming van een werkelijkheid tot een waarneming. Van menselijk standpunt gezien is het ontvangen van een openbaring *er getuige van zijn hoe God zich wendt tot de mens.* Het is geen kwestie van staren naar de goddelijke werkelijkheid, een statisch en eeuwig mysterie. De profeet staat midden in een goddelijk gebeuren, een gebeuren in het leven van God, want als God zich tot de profeet richt, komt hij uit zijn onwaarneembaarheid te voorschijn om hoorbaar te worden voor de mens. Het volle gewicht van de gebeurtenis ligt niet in het feit dat 'de mens hoort' maar in het feit dat 'God spreekt' tot de mens. De mystieke ervaring is een vervoering van de mens. Openbaring is *een vervoering van God.*
Zoals door de profeten beschreven in termen van tijd en ruimte staat, zo staat de daad van openbaring voor het beeld van een transcendente gebeurtenis. Het wordt weerspiegeld in de beperkte termen van menselijke ervaring. Haar oereigenschap is de creatieve manier waarop het goddelijke in de concrete ervaring van de mens gebracht werd. Het is doordrenkt van een gevoel voor het verpletterende wonder van Gods werkelijkheid. Hiermee vergeleken stelt de mens minder dan niets voor[4] en moeten de profeten meer verbaasd over hun ervaring geweest zijn dan iemand van ons, voor wie de transcendentie van God niet meer dan een vaag concept is waarvan we ons nu en dan bij rustige overdenking bewust worden.
Samengevat is openbaring een moment waarin God slaagde de mens te bereiken. Een openbaring ontvangen is getuige zijn van het wenden van God naar de mens.

[* SOEKOT: Loofhuttenfeest, gedenkt de omzwervingen van het Joodse volk in de woestijn toen zij in loofhutten verbleven; ook oogstfeest. SOEKA: loofhut, zie: Leviticus 23:34.]

HOOFDSTUK 21

EEN GODSDIENST VAN TIJD

§ 1 HET DENKEN EN DE TIJD*

Zowel over het leven en het karakter van de Griekse wiskundige Euclides (ca. 300 v.c.) als over de wijze waarop zijn *Elementen* tot stand kwamen is maar weinig opgetekend of onthouden. Zijn meetkundige wetten zijn tijdloos en het moment waarop ze voor het eerst tot de menselijke geest doordrongen, lijkt geen verband te houden met hun betekenis en geldigheid. Tijd en denken, daad en inhoud, schrijver en leer zijn niet aan elkaar verwant.

Hiertegenover zijn de woorden van de Bijbel niet zwevende. Ze bengelen niet in een sfeer van tijdloosheid. Hier zijn tijd en denken, daad en inhoud, schrijver en onderricht nauw aan elkaar verwant.

De Bijbel is niet alleen een systeem van normen, maar ook een verslag van historische gebeurtenissen. Inderdaad zouden sommige van de bijbelse spreuken en uitgangspunten ook ergens anders gevonden of onder woorden gebracht kunnen zijn. Zonder weerga zijn de gebeurtenissen waar de Bijbel over spreekt en het feit dat deze gebeurtenissen worden opgevat als de ontmoetingsplaatsen van God en mens. Gebeurtenissen horen tot de fundamentele categorieën waardoor de bijbelse mens zich laat leiden. Ze zijn voor het bestaan wat axioma's zijn voor meten en wegen.

Het jodendom is *een godsdienst van de geschiedenis, een godsdienst van tijd*. De God van Israël werd niet in de eerste plaats in natuurverschijnselen gevonden. Hij sprak door gebeurtenissen in de geschiedenis. Terwijl de godheden van andere volken verbonden waren met plaatsen of iets abstracts, was de God van de profeten de God van gebeurtenissen: de verlosser uit de slavernij, de onthuller van de Thora, die zichzelf liever manifesteerde in gebeurtenissen dan in dingen of op plaatsen.[1]

De gebeurtenissen waar de religie van Israël uit is voortgekomen, de bijzondere momenten in de tijd waarin God en mens elkaar ontmoetten, zijn voor het jodendom even fundamenteel als de eeuwigheid van de goddelijke rechtvaardigheid en de goddelijke compassie en de algemene waarheid dat God en de mens altijd in relatie tot elkaar staan. Volhouden dat de uittocht uit Egypte niet meer is dan een symbool, dat de wezenlijke strekking van het exodusverhaal de weergave is van het algemene idee van de vrijheidsgedachte gaat voorbij aan de kern van het joodse geloof.

Het jodendom verlangt zowel de aanvaarding van enkele grondgedachten of normen als een band met enkele beslissende gebeurtenissen. Ideeën en gebeurtenissen zijn hier onafscheidelijk met elkaar verbonden. De geest openbaart zich door Gods aanwezigheid in de geschiedenis en de ingrijpende manifestaties worden bekrachtigd door basisgedachten of richtsnoeren.

§ 2 DE GOD VAN ABRAHAM

De uitdrukking 'God van Abraham, Isaak en Jakob' heeft een andere betekenis dan 'de God van waarheid, goedheid en schoonheid'. Abraham, Isaak en Jakob staan niet voor denkbeelden, beginselen of abstracte waarden. Ze staan ook niet voor leraren of denkers, en de term mag niet worden opgevat als die van 'de God van de filosofen', zoals van Kant, Hegel en Schelling. Abraham, Isaak en Jakob zijn geen beginselen om te begrijpen maar levens die voortgezet moeten worden. Het leven dat zich voegt bij het verbond van Abraham zet het leven van Abraham voort, want het nu staat niet los van het verleden. *Abraham bleef bij de EEUWIGE staan* (Genesis 18:22). Abraham is blijvend, voor altijd. Wij zijn Abraham, Isaak en Jakob.

§ 3 DE CATEGORIE VAN HET ONGEËVENAARDE

Voor velen is de openbaringsgedachte onacceptabel, niet omdat het niet kan worden bewezen of verklaard, maar omdat het *zonder precedent* is. We verwerpen het zelfs niet, het komt gewoon niet bij ons op. We bezitten geen vorm of categorie waarin dit denkbeeld zou kunnen passen. Geoefend als wij zijn in het zoeken naar verklaringen van alles wat gebeurt als de uiting van een algemene wet, elk verschijnsel als een voorbeeld van een type, vinden we het moeilijk om te geloven in het buitengewone, in het absoluut unieke. We kunnen haast niet geloven dat een gebeurtenis die niet *voortdurend* of van tijd tot tijd plaatsvindt, slechts *éénmaal, op één tijdstip* zou hebben plaatsgevonden. De wetenschap neemt aan dat een proces dat zich eenmaal in de sfeer van de ruimte heeft afgespeeld zich kan herhalen, maar we missen de denkkracht om in te zien dat bepaalde gebeurtenissen in de sfeer van de tijd zich niet herhalen.

Openbaring nu, is een gebeurtenis die niet aldoor plaatsvindt, maar op een bepaald tijdstip, op een uniek tijdstip.
Geen ander tekort maakt de ziel onvruchtbaarder dan het ontbreken van het gevoel voor het unieke. De creatieve mens ziet kans om het uitzonderlijke bliksemsnel te pakken voordat het in zijn geest bezinkt. In de taal van het creatieve denken is alles wat leeft uniek. En werkelijk inzicht is een ogenblik van waarneming van een situatie voordat ze stolt in de vergelijking met iets anders.
Je moet talent hebben om aan anderen het gevoel over te brengen van het onmiddellijke en unieke, en toch kan de poëzie van alle tijden maar een fractie van de eindeloze muziek van het exceptionele vangen. Er wordt meer onderscheid gemaakt in het aanvoelen van het onuitsprekelijke weergaloze van een gebeurtenis dan in de poging haar weg te redeneren met behulp van onze gebruikelijke twijfel.
Zoals er denkbeelden zijn die waar zijn, hoewel maar weinig mensen in staat zijn om ze te bevestigen of te toetsen, zo zijn er ervaringen die werkelijk zijn, hoewel maar weinig mensen in staat zijn om ze te doorvoelen. Tussen God en mens gebeuren veel dingen die aan de aandacht ontsnappen, zelfs van hen die ze overkomen.

§ 4 DE UITVERKOREN DAG

Behalve als wij leren hoe we tijdstippen kunnen waarderen en onderkennen, zoals we dat doen met dingen in de ruimte, behalve als we gevoelig worden voor het unieke van afzonderlijke gebeurtenissen, zal de betekenis van de openbaring verborgen blijven. Het weergaloze is inderdaad een categorie die meer thuishoort in de sfeer van de tijd dan in de sfeer van de ruimte. Twee stenen, twee dingen in de ruimte kunnen gelijk zijn. Twee uren in het leven van een mens of twee historische tijdperken zijn nooit gelijk. Wat eens gebeurde zal nooit opnieuw op dezelfde wijze gebeuren. De tijd van de Atheense staatsman Pericles of van de Renaissance hebben zich nooit herhaald. Onwetendheid over de tijd, de onopgemerkte diepte van gebeurtenissen, leidt tot de bewering dat de geschiedenis zich herhaalt. Een diepzinnig gevoel voor tijd stelde de bijbelse mens in staat om te begrijpen dat hij bij de Sinaï getuige was van een gebeurtenis zonder weerga in de geschiedenis.

Ga de hele geschiedenis maar eens na, vanaf de dag dat God de mens op aarde schiep, en doorkruis de hele wereld van het uiterste oosten tot het uiterste westen: is zoiets geweldigs ooit voorgekomen, heeft men ooit iets dergelijks vernomen? Is er ooit een volk geweest dat net als u vanuit een vuur de stem van een god heeft gehoord en dat heeft overleefd? Is er ooit een god geweest die het heeft aangedurfd zich een volk toe te eigenen waarover een ander volk macht uitoefende, en die dat deed met grootse daden, met tekenen en wonderen en felle strijd, met sterke hand en opgeheven arm, en op angstaanjagende wijze – zoals u met eigen ogen de EEUWIGE, uw God, in Egypte hebt zien doen?

Deuteronomium 4:32-34

Belangrijk voor het bijbelse begrijpen van de geschiedenis is niet alleen het concept van een uitverkoren volk, maar ook het concept van een *uitverkoren tijd*, de verkiezing van een dag, niet alleen van een volk. Israël aanvaardde de soevereiniteit van dat verkozen ogenblik. Dit ogenblik veranderde de wereld voor ons. Verwijzend naar dat ogenblik riep een talmoedische wijze uit: 'Ware het niet omwille van die dag!'[2]

Er is veel gebeurd sinds de dag waarop een groep onbekende slaven uit Egypte trok. Grote rijken ontstonden. Oorlogen woedden die de wereld schokten; veroveringen, ontdekkingen, revoluties, rampen en overwinningen. Waarom zou de uittocht nog gevierd moeten worden? Waarom zou hij gedenkwaardiger zijn dan zelfs de Franse Revolutie?

'Het lijkt onzinnig om de filosofie ondergeschikt te maken aan bepaalde historische gebeurtenissen in Palestina – meer en meer onzinniger lijkt me dit,' riep de atheïst Sir Walter Raleigh (†1618), Engels zeevaarder en schrijver. En onzinnig moet het zijn voor al degenen die geen gevoel hebben voor het weergaloze in de tijd, voor het weergaloze van wat in de tijd gebeurt. Inderdaad, waarom zou een uur uit een eindeloos aantal uren van bijzondere betekenis zijn voor de geschiedenis van de mensheid? Inderdaad, waarom zou de betekenis van de Sinaï het belang van alle latere gebeurtenissen te boven gaan?

Daartegenover had een profeet kunnen zeggen: 'Het lijkt onzinnig om de geschiedenis ondergeschikt te maken aan abstracte wetten – dit lijkt me steeds onzinniger.'

Het gebrek aan werkelijkheidszin, de nadruk op algemeenheden ten koste van een volstrekt negeren van het bijzondere en concrete, was het profetische denken vreemd. Profetische woorden staan nooit los van de concrete, historische situatie. Hun boodschap is niet tijdloos of abstract. Hun woorden hebben altijd betrekking op een bepaalde situatie. Het algemene is in het bijzondere gegeven en de toetsing van het abstracte ligt in het concrete. Het jodendom probeert de filosofie niet ondergeschikt te maken aan gebeurtenissen, tijdloze waarheden aan een bijzondere geschiedenis. Het wil wijzen naar een niveau van de werkelijkheid waar de gebeurtenissen manifestaties zijn van goddelijke normen, waar geschiedenis wordt opgevat als de vervulling van de waarheid.
De betekenis van de geschiedenis gaat ons zeer ter harte. Het is moeilijk om ongevoelig te blijven voor de benauwende vraag waar we vandaan komen, waar we zijn, en waar we naartoe gaan.

§ 5 HET UNIEKE VAN DE GESCHIEDENIS

Het weergaloze van de geschiedenis is moeilijk te bevatten. Daarom gebruiken wij vaak categorieën en methoden van de natuurwetenschap om de gebeurtenis te begrijpen, zoals de oude theorie dat de geschiedenis aan dezelfde kringloopwet onderworpen is als de hemellichamen, zoals blijkt uit het beginsel van de eeuwige terugkeer van hetzelfde. Of bij Oswald Spenglers (†1936) theorie dat elke beschaving dezelfde opeenvolging van tijdperken doormaakt als organisch leven in *Untergang des Abendlandes*. Deze theorieën behandelen gebeurtenissen alsof het processen zijn. Wij zien allemaal duidelijk de overeenkomsten van dingen, maar hebben een onderontwikkeld gevoel voor wat niet te vergelijken en eigenaardig is. Unieke categorieën zijn nodig om de geschiedenis te begrijpen omdat wat bijzonder is niet begrepen kan worden in algemene termen. De categorie van het algemene is de sleutel tot de kennis van de wereld van de ruimte. De categorie van het bijzondere is de sleutel tot het begrijpen van de wereld van de tijd.
's Nachts lijken – in de ziel – alle momenten op elkaar. De meesten van ons waarderen en onderscheiden dingen en plaatsen, maar zijn ongevoelig voor het unieke van de afzonderlijke gebeurtenissen. Ook is het denkbeeld van de heilige plaats niet alleen onderdeel van bijna alle godsdiensten, het heeft zijn

aantrekkingskracht behouden voor mensen van alle leeftijden, godsdienstig, onkerkelijk of bijgelovig. We zijn allemaal bereid om te erkennen dat bepaalde dingen heilig zijn; niemand zou de ontheiliging van een nationaal of godsdienstig heiligdom vergeven. Iedereen zal toegeven dat de Grand Canyon indrukwekkender is dan een greppel. Iedereen kent het verschil tussen een worm en een arend. Maar hoeveel van ons hebben hetzelfde onderscheidingsvermogen als het gaat om de ongelijkheid van de tijd? De historicus Leopold von Ranke (†1886) stelde dat elk tijdperk even dicht bij God is. Maar de joodse traditie stelt dat er een rangorde van momenten is in de tijd, dat de verschillende tijdperken niet gelijk zijn. De mens kan op elke plaats op dezelfde wijze tot God bidden, maar God spreekt niet tot de mens op elk ogenblik op dezelfde wijze. Op een bepaald moment verliet bij voorbeeld de geest der profetie het volk Israël.[3]

§ 6 ONTSNAPPING NAAR HET TIJDLOZE

Verachting voor de tijd lijkt bijna overal kenmerkend voor het menselijke denken. Zowel voor de Indiase als voor de antieke Griekse geest lijkt tijd – in vergelijking met de eeuwigheid – leeg, zonder belang en wezenlijk onwerkelijk. Dingen die in de geschiedenis gebeuren hebben weinig betekenis; alleen het tijdloze is werkelijk belangrijk. 'De mahayana-volgeling wordt er voor gewaarschuwd – net als de vereerder van Krisjna erop wordt gewezen... dat de *Krisjna Lila*** geen geschiedenis is, maar een proces voor altijd in gang gezet in het hart van de mens – dat historische feiten geen godsdienstige betekenis hebben.'

De geschiedenis voltrekt zich in kringlopen zonder ooit te veranderen. Een kip kan worden omschreven als 'een manier van een ei om een ander ei te maken', en de geschiedenis kan worden opgevat als een handeling van Brahman, die 'het heelal uitzendt, onderhoudt en terugneemt, kennelijk met geen andere reden dan om zich van overtollige energie te ontdoen'.[4]

Volgens Meister Eckhart: 'Tijd is wat het licht weerhoudt om ons te bereiken. Tijd is de grootste hindernis tussen God en ons. En niet alleen de tijd, maar ook de tijdelijke dingen en dat niet alleen, ook tijdelijke affecties; niet alleen tijdelijke affecties, maar de hele fleur en geur van de tijd.'[5]

§ 7 ZADEN VAN DE EEUWIGHEID

Het was de roem van Griekenland het denkbeeld van de kosmos, de wereld van de ruimte, te hebben ontdekt. Het was de verdienste van Israël de geschiedenis, de wereld van de tijd, te hebben ervaren. Het jodendom leert dat de tijd uitermate belangrijk is. Vluchtig als ze mag zijn, is zij zwanger van de zaden van de eeuwigheid. Veelbetekenend voor God en beslissend voor de bestemming van de mens zijn de zaken die zich afspelen in de tijd, in de geschiedenis. De bijbelse geschiedenis is de zegepraal over de tijd en de ruimte. Israël kwam niet tot leven door een opeenvolging van toevalligheden. De natuur zelf kwam niet voort uit een proces, noodzakelijkerwijze. Zij kwam tot leven door een gebeurtenis, een daad van God. De geschiedenis is Gods kroongetuige.

Dit was een nieuw inzicht. De niet-profetische, godsdienstige mens was onder de indruk van de processen in de natuur – daar voelde hij een goddelijk mysterie en daar vond hij reden voor eerbied en aanbidding. Gebeurtenissen hadden voor hem geen enkele duurzame religieuze betekenis en ze brachten hem evenmin tot enige spirituele toewijding. Voor de niet-profetische mens is tijd de duistere vernietiger en is geschiedenis in de grond zinloos, een eentonige herhaling van haat, bloedvergieten en wapenstilstand.

§ 8 ONGEVOELIG VOOR WANHOOP

In het licht van de Bijbel is de gebeurtenis niet louter een opeenvolging van *faits accomplis,* gedane zaken, niet meer waard om over te redetwisten. Hoewel de gebeurtenissen zich niet voltrekken in overeenstemming met een voorbeschikt plan en hoewel het uiteindelijke doel nooit omschreven kan worden in één woord, of beter: helemaal niet in woorden, geloven wij dat de geschiedenis in haar geheel een betekenis heeft die de betekenis van haar onderdelen overtreft. Wij moeten voor ogen houden dat God betrokken is in ons doen en laten, dat betekenis niet alleen in het tijdloze, maar voornamelijk in het tijdelijke is gegeven, in de hier en nu opgelegde taak. Groot zijn de mogelijkheden van de mens. Want tijd is maar weinig minder dan eeuwigheid en de gebeurtenis is een drama waarin zowel de mens als God een aandeel heeft. In haar gebeurtenissen horen we zowel de stem als het zwijgen van God.

§ 9 EVOLUTIE EN OPENBARING

Er is een aspect van de profetische ervaring dat verband houdt met een universeel probleem van de filosofie, namelijk: of alle denkbeelden, visioenen en ambities van de geest in de ziel van de mens ontspruiten of dat ze uiteindelijk voortkomen uit een bron buiten de mens.

We hebben een vaag bewustzijn de teugels van onze geesten in handen te hebben. Maar hoe kwamen we aan de teugels en aan de geest? Voor het blote oog lijkt denken een zuiver menselijke aangelegenheid, uit zichzelf op gang gekomen zonder waarneembare oorzaak. Toch zou deze waarneming kunnen zijn als het blauw van de lucht, niet echt, maar een illusie. Hoe bedreven we ook zijn in het putten uit de bron van het denken, de bron zelf zijn we zeker niet. We weten niet waar de kracht van het denken vandaan komt, wat zich achter alle zekerheid bevindt. De geest kan alleen begrijpen wat tot een geestelijk object herleidbaar is. De geest kan niet boven zichzelf uitreiken en de oorsprong bespeuren. Altijd in beweging zou hij tot stilstand moeten komen om te begrijpen wat hem in beweging heeft gebracht. In het profetische handelen begint een nieuwe beweging en de mens wordt geplaatst aan de bron van alle denken.

Onze hedendaagse denkwijze brengt met zich mee dat we ons de oorsprong der dingen voorstellen als een ontwikkeling van lieverlede en dat we het vermogen missen om onverhoedsheid, voorvallen zonder meer en scheppingsdrang te bevatten. Daardoor zijn zelfs zij die beweren dat het menselijke bewustzijn in zijn wezen teruggaat op een universeel bewustzijn, geneigd om zich een dergelijke herkomst als een evolutie voor te stellen.

De Bijbel verklaart dat de mens zichzelf noch zijn bestaan, noch zijn wijsheid gegeven heeft, beide zijn voortgekomen uit de wil van God. Bepaalde inzichten komen tot ons, niet door het langzame proces van de evolutie, maar als Gods directe, *plotselinge toenadering*.

Niet alle mentale verschijnselen zijn afgeleid van primitievere, instinctieve verschijnselen, hoe zeer ze ook gekleurd en gevormd mogen zijn in hun opkomst en richting door instinctieve functies. Het menselijke leven is ondenkbaar zonder geestelijke *drive*.

De veronderstelling dat er een stuwkracht in de ziel is om op zoek te gaan naar een morele en geestelijke wijze van leven, sluit in dat we een dergelijke drang bezitten zonder dat we ons van haar oorsprong bewust zijn. De profetie verkondigt het geloof in een bijzondere, *daadwerkelijke mededeling* – die niet buiten, maar binnen het bewustzijn van de mens plaatsvond, niet voorafgaand aan maar binnen het gebied van zijn historische bestaan – die ons leert waarnaar te verlangen, waarmee dóór te gaan, wat te verwachten.

[* Zie hierover ook de proloog van *De Sabbat* 'De architectuur van de tijd', Amsterdam 2006.

** *Lila*, het grote spel van Krishna is gecreëerd om de goden en de wezens die het universum vullen de gelegenheid te geven om te spelen en elkaar te fascineren.
Het kenmerk van het *Lila* is dat er geen tijd bestaat en dat er geen verval is. Alle handelingen gebeuren daar gelijktijdig. Verleden, heden en toekomst vallen samen. Iets wat zich nu gebeurd, voltrekt zich op hetzelfde moment in het verleden en in de toekomst. Vooral bekend zijn de erotische avonturen of spelletjes (*lila*) van Krisjna met de herderinnetjes (*gopi's*) in het plaatsje Vrindavan.]

HOOFDSTUK 22

PROCES EN GEBEURTENIS

§ 1 PROCES EN GEBEURTENIS

'Het is eigenlijk wel duidelijk dat een vitaal religieus vertrouwen zijn uitdrukking moet vinden in de menselijke leefwereld. Het laten steunen van de godsdienst op gebeurtenissen die niet herhaald kunnen worden, betekent zijn isolatie van de dagelijkse ervaring van de hedendaagse mens.'[1] In deze geest verklaarde James Martineau: 'Openbaring betekent geen bijzondere historische onthulling gelegaliseerd door wonderen, maar de gestaag vorderende zelfopenbaring die God tot stand brengt van zijn bestaan en van zijn aard in de goddelijkste ervaringen van de menselijke ziel.'[2]

Toegegeven, openbaring is ver verwijderd van 'de dagelijkse ervaring van de hedendaagse mens' – de gedachte eraan brengt een verstandig mens al in verlegenheid. Maar haar te identificeren met de eigen verstandelijke voorkeur is haar vervormen voordat geprobeerd is om haar te onderzoeken. We moeten de categorieën van onze eigen ervaring willen overschrijden, zelfs wanneer zo'n werkwijze onze geestelijke routine en rust zou verstoren.

Profetische inspiratie moet worden opgevat als *een gebeurtenis*, niet als *een proces.* Wat is het verschil daartussen? Een proces ontrolt zich regelmatig, volgens een betrekkelijk duurzaam patroon. Een gebeurtenis is buitengewoon, onregelmatig. Een proces kan doorlopend, gestaag, eenvormig zijn. Gebeurtenissen doen zich plotseling, met tussenpozen, bij gelegenheid voor. Processen zijn voorspelbaar. Gebeurtenissen zijn uniek. Een proces voltrekt zich volgens een wet. Gebeurtenissen scheppen een precedent.

Een proces speelt zich af in de natuurlijke orde. Maar niet alle gebeurtenissen zijn reduceerbaar tot natuurkunde. Het leven van Beethoven liet muziek na, maar – natuurkundig – haar uitwerking werd op de wereld minder gevoeld dan de uitwerking van een gewone wolkbreuk of een aardbeving.

De mens leeft in een orde van gebeurtenissen, niet alleen in een orde van processen. Het is een geestelijke orde. Ogenblikken van inzicht, beslismomenten, gebedstijd mogen zinloos zijn in de wereld van de ruimte, toch plaatsen ze het leven in het brandpunt.

De natuur bestaat uit processen – organisch leven bijvoorbeeld kan omschreven worden als bestaande uit de processen van geboorte, groei, volheid en verval. De geschiedenis bestaat voornamelijk uit gebeurtenissen. Wat menselijke, historische trekken verleent aan het leven van Pericles of Aristoteles zijn niet de organische processen die ze doormaakten. De buitengewone, verrassende en onvoorspelbare handelingen, successen of gebeurtenissen maakten het verschil.

Een gebeurtenis is een voorval dat niet tot een deel van een proces kan worden herleid. Het is niet iets wat we voorspellen of helemaal verklaren kunnen. Spreken over gebeurtenissen houdt in dat er voorvallen zijn *in de wereld* die zich aan onze verklaringen onttrekken. Wat het besef van gebeurtenissen met zich meebrengt, stelt het geloof in de openbaring uitdrukkelijk, is namelijk dat een stem van God *de wereld binnenkomt* die bij de mens aandringt op het doen van zijn wil.

Wat bedoelen we met 'de wereld'? Wanneer we een uiteindelijk, gesloten, vast en zelfgenoegzaam systeem van fenomenen bedoelen, dat zich gedraagt in overeenstemming met bekende wetten, dan zou een dergelijk concept de mogelijkheid uitsluiten om een bovenaardse tussenkomst of het binnendringen van een stem die deze wetten niet kunnen verklaren, te erkennen. Inderdaad, wanneer de wereld zoals die door de natuurwetenschap beschreven wordt als de uiteindelijke wordt beschouwd, heeft het geen zin om te zoeken naar het goddelijke dat per definitie het uiteindelijke is. Hoe zou het ene uiteindelijke kunnen bestaan binnen het andere?

De aanspraak van de Bijbel is onzinnig, behalve als wij willen begrijpen dat de wereld zoals die door de natuurwetenschap is onderzocht en afgeschilderd slechts een dunne laag is van het ten diepste onbekende. Orde is maar een van de aspecten van de natuur. Haar werkelijkheid is een mysterie, gegeven, maar niet bekend. Ontelbare verhoudingen die ons leven historisch bepalen zijn niet bekend of voorspelbaar. Wat de geschiedenis doet met de natuurwetten kan door een natuurwet niet worden verklaard.

Een van de vele problemen is deze: er zou een fout moeten zijn in het volmaakte mechanisme van geest en stof om de geest van God in zijn structuur te laten doordringen. Te veronderstellen dat de wereld ondanks haar onmetelijke grootsheid een kleine cimbaal in Gods hand is, waarin op bepaalde momenten maar één ziel trilt hoewel ze allemaal zijn aangeraakt. Met andere woorden, een vermoeden dat het hele complex van natuurwetten overstegen wordt door de vrijheid van God zou de bovennatuurlijke opvatting vooronderstellen dat de natuurwetten niet uit een blinde noodzaak voortkomen maar uit vrijheid, dat niet het lot maar God de uiteindelijke is. Openbaring is geen ingreep in de gewone loop van natuurlijke processen, maar het inbrengen van een nieuw scheppend moment in de loop van de geschiedenis.

De keten van oorzaak en gevolg en van vluchtig redeneren waarin dingen en gedachten in geketend zijn, is in de ruimte van eindeloze mogelijkheden bevestigd zoals een klepel hangt in een zwijgende klok. Het is alsof het complete heelal vastzit op één punt. Bij openbaring luidt de klok en woorden trillen door de wereld.

§ 2 HET VERLEDEN IN DE TEGENWOORDIGE TIJD ZIEN

Een proces heeft geen toekomst. Het veroudert en zijn plaats wordt altijd ingenomen door zijn eigen gevolgen. De sneeuw van vorig jaar overdenken we niet. Aan de andere kant, een gebeurtenis houdt wel haar betekenis zelfs als ze voorbij is. Ze blijft bestaan als een duurzaam motief door en ongeacht haar uitwerking. Grote gebeurtenissen zijn, evenals grote kunstwerken, op zichzelf belangrijk. Onze belangstelling ervoor blijft, ook nadat ze zijn verdwenen.

Het is inderdaad een van de eigenaardige kenmerken van het menselijke bestaan dat het verleden niet helemaal verdwijnt, dat sommige gebeurtenissen uit het grijze verleden ons tot vandaag toe in de greep houden. Gebeurtenissen die dood zijn, dingen die verdwenen zijn, kunnen niet worden gevoeld of verteld. Van een voltooid verleden zijn wij bevrijd. Maar aan de andere kant zijn er gebeurtenissen die nooit voorbij gaan. De heilige geschiedenis kan omschreven worden als een poging om de scheidslijn tussen het verleden en het nu te overwinnen, als een poging om *het verleden in de huidige tijd te zien.*

Zo'n opvatting van tijd is niet voorbehouden aan historici. Zij wordt onbewust door iedereen gedeeld en is essentieel voor een beschaafd bestaan.

HOOFDSTUK 23

ISRAËLS VERPLICHTING

§ 1 TOEWIJDING AAN GEBEURTENISSEN

De God van de filosofen is uit abstracte denkbeelden afgeleid. De God van de profeten is voortgekomen uit daden en gebeurtenissen. De wortel van het joodse geloof is dus geen samenvatting van abstracte beginselen maar een innerlijke *toewijding aan geheiligde gebeurtenissen.* Geloven is gedenken, niet louter het aanvaarden van de waarheid van een stel dogma's. Onze genegenheid drukt zich meer uit door de manier waarop wij ze vieren, meer in de wekelijkse lezing van de *Pentateuch* dan in het uitspreken van een geloofsbelijdenis. Als je deze gebeurtenissen negeert en alleen aandacht schenkt aan wat Israël in deze gebeurtenissen geleerd heeft, dan mis je een wezenlijk aspect.

§ 2 DE HERINNERING AAN EEN VERPLICHTING

Een esthetische ervaring laat een waarneming en plezier in de herinnering achter. Een profetische ervaring laat *de herinnering aan een verplichting* achter. Openbaring bracht geen plezier teweeg. God sprak en de mens bemerkte niet alleen de wil van God, maar aanvaardde die ook. Openbaring duurt een ogenblik, aanvaarding gaat door.

Dit wordt ons dus in de joodse traditie gegeven: geen denkbeeld van, maar een verplichting tegenover de openbaring. Het is onze taak om onze houding tegenover die verplichting te onderzoeken. Heeft het enige betekenis dat wij loyaal zijn aan gebeurtenissen van meer dan drieduizend jaar geleden?

§ 3 TROUW AAN EEN MOMENT

Het is absoluut noodzakelijk voor mensen om in min of meer vaste en betrouwbare relaties met elkaar te leven. Er zijn allerlei soorten relaties, organisaties en verdragen. Maatschappelijke relaties zijn – met uitzondering van ouderschap etc. – geen natuurlijke gegevens. Ze ontstaan niet uit een proces, ze beginnen met een daad of een gebeurtenis *op een bepaald tijdstip.* Deze relaties kunnen alleen voortduren als wij loyaal blijven aan het door ons gegeven woord of aan gemaakte afspraken. Ze storten in als onze trouw verdwijnt.

De paradoxale aard van zo'n loyaliteit is opvallend. Waarom zou iemand zijn hele leven gebonden zijn door wat hij deed of zei op één enkel ogenblik? En toch hebben beschaafde mensen altijd erkend dat hun belofte een bepaalde kracht had om hun toekomstige daden te beïnvloeden. Mensen geloven in het voorbijgaan van de tijd, ze beweren dat het verleden voor altijd dood is. Inderdaad, het ogenblik waarin een belofte is gedaan, is gauw verdwenen: verdwenen van onze kalender, verdwenen van onze klokken. En toch zijn we bereid om het te beschouwen alsof het onsterfelijk was. Met andere woorden, we aanvaarden gebeurtenissen die plaatsvonden op voorbijgegane ogenblikken alsof die momenten er nog waren, alsof deze gebeurtenissen nu plaatsvonden.

§ 4 EEN EREWOORD

Sinaï, het beslissende moment in Israëls geschiedenis, was het begin van een nieuwe betrekking tussen God en mens: God verbond zich aan een volk. Israël aanvaardde de nieuwe relatie en verbond zich met God. Het was een gebeurtenis waarin beide deelgenoot waren. God gaf zijn woord aan de nazaten van Jakob en het Joodse volk gaf zijn erewoord aan God.

Een gegeven woord geldt voor altijd. Als wij een belofte doen is onze hele toekomst geïnvesteerd als onderpand. Het is een moment dat niet verdwijnt. Het is een moment dat alle andere momenten bepaalt.

> *Gedenk tot in eeuwigheid*
> *zijn belofte aan duizend geslachten,*
> *het verbond dat hij sloot met Abraham.* 1 Kronieken 16:15

Israël accepteerde het verbond want Jakobs nakomelingen gaven hun erewoord om het te houden.

Hoe beïnvloedt deze aanvaarding onze levens? Heeft één generatie het recht om alle andere generaties aan een verbond te verplichten? Waarom moeten wij ons verplicht voelen en tegenover wat?[1]

Sinaï is zowel een gebeurtenis die eens en voor altijd plaatsvond, als een gebeurtenis die constant plaatsvindt. Wat God doet, voltrekt zich zowel in de tijd als in de eeuwigheid. Vanuit ons gezichtspunt vond ze éénmaal plaats. Van zijn gezichtspunt uit vindt ze altijd plaats. Monumenten van

steen zijn gedoemd om te verdwijnen. Dagen van *spirit* verdwijnen nooit.
Over de aankomst van het volk bij de Sinaï lezen we in het boek Exodus: '*In de derde maand, op precies dezelfde dag dat ze uit Egypte waren weggetrokken, kwamen de Israëlieten in de Sinaïwoestijn* (19:1). Hier was een uitdrukking die de oude rabbijnen in verlegenheid bracht: op *dezelfde* dag? Er had gezegd moeten worden: op *die* dag. Dit kan alleen maar betekenen dat de dag waarop de Thora gegeven werd nooit voorbij kan gaan. Die dag is deze dag, elke dag. De Thora moet voor ons, steeds wanneer wij haar bestuderen, zijn alsof zij ons vandaag geschonken werd'.[2]
Ieder van ons heeft de stem gehoord – allemaal hebben we de goddelijke gift van de vrijheid bij Sinaï ontvangen. Daarom heeft niemand het recht om zichzelf als slaaf te verkopen. Het oor van hem die vrijwillig slaaf wordt, moet doorboord worden (Exod. 21:16). 'De Heilige, Hij zij geprezen, zei: Dit oor, dat Mijn stem heeft gehoord op de berg Sinaï toen ik verkondigde: *Want de Israëlieten behoren mij toe. Ik ben de* EEUWIGE, *jullie God.* (Leviticus 25:55) en geen knechten behoren dienaren toe en toch ging deze man heen en verwierf zich een meester – laat het doorboord worden.'[3]
Volg de bevelen van de koning op, zoals je hebt gezworen tegenover God (Prediker 8:2). Rabbi Yose zei: 'Ik houd het gebod van de Koning der Koningen die *mij* bij de Sinaï zei: Ik ben de Here je God.'[4] Alle generaties van aartsvader Jakob waren, naar ons verteld wordt, aanwezig bij de Sinaï (zie hoofdstuk 13 *God zoekt de mens*, § 4).

> *Niet alleen met u, die hier nu ten overstaan van de* EEUWIGE, *onze God, bijeen bent, sluit ik dit verbond, maar ook met degenen die er nu nog niet bij zijn.*
>
> Deuteronomium 29:13-14

Het was een daad die het tegenwoordige te boven ging, *omgekeerde geschiedenis:* denken over de toekomst in de tegenwoordige tijd. Het was een profetische vooruitziendheid, want een profeet gaat andere mensen vóór in de tijd, hij spreekt van de toekomst in de tegenwoordige tijd.
De tijdgenoten van Mozes slaagden er in boven hun tijdsgewricht uit te stijgen en vertrouwden de volgende generaties het woord van God toe. Dat konden zij dankzij hun vermogen om over het leven te denken in termen van tijd.

Zij hadden geen ruimte, zij hadden geen land, het enige dat zij hadden was tijd en de belofte van een land. Hun toekomst hing af van Gods trouw aan zijn eigen belofte, en hun trouw aan de profetische gebeurtenissen was de essentie van hun toekomst.

§ 5 LEVEN ZONDER VERPLICHTING

Sommigen denken misschien: hoe onverstandig van onze voorouders om alle toekomstige generaties een verbond met God toe te vertrouwen. Maar het leven van een historisch volk is niet veel anders dan het leven van een enkeling. Er bestaat geen beschaving zonder maatschappelijke relaties en dat houdt het accepteren van verplichtingen in, het geven van een woord of het aanvaarden van een belofte. Om een relatie met God aan te gaan moest het volk een verplichting op zich nemen.
Socrates leerde ons dat een leven zonder denken niet waard is geleefd te worden. Nu is denken een nobele inspanning, maar de mooiste gedachten kunnen in haarkloverij worden gesmoord. In het denken is de mens aan zijn lot overgelaten, misschien stijgt hij omhoog tot in de ruimte van de sterren en verkondigt hij de mooiste gedachten, maar wat zal de echo zijn en wat betekent het voor de ziel?
De Bijbel leerde ons dat een leven zonder verbintenis niet waard is om geleefd te worden, dat denken zonder wortels bloemen zal voortbrengen maar geen vruchten. Onze verplichting is tegenover God en we zijn geworteld in de profetische gebeurtenissen van Israël.
De waardigheid van de mens heeft zowel te maken met zijn plichten als met zijn rechten. De waardigheid van joden en het joodse gedachtegoed ligt in het verantwoordelijkheidsgevoel, en de betekenis van de joodse geschiedenis draait om de trouw van Israël aan het verbond.

§ 6 OPENBARING IS EEN BEGIN

Maar toewijding aan gebeurtenissen alleen, verklaart de essentie van het joodse leven niet volledig. Een gebeurtenis is een formele categorie die het feit van een voorval zonder meer beschrijft. Toch is het spreken over een loutere gebeurtenis, over een op zichzelf staande gebeurtenis, hetzelfde als spreken over een kunstmatige abstractie die alleen maar in het hoofd van sommige theologen bestaat. Het tijdstip van de openbaring moet niet worden losgemaakt van de inhoud of de hoofdzaak van de openbaring. Loyaliteit aan de normen en gedachten die door de gebeurtenis zijn overgebracht, is van net zo'n belang als de werkelijkheid van de gebeurtenis. De aanvaarding was niet volledig, de vervulling heeft niet plaatsgevonden. Het beslissende ogenblik moet nog komen. De gebeurtenis moet vervuld worden, niet alleen geloofd. Wat bij Sinaï verwacht werd, gebeurt op het moment van een goede daad. Een gebod is een vooruitzien, een daad is een vervulling. De daad maakt de gebeurtenis volledig. Openbaring is maar een begin, onze daden moeten voortgaan, onze levens moeten haar vervolmaken.

Wij moeten het moment of de gebeurtenis niet verafgoden. De wil van God is eeuwig en overstijgt alle tijdsmomenten, alle gebeurtenissen, met inbegrip van openbaringen. De betekenis van tijd hangt af van wat je ermee doet in de verhouding met zijn wil. Het tijdstip bij de Sinaï hangt voor zijn vervulling af van dít tijdstip, van alle tijdstippen. Als Israël ontrouw geworden zou zijn na Sinaï, dan zou dat grote moment beroofd zijn van alle betekenis. De stenen tafelen worden gebroken elke keer wanneer het gouden kalf wordt aangeroepen. Het joodse gedachtegoed vertrouwt erop dat ieder uur de mogelijkheid biedt om betekenis te geven – of betekenis te onthouden – aan alle andere uren.[5]

[DE GOD VAN DE FILOSOFEN, Blaise Pascal (*Pensées* IV 913): *God van Abraham, God van Isaak, God van Jakob, niet van de filosofen en geleerden. Zekerheid, zekerheid, besef van vreugde, vrede.*

ISRAËL is de nieuwe naam voor Jakob na zijn worsteling aan de Jabbok (*Genesis 32*): 'Strijder Gods'. De naam wordt ook gebruikt voor de nakomelingen van aartsvader Jakob, dus voor het gehele volk.

PENTATEUCH (Grieks), de eerste vijf boeken van de *Tanach* (O.T.); Thora, ook wel 'de vijf boeken van Mozes' genoemd.]

HOOFDSTUK 24

EEN ONDERZOEK NAAR DE PROFETEN

§ 1 WAT VOOR BEWIJS?

De uitkomst van onze bespreking heeft laten zien waartoe het ter sprake brengen van de vraag over de openbaring verplicht. De betekenis is verhelderd en ook is de mogelijkheid en de waarschijnlijkheid vastgesteld dat het heeft plaatsgevonden. Toch is, zoals al gezegd, wat mogelijk en waarschijnlijk is niet noodzakelijk wis en waarachtig. De prangende vraag is of openbaring ooit heeft plaatsgevonden. Zijn er überhaupt dwingende redenen om de Bijbel te aanvaarden als een uiting van de wil van God?

Ons hoofddoel is het vinden van een antwoord op de vraag: Is openbaring een feit? Vond die werkelijk plaats? Zo'n antwoord zal uiteraard afhangen van ons vermogen om bewijzen te vinden die de aanspraak van de profeten weerleggen of bevestigen. Nu is het, voordat een onderzoek kan beginnen, van belang om precies te weten waar we op moeten letten. In dit geval moet duidelijk voor ogen staan wat voor bewijs we zouden willen vinden.

Op het eerste gezicht zou het ideale resultaat van een onderzoek van dit probleem de archeologische ontdekking zijn van onpartijdige bewijsmiddelen, zoals bij voorbeeld Egyptische tijdgenoten die de Israëlieten vergezelden op hun tocht door de wildernis en schreven over de gebeurtenissen bij de Sinaï. Of Assyriërs* die Palestina bezochten en Amos of Jesaja gadesloegen en ondervroegen. De hedendaagse mens zou geneigd zijn om zulke getuigenissen betrouwbaarder te vinden dan de bijbelse weergaven. Een betoog waarin een groot aantal bijbelse weergaven bewezen worden geacht met als conclusie dat daarom het verslag van de openbaringen ook betrouwbaar is, zal als repliek te horen krijgen dat de ervaring van openbaring een klasse apart is. Hoe zou, wanneer dit het geval is, van Egyptenaren of Assyriërs verwacht kunnen worden dat zij verslag uitbrengen van wat de essentie van de profetische ervaring vormt? Wat zou gewonnen zijn door het bezit van nog een verslag van de externe omstandigheden waarin de gebeurtenis bij de Sinaï heeft plaatsgevonden? Een vertoon van donder en bliksem met een geheimzinnige stem die door de wolken dringt zou inderdaad onpartijdig kunnen worden genotuleerd of gefilmd. Maar het natuurlijke aspect, wat het oog of het oor kon waarnemen, maakt niet zoveel uit. Donder en bliksem kunnen meer indruk maken op de zintuigen dan een zacht gefluister, Elia vertrouwde alleen 'de stille, zwakke stem', *het gefluister van een zachte bries.* Het kenmerkende van de gebeurtenis bij de Sinaï, de inspiratie en geestelijke verheffing van een compleet volk, zou nooit door onpartijdige rapporteurs waargenomen, opgetekend en onderzocht kunnen zijn.

Wat geldt voor de Egyptische tijdgenoten van Mozes, geldt voor de Egyptenaren tot op de dag van vandaag. Iedereen die op een bepaald moment vraagt: *'Wie is die EEUWIGE, dat ik hem zou gehoorzamen?'* (Ex. 5:2) is een Egyptenaar. Wat maakt iemand ontvankelijk en bereidwillig voor wat buiten het bereik van de ziel ligt? Waren de profeten begiftigd met een apart vermogen, met een bijzonder zintuig? Hiervan kon in hun uitingen geen spoor gevonden worden. De grote profeten hadden één trek gemeen: openbaring kwam als een verrassing, als een plotselinge uitbarsting. *Dát* zij hoorden deed hen meer schrikken dan *wát* zij hoorden. Hun waarnemingsvermogen ontstond met de openbaring zelf. Het is openbaring die de mens in staat stelt om een openbaring te ontvangen. Hij wordt ervaringsdeskundige.

§ 2 HET VERKEERDE GEDACHTE

Veel mensen verwerpen de Bijbel op grond van de onjuiste gedachte dat bewezen is dat openbaring wetenschappelijk onmogelijk is. Het is toch zo eenvoudig: er is geen andere bron van denken dan de menselijke geest. De Bijbel is een boek als elk ander en de profeten hadden geen toegang tot bronnen die voor ons ontoegankelijk zijn. De Bijbel is alleen de nationale literatuur van het Joodse volk. Daarom is openbaring voor de gemiddelde geest een soort geestelijke verschoppeling die niet in aanmerking komt als gespreksonderwerp. Op zijn best wordt openbaring als een sprookje beschouwd in overeenstemming met de voorstelling dat bliksem en donder tekenen van woede zijn van verschillende goden en demonen, en niet zozeer de plotselinge uitzetting van lucht op de weg van een elektrische ontlading. Inderdaad, is dit probleem niet al lang geleden door de psychologie en antropologie afgedaan als een vergissing van de primitieve mens die een illusie voor een bovennatuurlijke gebeurtenis heeft aangezien?

De waarheid is dat openbaring een probleem is dat zich aan wetenschappelijk onderzoek onttrekt, dat geen geleerde ooit een optiek vervaardigd heeft dat haar mysterie kon doorzien. De bijbelkritiek heeft dan wel passages belicht die ons dwongen om onze opvattingen over de wijze waarop de tekst overgeleverd werd te herzien, maar de openbaring blijft buiten haar bereik. De intellectuele pubers die verkondigden dat Mozes nooit geleefd had en dat hij, als hij wel geleefd zou hebben, geen monotheïst was, is erg belangwekkend voor een psycholoog als voorbeeld van de neigingen van een beeldenstormer, maar is van weinig belang voor de zoektocht naar de geestelijke waarheid. De betrekkelijk geringe tegenstrijdigheden in de Bijbel zouden alleen kunnen bewijzen dat de woorden in en voor vele verschillende situaties geschreven zijn, dat de tekst meer een organisme is dan een consistente steen. Toch moeten we niet 'de fundamenten van de tempel aantasten om een kleine scheur of een rattengang in de muur te repareren of om een of twee losse stenen in de buitenhof vast te zetten' (Samuel T. Coleridge).

§ 3 IS OPENBARING VERKLAARBAAR?

De aanspraak van de profeten kan worden getoetst wanneer het mogelijk is hun waarnemingen te herhalen en te onderzoeken. Maar de profeten zelf konden alleen verhalen maar niet herhalen wat hun overkomen was. Zij probeerden hun eigen betrouwbaarheid te versterken door voorspelling of overtuiging, de ervaring zelf kon niet aan anderen voorgedaan worden. Hoe dan ook, ons onvermogen om een eigen ervaring met anderen te delen betekent niet dat de ervaring niet authentiek is. Veel van onze eigen ervaringen, de meest dierbare en zeldzame, kunnen wij nauwelijks met wie dan ook delen. Veel van wat een mens doormaakt kan niet worden meegedeeld, en een ander kan niet delen in wat niet te vertellen is. Elk spreken is een poging om iets voor anderen begrijpelijk te maken door het over te brengen in algemene en typische termen. Maar de vonk van het zeldzame wordt gedoofd in de sfeer van algemeenheden. In het bijzonder kan de indruk die het bovenzintuiglijke op de menselijke geest maakt evenmin in algemene termen beschreven worden als een esthetische ervaring in termen van maat en gewicht. Hoe zouden we dan kunnen verwachten dat zoiets verklaarbaar is? Is het de moeite waard, als het al mogelijk zou zijn, om te proberen met fluisteren de donder te imiteren? Het is kenmerkend voor openbaring dat het zich niet laat onderzoeken. Haar verklaren, verstaanbaar en doorzichtig maken, zou haar negeren zijn. Door haar te bewijzen zou ze tot onbeduidendheid worden teruggebracht. Er is een partner met de openbaring verbonden met wiens wegen de categorieën van de geest onverenigbaar zijn.

Openbaring moet niet afgewezen worden omdat ze onbegrijpelijk is. Er zijn meer feiten die ontoegankelijk zijn voor onderzoek en niet door ervaring getoetst kunnen worden. Wat onbegrijpelijk is, is niet per definitie onwerkelijk. Kunnen wij verklaren hoe het leven tot leven kwam? Kunnen wij nauwkeurig beschrijven hoe de geconcentreerde geestkracht over de snaren van een viool strijkt en zo uit het niets een wereld van tederheid schept? Is de kreet en de angst van zes miljoen martelaren in theorie begrijpelijk?

Het is inderdaad onmogelijk om duidelijk te maken hoe de gedachten van de oneindige God zich bewegen binnen de beperkte vermogens van de menselijke geest. Alle verklaring of bewijs werkt door middel van vergelijking. We verklaren iets wat twijfelachtig is door het te vergelijken met dingen die mogelijk of zeker zijn. De kracht van een bewijs of een verklaring is gelijk aan de mate waarin deze dingen op elkaar lijken. Maar de echtheid van een openbaring wordt bewezen doordat ze zich *onderscheidt* van alle andere gebeurtenissen en ervaringen. Zijn waarheid ligt in zijn *ongeëvenaardheid*. Je kunt er alleen vertrouwen in hebben als iets dat ongekend is. Dit is misschien de reden waarom het boek *Deuteronomium* met nadruk verklaart dat de gebeurtenis bij de Sinaï zonder weerga was (4:32-37).[1a]

We kunnen niet meer doen dan onze eigen redenen om haar te aanvaarden te analyseren en de mogelijkheid uit te schakelen dat we het slachtoffer van een zinsbegoocheling zijn geweest of dat ons vertrouwen een rationalisatie is, namelijk het verzinnen van redelijke argumenten om te rechtvaardigen wat we diep in ons hart als onjuist beschouwen.

Voor onze intellectuele gemoedsrust zouden we graag beschikken over klip en klaar bewijs dat de profeten geen psychopaten of leugenaars waren. Maar hoe vreemd en God-onwaardig zou het zijn wanneer hij bij het schenken van iets van onschatbare waarde zich moest verzekeren van de alledaagse menselijke bewijzen van de echtheid van zijn gift! Moet de zon zich identificeren om herkend te worden?

Ons onvermogen om te bewijzen dat de weergave van de profeet een nauwkeurige beschrijving is van wat hij werkelijk heeft ervaren, maakt de stelling dat die weergave echt is niet onrechtmatig. Wanneer iemand historische documenten onderzoekt, kan hij nooit de weergave tegenover het feit stellen. Wel kan hij nagaan of een bepaalde weergave verenigbaar is met andere bekende feiten en met zijn eigen kennis en voorstelling van het betreffende tijdperk. Met welke kennis of met welke feiten moet openbaring in overeenstemming zijn?

§ 4 ZIJN DE PROFETEN BETROUWBAAR?

Omdat we geen getuigen van openbaring geweest zijn, zijn we aangewezen op de kennis die de profeten aan ons hebben overgedragen. Onze houding wordt dus bepaald door de mate van bereidwilligheid om het woord van de profeten serieus te nemen. Dit is dan ook beslissend: zijn de profeten betrouwbaar? Zijn hun getuigenissen geloofwaardig?

Door de profeten op te roepen om zich te verantwoorden voor ons kritische oordeel lijken wij op dwergen die reuzen de maat willen nemen. Hoe zouden onze spirituele capaciteiten een maatstaf kunnen zijn om te meten wat zij volbrachten, wanneer hun profetische inspanningen de onze zo volledig te boven gingen? Staan wij zo net zo open tegenover God als zij? Is onze belangstelling voor wat God te zeggen heeft net zo aandachtig en geconcentreerd als bij de profeten zelf?

Een aankomende componist zou Beethoven niet met zichzelf vergelijken, maar zichzelf met Beethoven. Wat ons te boven gaat, beoordelen wij niet. Het beoordeelt ons, en een profeet moet wat ons in geestelijke zin te boven gaat vertegenwoordigen.

Onze situatie is in zekere mate te vergelijken met iemand die tegenover een overweldigende schoonheid staat en wordt gevraagd naar zijn mening. In werkelijkheid wordt zijn verstand op de proef gesteld, hoewel hij ogenschijnlijk de kwaliteit van de schoonheid moet onderzoeken.

Er zijn maar drie manieren om de profeten te beoordelen:

1. ze vertelden de waarheid,
2. ze bedachten opzettelijk een verhaal,
3. ze waren het slachtoffer van zinsbegoocheling.

Met andere woorden: openbaring is of een feit, of het gevolg van krankzinnigheid, zelfbedrog of een pedagogische uitvinding, het gevolg van geestelijke verwarring, van *wishful thinking* of een onderbewuste activiteit.

§ 5 EEN GEVOLG VAN KRANKZINNIGHEID

Moeten wij volhouden dat mannen als Mozes, Samuel, Nathan, Elia, Amos, Micha, Jesaja en Jeremia geestelijk gestoord waren, slachtoffers van hallucinaties? Dit is inderdaad vaak beweerd. Maar op welke grond? Verwoede pogingen zijn gedaan om de ziekelijke aard van de profeten te bewijzen. Toch is geen spoor of symptoom van abnormaliteit of waanzin ontdekt, niet bij Mozes, niet bij Jesaja, niet bij Amos en niet bij Jeremia.[1] Aan de andere kant heeft de manier waarop de profeten de problemen van hun tijd aanpakten en het feit dat de oplossingen die zij aanwezen voor alle tijden van belang lijken, in elke generatie mensen gedwongen om een cliché te herhalen: de profeten behoorden tot de allerwijsten van allemaal. Waar hun boodschap het menselijk denken eeuwen vooruit was, zou het moeilijk zijn om te geloven dat wij geestelijk normaal zijn, als wij dat wat hen betreft in twijfel trekken. Als dit krankzinnigheid is, zouden wij ons moeten schamen om mentaal gezond te zijn.

En aangenomen dat, hoe onwaarschijnlijk ook, tekenen van ziekte in het leven van de profeten zouden worden opgespoord, zoals Nietzsche inderdaad beweerde in zijn befaamde generalisatie, 'Het lijkt niet mogelijk om een kunstenaar te zijn en niet ziek te zijn',[2] dan nog zou het absurd zijn om hun aanspraak te verwerpen. Is het niet zinvoller om vol te houden dat een mens ziek moet zijn om te zien wat zij, die door hun stoerheid en zelfingenomenheid verblind zijn, niet opmerken? Conformatie aan heersende normen in biologische zin is geen eerste vereiste voor geestelijk inzicht.**

§ 6 ZELFBEDROG

Waren de profeten slachtoffers van zelfbedrog? Was openbaring een schijnvertoning, een valstrik? Zelfbedrog is gewoonlijk het bereiken van een schijnbaar oprecht doel, dat zich voordoet wanneer je een reëel nagestreefd doel niet kan bereiken. Maar de gave der profetie was niet het doel waar de profeten naar streefden.

Anders dan de mystieke ervaring, die verkregen wordt als gevolg van het verlangen naar gemeenschap met God, geschiedde openbaring tegen de wil van de profeet. Het was geen bewezen gunst, maar een last van verschrikking. Voor Jesaja (6:5) is de waarneming van God een avontuur vol van heftige emotie, gevaar en ontzetting, meer dan zijn ziel kan verdragen:

'Wee mij, ik moet zwijgen... Ik heb met eigen ogen de koning,
de EEUWIGE *van de hemelse machten, gezien.'*

Mozes bedekte zijn gezicht, want hij durfde niet naar God te kijken (Ex. 3:6). Als ze geroepen werden, deinsden de profeten terug, verzetten zich en smeekten om met rust gelaten te worden. 'Neemt u mij niet kwalijk, Heer, stuur toch iemand anders', was Mozes' antwoord op de missie. Dit ongelofelijke verzet stelt een profeet in staat om eerlijk te zeggen: *Niet ik, maar God:* 'Zo spreekt de EEUWIGE.' Is het voelen van weerstand niet een teken van waarachtigheid, echtheid van de religieuze ervaring – of is ook dit onderdeel van het zelfbedrog? Geen van de profeten had gevestigde belangen te verdedigen of koesterde het verlangen om macht of aanzien te verwerven. Geen van hen was blij verrast om een profeet te zijn of liet zich hierop voorstaan. Was het een streven naar geluk dat Jeremia dreef profeet te zijn? Hier is zijn antwoord:

Vervloekt is de dag waarop ik ben geboren...
Had hij me maar in de schoot gedood, dan was mijn moeder mijn graf geworden...
Waarom moest ik de moederschoot verlaten?
Ik heb alleen maar verdriet en pijn, ik slijt mijn dagen in schande.' 20:14, 17-18

Boven het leven van een profeet zijn onzichtbare woorden gegrift: Geef alle vleierij op, u die hier binnentreedt. Maar mensen horen graag gevlei. De drager van de fakkel van de hoop laat geestdrift ontvlammen en wordt met gejuich begroet. Toch begint bijna elke echte profeet met een onheilsboodschap en pas na lange perioden van ellende en duisternis is hij in staat om van de dageraad te spreken en een boodschap van hoop te verkondigen. Bitter is de smaak van het goddelijke woord voor de ziel van de profeet, geen beloning is hem beloofd en geen beloning zou die verzachten. Op het tijdstip van zijn eerste roeping werd Ezechiël verteld wat hem te wachten stond: *'Maar jij, mensenkind, jij hebt van hun woorden niets te vrezen, je hoeft voor hen niet bang te zijn, al zijn ze als brandnetels en doornstruiken en belagen ze je als schorpioenen. Je hoeft je door dat volk niet te laten afschrikken of angst te hebben voor hun woorden, hoe opstandig ze ook zijn'* (Ezechiël 2:6).

Eenzaamheid en ellende waren maar een gedeelte van de beloning die de profetie aan Jeremia gaf: *'Eenzaam was ik, door uw toedoen'* (15:17). Bespot, bekritiseerd en vervolgd overwoog hij zijn taak te verwerpen:

> *Als ik denk: Ik wil hem niet meer noemen, niet meer spreken in zijn naam, dan laait er in mijn hart een vuur op, dan brandt het in mijn gebeente. Ik doe moeite om het in bedwang te houden, maar ik kan het niet.* Jeremia 20:9

Zij plaatsten zich liever niet op de voorgrond. De profeten beschouwden zichzelf als dienaren en niet als meesters. In hun ogen werd het ontvangen van een openbaring niet verheerlijkt als een veelbetekenend op zichzelf staand feit. Anders dan bij de mystieke ervaring ligt de betekenis van de profetie niet in hen die haar ontvangen, maar bij degene aan wie het woord moet worden overgebracht. De ervaring zelf was een begin, meer een middel dan een doel. De bedoeling was niet het waarnemen van de stem, maar het laten doordringen van die stem in de werkelijkheid van het leven van het volk. Dus ligt de kern van de profetie meer in haar inhoud dan in de stem die haar aan de profeet vertelt, en openbaring was een voorspel tot handelen.

Uit het veld ging Amos naar Betel met de boodschap dat de koning van Israël door het zwaard zou sterven en dat Israël van zijn grond zou worden verbannen. Diep gekrenkt door de verschrikkelijke boodschap zei de priester tegen Amos: 'Ziener, verdwijn! Ga naar Juda en verdien daar je brood, ga daar maar profeteren. Hier in Betel mag je niet langer profeteren, want dit is het heiligdom van de koning, de tempel van het koninkrijk.' Maar Amos antwoordde vinnig:

"Ik ben helemaal geen profeet, en ook geen profetenleerling. Ik ben veeboer en vijgenteler. Maar de EEUWIGE heeft me van achter mijn schapen vandaan gehaald en tegen me gezegd: 'Ga naar mijn volk Israël en profeteer daar.' Luister daarom naar de woorden van de EEUWIGE:

> *Jij zegt dat ik niet mag profeteren in Israël, geen profeet mag zijn voor Isaaks volk. Daarom – zegt de* EEUWIGE *– zal je vrouw in de stad als hoer moeten leven, zullen*

> *je zonen en dochters sterven door het zwaard en zal je land in stukken worden verdeeld. Jijzelf zult op onreine grond sterven en Israël zal van zijn grond worden verbannen."*
> Amos 7:10-17

De profeet nam zijn rechtvaardige missie niet vrijwillig op zich, ze werd hem opgedrongen. Hoe kon hij de macht van God weerstaan? *Ik werd door de hand van de* EEUWIGE *gegrepen* (Ezechiël 3:22). '*EEUWIGE, u hebt mij verleid, en ik ben bezweken, u was te sterk voor mij en hebt mij in uw greep gekregen.* (Jer.20:7). Er was geen keus.

> *Een leeuw heeft gebruld – wie zou er niet vrezen?*
> *God, de* EEUWIGE, *heeft gesproken – wie zou er niet profeteren?* Amos 3:8

> *Ik echter ben vervuld van kracht, ik heb de geest van de* EEUWIGE, *ik ben rechtvaardig en ik heb de moed om aan Jakob zijn wandaden bekend te maken, en aan Israël zijn zonde.*
> Micha 3:8

§ 7 EEN PEDAGOGISCHE UITVINDING

En ook dit is een theorie. Net als de Griekse filosofen verwierven de profeten hun inzichten door bespiegelingen en intuïtie. Omdat ze het volk wilden imponeren met hun gezag verzonnen ze een verhaal over openbaring. Misschien streefden ze geen persoonlijke roem na maar, door hun verlangen om hun volk moreel of geestelijk te verbeteren, hebben ze wellicht een leugen willen gebruiken in de overtuiging dat het doel de middelen heiligt.

Niemand die de geestelijke zelfverloochening en het ontbreken van eigendunk bij de profeten kent, zou hen zo'n denkwijze in gemoede kunnen toeschrijven. Zou een man als Jesaja, die zich verbrijzeld voelde door de overweldigende kracht van Gods heiligheid, een verhaal verzonnen kunnen hebben als dat van zijn visioen (hoofdstuk 6: *Het raadsel is niet opgelost*)? Het ontzag voor God belette de profeten om de godsnaam zinloos te gebruiken. Is dit niet de kern van al hun gedachten: boven alles verafschuwt God bedrog?

Is het denkbaar dat zij, die Gods eis om gerechtigheid zelfs boven hun landsbelang en boven de roem van hun eigen tempel stelden – en die leugens als een fundamenteel kwaad veroordeelden – met een leugen zouden hebben geleefd?

Bovendien was profetie geen episode in het leven van enkele individuen en het zou bizar zijn om te veronderstellen dat generatie na generatie mannen met de grootste hartstocht voor waarheid en de diepste minachting voor bedrog allemaal plannen zouden smeden en samenzweren om het volk van Israël te bedriegen. Bad Mozes voor een volk dat even de andere kant opkeek toen hij zei: '*Legde de* EEUWIGE *zijn geest maar op heel het volk! Profeteerde iedereen maar!*'

§ 8 VERWARRING

Zouden we misschien moeten zeggen dat de verheven aanspraken van de profeten kwamen door hun onvermogen om hun innerlijke leven op de juiste manier te analyseren, van hun vergissing om een in hun hart geboren gevoel aan te zien voor een aan hen van buitenaf geschonken denkbeeld? Was de profetie dan het gevolg van geestelijke verwarring? Nu verklaarden de profeten dat veel van hun ervaringen geen momenten waren van passief ontvangen, van louter luisteren naar een stem, maar gesprekken met God. Bij het vastleggen van hun ervaringen maakten ze duidelijk verschil tussen de woorden die zij hoorden en de woorden die zij uitspraken.[3] Getuigt dit feit niet voor hun onderscheidingsvermogen?

Bovendien dwongen de omstandigheden de profeten onmiskenbaar om verschil te maken tussen de stem van het hart en de stem van God. Er gebeurde iets:

> *Verschrikkelijke dingen, ongehoord,*
> *gebeuren in dit land:*
> *de profeten profeteren leugens,*
> *de priesters treden eigenmachtig op.*
> *En dat bevalt mijn volk!* Jeremia 5:30-31

Jeremia bij voorbeeld twijfelde niet aan de oprechtheid van alle zogenaamde 'valse profeten'. Hij veroordeelde hen omdat ze 'een droom' hielden voor een goddelijke mededeling. Want zo spreekt de EEUWIGE:

> *Ik heb gehoord wat voor leugens die profeten in mijn naam verkondigen. Ze roepen: "Een droom! Ik heb een droom gehad!" Hoe lang nog zullen die leugenachtige profeten, die zichzelf een rad voor ogen draaien, doorgaan?* [...]

Een profeet die droomt, vertelt niet meer dan een droom, maar wie mijn woorden kent, geeft mijn woorden betrouwbaar weer.
Wat heeft stro met graan gemeen? – spreekt de EEUWIGE.
Is mijn woord niet als een vuur,
als een hamer die een rots verbrijzelt? – spreekt de EEUWIGE.

Jeremia 23:25-26, 28-29

Het staat buiten twijfel dat door hun veroordeling van de valse profeten, *die op eigen gezag profeteren* (Ezechiël 13:17), en hen in de naam van God toe te roepen: *Jullie zeggen: 'Zo spreekt de* EEUWIGE*...,' terwijl ik niets heb gezegd!* (Ezech. 13:7), *'Die profeten verkondigen leugens, en dat in mijn naam. Ik heb hen niet gezonden, hun niets opgedragen, niet tot hen gesproken. De visioenen die ze profeteren zijn leugens, waarzeggerij, holle woorden en eigen verzinsels'* (Jer. 14:14) – mannen als Jeremia en Ezechiël legden een kritische houding aan de dag tegenover de profetie als zodanig. Omdat ze niet alleen bezwaren aanvoerden tegen de denkbeelden maar vooral tegen de aanspraak van de valse profeten dat zij het woord van God ontvangen hadden, moeten ze een maatstaf hebben gehad om het verschil tussen ervaring en hersenschim te zien. Er zijn altijd imitators, maar de waarde van het authentieke wordt nooit aangetast door de overvloed van imitatie en vervalsing.

Het woord van de profeten werd niet verkondigd aan een onnozele, primitieve samenleving. Het volk van Israël, wiens land de invloed onderging van de grote naburige beschavingen van Egypte en Babylonië, kende de levenswijze en de wijsheid van andere volkeren. Er was geen sprake van dat het geneigd was de profetische aanspraak te aanvaarden. De geschiedenis van de profetenactiviteit is vol botsingen met wedijver, tegenstand en ongeloof. Wanneer de geschiedenis van de profetie een uitvinding van de bijbelse schrijver zou zijn geweest, zou het een verhaal zijn geweest van een volk dat door de kracht van de profetie tot het geloof werd gebracht. In plaats daarvan wordt de weerstand tegen de profeten met roekeloze eerlijkheid vermeld.

Waaraan ontleenden de profeten de zekerheid dat zij getuigen waren van een goddelijke gebeurtenis en niet van een verzinsel van hun eigen verbeelding? Het waarmerk van het goddelijke karakter van de openbaring bestond niet uit uitwendige signalen, zichtbaar of hoorbaar. Openbaring berustte niet op een bepaalde, zintuiglijke waarneming, op het horen van een stem of het zien van een licht. Een donderslag bij heldere hemel, een stem uit het niets, een gevolg zonder zichtbare oorzaak zou niet voldoende zijn geweest om een waarneming met een goddelijke mededeling vast te stellen. Onmetelijke stukken van de natuurlijke werkelijkheid, stromen van licht in de geest zouden, zelfs als ze geen droombeelden zouden zijn, alleen blijk geven van een natuurkracht, niet van God. Naar het schijnt was dit het waarmerk: het feit dat de profetische openbaring niet alleen een ervaring was, maar ook *een ervaren worden*, van blootgesteld worden aan, opgeroepen, overweldigd en aangenomen door hem, die uitzoekt wie hij naar de mensheid zendt. God is niet een ervaring van de mens. De mens is een ervaring van God.

§ 9 DE TIJDGEEST

Er is nog een andere manier om de profetie te verklaren. De geschiedenis heeft ons laten zien hoe mensen beïnvloed worden door 'de tijdgeest' waarin zij leven. In de tijd waarin de profeten leefden, geloofde men algemeen dat de goden zich aan de mensen openbaarden. Men had gemakkelijk het slachtoffer kunnen worden van een zinsbegoocheling. Maar waarom bracht 'de tijdgeest' geen profeten voort in Assyrië en Babylonië, te midden van de Feniciërs en de Kanaänieten? Op grond van onze huidige kennis van de oude oriëntaalse literatuur kunnen wij ons gemakkelijk voorstellen hoe het leven en de letteren van het oude Israël geweest zouden zijn zonder goddelijke inspiratie.

Toen de noordelijke buren van Israël, de Moabieten, een oorlog voerden en koning Mesa zag dat ze de slag gingen verliezen, *nam hij zijn oudste zoon, zijn troonopvolger, en offerde hem als brandoffer op de stadsmuur* (2 Koningen 3:27). Israëls koningen Achaz en Manasse offerden hun zonen ook als brandoffer *volgens het gruwelijke gebruik van de volken* (2 Kon. 16:3). Zie 21:6: *Behalve dat Manasse zondigde door de Judeeërs tot zonde aan te zetten, zodat ze deden wat slecht is in de ogen van de* EEUWIGE, *vergoot hij ook onschuldig bloed, zo veel dat Jeruzalem ervan overvloeide.* Als de profeten geïnspireerd zouden zijn geweest door 'de geest des tijds', waarom spraken ze dan hun afschuw uit over zulke daden van 'de opperste vroomheid'? Waarom was verering van de God van Israël niet zoals de verering van Baäl in Palestina of Tammuz in Mesopotamië?

Godsdienst en vroomheid worden onder alle volkeren gevonden. Maar de profeten waren degenen die in de naam van God hun stem verhieven tegen wat de meeste mensen tot op de dag van vandaag godsdienst noemen.
Inderdaad is de aard van de Bijbel totaal onverenigbaar met alles wat we weten over de historische omstandigheden waarin deze tot stand kwam. Het zou makkelijker in onze algemene visie hebben gepast als de grote religieuze inzichten aan de wijzen van Egypte of Athene geschonken zouden zijn dan aan een volk zonder land, zwervend en hongerend in de woestijn van het schiereiland Sinaï. Het wonder van de Bijbel is in strijd met alle menselijke verwachtingen. Zonder zijn onmiskenbare geestelijke glorie of de onverklaarbare kracht van het menselijke vertrouwen zou de Bijbel als absurd en onwaarschijnlijk verworpen zijn.

§ 10 HET ONDERBEWUSTE

Trad het onderbewuste op als souffleur bij de ervaringen van de profeten? Rees de Bijbel op uit de maalstroom van de geestelijke kracht voortgebracht door verlangen en verbeeldingskracht? Zo'n visie, hoewel die de integriteit en het gezonde verstand van de profeten niet in twijfel trekt, zou hen bestempelen tot bedrogen bedriegers. Zonder wat werkelijk plaatsvond begrijpelijker te maken, zou ze alleen het mysterie vervangen door een raadsel. Het onderbewuste is zo'n ruime en vage hypothese dat we er weinig meer van weten dan van het denkbeeld van het bovennatuurlijke. Het is vreemd dat de listige demon van het onderbewuste, ondanks zijn alomtegenwoordigheid en meedogenloze levenskracht, verder geen werken van zo'n verheven macht heeft voortgebracht! De door mythen gebaande verbeeldingspaden waren zeker grenzeloos, maar waar leidden ze naar toe? Waar nog meer heiligde een goddelijke gedachte de geschiedenis? Waar nog meer werd een geschiedenis van een volk heilige Schrift?
Aanvaarding van de gedachte dat de profetische openbaring de uitdrukking was van een in het hart van de profeet verborgen drang, waarvan hij zich niet alleen onbewust was maar die hij weerstond, zou het optreden veronderstellen van zo'n wijze en heilige macht dat die alleen maar God zou kunnen worden genoemd.

Openbaring kan niet betwijfeld of bevestigd worden, maar net zo min ontkend of bewezen. Ons is niet meer gegeven dan de verslagen van de profeten en niemand van ons kan achter hun woorden kijken of hun ervaringen rechtstreeks onderzoeken. Er zijn geen wetenschappelijke redenen om openbaring als een subjectieve ervaring te beschouwen, terwijl aan de andere kant de profeten zelf, die de eerste critici van de zogenaamde valse profeten waren, de nadruk legden op de niet-subjectieve aard van hun ervaringen.
En wanneer, nadat alle antwoorden en verzekeringen gegeven zijn, de twijfel blijft: staat zelfs het genie niet bloot aan dwaling? Is de kennis van de profeet van zijn ontmoeting met God niet te ijl, te innerlijk, te subjectief om op te bouwen? Waarom zou de mensheid haar belangrijkste beslissingen laten afhangen van de betrouwbaarheid van een handjevol mensen? Hebben de 'valse profeten' ook niet zeker geweten dat ze ontvangers van openbaring waren geweest?
In werkelijkheid is het niet de mening van de profeet over zijn ervaring, zijn wijsheid of zelfbewustheid, die het uiteindelijke bewijsmiddel is. Hoe veelzeggend dat Mozes niet geprezen werd om zijn wijsheid of heldhaftigheid. Hij was niet, zoals Salomo, de allerwijste, maar stond juist bekend om zijn bescheidenheid (*Numeri* 12:3). Hij was niet argeloos of onfeilbaar. *Maar met mijn dienaar Mozes, op wie ik volledig kan vertrouwen, ga ik anders om'* (Num. 12:7).
Het was makkelijker om de wil van God in woorden over te brengen dan om de openbaring in woorden om te zetten. Zou een profeet geprobeerd hebben om zijn ervaring nauwkeuriger te beschrijven dan in aanduidingen, dan zou hij er ons evenveel over verteld hebben als een groot dichter een poolbeer zou kunnen vertellen over de lente in Italië. Mededeelzamer dan een beschrijving is de beknoptheid van de beschrijving en het onvermogen om veel meer te zeggen dan: *Zo zegt de* EEUWIGE. Het licht dat gloeit in een profeet stelt zijn eigen visionaire kracht en zelfbewustzijn in de schaduw.
Toen Mozes van de berg Sinaï afdaalde, de twee Tafelen in zijn handen, zag het hele volk van Israël dat zijn gelaat straalde en zij waren bang om dichterbij te komen. Alleen Mozes wist niet dat zijn gezicht straalde...

§ 11 ER ZIJN GEEN BEWIJZEN

'Ik zeg dat de menselijke rede beperkt is en zolang de ziel in het lichaam woont, kan zij niet bevatten wat de natuur te boven gaat, want niets dat in de natuur is ondergedompeld, kan boven haar uit kijken. De rede is beperkt tot het gebied van de natuur en is niet in staat om te begrijpen wat zich daarbuiten bevindt... Weet dat er een niveau van kennis bestaat dat hoger is dan alle filosofie, namelijk de profetie. Profetie is een andere bron en soort kennis. Bewijs en onderzoek zijn op haar niet toepasbaar. Wanneer profetie echt is, dan kan en hoeft zij niet af te hangen van de bevestiging van het verstand. Het enige bewijs dat ooit in de Schriften aan een profeet is gevraagd, betreft de echtheid van zijn bewering een profetische boodschap te hebben, maar nooit vroeg iemand om bewijzen of redenen of bevestigingen van de profetie zelf... Reden en bewijs kunnen zich niet verheffen tot het niveau van inzicht waarop de profetie leeft – hoe kunnen zij haar dan ooit bewijzen of weerleggen? ...Niemand kan een bevestiging van de rede of een bewijs van de logica voor de Thora verlangen, tenzij hij eerst de oprechtheid van Mozes' aanspraak als profeet ontkent. Ons geloof steunt op het beginsel dat de woorden van Mozes profetie zijn en dus onttrokken aan bespiegeling, bevestiging, discussie of bewijs. De aard van het verstand is niet in staat tot oordelen op het gebied waar de profetie ontluikt. Dit zou lijken op een poging om al het water van de wereld in een kopje te doen.'[4]

Er zijn geen middelen om de schoonheid van de muziek te laten doordringen tot iemand die doof is of gevoelloos. Er zijn ook geen middelen om de aanspraak van een profeet geloofwaardig te maken voor een mens die geestelijk doof is en zonder vertrouwen en wijsheid. Bewijzen kunnen helpen om vaststaande feiten te beschermen maar niet om ze in werking te stellen. In de kern zijn het verklaringen voor wat ons intuïtief al duidelijk is.[5]

Het doel van onze 'analyse' was niet om een aanbevelingsbrief voor de profeten te schrijven of ze op andere wijze op te tuigen. Het wijst erop dat een totale verwerping van hun aanspraak niet eenvoudig is. Bewijzen kunnen niet de poorten van het mysterie openen zodat iedereen ze kan aanschouwen. Het enige dat wij kunnen doen is de poorten van onze eigen ziel openen zodat God ons kan aanschouwen, de poorten van onze geesten openen en gehoor geven aan de woorden van de profeten. Het is hun woord dat hun aanspraak kracht geeft. Het is de geschiedenis die hun woord kracht geeft.

[* ASSYRIËRS: hun stamland lag in de hoogvlakte ten oosten van de Midden-Tigris.
** Heschels religieuze inzicht werd beïnvloed door *The Varieties of Religious Experience* van William James tijdens een seminar in Berlijn met David Koigen in 1930.]

HOOFDSTUK 25

DE BIJBEL EN DE WERELD

§ 1 IS DE BIJBEL EEN ILLUSIE?

We hebben het denkbeeld van de profetie en de beweringen van de profeten behandeld. Nu richten we ons op de Bijbel zelf. De Bijbel is geen abstracte gedachte of een spiritueel vooruitzicht. Het is meer dan een bewering van mensen uit vervlogen tijden. De Bijbel is een altijd aanwezige werkelijkheid en met de aanwezigheid van de Bijbel brengen we het vraagstuk van de profetische inspiratie opnieuw ter sprake.

Aan welke bron ontleenden de profeten die stroom van inzicht die zijn bedding vond in de boeken van de Bijbel? Wie heeft hen zodanig bejegend dat zij ons zo konden bejegenen? Straalde hun eigen hart een gekunstelde opvatting uit die de geestelijke duisternis van de wereld kon verlichten?

Het antwoord van de profeet is consequent hetzelfde: het was een woord van God dat op mijn tong brandde. Ligt het op onze weg om deze aanspraak te negeren, te kleineren of verdacht te maken?

We staan tegenover een weerbarstig feit. Een uitgelezen gezelschap van mannen als Mozes, Nathan, Elia, Amos, Jesaja en Jeremia beweren een woord van God te hebben vernomen. Als hun bewering vals is, zijn we dan niet gedwongen om hen te veroordelen als bedriegers die de geesten van de mensen voor meer dan drieduizend jaren in verwarring hebben gebracht?

De aard van de Bijbel is een hoogst verlegen makende aangelegenheid. Haar inhoud is te belangrijk om genegeerd te worden. Verontrustender dan het persoonlijke probleem of wij bereid zijn om te geloven, is de objectieve vraag: is de bijbelse profetie een illusie? De bevestiging van deze vraag heeft ernstige gevolgen. De kwestie is dan niet alleen of wij in openbaring kunnen geloven, maar ook of wij in de ontkenning van openbaring kunnen geloven.

§ 2 IS GOD OVERAL AFWEZIG?

Het lijkt makkelijk om met de gedachte te spelen dat de Bijbel een boek is als vele andere boeken of dat het verhaal van de Sinaï een sprookje is. Maar door het zo te spelen kunnen we onze toewijding aan en onze band met God verspelen.

Bedenk wat een dergelijke ontkenning inhoudt. Als Mozes en Jesaja er niet in geslaagd zijn om te ontdekken wat Gods wil is, wie zal dat dan wel kunnen? Als God niet in de Bijbel gevonden wordt, waar moeten we hem dan zoeken?

De vraag over de Bijbel is de vraag over de wereld. Het is een ultieme vraag. Als God niets met de profeten te maken had, dan heeft hij met de mensheid niets te maken. En als God wel iets met de profeten te maken had, dan zijn de profeten geen leugenaars en ook geen bedriegers.

Maar toch gaan wij *Filistijnen*, cultuurbarbaren, door met ons aan intellectuele clichés vast te klampen. Wij verheffen ons eigen leven tot een voorbeeld en maken dat tot een maatstaf van wat de profeten als hoogste zouden kunnen bereiken. We verzetten ons tegen het woord van de profeten met onze beweringen dat God nooit een oor kan bereiken, dat God zich nooit zal verwaardigen om een woord te laten oplichten in de geest van de mens. Maar dit is het principe van dwazen: wat voor ons onbereikbaar is, is ook onbereikbaar voor anderen. De gemiddelde mens is niet de maatstaf. We onderzoeken geen menselijke prestaties. We onderzoeken iets waarin de kracht van God heeft gewerkt. Het is niet aan ons om te zeggen dat God zich aan onze normen moet aanpassen. De clichés van onze opvattingen mogen niet beslissend zijn in de meest verheven aangelegenheid. Er bestaan tussen God en mens veel dingen waar de geleerden nooit van gedroomd hebben. Oordeelt de psychologie over de geldigheid van wiskundige wetten? Volgt de geschiedenis de weg die de logica voorzegt?

§ 3 DE PLAATS VAN DE BIJBEL IN DE WERELD

Wat is de plaats van de Bijbel in de wereld van de geest? Waar zal de Bijbel mee vergeleken worden?

Zal het boek dat verklaart:

Charme is bedrieglijk en schoonheid vergaat

om zijn esthetische kwaliteiten gewaardeerd worden? Sommigen begroeten de Bijbel als 'literatuur',[1] alsof een dergelijke nevenschikking de hoogste lof zou zijn, alsof 'literatuur' het hoogtepunt van de geestelijke werkelijkheid zou zijn.

Wat zou Mozes, wat zou Jesaja over een dergelijke lof gezegd hebben? Misschien hetzelfde als wat Einstein gezegd zou hebben, wanneer het manuscript van zijn relativiteitstheorie bejubeld zou worden om zijn mooie handschrift. Zou niet hoogstens een kind kunnen beweren dat de essentie van de oceaan zijn schoonheid is? Of dat de betekenis van de sterren in hun bekoring ligt?

Sinds de negende eeuw hebben de moslims 'de schoonheid van de Koran' of 'de onovertrefbaarheid van de stijl van de Koran' aangevoerd als bewijs van de goddelijke oorsprong van de islam.[2] De intrinsieke waarde van deze bewering is niet-moslims altijd ontgaan. Het is hoe dan ook veelbetekenend dat de esthetische kwaliteit van de Bijbel nooit gebruikt is als bewijs van het dogma van de openbaring. Hoe kon het – tot voor kort – aan joden en christenen ontgaan zijn dat de stijl van de Bijbel onovertroffen is? Dat gedachten nooit in zuiverder vorm gegoten zijn en dat geen menselijk voorstellingsvermogen ooit een werk heeft voortgebracht dat te vergelijken is met de diepte, onvergankelijkheid en vaak ondraaglijke schoonheid van de Bijbel?*

Wij allen hebben schoonheid nodig en hunkeren naar indrukwekkende bewoordingen. Schoonheid en imposante uitdrukkingskracht kunnen in maten en soorten overal op de wereld gevonden worden. Maar heeft de ziel alleen schoonheid en vorm nodig? De ziel heeft, zo geloven wij, heiliging nodig en om dat doel te bereiken moeten we ons op de Bijbel richten. Er is veel literatuur, maar er is slechts één Bijbel.

De Bijbel is een antwoord op de vraag: Hoe het leven te heiligen. En als we zeggen dat wij geen behoefte aan heiliging voelen, bewijzen we alleen maar dat de Bijbel onmisbaar is. Want de Bijbel leert ons hoe we de behoefte aan heiliging kunnen ervaren.

§ 4 WAT DE BIJBEL DEED

Wat hebben de profeten gedaan voor de menselijke situatie? Laten we proberen uit die hoeveelheid er een paar in ons geheugen terug te roepen.

De Bijbel toonde de mens zijn onafhankelijkheid van de natuur, zijn plaats bóven de omstandigheden en riep hem op om te beseffen dat eenvoudige daden ontzaglijke gevolgen kunnen hebben. Niet alleen de sterren maar ook de daden van de mens volgen een baan die een gedachte van God ofwel weerspiegelt, ofwel verdraait. De mate van onze waardering voor de Bijbel wordt daarom bepaald door de mate van onze gevoeligheid voor de goddelijke waardigheid van menselijke daden. Het inzicht in de goddelijke elementen van het menselijke leven is de duidelijke boodschap van de Bijbel.

De Bijbel heeft de hersenschim van de mens dat hij alleen was, vernietigd. Sinaï verbrak de kosmische stilte die ons bloed door wanhoop doet stollen. God houdt zich niet afzijdig van onze kreten. Hij is niet alleen een voorbeeld maar een macht, en het leven is een antwoord, geen alleenspraak.

De Bijbel toont de weg van God met de mens en de weg van de mens met God. Het bevat zowel de aanklacht van God tegen de kwaadaardigen als de schreeuw van de verslagen mens die God om gerechtigheid vraagt.

En op zijn bladzijden zijn ook herinneringen te vinden aan de ongelofelijke verharding en koppigheid van de mens, aan zijn onmetelijke vermogen om zijn eigen ondergang te veroorzaken, maar ook de verzekering dat Gods compassie alle kwaad te boven gaat.

Hij die een antwoord zoekt op de meest dringende vraag: wat is het leven? zal een antwoord vinden in de Bijbel: het is de bestemming van de mens om meer een bondgenoot te zijn dan een meester. Er is een opdracht, een wet en een weg: de opdracht is verlossing, de wet is recht laten wedervaren, barmhartigheid liefhebben, en de weg is het geheim van *menselijk en heilig* zijn. Als de wanhoop ons naar adem doet snakken, als de wijsheid van de wetenschap en de pracht van de schone kunsten ons niet meer kunnen redden uit de angst en het gevoel van nietigheid, dan biedt de Bijbel ons de enige hoop: de geschiedenis is een omweg voor de voetstappen van de Messias.

§ 5 GEEN WOORDEN DIE MEER BETEKENEN

Er zijn geen woorden in de wereld die meer betekenen, meer onthullen en onmisbaarder zijn, woorden zowel streng als gracieus, hartverscheurend en genezend. Een waarheid zo universeel: God is Eén. Een zo troostende gedachte: hij is ons in de nood nabij. Een zo overweldigende verantwoordelijkheid: zijn naam kan ontheiligd worden. Een atlas van de tijd: van de schepping tot de verlossing. Richtingaanwijzers langs de weg: de Zevende Dag. Een offerande: verslagenheid van hart. Een utopie: och, was het gehele volk maar profeten. Het inzicht: de mens leeft door zijn trouw, zijn thuis is in de tijd en zijn essentie ligt in daden. Zo'n stoutmoedig richtsnoer: heilig zul je zijn. Zo'n gewaagd gebod: heb je naaste lief als jezelf. Zo'n verheven feit: menselijk en goddelijk mededogen kunnen overeenstemmen. En een geschenk zo onverdiend: het vermogen om berouw te hebben.

De Bijbel is het grootste voorrecht van de mensheid. Het is zo ver weg en zo rechtstreeks, onvoorwaardelijk in zijn eisen en vol compassie en begrip voor de menselijke situatie. Er is geen ander boek waaruit zoveel liefde en respect voor het leven van de mens spreekt. Geen verhevener liederen over zijn werkelijke lot en heerlijkheid, over zijn strijd en vreugdes, ellende en hoop, zijn ooit gedicht, en nergens is de behoefte van de mens aan leiding en de zekerheid van zijn uiteindelijke verlossing zo scherp getekend. Hij heeft de woorden die de schuldige doet opschrikken en de belofte die de wanhopigen ondersteunt. En hij die een taal zoekt om uit te drukken wat hem ten diepste beweegt, om te bidden, zal die in de Bijbel vinden.

De Bijbel is geen einddoel maar een begin, een precedent, geen verhaal. Dat het in bepaalde historische situaties is ingebed heeft de eeuwigheidswaarde niet kunnen verhinderen. Niets in de Bijbel is onecht of clichématig. Het is geen epos over het leven van helden, maar het verhaal van elk mens in alle klimaten en alle tijden. Het onderwerp is de wereld, de hele geschiedenis, en het bevat zowel het model van een grondwet voor een verenigde mensheid als aanwijzingen voor het vestigen van een dergelijk verbond. Het wijst de weg zowel aan volkeren als aan eenlingen. Het blijft rechtvaardigheid en compassie zaaien, Gods roep tot de wereld herhalen en blijft het harnas van de menselijke harteloosheid binnendringen.

§ 6 HET UNIEKE VAN DE BIJBEL

Een groot dichter hoeft niet te bewijzen dat hij een dichter is. Zijn dichtkunst spreekt voor zichzelf. Zij maakt het vermogen los om een nieuwe en uitzonderlijke visie op het leven naar waarde te schatten ten koste van het prijsgeven van gevestigde opvattingen. Wij beoordelen zijn werk als poëzie, niet door middel van vooropgezette ideeën. *Het geniale spreekt voor zichzelf.*

De Bijbel heeft geen bewijs van bijzonderheid nodig. Door de eeuwen heen heeft hij over de geest van de mens macht uitgeoefend, niet omdat hij het etiket 'Het Woord van God' droeg en door de trechter van het dogma in de geest van de mens werd gegoten, maar omdat hij een licht bevatte dat zielen deed ontvlammen. Als hij tot ons gekomen was zonder een dergelijke faam, zonder zo'n etiket, dan zou onze verbazing over zijn krachten zelfs nog groter zijn geweest.

Waarom overtreft de Bijbel alles wat door de mens geschapen is? Waarom is er geen werk dat het waard is ermee vergeleken te worden? Waarom is er voor de Bijbel geen vervanging, niets dat vergelijkbaar is met de geschiedenis die hij heeft voortgebracht? Waarom moeten allen die de levende God zoeken, zich tot zijn bladzijden wenden?

Zet de Bijbel naast een van de werkelijk grote boeken, voortgebracht door de geest van de mens, en zie hoe hun formaat krimpt. De Bijbel toont geen belangstelling voor de literaire vorm, voor mooie woorden, maar toch weerklinkt zijn absolute verhevenheid door al zijn bladzijden. Zijn regels zijn zo monumentaal en tegelijk zo eenvoudig dat iedereen die ermee probeert te wedijveren of een commentaar of een karikatuur vervaardigt. Het is een werk dat we niet op de juiste waarde weten te schatten. Het dieplood van de wetenschap kan zijn diepte niet peilen en evenmin zal de kritische analyse ooit zijn wezen vatten. Andere boeken kun je waarderen, beoordelen, vergelijken. De Bijbel kun je alleen prijzen. Zijn inzichten gaan onze maatstaven te boven. Er is niets groter.

Is het niet waar dat de Bijbel het enige boek in de hele wereld is dat nooit vervangen kan worden, en dat zowel ons verleden als onze toekomst zonder dat boek duister, zinloos en ondraaglijk is? Niets kan zijn plaats opeisen, niets kan zijn rol erven. Men is huiverig om zijn lof te zingen.

§ 7 HOE DE BIJBEL TE VERKLAREN?

Andere boeken kun je proberen te verklaren, maar een poging om de Bijbel uit te leggen is de gelegenheid bij uitstek om je belachelijk te maken.

Probeer je eens een boek voor te stellen dat de Bijbel zou overtreffen en je moet toegeven dat de kracht van de menselijke geest de Bijbel nooit voorbij heeft gestreefd. Wie kan de waarde onder woorden brengen? Als je de Bijbel naar waarde probeert te schatten, ontdek je dat de geest niet op die taak berekend is. Het is geen boek – het is de uiterste begrenzing van de menselijke levenskracht op aarde.

Ons hart slaat over wanneer we de ontzagwekkende grootheid overdenken. Het is het enige op de hele wereld dat wij met de eeuwigheid in verband kunnen brengen. Het enige in de wereld dat eeuwig is. Het eeuwige Boek. De aarde is misschien niet de belangrijkste planeet, ons tijdperk is misschien niet het enige. Maar in deze wereld, in dit tijdperk, is de Bijbel het meest duurzame voertuig van de geest.

Hoe moeten we dit onbegrijpelijke feit begrijpen? Hoe en vanwaar kwam hij te voorschijn? Welke omstandigheden hebben samengewerkt om de totstandkoming van dit onvergelijkbare wonder mogelijk te maken? Als God zweeg tijdens het leven van Mozes, als God niet sprak terwijl Mozes luisterde, dan was Mozes een wezen wiens aard al het menselijke te boven ging. Dan was de oorsprong van de Bijbel geen mysterie, maar totale duisternis.

§ 8 DE ALMACHT VAN DE BIJBEL

De almacht van God is niet altijd waarneembaar, maar *de almacht van de Bijbel* is het grote wonder van de geschiedenis. Net als God is de Bijbel vaak misbruikt en verdraaid door obscene geesten, maar zijn vermogen om aan de kwaadaardigste aanvallen weerstand te bieden is grenzeloos. De kracht en de geloofwaardigheid van de denkbeelden zijn merkbaar onder de roest en het beuken van twintig eeuwen debat en dogma: hij verbleekt niet ondanks de theologie, en evenmin bezwijkt hij door misbruik. De Bijbel is *de eeuwige beweging van de geest,* een oceaan van betekenis, zijn golven slaan tegen de onverwachte en scherpe menselijke tekortkomingen en zijn echo dringt door tot in de doodlopende stegen van zijn worsteling met de wanhoop.

Geen treuriger bewijs kan door een mens afgegeven worden van zijn eigen geestelijke duisternis dan zijn ongevoeligheid voor de Bijbel. ‘Een schip dat op de rivier groot opdoemt, lijkt nietig als het op de oceaan vaart.’ De grootheid van de Bijbel wordt duidelijker wanneer hij historisch bestudeerd wordt en zijn majesteit groeit mét de vertrouwdheid van de lezer.

Onweerlegbaar, onverwoestbaar, nooit afgemat door de tijd, kuiert de Bijbel door de eeuwen, zichzelf met gemak aan alle mensen wegschenkend alsof hij aan iedere ziel op aarde toebehoorde. Hij spreekt in elke taal en in elk tijdperk. Het komt alle schone kunsten ten goede en wedijvert er niet mee. Wij allen putten eruit en de boeken blijven zuiver, onuitputtelijk en volledig.

Drieduizend jaar oud en nog geen dag ouder geworden. Het is een boek dat niet kan sterven. Vergetelheid mijdt zijn bladzijden. De kracht neemt niet af. In feite is hij nog maar aan het eerste begin van zijn ontwikkeling: de volle betekenis van zijn inhoud heeft nog maar nauwelijks de drempel van onze geesten aangeraakt. Als een oceaanbodem waar ontelbare parels liggen te wachten op hun ontdekking, zo moet zijn geest nog ontplooid worden. Hoewel zijn woorden duidelijk lijken en zijn taal doorzichtig, komen onopgemerkte betekenissen, onvoorstelbare aanduidingen voortdurend aan het licht. Meer dan tweeduizend jaar van lezen en onderzoek zijn er niet in geslaagd om zijn volle betekenis te verkennen. Vandaag is hij alsof hij nooit was aangeraakt, nooit gezien, alsof we zelfs niet begonnen waren met lezen. De levenskracht is teveel voor één generatie. De woorden openbaren meer dan wij kunnen verwerken. Gewoonlijk komen we niet verder dan een poging ons enkele eenvoudige regels toe te eigenen zodat onze geest synoniem wordt met een passage.

§ 9 KOSTBAAR VOOR GOD

> *De mens is als gras, hij bloeit als een veldbloem.*
> *Het gras verdort en de bloem verwelkt,*
> *maar het woord van onze God houdt altijd stand.* Jesaja 40:6-8

Nooit eerder, nooit meer daarna is ooit een soortgelijke stelling verkondigd. En wie zal betwijfelen dat de stelling bewaarheid is? Is niet het woord, gesproken tot het volk van Israël, in alle hoeken van de wereld doorgedrongen en aanvaard als de boodschap van God in duizend talen? Waarom stierven de meeste godsdiensten die niet uit zijn zaad zijn geboren, terwijl elke generatie opnieuw de levenskracht begroet die eruit ontspruit? Ontelbare godsdiensten, staten, wereldrijken verdorden als gras. Miljoenen boeken zijn dood en begraven, *maar het woord van onze God houdt eeuwig stand.* Als het er echt op aankomt falen ze allen – priesters, filosofen, geleerden – alleen de profeten houden stand.

De wijsheid, de levenslessen en de begeleiding van de Bijbel zijn niet in strijd met wat de menselijke geest uiteindelijk bereikt heeft, eerder laten ze onze houding op allerlei gebieden achter zich. Het denkbeeld van de gelijkheid van de mensen bijvoorbeeld is in onze monden een cliché geworden, maar hoe ver is dit idee nog verwijderd als een onweerlegbaar inzicht of als een eerlijke en onuitroeibare overtuiging? De Bijbel loopt niet achter. De Bijbel is onze aspiraties eeuwen vooruit.

Eén ding moeten we ons proberen voor te stellen. In de wervelstorm van de geschiedenis had de Bijbel verloren kunnen gaan, Abraham, Mozes, Jesaja behouden als vage herinneringen. Wat zouden we missen in de wereld, wat was de conditie en hoe het vertrouwen van de mensheid als de Bijbel niet bewaard was gebleven?

Het is de bron van de meest hoogstaande inspanningen van de mens in de westelijke wereld. Het heeft meer heiligheid en compassie aan de mensheid ontlokt dan we ons kunnen voorstellen. Bijna alles wat hoogwaardig en rechtvaardig is, komt voort uit de bijbelse geest. Hij heeft leven en vorm geschonken aan ontelbare kostbare zaken in het leven van mens en maatschappij.

Vrij van elke zweem van gevestigde belangen, van klasse of natie, vrij van elk ontzag voor personen, of het nou Mozes, de eerste van de profeten is of David, de meest vereerde van alle koningen. Niet belemmerd door verkeerde eerbied voor welke instelling dan ook, of het nu de staat Judea is of de Tempel in Jeruzalem, de Bijbel is een boek dat begrijpelijkerwijze niet alleen voor de mens maar ook voor God kostbaar is. Het doel is niet zozeer om geschiedenis vast te leggen, maar meer om de ontmoeting te verhalen van het goddelijke en het menselijke op het niveau van het concrete leven. Onvergelijkbaar veel belangrijker dan alle schoonheid of wijsheid die hij aan onze levens schenkt, is de wijze waarop hij het de mens mogelijk maakt om te begrijpen wat God bedoelt, om heiligheid te verwerven door rechtvaardigheid, door eenvoud van geest, door keuze. Voor alles blijft het boek verkondigen dat verering van God zonder rechtvaardigheid voor de mens afschuwelijk is en dat terwijl het probleem van de mens God is en Gods probleem de mens is.

§ 10 HEILIGHEID IN WOORDEN

De Bijbel is *heiligheid in woorden*. Voor de mens in deze tijd is niets zo alledaags en afgezaagd als woorden. Van alle dingen zijn zij de goedkoopste, meest misbruikte en minst gewaardeerde. Woorden zijn het voertuig van onafgebroken laster en ontheiliging. Wij leven in woorden, voelen in woorden, denken in woorden, maar omdat we ze niet hooghouden in hun onafhankelijke waardigheid, we hun kracht en gewicht niet respecteren, laten we ze onbeheerd, vluchtig – een mond vol stof.[3] Geplaatst voor de Bijbel, waarvan de woorden lijken op uit de rots gehouwen woningen, weten we niet hoe we de deur kunnen vinden.

Sommige mensen vragen zich misschien af: waarom is het licht van God gegoten in de vorm van taal? Hoe moeten we ons voorstellen dat zulke broze vaten als medeklinkers en klinkers het goddelijke kunnen bevatten? Deze vraag verraadt de tekortkoming van onze tijd: het lichtvaardig omspringen met de ether die de lichtgolven van de geest draagt. Wat anders in de wereld is zo geschikt om mensen tot elkaar te brengen ondanks de afstanden in ruimte en tijd? Van alle zaken op aarde sterven alleen woorden nooit. Ze hebben zo weinig pretentie en zo veel betekenis.

De Bijbel gaat niet over goddelijkheid maar over menselijkheid. Welke andere taal dan die van de mens zou gebruikt moeten worden bij het aanspreken van menselijke wezens over menselijke zaken? En toch lijkt het alsof God deze Hebreeuwse woorden genomen heeft en zijn kracht erin geblazen heeft, en de woorden werden een levende draad geladen met zijn geest. Tot op vandaag zijn zij de schakels tussen hemel en aarde.

Welk ander medium had kunnen worden gebruikt om het goddelijke over te brengen? Op de maan gebrandschilderde afbeeldingen? Beelden uitgehouwen in de Rocky Mountains? Wat mankeert er aan de menselijke herkomst van de bijbelse woordenschat?

Wanneer de Bijbel een *tempel* zou zijn, in majesteit en luister hetzelfde als de simpele grootsheid van zijn huidige vorm dan zou zijn goddelijke taal misschien voor de meeste mensen het kenmerk van goddelijke waardigheid nog overtuigender gedragen hebben. In dat geval zou de mens meer zijn werk dan zijn wil vereerd hebben... en dat is juist iets wat de Bijbel geprobeerd heeft te voorkomen.

Zoals het onmogelijk is om zich God voor te stellen zonder de wereld, zo is het ook niet mogelijk om zich zijn betrokkenheid voor te stellen zonder de Bijbel.

Als God leeft, dan is de Bijbel zijn stem. Geen werk komt meer in aanmerking om als een uiting van zijn wil te worden beschouwd. Er is geen andere spiegel in de wereld die zijn wil en geestelijke leiding zo onmiskenbaar weerkaatst. Als het geloof in de *immanentie*, de inwoning van God in het leven, aannemelijk is, dan is het geloof in de inwoning van God in de Bijbel onweerstaanbaar.

§ 11 ISRAËL ALS BEWIJS

Het jodendom is geen profetische religie maar een volksreligie. Profeten werden ook in andere landen gevonden. Uniek was de intrede van heiligheid in het leven van heel Israël en de omzetting van profetie in concrete *geschiedenis* in plaats van een persoonlijke ervaring van individuen te blijven. De bijbelse openbaring geschiedde niet ten behoeve van de profeten maar ten faveure van Israël en alle mensen.

In bijna elke eredienst en godsdienst werden bepaalde wezens, dingen, plaatsen of daden als heilig beschouwd. Maar het denkbeeld van de heiligheid van een heel volk, Israël als een heilig volk, kent zijn weerga in de geschiedenis van de mensheid niet. Heiligheid is het kostbaarste woord in religie en werd alleen gebruikt om te beschrijven wat men beschouwde als een onmiskenbare uiting in een bepaald wezen van een ontstellende, bovennatuurlijke kwaliteit. Alleen buitengewone, bovennatuurlijke gebeurtenissen in het leven van heel Israël zouden het gebruik van de term 'een heilig volk' mogelijk hebben gemaakt.

Als Israël nooit een openbaring ontvangen had, zou het raadsel groter zijn geweest. Hoe verwierf, van alle volkeren, een onaanzienlijk en politiek onbetekenend volk de macht om te spreken voor de zielen van alle mensen in de westerse wereld?

Het wonder van het Israëlische volk, van joods bestaan, het overleven van de heiligheid in de geschiedenis van Israël is een voortdurende bekrachtiging van het wonder van de Bijbel. Openbaring aan Israël werd openbaring door middel van Israël.

Toen de schrijver Christian Fürchtegott Gellert (†1769) door Frederik de Grote werd gevraagd: 'Professor, geef me een bewijs van de waarheid van de Bijbel, maar kort, want ik heb weinig tijd', antwoordde hij: 'De joden, majesteit.'[4]

§ 12 HOE DE ZEKERHEID VAN ISRAËL TE DELEN

Onze houding tegenover de Bijbel is meer dan een kwestie van een op zichzelf staand, persoonlijk geloofsvertrouwen. Onze uiteindelijke beslissing moeten wij nemen als leden van de gemeenschap van Israël. Wie zou, vervreemd van deze gemeenschap en van haar voortdurende weerklank, de stem kunnen verstaan? We staan dichtbij het terechtgewezen volk, bij de situatie waarin de woorden werden gezegd en bevinden ons in de buurt van de profeten. Joden zijn geestelijke tijdgenoten van de profeten.

Niet de verwerping van een dogma zou ons van de Bijbel afsnijden, maar het verbreken van de banden met het volk dat leefde met de stem.

Ons probleem is nu hoe wij met Israël de zekerheid kunnen delen dat de Bijbel bevat wat God wil dat wij weten en beluisteren: hoe we een gemeenschappelijk gevoel kunnen bereiken voor de nabijheid van God in de bijbelse woorden. In dit probleem ligt het dilemma van ons lot en in het antwoord ligt het ochtendgloren of de ondergang.

§ 13 NIET OP GROND VAN BEWIJZEN

Niet kunnen besluiten om je geest de Bijbel binnen te leiden voordat de redenen voor zijn goddelijke waardigheid je overtuigd hebben, is als de weigering naar een schilderij te kijken voordat de krabbel in de hoek is ontcijferd. Het is het werk dat de handtekening identificeert. Handtekeningen kunnen worden vervalst, een kunstwerk moet gemaakt worden. Gemakkelijk vergeten wij dat ook redenen hun redenen nodig hebben en dat geen bewijs definitief is of in zijn eigen behoefte voorziet.

De Bijbel is zijn eigen getuige. Het bewijs voor zijn unieke oorsprong is *dat hij voor zichzelf spreekt.* In de loop van de tijd heeft de Bijbel zich kenbaar gemaakt als een stem van God. Als er iets in de wereld is wat ooit de omschrijving 'goddelijk' heeft verdiend, dan is het de Bijbel. Er zijn vele boeken over God: de Bijbel is het boek van God. Door de liefde van God voor de mens te onthullen opende de Bijbel onze ogen om de eenheid te zien van wat zinvol is voor de mensheid en wat heilig voor God is. De Bijbel leerde ons hoe een natie, niet alleen het leven van de enkeling, heilig te maken. Altijd gaat zijn belofte uit naar falende, eerlijke zielen, terwijl zij die hem de rug toekeren vragen om moeilijkheden.

Wij aanvaarden het woord van God niet vanwege bewijs één, twee, drie... We aanvaarden het omdat onze schitterende denkbeelden verbleken als we er dichterbij komen, omdat zelfs onbetwistbare bewijzen laag bij de gronds lijken bij de klank van de profetische woorden. We besluiten niet ons tot de Bijbel te richten op grond van logisch denken. Wij wenden ons tot de Bijbel om een betekenis van het bestaan te vinden die aan alle redenen waardevastheid verleent.
Maar onze inzichten kunnen verkeerd zijn. Is het niet mogelijk dat wij allemaal bedrogen zijn? Inderdaad, alles is denkbaar, maar in dat geval moeten we niet vergeten wat een dergelijke mogelijkheid impliceert.

Het ontkennen van de goddelijke oorsprong van de Bijbel is het brandmerken van de hele geschiedenis van geestelijke pogingen en resultaten in jodendom, christendom en islam als de uitkomst van een gigantische leugen, de triomf van een misleiding die de meest hoogstaande geesten meer dan tweeduizend jaar heeft geboeid. Maar zo'n bewering zou een zodanige schok veroorzaken dat ze zelfs ons vermogen om een dergelijke verklaring af te leggen zou beïnvloeden. Als de zuiverste zielen zo broos zijn, hoe kunnen we dan beweren kennis te vergaren over het zelfbedrog van de profeten? Wat zou ons anders resten dan te wanhopen? De Bijbel is ontstaan of in een leugen, óf in een daad van God. Als de Bijbel bedrog is, dan is de duivel almachtig en is er geen hoop om ooit de waarheid te vinden, geen vertrouwen in de geest. Ons denken zelf zou nutteloos zijn en onze pogingen vergeefs. Uiteindelijk aanvaarden wij de Bijbel niet op grond van redenen maar omdat, als de Bijbel een leugen is, alle redenen vals zijn.

[* 'Het fenomenale succes van de bijbel kan niet uitsluitend door de tekst zelf worden verklaard. Maar de literaire kracht van de bijbel, de geslaagde en geslepen retoriek, de hypnotiserende uitwerking van de tekst op de lezer mogen niet worden onderschat.' Uit: *Arnon Grunberg leest het Boek der Boeken*, Amsterdam 2004.]

HOOFDSTUK 26

GELOOF, SAMEN MET DE PROFETEN

§ 1 GELOOF, SAMEN MET DE PROFETEN

Vertrouwen in de profeten is niet de enige basis voor hoe we over de Bijbel denken. Dit zou het geval geweest kunnen zijn als hun berichten over hun ervaringen het enige was dat wij hadden. Het staat vast dat wij niet alleen worden uitgedaagd door deze berichten, maar ook door wat in deze ervaringen aan het licht kwam. De Bijbel zelf is gegeven aan iedereen om in te verzinken. Dit is inderdaad de weg: van het vermogen om vertrouwen te hebben in het geloof van de profeten naar het vermogen om het vertrouwen van de profeten te delen dat God de macht heeft om te spreken.

Wat – theoretisch – begint als *geloof in de profeten* komt in beweging en groeit tot *geloof met de profeten.* De Bijbel stelt ons in staat om iets op te vangen van wat zij hebben gehoord, maar niet op de manier waarop zij hoorden.

De ziel van de profeet is een spiegel voor God. Het delen in het vertrouwen van een profeet is meer dan waarnemen waar het gewone verstand faalt. Het betekent *zijn* wat gewone mensen niet kunnen zijn, namelijk een spiegel voor God. Delen in het vertrouwen van een profeet betekent opstijgen tot het niveau van Gods bestaan.[1]

De stem van God en het oor van de mens zijn ongelijksoortig. Symbolisch is er gezegd dat het hele volk bij de Sinaï de stem *zag* en niet dat het hele volk de stem *hoorde.* (*Heel het volk was getuige van de donderslagen en lichtflitsen, het schallen van de ramshoorn en de rook die uit de berg kwam. Bij die aanblik deinsden ze achteruit, en ze bleven op grote afstand staan,* Exodus 20:18.)

De Baäl Sjem vertelde een gelijkenis. Een muzikant bespeelde een heel mooi instrument en de muziek gaf het volk zo'n intens plezier dat het in zielsvervoering ging dansen. Er kwam een dove man langs die niets van muziek wist, en toen hij het geestdriftige dansen zag, kwam hij tot de slotsom dat ze gek moesten zijn. Zou hij wijs zijn geweest, dan zou hij hun vreugde en verrukking gevoeld hebben en met hen zijn gaan dansen.[2]

Wij *horen* de stem niet. We *zien* alleen de woorden van de Bijbel. Zelfs wanneer we doof zijn, kunnen we de vervoering van de woorden zien.

§ 2 OORSPRONG EN AANWEZIGHEID

Wie wil nadenken over wat de Bijbel *te boven gaat*, moet eerst leren om gevoelig te zijn voor wat *in* de Bijbel staat. We hoeven Mozes en de profeten niet alleen op hun woord te geloven. Beslissender dan *de oorsprong van de Bijbel in God* is de *aanwezigheid van God in de Bijbel*. Het gevoel van nabijheid geeft vertrouwen in zijn oorsprong.

De manier om de nabijheid van God in de woorden van de Bijbel waar te nemen is niet zozeer door te onderzoeken of de genoemde denkbeelden perfect overeenstemmen met de resultaten van het denken of met het gezonde verstand. Zo'n overeenstemming, aangenomen dat die tot stand kan worden gebracht, zou inderdaad bewijzen dat de Bijbel een product is van gezond verstand of dat de geest waar hij uit voortkwam niets méér te zeggen had dan wat de rede kon verkondigen. Wij moeten vragen of er iets in de Bijbel staat wat buiten het bereik van de rede ligt, buiten het gezichtsveld van het gewone verstand. Zijn de lessen verenigbaar met ons gevoel voor het onuitsprekelijke, met het denkbeeld van de eenheid? Helpt het om ons verstand te overstijgen zonder het verstand te ontkennen? Wordt de mens geholpen om zichzelf te overstijgen zonder zichzelf te verliezen? Dit is het bijzondere van de Bijbel: op het hoogste niveau van verregaande verbazing, waar alle uitingen eindigen, wordt ons het woord geschonken. Openbaring is iets waarover beslist moet worden op het niveau van het onuitsprekelijke.

We moeten vragen of zijn inhoud tot ons spreekt op momenten van geestelijke helderheid, wanneer al ons weten vaag wordt in het licht van ons nietweten, wanneer we voelen dat ons leven een overvloeien is van iets wat groter is dan wij, de overdaad aan geest die niet de onze is. Als de Bijbel een beroep deed op het alledaagse begrip van de mens, dan zou het inderdaad een werk zijn dat elke dag zou kunnen ontstaan, in het tijdperk van Sinaï net zo goed als in dit tijdperk van Hollywood. Wij moeten ons afvragen of de Bijbel iets heeft wat de tijdperken overstijgt.

Openbaring is een wolkbreuk, een stortbui, en toch leven we in een droog en dorstig land waar de hemel als ijzer en de lucht als stof is. De meesten van ons zijn als gravende mollen: als we een stroom ontmoeten is hij ondergronds. Weinigen kunnen op zeldzame momenten boven hun eigen niveau uitstijgen. Het is op zulke momenten dat we ontdekken dat *het wezen van het menselijke bestaan* zweeft *tussen hemel en aarde* en dat we beginnen met de essentie van de aanspraak van de profeet te begrijpen.

Het besef dat wij tussen hemel en aarde hangen is net zo hard nodig om door God bewogen te worden als de punt van Archimedes om de aarde te bewegen. Fundamentele verwondering is voor het begrijpen van de werkelijkheid van God wat helderheid en onderscheidingsvermogen zijn voor wiskundige denkbeelden. Het is niet voldoende om *over* de profeten te denken: we moeten denken *door* de profeten. Het is niet voldoende de Bijbel te lezen om zijn wijsheid. We moeten *de Bijbel bidden* om zijn aanspraak te begrijpen.

Er is veel gebeurd om het contact met de wereld van de profeten te verbreken. Vandaag is de weg naar de Bijbel bezaaid met clichés en vooroordelen, en als we tot de woorden doordringen is de geest verblind door oppervlakkige kennis. Zeker, een eerste vereiste om de profeten te begrijpen is een geoefende gevoeligheid voor waar zij voor staan. De weg blijft afgesloten als God minder werkelijk is dan 'een verterend vuur', voor hen die wel antwoorden kennen maar geen verwondering. Zij, die verlangen naar een weg naar de Bijbel, zullen veel moeten afleren om het aangeboren gevoel van verwondering, dat door nepwijsheid is uitgeroeid, weer voor de geest te halen.

Abstracte redenen zouden ons nooit hebben kunnen overtuigen als God zelf ons niet dringend gevraagd had. Hij heeft een aandeel in onze houding tegenover zijn woord. *Zijn wil dat wij geloven* kan werken langs wegen die voor onze eigen wil om te geloven niet toegankelijk zijn. En inderdaad, er is een manier waarop wij indirect ontvangen wat de profeten *direct* ontvingen.

Het is niet alle mensen gegeven om het goddelijke te onderkennen. Het is mogelijk dat zijn licht op ons schijnt en dat we het niet voelen. Verstoken van verwondering blijven we doof voor het verhevene. Wij kunnen zijn nabijheid in de Bijbel niet voelen behalve als we erop reageren. Alleen het leven met zijn woorden, alleen het meevoelen met zijn bewogenheid, zullen de oren openen voor zijn stem. Bijbelse woorden zijn als klanken van een goddelijke harmonie die alleen de beste snaren van de ziel kunnen voortbrengen. Het is het gevoel voor het heilige dat de nabijheid van God in de Bijbel bespeurt.

We kunnen de Bijbel nooit alleen naderen. De Bijbel opent zich voor *de mens met God*.

§ 3 DE GRENS VAN DE GEEST

De goddelijke kwaliteit van de Bijbel wordt niet tentoongesteld. Zij is niet kenbaar voor een inhoudsloze en domme ziel, net zoals het goddelijke in het heelal voor iemand zonder moreel besef verborgen blijft. Als wij ons tot de Bijbel richten zonder levenslust, bewogen door intellectuele ijdelheid, proberen aan te tonen dat wij de meerderen van de tekst zijn, dan zijn we als onvruchtbare zielen die als dagjesmensen de woorden van de profeten benaderen en wel de verpakking ontdekken maar de inhoud missen. Het is gemakkelijker om van schoonheid te genieten dan om het heilige aan te voelen. Om de geest in de woorden te kunnen ontmoeten, moeten we leren te hunkeren naar een affiniteit met Gods compassie.

Om Gods nabijheid in de Bijbel te voelen moet je leren *nabij te zijn* voor God in de Bijbel. Aanwezigheid is geen concept maar een situatie. Om liefde te begrijpen is het niet voldoende om romantische verhalen te lezen. Je moet nauw betrokken zijn bij de profeten om de profeten te begrijpen. Je moet geïnspireerd zijn om inspiratie te begrijpen. Net zo min als we het denken kunnen onderzoeken zonder te denken, kunnen wij heiligheid ervaren zonder heilig te zijn. Aanwezigheid wordt niet onthuld aan hen die vrijblijvend proberen te oordelen, aan hen die de kracht missen om uit te stijgen boven de waarden die ze koesteren, aan hen die wel het verhaal maar niet de compassie aanvoelen, het denkbeeld maar niet de werkelijkheid van God.

De Bijbel is het grensgebied van de geest waar wij moeten bewegen en leven om te ontdekken en te onderzoeken. De Bijbel is een open boek als je jezelf eraan overgeeft en ermee leeft in een intieme omgang.

Wij kunnen de nabijheid alleen voelen door erop te reageren. Wij moeten leren te reageren voordat we kunnen horen, we moeten leren te handelen voordat we mogen kennen. *De Bijbel stelt ons in staat de Bijbel te kennen.* Het is door middel van de Bijbel dat we ontdekken wat er in de Bijbel staat. Behalve als wij bij het woord betrokken blijven, en ons gesprek met de profeten voortzetten en daarop reageren, houdt de Bijbel op heilige Schrift te zijn.

We draaien in rondjes. We zouden de Bijbel alleen willen aanvaarden als we zeker zouden kunnen zijn van Gods aanwezigheid in de woorden. Maar om zijn aanwezigheid vast te stellen moeten we weten wat hij is, maar dat kunnen we alleen ontlenen aan de Bijbel.

Geen menselijke geest, gevormd door eigen en andermans inzichten en aspiraties, is in staat om uit zichzelf voor alle mensen en alle tijden te verkondigen: 'Dit is God en niets anders'. We moeten de Bijbel dus aanvaarden om de Bijbel te leren kennen. We moeten zijn unieke gezag aanvaarden om zijn unieke waarde gewaar te worden. Dit is inderdaad de vertrouwensparadox, de paradox van het bestaan.

In ons alledaagse leven worden woorden gebruikt als middel om bedoelingen over te brengen. In de Bijbel is spreken handelen en is het woord meer dan een uitdrukkingsmiddel Het is een voertuig van goddelijke kracht, het mysterie van de schepping. Het profetische woord creëert, vormt, wijzigt, bouwt en vernietigt. (Zie Jeremia 1:9-10: *En de EEUWIGE strekte zijn hand uit, raakte mijn mond aan en zei tegen mij: 'Hiermee leg ik mijn woorden in jouw mond. Nu, op deze dag, geef ik je gezag over alle koninkrijken en volken, om ze uit te rukken en te verwoesten, om ze te vernietigen en af te breken, op te bouwen en te planten.'*)

Als de mens spreekt, probeert hij een bepaalde bedoeling over te brengen. Als de profeet spreekt, onthult hij de bron van alle betekenis. De woorden van de Bijbel zijn spirituele bronnen. Ze brengen vuur in de ziel en roepen onze verloren waardigheid op uit onze verborgen oorsprong. In dit licht komt plotseling de herinnering bij ons terug, plotseling hervinden we de kracht om eindeloos te verlangen om eeuwigheid in de tijd te ervaren.

'Hij die bidt spreekt tot God; maar God spreekt tot hem die de Bijbel leest, zoals er gezegd is (Psalm 119:99), *ik overdenk uw richtlijnen.*'[3]

§ 4 NIET ZOMAAR EEN BOEK

Zoals er gebeurtenissen waren op bepaalde tijdstippen, zo is er een woord dat alle mensen in alle tijden om gehoor smeekt.

De Bijbel is een eeuwige uiting van een voortdurende zorg: Gods roep om de mens. Geen brief van iemand die een boodschap verzond en onverschillig bleef voor de houding van de ontvanger. Het is geen boek om te lezen maar een drama om aan deel te nemen. Geen boek over gebeurtenissen, maar zelf een gebeurtenis, de voortzetting van de gebeurtenis, terwijl onze betrokkenheid bij de Bijbel de voortzetting van onze weerklank is. De gebeurtenis zal voortduren zolang deze tegenzang doorgaat. Als wij de Bijbel openen als een boek, dan zwijgt het. Als een geestelijke macht is hij een stem —

> '...die dag in dag uit in liefde de mensen roept... De Thora laat weliswaar een enkel woord uit haar omhulsel ontsnappen, laat een beetje zien en dan verbergt zij zich weer. Zij doet dit echter alleen voor hen die haar kunnen begrijpen. Vergelijk het met een geliefde, een prachtige verschijning, lieflijk van gestalte die zich in haar kamer verbergt. Zij heeft één geheime minnaar. Gedreven door zijn liefde loopt hij voortdurend voor haar deur heen en weer, en hij kijkt naar alle kanten om haar te vinden. Zij weet hoe haar geliefde ronddoolt en wat doet zij? Ze opent de kleine deur van haar verborgen kamer, onthult voor een ogenblik haar gelaat voor haar geliefde en verbergt het dan weer snel. Behalve hem, die met hart en ziel tot haar werd aangetrokken, valt het niemand op. Hij weet dat zij zichzelf een ogenblik voor hem geopenbaard heeft omdat zij hem liefheeft. Zo is het ook met de Thora, die haar verborgen geheimen alleen openbaart aan hen die haar liefhebben. Zij weet dat hij die een wijs hart heeft de poorten van haar huis elke dag in de gaten houdt. Wat doet zij? Zij toont hem haar gelaat en geeft hem een teken van haar liefde, waarna zij zich direct in haar schuilplaats terugtrekt. Niemand verstaat haar boodschap behalve hij, die met hart en zijn ziel door haar werd aangetrokken. Zo openbaart de Thora zich voor een ogenblik aan haar vrienden, alleen om haar liefde te tonen. Zij geeft een wenk...'[4]

Het woord is niet aan de profeten gegeven voor hun eigenbelang. Iedereen werd door God aangekeken toen de profeten door hem aangekeken werden. Iedereen werd aangesproken toen de profeten aangesproken werden. Geloof komt voort uit *onze ontvankelijkheid voor het woord dat tot ons allen is uitgegaan.*

Het volk van Israël stelde niet zijn vertrouwen in Mozes om de wonderen die hij deed, zulke staaltjes verrichtten de Egyptische tovenaars ook. Dat zij een ogenblik tot op bepaalde hoogte konden delen in zijn suggestibiliteit door God, daardoor konden zij hun vertrouwen in Mozes te stellen. Wat voor hen geldt, geldt ook voor ons. Onze hartstochtelijke waardering van de Bijbel komt niet in de eerste plaats voort uit een of ander bijzonder bewijs van de geloofwaardigheid van de profeten.

Het is een mate van gevoeligheid voor profetie die ons in staat stelt om te zeggen: Hier is God aanwezig.

§ 5 'VERWERP MIJ NIET'

Er is een spoor van de profeet in de schuilhoeken van elk menselijk bestaan. 'Ik roep de hemel en de aarde tot getuigen dat op elk mens, *goj* of jood, man of vrouw, knecht of dienstmeisje, naar de mate van zijn goede daden de geest van heiligheid rust.'[5] De heilige geest rust op hen die in het Verbond leven.[6] Zoals in de woorden van de Bijbel de geschiedenis heilige Schrift werd, zo werd in het leven van Israël de heilige Schrift geschiedenis. De Bijbel was een openbaring van God voor Israël. De joodse geschiedenis is een openbaring geweest van Israëls heiligheid voor God.

Niet als eenlingen, maar als het volk Israël kunnen wij een toegang tot de profeten vinden. De Bijbel leeft in degenen die leven in het Verbond. De gemeenschap van Israël leeft door zijn belofte: *Dit verbond sluit ik met hen – zegt de* EEUWIGE: *mijn geest, die op jou rust, en de woorden die ik je in de mond heb gelegd, zullen uit jouw mond niet wijken, noch uit de mond van je kinderen, noch uit de mond van je kindskinderen, van nu tot in eeuwigheid – zegt de* EEUWIGE.[7]

De eenling kan de geest echter verbeuren. Daarom bidden wij: '*verban mij niet uit uw nabijheid, neem uw heilige geest niet van mij weg.*'[8]

De manier om de betekenis te begrijpen van *torah min hashamayim* ('de Bijbel is uit de hemel') is de betekenis te begrijpen van *hashamayim min hatorah* ('de hemel is uit de Bijbel'). Al wat wij op aarde van de 'hemel' proeven, is in de Bijbel.

HOOFDSTUK 27

HET BEGINSEL VAN DE OPENBARING

§ 1 OPENBARING IS GEEN CHRONOLOGISCHE KWESTIE

De profetische inspiratie kan op twee niveaus worden behandeld: op het niveau van vertrouwen en op het niveau van geloof of overtuiging. Vertrouwen is de relatie tot de profetische gebeurtenis en geloof of overtuiging is de relatie tot het tijdperk van de bijbelse boeken.

Het is een groot misverstand om het probleem van de openbaring terug te brengen tot een kwestie van chronologie. Zo is vaak aangenomen dat de autoriteit en heiligheid van de *Pentateuch* (de vijf boeken van Mozes die samen het eerste deel van het Oude Testament, de *Tanach* vormen) steunen op het feit dat het in z'n geheel in de tijd van Mozes te boek is gesteld, en dat de aanname dat ook maar enkele passages na de dood van Mozes eraan waren toegevoegd een ontkenning is van het grondbeginsel van de openbaring.

Hangt de heiligheid van de Bijbel af van het tijdsverloop tussen het tijdstip van openbaring en het tijdstip waarop de inhoud aan het perkament werd toevertrouwd? Zou het aan de heiligheid van de Pentateuch afbreuk hebben gedaan als God had gewild dat bepaalde gedeeltes die aan Mozes geopenbaard waren, door Jozua zouden worden opgeschreven? En stel dat de ziel van Mozes naar deze wereld terugkeerde nadat deze zijn lichaam verlaten had en – levend in een nieuwe incarnatie – geïnspireerd zou zijn om enkele regels aan de Pentateuch toe te voegen, zou dat de Pentateuch minder Mozaïsch maken?[1] Is het gepast om de goddelijke waardigheid van de Bijbel te behandelen alsof het om een *chronologisch probleem* ging, alsof zijn echtheid door een notaris zou kunnen worden vastgesteld?

Het inzicht in de betekenis van de openbaring is gegeven aan hen die openstaan voor het mysterie, niet aan hen die alles letterlijk opvatten. Van beslissende aard is niet het chronologische maar het theologische feit. Beslissend is wat zich tussen God en de profeet afspeelde, niet wat zich tussen de profeet en het perkament afspeelde. Het gezag van de Pentateuch aanvaarden we niet omdat hij Mozaïsch is, maar omdat Mozes een profeet was.

Het dogma van de openbaring van de Pentateuch bestaat uit twee delen: de goddelijke inspiratie en het schrijverschap van Mozes. Het eerste deel gaat

over een mysterie en het tweede over een historisch feit. Op het eerste deel kan alleen gezinspeeld worden en kan alleen worden verwoord in termen van grootsheid en verwondering, het tweede kan geanalyseerd, onderzocht en uitgedrukt worden in termen van chronologische informatie.
De godsdienstfilosofie moet het eerste deel voor haar rekening nemen. Haar grootste zorg is niet zozeer of de Pentateuch in zijn totaliteit tijdens de veertigjarige omzwerving van Israël in de woestijn te boek is gesteld, maar meer om de betekenis en de geldigheid te leren begrijpen van de aanspraak dat de wil van God het begripsvermogen van de mens heeft bereikt en dat de Pentateuch de weerspiegeling is van het komen van God tot de mens. Het tweede deel is het probleem van de theologie die het dogma van de openbaring moet omschrijven en historische vragen moet beantwoorden.[2]
De kern van ons vertrouwen in de heiligheid van de Bijbel is dat de woorden alles bevatten wat God wil dat wij zullen weten en doen. Hoe deze woorden opgeschreven werden is niet het grootste probleem. Daarom is het onderwerp van bijbelkritiek niet het motief van het vertrouwen, net zo min als de vraag of de donder en bliksem bij Sinaï nou wel of geen gewoon verschijnsel was van betekenis is voor ons openbaringsgeloof. De veronderstelling van sommige commentatoren dat de Tien Geboden op een regenachtige dag zijn gegeven, beïnvloedt onze opvatting van de gebeurtenis niet.[3]
Het openbaringsgebeuren is een mysterie, maar het verslag van de openbaring is een literair feit, verwoord in de taal van de mens.

§ 2 DE TEKST ZOALS DIE IS

Hebben de woorden van de Schrift dezelfde omvang en zijn ze identiek aan de woorden van God?
In de ogen van hen die dagelijks hun onvermogen ervaren om de betekenis van een bijbelpassage helemaal te doorgronden, is zo'n vraag een poging om het amper bekende te vergelijken met het totaal onbekende.
Aangenomen dat de aan ons overgeleverde tekst van de Schrift bestaat uit juwelen van God en uit diamanten gedolven uit profetische zielen, alle gevat in een menselijke zetting, wie zal zich dan aanmatigen om het verschil aan te brengen tussen wat goddelijk is en wat 'bijna goddelijk' is? Wat is de geest van God en wat zijn de woorden van Amos? De geest van God is gevat in de

taal van de mens, en wie zal oordelen wat inhoud is en wat vorm? Zij, die zich het meest denken te kunnen veroorloven, zijn ongetwijfeld het minst gekwalificeerd. Er zijn meer dingen tussen hemel en aarde die zich niet aan ons oordeel onderwerpen dan we willen toegeven.

Openbaring duurde een ogenblik, de tekst is blijvend in tijd en ruimte. Openbaring geschiedde aan de profeet, de tekst is aan ons allen geschonken. 'De Thora is niet in de hemel.' Wij worden geleid door het woord en het is het woord, de tekst, die onze gids is, ons licht in de duisternis van gemeenplaatsen en dwalingen. We moeten de openbaring niet verlagen tot iets feitelijks maar ook niet de Bijbel vergeestelijken en zijn feitelijke integriteit vernietigen.

In de huidige vorm is de Bijbel het enige voorwerp in de wereld dat geen aanbeveling of goedkeuring nodig heeft. In de huidige vorm is de Bijbel de enige waarde in de wereld die God nooit zal laten varen. Dit is het boek waar Israël het hoofd voor boog. De gedachte dat we ermee zouden knoeien is om te huiveren.

§ 3 OPENBARING IS GEEN MONOLOOG

Door de nadruk te leggen op het objectieve openbaringskarakter van de Bijbel heeft de dogmatische theologie vaak het diepzinnige en beslissende aandeel van de mens uit het oog verloren.

De profeet is geen passieve ontvanger, een opnameapparaat, van buitenaf bediend en zonder deelname van hart en wilskracht. Hij is ook niet iemand die zijn visioen krijgt door eigen krachtsinspanning. De profetische persoonlijkheid is meer een eenheid van inspiratie en ervaring, overrompeling en overgave. Voor elk object buiten hem is er een gevoel in zijn innerlijk, tegenover elke openbaring staat een reactie. Voor elke glimp waarheid die hem gegund wordt, is er begrip dat hij moet opbrengen.

Zelfs op het moment van de gebeurtenis is hij, zo wordt verteld, een actieve partner in de gebeurtenis. Zijn reactie op wat hem onthuld is, maakt openbaring tot een tweespraak. In zekere zin bestaat profetie uit een openbaring van God en *een mede-openbaring van de mens.* Het aandeel van de profeet uitte zich niet alleen in wat hij kon geven, maar ook in wat hij niet kon ontvangen.

Openbaring komt niet voor wanneer God alleen is. De twee klassieke termen voor het moment op de Sinaï zijn *mattan torah* en *kabbalat torah*, 'het geven van de Thora' en 'het aanvaarden van de Thora'. Het was zowel een gebeurtenis in het leven van God als een gebeurtenis in het leven van de mens. Volgens de rabbijnse legende benaderde de Eeuwige elke stam en natie en bood hun de Thora aan voordat hij haar aan Israël gaf. Het wonder van Israëls aanvaarding was even beslissend als het wonder van Gods woord. God was alleen op de wereld totdat Israël met hem verbonden werd. Op Sinaï openbaarde God zijn woord en Israël openbaarde de kracht om te antwoorden. Zonder die kracht om te antwoorden, zonder de bereidheid van een volk om het goddelijke gebod te aanvaarden, te horen, zou Sinaï onmogelijk zijn geweest. Want Sinaï bestond zowel uit een goddelijke verkondiging als uit een menselijke waarneming. Het was een moment waarop *God niet alleen was.*

De Bijbel bevat niet alleen verslagen van wat plaats vond in ogenblikken van profetische inspiratie. De Bijbel vermeldt ook daden en woorden van de mens. Het is onjuist om te beweren dat alle woorden in de Bijbel uit de geest van God voortkwamen. De godslasterlijke taal van de farao (*'Wie is die EEUWIGE, dat ik hem zou gehoorzamen?'*), de opstandige uitlatingen van Korach (*De Leviet Korach kwam tegen Mozes in opstand. Wee hun! Ze geven zich voor geld over aan bedrog, en net als Korach gaan ze aan hun opstandigheid ten onder.*), de slimmigheid van Efron (*Abraham ging hierop in en woog de hoeveelheid zilver af die Efron had genoemd: vierhonderd sjekel zilver naar de gangbare handelswaarde.*) en de woorden van de soldaten in het kamp van Midian (*Die horde vreet hier de hele streek nog kaal, als een rund dat een veld afgraast.*) kwamen voort uit de geest van de mens. Wat de profeet tegen God zegt als hij door hem wordt aangesproken, wordt niet als minder heilig beschouwd dan wat God zegt tegen de profeet wanneer hij hem aanspreekt.

Zo is de Bijbel meer dan het woord van God: het is het woord van God en mens, een weergave van openbaring en de reactie daarop, het drama van het verbond tussen God en de mens. De *canonisatie*, de heiligverklaring, en het behoud van de Bijbel zijn het werk van Israël.

§ 4 DE STEM HARMONIËREND MET IEDERS GEHOOR

Niemand is in staat om de stem van God te horen zoals deze is. Maar *God laat zijn donder wonderbaarlijk rollen* (Job 37:5) op de Sinaï. 'De stem werd uitgezonden – elk mens bereikend met een kracht die aan zijn persoonlijke ontvankelijkheid is aangepast – de ouderen overeenkomstig hun kracht en de jongeren in overeenstemming met de hunne... en zelfs Mozes in overeenstemming met zijn kracht, zoals er gezegd is: *Mozes sprak, en God antwoordde met geweldig stemgeluid* (Exodus 19:19), dat wil zeggen, met een stem die hij kon verdragen. Zo wordt er ook gezegd: *De stem van de EEUWIGE is vol kracht* (Psalm 29:4), namelijk met de kracht van ieder persoonlijk. Daarom beginnen de Tien Geboden met *Ik ben de EEUWIGE, uw God*, in de tweede persoon enkelvoud en niet in de tweede persoon meervoud: God richtte zich tot elk individu in overeenstemming met het eigen bevattingsvermogen van de laatste.'[4]

Dit betekent geen subjectivisme. Het is precies de macht van de stem van God om tot de mens te spreken aangepast aan het ontvangende vermogen. Het is het wonder van de stem om zich in zeventig stemmen op te delen, in zeventig talen, zodat alle naties het kunnen begrijpen.

§ 5 WIJSHEID, PROFETIE EN GOD

God openbaart zich niet. Hij openbaart alleen zijn weg. Het jodendom spreekt niet van Gods zelfopenbaring, maar van de openbaring van zijn onderwijzingen voor de mensheid. De Bijbel weerspiegelt Gods openbaring van zijn verhouding tot de geschiedenis en niet een openbaring van zijn meest eigen zelf. Zelfs zijn wil of zijn wijsheid wordt niet volledig door de profeten vertolkt. Profetie gaat menselijke wijsheid te boven en Gods liefde gaat profetie te boven. Deze geestelijke hiërarchie wordt door de rabbijnen nadrukkelijk vermeld.

'Zij vroegen de *Wijsheid:* Wat zou de straf van een zondaar moeten zijn? En de Wijsheid zei: *Zondaars treft ellende* (Spreuken 13:21). Zij vroegen de *Profetie:* Wat zou de straf van een zondaar moeten zijn? En de profetie zei: *Iemand die zondigt zal sterven* (Ezechiël 18:4, 20). Zij vroegen de *Heilige*, hij zij geprezen: Wat zou de straf van een zondaar moeten zijn? En Hij zei: *Laat hij zich bekeren en hij zal verzoening vinden.*'[5]

God is oneindig verhevener dan de profeten konden begrijpen, en de hemelse wijsheid is diepzinniger dan wat de Thora in haar huidige vorm bevat.

'Er zijn vijf onvolledige verschijnselen (of onrijpe vruchten):

1. De onvolledige ervaring van de dood is de slaap;
2. een onvolledige vorm van profetie is de droom;
3. de onvolledige vorm van de komende wereld is de sabbat;
4. de onvolledige vorm van het hemelse licht is het bolvormige van de zon;
5. de onvolmaakte vorm van de hemelse wijsheid is de Thora.'[6]

§ 6 DE NIET-GEOPENBAARDE THORA

Het woord Thora wordt in twee betekenissen gebruikt: de hemelse Thora, waarvan het bestaan aan de schepping van de wereld voorafging,[7] en de geopenbaarde Thora. Over de hemelse Thora zeiden de rabbi's: 'De Thora is verborgen voor de ogen van alle levenden... de mens kent haar waarde niet.'[8] 'Mozes ontving de Thora' – maar niet de hele Thora – 'op de Sinaï.'[9] En niet alles wat aan Mozes geopenbaard was, werd aan Israël overgebracht; de betekenis van de geboden wordt als voorbeeld gegeven.[10] Tegelijk met de dankbaarheid voor het woord dat onthuld werd, is er een reikhalzend verlangen naar de betekenis die nog onthuld moet worden. 'De Eeuwige schonk Israël de Thora en sprak met hen van aangezicht tot aangezicht en de herinnering aan die liefde is heerlijker voor hen dan elke andere vreugde. Het volk is beloofd dat hij nog eens bij ze zal terugkeren om hen de geheime betekenis van de Thora en haar verborgen inhoud te openbaren. Israël smeekt de Eeuwige om deze belofte na te komen. Dit is de betekenis van het vers: *Laat hij mij kussen, laat zijn mond mij kussen! Jouw liefde is zoeter dan wijn.*'[11]

In de joodse literatuur is er een theorie die als een gelijkenis een diepzinnige waarheid inhoudt, namelijk dat de Thora, die naar de geest eeuwig is, in verschillende tijdperken verschillende gedaanten aanneemt. De Thora was aan Adam bekend toen hij in de Hof van Eden was, alleen niet in haar huidige vorm. Geboden zoals zorg en hulp voor de arme, de vreemdeling, de wees en de weduwe zouden in de Hof van Eden zinloos zijn geweest. In die tijd was de Thora bekend in haar geestelijke gedaante.[12] Zoals de mens een lichamelijke gedaante aannam toen hij uit de Hof van Eden verdreven was, zo heeft de Thora een lichamelijke gedaante aangenomen. Als de mens 'de gewaden des lichts' behouden had, zijn geestelijke bestaansvorm, dan zou ook de Thora haar geestelijke silhouet hebben behouden.[13]

§ 7 DE THORA IS IN BALLINGSCHAP

God is niet alleen in de hemel maar ook op deze wereld. Om in deze wereld te kunnen wonen moet het goddelijke een verschijningsvorm aannemen die deze wereld kan verdragen, 'omhulsels' waarin het licht verborgen is. Ook de Thora is, om de wereld van de geschiedenis binnen te komen, omhuld door 'bedekking', omdat zij niet zou kunnen bestaan of vervuld worden in haar volmaakte vorm in een wereld die met onvolkomenheden bevlekt is.[14]

Zoals de *Shechinah* (Gods aanwezigheid) in ballingschap is, zo is ook de *Thora in ballingschap*. Om zich aan de situatie van de mens aan te passen 'hulde de Thora zich voor onze eeuw in een vreemd gewaad en in hulzen zonder schoonheid of aantrekkelijkheid, zoals hoofdstuk 36 van het boek *Genesis* of *Deuteronomium* 2:23 en vele andere. Tot dezelfde soort horen vele *aggadische*, verhalende passages in de rabbijnse literatuur die onsmakelijk en aanstootgevend zijn en toch in verborgen vorm mysteries van de Thora bevatten. Dit is allemaal nodig om het licht van de kennis te versluieren in het gewaad van de *kelipah* (stoffelijke wereld) en de bevuilde machten. God, de Thora en Israël zullen in ballingschap blijven totdat de geest zal worden uitgestort uit den hoge om de gevangenen terug te brengen ter wille van zijn Thora en zijn naam, en het goede en het heilige zullen worden gereinigd van de boosheid en van de omhulling...'[15]

Vrijmoedig zei rabbi Simeon ben Lakish: 'Er zijn vele verzen die eigenlijk verbrand zouden moeten worden zoals de boeken van de ketters, maar die in werkelijkheid wezenlijke bestanddelen van de Thora zijn.' Als voorbeelden worden aangehaald: *de Awwieten die in de buurt van Gaza in dorpen woonden* (Deuteronomium 2:23). En: *Chesbon was de hoofdstad van de Amoritische koning Sichon. Hij had oorlog gevoerd tegen de vorige koning van Moab* (Numeri 21:26).[16]

In haar huidige vorm behandelt de Thora kwesties over de materiële relaties tussen mensen. In de messiaanse eeuwigheid zal een wijsheid die hoger is dan nu in haar wordt gevonden, onthuld worden in de Thora. Nu hebben wij de Thora, in de messiaanse eeuw zullen wij de kroon van de Thora hebben. Daarom is de voor ons in dit tijdperk toegankelijke wijsheid alleen nog maar het begin van haar bekendmaking.[17]

'Daarom, *wanneer een mens lang leeft, laat hij dan van elke dag genieten* (Prediker 11:8) in de vreugde van de Thora en *bedenken dat de dagen van de duisternis,* dit zijn de dagen der boosheid, *ontelbaar zullen zijn.* De Thora die een mens leert in deze wereld, *is leegheid* vergeleken bij de Thora (die zal worden geleerd in de dagen) van de Messias.'[18]

Jesaja's voorspelling van de dagen die gaan komen – *vol vreugde zullen jullie water putten uit de bron van de redding* (12:3) – wordt door Rashi (Rabbi Sjlomo ben Jitschak) als volgt verklaard: 'Jullie zullen nieuw onderricht ontvangen want de Eeuwige zal jullie begripsvermogen verruimen... De geheimen van de Thora, die vergeten werden tijdens de Babylonische ballingschap door het leed waaronder Israël toen gebukt ging, zullen bekend worden gemaakt.'

De woorden van de Schrift zijn het enige duurzame relaas van wat aan de profeten was overgebracht. Tegelijkertijd zijn ze niet hetzelfde als goddelijke wijsheid of een eeuwige weergave hiervan. Als reflectie van Gods oneindige licht is de tekst in zijn huidige vorm, figuurlijk gesproken, een van een eindeloos aantal mogelijke reflecties. In het einde der dagen, zo geloofde men, zouden ontelbare, onbekende herschikkingen van woorden en letters en onbekende geheimen van de Thora bekend worden gemaakt. Toch bevat de tekst in zijn huidige vorm datgene wat God wenst dat wij weten.[19]

§ 8 DENKBEELD EN UITDRUKKING

Er zit een ander aspect aan de rol van de profeet. Volgens de rabbijnen 'wordt *hetzelfde denkbeeld* geopenbaard aan veel profeten, maar geen twee profeten gebruiken *dezelfde uitdrukking*'. Dat de vierhonderd profeten van koning Achab dezelfde woorden gebruikten werd beschouwd als een bewijs dat ze niet goddelijk geïnspireerd waren.[20] Wanneer voor het gerecht twee getuigen van dezelfde gebeurtenis gelijkluidende verklaringen afleggen, worden ze verdacht samengespannen te hebben om een valse verklaring af te leggen.[21] De profeten getuigen van een gebeurtenis. De gebeurtenis is goddelijk, maar deze wordt door de individuele profeet onder woorden gebracht. Volgens deze opvatting wordt het denkbeeld geopenbaard en brengt de profeet het onder woorden.[22] De uitdrukking 'het woord van God' zou niet slaan op het woord als een geluid of een combinatie van geluiden. Inderdaad heeft men vaak beweerd dat wat het oor van de mens bereikte, niet hetzelfde was als wat voortgekomen was uit de geest van de eeuwige God. Want "Israël kon onmogelijk de Thora gekregen hebben zoals die voortkwam uit de mond van de Eeuwige, want het woord van de Eeuwige is vuur en de Eeuwige is 'een vuur dat vuur verteert'. De mens zou zeker in vlammen opgaan als hij aan het woord zelf zou worden blootgesteld. Daarom werd het woord omhuld voordat het de wereld van de schepping binnenging. En zo spreekt de psalmist over openbaring: *rook steeg op uit zijn neus, verterend vuur kwam uit zijn mond, hij spuwde hete as* (Psalm 18:9). Het woord van God op zichzelf is als een brandende vlam en de Thora die wij ontvangen hebben is maar een deel van de kool waarmee de vlam verbonden is. Maar toch zou het, zelfs in deze vorm, zolang we stervelingen zijn onbegrijpelijk zijn gebleven. Het woord moest verder afdalen en de gedaante van de duisternis (*'arafel*) aannemen om waarneembaar te worden voor de mens."[23]

Uit de ervaring van de profeten kwamen de woorden, woorden die proberen te vertolken wat zij waarnamen. Tot op de dag van vandaag brengen deze woorden tot leven wat in het verleden gebeurde. Zoals de betekenis en het wonder van de gebeurtenis het spirituele begrip van de profeet inspireerden, gaan de betekenis en het wonder van de bijbelse woorden door met het inspireren van het begrip van de mens.

De Bijbel weerspiegelt zowel zijn goddelijke als zijn menselijke herkomst. Onder woorden gebracht in de taal van een bepaalde tijd, richt hij zich tot alle tijden. Onthuld in bepaalde handelingen is zijn geest eeuwig. De wil van God werkt in tijd en eeuwigheid. God leende de taal van de mens en schiep een werk zoals geen mens ooit gemaakt had. Het is de taak van het geloof om dat werk vast te houden, om zijn mengeling van actualiteit en eeuwigheid in ere te houden en om voortdurend de polariteit van zijn inhoud te begrijpen.

§ 9 ALLEDAAGSE PASSAGES

Hierboven hebben we gesproken over de nabijheid van God in de Bijbel en die aangeduid als heiligheid in woorden. Maar er zijn enkele passages in de Bijbel die de indruk wekken dat God daar niet bij is. Passages die te clichématig of te wreed zijn om de geest van God te weerspiegelen.

We zullen het probleem dat beide soorten passages opleveren behandelen.
De vraag is gesteld: "Als het voor een koning van vlees en bloed beneden zijn waardigheid is om aan kletspraat mee te doen, laat staan om het op te schrijven, is het dan denkbaar dat de allerhoogste Koning, de Heilige, Hij zij geprezen, niet genoeg heilige onderwerpen had om daarmee de Thora te vullen, zodat Hij zulke alledaagse onderwerpen moest verzamelen zoals de anekdotes van Ezau en Hagar, Labans spreken tegen Jakob, de woorden van Bileam en zijn ezel, van Balak en van Zimri en dergelijke en daarvan een Thora moest maken? En zo ja, waarom wordt zij dan genoemd de 'Thora der waarheid'? Waarom lezen wij: *De wet van de EEUWIGE is volmaakt... de richtlijn van de EEUWIGE is betrouwbaar... de voorschriften van de EEUWIGE zijn waarachtig... Ze zijn begeerlijker dan goud, dan fijn goud in overvloed* (Psalm 19:8-11)?"[24]
Het antwoord lijkt te zijn dat de Bijbel meer dan één betekenisniveau heeft. Terwijl het meeste vatbaar is voor eenduidig begrip, blijft veel ervan ontoegankelijk als de tekst letterlijk wordt opvat.
'David bad: Meester van het universum, het is jouw wil dat ik je woorden nakom, daarom *neem de sluier van mijn ogen – dan zal ik zien hoe wonderlijk mooi uw wet is* (Ps. 119:18). Als jij mijn ogen niet wilt openen, hoe zou ik dan weten? Want *hoewel mijn ogen open zijn, weet ik niets.*'[25]

> "Rabbi Simeon zei: Jammer voor de mens die de Thora beschouwt als een boek met alleen verhalen over alledaagse dingen! Als dat zo was, zouden wij, zelfs wij, een Thora kunnen samenstellen over alledaagse dingen en zelfs van grotere uitmuntendheid. Nee, zelfs de vorsten van de wereld bezitten boeken van grotere waarde, die wij als voorbeeld zouden kunnen gebruiken om een dergelijke Thora samen te stellen. Maar dé Thora omvat in al haar woorden hoge waarheden en diepe geheimen. Zie het volmaakte evenwicht tussen de hoge en de lage wereld. Israël beneden, de engelen in den hoge, van wie gezegd wordt: '*u maakt van de winden uw boden, van vlammend vuur uw dienaren*' (Ps. 104:4). Want als de engelen neerdalen, versluieren zij zich met het omhulsel van deze wereld, anders konden ze niet in deze wereld bestaan en de wereld zou hen niet kunnen verdragen. Als dit nu al het geval is met de engelen, des te meer nog met de Thora; de Thora die hen schiep, die alle werelden schiep en hen bestaan gegeven heeft. Wan-

neer de Thora zich niet op deze wijze omhuld zou hebben met het kleed van deze wereld, zou de wereld haar niet kunnen verdragen. De vertellingen van de Thora zijn gesluierd en de mens die de sluier beschouwt als de Thora zelf is beklagenswaardig en heeft geen deel in de toekomstige wereld. Daarom zei David: *Neem de sluier van mijn ogen – dan zal ik zien hoe wonderlijk mooi uw wet is*; te weten, wat onder de sluier schuilt.*
Bedenk dit: de kleren die een mens draagt, zijn het meest zichtbare deel en gedachteloze mensen zien alleen de omhulling. Maar in waarheid is de roem van de bedekking het lichaam van de mens en de roem van het lichaam is de ziel. Op dezelfde wijze heeft de Thora een lichaam dat bestaat uit de voorschriften van de Thora, genaamd *gufe torah* (hoofdbeginselen van de Thora) en dat lichaam is gehuld in kleren vervaardigd van wereldse vertellingen. Gevoelloze mensen zien alleen het kleed, niets anders dan de vertellingen. De iets wijzere dringen door tot het lichaam, maar de werkelijke wijzen, de dienaren van de allerhoogste Koning, zij die op de berg Sinaï stonden, dringen rechtstreeks door tot de ziel, het oerbeginsel van alles, tot de werkelijke Thora. In de toekomst zijn zij bestemd om zelfs tot de opperste ziel, *de ziel der zielen*, van de Thora door te dringen. Bedenk dat op dezelfde wijze in de hemelse wereld gewaad, lichaam, ziel en opperziel aanwezig zijn. Zij zijn alle met elkaar verstrengeld. Wee de zondaars die de Thora beschouwen als een verzameling zuiver wereldse verhalen, die alleen haar omhulsel zien. Gelukkig de rechtvaardigen die hun blik op de Thora zelf vestigen. Wijn kan alleen bewaard worden in een kruik, zo heeft de Thora een bedekking nodig. Dit zijn de geschiedenissen en vertellingen, maar het past ons om tot achter de sluiers door te dringen."[26]

§ 10 WEERZINWEKKENDE PASSAGES

We komen een nog ernstiger probleem tegen in de passages die onverenigbaar lijken met onze zekerheid van de compassie van God.
Bij het analyseren van dit extreem lastige probleem moeten we in de eerste plaats voor ogen houden dat de maatstaven aan de hand waarvan deze passages beoordeeld worden ons zijn ingeprent door de Bijbel, die de belangrijkste factor is bij het op een hoger plan brengen van ons bewustzijn en ons de gevoeligheid schenkt die in opstand komt tegen alle wreedheid.

Verder moeten wij beseffen dat de wrange passages in de Bijbel alleen voorkomen bij het beschrijven van daden die verricht werden *op bepaalde momenten* en dat ze in scherpe tegenstelling staan tot het mededogen, de gerechtigheid en de wijsheid van de wetten die *voor alle tijden* gegeven werden.
Zoals boven gezegd moeten we profetie niet gelijkstellen aan God. De profetie overtreft de menselijke wijsheid en Gods liefde overtreft de profetie. Niet elke uiting in de Bijbel moet worden beschouwd als een norm of een model voor gedrag. Ons wordt verteld dat Mozes *'Ze zullen me vast niet geloven'*, Elia *'de Israëlieten hebben uw verbond met hen naast zich neergelegd'* en Jesaja *'ik leef te midden van een volk dat onreine lippen heeft'* – door God terechtgewezen werden voor het uiten van harde woorden over het volk,[27] hoewel deze woorden een deel van de Bijbel zijn (Exodus 4:1; 1 Koningen 19:14; Jesaja 6:5).
Een opvallende eigenschap van de bijbelse geschriften is hun *nietsontziende* eerlijkheid. Geen van de profeten wordt afgeschilderd als feilloos, geen van de helden is onberispelijk. De Heerlijkheid is verhuld in een wolk en verlossing wordt verkregen in ruil voor ballingschap. In de benaderingswijze van de Bijbel zit geen volmaaktheid, geen liefelijkheid of overgevoeligheid. Abraham heeft de moed om uit te roepen: *'Hij die rechter is over de hele aarde moet toch rechtvaardig handelen?'* En Job durft de eerlijkheid van de Almachtige in twijfel te trekken. Hij beschuldigt zijn vrienden die God verontschuldigen, dat zij 'alles met leugens toedekken' en voert aan:

Spreken jullie onwaarheid namens God?
Willen jullie God met leugens dienen?
Zien jullie hem naar de ogen?
Is het zijn zaak waarvoor jullie pleiten?
Loopt het goed af, als hij jullie onderzoekt?
Kun je hem bedriegen zoals je een mens bedriegt?
Streng zal hij je straffen,
als je heimelijk partijdig bent. Job 13:7-10

Overgave aan en aanvaarding van de ondoorgrondelijke wil van God zijn uitdrukkingen van normale vroomheid. In contrast, maar *niet* in tegenspraak hiermee staat de profeet die, in plaats van onderdanigheid en zonder vragen te stellen, het waagt Gods oordeel te betwisten. Hem durft te herinneren aan zijn verbond en hem om zijn genade smeekt. In de geest van vroomheid zijn jood en christen bereid om zowel het kwade als het goede te aanvaarden en te bidden: *Laat u wil gedaan worden*,[28] terwijl de profeet zal smeken: *Wees niet langer woedend en zie ervan af onheil over uw volk te brengen!* (Exodus 32:12). Abraham vocht het voornemen van de Eeuwige om Sodom te verwoesten aan. In de naam van Gods genade hebben ook wij het recht om de hardvochtige uitspraken van de profeten aan te vechten. Twee voorbeelden volgen:

> "Zie, ik neem de hemel en de aarde tot getuigen dat de Eeuwige niet tot Mozes zei, wat Mozes zei in de poort van de legerplaats: '*Wie voor de EEUWIGE kiest, moet hier komen. Dit zegt de EEUWIGE, de God van Israël: Gord je zwaard om* (Exod. 32:27). Maar Mozes, de vrome, liet zich hier meer door zijn eigen verstand leiden. Hij dacht, als ik het volk beveel: 'Elke man dode zijn broeder, zijn metgezel, zijn naaste', dan zal het volk zich verzetten: Leerde je ons niet zelf dat een rechtbank (*beet din*) die in zeventig jaren zelfs maar één mens ter dood veroordeelt, als bloeddorstig moet worden beschouwd? Hoe kun je dan het doden van drieduizend mensen op één dag gelasten? Daarom schreef Mozes zijn bevel toe aan het gezag van de EEUWIGE en sprak: 'Zo spreekt de EEUWIGE.' Als de Schrift vermeldt dat de Levieten het bevel uitvoerden, zegt hij inderdaad: en de zonen van Levi deden naar het woord van Mozes."[29]

De onafhankelijkheid van het menselijk inzicht en zijn macht om de aanspraak van een profeet in twijfel te trekken kan ook verhelderd worden door de volgende legende:

> "Toen Hizkia ziek werd, zei de Heilige, Hij zij geprezen, tot Jesaja: '*Maak je laatste wilsbeschikking op, want je sterft. Je zult niet meer beter worden.*' (Jesaja 38:1). Hizkia zei: Het is gebruikelijk dat een mens die een zieke bezoekt, zegt: 'Moge de Hemel je genade bewijzen.' Als de dokter komt zegt hij tot de zieke: 'Eet dit en eet dat niet, drink dit en drink dat niet.' Zelfs als hij ziet dat hij gaat sterven, zegt hij niet: 'Maak je laatste wilsbeschikking op', omdat hem dit van streek zou kunnen maken. Maar Jij zegt mij: '*Maak je laatste wilsbeschikking op, want je sterft. Je zult niet meer beter worden!*' Ik schenk

geen aandacht aan wat jij zegt en naar je raad zal ik ook niet luisteren. Ik houd me uitsluitend vast aan wat mijn voorvader zei: *Dromerij en lege woorden zijn er al genoeg. Dus heb ontzag voor God*."[30] Prediker 5:6

§ 11 DE BIJBEL IS GEEN UTOPIE

Het oorspronkelijke licht is verborgen. Als de Thora volmaaktheid geëist had, zou zij een utopie zijn gebleven. De wetten van de Thora vragen elke generatie om te volbrengen wat binnen haar vermogen ligt. Sommige van haar wetten (bijvoorbeeld *Exodus* 21:2 e.v.) formuleren geen idealen maar compromissen, realistische pogingen om de morele status van de antieke mens te verbeteren.

Het hoogste streven van David, een grote en gezalfde koning, was om een tempel te bouwen voor de Eeuwige *zo groots en indrukwekkend dat hij over de hele wereld geroemd en bewonderd wordt*. Terwijl hij bezig was met overvloedige voorbereidingen, '*heeft de* EEUWIGE *zich tot hem gericht met de woorden: 'Jij hebt ten overstaan van mij veel bloed vergoten en grote oorlogen gevoerd. Daarom zul jij geen huis bouwen voor mijn naam*' (1 Kronieken 22:8; 28:3). Zo had de Bijbel te maken met de verschrikkelijke oorlogswetten, hoewel hij zich de verschrikkingen van oorlog bewust was. *Ook de Thora is in ballingschap.*[31]

Wij moeten steeds voor ogen houden dat de Bijbel niet een boek is dat voor één tijdperk is gemaakt en dat zijn betekenis niet kan worden bepaald aan de hand van de bijzondere ethische en literaire maatstaven van één generatie. Passages die door de ene generatie als verouderd werden beschouwd, zijn voor de volgende een bron van troost geweest. Destijds beschouwden velen van ons de uitroep van Jeremia: '*Stort uw woede uit over volken die u niet kennen, over naties die uw naam niet aanroepen, want zij verslinden Jakobs volk, laten er niets van over, en zijn weidegrond verwoesten zij*' (10:25) als primitief. Maar welke andere woorden konden gereciteerd worden toen moeders zagen hoe hun kinderen de vernietiging ingedreven werden in de kampen van de nazi's? Zullen wij ons aanmatigen om in naam van de ethiek een oordeel te vellen over hen die de wereld leerden wat gerechtigheid betekent?

Er is geen eenvoudige oplossing voor het probleem. Wij moeten nooit vergeten dat er een hogere waarheid is dan de waarheid die wij op het eerste gezicht kunnen bevatten.

Terwijl het volk Israël tijdelijk in de woestenij verbleef, kreeg Mozes de opdracht van God om mannen naar Kanaän te sturen om het beloofde land te verkennen. Mozes koos daarom twaalf vooraanstaande mannen en sprak tot hen: *Ga en kijk hoe het land is, of de bevolking sterk is of zwak en of er veel of weinig mensen wonen. Nadat ze het land veertig dagen lang verkend hadden, keerden ze terug. Ze brachten verslag uit: 'Wij zijn in het land geweest waar u ons naartoe hebt gestuurd' vertelden ze aan Mozes. 'Werkelijk, het vloeit over van melk en honing, en deze vruchten groeien er. Maar daar staat tegenover dat de bevolking van dat land sterk is. De steden zijn versterkt en heel groot. We kunnen dat volk niet aanvallen, het is te sterk voor ons. Vergeleken bij dat volk van reuzen voelden wij ons maar nietige sprinkhanen, en veel meer zullen we in hun ogen ook niet geweest zijn'* (Numeri 13).

De spionnen werden veroordeeld en hun verslag werd getypeerd als lasterlijk. Maar waarom? Hun waarnemingen waren juist en hun verslag was eerlijk.

Zeggen wat voor de hand ligt, is nog niet de waarheid spreken. Wanneer het voor de hand liggende en het Woord elkaar uitsluiten, is de waarheid de weigering om tevreden te zijn met de feiten zoals ze lijken te zijn. Waarheid is de moed om de feiten te doorgronden om te zien hoe ze zich verhouden tot het Woord.[32]

Dit waren de laatste woorden van Job:

> *'Wie was ik dat ik, door mijn onverstand, uw besluit wilde toedekken?*
> *Werkelijk, ik sprak zonder enig begrip,*
> *over wonderen, te groot voor mij om te bevatten.*
> *"Luister," zei ik, "dan zal ik spreken,*
> *ik zal u ondervragen, zeg mij wat u weet."*
> *Eerder had ik slechts over u gehoord,*
> *maar nu heb ik u met eigen ogen aanschouwd.*
> *Daarom herroep ik mijn woorden en buig ik mij,*
> *zoals ik hier zit in het stof en het vuil.'* Job 42:3-6

De woorden in Job 28:13, *Geen sterveling kent de weg erheen*, slaan op de Thora. 'Verward zijn de wegen van de Thora.' Als de mensen haar ware opdracht kenden, zouden ze weten hoe de doden op te wekken, hoe wonderen te doen, zo geloofden de rabbijnen.[33]

Ik ben een vreemdeling op aarde, verberg uw geboden niet voor mij (Psalm 119:19). 'Was David een vreemdeling, een pas bekeerde? Nee, maar dit werd bedoeld: zoals een pas bekeerde niets van de Thora begrijpt, zo begrijpt de mens, hoewel zijn ogen open zijn, in het geheel niets van de Thora. Als David, de dichter van alle liederen en psalmen, zei: ik ben een pas bekeerde en weet niets, hoeveel te meer is dit op ons van toepassing... *Net als al onze voorouders zijn wij slechts vreemdelingen die als gasten bij u verblijven,* (1 Kronieken 29:15).'[34]

In de ontmoeting met de Bijbel kunnen we óf een fundamentalistische houding aannemen, die elk woord letterlijk opvat en geen verschil maakt tussen het eeuwige en het tijdelijke en geen ruimte laat voor een persoonlijk of historisch verstaan, óf voor de stem van het geweten. Maar we kunnen ook een beredeneerde houding aannemen die, met de wetenschap als toetssteen van religie, de Schrift beschouwt als een dichterlijk werk of mythe, nuttig voor mensen die tot een mindere beschaving behoren en dus achterhaald voor elke latere periode in de geschiedenis.

De godsdienstfilosofie moet op twee fronten strijden, aan de ene kant proberen de onjuiste denkbeelden van de fundamentalisten eruit te filteren en aan de andere kant de al te grote vrijmoedigheid van de rationalisten te temperen. De uiteindelijke opdracht is om ons naar een hoger niveau van kennis en ervaring te leiden, naar toewijding door begrijpen.

We moeten oppassen voor het obscurantisme van een ongeïnspireerde eerbiediging voor de Bijbel. De profetische woorden zijn ons gegeven om te begrijpen, niet alleen om ze mechanisch te herhalen. De Bijbel moet begrepen worden door de geest die daardoor groeit, daarmee worstelt en ermee bidt.

De profeten maken ons deelgenoot van een voor ons bedoeld bestaan. Wat hun geopenbaard werd, was niet voor hun eigen belang maar bedoeld om ons te inspireren. Het woord moet niet verstarren tot een gewoonte – het moet een gebeurtenis blijven.

Het negeren van het belang van *voortdurend begrijpen* is het omzeilen van de levende uitdaging van de profeten. Het is een vlucht voor de dringende noodzaak van verantwoordelijk ervaren door ieder mens en een ontkenning van de diepere betekenis van 'de mondelinge Thora'.

§ 12 VOORTDUREND BEGRIJPEN

De Bijbel is geen intellectuele sinecure en de aanvaarding kan niet zoiets zijn als het monteren van een gelukbrengend slot dat zowel de geest als het geweten afsluit tegen het binnendringen van nieuwe gedachten.

Openbaring is geen *plaatsvervangend denken*. De bedoeling is niet om begrip te vervangen, maar om het te vergroten. De profeten probeerden de horizon van het bewustzijn te verruimen en een gevoel over te brengen van goddelijke deelname in het omgaan met goed en kwaad en in de worsteling met de raadsels van het leven. Ze probeerden ons te leren denken in termen van God, namelijk zijn heiligheid, rechtvaardigheid en compassie. Het toepassen van deze categorieën, verre van de vrijstelling van de plicht om nieuwe inzichten in onze eigen tijd te verwerven, is een uitdaging om naar manieren te zoeken om de bijbelse geboden om te zetten in programma's die onder onze eigen omstandigheden nodig zijn. De volle betekenis van de bijbelse woorden werd niet voor eens en altijd onthuld. Elk uur wordt een ander aspect ontsluierd. Het woord is ooit gegeven, de inspanning om het te begrijpen moet voor altijd doorgaan. Het is niet genoeg om de geboden te aanvaarden of zelfs na te leven. Het bestuderen, onderzoeken, ontdekken van de Thora is een vorm van eredienst, een allerhoogste plicht. Want de Thora is een uitnodiging tot oplettendheid, een oproep tot *voortdurend begrip*.

Wanneer de Bijbel wordt opgevat als plaatsvervangend denken dan wordt het een struikelblok. Hij die zegt: ik heb *alleen* de Thora, heeft zelfs de Thora niet. De Karaïeten [naar *Mikra*: de heilige Schrift] beweerden in de 8^{e} eeuw een zuiver bijbelse godsdienst aan te hangen, los van schriftgeleerde toevoegingen. In 's hemelsnaam, het jodendom is geen zuiver bijbelse godsdienst. Mozes was niet de stichter van het jodendom. Lang voordat hij geboren was, koesterden de kinderen van Israël al tradities die teruggingen tot de dagen van Abraham. De mondelinge Thora is gedeeltelijk ouder dan de geschreven Thora. Ons wordt verteld dat de sabbat al aan Israël bekend was voordat de gebeurtenis bij de Sinaï plaatsvond.[35] Niet alle leerstellingen van Mozes werd in de Pentateuch opgenomen. Talrijke waarden en normen werden als 'mondelinge leer' doorgegeven van generatie op generatie. Zowel de geschreven als de 'mondelinge leer' waren betrokken bij het verbond dat op de Sinaï werd gesloten.

We komen in de buurt van de bijbelse wetten langs de uitleg en de wijsheid van de rabbijnen. Zonder hun uitleg is de tekst van de wetten vaak onbegrijpelijk. Zo steunt het jodendom op een minimum aan openbaring en een maximum aan uitleg, op de wil van God en op de beoordeling van Israël. Om dat te begrijpen zijn wij afhankelijk van Israëls ongeschreven traditie. De inspiratie van de profeten en de uitleg van de wijzen zijn even belangrijk. Daar is een partnerschap tussen God en Israël met aandacht voor zowel de wereld als de Thora: de Enige schiep de aarde en wij bewerken de grond. Hij schonk ons de tekst en wij verfijnen en voltooien deze. 'De Heilige, Hij zij geprezen, gaf de Thora aan Israël als tarwe om daar fijn meel van te malen of als vlas om daar een kleed van te weven.'[36]

De Bijbel is een zaad, God is de zon, maar wij zijn de grond. Van elke generatie wordt verwacht dat zij nieuwe opvattingen en nieuwe inzichten zal voortbrengen.

Het woord is het woord van God en aan de mens gaf hij het vermogen het te begrijpen. De bron van het gezag is niet het woord zoals dat in de tekst gegeven is, maar Israëls begripsvermogen van de tekst. Bij de Sinaï ontvingen wij zowel het woord als de geest om het woord te verstaan. De wijzen zijn de erfgenamen van de profeten, zij bepalen en vertolken de betekenis van het woord. Er is veel vrijheid en veel macht in de inzichten van de wijzen. Zij hebben de macht om een voorschrift van de Thora opzij te zetten wanneer de omstandigheden daarom vragen. Hier op aarde kan hun opvatting een in de hemel bestaande opvatting herroepen.

Een deel van dat oorspronkelijke begrip en van de respons van Israël werd onder woorden gebracht, mondeling doorgegeven, opgeschreven, maar veel waar woorden slechts een afspiegeling van waren, bleef onuitgesproken, ongeschreven, een traditie overgedragen van ziel tot ziel, geërfd als het vermogen om lief te hebben en levend gehouden door een voortdurende verbondenheid met het woord door het te bestuderen, door het te behoeden, door het te leven en door bereid te zijn ervoor te sterven. In de handen van veel volken wordt het een *boek*. In het leven van Israël bleef het een *stem*, een Thora in het hart (*volk dat mijn wet in het hart draagt*, Jesaja 51:7).

Want Israëls begrijpen van het woord werd niet op goedkope of romantische wijze verworven. Het werd verkregen ten koste van een duizendjarige worsteling, van volharding en bittere beproevingen van een weerspannig volk, van weergaloos martelaarschap en zelfverloochening van mannen, vrouwen en kinderen, van trouw, liefde en permanente studie. Welke hedendaagse geleerde zou kunnen wedijveren met de intuïtie van zo'n volk? De Thora is niet alleen onze moeder, zij is 'ons leven en de lengte van onze dagen, wij zullen (haar woorden) dag en nacht overpeinzen' (avondliturgie).

Zonder onze voortdurende inspanning om te begrijpen is de Bijbel als papieren geld zonder dekking. Maar het op deze manier begrijpen vraagt om een strenge discipline en kan alleen bereikt worden in verbondenheid en toewijding, door het oorspronkelijke begrijpen zoals uitgedrukt door de profeten en de oude wijzen, vast te houden en te laten herleven.

Altijd bestaat het gevaar van het proberen de Bijbel uit te leggen in termen van het heidendom. Zoals *valse profetie* bestaat, zo is er ook *vals begrijpen.* Het is mogelijk om in naam van de Thora een moord te plegen, je kunt schofterig zijn en binnen de letter van de wet blijven, zei de invloedrijke geleerde Mozes Nachmanides (†1270).

Er is inderdaad zoveel vroom misbruik geweest, dat de Bijbel vaak gered moet worden uit de handen van zijn bewonderaars.

§ 13 DE MONDELINGE THORA IS NOOIT OPGESCHREVEN

Gedurende eeuwen is het verbod om 'de mondelinge leer' op te schrijven beschouwd als een grondbeginsel. 'Zij die de *halacha*, de voorschriften die het joodse leven omspant, opschrijven, zijn als zij die de Thora verbranden.'[37] Hij 'die de *aggada*, de verhalende en geloofsverdiepende literatuur, opschrijft, verliest zijn aandeel in de komende wereld'.[38] Toen besloten de rabbijnen de mondelinge leer aan de geschreven vorm te onderwerpen. Ter rechtvaardiging van deze stoutmoedige hervorming legden zij *Psalm 119:126 (Het is tijd om in te grijpen, EEUWIGE, overal wordt uw wet geschonden.)* als volgt uit: 'Er komt een tijd waarin je de Thora mag afschaffen om het werk van de Eeuwige te doen.' Daarom is het, zo hielden de rabbijnen vol, beter dat één deel van de Thora zal worden afgeschaft dan dat de hele Thora vergeten wordt.[39] De opstapeling van de enorme hoeveelheid geleerdheid, de verstrooiing van de joodse gemeenschappen en de verzwakking van de herinnering druisten in tegen het mondelinge systeem.

Rabbi Menachem Mendel uit Kotsk (†1859) vroeg: Hoe konden de oude rabbijnen een punt zetten achter de grondgedachte van het jodendom om niet op te schrijven wat als een mondelinge overlevering moest worden behouden, op basis van één enkel vers in het boek der Psalmen? De waarheid is dat de mondelinge Thora nooit is opgeschreven. De betekenis van de Thora is nooit door boeken ingesloten.

[* Rudolf Otto: *Religie is de beleving van het mysterie en komt tot uiting als het gevoel zich openstelt voor de indrukken van het eeuwige dat verschijnt door de sluier van het tijdelijke.*]

Deel 3

WEERKLANK

Alles wat de EEUWIGE gezegd heeft zullen we ter harte nemen.

DEEL III *WEERKLANK*

[Voor de vertaling van het Engelse woord *response* is, naast 'antwoord' en 'reactie' soms ook gekozen voor 'weerklank' in de zin van gehoor/weerklank vinden, indachtig de woorden van A. Gans: '*De weerklank van zijn woord in het hart van de hoorder is de macht van de profeet*'. Voor de betekenis van het woord *Responsa* zie de voetnoot op bladzijde 23.]

HOOFDSTUK 28

EEN WETENSCHAP VAN DADEN

§ 1 DE HOOGSTE BERUSTING

Kennis van God is kennis van het leven met God. Israëls religieuze bestaan wordt gevormd door drie innerlijke houdingen, namelijk de verbintenis met de levende God, tegenover wie wij verantwoordelijk zijn, de verbintenis met de Thora waarin zijn stem gehoord kan worden en de verbintenis met zijn zorg zoals die in de *mitswot* (geboden) tot uitdrukking komt.

Verbondenheid met God speelt zich af in het zielenleven. Verbondenheid met de Thora vloeit voort uit studie en de omgang met haar woorden. Verbondenheid met zijn zorg komt tot stand door gehechtheid aan de noodzaak van in aanbidding verzonken te zijn. De betekenis hiervan wordt onthuld door daadwerkelijke verering.

Als God een theorie zou zijn, dan zou theologiestudie de manier zijn om hem te begrijpen. Maar God leeft en heeft behoefte aan liefde en respect. Daarom is denken over God verbonden aan onze eerbied. Zoals bij artistiek begrijpen, zingen we hem toe voordat we hem kunnen begrijpen. Wij moeten liefhebben om te kennen. Behalve als we leren hoe te zingen en weten hoe lief te hebben, zullen we nooit leren hoe hem te begrijpen.

De joodse traditie legt de woorden die Israël bij de Sinaï sprak, *'Alles wat de EEUWIGE gezegd heeft zullen we doen en ter harte nemen'* (Exodus 24:7), uit als een belofte om zijn geboden te volbrengen zelfs voordat zij gehoord werden, als de voorrang van geloof boven kennis. "Toen Israël bij de Sinaï zei: *wij zullen alles wat de EEUWIGE gezegd heeft doen en ter harte nemen* (dus niet in de volgorde: wij zullen horen en dan doen, maar omgekeerd, eerst doen), weerklonk een hemelse stem die uitriep: 'Wie heeft aan mijn kinderen dit mysterie onthuld, dat de hulpverlenende engelen opvoeren door zijn woord te vervullen voordat zij de stem horen'."[1]

Een ketter, meldt de Talmoed, hekelde de joden voor de haastigheid waarin zij volgens hem volhardden. 'Eerst hadden jullie moeten luisteren, pas wanneer het onderhouden van de geboden binnen jullie bereik ligt, zouden jullie die hebben moeten aanvaarden en wanneer het onderhouden daarvan buiten jullie bereik ligt, de geboden verwerpen.'

Inderdaad, Israëls *hoogste overgave* bij de Sinaï was een omkering, een op zijn kop zetten van de volgorde van zienswijzes zoals ons abstracte denken dat zich voorstelt. Beweren we niet altijd dat we een systeem moeten onderzoeken voordat we besluiten het te aanvaarden? Deze volgorde van onderzoek geldt voor pure theorie, voor principes en regels, maar kan alleen in beperkte mate toegepast worden op terreinen waar gedachte en feit, het abstracte en het concrete, theorie en ervaring onafscheidelijk zijn. Het zou bijvoorbeeld een slag in de lucht zijn om de betekenis van muziek te onderzoeken zonder te luisteren naar muziek. Zo zou het ook vergeefs zijn om het joodse denken afstandelijk en zonder betrokkenheid te onderzoeken. Het joodse denken wordt onthuld in het joodse leven. Daarom is dit de weg van een religieuze leefwijze. We onderzoeken niet eerst en beslissen later of wij de joodse manier van leven aanvaarden. We moeten aanvaarden om te kunnen onderzoeken. In het begin is er *de toewijding, de hoogste overgave.*

§ 2 EEN DADENSPRONG

In onze reactie op zijn wil nemen we zijn aanwezigheid in onze daden waar. Zijn wil wordt onthuld in ons handelen. Door een geheiligde daad te verrichten ontsluiten wij de bronnen van het geloof. *Maar laat mij, recht gedaan, uw gelaat aanschouwen* (Psalm17:15).

Er voert een weg *van vroomheid naar geloof.* Vroomheid en geloof doen zich niet persé gelijktijdig voor. Rituelen kunnen zonder geloofsvertrouwen worden uitgevoerd. Geloof is visie, gevoeligheid en verbondenheid met God. Vroomheid is een poging om zo'n gevoeligheid en verbondenheid te ontwikkelen. De poorten van het geloof staan niet op een kier, maar de *mitswot* (religieuze en ethische geboden) geven toegang. Door als joden te leven bereiken we wellicht ons geloof als joden. Wij geloven niet door daden. We zouden geloof kunnen bereiken door geheiligde daden.

De joodse levenswandel vraagt meer om een *dadensprong* dan om een *gedachtensprong*. Er wordt gevraagd je behoeften te overstijgen, om meer te doen dan je begrijpt om zo meer te begrijpen dan je doet. Door het woord van de Thora te volbrengen kom je in de buurt van de spirituele betekenis. Door de extase van daden leer je zeker te zijn van Gods aanwezigheid in het hier en nu. De juiste levenswandel kan leiden tot de juiste denkwijze.

Het gevoel voor het onuitsprekelijke, het deelnemen aan de Thora en Israël, de dadensprong, het brengt je allemaal naar hetzelfde doel. Ongevoeligheid voor het mysterie van het bestaan, onverschilligheid voor de Thora en Israël, wreedheid en werelds leven vervreemden de jood van God. Reageren op het wonder, deelnemen aan de Thora en Israël en discipline in het dagelijkse leven brengen je dichter bij de Eeuwige.

Welke verplichtingen moeten aanvaard zijn voordat we een dergelijke betekenis ervaren? Welke overtuigingen moeten standhouden om zulke inzichten mogelijk te maken? Onze levenswijze moet verenigbaar zijn met ons wezen als geschapen naar het beeld van God. Wij moeten oppassen dat onze gelijkenis niet wordt vervormd of zelfs verspeeld. Onze levenswijze moet niet alleen trouw blijven aan ons gevoel voor kracht en schoonheid, maar ook aan ons gevoel voor de grootsheid en het bestaansmysterie. De echte betekenis van het bestaan wordt onthuld op levensmomenten in de aanwezigheid van God. Het probleem is: hoe kunnen wij een manier van leven vinden die overeenstemt met zulke overtuigingen?

§ 3 DE DAAD IS DE KANS

Hoe hoort een mens, een wezen geschapen naar de gelijkenis van God, te leven? Welke levenswijze is verenigbaar met de grandeur en het mysterie van het leven? Het is een probleem dat de mens altijd graag naast zich neer heeft gelegd. Op het plaveisel van de Romeinse stad Timgat heeft men de volgende inscriptie gevonden: 'jagen, baden, dobbelen, lachen dat is leven.' Het jodendom is een herinnering aan de grootsheid en de ernst van het leven.

In welke dimensie van het bestaan wordt de mens zich bewust van de grootsheid en de ernst van het leven? Bij welke gebeurtenissen ontdekt hij zijn eigen aard? Wanneer merkt hij dat het onvermijdelijk is om de diagnose te gaan stellen van de conditie van zijn ziel en ziet hij de noodzaak om die te genezen? In de eenzaamheid van zelfreflectie kan het zelf een fontein van mooie gedachten en idealen lijken. Maar denken kan een bezweringsformule zijn en idealen kunnen worden gedragen als een geleende kroon.

In *daden* gaat de mens beseffen wat zijn leven werkelijk is, dat hij kwaad kan doen en pijn, dat hij kan verwoesten en ten onder kan gaan. Dat hij in staat is om vreugde te proeven en die kan delen met anderen.

Je kunt je eigen spanningen en die van anderen verlichten of verzwaren. Door het gebruik van de wil en niet door overdenking ontmoet de mens zichzelf zoals hij is en niet zoals hij graag zou willen zijn. In daden toont de mens zowel zijn bewuste als verdrongen verlangens, waarbij hij zelfs betekenis geeft aan wat hij niet kan begrijpen. Wat de mens misschien niet durft te denken, uit hij vaak in daden. Het hart maakt zich bekend in daden.
De daad is de test, de proef en de kans. Wat we doen kan onbeduidend lijken, maar de gevolgen zijn immens. Een individuele wandaad kan het begin van een nationale ramp zijn. De zon gaat onder, maar de daden gaan door. Alles wat we gedaan hebben ligt in het duister. Als de mens in staat zou zijn om met één oogopslag alles te overzien wat hij in de loop van zijn leven aangericht heeft, wat zou hij dan voelen? De reikwijdte van zijn eigen macht zou hem doodsbenauwd maken. Om alles wat wij gedaan hebben met ons geweten of onze geest te verbinden zou lijken op de poging om een stortvloed aan een rietstengel te binden. Zelfs één enkele daad veroorzaakt een eindeloos aantal gevolgen en zet meer in gang dan de machtigste mens kan beheersen of voorspellen. Eén enkele daad kan de levens van ontelbare mensen ketenen aan onvoorspelbare gevolgen. Wij hebben niet meer dan een voorbijgaande bedoeling, maar wat er gaat gebeuren overleeft en overtreft onze kracht. Wanneer de mens de wereld nuchter beziet, wordt hij vaak overmand door een angst om te handelen, een angst die, zonder kennis van Gods wegen, tot wanhoop drijft.

§ 4 ONZE UITEINDELIJKE BELEMMERING

De ernst van het handelen gaat de gevoeligheid van ons geweten te boven. Oneindig zijn de gevolgen van onze daden, maar begrensd is onze wijsheid. Wanneer de mens alleen is, lijkt zijn verantwoordelijkheid te verdwijnen als een druppel in de oceaan van de noodzakelijkheid. Het is bovenmenselijk om verantwoordelijk te zijn voor alles wat wij doen en voor alles wat wij nalaten, om in te staan voor alle gevolgen van onze handelingen. Hoe kunnen we onbeperkte verantwoordelijkheid verzoenen met beperkte wijsheid? Hoe is verantwoordelijkheid mogelijk?
Onbeperkte verantwoordelijkheid zonder onbeperkte wijsheid en onbegrensde macht is onze ultieme belemmering.

Niet de omstandigheden maar daden zijn de bron van onze droevige verbijstering. Geconfronteerd met een wereld vol dingen ontketenen we een vloed van daden. Het fabelachtige feit van het menselijk vermogen tot handelen, *het wonder van het doen*, is niet minder verbazingwekkend dan het wonder van het bestaan. De *ontologie*, de zijnsleer, onderzoekt wat bestaan is. Wat betekent het om te *bestaan*? De religieuze geest overdenkt wat *doen* is. Wat betekent het om te doen? Wat is de relatie tussen dader en daad? Tussen doen en bestaan? Is er een voornemen te volbrengen, een taak te vervullen?
'Een mens moet zich altijd beschouwen als half schuldig en half verdienstelijk. Als hij één goede daad verricht is hij gezegend want hij beweegt de weegschaal in de richting van de verdienste. Als hij één overtreding pleegt, wee hem, want hij beweegt de weegschaal in de richting van de schuld.' Niet alleen de enkeling, maar de hele wereld is in evenwicht. Eén daad van een enkeling kan het lot van de wereld beslissen. 'Als hij één goede daad verricht, is hij gezegend want hij beweegt de weegschaal zowel voor zichzelf als voor de hele wereld naar de kant van de verdienste. Als hij één overtreding pleegt, wee hem, want hij beweegt zichzelf en de hele wereld naar de kant van de schuld.'[2]

§ 5 EEN META-ETHISCHE BENADERING

Wat moeten wij doen? Hoe horen wij onze levens te leiden? Dit zijn grondvragen van de ethiek. Het zijn ook religieuze vragen. De godsdienstfilosofie moet onderzoeken waaróm we deze vragen stellen: Zijn ze zinvol? Op welke gronden stellen wij ze? Vanuit de ethiek bekeken zijn het vragen van de mens waartoe hij door de aard van het menselijke bestaan gedwongen wordt. Vanuit de religieuze optiek zijn het Gods vragen en ons antwoord op die vragen gaat niet alleen de mens aan, maar ook God.
'Wat behoor ik te doen?' is volgens Kant de kernvraag van de ethiek. Onze benadering is echter radicaler, meta-ethisch. De ethische vraag gaat over bepaalde daden. De meta-ethische vraag gaat over alle daden. Zij behandelt het doen als zodanig; niet alleen wat wij zouden moeten doen, maar waaraan ontlenen wij het recht om *überhaupt* te handelen? Wij zijn uitgerust met het vermogen om de natuurkrachten te overwinnen en te beheersen. Door macht uit te oefenen onderwerpen wij een wereld, die we niet zelf hebben gemaakt, aan onze wil en vallen we gebieden binnen die ons niet toebehoren.

Zijn wij de koningen van het heelal of gewone rovers? Door wiens genade, volgens welk recht, exploiteren, verbruiken en genieten wij de vruchten van de bomen, de zegeningen van de aarde? Wie is verantwoordelijk voor de macht om te exploiteren, voor het voorrecht om te verbruiken?

Dit is geen academisch vraagstuk, maar een kwestie waar we elk moment mee geconfronteerd worden. Door de wil alleen wordt de mens de meest verwoestende van alle wezens. Dit is ons lot: onze macht kan onze ondergang worden. Wij leven op het scherp van de snede. Het is zo gemakkelijk om te kwetsen, te vernietigen, te beledigen, te doden. Het baren van een kind is een mysterie. Het doden van miljoenen is slechts een vaardigheid. Het ligt niet helemaal in de macht van de menselijke wil om leven te verwekken. Het ligt volledig in de menselijke macht van de wil om leven te vernietigen.

Midden in deze psychische angst worden we geconfronteerd met de *claim* van de Bijbel. De wereld is niet alleen maar gevaar en de mens is niet alleen. God begunstigde de mens met vrijheid en hij wil delen in ons gebruik van de vrijheid. *De aarde is des Heren* en *God zoekt de mens.* Hij schonk de mens de macht om de aarde te veroveren, en zijn eer troont boven ons geloof. Wij misbruikten zijn kracht, we pleegden verraad tegenover zijn vertrouwen. Wij kunnen niet verwachten dat hij zegt: Hoewel je mij verraadt, zal ik je toch vertrouwen.

De mens is verantwoordelijk voor zijn daden en God is verantwoordelijk voor de verantwoordelijkheid van de mens. Hij die leven geeft, moet een wetgever zijn. Hij deelt in onze verantwoordelijkheid. Hij wacht erop deel te kunnen nemen aan onze daden door onze trouw aan zijn wet. Hij kan partner in onze daden worden.

God en de mens hebben zowel een gemeenschappelijke taak als een gemeenschappelijke en wederkerige verantwoordelijkheid. De ultieme belemmering is geen probleem van de eenling, maar een innig verbonden probleem voor God en mens samen. Wat op het spel staat is de betekenis van Gods schepping, niet alleen de betekenis van het menselijke bestaan. Religie is niet alleen voor de mens van belang, maar een verzoek van God en een aanspraak van de mens, Gods verwachting en het menselijke streven. Het is geen inspanning vanwege van de mens alleen. Religie beschrijft nauwkeurig een opdracht in de mensenwereld, maar de beoogde resultaten reiken veel verder. Daarom heeft de Bijbel een wet afgekondigd niet alleen voor de mens, maar voor God en de mens beiden.

U bent het die mijn lamp doet schijnen (Psalm 18:29). 'De Heilige zei tot de mens: jouw lamp is in mijn hand, mijn lamp in de jouwe. Jouw lamp is in de mijne – zoals er gezegd is: *Het licht van de EEUWIGE beschijnt de geest van de mens* (Spreuken 20:27). Mijn lamp is in jouw hand om het eeuwige licht te ontsteken. De Heilige sprak: Als jij mijn lamp aansteekt, zal ik de jouwe aansteken.'[3]

§ 6 HET PARTNERSCHAP VAN GOD EN MENS

Zoals een mens niet alleen is in wat hij *is*, zo is hij niet alleen in wat hij *doet*. Een *mitswa* (meervoud: *mitswot*) is een daad die God en mens *gemeenschappelijk* hebben. We zeggen: 'Gezegend ben jij, eeuwige onze God, koning van het universum, die ons geheiligd hebt door Zijn mitswot.' Ze verplichten zowel God als ons. Hun vervulling wordt niet gewaardeerd als een handeling die ondanks de 'kwade neiging' werd verricht, maar als een gemeenschappelijke handeling met de Eeuwige. De geest van de mitswa is *saamhorigheid*. We weten dat hij deelgenoot is in onze daad.

De oudste vorm van vroomheid wordt in de Bijbel genoemd: wandelen met God. Henoch, Noach leefden in nauwe verbondenheid met God (*Genesis* 5:24; 6:9). *Er is jou, mens, gezegd wat goed is, je weet wat de EEUWIGE van je wilt: niets anders dan recht te doen, trouw te betrachten en nederig de weg te gaan van je God* (Micha 6:8). Alleen de egoïst is opgesloten in zichzelf, een geestelijke kluizenaar. Bij het verrichten van een goede daad is het onmogelijk om alleen te zijn of je alleen te voelen. Door het vervullen van een mitswa word je een volgeling, met zijn wil treed je de broederschap binnen.

§ 7 WEGEN, GEEN WETTEN

Het morele gebod is niet voor de eerste maal onthuld door Abraham of op de Sinaï. Dat moord een misdrijf was, wist de mens al eerder. Zelfs de instelling van de zevende dag als rustdag was volgens de traditie al bekend toen de joden nog in Egypte waren. Evenmin was het denkbeeld van de goddelijke rechtvaardigheid onbekend. Nieuw was echter het denkbeeld dat rechtvaardigheid een verplichting is aan Gods *weg* en niet alleen aan zijn verlangen.[4]

Nieuw was, dat onrecht niet iets is wat God minacht als anderen dat plegen, maar dat onrecht het tegenovergestelde van God is. Nieuw was, dat de rechten van de mens geen wettelijk beschermde belangen van de samenleving zijn, maar de geheiligde belangen van God. Hij is niet alleen de hoeder van de morele orde, 'de Rechter der ganse aarde', maar Een die niet onrechtvaardig kan handelen (Genesis 18:25). Zijn gunsteling was niet Nimrod, 'de eerste machthebber op aarde' (*Gen.* 10:8), maar Abraham: *Want ik heb hem uitgekozen, hij moet zijn zonen en zijn verdere nakomelingen voorhouden de weg te volgen die ik wijs, door rechtvaardig en goed te handelen* (Gen. 18:19). De Thora is voornamelijk *goddelijke wegen*, meer dan *goddelijke wetten*. Mozes bad: *Laat mij dan weten wat uw plannen zijn* (Exodus 33:13). Alles wat God van de mens verlangt, werd samengevat in: *Israël, bedenk dus dat de* EEUWIGE, *uw God, niets anders van u vraagt dan dat u... de weg volgt die hij u wijst* (Deuteronomium 10:12).
Wat betekent het, vroeg rabbi Hama, zoon van rabbi Hanina, wanneer er gezegd wordt: 'Blijf de EEUWIGE, uw God volgen'? (Deut. 13:5). 'Is het voor een menselijk wezen mogelijk om achter de *Shechinah* aan te wandelen? Is er niet gezegd: Want de Eeuwige, je God is een verterend vuur? Maar het is de bedoeling te wandelen in het spoor van de Eeuwige. Zoals hij de naakten kleedt, kleed ook jij de naakten, zoals hij de zieken bezocht, bezoek ook jij de zieken, zoals hij treurenden troostte, troost ook jij treurenden' (*Sotah* 14a).*

§ 8 DE GODDELIJKHEID VAN DADEN

Niet bepaalde handelingen, maar al het handelen, het leven zelf kan een schakel tussen de mens en God worden. Maar hoe kunnen wij ons inbeelden dat onze platvloerse handelingen voor hem van betekenis zijn? Hoe durven wij te zeggen dat daden de macht hebben naar hem toe te stromen? Dat menselijke alledaagsheid verbonden kan worden met eeuwigheid?
De geldigheid van de natuurwetenschap steunt op de vooronderstelling dat de structuur van de gebeurtenissen in de natuur begrijpelijk is en geschikt om te worden waargenomen en beschreven in redelijke termen. Alleen op basis van de overeenkomst tussen de structuur van de menselijke geest en de innerlijke structuur van het heelal is de mens in staat om de wetten te ontdekken die zijn processen beheersen. Hoe staat het echter met gebeurtenissen in het innerlijke en morele leven van de mens? Bestaat er een gebied

waarmee zij vergelijkbaar zijn? De profeten die wisten hoe de goddelijke maat te nemen van menselijke daden, de structuur te zien van het absolute licht in het spectrum van een enkele gebeurtenis, voelden die overeenkomst aan. Wat een mens in zijn donkerste hoeken van zijn innerlijk doet, is voor de schepper van belang. Met andere woorden, zoals de redelijkheid van natuurlijke gebeurtenissen door de natuurwetenschap wordt aangenomen, zo wordt de goddelijkheid van menselijke daden verondersteld door de profetie (zie hoofdstuk 10, § 4).

De overtuiging van de *goddelijkheid van daden* gaat dus de idee van de navolging van de goddelijkheid te boven. Geheiligde daden, mitswot, imiteren niet alleen: ze vertegenwoordigen het goddelijke. De mitswot zijn de essentie van God, meer dan wereldse manieren om je te voegen naar zijn wil. Rabbi Simeon ben Yohai zegt: 'Eer de mitswot, want de mitswot zijn Mijn afgevaardigden en een afgevaardigde is bekleed met het gezag van zijn waardigheid. Als je de mitswot eert, is het alsof je Mij eert, als je ze zonder eerbied bejegent, is het alsof je schande over Mij brengt.'[5]

De Bijbel spreekt over de mens, gemaakt naar de gelijkenis van God en vestigt zo het beginsel van *een gelijkaardigheid van zijn.* In de kern van zijn wezen heeft de mens iets overeen met God. Boven de overeenkomst van het zijn uit, leert de Bijbel het beginsel van *een overeenkomst in daden.* De mens mag handelen naar de gelijkenis Gods. Het is deze overeenkomst van handelen – *de weg volgen die hij u wijst* – die de schakel is waardoor de mens dichtbij God kan komen. Te leven naar zo'n gelijkenis is het belangrijkste van de navolging van het goddelijke.

§ 9 TE DOEN WAT HIJ IS

In andere godsdiensten zijn goden, helden en priesters heilig. Voor de Bijbel is niet alleen God heilig: '*Alle leden van de gemeenschap zijn heilig*' (Numeri 16:3). '*Een koninkrijk van priesters zul je zijn, een heilig volk*' (Exodus 19:6) was de reden van Israëls uitverkoren zijn, de zin van zijn onderscheiding. Het gaat tussen mens en God niet alleen om onderwerping aan zijn macht of om de afhankelijkheid van zijn genade. De opdracht is niet om te gehoorzamen aan zijn wil, maar om te *doen* wat hij *is.*

Er is niet gezegd: Je zult vol ontzag zijn want ik ben heilig, maar: '*Wees heilig, want ik, de EEUWIGE, jullie God, ben heilig*' (Leviticus 19:2). Hoe wordt een menselijk wezen, een creatuur van 'stof en as', heilig? Door zijn *mitswot*, zijn geboden te doen. *De heilige God toont zich heilig in zijn gerechtigheid* (Jesaja 5:16). Om heilig te zijn moet je *ontzag tonen voor je moeder en je vader, en steeds mijn sabbat in acht nemen. Laat je niet in met afgoden. Steel niet, lieg niet en bedrieg je naaste niet. Spreek geen vloek uit over een dove en plaats geen obstakel voor de voeten van een blinde. Wees niet partijdig wanneer je rechtspreekt. Spreek rechtvaardig recht over je naasten. Breng het leven van een ander niet in gevaar door lasterpraat over hem rond te strooien. Wees niet haatdragend en laad niet omwille van een ander schuld op je door je te wreken of wrok te blijven koesteren maar heb je naaste lief als jezelf* (Leviticus 19:3-18).
Leef in de overtuiging dat daden van goedheid het verborgen licht van zijn heiligheid weerspiegelen. Zijn licht reikt boven onze zielen, maar niet buiten het bereik van onze wil. Het is in onze macht om zijn oneindige liefde te weerspiegelen in daden van goedheid, zoals het spiegelende wateroppervlak de hemel vasthoudt.

§ 10 GELIJKENIS IN DADEN

Mitswot zijn dus meer dan afspiegelingen van de wil van een mens of in daden omgezette visioenen. Door de uitvoering van een geheiligde taak onthullen wij een goddelijk voornemen. Een geheiligde daad is meer dan een beweging van het hart. In een geheiligde daad weerkaatsen wij Gods gedempte gezang, door lief te hebben zetten wij Gods onvoltooide lied in. Geen beeld mag van de allerhoogste gevormd worden behalve één: ons eigen leven als een gelijkenis van zijn wil. De mens, gevormd als zijn evenbeeld, werd gemaakt om zijn wegen van genade te volgen. Hij heeft de mens gemachtigd om in zijn plaats te handelen. We vertegenwoordigen hem als wij nood verlichten en vreugde schenken. Het streven naar integriteit, het helpen van onze naaste, de drang om natuurlijke functies om te zetten in geest, wilskracht in dankgebed, instinct in liefde, dat zijn allemaal pogingen om hem te vertegenwoordigen.

§ 11 'DE GOEDE MOTIVATIE'

De wil van God vervullen in daden betekent te handelen *in de naam* van God, niet alleen *ter wille* van God, in ten uitvoer brengen wat in zijn wil besloten ligt. Voor de vervulling van zijn bedoelingen in de wereld heeft hij de inzet van de mens nodig.

Menselijk handelen is niet het begin. Aan het begin ligt Gods eeuwige verwachting. In de wereld klinkt een eeuwige roep: *God smeekt de mens* om te antwoorden, óm te keren, te vervullen. Iets wordt gevraagd van de mens, van alle mensen, op elk tijdstip. Door elke daad antwoorden of trotseren we, keren we terug of gaan we weg, bereiken we het doel of missen het. Het leven bestaat uit eindeloze mogelijkheden om het wereldse te heiligen, mogelijkheden om de macht van God te bevrijden uit de kringloop van de potentiële vermogens, mogelijkheden om geestelijke doeleinden te dienen.

Zo zeker als wij gedreven worden om te leven, zo zeker worden wij gedreven om de spirituele kant te dienen die onze belangen te boven gaat. 'De goede motivatie' is niet door de samenleving uitgevonden, maar is iets wat de samenleving mogelijk maakt. Het is geen toevallige functie, maar behoort tot de wezenskern van de mens. Misschien hebben we geen duidelijke voorstelling van zijn betekenis, maar als onze innerlijke drijfkracht wordt gebruuskeerd schrikken we. We hebben niet alleen God nodig maar ook het dienen van zijn doel, en Gods bedoeling kan niet zonder de mens.

Mitswot zijn geen idealen, geestelijke waarden voor altijd zwevend in de eeuwigheid. Het zijn geboden die aan ons allemaal gericht zijn. Het zijn de manieren waarop God ons in bijzondere ogenblikken tegemoettreedt. In de oneindige wereld is er voor mij een taak te verrichten. Niet een algemene taak, maar een taak voor mij, hier en nu. Mitswot zijn *geestelijke besluiten*, stipjes van eeuwigheid in de stroom van de tijdelijkheid.

§ 12 BEDOELINGEN HEBBEN DE MENS NODIG

De mens en de geestelijke bedoelingen staan tegenover elkaar in een verhouding van wederkerigheid. De verhouding tot het eigenbelang is eenzijdig: de mens heeft het nodig om brood te eten, maar het brood heeft het niet nodig om gegeten te worden. De verhouding tot geestelijke doelen is anders: recht is iets wat gedaan behoort te worden, rechtvaardigheid heeft de mens nodig.

Het gevoel van verplichting geeft een situatie weer waarin een ideaal, als het ware, wacht op verwerkelijking. Geestelijke eindtermen doen een beroep op de persoon. Zij zijn gebiedend, niet alleen indrukwekkend, ze stellen eisen, het zijn geen abstracte denkbeelden. Esthetische waarden worden ervaren als objecten van vreugde, terwijl religieuze daden worden ervaren als objecten van toewijding, als reacties op de zekerheid dat iets van ons wordt gevraagd, van ons wordt verwacht. Geestelijke doelen *hebben onze daden nodig*.

§ 13 EEN WETENSCHAP VAN DADEN

Het jodendom is geen wetenschap van de natuur, maar een wetenschap van wat de mens met de natuur hoort te doen. Vóór alles houdt zij zich bezig met levenskwesties. Ze hecht ze meer waarde aan daden dan aan dingen. In zekere zin is de joodse wet *een wetenschap van daden*. De belangrijkste zorg is niet alleen de vraag hoe de Eeuwige op bepaalde tijden te aanbidden, maar de vraag hoe met de Eeuwige de hele tijd te leven. Elke daad is een vraagstuk, op elk moment ligt er een unieke taak. Het hele leven op elk moment is de opgave en de taak.

[*Emmanuel Levinas: 'De mens die vraagt: God, waar bent u? weet dat Gods antwoord er niet in bestaat mij te antwoorden, maar in het mij terugsturen naar de Ander, ook al is hij een stoorzender en bij uitstek ongewenst, de dakloze die mijn tapijt bevuilt.'

Wij hebben Gods aanwezigheid in handen. Er schuilt dus een diepe waarheid in de oude hymne: *Ubi caritas et amor, Deus ibi est.* Waar liefde heerst en vriendschap, daar is God aanwezig.

Geciteerd in Daniël Mok (red.): *Een wijze uit het westen*, Amsterdam 2001 en 2011, p. 178-179.]

HOOFDSTUK 29

MEER DAN EEN INNERLIJKE BETEKENIS

§ 1 DOOR GELOOF ALLEEN?

De stelling van het jodendom dat religie en wet onafscheidelijk zijn is voor velen lastig te begrijpen. Dat komt door de definitie van de moderne mens over de aard van religie; het is immers een zielstoestand, een innerlijke spirituele waarde met meer gevoel dan gehoorzaamheid, meer geloof dan daad, meer geestelijk dan concreet. Voor het jodendom is geloof geen gevoel voor iets wat bestaat, maar *een antwoord* aan de Eeuwige op een vraag om op een bepaalde manier te leven. Oorspronkelijk is het een bewustzijn van volkomen toewijding, een besef dat het leven niet alleen behoort tot de belangensfeer van de mens maar ook tot die van God.

'God vraagt het hart.'[1] Maar vraagt hij alleen het hart? Is de juiste intentie voldoende? Sommige leerstelsels houden vol dat liefde de enige voorwaarde voor redding is (*soefi, bhakti-marga*[2]), waarbij de nadruk ligt op het belang van innerlijkheid, van liefde of geloof en niet op het doen van goede daden.

Paulus voerde hartstochtelijk strijd tegen de macht van de wet en verkondigde in plaats daarvan de genadereligie. Hij voerde aan dat de wet de zonde niet kan overwinnen en dat rechtvaardigheid niet kan worden verkregen door de werken der wet. Een mens wordt van schuld vrijgesproken 'door te geloven en niet door de wet na te leven'.[3]

Dat verlossing wordt verkregen door het geloof alleen was Luthers centrale stelling.* Het loslaten van wetten en wetsbepalingen legde een te grote nadruk op liefde en geloof en had uitsluiting van goede werken tot gevolg.

De *Formula Concordia* van 1580, nog van kracht in het protestantisme, veroordeelt de stelling dat goede werken nodig zijn voor verlossing en verwerpt de doctrine dat ze schadelijk zijn voor verlossing. Volgens Ritschl** is dit leerstuk een indringer in de christelijke theologie. De enige weg tot verlossing is de rechtvaardiging door het geloof. In navolging van Søren Kierkegaard verwoordt Karl Barth lutherse gedachten wanneer hij stelt dat de daden van de mens te zondig zijn om goed te zijn. Er zijn in principe geen menselijke daden die op grond van hun betekenis in deze wereld in Gods ogen genade vinden. Alleen door God kan God benaderd worden.

§ 2 DE VERGISSING VAN HET FORMALISME

Wanneer wij proberen duidelijk te maken dat gerechtigheid niet samenvalt met onze voorliefde of onze houding, dat zij onafhankelijk is van ons belang en onze instemming, moeten we niet de gebruikelijke vergissing maken om de verhouding van de mens tot rechtvaardigheid te verwarren met de verhouding tussen religie en mens. Want hoewel het waar is dat wij recht behoren te doen omwille van het recht, is het recht zelf er omwille van de mens. Het omschrijven van het recht als datgene wat waard is gedaan te worden voor zichzelf, is het omschrijven van de beweegreden, niet van de bedoeling. Het is juist het tegenovergestelde: anders dan in het spel wordt het goede nooit voor zichzelf gedaan, maar met een bedoeling. Anders maak je een afgod van een ideaal, het is het begin van fanatisme. Het is een halve waarheid om het goede te omschrijven met de beweegreden alleen, om het goede op één lijn te stellen met het goede voornemen en de bedoeling en de eigenlijke inhoud van de goede daad te negeren.
Zij die alleen aandacht geschonken hebben aan de verhouding van de mens tot de idealen en de verhouding van de idealen tot de mens verwaarlozen, hebben in hun theorieën alleen de beweegreden maar niet de bedoeling van religie en ethiek gezien. In vervolg op de paulinische doctrine herhalen Kant en zijn leerlingen dat de mens door het geloof alleen wordt verlost. Zij onderwezen dat de religieuze of morele kern zou bestaan uit een absolute kwaliteit van de ziel of de wil, los van de daden die daaruit mochten voortkomen of de resultaten die bereikt mochten worden. De waarde van een religieuze daad zou dus helemaal bepaald worden door de intensiteit van iemands geloof of door iemands oprechtheid. Het voornemen, niet de daad, het *hoe*, niet het *wat* van iemands gedrag zou wezenlijk zijn en geen ander motief dan het plichtsgevoel zou van enige morele waarde zijn. Daarom zijn vriendelijke daden, behalve als zij voorgeschreven worden door plichtsgevoel, niet beter dan wreedheid. Mededogen of aandacht voor menselijk geluk als zodanig wordt beschouwd als een heimelijk motief.
'Ik zou mijn woord niet breken zelfs als ik de mensheid daardoor zou kunnen redden!' riep de Duitse filosoof Johann Fichte uit. Zijn redding en rechtvaardiging waren voor hem blijkbaar zoveel belangrijker dan het lot van alle mensen dat hij de mensheid vernietigd zou hebben om zichzelf te redden.

Bewijst zo'n houding niet de waarheid van het spreekwoord 'de weg naar de hel is geplaveid met goede voornemens'? Zouden we niet moeten zeggen dat de zorg voor iemands eigen redding en rechtvaardiging, die zwaarder weegt dan de aandacht voor het welzijn van één menselijk wezen, geen goede instelling kan worden genoemd?

Het jodendom legt de nadruk op het belang van menselijke daden. Het weigert het beginsel te aanvaarden dat de bedoeling onder alle omstandigheden de daad bepaalt. Dit betekent echter niet dat het ontbreken van de juiste intentie een goede daad meteen minderwaardig maakt.[4]

De goede daden van elk mens, waar die ook woont en welke levensovertuiging hij ook heeft,[5] zelfs wanneer dat gebeurt door iemand die nooit door een profeet werd bereikt en dus naar eigen inzicht handelt,[6] zullen door God beloond worden.

§ 3 GEEN TWEEDELING

De oorzaak van bijna alle mislukkingen in menselijke relaties is dat wij de taken bewonderen en toejuichen, maar dat wij falen in het bemachtigen van de handvatten. De blote hand of de ziel alleen kunnen weinig uitrichten. Het werk wordt gedaan met hulp van gereedschappen. De ziel heeft ze net zo hard nodig als de hand. En zoals de werktuigen van de hand hem beweging of leiding geven, zo verschaften de werktuigen van de ziel wenken of waarschuwingen. De betekenis van de mitswot is dat ze voertuigen zijn waarmee wij voortbewegen op de weg naar geestelijke grenzen.

Geloofsvertrouwen is geen stille schat die in de afzondering van de ziel bewaard moet worden, maar de bron om de munt van gangbare daden te slaan. Het is niet genoeg om toegewijd te zijn in de ziel, om in de stilte van contemplatie ogenblikken te heiligen.

De tweedeling tussen geloof en werken, die in de christelijke theologie zo'n belangrijk probleem vormde, was in het jodendom nooit een probleem. Het grote probleem is niet wat de juiste handeling is of wat de juiste bedoeling is. Het grote probleem is: wat is goed leven? En het leven is ondeelbaar. De innerlijke sfeer staat nooit los van uiterlijke handelingen. Daad en gedachte zijn aan elkaar geklonken. Alles wat een mens denkt en voelt werkt door in alles wat hij doet, en alles wat hij doet beïnvloedt alles wat hij denkt en voelt.

Spirituele aspiraties zijn tot mislukken gedoemd wanneer we proberen daden te verrichten ten koste van gedachten of gedachten te koesteren ten koste van daden. Is het de innerlijke visie van de kunstenaar of zijn worsteling met de steen die een beeldhouwwerk voortbrengt? Goed leven is als een kunstwerk, het resultaat van een visie en van een worsteling met concrete situaties.

Het jodendom heeft een hekel aan algemeenheden, een hekel aan het zoeken van betekenis in een leven dat losstaat van doen, alsof de betekenis een afzonderlijke grootheid zou zijn. Het is geneigd om denkbeelden om te zetten in daden, om metafysische inzichten uit te leggen als actiemodellen, om aan de verhevenste beginselen invloed op het dagelijkse gedrag toe te schrijven. In de joodse traditie werd het abstracte concreet, het absolute geschiedenis. Door het heilige op het toneel van het concrete leven op te voeren beseffen wij onze verwantschap met het goddelijke, de aanwezigheid van het goddelijke. Wat niet begrepen kan worden in overdenkingen, begrijpen we in daden.

§ 4 SPIRITUALITEIT IS HET DOEL, NIET DE WEG

De wereld heeft meer nodig dan de geheime heiligheid van individuele ingekeerdheid. Er is meer nodig dan geheiligde gevoelens en goede bedoelingen. God vraagt om het hart omdat hij levende wezens nodig heeft. Door levens zal de wereld verlost worden, door levens in harmonie met God, door daden die de beperkte barmhartigheid van het menselijke hart overtreffen.

Het vermogen van de mens om te handelen is minder vaag dan zijn vermogen om plannen te maken. En een handeling heeft betekenis in zichzelf, haar waarde voor de wereld staat los van wat zij voor de handelende betekent. Het geven van voedsel aan een hongerig kind heeft betekenis, of er nou een ethische bedoeling achter zit of niet. God vraagt om het hart en wij moeten ons antwoord betekenis geven in daden.

Het zou van verwaandheid, zo niet van arrogantie getuigen om te beweren dat zuiverheid van hart de enige toets voor vroomheid is. Wij weten maar zelden hoe we volmaakte zuiverheid kunnen verwerven of behouden. Niemand kan beweren zelfs zijn hoogste verlangen van alle schuim gezuiverd te hebben. De persoonlijkheid is beperkt, maar eigenbelang is onbeperkt.

God vraagt om het hart, maar het hart wordt overweldigd door onzekerheid in zijn eigen schemering. God vraagt om vertrouwen en het hart is niet zeker van zijn eigen geloof. Het is goed dat er een dageraad van beslissing is voor de nacht van het hart; daden om het geloof te objectiveren, bepaalde vormen om het geloof te bevestigen.

Het hart is vaak een eenzame stem op de markt van het leven. Een mens kan verheven idealen koesteren en zich gedragen als de ezel die, zoals wel gezegd wordt, 'goud draagt en distels eet'. Het probleem van de ziel is om hoogstaand te leven in een zinnelijke omgeving, hoe de tong en de gevoelens te overtuigen en te oefenen om zich te gedragen in overeenstemming met de inzichten van de ziel.

Een integere levenswandel gaat niet alleen het hart aan, het houdt meer in dan het besef van de morele wet. De binnenste kamer moet bewaakt worden bij de verste buitenposten. Religie is niet hetzelfde als spiritualiteit, wat de mens doet in zijn concrete fysieke bestaan is rechtstreeks van belang voor het goddelijke. Spiritualiteit is het doel, niet de weg van de mens. In deze wereld wordt muziek gemaakt op gemaakte instrumenten en de mitswot zijn de instrumenten waarmee het heilige wordt uitgedragen. Wanneer de mens alleen geest zou zijn, dan zou aanbidding in gedachten de vorm zijn om gemeenschap met God te hebben. Maar de mens is lichaam en ziel en het is zijn bestemming om zo te leven dat zowel 'zijn hart als zijn lichaam zouden zingen voor de levende God'.

§ 5 ZELFSTANDIGHEID EN AFHANKELIJKHEID

Maar hoe weten wij wat de juiste daden zijn? Kan de kennis van goed en kwaad alleen uit het verstand en uit het geweten afkomstig zijn?

Er zijn er die bereid zijn om de boodschap van de goddelijke geboden terzijde te schuiven en ons op te roepen om op ons geweten te vertrouwen. De mens, zo wordt ons verteld, is slechts verplicht om te handelen in overeenstemming met zijn verstand en zijn geweten en moet niet onderworpen worden aan welke wetten dan ook, behalve aan die welke hij zichzelf oplegt. Ethische wetten kunnen door het verstand en het geweten verkregen worden en er is geen behoefte aan een wetgever. God is alleen maar nodig als borg voor de uiteindelijke zege van de morele inspanning.

De denkfout in het leerstuk van de zelfstandigheid zit in de gelijkstelling van de mens met 'de goede bedoelingen' met zijn gehele aard met verstand en geweten. Het menselijke vermogen om lief te hebben en zichzelf weg te cijferen (*jeetser hatov*) vormt niet zijn complete aard. Hij is ook geneigd succes lief te hebben, om de overwinnaars te bewieroken en de verliezers te verachten. Zij die ons oproepen om op onze innerlijke stem te vertrouwen beseffen niet dat er meer dan één stem in ons is, dat de macht van het egoïsme gemakkelijk de stem van het geweten kan smoren. Bovendien wordt het geweten vaak geprezen voor wat buiten zijn vermogen ligt. Het geweten is geen wetgevende macht die in staat is om ons te leren wat we horen te doen. Het is meer een middel ter bescherming, een rem, geen gids; een omheining, geen weg. Het verheft zijn stem nadat iets verkeerds is gedaan, maar geeft ons vaak géén aanwijzing vóórdat we tot handelen overgaan.

Het individuele inzicht alleen is niet in staat om aan alle problemen van het leven het hoofd te bieden. Het is de leiding van de traditie waar we op moeten vertrouwen en waarvan we de regels moeten leren uitleggen en toepassen. We moeten niet alleen de bedoelingen leren, maar ook de middelen om die doelen te realiseren, en dan niet alleen de algemene wetten, maar ook de specifieke vormen.

Het jodendom roept op om *niet alleen* te luisteren naar de stem van het geweten maar ook naar de regels van een wet waarvan we afhankelijk zijn. Het goede is geen abstract denkbeeld maar een gebod, en de uiteindelijke betekenis van zijn vervulling is dat het *een antwoord* is aan God.

§ 6 DE WET

De mens moest uit de Hof van Eden verdreven worden, moest getuige zijn van de moord op de helft van het menselijke geslacht, door Kaïn uit afgunst gepleegd, de catastrofe van de zondvloed ondergaan, de verwarring van de talen, de slavernij in Egypte en het wonder van de *exodus*, om de wet te kunnen ontvangen.

Wij geloven dat het joodse leven aan een goddelijke wet is toegewijd, dat de uiteindelijke maatstaven niet in maar buiten de mens liggen. Wij geloven dat er een wet is waarvan de kern voortkomt uit profetische gebeurtenissen en waarvan de uitleg aan de wijzen is toevertrouwd.

Ons is geleerd dat God de mens niet alleen het leven maar ook een wet gaf. Het hoogste gebod is niet alleen te geloven in God, maar de wil van God te doen. De klassieke code, *Turim,* begint met de woorden van Judah ben Tema: 'Wees dapper als een luipaard, licht als een adelaar, vlug als een hert en sterk als een leeuw om de wil *te doen* van je vader die in de hemel is.'[7]

Wat is *wet?* Een manier van omgaan met de lastigste van alle problemen: het leven zelf. De wet is een probleem als je denkt dat het leven iets alledaags is. *De wet is een antwoord* aan hen die weten dat het *leven een probleem is.*

In het jodendom betekent trouw aan God toewijding aan de joodse wet, aan een discipline, aan bepaalde verplichtingen. Deze termen, waar de mens van nu een hekel aan schijnt te hebben, maken in feite deel uit van beschaafd leven. Iedere burger die loyaal is aan zijn land erkent zijn wetten en aanvaardt de verplichtingen die daaraan verbonden zijn. Van tijd tot tijd zal zijn loyaliteit hem aansporen om zelfs meer te doen dan trouw alleen zou eisen. Het woord loyaliteit is dan ook afgeleid van dezelfde wortel als loyaal, *ligo,* dat 'gebonden zijn' betekent. Zo komt het Engelse woord *obligation* van het Latijnse *obligo,* binden, en duidt de toestand aan van begrenzing door een wettelijke of morele band.

Het doel van de profeten was om te leiden en eisen te stellen, niet alleen om te troosten en gerust te stellen. Het jodendom is zinloos als een vrijblijvende houding die je al of niet kunt aannemen. In het joodse denken is het leven een complex van plichten, en de fundamentele categorie van het jodendom is meer een *eis* dan een *dogma,* meer een *toewijding* dan een gevoel.

Gods wil staat hoger dan het *geloof van de mens.* Respect voor het gezag van de wet is een uitdrukking van liefde voor God.

Maar zijn liefde gaat zijn wil te boven. De Thora is Israël gegeven als een teken van zijn liefde. Om deze liefde te beantwoorden proberen we *ahavat torah,* liefde voor de Thora te verkrijgen.

Enige zelfbeheersing is een voorwaarde voor creatief leven. Is een kunstwerk geen overwinning van de vorm op de ruwe stof? Gevoel beheerst door een idee? Wij hebben de illusie dat we volwassen zijn en een neiging om de mate van menselijke perfectie te overschatten. Niemand is volwassen behalve als hij geleerd heeft om zich aan werk te wijden dat vraagt om discipline en zelfbeheersing. Menselijke volmaaktheid hangt af van het vermogen tot kalmte.

Wanneer het gemoed een pijnlijke plek is door vooroordeel en arrogantie, door zijn onvermogen om de stroom van overlopende ijdelheid tot staan te brengen, door zijn voorstellingsvermogen dat in de duisternis zijn klauwen naar dwaasheid en zonde uitstrekt, begint de mens God te zegenen voor het voorrecht om te dienen in geloof en in overeenstemming met zijn wil. De tijd staat nooit stil, het leven loopt af, maar de wet neemt ons bij de hand en leidt ons naar huis, naar een eeuwige orde.

Er zijn zowel positieve als negatieve mitswot, actie zowel als passiviteit. Inderdaad wordt het gevoel voor het heilige vaak uitgedrukt in beperkende bewoordingen, op dezelfde wijze als waarop het mysterie van God *via negationis* wordt overgedragen door een *negatieve theologie* die stelt dat wij nooit kunnen zeggen wat hij is; we kunnen slechts zeggen wat hij niet is. Ontoereikend zou onze dienst zijn als hij alleen zou bestaan uit rituelen en positieve daden die zo gebrekkig en vaak vruchteloos zijn. Hoe waardevol positieve inzet ook is, er zijn tijden waarin de stilte van geheiligde passiviteit sprekender is dan de taal der daden.[8]

§ 7 VAN EEN GEESTELIJKE ORDE

Er bestaat een doeltreffende manier om de betekenis van de wet over het hoofd te zien en wel door versplintering of generalisatie: door de delen zonder het geheel te beschouwen of door het geheel zonder de delen te zien.

Het is onmogelijk om de betekenis te begrijpen van daden die zijn losgemaakt uit het geheel van een leven waarin ze thuishoren. Daden zijn componenten van een geheel en ontlenen hun karakter aan de structuur van het geheel. Er is een nauwe samenhang tussen alle daden en ervaringen van een persoon. Maar zoals de delen worden bepaald door het geheel, zo wordt het geheel bepaald door de delen. Daardoor kan de amputatie van één deel de volheid van de gehele structuur aantasten, behalve als dat deel zijn vitale rol in het organische lichaam van het geheel had doorleefd.

Sommige mensen zijn zo bezig met het verzamelen van stukjes en beetjes van de wet, dat ze er nauwelijks aan denken om het patroon van het geheel te weven. Anderen zijn zo betoverd door het romantiseren van algemeenheden, door het beeld van idealen, dat, terwijl zij hun ogen ten hemel heffen, hun handelingen ondergeschikt blijven.

Wat wij moeten proberen te vermijden is niet alleen het verzuimen van een enkele mitswa, maar het verlies van het geheel, het verlies van te behoren tot de geestelijke orde van het joodse leven. De intentie van het joodse leven is niet bedoeld als een stel rituelen, maar als een instructie voor het hele bestaan van de mens om al zijn eigenschappen, belangen en neigingen richting te geven. Het is niet zozeer het verrichten van losstaande daden, het nu en dan doen van een stap maar ook het volgen van een weg, het onderweg zijn. Het is niet zozeer het volbrengen van daden als wel de toewijding aan de taak, het behoren tot een orde waarin op zichzelf staande daden, het complex van religieuze gevoelens, sporadische gevoelens, belangrijke gebeurtenissen van morele aard een deel van een volledig patroon worden.[9]

Het is een vervorming om het jodendom te beperken tot een eredienst of een systeem van godsdienstige plechtigheden. De Thora is zowel onderdeel als geheel. Zoals in elke waarneming tijd en ruimte verondersteld zijn, zo is het leven in zijn geheel in elke vrome daad betrokken. Er is een objectieve samenhang die alle belangrijke gebeurtenissen bijeenhoudt. Een mens kan nu een misdaad plegen en een uur later zonder moeite iets anders doen. Maar als een mens bidt, gaat alles wat hij in zijn leven gedaan heeft zijn gebed binnen.

§ 8 EEN THEOLOGISCHE OVERDRIJVING

De joodse traditie beweert niet dat elke jota van de wet aan Mozes op de Sinaï is geopenbaard. Dit is een ongerechtvaardigde uitbreiding van het rabbijnse concept van openbaring. 'Zou Mozes de hele Thora hebben kunnen leren? Van de Thora is gezegd: *Langer dan de aarde is zijn maat, hij is breder dan de zee* (Job 11:9). Zou Mozes haar dan in veertig dagen hebben kunnen leren? Nee, het waren slechts haar beginselen (*klalim*) die God aan Mozes leerde.'[10]

De rabbijnen houden vol dat 'aan Mozes niet-geopenbaarde dingen aan rabbi Akiba en zijn collega's zijn geopenbaard'.[11] De rol van de wijzen bij de uitleg van het woord van de Bijbel en hun macht om nieuwe voorschriften uit te vaardigen zijn grondbestanddelen van het joodse geloof waarvoor onze wijzen een basis vonden in Deuteronomium 17:11: *Houd u aan de uitleg die zij u geven en probeer in geen enkel opzicht te schikken en te plooien.* De Thora werd vergeleken met 'een bron die onafgebroken meer water geeft dan hij opzuigt.

Op dezelfde manier kan men meer Thora onderwijzen (of zeggen) dan men op de Sinaï ontving.'[12]

Met de bedoeling meer vreugde en liefde tot God in te boezemen, breidden de rabbijnen het toepassingsgebied van de wet uit door steeds meer beperkingen en verboden op te leggen. 'Er is geen generatie waarin de rabbijnen niets aan de wet toegevoegd hebben.'[13] In de dagen van Mozes was alleen bindend wat hij met zoveel woorden op de Sinaï ontvangen had (de geschreven wet) én verschillende verordeningen, die hij om welke redenen dan ook toevoegde. (Maar) de profeten, de Tannaïm en de rabbijnen van elke generatie (zijn doorgegaan met het vermeerderen van deze beperkingen).[14]

De industriële beschaving heeft de levensomstandigheden van de mens diepgaand beïnvloed en zeer veel wetsgetrouwe joden menen dat veel van de rabbijnse beperkingen eerder een grotere vreugde en liefde tot God belemmeren dan opwekken.***

In hun ijver om het oude gebod 'zet een heg rond de Thora' uit te voeren, hebben veel rabbijnen de waarschuwing 'beschouw de heg niet als belangrijker dan de wijngaard' over het hoofd gezien. Buitensporige aandacht voor de omheining kan de ondergang van de wijngaard betekenen.[15] De wijngaard wordt vertrapt. Hij is zo goed als verwoest. Is dit het moment om aan te dringen op de heiligheid van de omheiningen? 'Als de Thora gegeven zou zijn als een onbuigzame, onveranderbaar wetboek van rechtsregels, dan zou Israël niet kunnen voortbestaan... Mozes riep uit: Eeuwige van het heelal, laat mij weten wat de wet is. En de Eeuwige sprak: Regeer met behulp van het meerderheidsprincipe... De wet zal nu eens op de éne dan weer op de andere manier worden uitgelegd volgens de opvatting van de meerderheid van de *wijzen*.'[16]

Een grote joodse autoriteit maakt de volgende opmerkingen over dit onderwerp:

Hoe kregen de generaties vóór Sinaï hun geestelijke integriteit? Hoe kunnen wij zeggen dat de aartsvaders even hoog of hoger stonden dan de gemeenschap van Israël, nu in hun tijd de geboden nog niet gegeven waren zodat al hun vrome daden vrijwillige dienst konden zijn, maar geen geboden. De rabbijnen hebben geleerd dat de geschiedenis in drie tijdperken kan worden verdeeld: de periode van de chaos, de periode van de Thora en de periode van

het voorspel op de Messias. De aartsvaders leefden in een tijdperk van chaos waarin zijn heilige aanwezigheid alleen in een zeer verhulde vorm gevonden kon worden. Toch konden zij ondanks de duisternis en de hindernissen zeven geboden onderscheiden. Iemand die ondanks zulke moeilijkheden toch wat bereikt, wordt geacht even verdienstelijk te zijn als iemand die in een tijd van overvloed heel veel bereikt. Iedereen die tijdens het tijdperk van de chaos zich de zeven geboden van Noach realiseerde en deze ook onderhield, deed evenveel als hij die de gehele Thora onderhoudt in een tijd waarin Gods woord uitgebreider is.
Het vermogen om na te leven hangt af van de situatie. Zo zijn wij in deze tijd niet verplicht om aan de wetten van de Tempel te voldoen en het weinige dat wij doen wordt gelijkgesteld aan de naleving van hen die in staat waren om de wetten te vervullen die in de tijd van de Tempel mogelijk waren.
In de tijd van Abraham was het niet verkeerd om de geboden te veronachtzamen omdat de tijd voor hun vervulling nog niet gekomen was. Elk woord en elke daad van de wet heeft zijn eigen tijd waarin hij kan en moet worden gehouden.[17]

[* *Sola fides:* alleen door geloof; *sola gratia:* alleen door genade.

** Albrecht Ritschl, Duits theoloog (†1889).

*** TANNAÏM, benaming voor de rabbijnse leraren in Palestina en Babylonië in de periode voorafgaand aan de totstandkoming van de *Misjna* en *Tosefta* (70-200 n.C.). De Tannaieten zijn de grondleggers het latere rabbijnse jodendom en hebben na de grote oorlog van 66-74 n.C. ervoor gezorgd dat het jodendom van een tempel georiënteerde cultusreligie met accent op het offer tot een op het heilige boek georiënteerde boekreligie met accent op de studie van de heilige teksten is geworden.
Zie ook: Karen Armstrong, *The Case for God*, New York 2009, hoofdstuk 4 *Faith*.]

HOOFDSTUK 30

DE KUNST VAN HET ZIJN

§ 1 ALLEEN DADEN EN NIETS ANDERS?

Een leven dat volgens de *halacha* (regels van de mondelinge traditie) geleid wordt ziet eruit als een mozaïek van uiterlijke daden, en oppervlakkig gezien lijkt het erop dat een mens alleen beoordeeld wordt naar het aantal rituelen of goede daden dat hij verricht, naar de nauwgezetheid waarmee hij de kleinste details van de wet vervult, en niet zozeer naar kwaliteiten van spirituele waarde en toewijding.

Verheerlijkt het jodendom uiterlijke daden, ongeacht bedoeling en motief? Roept het meer op tot handelen dan tot toewijding? Moet een mens meer beoordeeld worden naar wat hij *doet* dan naar wat hij *is*? Is alleen gedrag belangrijk? Hebben de mitswot de ziel niets te zeggen? Heeft de ziel niets te zeggen door de mitswot? Ons wordt opgedragen om bepaalde rituelen uit te voeren, zoals het tweemaal per dag reciteren van 'Hoor o Israël...' of het aanbrengen van de *tefillin* (gebedsriemen) op arm en hoofd. Wordt ons alleen opgedragen om '*Hoor* o Israël... God is Eén' *op te zeggen* en niet om te *horen*? Is het dragen van de tefillin op hoofd en arm alleen een uiterlijke voorstelling? Geen godsdienstige handeling wordt naar behoren gedaan behalve als die gedaan wordt met een gewillig hart en een verlangende ziel. Je kunt hem niet met je lichaam eerbiedigen als je niet weet hoe hem in zijn ziel te aanbidden.[1] De verhouding tussen daad en innerlijke toewijding moet, zoals we zullen zien, worden opgevat in tegenover elkaar staande termen.

§ 2 EEN ROEP OM CREATIVITEIT

Een religieus gebruik moet niet verschralen tot een uiterlijk volgen van de wet. Overeenstemming tussen hart en geest en niet alleen in overeenstemming met de letter van de wet, is op zichzelf al een vereiste van de wet. Het doel is een leven dat de geboden van de wet overstijgt, om het eeuwige opeens te vervullen, om als het ware goedheid uit het niets te scheppen.

De wet, stroef van vormelijkheid, is *een kreet om creativiteit*. Een roep om edelmoedigheid verborgen in de vorm van geboden. Zij is niet gemaakt om een juk, een rem of een dwangbuis voor menselijk handelen te zijn. Bovenal vraagt de Thora om liefde: *Je zult liefhebben je God; je zult je naaste liefhebben*. Elk religieus gebruik is een oefening in de kunst van de liefde. Als we vergeten dat liefde het doel is van alle *mitswot*, ontkrachten we hun betekenis. 'Zij die menen dat de uitvoering het belangrijkste is, vergissen zich. Het belangrijkste is het hart. Wat we doen en wat we zeggen heeft maar één doel: de devotie van het hart te wekken. Dit is de essentie en het doel van alle mitswot: Hem lief te hebben met heel uw hart.'[2]

'Alles wat je doet hoor je te doen uit liefde.'[3] Het resultaat van onze wil om te gehoorzamen is het vermogen om lief te hebben. De wet is gegeven om gekoesterd te worden, niet alleen om je bij neer te leggen.

Joodse wetsnaleving vindt – het moet worden beklemtoond – plaats op twee niveaus. Zij bestaat uit daden verricht door het lichaam op een duidelijk omschreven en tastbare wijze en uit daden van de ziel, verricht op een manier die omschrijfbaar noch waarneembaar is. Ze bestaat uit de juiste bedoeling en uit het omzetten daarvan in een daad. Lichaam en geest moeten beide deelnemen aan de uitvoering van een ritueel, een wet, een gebod, een mitswa. Gedachten, gevoelens verscholen in de innerlijke diepte van de mens, handelingen verrichten zonder er echt bij te zijn, zijn onvolledig.

Het jodendom legt de nadruk op zowel het belang van een vast patroon van daden als op dat van de spontaniteit van de toewijding. Zowel op de kwantiteit en de kwaliteit van religieus leven als op het handelen en de *kavanah* (oriëntatie op God). Een goede daad bestaat niet alleen uit *wat* wij doen, maar ook uit *hoe* wij het doen. Zelfs die mitswot die voor hun vervulling om een concreet doel en een uiterlijke handeling vragen, hebben innerlijke erkenning nodig, deelname, begrip en vrijheid van het hart.

Het is waar dat de wet altijd spreekt over uiterlijke uitvoering en zelden over innerlijke toewijding. Zij dringt niet krachtig aan op kavanah. Er zit wijsheid in deze terughoudendheid. De rabbijnen wisten dat een mens kan worden bevolen om op een bepaalde wijze te handelen, maar niet om op een bepaalde wijze te voelen, dat handelingen van een mens gereglementeerd kunnen worden, maar gedachten of gevoelens niet.

Daarom zijn er geen uitvoerige wetten over kavanah en inderdaad, de kavanah kan in de pure halacha verdrogen. Om de stroom te behouden moeten het gevoel voor het heilige levend blijven, voor iets dat voorbij kavanah ligt.

§ 3 GOD VRAAGT HET HART

De joodse *observantie*, het respect voor religieuze plichten, kan in twee soorten worden verdeeld: plichten die zowel om een uiterlijke handeling als om een werking van de ziel vragen, en plichten die alleen een daad van de ziel vereisen. De geest en het hart zijn dus nooit vrijgesteld van de dienst aan God. Het aantal voorschriften dat om uiterlijke handeling én werking van de ziel vraagt is beperkt, terwijl het aantal dat uitsluitend plichten van het hart betreft, die in de ziel uitgevoerd moeten worden, eindeloos is.

Wij loven de daad, we verafgoden uiterlijke prestaties niet. De uiterlijke verrichting is slechts een aspect van een daad in zijn geheel. De joodse literatuur weidt uit over het denkbeeld dat elke daad van de mens draait om en berust op de intentie en de verborgen gevoelens van het hart, en dat de plichten van het hart voorrang hebben boven de plichten om de praktische voorschriften uit te voeren. Zij zijn bindend voor ons *in alle jaargetijden, in alle plaatsen, elk uur, elk ogenblik, onder alle omstandigheden, zolang we in leven zijn en bij ons verstand.*[4]

Geen ander gebied van observantie vereiste zo'n strikte toepassing van formaliteiten als het ritueel in de Tempel te Jeruzalem. De beschrijving van de regels en de gewoonten die in acht genomen werden bij de offerceremonies beslaat bijna een hele afdeling van de *misjna.** Maar het is veelzeggend dat de twee voornaamste traktaten van die afdeling beginnen met een beschouwing over de innerlijke houding van de priester, waarbij met nadruk wordt verklaard dat de geldigheid van de ceremonie op de eerste plaats bepaald wordt door wat er omgaat in het gemoed van de priester. Nadat hij alle details van de verrichting van de priester uiteen heeft gezet, komt de redacteur van de misjna op het oorspronkelijke beginsel terug en besluit het tweede traktaat met een verklaring die klinkt als een afkondiging: 'Het komt op hetzelfde neer of men veel of weinig offert, mits men zijn hart op de hemel richt.' '*Moge de* EEUWIGE *in zijn goedheid vergeving schenken aan ieder wiens hart gericht is op God... ook aan degenen die zich niet hebben gehouden aan de reinheidsvoorschriften die in het heiligdom gelden.*' (2 Kronieken 30:18-19).[4a]

Voor de oude rabbijnen was de bezigheid van leren, van *Thora*, een van de hoogste doeleinden.[5] Hield dit concept in dat in Gods ogen de geleerde in het leerhuis hoger stond dan de boer op de akker? Een favoriet gezegde van de geleerden in Yavneh was:

Ik ben een creatie van God,
Mijn naaste is ook een creatie van God;
Mijn werk is in de stad,
Zijn werk is op de akker;
Ik sta vroeg op voor mijn werk,
Hij staat vroeg op voor het zijne.
Zoals hij niet aanmatigend is over zijn beroep,
Zo ben ik niet aanmatigend over mijn beroep.
Misschien zeg je:
Ik doe grote dingen en hij doet kleine dingen!
Wij hebben geleerd:
Het doet er niet toe of men veel of weinig doet,
Als je hart maar op de hemel is gericht.[6]

Het jodendom heeft de geest en de ziel veel te zeggen en de geest en de ziel moeten veel aan het jodendom geven. Er bestaat geen jodendom zonder liefde en ontzag, verwondering en respect, geloof en betrokkenheid, kennis en begrip.

'God vraagt het hart', niet alleen daden, inzicht en niet alleen gehoorzaamheid, begrip en kennis van God, niet alleen aanvaarding. Onpersoonlijke gehoorzaamheid vraagt de Bijbel niet. De strengste woorden van het boek *Deuteronomium* zijn gericht tegen hen die de Eeuwige *niet met vreugde hebben gediend* (28:47). De wegen van de Thora zijn *lieflijk, haar paden vredig. Ze is een levensboom voor wie haar omhelst, wie haar omarmt mag zich gelukkig prijzen* (Spreuken 3:17-18). Moeten we niet leren om de vreugde, de lieflijkheid, de vrede en het geluk die van de Thora uitgaan, te proeven?

De religieuze voorschriften hebben niet in de eerste plaats ten doel om ons een discipline op te leggen, maar om ons geestelijk scherp te houden. Het jodendom heeft geen belangstelling voor routines. In zijn wezen is obediëntie een manier van navolging van God. *Dat* wij naleven is gehoorzaamheid, *wat* wij naleven is navolging van God.[7]

[* MISJNA: het oudste document van het rabbijnse jodendom, aan het begin van de derde eeuw n.C. samengesteld o.l.v. de vooraanstaande rabbi en patriarch Jehoedea ha-Nasi.]

§ 4 WAAROM KAVANAH?

Als een daad in principe goed is, waarom moet hij dan als onvolmaakt worden beschouwd als hij verricht is zonder deelname van de ziel? Waarom is *kavanah*, de oriëntatie van het nederige hart op God, nodig?

Een onbewust verrichte morele daad kan voor de wereld belangrijk zijn omdat zij anderen helpt. Maar toch zal een zonder piëteit verrichte daad, ongeacht haar invloed op de levens van anderen, het leven van de dader onberoerd laten. Het ware doel van de mens is *te zijn* wat hij *doet.* De waarde van een religie is de waarde van de individuen die een religieus leven leiden. Daarom is een mitswa niet alleen handelen, maar een handeling die zowel de doener als de daad omsluit. De middelen mogen bij de wereld van de verschijnselen horen, maar het doel is persoonlijk. Laten je daden zuiver zijn, zodat jij heilig zult zijn.

Een echte held is groter dan zijn wapenfeiten en een echt vroom mens is groter is dan zijn rituelen. De daad is begrensd, maar de taak is onbegrensd. Het is een vertekening om te zeggen dat het jodendom uitsluitend bestaat uit het verrichten van rituele of morele daden en te vergeten dat het doel van alle handelingen het *omvormen* van de ziel is. Zelfs vóór dat aan Israël in de Tien Geboden was opgedragen wat te *doen*, was het volk opgedragen wat te *zijn*: *een heilig volk.* Het verrichten van geheiligde daden is het in zich opnemen van de heiligheid van daden. We moeten leren hoe één te zijn met wat we doen. Hiertoe bestaat naast de halacha, *de wetenschap van daden*, de aggada, *de kunst van het zijn.*

§ 5 DOEN OM TE ZIJN

De mens bestaat niet in het belang van goede daden. De goede daden zijn van belang voor de mens. Het jodendom vraagt meer dan inzet, meer dan het *opus operatum.* Het doel is niet dat een plechtigheid wordt *verricht*; het doel is dat de mens *veranderd* wordt, om de Heilige te aanbidden om heilig te zijn. Het doel van de mitswot is *het heiligen* van de mens.

Hoe meer wij in zijn naam doen, hoe meer wij ontvangen in ons belang. Wat uiteindelijk het zwaarste weegt is niet de draagwijdte van daden, maar hun uitwerking op het leven van de ziel. 'Hij die een mitswa doet, ontsteekt een lamp voor God en schenkt meer leven aan zijn ziel'.[8]

De mens is meer dan wat hij doet. Geestelijk gesproken is wat hij doet een minimum van wat hij is. Daden zijn uitvloeisels, niet de kern van de persoonlijkheid. Ze mogen het zelf weerspiegelen of zuiveren, maar het blijft de werking en niet de werkelijkheid van het innerlijke leven. Het innerlijke leven is hoe dan ook ons urgente probleem.

De Pentateuch bestaat uit vijf boeken [*penta* = vijf; *teuchos* = boekrol]. De joodse godsdienstcodex, de *Shulchan Aruch* [Gedekte Tafel]* bestaat maar uit vier boeken. Waar is het ontbrekende deel van de wet? Rabbi Israel van Roesjin antwoordde: het ontbrekende deel is de persoon. Zonder de levende deelname van de persoon is de wet onvolledig.

De Thora heeft geen hemelse glorie wanneer de mens zich afzijdig houdt. De bestemming van de mens is om een *incarnatie*, een belichaming van de Thora te zijn.[9] Het doel van de Thora is om in de mens, in zijn ziel en in zijn daden aanwezig te zijn.

§ 6 DE INWONING VAN GOD IN DADEN

Waar is de nabijheid, waar is de glorie van God te vinden? Zij wordt gevonden in de wereld (*Heel de aarde is vervuld van zijn majesteit*), in de Bijbel en in een geheiligde daad.

Leggen alleen de hemelen een verklaring af van Gods eer? Het is van diepe betekenis dat *Psalm 19* begint met de woorden *De hemel verhaalt van Gods majesteit* en eindigt met een loflied op de Thora en mitswot: *Ze zijn begeerlijker dan goud, dan fijn goud in overvloed, en zoeter dan honing, dan honing vers uit de raat.* De wereld, het woord net zo goed als de geheiligde daad, zijn vervuld van zijn majesteit. God wordt rechtstreekser aangetroffen in de Bijbel en in goede daden en aanbidding dan in berg en dal. Het is zinvoller te geloven in de *inwoning van God in daden* dan in de immanentie van God in de natuur. Het is inderdaad niet de eerste zorg van het jodendom hoe de nabijheid van God te vinden in de materiële wereld, maar hoe hem te betrekken in onze omgang hiermee, hoe bij hem te zijn in de tijd, niet alleen in de ruimte. Daarom is de mitswa een onovertrefbare bron van religieus inzicht en religieuze ervaring. De weg naar God is een weg van God en een mitswa is een weg van God, een weg waarop de vanzelfsprekendheid van de Heilige wordt onthuld. We hebben weinig woorden maar weten hoe te leven in daden die God vertolken.

God is Eén en zijn majesteit is Eén. Eenheid betekent heelheid, ondeelbaarheid. Zijn glorie is niet gedeeltelijk hier en gedeeltelijk daar, zij is helemaal hier en helemaal daar. Maar hier en nu, in deze wereld, is de stralenkrans verborgen. Zij wordt geopenbaard in een geheiligde daad, in een geheiligd ogenblik, in een opofferende daad. Niemand die een mitswa doet is alleen, want een mitswa is waar God en mens elkaar ontmoeten.

We ontmoeten hem niet op de wijze waarop we ruimtelijke dingen ontmoeten. Hem te ontmoeten betekent door een innerlijke zekerheid van zijn werkelijkheid te worden bevangen en door een besef van zijn wil. Een dergelijke ontmoeting, zo'n nabijheid ervaren wij in daden.

§ 7 AANWEZIG ZIJN

De nabijheid van God is een majestueus vooruitzicht om gevoeld en behouden te worden en om, wanneer verloren, herwonnen en hervat te worden. De tijd is de aanwezigheid van God in de wereld.[10] Elk moment is zijn subtiele aankomst, en het is de taak van de mens *om aanwezig te zijn.* Zijn aanwezigheid wordt vastgehouden op momenten waarin *God niet alleen is;* waarin we proberen in zijn buurt te zijn, om hem te betrekken bij onze dagelijkse daden, waarin we onze gedachten smeden in de smederij van de eeuwigheid. De aanwezigheid is niet één gebied en de geheiligde daad een ander. De geheiligde daad is het goddelijke in vermomming.[11]

Het is de bestemming van de mens om partner van God te zijn en een mitswa is de inzet waarin de mens aanwezig is, een méédoen. Zonde is echter een handeling waarin God alleen staat, een handeling van vervreemding.

Die handelingen, waarin de mens het goddelijke naar buiten brengt, zijn bevrijdingsacties om het heilige dat verborgen is te onthullen en om het goddelijke dat onderdrukt wordt te tonen. Elk mens is geroepen om een bevrijder te zijn en bevrijding voltrekt zich elk moment, elke dag.[12]

De betekenis van de joodse wet wordt onthuld als zij wordt opgevat als een heilig en poëtisch samenspel van woorden en lettergrepen. Het goddelijke zingt in onze goede daden, het goddelijke wordt onthuld in onze geheiligde daden. Onze moeite is slechts een contrapunt in de muziek van zijn wil. Als wij onze levens openstellen voor God, ontdekken we het goddelijke in onszelf en zijn overeenkomst met het goddelijke dat ons te boven gaat.

HOOFDSTUK 31

KAVANAH

§ 1 OPLETTENDHEID

Wat wordt bedoeld met de term *kavanah*? Als werkwoord lijkt de oorspronkelijke betekenis te zijn: rechtworden, op een rij zetten, de weg wijzen. Daarna werd de betekenis: aandacht richten, aandacht schenken, iets doen met een bedoeling, aanwijzingen geven. Het zelfstandig naamwoord kavanah betekent: aandacht, betekenis, bedoeling, motief, intentie.

Kavanah betekent dus in de eerste plaats wat gewoonlijk *intentie* wordt genoemd, namelijk de aandacht van het hart richten op het volbrengen van een specifieke handeling, je realiseren van wat je doet, van de taak die je op je genomen hebt. In deze betekenis is kavanah hetzelfde als *oplettendheid.*

Drukt oplettendheid alles uit wat het woord kavanah inhoudt? Betekent kavanah niets anders dan tegenwoordigheid van geest? Is het niet duidelijk dat een geheiligde daad verricht kan worden met volledige medewerking van de geest en dat hij toch weinig meer is dan een routinehandeling, een opdracht verricht om de klus te klaren? Bovendien, wanneer kavanah alleen een mentale houding is, zou het eenvoudig door een wending van de geest bereikt kunnen worden. Maar de vrome mensen in vroegere dagen meenden dat ze een uur moesten mediteren om de staat van kavanah te bereiken.[1]

Oplettendheid is een formeel concept, het vertolkt de richting maar niet het doel van de geest. Maar waarop zouden we moeten letten bij het plaatsen van de mezoeza [*Schrijf mijn woorden op de deurposten van uw huis;* Deut. 11.20] of bij het zeggen van een gebed? Op het fysieke aspect van de handeling: dat de mezoeza op de juiste plaats wordt aangebracht of dat de woorden uitgesproken worden volgens de voorschriften van Hebreeuwse klankleer?

Volgens een klassieke formulering betekent kavanah hebben 'het hart richten op de Vader in de hemel'. Er wordt niet gezegd het hart richten op de 'tekst' of op de 'inhoud van het gebed'. Kavanah is dus meer dan aandacht geven aan de liturgische tekst de of aan de vervulling van de mitswa. Kavanah is oplettendheid naar God. Het is eerder haar bedoeling om het hart te leiden dan de tong of de armen. Het is geen handeling van de geest die dient om een uiterlijke activiteit te leiden, maar iets dat zélf een betekenis heeft.

§ 2 WAARDERING

Mitswa betekent gebod. Bij het vervullen van een mitswa is onze eerste gedachte dat wij uitvoeren wat hij ons geboden heeft om te doen en het is een dergelijk besef dat onze handeling in de richting van het goddelijke plaatst. In deze betekenis is kavanah niet het besef dat ons geboden worden opgelegd, maar het besef van hem die gebiedt, niet van een last die wij dragen, maar van de Wil die we gedenken, het besef van God, meer dan het besef van een plicht. Zo'n besef is meer dan een geesteshouding. Het is een taxatie of *waardering* van de omstandigheid dat ons geboden worden opgelegd, van het leven in een verbond, van de kans om te handelen in overeenstemming met God.

Waardering is niet hetzelfde als bespiegeling. Het is een houding van de hele persoon die wordt aangetrokken door de intrinsieke waarde van een object of van een situatie. Het voelen hoe waardevol het is om naar een gebod van God te kunnen luisteren; het gevoelig zijn voor de unieke waarde van het vervullen van een mitswa, is het begin van een hogere kavanah.

Door zo'n waardering beseffen wij dat *uitdrukking geven* aan de wet, het *vormgeven* van een goddelijk thema is. Dat het onze taak is om in daden het goddelijke bekend te maken, om de geest in tastbare vormen uit te drukken. Want een mitswa is als een partituur en haar uitvoering is geen werktuiglijke prestatie maar een kunstzinnige handeling.

De muziek in een partituur is alleen toegankelijk als er al muziek in de ziel zit. Het is niet genoeg om de noten te spelen, je moet *zijn* wat je *speelt*. Het is niet genoeg om de mitswa te doen, je moet *leven* wat je *doet*. Het doel is om toegang te krijgen tot de geheiligde daad. Maar de heiligheid in de mitswa openbaart zich alleen als je weet hoe je heiligheid in je eigen ziel kunt ontdekken. Een mitswa te doen is één ding, te delen in haar inspiratie een ander. En om te delen moet je leren om door te geven, te schenken.

Beperking tot de formele en technische kant van de wetsnaleving maakt je ongevoelig voor de essentie van de taak. Als de geest niet levendig is, is de mitswa een lege huls. *Niet de doden loven de* EEUWIGE (Psalm 115:17). De mitswot verspreiden niet altijd hun eigen licht. Wanneer we ons innerlijk leven voor een mitswa openen, klinken er gezangen op in onze zielen.

§ 3 INTEGRATIE

De aanwezigheid van God vraagt meer dan tegenwoordigheid van geest. Kavanah is oriëntatie op God en vraagt om heroriëntatie van de hele persoon. Het is het samenbrengen van de verspreide krachten binnen de persoonlijkheid, de deelname van hart en ziel, niet alleen van wil en geest. Het is een samengaan van de ziel met het thema van de mitswa.

Het is één ding om *voor* een zaak te staan en een ander om *in* een zaak te staan. Het is niet genoeg om je naaste te helpen: 'Gij zult uw naaste liefhebben.' Het is niet genoeg om je God lief te hebben; er wordt van je gevraagd *Hem lief te hebben met hart en ziel* (Deuteronomium 11:13). Het is niet genoeg om Hem lief te hebben: *Heb... lief met hart en ziel en met inzet van al uw krachten* (Deut. 6:5).

§ 4 MEER DAN KAVANAH

Wat wij vooral voelen is ons onvermogen om voldoende te voelen. Menselijke ontoereikendheid komt niet voort uit deemoed, het is de waarheid van het bestaan. Een mitswa is geen vervanging van het denken, of een uiting van kavanah. Een mitswa is een daad waarmee de draagwijdte van ons denken en onze intentie wordt overstegen. Iemand die een boom plant rijst uit boven het niveau van zijn eigen bedoeling. Iemand die een mitswa doet, plant een boom in de goddelijke tuin van de eeuwigheid.

De geheiligde daad gaat soms samen met een onduidelijk uitgesproken hartenkreet die beter uitdrukt wat wij waarnemen en voelen dan woorden.

Gewoonlijk wordt een vroom mens afgeschilderd als een soort boekenwurm, iemand die gedijt tussen de bladzijden van oude boeken en voor wie het leven met zijn verlangens, verdriet en spanningen slechts een voetnoot is bij een geleerd commentaar op de Bijbel. In werkelijkheid is een religieuze als een salamander, de legendarische vuurgeest die ontstaat uit een vuur van mirtenhout dat zeven jaren brandend wordt gehouden.

Religie wordt geboren uit vuur, uit een vlam waarin de onzuiverheden van de geest en de ziel wegsmelten. Religie kan alleen door vuur gedijen. *De EEUWIGE zei tegen Mozes... Ieder... moet een halve sjekel... voor de EEUWIGE betalen* (Exodus 30:13). Rabbi Meir zei: 'De Eeuwige toonde Mozes een munt van vuur en sprak: Dit is wat zij zullen geven.'[2] Een religieus leven is een altaar. *Het vuur op het altaar moet steeds blijven branden, het mag niet doven* (Leviticus 6:6).

De mens kan niet leven zonder verheffende daden, zonder ogenblikken van beven en verering, zonder door grandeur te worden meegesleept. Weken en maanden kan hij zich beperken tot de routine van zinnige interesses, totdat het uur komt dat al zijn gewoonten bezwijken onder de druk. Gezond verstand zou kunnen bepalen om het leven binnen de grenzen van gemiddelde opvattingen te houden, maar veel in het leven is bestemd om in een heilige vlam op te laaien om niet verrotten in monsterlijke daden en kwaadaardige gedachten. Om zijn behoefte aan roes te bevredigen is de mens bereid zich in bevliegingen te verlustigen, oorlogen te voeren en is hij bereid de stad Rome in brand te steken.

Wanneer godsdienst wordt opgelegd als een juk, als een dogma, als een angstgevoel, zal het eerder de menselijke geest geweld aandoen dan het te koesteren. Religie moet een altaar zijn waarop het vuur van de ziel ontbranden kan in heiligheid.[3]

HOOFDSTUK 32

EEN GODSDIENSTIG GEDRAGSPATROON

§ 1 EEN GODSDIENSTIG GEDRAGSPATROON

Het is belangrijk dat we een veelvoorkomend misverstand over het jodendom onderzoeken. Het wordt wel 'een godsdienstig gedragspatroon' genoemd en het duidt zowel een houding aan tegenover de wet als tegenover een filosofie van het jodendom in zijn geheel. Als een houding tegenover de wet legt het de nadruk op de uiterlijke naleving van de wet, terwijl het 't belang van innerlijke devotie negeert. Het beweert dat, volgens het jodendom, de wil van God maar op één manier moet worden vervuld, namelijk door uiterlijk handelen en dat innerlijke devotie niet aangeboren is, dat het in het jodendom gaat om daden en niet om denkbeelden en dat het niets anders vraagt dan gehoorzaamheid aan de wet. Het is een soort jodendom dat bestaat uit wetten, daden en dingen. Het heeft twee dimensies, diepte, de persoonlijke dimensie, ontbreekt. Daarom spreken de *behavioristen* over discipline, traditie en religieuze gebruiken, maar nooit over religieuze ervaring of religieuze denkbeelden. Je hoeft niet te geloven, maar je moet de wet naleven. Alsof het alleen maar om lichamelijk gedrag gaat, alsof God met het innerlijke leven niets te maken heeft. Alsof geloof niet tot het wezen van het jodendom zou behoren maar *orthopraxie*, het zich gedragen volgens de geldende opvattingen, wel. Zo'n gedachtegang verlaagt het jodendom tot een soort geheiligde natuurkunde, zonder gevoelsfactoren, introspectie en zonder het bovenzinnelijke.

Als persoonlijke houding weerspiegelt dit religieuze *behaviorisme* gewoonlijk een wijdverbreide theologie waarin het belangrijkste geloofsartikel *eerbied voor de traditie* is. Het is een aansporing om rituelen uit te voeren of diensten bij te wonen uit respect voor onze voorouders en hun tradities. Deze *respectvolle theologie* bepleit handhaving van de geërfde en overgeleverde gebruiken en instellingen en wordt gekenmerkt door een geest van gelijkvormigheid, overdreven matigheid en biedt geen ruimte voor spontaniteit.

Hoe wijs, belangrijk, essentieel en pedagogisch het beginsel 'eerbied voor de traditie' ook is, het is grotesk en zelfvernietigend om er de hoogste geloofsregel aan toe te kennen. We blijven niet trouw aan de specifieke vormen van religieuze plechtigheden door hun ouderdom. Capriolen uit het verleden zijn nauwelijks respectvoller dan hedendaagse grillen. Is hoge ouderdom een reden voor een doorslaggevende voorkeur? Is onvoorwaardelijke eerbied voor het verleden de kern van het jodendom? Ontstond het jodendom niet toen Abraham met de traditie brak en het verleden achter zich liet? Het religieuze gedragspatroon is schuldig aan een volkomen verkeerd begrijpen van het menselijke karakter. Is het psychologisch waar dat religieuze daden verricht kunnen worden in een geestelijk, zielloos vacuüm? Is respect zonder verstand, trouw aan eerdere generaties zonder geloof of groepsbewustzijn en zonder persoonlijke overtuiging, verenigbaar met het leven van de vrije mens?

Laten wij zowel de oorsprong als de grondstellingen van dit godsdienstige gedragspatroon onderzoeken in het licht van het joodse denken.

§ 2 SPINOZA EN MENDELSSOHN

De theorie dat het jodendom een systeem van uiterlijk godsdienstig gedrag is, gaat terug op Baruch de Spinoza en Moses Mendelssohn.

Spinoza verkondigde de theorie dat de Israëlieten zich noch in kennis, noch in vroomheid van andere naties onderscheidden. 'Over God en de natuur hadden ze alleen zeer primitieve denkbeelden,' waar de profeten zelfs niet boven uit konden komen.

'De bijbelse leer bevat geen verheven bespiegelingen of wijsgerige redeneringen, maar alleen zeer eenvoudige zaken, zoals die door het traagste verstand begrepen zouden kunnen worden.' 'Ik zou verrast zijn als mij zou blijken dat (de profeten) de een of andere nieuwe bespiegelende leer onderwezen hadden, die niet een gemeenplaats was voor... heidense filosofen.' 'Hieruit volgt dat we ons volstrekt niet tot de profeten moeten wenden om kennis van natuurlijke of geestelijke verschijnselen te verkrijgen.' 'De Israëlieten wisten nauwelijks iets van God, hoewel hij aan hen geopenbaard was.' Het is weinig waarschijnlijk dat zij 'ook maar één aannemelijke voorstelling van de godheid gehad zouden hebben of dat Mozes hun ook maar iets meer zou hebben geleerd dan een regel voor een juist leven... Aldus was de regel voor een juist leven, de verering van en de liefde tot God, voor hen meer een slavernij dan de echte vrijheid, het geschenk en de genade van de godheid.'

Wat de Bijbel bevat is geen religie maar een wet waarvan de aard meer politiek dan religieus was.[1]

De vasthoudendheid van Spinoza, dat de Bijbel intellectueel onbelangrijk was en geestelijk minderwaardig, heeft een gedenkwaardige uitwerking gehad en heeft de geesten van de volgende generaties in hun houding tegenover de Bijbel gevormd. Kant, Fichte, Hegel en de denkers van de romantische school hebben – zelfs wanneer zij zijn metafysische opvattingen verwierpen – Spinoza's opvattingen over de Bijbel overgenomen.[2]

Het is de ironie van de joodse geschiedenis dat Moses Mendelssohn, een vurig tegenstander van Spinoza's metafysische theorieën en grondig van hem verschillend in beweegreden en intentie, toch Spinoza's opvatting over de wezenlijke aard van de Bijbel heeft omhelsd.[3]

Mendelssohn geloofde dat uiteindelijke religieuze waarheden niet van buitenaf kunnen worden meegedeeld, want onze geest zou ze niet begrijpen als ze ons niet al bekend waren. Uiteindelijke waarheden hebben hun oorsprong in het gemoed en niet zozeer in openbaring. Het joodse geloof in één God is geen openbaring maar onderdeel van een natuurlijke godsdienst waartoe alle mensen kunnen komen door hun verstand te gebruiken. Met Spinoza houdt hij vol dat het jodendom gehoorzaamheid aan een wet verlangt, maar geen aanvaarding van leerstukken. 'Het jodendom is geen geopenbaarde godsdienst in de gebruikelijke zin van het woord, maar alleen een *geopenbaarde wetgeving*, wetten, geboden en verordeningen die op bovennatuurlijke wijze aan de joden gegeven zijn door bemiddeling van Mozes.' Het verlangt geen geloof, geen bepaalde godsdienstige houdingen. 'De geest van het jodendom is vrijheid in de leer en gelijkvormigheid in het handelen.'[4]

§ 3 JODENDOM EN WETSVERHEERLIJKING

In de geest van Spinoza en Moses Mendelssohn beweren velen die de wet serieus nemen, maar ook zij die haar lippendienst bewijzen, dat de wetgeleerdheid de enig echte uitdrukking van het jodendom is. En dat *aggada* – in de strikte betekenis van de niet-wettelijke rabbijnse literatuur en in wijder verband van alle na-rabbijnse pogingen om alle niet-wettelijke denkbeelden en inzichten van het geloof te verklaren – niet behoort 'tot de hoofdstroom van het jodendom'. Theologie, zo is gezegd, is het jodendom vreemd. De wet ('een os die met zijn hoorns een koe verwondt') is joodse theologie, want jodendom is wet en niets anders. Zo'n *pan-halachische* 'theologie' meent dat het godsdienstig leven in het jodendom meer bestaat uit het zich neerleggen bij de wet dan uit het streven om een doel te bereiken dat de wet beoogt. Het is een zienswijze die de Thora alleen verheerlijkt omdat zij de wet onthult, niet omdat zij een weg onthult om God in het leven te vinden. Het beweert dat gehoorzaamheid meer de inhoud dan de vorm van het godsdienstig bestaan is. Dat de wet het einddoel is en geen weg ernaar toe.

Dit was inderdaad de bewering van hen die het jodendom verweten dat 'de wet van Mozes alleen het juiste handelen gebiedt en niets zegt over de zuiverheid van hart'. Joseph Albo verwerpt dit als de omgekeerde waarheid. 'Want lezen wij niet: *Besnijdt daarom uw hart* (Deuteronomium 10:16); *Heb daarom de* EEUWIGE *lief met hart en ziel* (6:5); *Heb je naaste lief als jezelf* (Leviticus 19:18); *Maar toon ontzag voor je God* (19:14); *Wees niet haatdragend. Heb je naaste lief als jezelf* (19:18). De wet beveelt het juiste handelen omdat een zuiver hart niets betekent behalve als het handelen ermee overeenstemt. Het belangrijkste is echter de intentie. David zegt: *Schep een zuiver hart in mij,* (Psalm 51:12).'[5]

Jodendom is geen ander woord voor wetsverheerlijking. De leefregels zijn naar hun vorm wet en naar hun inhoud liefde. De Thora bevat zowel regels als liefde. De wet houdt de wereld bijeen, de liefde brengt de wereld vooruit. De regels zijn het middel, niet het doel – de weg, niet de bestemming. Een van de bestemmingen is: 'Heilig zult gij zijn.' De Thora is leiding naar een doel door middel van een wet. Het is zowel een visioen als een wet. De mens, geschapen naar de gelijkenis van God, wordt geroepen de wereld te herscheppen overeenkomstig het visioen van God. Halacha is niet de uiteindelijke of de allesomvattende term voor de joodse wetenschap en het joodse leven. De Thora is meer dan een wetsysteem. Slechts een deel van de Pentateuch houdt zich bezig met de wet. De profeten, de Psalmen en aggadische midrashim behoren niet tot de halacha. De Thora bevat zowel *halacha* [regels] als *(h)aggada* [vertelling, traditionele kennis]. Net als lichaam en geest zijn zij van elkaar afhankelijk en hebben hun eigen dimensie.

Gewoonlijk wordt aggada negatief omschreven als alle niet-wettelijke of niet-halachische delen van de rabbijnse literatuur,[6] in verhaalvorm of als uitleg van de schrift, een *epigram* [puntdicht] of een preek. Het is opvallend dat, hoewel de Bijbel evenals de rabbijnse literatuur zowel wettelijke als niet-wettelijke lessen omvat, nooit het onderscheid tussen halacha en aggada erop is toegepast.[7] Het blijft een feit dat, hoe belangrijk de wet ook is, slechts een klein deel van de Bijbel haar behandelt. De verhalen van de Bijbel zijn net zo heilig als zijn wettelijke gedeeltes.[8] Volgens een rabbijn 'is het gesprek van de knechten van de aartsvaders zelfs mooier dan de wetten van de latere generaties'.[9]

§ 4 HET FUNDAMENTELE BELANG VAN AGGADA

De kostbaarheid en het fundamentele belang van aggada wordt categorisch uiteengezet in de volgende verklaring van de oude rabbijnen: *'Als je Hem wilt kennen op wiens woord het heelal ontstond, verdiep je dan in aggada want daardoor zul je de Heilige erkennen en je aan Zijn wegen houden.'*[10] Door middel van aggada wordt de naam van God in de wereld geheiligd.[11] Op hen die geen oog hadden voor de waarde van aggada, pasten de rabbijnen het vers toe: 'zij slaan geen acht op de daden van de Eeuwige, noch op de werken van zijn handen.'[12]
In de Tannaïtische periode was aggada een organisch deel van de joodse studie. Er werd gezegd dat zoals de geschreven Thora uit drie delen bestaat, de Pentateuch (de vijf boeken van Mozes), de Profeten (Jozua t/m Koningen, Jesaja, Jeremia en Ezechiël en het *boek van de twaalf profeten*) en de Hagiografie (*ketoebiem*), de mondelinge Thora bestaat uit midrasj, halacha en aggada.[13]
De verzamelingen aggada die bewaard zijn gebleven bevatten een vrijwel onuitputtelijke rijkdom aan religieus inzicht en gevoel, want in de aggada kwam het religieus bewustzijn met zijn beweegredenen, moeilijkheden, verbijsterende zaken en verlangens tot een rechtstreekse uitdrukking vol verbeeldingskracht. En een jood was verplicht niet alleen halacha maar ook aggada te bestuderen.[14] Op de Dag des Oordeels zou je ter verantwoording geroepen worden als je geen aggada bestudeerd had.[15] Volgens de beslissing van een latere autoriteit ben je verplicht een derde deel van je studies aan aggada te wijden.[16]
De joodse verlichting toonde echter weinig waardering voor aggada.[17] In een studie over joodse opvoeding waarin alle aspecten van de klassieke joodse literatuur als leervakken worden aanbevolen, raadt de auteur het opnemen van aggada in het leerplan ten sterkste af.[18]

§ 5 THORA IS MEER DAN WET

De vertalers van de Septuagint maakten een rampzalige en zwaarwegende vergissing door bij gebrek aan een Grieks equivalent 'Thora' te vertalen met *nomos*, wat *wet* betekent. Hierdoor veroorzaakten ze een gigantisch en chronisch verkeerde opvatting van het jodendom en verschaften ze een doelmatig wapen aan hen die de leer van het jodendom wilden aanvallen. Dat de joden de Schrift als leerstuk beschouwden blijkt uit het feit dat in de Aramese vertalingen Thora vertaald is in *oraita*, dat alleen onderricht, leer kan betekenen maar nooit wet.

In de *Avesta*, de deels zeer oude religieuze literatuur van Iran, wordt godsdienst wet genoemd (*daena*) en de Iraniërs hadden geen manier om verschil tussen godsdienst en wet aan te brengen.[19] In het jodendom is zelfs het woord *Thora* niet allesomvattend. 'Een mens die Thora heeft, maar geen *yirat shamayim* (ontzag en vrees voor God), is als een schatbewaarder aan wie de sleutels van de binnenste, maar niet van de buitenste schatkamer gegeven zijn.'[20] Evenmin drukt de term *mitswot*, geboden, de volheid van het jodendom uit. De aanvaarding van *God* moet eraan vooraf gaan en dat is iets anders dan de aanvaarding van de geboden.[21]

Aan het begin van de Tien Geboden staan de woorden: *Ik ben de EEUWIGE, uw God*. De rabbijnen vertelden een gelijkenis. 'De keizer breidde zijn gezag uit over een nieuw wingewest. Zijn omgeving zei tot hem: Vaardig verordeningen uit voor het volk. Maar de keizer antwoordde: Pas als zij mijn *koningschap* hebben aanvaard, zal ik *verordeningen* uitvaardigen. Want hoe zullen ze mijn decreten naleven als zij mijn koningschap niet aanvaarden? God sprak op dezelfde wijze tot Israël: *Ik ben de EEUWIGE, uw God – Gij zult geen andere goden hebben*. Ik ben degene wiens koningschap jullie in Egypte op je genomen hebt. En toen zij tegen Hem zeiden: Ja, ja, ging Hij verder: *Gij zult geen andere goden voor mijn aangezicht hebben*.'[22]

Door al te stipte en rechtlijnige naleving van de wet kun je de levende aanwezigheid vergeten. Je verliest uit het oog dat de wet er niet is voor zichzelf maar voor van God. De essentie van de naleving is inderdaad soms zo overwoekerd door gebruiken en afspraken dat het juweel in de omlijsting verdween. Naar buiten gekeerde naleving aan de uiterlijkheden van de wet kwam in de plaats van verbondenheid van de hele persoon met de levende

God. Wat is het uiteindelijke doel van het naleven van de voorschriften anders dan het gevoelig worden voor de geest van de Eeuwige langs wiens paden de mitswot wegwijzers zijn?
Halacha dient niet voor zichzelf te worden nageleefd maar om God. De wet moet niet verafgood worden. Zij is een deel van de Thora, niet het geheel. Wij leven en sterven voor de zaak van God en niet voor de Thora.
Ons wordt gezegd: *Neem steeds mijn sabbat in acht en heb eerbied voor mijn heiligdom* (Leviticus 19:30). Je zou kunnen denken dat ons bevolen wordt om hulde aan het heiligdom te bewijzen. De Talmoed spoort ons aan: 'Juist zoals een mens niet de sabbat eert, maar Hem die de viering van de sabbat geboden heeft, zo moet hij niet het heiligdom vereren maar Hem die het gebod over het heiligdom gaf.'[23]
De glorificatie van de wet en de nadruk op haar nauwkeurige naleving brachten de rabbijnen niet tot een *deïficatie*, vergoddelijking van de wet. 'De sabbat is aan jullie gegeven, niet jullie aan de sabbat.' De oude rabbijnen wisten dat overdreven vroomheid de vervulling van de essentie van de wet in gevaar kan brengen. 'Er is niets belangrijker volgens de Thora dan het beschermen van menselijk leven... Zelfs als ook maar de kleinste kans bestaat dat een leven op het spel zou kunnen staan, mag je elk verbod van de wet opzij schuiven.' Men moet mitswot opofferen ten behoeve van de mens en niet een mens opofferen voor mitswot. De bedoeling van de Thora is 'om Israël in deze en in de komende wereld bewustzijn bij te brengen'.[24]

§ 6 VOORBIJ HALACHA

De uiteindelijke eis is om meer te doen dan de wet vraagt. Thora is niet hetzelfde als wet, als *din* [religieuze levenshouding door het volgen van de profeten in opgelegde rituelen, geboden en verboden]. Het vervullen van plichten is niet voldoende. Je kunt binnen de grenzen van de wet een *schoft* zijn.[25]
Waarom werd Jeruzalem verwoest? Omdat haar bevolking handelde volgens de letter van de wet en niet naar de geest van de wet.[26]
Halacha legt de nadruk op uniformiteit en aggada vertegenwoordigt het beginsel van buigzaamheid en diversiteit. Regels zijn generalisaties. In het werkelijke leven stuiten we op talloze problemen waarvoor geen algemene oplossingen bestaan. Er zijn vele manieren om een algemene regel op een

bepaalde situatie toe te passen. Er zijn kwade toepassingen van goede regels. Daarom wordt de keuze van de juiste manier om een algemene regel op een bepaalde situatie toe te passen 'aan het hart overgelaten',[27] aan het individu, aan zijn geweten.

> *'Waar is de wijze die het zou kunnen begrijpen?*
> *Waar is de profeet die het kan uitleggen?*
> *Waarom is het land vergaan, doods geworden als de woestijn?*

Deze vraag werd gesteld aan de wijzen, maar zij konden die niet beantwoorden. Zij werd gesteld aan de profeten, maar zij konden die niet beantwoorden. Totdat God zelf haar beantwoordde. En de Eeuwige zei: omdat zij mijn Thora verlaten hebben. Rav Judah zei in de naam van Rav: Het betekent dat zij de Thora niet met een zegenwens benaderden.'[28]

Deze uitleg dat het land Israël verwoest werd door de verkeerde innerlijke houding en niet zozeer door een letterlijke veronachtzaming van de Thora werd geprezen door Rabbenu Yonah, de heilige. 'Want als het vers zou betekenen dat het volk de Thora letterlijk verlaten had en haar helemaal niet was toegedaan, waarom konden de profeten en de wijzen dan de verwoesting van het land niet verklaren? Waarom konden ze deze duidelijke en eenvoudige reden dan niet aanvoeren?

De waarheid is dat het volk werkelijk de Thora onderhield en haar bestudering nooit verzaakte. Daarom waren de profeten en de wijzen verbijsterd totdat God zelf kwam om uitleg te geven. Hij die de diepten van het menselijke hart kent kon zien dat, hoewel zij de Thora bestudeerden (als een plicht), zij haar niet zegenden. Hij zag dat hoewel zij de Thora nakwamen, zij dit niet als een zegen beschouwden.' Ze voelden haar kostbaarheid niet. Zij vervulden haar niet 'met het oog op zichzelf', ter wille van God. Het land werd verwoest omdat er geen kavanah was, geen innerlijke devotie.[29]

In de geest van een dergelijke radicale eis van innerlijke zuiverheid werd het woord van de psalmist (119:113), *Ik haat wankelmoedigen,* toegepast op hen die de Eeuwige meer dienen uit vrees dan uit liefde.[30]

Wij moeten altijd de woorden van Jesaja 29:13 onthouden: *Omdat dit volk mij naar de mond praat, mij slechts met de lippen dient, terwijl hun hart ver bij mij vandaan is; omdat hun ontzag voor mij louter plicht is, slechts aangeleerd en door mensen opgelegd.*

§ 7 PAN-HALACHISME

Het vertalen van Thora met *nomos* werd niet gedachteloos gedaan. Het is meer een voorbeeld van een neiging tot wetticisme of *pan-halachisme* die halacha beschouwt als de enige echte bron van joods denken en leven. Zowel in de rabbijnse periode als in de Middeleeuwen waren er mensen die afwijzend tegenover de aggada[31] stonden en zelfs een aantal van haar stellingen wilde 'verwerpen en belachelijk te maken'.[32]

De meest opvallende uiting van de anti-aggadahouding is te vinden in een klassieke rabbijnse vraag waarmee Rashi zijn beroemde commentaar op *Genesis* begint. 'Rabbi Izaak zei: De Thora (die het wetboek van Israël is) had moeten beginnen met hoofdstuk 12 van *Exodus*,' omdat vóór dat hoofdstuk nauwelijks wetten worden vermeld.[33]

De vooronderstelling van deze vraag én wat in haar ligt opgesloten zijn onthutsend. De Bijbel had niet-wettelijke hoofdstukken moeten weglaten zoals die over de schepping, de zonden van Adam en Kaïn, de zondvloed, de toren van Babel, de levens van Abraham, Izaak en Jakob, de levens van de twaalf stammen, het lijden en de wonderen in Egypte!

§ 8 EEN GODSDIENST ZONDER VERTROUWEN

De vertolkers van het godsdienstige, uiterlijke gedragspatroon beweren dat het jodendom een godsdienst van wet en geen godsdienst van vertrouwen is, dat geloof 'door het jodendom nooit als iets verdienstelijks op zichzelf is beschouwd'. Dit zou natuurlijk waar zijn als Abrahams bereidheid om zijn enige zoon te offeren of Jobs belijdenis, *Wil God mij doden, ik blijf erop vertrouwen* (13:15), genegeerd konden worden. Wat anders dan de kracht van het vertrouwen kan de beweegreden zijn van de opdracht van de misjna, 'Een mens is verplicht om God te prijzen voor de kwade dingen die hem overkomen zoals hij verplicht is om God te prijzen voor de goede dingen die hem overkomen'?[34] 'Als er iets zeker is, dan is het dat de hoogste motieven die zich in de geschiedenis van het jodendom lieten gelden het sterke geloof in God zijn én het ongeschokte vertrouwen dat ten slotte deze God, de God van Israël, de God van de hele wereld zal zijn. In andere woorden: Vertrouwen en hoop zijn de twee meest opvallende kenmerken van het jodendom.'[35]

In de Bijbel worden ongelovigen steeds weer berispt terwijl het geloof wordt geprezen met verheven woorden als: *Dit zegt de EEUWIGE: Ik weet nog hoe je me liefhad in je jeugd, van me hield als mijn bruid, hoe je me volgde door de woestijn, dat land waar niet wordt gezaaid* (Jer. 2:2). De rabbijnen neigen ertoe om zonde toe te schrijven aan foutief of gebrekkig geloof in God. 'Geen mens spreekt lasterlijk over een ander... geen mens handelt vals tegenover zijn naaste, behalve als hij eerst de Oorzaak van alles (namelijk God) heeft verloochend.'[36]
Vertrouwen is zo kostbaar dat Israël uit Egypte verlost is als een beloning voor zijn vertrouwen. De komende verlossing hangt af van de mate van geloofsvertrouwen dat door Israël aan de dag wordt gelegd.[37] De rabbijnen ontzegden niet een deel in de komende wereld aan hen die schuldig waren aan verkeerde daden, maar aan hen die meningen verkondigden die in strijd waren met fundamentele geloofswaarheden.[38]
Ter rechtvaardiging van hun opvatting citeerden de vertolkers van de godsdienstige uiterlijke gedragswijze de passage waarin de rabbijnen de woorden van Jeremia (16:11) parafraseerden, *ze hebben mij verlaten en mijn wet hebben ze niet in acht genomen,* als volgt: 'Hadden zij Mij maar verlaten en Mijn Thora gehouden.'[39] De interpretatie van deze passage als een vaststelling van het grootste, of zelfs enige belang van de studie van Thora – ook vergeleken met de omgang met God – is echter een verdraaiing van de betekenis van de passage. Zo'n vertekening wordt mogelijk door het tweede deel van de passage te negeren dat als volgt luidt: 'Want door zich met de Thora bezig te houden, zou het licht dat zij bevat hen hebben teruggeleid *naar* Mij.'[40] Het was geen ideaal dat de rabbijnen voor ogen stond, maar een laatste redmiddel. Als het Joodse volk, dat alle geboden verwaarloosd had, tenminste maar de Thora was blijven bestuderen, dan zou het licht van de Thora het volk hebben teruggebracht naar God.

§ 9 DOGMA'S ZIJN NIET VOLDOENDE

Zoals gezegd, het is waar dat de kern van het jodendom meer een eis is dan een belijdenis en dat wij door geloof alleen niet dicht bij de Eeuwige komen. Maar de eerste eis van het jodendom is om in God te geloven,[41] in de Thora en in het volk Israël. Het is door vertrouwen in en liefde tot God, uitgedrukt in daden, dat wij leven als joden.

Geloof is verbondenheid en verbonden zijn met de joodse traditie betekent verbonden te zijn met God, Thora en Israël.

Ongetwijfeld staat het jodendom voor algemeen aanvaarde waarheden en niet alleen voor wetten. Het verwacht dat we sommige gedachten koesteren, trouw zijn aan bepaalde geloofsartikelen en niet alleen bepaalde handelingen uitvoeren. Het is zowel een manier van denken als een manier van leven, een leer en een discipline, geloof en handeling.[42]

Het jodendom ontkent de exclusieve voorrang van dogma's niet omdat het jodendom geen geloofsartikelen heeft of dat het jodendom alleen maar een systeem van wetten is en godsdienstige plechtigheden, maar door het besef dat de inhoud van geloof de kracht en de reikwijdte boven het menselijk uitdrukkingsvermogen uitreikt.

Bovendien ligt aan de leerstukken van dogma's een intellectualisme ten grondslag dat beweert dat juist en correct uitgedrukt denken het belangrijkste is. Maar in de joodse traditie is juist leven wat het meeste telt. Volg het patroon van het juiste leven, zelfs als je niet weet hoe je zijn basistheorie passend onder woorden kunt brengen.

Een dogma is iets wat helemaal in de geest tot stand komt door een geloofsdaad. Maar de geest is slechts een deel van de mens. Het is de hoofdstad van het menselijk gebied, maar is niet het hele gebied. Daarom kan een dogma de religieuze situatie maar gedeeltelijk weergeven.

Het gevaar van dogma's ligt in hun strekking om te dienen als *plaatsvervangend geloof*, alsof we niet anders te doen hadden dan op gezag een vast stel beginselen te aanvaarden zonder dat het nodig zou zijn om een weg van geloof te zoeken. Maar áls dogma's dan een doel moeten dienen, dan zouden ze een samenvatting of een kort begrip van het geloof moeten zijn en geen vervanging van het geloof.

Niet de belijdenis van geloof maar de actieve aanvaarding van het koningschap van God is de centrale eis van het jodendom. De verklaring 'Ik geloof in...' maakt een mens geen jood, evenmin als de verklaring 'Ik geloof in de Verenigde Staten van Amerika' een mens Amerikaan maakt. Een burger is hij die de loyaliteit aan de grondwet met haar rechten en plichten aanvaardt. Dus kan onze verhouding tot God niet worden uitgedrukt in een geloofsbelijdenis maar in de aanvaarding van een orde die het gehele leven bepaalt.

§ 10 DE VIER ELLEN

Een andere uitspraak die een anti-aggadische geest lijkt te ademen is die van de Babylonische Amora Ula.* 'Sedert de dag waarop de Tempel in Jeruzalem verwoest werd, is voor de Heilige niets overgebleven dan de vier ellen halacha'.[43] Alsof God niet aanwezig zou zijn buiten het terrein van de halacha. Zij die deze passage citeren als een kleinering van aggada, beseffen niet dat deze passage nauwelijks een uiting van feestgejuich is. Veel meer is het haar bedoeling om diep verdriet te uiten omdat de aandacht van de mens voor God beperkt werd tot halachische kwesties en dat God afwezig is in wereldse problemen, in kwesties die buiten het gebied van halacha liggen.[44] Dit is inderdaad de reden waarom wij bidden om verlossing.

Tegenover deze passage staat een uitspraak dat 'alles wat de Heilige in deze wereld heeft, het ontzag en de vrees voor God is'.[45]

Bepaalde rituele handelingen worden als ongeldig beschouwd wanneer ze zijn verricht door een ongelovige. Om een voorbeeld te citeren: 'Het is verboden om welk deel ook van de heilige Schriften, hun commentaren of exegeses te verbranden of op een andere manier te vernietigen... Deze regel geldt alleen voor Schriften geschreven door een mens die zich van hun heiligheid bewust is. Maar als een ongelovige een Thorarol zou schrijven, moet die verbrand worden met alle namen van God die erin staan. De reden is dat hij niet gelooft in de heiligheid van de goddelijke naam en haar niet schreef met het oog op heiliging maar dit schrijven beschouwde als elk ander schrijven. Omdat dit zijn instelling was, werd de Goddelijke Naam die hij schreef nooit geheiligd.'[46]

'Een priester die niet gelooft in de offerdienst – die zegt in zijn hart dat de offers in de tempel louter ijdelheid zijn, dat de Eeuwige ze niet geboden heeft en dat Mozes ze bedacht heeft – heeft geen deel in het priesterschap.[47]

De kloof tussen Sadduceeën en Farizeeën werd deels veroorzaakt door meningsverschillen over de leer. De Schrift is de enige autoriteit verklaarde de Sadduceeër; de Schrift en de traditie, verklaarde de Farizeeër. 'Het felste van alle geschillen tussen Farizeeër en Sadduceeër betrof het leerstuk van de wederopstanding.'[48] De Farizeeër geloofde in het voortleven van de ziel en het herleven van het lichaam, het laatste oordeel en het leven in de komende wereld, terwijl de Sadduceeër deze leerstellingen verwierp.

De anti-Maimonides strijdvraag draaide niet rond wettelijke kwesties. Het gezag van Maimonides' *halachische* beslissingen werd nooit in twijfel getrokken. Het waren zijn opvattingen over engelen, profetie, wonderen, wederopstanding en schepping die de verontwaardiging van veel orthodoxe rabbijnen veroorzaakten.[49]
De krachtige weerstand van de Gaon van Vilna (Elia ben Salomo, †1797) tegenover de chassidische beweging werd niet in de eerste plaats veroorzaakt door verschillen in het gebruik, maar door verschillen in de leer, zoals het correcte begrijpen van Gods inwoning in alle dingen, de leer van 'de verlossing van de vonken' en de leer over de *tsimtsum*.[50]

[* AMORAÏM (Hebr. = uitleggers) of Amoreeërs, benaming voor de talrijke wetgeleerden in Palestina en Babylonië die van de 3e tot de 6e eeuw de misjna commentarieerden en zo de Talmoed deden ontstaan.

De Engelse titel van dit hoofdstuk luidt *Religious Behaviorism*. Behaviorisme wijst introspectie als kenbron en dus uitspraken over het bewustzijn en de psyche van de hand en beperkt zich tot het direct waarneembare. Er wordt in z.g. reflexbogen gedacht en gereageerd als reactie op externe prikkels.]

HOOFDSTUK 33

HET PROBLEEM VAN DE POLARITEIT

§ 1 HALACHA EN AGGADA

Er bestaat een algemene opvatting dat de rabbijnen naïeve, eenvoudige en onnadenkende lieden waren. Het is lastig te begrijpen hoe zo'n vermoeden algemeen toegepast kan worden op een uitgelezen gezelschap dat, met subtiele en diepzinnige oordelen op halachisch gebied, een intellectuele uitdaging is gebleven voor alle toekomstige leerlingen. Het wordt weerlegd door elk onbevooroordeeld onderzoek van hun aggadische uitspraken, waar duidelijk uit blijkt dat hun innerlijke leven simpel noch idyllisch was. Hun denkwijze kan alleen werkelijk begrepen worden als je die beschouwt als een strijd tussen ontvankelijkheid en spontaniteit, tussen halacha en aggada.

Halacha staat voor de kracht om het leven in te richten naar een vast patroon, het is een vormgevende kracht. Aggada is de uitdrukking van het rusteloze streven van de mens dat vaak alle beperkingen tart. Halacha is de rationalisatie en schematisering van het leven. Zij omschrijft, specificeert, bepaalt maat en grens en plaatst het leven in een exact systeem. Aggada gaat over de onuitsprekelijke verhoudingen tussen mens en God, tot andere mensen en tot de wereld. Halacha behandelt de onderdelen, elk gebod afzonderlijk. Aggada behandelt het gehele leven, de totaliteit van het religieuze leven. Halacha gaat over de wet. Aggada gaat over de betekenis van de wet. Halacha behandelt onderwerpen die nauwkeurig kunnen worden aangeduid. Aggada voert ons binnen in een rijk dat buiten het bereik van het aanwijsbare ligt. Halacha leert ons hoe gewone handelingen te verrichten. Aggada vertelt ons hoe aan het eeuwige drama deel te nemen. Halacha geeft ons kennis. Aggada geeft ons ambitie en doet ons verlangen.

Halacha geeft ons de normen om te handelen en aggada het visioen van de bedoelingen van het leven. Halacha schrijft voor, aggada suggereert. Halacha dicteert en aggada bezielt. Halacha is beslissend en aggada is verwijzend.

Toen Izaak Jakob zegende, sprak hij: 'God zal u geven van de dauw des hemels en van de vette streken der aarde en overvloed van koren en wijn.' De midrasj merkte op: 'De dauw van de hemel is de Schrift, de vette streken der aarde is de misjna, koren is halacha en wijn is aggada.'[1]

Noodzakelijkerwijs behandelt halacha de wetten in het algemeen, ongeacht de totaliteit van de persoon. Aggada brengt ons voortdurend in herinnering dat het doel van de daad is de dader te veranderen, en dat de bedoeling van de wetsbetrachting is om ons te oefenen in het verwerven van geestelijke resultaten. 'Het is algemeen bekend dat het de bedoeling is van alle mitswot om het hart te reinigen, want het hart is de essentie.'[2] Het voornaamste doel van de met ons lichaam verrichte mitswot is om onze aandacht te richten op de mitswot die met hart en ziel vervuld worden, want dit zijn de zuilen waar de dienst aan God op rust.[3]

Volhouden dat het wezen van het jodendom uitsluitend uit halacha bestaat, is even onjuist als de bewering dat het wezenlijke belang van het jodendom uitsluitend in de aggada ligt. De verwevenheid van halacha en aggada is het absolute hart van het jodendom.[4] Halacha zonder aggada is dood, aggada zonder halacha verwildert.

§ 2 KWANTITEIT EN KWALITEIT

Halacha denkt in de categorie hoeveelheid, aggada is de kwaliteitscategorie. Aggada stelt dat hij die één mensenleven redt, de hele mensheid gered heeft. In de ogen van iemand wiens eerste categorie die van de hoeveelheid is, is één mens minder dan twee mensen, maar in Gods oog is één leven evenveel waard als alle leven. Halacha spreekt van de waardeerbare en meetbare dimensies van onze daden en zegt ons *hoeveel* wij moeten verrichten om onze plicht te vervullen. Halacha informeert ons over de grootte, het vermogen of de inhoud van de doener en de daad. Aggada gaat over het onmeetbare, innerlijke aspect van het leven. Het zegt ons *hoe* wij moeten denken en voelen. Het vertelt meer *hoe* wij moeten handelen dan *hoeveel* wij moeten doen om onze plicht te vervullen. De manier waarop, niet alleen de inhoud is van belang. In halacha beslist de hoeveelheid. Aggada, waarin de kwaliteit de uiteindelijke maatstaf is, wordt niet verblind door het aantal of de grootheid van goede daden, maar legt de nadruk op de geest, *kavanah,* toewijding, zuiverheid. Aggada let dus meer op innerlijkheid dan op het omhullende gewaad.

§ 3 HALACHA ZONDER AGGADA

Het reduceren van het jodendom tot de letter van de wet, tot halacha, is als het verduisteren van zijn licht, het aantasten van zijn wezenlijke kenmerk en het breken van zijn enthousiasme. Wij hebben een erfenis van aggada samen met een systeem van halacha. Hoewel om verschillende redenen die erfenis vaak over het hoofd is gezien en aggada aan halacha ondergeschikt werd, is uiteindelijk halacha afhankelijk van aggada. Halacha, de rationalisatie van het leven, wordt niet alleen gedwongen om elementen te gebruiken die zelf irrationeel zijn; haar uiteindelijke gezag berust op aggada. Want wat is de basis van halacha? De verklaring 'Mozes ontving de Thora op de Sinaï'. Maar deze verklaring verwoordt geen halachisch denkbeeld. Want halacha houdt zich bezig met wat de mens hoort te doen, wat de mens kan omzetten in daden, kwesties die duidelijk omschreven en concreet zijn. Alles wat buiten het bereik van de mens ligt is zonder betekenis voor halacha. De gebeurtenis op de Sinaï, het mysterie van de openbaring, hoort tot de sfeer van aggada. Hoewel de inhoud van halacha onderworpen is aan haar eigen manier van redeneren, ontleent zij haar gezag aan aggada.

Halacha laat zich niet in met de uiteindelijke vragen van het bestaan. De wet geeft ons niet de motivatie om God lief te hebben en te vrezen. Zij is ook niet in staat om ons de kracht te schenken het kwaad te overwinnen en zijn verzoekingen te weerstaan of om trouw haar voorschriften na te leven. Zij voorziet in wapens, ze wijst de weg. Het gevecht is in de ziel van de mens.

De gedragscode is als de partituur voor de musicus. Regels, beginselen, vormen kunnen onderwezen worden maar inzicht, gevoeligheid en maatgevoel moeten van binnenuit komen. Daarom is het doel van religieus leven uiteindelijk meer kwaliteit dan kwantiteit, niet alleen *wat* gedaan wordt, maar *hoe* dat wordt gedaan.

Gehoorzaamheid aan de letter der wet regelt ons dagelijks leven, maar zo'n gehoorzaamheid moet de spontaniteit van ons innerlijke leven niet afstompen. Wanneer de wet versteent en ons respect routine wordt, dan schenden en verdraaien we feitelijk haar geest. Hij die niet weet dat wetsnaleving voortdurend beslissen betekent, is een schijnheilige hypocriet, *een dwaze kwezel*. 'Wat is een dwaze kwezel? Een vrouw verdrinkt in een rivier en hij zegt: Het is onfatsoenlijk van mij om naar haar te kijken en haar te redden.'[5]

Halacha is een *antwoord* op een vraag, namelijk: Wat vraagt God van mij? Zodra deze vraag in het hart sterft, wordt het antwoord zinloos. Die vraag is hoe dan ook aggadisch, spontaan en persoonlijk. Het is een uitbarsting van inzicht, verlangen en geloof. Het wordt niet geschonken, het moet opkomen. Het is de taak van levensbeschouwelijk onderwijs een kraamkamer te zijn en te helpen met het onder woorden van de vraag. Veel docenten godsdienst negeren de vitale rol van de vraag en leggen zich neer bij spirituele armoede. Maar de ziel is nooit kalm. Elk menselijk wezen zit vol problematische vooroordelen: velen weten niet hoe het zoeken naar betekenis en onze zorg over de laatste uitkomst kan worden geformuleerd. Zonder leiding is onze betrokkenheid met het uiteindelijke niet doordacht en wat we zeggen is voorbarig en onrijp, als een mislukking van de geest.*

De vorm van de vraag is niet onveranderlijk. Elke generatie moet de vraag op haar eigen manier onder woorden brengen. In deze zin kan de aggada geraadpleegd worden als weergave van het complete religieuze denken in de traditie van het judaïsme.

Het zou een fatale vergissing zijn om de wet te isoleren, haar los te koppelen van de verwarring, de verlangens en de aspiraties van de ziel en van de spontaniteit en de totaliteit van de persoon. In de geestelijke crisis van de moderne jood weegt het probleem van het vertrouwen zwaarder dan het probleem van de wet. Zonder vertrouwen, innerlijke betekenis en het vermogen om haar naar waarde te schatten is de wet zinloos.

§ 4 AGGADA ZONDER HALACHA

Het terugbrengen van jodendom tot innerlijkheid, tot aggada, is het doven van zijn licht, het vervluchtigen van zijn essence en het vernietigen van zijn werkelijkheid. Inderdaad, de beste manier om aggada te verspelen is om halacha op te heffen. Ze kunnen alleen samen overleven. Zonder halacha verliest aggada haar wezenlijke inhoud, haar karakter, haar bron van inspiratie, haar waarborg tegen secularisatie.

Door een inwaartse houding alleen komen we niet dicht bij God. (Zie de eerste vijf paragrafen van hoofdstuk 29.) De zuiverste bedoelingen, het meest volmaakte religieuze gevoel, de meest hoogwaardige spirituele ambities zijn zinloos als ze niet in daden omgezet kunnen worden. Onstoffelijkheid is een weg voor engelen, niet voor de mens. Er is maar één ding dat we kunnen doen zonder de hulp van externe middelen: dromen. Als de mens droomt, is hij bijna los van de concrete werkelijkheid. Maar geestelijk leven is geen droom en heeft voortdurend handelen nodig. Handelen is het bekrachtigen van de geest. Bestaat vriendschap uit zuiver emotie? Uit het toegeven aan gevoelens? Heeft ze niet altijd tastbare, stoffelijke uitdrukking nodig? Ook het leven van de geest heeft concrete handelingen nodig voor zijn verwezenlijking. Het lichaam moet erbij betrokken worden, de geest moet vervuld worden in de mensheid. De geest is beslissend, maar het is in het leven, in al het leven, dat de geest op het spel staat. Om onze tong en onze handen te heiligen hebben wij buitengewone pedagogische middelen nodig.

Het is onmogelijk uit te maken of in het jodendom de eerste plaats toekomt aan halacha of aan aggada, aan de wetgever of aan de psalmist. De rabbijnen hebben dit probleem wellicht aangevoeld. Rab zei: De wereld werd geschapen met het oog op David, zodat hij lofzangen en psalmen voor God zou kunnen zingen. Samuel zei: De wereld werd geschapen voor van Mozes, zodat hij de Thora zou kunnen ontvangen.[6]

Een opvatting over de suprematie van aggada weerklinkt in de volgende traditie: Van rabbi Jochanan ben Zakkai wordt gezegd dat zijn studies alle gebieden van de joodse wetenschap omvatten, *grote dingen of kleine dingen.* Grote dingen betekenen *ma 'aseh merkabah* (mystieke leerstukken), *kleine dingen* de discussies tussen *Abaje* en *Raba* (uitleg over de wet).[7] Hier wordt de bestudering van de wet, vergeleken met de bestudering van de mystieke wijsheid, 'een klein ding' genoemd.[8]

Maimonides, een van de grootste wetgeleerden aller tijden, verklaart: 'Veel liever onderwijs ik enkele grondslagen van onze godsdienst dan een van de andere dingen die ik bestudeer.'[9]

§ 5 DE POLARITEIT VAN HET JODENDOM

Joods denken en leven kan alleen adequaat begrepen worden in begrippen van een dialectisch model dat tegenovergestelde of tegengestelde eigenschappen omvat. Zoals bij een magneet, waarvan de uiteinden tegenovergestelde magnetische eigenschappen hebben, staan deze begrippen tegenover elkaar en geven een *polariteit* weer die leeft in het hart van het jodendom, de

polariteit van denkbeelden en gebeurtenissen, van mitswa en zonde, van kavanah en daad, van routine en spontaniteit, van gelijkvormigheid en individualiteit, van halacha en aggada, van wet en innerlijke ervaring, van liefde en ontzag, van begrip en gehoorzaamheid, van vreugde en discipline, van de goede en de kwade motieven, van tijd en eeuwigheid, van deze wereld en de komende wereld, van openbaring en gehoor, van inzicht en voorlichting, van invoelings- en uitdrukkingsvermogen, van belijdenis en geloof, van het woord en wat het woord te boven gaat, van het zoeken van God door de mens en Gods zoektocht naar de mens. Zelfs Gods relatie tot de wereld wordt gekenmerkt door de polariteit van gerechtigheid en vergeving, voorzienigheid en verborgen houden, de belofte van beloning en de eis hem te dienen om zijnentwil. Abstract gesproken lijken al deze termen elkaar uit te sluiten maar in het werkelijke leven zijn ze bij elkaar betrokken. Scheiding van de twee is voor beide noodlottig. Er is geen halacha zonder aggada en geen aggada zonder halacha. We moeten niet het lichaam kleineren of de geest opofferen. Het lichaam is de discipline, het patroon, de wet en de geest is de innerlijke devotie, spontaniteit en vrijheid. Het lichaam zonder geest is een lijk, de geest zonder lichaam is een spook. Dus is een mitswa zowel een discipline als een inspiratie, een daad van gehoorzaamheid en een vreugdevolle ervaring, een juk en een voorrecht. Het is onze taak te leren om harmonie te bewaren tussen de eisen van halacha en de geest van aggada.
Omdat beide beginselen zich in tegenovergestelde richting bewegen, kan een evenwicht alleen bewaard blijven als beide even sterk zijn. Maar dat is zelden het geval. Polariteit is een essentieel kenmerk van alle dingen. Spanning, tegenstelling en tegenspraak karakteriseren de complete werkelijkheid. De taal van de *Zohar* noemt deze wereld *alma deperuda*, 'de wereld van scheiding'. Tegenstrijdigheid, twist, dubbelzinnigheid, tweeslachtigheid treffen het hele leven, inclusief de studie van de Thora. Zelfs de wijzen verschillen van mening over vele onderdelen van de wet.[10]

§ 6 DE SPANNING TUSSEN HALACHA EN AGGADA

Er zijn situaties waarin de verhouding tussen wet en innerlijke bewogenheid, discipline en vreugde knarsend uit haar evenwicht raakt. In hun illustere angst om de geest van het goddelijke gebod te ontheiligen hebben de rabbijnen een niveau van wetsnaleving vastgesteld dat weliswaar haalbaar is voor verheven zielen in de moderne samenleving, maar dat het begripsvermogen van gewone mensen vaak te boven gaat. Moet halacha de stem van aggada blijven negeren?

'In de Bijbel is voorspeld dat *Efraïms afgunst zal verdwijnen en Juda Efraïm niet meer vijandig zal bejegenen'* (Jesaja 11:13). Deze twee typen (stammen) leven altijd in conflict. Efraïm is door God aangewezen om al zijn aandacht te richten op de wet en om toegewijd aan de geboden te zijn. Dit is de reden dat de profeet het volk Israël waarschuwt om de wet nauwkeurig na te leven, *Anders zal hij als een vuur woeden in het land van Jozef* (Amos 5:6).

'Juda is aangewezen om al zijn aandacht te richten op God en met hem verbonden te zijn in al zijn wegen. Daarom is Juda niet tevreden met de kennis van alleen de wet, maar hij kijkt uit naar God om hem de diepten van de waarheid, nog dieper dan de wet zelf, te openbaren.' (Want het is mogelijk dat een vonnis juist gewezen is, overeenkomstig de gegevens die voor de rechters beschikbaar waren, en dat het toch in strijd met de waarheid is. Vergelijk *Shevuot* 29ª, als voorbeeld.)

Juda weigert om genoegen te nemen met een wetsnaleving uit sleur of met een geloof uit sleur. Het geeft hem geen voldoening om vandaag te doen wat hij gisteren deed. Hij wil elke dag in zijn geboden nieuw licht te vinden. Het verlangen naar nieuw licht drijft Juda soms tot het verrichten van handelingen met het oog op God die in strijd zijn met de wet in strikte zin.

'Maar ons is beloofd dat Efraïm en Juda in de toekomst niet langer zullen strijden. God zal aan Efraïm tonen dat Juda's handelingen, zelfs als ze de grenzen van de wet overschrijden, altijd met het oog op God verricht zijn en niet om een of andere onzuivere reden, en dan zal er werkelijk begrip en vrede tussen hen komen.'[11]

§ 7 ROUTINE EN SPONTANITEIT

De spanning tussen routine en spontaniteit, tussen het vaste patroon van de wet en het innerlijke van de persoon, is vaak een bron van complicaties en zielenstrijd geweest. We zijn niet altijd in staat om ons tot een niveau te verheffen waarop we bijvoorbeeld zouden kunnen reageren op de grootsheid van onze liturgie. Maar de wet verwacht van ons dat wij die grootsheid drie keer per dag ondergaan. De woorden, de vormen blijven dezelfde, maar toch wordt ons gezegd dat een geheiligde daad gedaan moet worden alsof het de eerste keer was. De stem verkondigde: *Houd de geboden die ik u vandaag opleg steeds in gedachten* (Deuteronomium 6:6). 'Ze moeten niet beschouwd worden als een oud stel verordeningen... maar als nieuwe woorden, waar mensen vol verlangen naar toe hollen om ze te horen'; nieuw alsof ze *deze dag, vandaag* gegeven waren.[12]

Als wij proberen trouw te blijven aan deze beide aspecten van het joodse leven, ontdekken wij dat de pool van de routine sterker is dan de pool van de spontaniteit en dat we dus steeds het gevaar lopen dat onze wetsnaleving en onze aanbidding tot gewoonten worden, een mechanische uitvoering. De vaste indeling en de routine van onze diensten bevorderen de verstikking van de spontaniteit van de devotie. Het is dus een lastige opgave om te voorkomen dat het beginsel van de routine (*keva*) de kracht van de spontaniteit (*kavanah*) aantast. Het is een probleem dat het hart van het religieuze leven raakt en het is even eenvoudig op te lossen als andere centrale problemen van het bestaan. Het is een deel van de menselijke vrijheid om deze uitdaging aan te gaan en een antwoord te formuleren in elke situatie, elke dag van ons leven. Er zullen wel pijnstillers zijn, maar genezing van polariteit is in deze 'gescheiden wereld' niet te vinden.

De eenvoudigste manier om het probleem te ondervangen is het principe van de routine afschaffen, om alleen dan te aanbidden wanneer de geest ons heeft aangeraakt en alleen die voorschriften na te leven die naar onze mening van belang zijn. Maar door de regelmaat af te schaffen maken we van de spontaniteit een lege huls. Onze geestelijke hulpbronnen zijn niet onuitputtelijk. Wat spontaan kan lijken, is in het echt een reactie op een situatie. De ziel zou blijven zwijgen zonder de oproep en het geheugensteuntje van de wet. Er kunnen momenten zijn waarin de ziel niet reageert, maar als we op de drempel van het heilige vertoeven worden we onbewust door zijn kracht aangeraakt.

We kunnen de ingevingen van het hart niet vertrouwen wanneer we ons losmaken van de inspiratie van de profeten. Onze eigen momenten van verlichting zijn kort, sporadisch en zeldzaam. In de lange tussenperioden is de ziel vaak saai, leeg en geestloos. Het is moeilijk om een ziel te vinden die meer licht kan uitstralen dan hij ontvangt. De vervulling van een mitswa is een ontmoeting met de geest. De geest is echter niet iets wat we eens en voor altijd kunnen aanleren, maar iets waar we bij moeten zijn. Daarom bestaat de joodse levenswijze uit het herhalen van het ritueel, het telkens opnieuw ontmoeten van de geest, de geest in onszelf en de geest die zweeft over al wat leeft en beeft.

De geest rust niet alleen op ons succes, op ons doel, maar ook op onze inspanning, op onze weg. Daarom is de gang naar het gebedshuis, elke dag of elke zevende dag, een lied zonder woorden. Als dit gedaan wordt in bescheidenheid, vanuit de eenvoud van het hart, dan is het als een kind dat in het verlangen om een lied te horen het muziekschrift voor haar moeder openlegt. Het enige dat het kind kan doen, is het boek te openen.[13]

De weg naar kavanah loopt door de daad. De geloofsweg is een manier van leven. Halacha en aggada hangen nauw samen: halacha is de snaar, aggada is de strijkstok. Als de snaar gespannen is zal de strijkstok de melodie opwekken. Maar de snaar kan onder de hand van een knoeier vals klinken.

§ 8 DE WAARDE VAN GEWOONTE

Gebonden te zijn aan een stabiele orde van wetsnaleving, aan een discipline van eredienst op bepaalde uren en in vaste vormen is een hemelse regelmaat. De natuur houdt niet op natuurlijk te zijn omdat ze onderworpen is aan de orde van de seizoenen. Trouw aan uiterlijke vormen, toewijding van de wil is op zichzelf een vorm van eredienst. De mitswot behouden hun lichtglans zelfs als onze geest vergeet om de aandacht voor het heilige te ontsteken. De weg van trouw aan de regelmaat van een geheiligd leven loopt langs de grens van de geest. Hoewel je aan de buitenzijde bent, blijf je heel dicht bij de geest. Regelmaat houdt ons paraat voor de momenten waarin de ziel harmonieert met de geest.

Terwijl de liefde overwintert spreken onze trouwe daden. Het is goed dat goede daden een gewoonte worden, dat de voorkeur voor rechtvaardigheid onze tweede natuur wordt, zelfs al is ze de persoonlijkheid niet aangeboren. Een goed mens is niet iemand die de goede dingen doet, maar iemand die de gewoonte heeft juiste dingen te doen.

De afwezigheid van begrip op het tijdstip waarop je een rituele handeling uitvoert, maakt die handeling niet krachteloos. Een vader die werkt om het brood voor zijn kinderen te verdienen doet goed werk, ongeacht of zijn aandacht voortdurend gericht is op die morele bedoeling. Als iemand besluit om een kind elke dag eten te geven, is deze dagelijkse daad goed, waarbij het niet uitmaakt of ze steeds samengaat met het besef van haar morele waarde. Wat betekenis geeft aan rituele handelingen is niet alleen het persoonlijke doel samen met de handeling, maar voornamelijk de geloofsbeslissing om een rituele levenswijze te aanvaarden. Het is die beslissing – *de algemene intentie*, de fundamentele kavanah – en het inzicht, telkens verdiept in vele ogenblikken van religieuze ervaring, die aan alle rituele handelingen in ons leven het karakter van aanbidding en overgave verlenen.

§ 9 DADEN ONDERWIJZEN

Het is waar dat een mens daden van barmhartigheid kan kennen zonder altijd de geest van barmhartigheid te kennen. Maar het is ook waar dat daden een uitdaging zijn voor de ziel. Je moet opzettelijk verhard zijn om voor altijd ongevoelig te blijven voor de geest van de daden waar je dag na dag, jaar na jaar mee bezig bent. Hoe kun je het plezier van de barmhartigheid anders leren dan door doen?

Daden zijn niet alleen het gevolg van bedoeling. Ze veroorzaken ook kavanah. Er bestaat geen statische polariteit tussen kavanah en daad, tussen toewijding en handeling. De daad kan naar boven brengen wat in het gemoed sluimert, en handelingen waar een denkbeeld in tot leven komt. Ogenblikken vol toewijding maken ons welsprekend op een wijze die voor het ongevormde gemoed niet toegankelijk is. Kavanah ontstaat met de daad. Van daden leer je.

> 'De mens wordt door al zijn handelingen beïnvloed. Zijn hart en al zijn gedachten volgen de daden die hij pleegt, of ze nou goed of slecht zijn. Als iemand humeurig is en kwaadaardige neigingen heeft en zich moedig inspant om voortdurend de Thora te bestuderen en haar geboden te vervullen, zelfs als zijn motieven niet zuiver zijn, dan zal hij in de loop der tijd gaan neigen tot het goede en hij zal, hoewel hij

> op grond van onzuivere motieven aan zijn godsdienstige zoektocht begonnen is, de geboden om hun eigen wil gaan vervullen... Maar een volkomen rechtvaardig mens, wiens hart oprecht en zuiver is, die zich verblijdt in de Thora en haar geboden maar die zich met aanstootgevende zaken inlaat – bijvoorbeeld dat de koning hem dwong tot duistere praktijken – als hij zich steeds aan die zaken wijdt, zal hij zich uiteindelijk van rechtvaardigheid losmaken en kwaadaardig worden.'[14]

Dit verklaart waarom het probleem van de persoonlijke kavanah *ondergeschikt* is aan het probleem van de *complete vroomheid*. Liefde en ontzag bepalen op elk ogenblik de waarde van elke daad.
Het zou een misverstand zijn om een aanmoedigingsprijs te verlangen voor wat wij doen. Echte rijkdom wordt niet *quid pro quo* (voor wat hoort wat) gevorderd. Het heilige doen is zijn eigen beloning. We ontvangen alles als we niets vragen.
Inspiratie is een geschenk. Zij kan niet door de wil of door dwang tot stand komen. Vroomheid is onvoorwaardelijke trouw aan het heilige. De vrome mens zoekt verbondenheid met het heilige. Inspiratie is een belofte aan de mens. Als het heilige hartgrondig gedaan wordt, schenkt het licht aan een mens, maar het kan ook verborgen blijven.
'Gelukkig zijn de gewone gelovigen... die niet proberen te knap te zijn in hun verhouding tot God, maar die de wet van God navolgen in alle eenvoud.'[15]

[* Heschel werkt zijn pedagogische ideeën uit in: *Children and Youth* (1960) en *Idols in the Temples* (1962), gebundeld in *The Insecurity of Freedom*, New York 1966; Nederlandse vertaling: *Onzekerheid in vrijheid*, Houten 1986.
Zie ook: Frans Hartensveld, *Het concept mens in het denken van Abraham Joshua Heschel en de betekenis daarvan voor onderwijs en opleiding*, Amsterdam 1988 en het essay *Docent in het huis der verwondering* van Michael Jinkins en Daniël Mok bij de Nederlandse vertaling van *De sabbat*, Amsterdam 2006.]

HOOFDSTUK 34

DE BETEKENIS VAN HET NALEVEN VAN DE WET

§ 1 OORSPRONG EN AANWEZIGHEID

Een lastig probleem is de betekenis van de joodse naleving van religieuze gebruiken (*observance*). De moderne jood kan de weg van de onveranderlijke gehoorzaamheid niet aanvaarden als een snelle route naar het mysterie van de goddelijke wil. Zijn religieuze situatie is niet bevorderlijk voor een houding van verstandelijke of geestelijke overgave. Hij is niet bereid zijn vrijheid te offeren op het altaar van de trouw aan de geest van zijn voorvaderen. Hij zal alleen reageren op een uiting waaruit blijkt dat wat er van hem verwacht wordt vol betekenis is. Het voornaamste probleem is niet zijn onvermogen om *de goddelijke oorsprong* van de wet te begrijpen. Het echte probleem is zijn onvermogen om *de aanwezigheid van goddelijke betekenis* in de vervulling van de wet aan te voelen.

§ 2 DE BETEKENIS VAN RELIGIEUZE VOORSCHRIFTEN

Het is een klassiek onderwerp van joodse beschouwingen: wat zijn de redenen, de redelijke gronden voor joodse wetsnaleving?

De naleving van de voorschriften kan vanuit veel kanten beoordeeld worden. Sociologisch: draagt ze bij aan het welzijn van de samenleving of aan het voortbestaan van het volk? Esthetisch: verhoogt ze ons gevoel voor vorm en schoonheid? Ethisch: helpt ze ons het goede te realiseren? En dogmatisch: naleving van de wet is de wil van God en een andere rechtvaardiging is overbodig. Omdat joodse wetsnaleving het complete bestaan omvat, zou een *samenvattende methode* haar belang voor alle hogere waarden aan het licht brengen en een ruim overzicht van haar betekenis geven.

Het jodendom is zowel betrokken bij het geluk van het individu als bij het overleven van het Joodse volk, voor de verlossing van alle mensen en voor het geschieden van de wil van de ene God. Het beweert echter dat geluk afhangt van trouw aan God. Het unieke belang van het voortleven van het volk ligt in zijn hoedanigheid van partner in een verbond met God. De verlossing van alle mensen hangt af van hun dienstbaarheid aan zijn wil. Daarom worden de enkeling, de gemeenschap en de hele mensheid beoordeeld vanuit het gezichtspunt van religieus inzicht en godsdienstige overtuiging. Zonder de diepgaande betekenis van andere gezichtspunten te bagatelliseren, zullen we het probleem van de betekenis van de wetsnaleving analyseren vanuit het gezichtspunt dat we in de voorafgaande delen van dit boek ontwikkeld hebben. We gaan proberen de vraag te beantwoorden hoe deze naleving zich verhoudt tot religieus inzicht.

Zoals hierboven betoogd kunnen sommige fundamentele, theologische veronderstellingen van het jodendom niet volledig verantwoord worden met aan de menselijke rede ontleende argumenten. Het concept van de natuur van de mens als geschapen naar de gelijkenis van God, het concept van God en geschiedenis, van gebed en zelfs van ethiek staan op gespannen voet met de uitkomsten waar we eerlijkheidshalve na kritisch en analytisch onderzoek op zijn uitgekomen. Wat devotie van ons verlangt is een mysterie dat de mens vervult met ontzag en stilte. In een technologische samenleving waarin godsdienst een functie wordt, is ook vroomheid een middel om menselijke behoeften te bevredigen. Wij moeten dus heel goed oppassen om religie niet te gaan beschouwen als een machine of een organisatie die naar eigen inzichten gerund kan worden.

Het probleem hoe vanuit de joodse traditie te leven kan niet worden opgelost door gezond verstand en algemene ervaring. De orde van joods leven is een geestelijke. Het heeft een eigen, geestelijke logica die alleen begrepen kan worden wanneer haar grondregels worden nageleefd en naar waarde worden geschat. De betekenis kan beter worden doorgrond in een persoonlijke reactie dan in afstandelijke definities. Leven moet *geestelijk verworven* worden, niet alleen materieel. Het gevoel voor het wonder moeten we levend houden door daden van verwondering.

§ 3 EEUWIGHEID, GEEN NUTTIGHEID

Naar welke soort betekenis zijn wij op zoek? Betekenis op zichzelf is niets. Betekenis maakt altijd deel uit van een systeem van betekenissen. De soort van betekenis die wij zoeken hangt af van het soort systeem dat wij kiezen. Het meest voorkomende systeem is dat van de psychologie. Een mitswa wordt als betekenisvol beschouwd als vaststaat dat ze een persoonlijke behoefte kan bevredigen.

Hoe dan ook, de religieuze essentie ligt niet in de bevrediging van een menselijke behoefte. Zolang de mens godsdienst ziet als een bron van bevrediging van zijn eigen behoeften, dient hij niet God maar zichzelf.[1] Zo'n soort bevrediging is verkrijgbaar in een cultuur die overvloedig voorziet in middelen om aan onze behoeften te voldoen.

Inderdaad gaat de meeste aandacht uit naar geschikte middeltjes die gunstige omstandigheden bevorderen en het vermogen vergroten om bronnen van deze planeet te exploiteren. Als onze filosofie een projectie is van het werkelijke gedrag van de mens, dan zouden we de waarde van de aarde moeten omschrijven als grondstoffenbron voor onze industrie en de oceaan als visvijver. Maar we hebben gezien dat er meer aspecten van de natuur zijn die de aandacht trekken. Wij vertrekken om de wereld te ontmoeten, niet alleen langs een doelmatige weg, maar ook langs de weg van de verwondering. Langs de eerste weg verzamelen we zoveel mogelijk gegevens om te kunnen domineren. Langs de tweede verdiepen we onze waardering om te reageren. Macht is de taal van doelmatigheid, poëzie de taal van verwondering.

Bidden heeft niet de bedoeling om de kennis te vermeerderen. Van een ritueel wordt geen belangenbehartiging verwacht. Geheiligde daden hebben tot doel het leven *in overeenstemming* te brengen *met ons gevoel voor het onuitsprekelijke.* De mitswot zijn vormen om de waardering van het onuitsprekelijke in daden uit te drukken. Het zijn geestelijke uitingen waarin we zinspelen op wat het verstand te boven gaat. Het zoeken naar redelijke verklaringen, het nauwkeurig onderzoeken van de mitswot door het gezonde verstand, is het uitdoven van hun innerlijke betekenis. Wat zou de waarde zijn van het bewijs dat het navolgen van de spijswetten de gezondheid helpt te bevorderen, dat het houden van de sabbat bevorderlijk is voor het geluk? Het is geen *nuttigheid* die wij zoeken in religie, maar *eeuwigheid.* De toetssteen voor religie is niet of het overeenstemt met ons *gezonde verstand,* maar of het verenigbaar is met ons *gevoel voor het onuitsprekelijke.* Het doel van religie is niet om behoeften die wij voelen te bevredigen, maar om in ons de behoefte te scheppen om doeleinden te dienen die anders niet bij ons zouden zijn opgekomen.

§ 4 GEESTELIJKE BETEKENIS

De vraagstelling van ethiek is: wat is het ideaal of beginsel voor gedrag dat *verstandelijk* verdedigbaar is? Voor religie is de levensvraag: wat is het ideaal of beginsel voor leven dat *geestelijk* verdedigbaar is? De gewettigde vraag over de vormen van joodse wetsnaleving luidt: zijn ze van geestelijke betekenis?

Wij moeten de mitswot dus niet waarderen naar de grootte van de rationele betekenis die wij wellicht in hun motief ontdekken. Religie ligt niet binnen maar buiten de grenzen van het zuiver verstandelijke. Het is geen religieuze taak om met het verstand te wedijveren, ook niet om een bron van bespiegelende denkbeelden te zijn, maar om ons te helpen waar het verstand tekortschiet. De betekenis moet worden begrepen op een manier die overeenstemt met het gevoel voor het onzegbare. Waar concepten ontbreken, waar verstandelijk begrijpen stopt, krijgt wetsnaleving vaak betekenis. Haar doel is niet om in hygiëne, geluk of de vitaliteit van de mens te voorzien. De bedoeling is om heiligheid toe te voegen aan zorg voor de gezondheid, grootsheid aan geluk, geest aan levenskracht.

Spirituele betekenis is niet altijd helder. Doorzichtigheid is de eigenschap van glas, terwijl diamanten zich onderscheiden door lichtbreking en het spel van het kleurenspectrum.

Inderdaad, elke reden die we zouden kunnen aanvoeren voor onze trouw aan de joodse levenswijze verwijst slechts naar een van zijn vele facetten. Het is minder nauwkeurig om te zeggen dat de mitswot betekenisvol zijn dan te zeggen dat ze ons leiden naar bronaders van opwellende betekenis, naar ervaringen die vol zijn van een verborgen gloed van het heilige die plotseling in onze gedachten opvlamt.

Zij die, om de joodse levenswijze te redden, zijn betekenis onder de hamer brengen, verkopen hem ten slotte aan de laagste bieder. De hoogste waarden worden niet veel gevraagd en zijn onverkoopbaar op het marktplein. In het geestelijke leven lijken sommige ervaringen op een camera obscura, waar licht door moet binnen komen om een beeld op het gemoed te werpen, het beeld van onuitsprekelijke duidelijkheid. De aandrang om het heilige te verklaren en het heilige met het relatieve en functionele te verbinden is als het aansteken van een kaars in de camera.

Godgeïnspireerde werken zijn als kunstwerken. Ze zijn functioneel, ze dienen een doel maar hun aard is intrinsiek, in zichzelf besloten. Een mitswa is de vereeuwiging van een inzicht of een handeling waarbij het tijdelijke met het duurzame, het kortstondige met het eeuwige wordt samengebracht.
Wanneer inzichten van de enkeling aan anderen moeten worden overgebracht en een deel van het maatschappelijk leven moeten worden, of zelfs wanneer ze doelmatig bewaard moeten worden voor het toekomstig begrijpen, dienen ze de vorm van daden, van mitswot aan te nemen.
Religie zonder mitswot is een ervaring zonder uitdrukkingskracht, een gevoel van mysterie zonder vermogen tot heiliging. Het is een vraag zonder antwoord. Zonder de Thora hebben we alleen daden die dromen van God, met de Thora hebben we mitswot die God in handelingen uitdrukt.
Toen rabbi Jochanan ben Zakkai zijn leerlingen vroeg: 'Wat is de slechtste eigenschap die een mens behoort te mijden?', antwoordde rabbi Simeon: '*Iemand die leent en niet terugbetaalt.* Het maakt geen verschil of je leent van een mens of van God.'[2] Misschien is dit de kern van de menselijke ellende: te vergeten dat het leven ons zowel geschonken als toevertrouwd is.

§ 5 EEN ANTWOORD AAN HET MYSTERIE

'*Hoe kan ik de EEUWIGE vergoeden wat hij voor mij heeft gedaan?*' Hoe te reageren op het mysterie dat ons omringt, het onuitsprekelijke dat een beroep op ons doet? Dit is inderdaad het universele thema van religie. De wereld is vol wonderen. Wie reageert? Wie trekt het zich aan? Onze verering is geen antwoord. Hoe dieper we vereren, des te duidelijker beseffen we de ontoereikendheid ervan. Is het genoeg om te loven, het ophemelen van wat boven alle lof verheven is? Wat is de waarde van verering? Zwak zijn al onze liederen en lofzangen. Als we maar alles wat we hebben en zijn konden weggeven. Het enige antwoord aan het onzegbare is een levensstijl die ermee harmonieert.
Menselijk leven is een punt waar geest en mysterie elkaar ontmoeten. Daarom kan een mens niet alleen van zijn verstand leven of zuiver gedijen op mysterie. Zich overgeven aan het mysterie is fatalisme, zich terugtrekken in de ratio is solipsisme (*solus*=alleen; *ipse*=zelf). De mens wordt aangespoord om in nauw contact te staan met wat het mysterie overstijgt. Het onuitsprekelijke in hem zoekt een weg naar wat het voorbij het onuitsprekelijke ligt.

Aan Israël werd geleerd hoe de Eeuwige aan te spreken die het mysterie overstijgt. Voorbij de geest is mysterie, maar voorbij het mysterie is genade. Uit de duisternis klinkt een stem die onthult dat het uiteindelijke mysterie geen raadsel is, maar de God van genade. Dat de Schepper van het al de 'Vader in de hemelen' is. De uiteindelijke vraag werd een bepaald gebod. Een mitswa is waar gemoed en geheimenis samen worden gebracht om een beeld te scheppen van een attribuut van God. Een geheiligde daad is waar aarde en hemel elkaar ontmoeten.

De hemel is de hemel van de EEUWIGE, *de aarde heeft hij aan de mensen gegeven* (Psalm 115:16). "Het is alsof een koning had bevolen dat de burgers van Rome Syrië niet zouden bezoeken en omgekeerd. Aldus beval God, toen Hij de wereld schiep: '*De hemel is de hemel van de* EEUWIGE, *de aarde heeft hij aan de mensen gegeven.*' Maar toen Hij op het punt stond de Thora te geven, herriep Hij het eerste bevel en sprak: 'Zij die beneden zijn zullen opstijgen tot hen die in den hoge zijn, terwijl zij die in den hoge zijn zullen afdalen naar hen die beneden zijn en Ik zal beginnen', zoals er gezegd is, *De* EEUWIGE *was op de top van de Sinaï neergedaald* (Exodus 19:20) en verderop staat geschreven: *De* EEUWIGE *zei tegen Mozes: 'Kom naar mij toe'* (Exod. 24:12)."[3]

Voor buitenstaanders zullen de mitswot wel lijken op hiërogliefen, duister, ongerijmd en ketenen van levenloze wetsverheerlijking. Als je er niet naar streeft om te delen in het weergaloze en ongeëvenaarde kan wetsnaleving een sombere en vermoeiende sleur worden. Voor hen die hun levens willen verbinden met het duurzame zijn de *mitswot* een kunst, verheugend, veelzeggend en vol samengebalde betekenis. *Uw wetten zijn voor mij als liederen,* zei de psalmist (119:54). Goddelijke geboden, *huqim,* duiden traditioneel op voorschriften waarvoor geen redenen te vinden zijn. In het joodse denken zingt de handeling, en de routine van de vervulling is het ritme van de liederen. De dogma's zijn toespelingen, aanduidingen, maar onze daden zijn definities.

§ 6 AVONTUREN VAN DE ZIEL

Verklaringen van de mitswot lijken op inzichten uit de kunstkritiek. De uitleg kan nooit het creatieve werk van de kunstenaar naar de kroon steken. Bij religie is het verstand als een slijpsteen die ijzer scherp maakt maar zelf het ijzer niet kan snijden of knippen.

Er is maar één manier om de mitswot te waarderen: je moet de avonturen van je ziel verbinden met de gedachten en daden van het eeuwige Israël en niet op eigen houtje de oorspronkelijke en wezenlijke bedoelingen van de wet willen raden.

Verklaringen van de mitswot komen en gaan. Theorieën veranderen met de stemming van het tijdsgewricht, maar het lied van de mitswot blijft klinken. Verklaringen zijn als vertalingen: zowel nuttig als ontoereikend. Een vertaler van de *Ilias* in het Duits merkte eens op: 'Lieve lezer, leer Grieks en gooi mijn vertaling in het vuur'.[4] Hetzelfde geldt voor het heilige: verklaringen zijn geen vervangers.

Het is kenmerkend dat de Hebreeuwse term voor de verklaring van de mitswot *ta'am, of t'ame hamitsvot* is.[5] Maar *ta'am* betekent ook smaak of geur. Het is de geur die een mens opvangt als hij een mitswa doet die haar betekenis vertelt.

De werkelijke betekenis is niet te vinden in een gestold concept, bepaald en vastgesteld voor eens en altijd. De exclusieve geur die de betekenis overbrengt, laat zich niet onder woorden brengen. Deze ontstaat met de vervulling van de mitswa en de waardering groeit met de ervaring.

Mitswot zijn niet alleen uitdrukkingen van voor eens en altijd gegeven betekenissen, maar manieren om telkens opnieuw een nieuwe betekenis op te roepen. Het zijn meer handelingen van inspiratie dan handelingen van volgzaamheid. Het zijn de liederen die onze verwondering uitdrukken.

§ 7 'EEN LIED ELKE DAG'

Rabbi Jochanan zei: 'Als iemand de Schrift leest zonder een melodie of de misjna herhaalt maar niet met de juiste toonhoogte, dan zegt de Schrift van hem: *Ik gaf hun zelfs slechte wetten* (Ezechiël 20:25)'.[6] Een mitswa zonder melodie is zielloos. Thora zonder melodieusheid is geestloos. Kavanah is de kunst om een daad te toonzetten op innerlijke muziek. *Dien de* EEUWIGE *met vreugde, kom tot hem met jubelzang* (Psalm 100:2). Door te zingen treden wij zijn tegenwoordigheid binnen.

Wat is een edele daad? Een hongerige ziel die zich verheft. Voor sommigen is de handeling nieuw en waardevol, hoewel haar betekenis deels hier, deels boven de sterren is. Voor anderen is het als het zich ontdoen van een last, verdriet en ontgoocheling achter zich latend. De toets voor *kavanah* is de vreugde die ze oproept, het geluk dat ze meebrengt. *Verblijd het hart van uw dienaar, naar u verlang ik, Eeuwige* (Psalm 86:4). Wie zijn ziel weet te verheffen boven de onbeduidendheid van de waan van de dag, ontvangt werkelijk de zegen van de vreugde.

Wat we tot stand brengen is oneindig bescheiden en brengt ons maar iets dichter bij een ver verwijderd doel. Maar wat we proberen is groots: het verlenen van een geheiligde glans aan gewone daden. Wat is een mitswa? Een daad in de vorm van een gebed. Joodse viering is een liturgie van daden.

Het is heiligschennis om te treuren als de taak roept en God is bij voorbaat dankbaar voor de dienst die wij hem zullen bewijzen. Het plezier van de geheiligde daad is de vreugde die de ziel ten toon spreidt. De psalmist (100:2) roept uit: *Dien de EEUWIGE met vreugde*. Zijn dienst en vreugde zijn één en hetzelfde.

Het vervullen van een mitswa is het ontdekken van zijn nabijheid zoals die voor mij bedoeld is en in zijn nabijheid is 'volheid van vreugde'. Wat is vroomheid? 'Een lied elke dag, een lied elke dag.'[7] Elke morgen beginnen wij met een gebed: 'O Eeuwige onze God wij smeken U om de woorden van uw Thora zoet te maken in onze mond.'

Er is een fontein in een geheiligde daad. Ze speelt een eeuwige melodie voor de ziel die zijn eigen woestenij reinigt.

De daad en de beloning moeten samenkomen. 'Wees niet als knechten die de meester dienen voor de beloning maar wees als knechten die de meester dienen zonder een beloning te verwachten.'[8] De beloning van een mitswa is eeuwigheid. Maar wees niet als degenen die verwachten dat eeuwigheid op de daad volgt: in het komende leven. Eeuwigheid ligt in de daad, in het doen.[9] De beloning van een mitswa is de mitswa zelf.[10]

§ 8 GEHEUGENSTEUNTJES

Zoals boven gezegd is de joodse levenswijze een reactie op het voornaamste menselijk probleem, namelijk: hoe moet de mens, een wezen dat naar de gelijkenis Gods geschapen is, denken, voelen en handelen? Hoe kun je leven op een manier die verenigbaar is met de nabijheid van God? Alleen als we ons het probleem realiseren, kunnen we het antwoord op waarde schatten.

Alle mitswot zijn middelen om het besef wakker te schudden dat we leven in de buurt van God, leven op heilige grond. Zij vragen onze aandacht voor het onopvallende mysterie van dingen en handelingen en helpen ons herinneren dat wij rentmeesters zijn en geen eigenaren van het universum. Mitswot brengen ons in herinnering dat de mens niet in een geestelijke woestenij woont en dat *elke handeling* van de mens een ontmoeting is van het menselijke en het heilige.

Vóór alles drukken alle mitswot ontzag uit. Ze zijn aanwijzingen van ons besef van Gods eeuwige aanwezigheid, vieringen van zijn aanwezigheid in daden. De zegenspreuken staan in de tegenwoordige tijd. Wij zeggen: 'Gezegend Jij, Die *schept*... Die *voortbrengt*.' Het zeggen van een zegenspreuk is je bewust zijn van zijn voortdurende schepping.

Wat zijn alle profetische manieren van uitdrukken anders dan een uiting van Gods zorg om de mens en van zijn zorg om de ongeschonden toestand van de mens? Wat doen die woorden anders dan ons herinneren aan Gods aandeel in het menselijk leven, aan de onmogelijkheid om ons te verbergen? Niemand kan zich verstoppen, niemand kan zich aan zijn blik onttrekken. Hij woont bij Israël *te midden van alle onreinheid van het volk* (Leviticus 16:16). Leven is geen persoonlijke aangelegenheid van de enkeling. Leven is wat de mens doet met Gods tijd, wat de mens doet met Gods wereld.

§ 9 HANDELEN ALS HERENIGING

Voor het alledaagse gevoel is een daad een poging van het zelf om wat buiten hem ligt te exploiteren. Voor de gelovige mens is een daad een ontmoeting van het menselijke en het heilige, van de menselijke wil en Gods wereld. Beide zijn gehouwen uit dezelfde rots en bestemd om deel uit te maken van één groot mozaïek.

Er ligt geen kloof tussen het geluk van de mens en de plannen van God. Het ontdekken dat die kloof niet bestaat, het ervaren van deze volmaakte gelijkenis, is de werkelijke beloning van het religieuze leven. God deelt in de vreugde van de mens als de mens openstaat voor Gods zorg. De bevrediging van een menselijke behoefte is een overgave aan een goddelijk doel.

De wereld wordt verscheurd door conflicten, door dwaasheid en door haat. Het is onze taak om te zuiveren, te verlichten en te herstellen. Elke daad is of in strijd met, of een steun aan het streven naar verlossing. De mens is niet één met God, zelfs niet één met zijn eigen ik. Onze taak is om eeuwigheid in de tijd te brengen, in de woestijn vrij baan te maken en in de wildernis een weg te effenen voor God. *Gelukkig wie bij u hun toevlucht zoeken, met in hun hart de wegen naar u* (Psalm 84:6).

Wat is het motief van het joodse leven? Het is misschien het verlangen om overeenstemming tussen het zelf en Gods wil te bereiken, een gaan door de woestenij richting de enige bloem op de verre bergtop. Het is alsof ik de enige mens op de aardbol ben en dat ook God alleen is, wachtend op mij.

§ 10 VERBONDENHEID MET HET HEILIGE

Voordat wij een mitswa doen, wordt er gebeden: 'Gezegend Jij... Die ons geheiligd hebt met Zijn mitswot...' De betekenis van een mitswa is haar kracht tot heiliging.

Wat is een geheiligde daad? Een ontmoeting met het heilige, een manier om met God in broederschap te leven. Een lichtstraal van heiligheid in de duisternis van godslasterlijkheid, het ontstaan van grotere liefde en de gave van een diepere gevoeligheid.

De mitswot zijn vormend. De ziel groeit door edele daden. De ziel wordt verlicht door geheiligde handelingen. Het doel van alle mitswot is inderdaad zuivering van de mens.[11] Ze zijn gegeven aan de mens: om hem te beschermen en te louteren, om hem te disciplineren en te inspireren. We zuiveren het eigen ik door het goddelijke te onthullen. God verbergt zich in de wereld en het is onze taak om het goddelijke uit onze daden naar voren te laten komen.

Opgemerkt is dat de twee laatste letters van het woord 'mitswah' dezelfde zijn als de twee laatste van het Tetragrammaton, de Onuitsprekelijke naam, en dat zijn eerste twee letters verwisselbaar zijn, in de alfabetische rangorde A-T, B-Sj, met de eerste twee letters van het Tetragrammaton, Een mitswa is de Onuitsprekelijke naam. Zijn naam is zowel verborgen als geopenbaard in onze daden.

Het doel van wetsnaleving is niet om uitdrukking te geven aan wat we voelen of wat we denken. Als wij uitdrukking geven aan een gedachte of een gevoel, dragen we onze zielenroerselen over aan woorden. Uitdrukkingen zijn symbolen, vervangende handelingen. Wij spreken en we nemen afscheid van wat wij zeggen. Het doel van wetsnaleving is niet om uit te drukken maar om te *zijn* wat wij voelen of denken, om ons bestaan te verenigen met wat wij voelen of denken, om dichtbij de werkelijkheid te zijn die alle denken en voelen overstijgt in verbondenheid met het heilige.

§ 11 DE VERVOERING VAN DADEN

Het doen van een mitswa is zichzelf overtreffen, verder te reiken dan de eigen behoeften en de wereld te verlichten. Maar waar moet het vuur vandaan komen om de wereld te verlichten? Telkens opnieuw ontdekken wij hoe vaal, hoc flauw en hoe kortstondig het licht is dat van binnen komt. Er is niet genoeg kracht in ons om onszelf te overtreffen, naar een hoger plan te brengen, om onze daden te bezielen. De verrichte moeite is te zwak om boven de onbetekenende opwellingen van het ego uit te stijgen.

Maar er is *een vervoering van daden*, lumineuze momenten waarin wij door overweldigende daden boven onze eigen wil uit worden geheven, ogenblikken vol overvloeiende vreugde, vol diepe verrukking. Deze manier van vervoering is een geschenk. Voor hem die er met hart en ziel naar streeft om zich aan God te geven en daarin slaagt, *voor zover hij daartoe in staat is*, openen zich de poorten van de grootheid en hij kan bereiken wat *boven zijn macht gaat.*[12]

Het geschenk van grootheid is niet voor hen die zich niet de moeite getroosten om hun kleinheid te vernietigen. De mitswa tovert geen heiligheid uit het niets, ze voegt slechts toe aan wat de mens bijdraagt. Wanneer ons verlangen slaapt en ons hart zowel mat als tevreden is, zal niets de verwondering in ons kunnen ontsteken. We moeten vriendelijkheid geven om goedheid te verwerven. We moeten het goede doen om het heilige te bereiken.

Het volgende is een illustratie van deze gedachte:

> ‘Een man plantte bomen, verzorgde hun wortels, maakte de grond vrij van doornen en onkruid, besproeide de bomen wanneer dat nodig was en gaf ze mest. Dan bidt hij tot God dat de bomen vrucht mogen dragen. Maar als hij ze niet verzorgt, verdient hij niet dat de Schepper, Hij zij gezegend, hem vruchten van die bomen geeft.’[13]

De mitswa wordt vergeleken met een lamp (*Want de lessen van je vader en je moeder zijn een lamp, een licht dat je vermaant en de weg wijst naar het leven* – Spreuken 6:23).

Het doel van het ontsteken van een lamp ligt niet in de handeling zelf of de directe gevolgen, namelijk het gebruik van de olie en het branden van de pit. Het werkelijke doel is het voortbrengen van licht. Zo ligt het doel van een mitswa in haar betekenis, in het licht dat zij uitstraalt en verspreidt. De handeling wordt verricht door de mens, maar het licht schijnt uit God.[14] Elke mitswa voegt heiligheid toe aan Israël.[15]

De vonk van de mens kan versterkt en ontvlamd worden door een bliksemstraal van God. 'Als een mens zich een beetje heiligt, wordt hij in hoge mate geheiligd. Als hij zich beneden heiligt, wordt hij geheiligd uit den hoge.'[16] Heiligheid is niet uitsluitend de vrucht van de ziel, maar het resultaat van momenten waarin God en ziel elkaar ontmoeten in het licht van een goede daad.

Religie is ons niet voor eens en altijd gegeven als iets om te bewaren in een kluis. Het moet steeds opnieuw beleefd worden. Mitswot zijn vormen, het *vervullen* van een mitswa betekent haar *vullen met betekenis.*

De psalmist bidt:

> *Laat hij u hulp sturen vanuit zijn heiligdom,*
> *u bijstaan vanuit Sion.* Psalm 20:3

Hulp komt uit de heiligheid. Maar waar is de heiligheid? Bevindt zij zich ergens in de ruimte, in een hemelse sfeer? De rabbijnen verklaarden het vers als volgt: 'De Eeuwige zende je hulp *uit de heiligheid van de daden* die je verricht hebt en ondersteune je uit Sion *(mitsiyon)*, uit de daden waardoor jij je onderscheiden hebt; uit de heiliging van de naam, uit de heiliging van de daden die in je is.'[17]

De kostbaarheid die loyaliteit aan de mitswot verleent aan het leven van de enkeling en van de gemeenschap kan niet helemaal onder woorden worden gebracht. Joodse wetsnaleving geeft ons zuiverheid en, wat meer is: compassie. Zij geeft ons gezondheid en, wat meer is: heiligheid. Zij geeft ons kracht en, wat meer is: een innerlijke wereld. Een wereld die vaak beklagenswaardig en met schrik vervuld is, wordt vriendelijk en betoverend.

HOOFDSTUK 35

MITSWA EN ZONDE

§ 1 DE BETEKENIS VAN MITSWA

Als de frequentie en intensiteit waarmee een woord gebruikt wordt bepalend is voor de mentaliteit van een volk, dan is het woord *mitswa* van het grootste belang. De rol van het woord mitswa in het Hebreeuws en Jiddisch is vrijwel zonder weerga. Zoals verlossing het centrale idee is in de christelijke beleving, zo is mitswa het brandpunt van het joodse religieuze gevoel. Het is, na *Thora*, de grondterm van het jodendom en dient als verzamelnaam voor positieve én negatieve regels, voor zowel richtlijnen als beperkingen.

Een omschrijving of verduidelijking van het woord mitswa is lastig. In andere talen bestaan aparte woorden voor de verschillende betekenissen die in het Hebreeuws worden weergegeven door het enkele woord mitswa. Het duidt niet alleen gebod aan, maar ook *de wet, de verplichting* van de mens om de wet te vervullen en *de handeling* ter vervulling van die verplichting of die daad, in het bijzonder een handeling van liefdadigheid of naastenliefde.

De betekenissen variëren van de handelingen in de tempel door de hogepriester tot het bescheiden gebaar van vriendelijkheid tegenover de medemens, van uiterlijke handelingen tot innerlijke houding, zowel in relatie tot anderen als tot zichzelf. Het wordt vaak gebruikt in de ruime zin van *religie* of *religieus.*[1] Het omvat alle niveaus van menselijk en geestelijk leven. Elke handeling die overeenstemt met de wil van God is een mitswa.[2]

Maar de betekenis van het woord mitswa is nóg ruimer. Naast de betekenissen die het aanduidt – namelijk gebod, wet, plicht en daad – duidt het ook de talrijke kenmerken aan die meeklinken bij de hoofdbetekenissen. Het heeft de bijbetekenis van goedheid, waarde, deugd, verdienste, vroomheid en zelfs heiligheid. Hoewel het dus mogelijk is om te spreken van een goede, deugdzame, waardevolle, verdienstelijke, vrome of heilige daad, is het dubbelop om te spreken van een goede, verdienstelijke, vrome of heilige mitswa. Het Hebreeuws spreekt van een mitswa alsof deze begiftigd is met waarneembare eigenschappen, alsof het een werkelijk bestaand ding is. Het klinkt door in de uitdrukkingen 'zich mitswot toe-eigenen', 'mitswot verkrijgen', 'mitswot nastreven', 'tot de rand gevuld zijn met mitswot'.[3]

'Zelfs onwetende mensen zijn helemaal gevuld met mitswot als een granaatappel' (is doordrenkt met zaden).[4] 'Versier jezelf met mitswot voor Hem.'[5] Elke mitswa roept 'een goede engel in het leven'. Mitswot zijn 'vrienden van de mens',[6] zijn echte 'nakomelingen'. Het zijn de verdedigers van de mens in de komende wereld,[7] zijn gewaden en zijn gedaante. Zonder mitswot is een mens naakt.[8] Door het unieke concept van de mitswa als iets bijna concreets is het moeilijk om een gelijkwaardige term in andere talen te vinden. Drie vertalingen van het vers *Spreuken* 10:8 verduidelijken dit. Het zegt: 'De wijze van *hartyikah* mitswot.' De twee Hebreeuwse woorden zijn vertaald in de *King James version* 'zal geboden ontvangen' (*The wise in heart will receive commandments*), in *Moffat Bible* 'onderwerpt zich aan het gezag', in de Amerikaanse vertaling 'gehoorzaamt de wetten', in de *Revised Standard Version* 'zal acht slaan op de geboden'. De rabbijnen behielden het gevoel voor het concrete en namen als betekenis aan, 'de wijze van hart zal mitswot *verkrijgen*'. [Statenbijbel, Luther en de Leidse vertaling: ...*neemt de geboden aan*; Willibrord: *Wie wijs is van hart aanvaardt geboden*; NBV: *Een wijze doet wat hem geboden wordt.*]

Het grondwoord van het joodse leven is dus meer mitswa dan wet (*din*). De wet dient als bron van kennis over wat wel of niet als een mitswa moet worden beschouwd. De handeling zelf, wat een mens met die kennis doet, wordt niet alleen bepaald door wat de wet voorschrijft maar ook door wat de wet niet kan afdwingen, de vrijheid van het hart.

De hoogste waardigheid van mitswa heeft zo'n geestelijke kracht dat het voorrang verwierf boven haar tegenovergestelde, namelijk zonde of *averah*. Zelfs de zonde van Adam werd beschreven als het verlies van een mitswa. Na de verboden vrucht, zo vertelt men ons, werden hun ogen geopend *en merkten ze dat ze naakt waren* (Genesis 3:7). 'Eén mitswa was hun toevertrouwd en die hadden zij afgelegd.'[9]

Voor het joodse gevoel is *mitswa* werkelijker en wordt het als woord vaker en prominenter gebruikt dan *averah*. In de christelijke woordenschat is de frequentie en het gewicht van de twee woorden juist andersom. Het christendom heeft de gedachte van mitswa niet overgenomen en er is, zoals wij gezien hebben, geen precies equivalent in de westerse talen. Aan de andere kant heeft de term 'zonde' de bijsmaak gekregen van iets stoffelijks, een betekenis die *averah* niet heeft.

Het leven draait om de goede en de verkeerde daad, maar we zijn geoefend om ons meer *bewust* te zijn *van mitswa* dan *van avera* of zonde.[10]
In het Jiddisch, waarvan het taaleigen veelzeggend is voor de joodse denkwijze, betekent het doen van een mitswa een geestelijke winst behalen. *Gib mir a gloss vasser vest hobn in mir a misval* betekent: geef mij een glas water, je zult een geestelijke winst behalen. Een *averah* begaan betekent verspillen, zinloos verbruiken. *Du redst tsu a toybn s'iz an aveyre (averah) di reid* betekent dat je spreekt tegen een dove – je verspilt woorden.

§ 2 'WANT WIJ HEBBEN GEZONDIGD'

Beide polen, mitswa en zonde, zijn werkelijk. We hebben geleerd om *mitswa-bewust* en aandachtig aanwezig te zijn in het hier en nu, om de voortdurende mogelijkheid om goed te doen voor ogen te houden. Ons is ook geleerd om *zondebewust* te zijn tegenover het verleden, om onze mislukkingen en overtredingen te beseffen en te onthouden. De macht van mitswa én zonde moet volledig begrepen worden. De exclusieve vrees voor zonde kan leiden tot een afkeuring van de werken. De exclusieve waardering voor mitswa kan leiden tot intolerantie. Het eerste kan resulteren in een ontkenning van het belang van de geschiedenis door een overdreven eschatologische visie. Het tweede op een ontkenning van messianisme in een werelds optimisme. Voor beide kompasfouten waarschuwt het jodendom keer op keer.
Van twee dingen moeten we ons altijd bewust zijn: God en onze zonden (Psalmen 16:8; 51:5). Drie maal per dag bidden wij: *Vergeef ons, onze Vader, want wij hebben gezondigd; vergeef ons, onze Koning, want wij hebben een overtreding begaan.*
Volgens een talmoedisch gezegde wordt elke ziel vlak voor zijn geboorte in deze wereld gewaarschuwd: "Wees rechtvaardig en wees nooit slecht; en zelfs als de hele wereld je zegt: 'Je bent rechtvaardig,' beschouw jezelf als slecht."[11]
Inderdaad: *Wie zou kunnen zeggen: 'Ik heb mijn hart gezuiverd, ik ben vrij van zonden'?* (Spreuken 20:9).
De zondenlast is licht voor hen die vergeetachtig zijn. Hij was niet licht voor hem die zei: *Uit de diepte roep ik tot u,* EEUWIGE... *Als u de zonden blijft gedenken,* EEUWIGE, *Heer, wie houdt dan stand?* (Psalm 130:1-3).
Twee keer per dag *zullen jullie herinnerd worden aan alle geboden van de* EEUWIGE, *zodat jullie die naleven en mij niet ontrouw worden door de begeerten van je hart en je ogen te*

volgen (Numeri 15:39). Het huis Israël zegt: *'Onze misdaden en onze zonden worden ons aangerekend en wij gaan eraan te gronde – hoe kunnen we dan nog blijven leven?'* (Ezechiël 33:10). Inderdaad "zijn we niet zo aanmatigend of zo verhard om voor Jou, o Eeuwige onze God en God van onze vaderen, te zeggen: 'Wij zijn rechtvaardig en hebben niet gezondigd'; waarlijk, wij hebben gezondigd" (de liturgie van de Grote Verzoendag).

§ 3 'DE KWADE IMPULS'

Wij falen en zondigen niet alleen in onze daden. Wij falen en zondigen ook in ons hart. Kwaadheid in het hart is de bron van kwaadheid in daden. De afgunst van Kaïn, de hebzucht van de generatie van de zondvloed, de trots van de bouwers van de toren van Babel, brachten ellende over de mensheid. 'Afgunst, hebzucht en trots verwoesten het leven van een mens.'[12] Inderdaad, dit is de diagnose van de menselijke situatie: *De EEUWIGE zag dat alle mensen op aarde slecht waren: alles wat ze uitdachten was steeds even slecht.* (Genesis 6:5). 'De slechtheid van mensen' kan naar naar zondige daden verwijzen, maar de kern van de diagnose, herhaald in *Genesis* 8:21, verwijst naar *het hart van de mens dat immers van jongs af geneigd is tot het kwade.* De enige van de Tien Geboden die herhaald wordt en waarmee zij besluiten is: Blijf van andermans zaken af.
Dagelijks bidden wij: *Mijn God. de ziel die Jij mij gegeven hebt, is zuiver.* Wat moeten wij doen om haar zuiver te houden? Hoe moeten we onze integriteit bewaren in een wereld waar macht, succes en geld hoger aangeslagen worden dan al het andere? Hoe moeten we 'jaloezie, hebzucht en trots' in bedwang houden? 'Jij hebt mij een heilige ziel gegeven, maar door mijn daden heb ik haar bevuild,' riep Ibn Gabirol uit.[13]
De ziel die we ontvangen is zuiver, maar in haar woont een kracht ten kwade, 'een vreemde god',[14] 'die voortdurend probeert de overhand te krijgen en de mens te doden. Als God de ziel niet hielp, zou hij hem niet kunnen weerstaan, zoals er gezegd is, de goddeloze loert op de rechtvaardige en zoekt hem op om te doden'.[15] 'Terwijl mensen een sterk verlangen hebben om boze plannen te verwezenlijken, zijn ze achteloos in hun bezigheid naar wat hoogwaardig is. Ze zijn traag in het zoeken van het goede maar flirten op frivole paden van plezier. Als een hebzuchtig visioen opdoemt en naar hen lonkt, verzinnen zij onwaarheden zodat zij zich eraan kunnen overgeven. Ze

verdedigen kunstmatige redeneringen om hun gedraai goed te praten, hun zwakte als kracht voor te stellen en hun ongedisciplineerdheid als standvastig en robuust. Maar als de lamp van de waarheid uitnodigend voor hen schijnt, verzinnen zij loze uitvluchten om zich niet tot dat licht te hoeven keren. Zij argumenteren ertegen, verklaren haar richting misleidend en weerspreken haar beweringen om ze onsamenhangend te laten lijken en zo een excuus te hebben om bij haar uit de buurt te blijven.'[16]

"De Heilige, Hij zij geprezen, zegt tot de ziel: 'Alles wat Ik in de zes dagen van de schepping geschapen heb, heb Ik alleen met het oog op jou geschapen en jij gaat heen en zondigt!'"[17] 'Zie, Ik ben puur, Mijn verblijf is puur, Mijn dienaren zijn puur en de ziel die Ik je gegeven heb is puur; als je haar aan Mij teruggeeft zoals Ik je haar gegeven heb, zal het goed zijn, maar zo niet, dan zal Ik haar wegwerpen.'[18]

§ 4 'HET IS MAAR ÉÉN STAP'

De nadruk op het gevoel van de mitswa mag op geen enkele manier onze oplettendheid laten verslappen voor het feit dat we altijd klaarstaan om de Eeuwige te verraden, dat wij blootgesteld zijn aan zonde, zelfs als wij een rechtvaardige handeling aan het verrichten zijn. 'Wees niet zeker van jezelf tot de dag van je dood,' zei Hillel.[19] Ons is geleerd dat een mens elke dag van zijn leven doortrokken kan zijn met de geest van het heilige, maar dat één ogenblik van onachtzaamheid genoeg is om hem in de afgrond te storten.

...Ik ben maar één stap van de dood verwijderd (1 Samuel 20:3).

Het leven wordt geleefd op een spiritueel slagveld. Voortdurend moet de mens worstelen met 'de boze impuls', 'want de mens is als een koord waar God aan trekt aan het ene eind en Satan aan het andere'. 'Wee mij wegens mijn *yotser* (Schepper), wee mij wegens mijn *yetser* (boze impuls)', zegt een talmoedisch epigram.[20] Als een mens toegeeft aan zijn lagere drijfveren is hij verantwoordelijk tegenover zijn Schepper. Als hij zijn Schepper gehoorzaamt, wordt hij door zondige gedachten gekweld.

HOOFDSTUK 36

HET PROBLEEM VAN HET KWAAD

§ 1 EEN PALEIS IN VLAMMEN

Aan sommigen dringt de ultieme vraag zich op in momenten van verwondering, op momenten van blijdschap. Bij anderen komt de uiteindelijke vraag op in ogenblikken van verschrikking, in tijden van wanhoop. Het is zowel de grootsheid als de misère van het leven die mensen voor de ultieme vraag gevoelig maakt. Inderdaad, zijn ellende is even groot als zijn grandeur.

Hoe kwam Abraham tot de zekerheid dat er een God is die de wereld ter harte gaat? Rabbi Isaac zei: Abraham kan "vergeleken worden met een mens, die van plaats tot plaats reisde en toen *een paleis in vlammen* zag. Is het mogelijk dat niemand zich verantwoordelijk voelt voor dit paleis? vroeg hij zich af. Totdat de eigenaar van het paleis hem aankeek en zei: 'Ik ben de eigenaar van het paleis.' Op dezelfde wijze vroeg Abraham, onze vader, zich af: 'Is het denkbaar dat de wereld geen leidsman heeft?' De Heilige, Hij zij geprezen, keek hem aan en zei: 'Ik ben de leidsman, de Soeverein van de wereld'."[1]

De wereld staat in vlammen, zij wordt verteerd door het kwade. Is het mogelijk dat er niemand is die zich verantwoordelijk voelt?

§ 2 'IN DE MACHT VAN DE BOOSDOENERS'

Had de bijbelse mens geen besef van het vreselijke rumoer van de wereldgeschiedenis, of van de gruwelijke wreedheid van de mens zoals veel theologen consequent beweerd hebben? Zorgvuldig onderzoek steunt zo'n opvatting niet echt.[2] Met uitzondering van het eerste hoofdstuk van *Genesis* houdt de Bijbel niet op met het wijzen op verdriet, zonden en het kwaad in deze wereld. Wanneer de profeten de wereld bekijken, dan zien zij *verstikkende duisternis; donker en somber is het, nacht overal* (Jesaja 8:22). Bekijken zij het land, dan zien zij het *boeten voor zijn schuld tegenover de Heilige van Israël* (Jeremia 51:5). *Hoe lang nog, EEUWIGE, moet ik om hulp roepen en luistert u niet, moet ik 'Geweld!' schreeuwen en brengt u geen redding? Waarom toont u mij dit onheil en ziet u zelf de ellende aan? Ik zie slechts verwoesting en geweld, opkomende twist en groeiende tweedracht. De wet wordt ondermijnd, het recht krijgt niet langer zijn loop, de wettelozen verdringen de rechtvaardigen, het recht wordt verdraaid* (Habakuk 1:2-4). Dit is een wereld waarin *boosdoeners in voorspoed leven, en trouwelozen rust genieten* (Jeremia 12:1). Een wereld die het sommigen mogelijk maakte om te beweren dat '*Iedereen die kwaad doet, doet wat goed is in de ogen van de* EEUWIGE, *zulke mensen bevallen hem.*' Of: '*Waar is nu de God die rechtspreekt?*' (Maleachi 2:17).

De psalmist vond het geen gelukkige wereld toen hij bad: *God, houd u niet stil, zwijg niet, God, zie niet onbewogen toe, uw vijanden roeren zich, trots heffen uw haters het hoofd* (Psalm 83:2-3).

De verschrikking en het zielenleed die de psalmist overkwamen, werden niet veroorzaakt door natuurrampen. Ze werden veroorzaakt door de kwaadaardigheid van de mens, door het kwaad in de geschiedenis.

> *Vrees en beven grijpen mij aan,*
> *ik huiver over heel mijn lichaam.*
> *Had ik maar vleugels als een duif,*
> *ik zou opvliegen en neerstrijken.* Psalm 55:6-7

Er is één regel die de stemming van de joodse mens door de eeuwen heen weergeeft: *De aarde wordt gegeven aan de goddelozen* (Job 9:24).

Hoe ziet de wereld eruit in Gods oog? Wordt ons ooit gezegd: de Eeuwige zag dat de rechtvaardigheid van de mens groot was op de aarde? Dat hij blij was dat hij de mens op de aarde gemaakt had? De algemene teneur van de bijbelse kijk op de geschiedenis ligt vast na de eerste tien generaties: *De* EEUWIGE *zag dat alle mensen op aarde slecht waren... Hij kreeg er spijt van dat hij mensen had gemaakt en voelde zich diep gekwetst* (Genesis 6:5-6). *Alles wat de mens uitdenkt is nu eenmaal slecht* (8:21). Eén grote kreet weerklinkt door de hele Bijbel: de kwaadaardigheid van de mensen is groot op de aarde.

De ervaring van de gemakkelijke en ontelbare gunstige gelegenheden om kwaad te doen en het besef van dit vreselijke gevaar dreigen alle levensvreugde te verstikken. De reactie op dat gevaar is óf wanhoop, óf de vraag: God, waar ben je? '*Waar is nu de God die rechtspreekt?*' (Maleachi 2:17).[3]

Deze wezenlijk gevaarlijke toestand van de mens dringt zich op in onze tijd, waarin we leven in een beschaving waar vernietigingskampen werden gebouwd en waar zeep werd gemaakt van menselijk vlees.* Wat hebben wij gedaan om zulke misdrijven mogelijk te maken? Wat doen wij om zulke misdrijven uit te bannen?

De moderne mens kan worden gekarakteriseerd als ongevoelig voor catastrofes. Als een slachtoffer van afgedwongen ontmenselijking, wiens gevoeligheid steeds verder achteruit gaat en het gevoel van afgrijzen aan het afnemen is. Het onderscheid tussen recht en onrecht vervaagt. Het enige wat overblijft is de vervulling van afschuw over het verlies van ons gevoel van afgrijzen.

§ 3 DE VERWARRING VAN GOED EN KWAAD

Nog frustrerender dan het feit dat het kwaad werkelijk, machtig en verleidelijk is, is dat het zo goed gedijt in de vermomming van het goede, dat het zijn voeding kan onttrekken aan het leven van het heilige. Het lijkt erop dat in deze wereld het heilige en het onheilige niet afzonderlijk bestaan, maar vermengd zijn, verwant en door elkaar gehaald. Het is een wereld waar idolen rijk aan schoonheid kunnen zijn en waar de aanbidding van God een valse ondertoon kan hebben.

Het was niet het gemis aan godsdienst, maar ontaarding ervan die de profeten van Israël aan de kaak stelden. *Hoeveel altaren heeft Efraïm niet gebouwd – maar om te zondigen! Altaren die dienen om te zondigen!* (Hosea 8:11). *De priesters zeiden niet: 'Waar is de EEUWIGE?' De hoeders van de wetten kenden mij niet* (Jeremia 2:8). Hoe groter de mens, des te meer is hij blootgesteld aan de zonde.[4] Soms is vroomheid het kwade in vermomming, een stuk gereedschap bij het najagen van macht. 'De tragedies in de geschiedenis van de mensheid, de wreedheden en het fanatisme zijn niet veroorzaakt door misdadigers... maar door goede mensen... door idealisten, die het vreemde mengsel van eigenbelang en idealen, dat in alle menselijke motieven een rol speelt, niet begrepen.' De grote strijd is niet 'tussen godvrezende gelovigen en onrechtvaardige ongelovigen'. De bijbelse godsdienst heeft de nadruk gelegd op 'de ongelijkheid van schuld en wel evenveel als op de gelijkheid van zonde'. 'Bijzonder zware vonnissen worden geveld over de rijken en de machtigen, de invloedrijken en de elite, de wijzen en de rechtvaardigen.'[5] Inderdaad is het de meest weerzinwekkende manifestatie van het kwaad als zij optreedt in de vermomming van het goede. 'Tot het plegen van zulke monsterachtig boosaardige daden kon de godsdienst de mens aanzetten' (Lucretius).[6]

Ezechiël (1:4) zag in zijn grote visioen *een stormwind, komend uit het noorden, een grote gloeiende wolkenmassa, een vuur van bliksemflitsen en omgeven door een glans* ('nogah'). Hij aanschouwde eerst de machten van onheiligheid. *Een stormwind* stelt 'de macht van vernietiging' voor, 'hij wordt *zwaar* genoemd vanwege zijn duisternis, die zo intens is dat hij al de bronnen van licht verbergt en onzichtbaar maakt, zodat hij de hele wereld verduistert [*uit een zware wolk, omgeven door een lichtgloed,* GNB '96]. Het *vuur van bliksemflitsen* duidt op het vuur van strenge oordelen, die nimmer van haar wijken. *Omgeven door een glans* (nogah)... betekent dat, hoewel het hier gaat om het domein van ontwijding, het toch omgeven wordt met helderheid... het heeft een aspect van heiligheid en moet daarom niet met minachting behandeld worden, maar zou een plaats moeten krijgen naast de heiligheid.'[7] Dus is er een heilige vonk van God, zelfs in de duistere uithoeken van het kwade. Zonder die vonk zou het kwaad zijn macht en werkelijkheid kwijtraken en haar belang verliezen. Zelfs Satan heeft een greintje heiligheid. Bij het doen van zijn verfoeilijke werk als verleider van de mens is het zijn intentie om op te treden 'omwille van de hemel', want hij werd geschapen met de bedoeling om de mens te verleiden.

De grote heilige, rabbi Hirsch van Zydaczów, merkte op tegen zijn leerling en neef: Zelfs nadat ik veertig jaar geworden was – 'jaren des onderscheids' – wist ik niet zeker of mijn leven niet ondergedompeld was in de modder van de verwarring van goed en kwaad (*nogah*). ...Mijn zoon, elk moment van mijn leven ben ik bang dat ik alsnog in die verwarring verstrikt zal raken.[8]

De verschrikkelijke verwarring, het feit dat er niets in deze wereld is dat geen mengsel van goed en kwaad is, van heilig en onheilig, van zilver en schuim, is volgens de joodse mystiek het centrale probleem van de geschiedenis en het uiteindelijke doel van de verlossing. De verwarring gaat terug tot het scheppingswerk zelf.

'Toen God kwam om de wereld te scheppen, om te openbaren wat verborgen was in de diepten en licht te onthullen uit de duisternis, waren ze allen in elkaar gewikkeld en daarom scheen licht uit de duisternis en uit het ondoordringbare kwam het diepzinnige voort. Op dezelfde manier komt goed uit kwaad voort en uit mededogen oordeel en alle zijn verweven, de goede impuls en de kwade...'[9]

§ 4 VERZOENING VOOR HET HEILIGE

Het besef van het binnendringen van het kwade in de sfeer van het goede en het heilige is in de joodse traditie vaak tot uitdrukking gekomen. Het kan de betekenis geweest zijn van een van de grote ceremoniën die jaarlijks in de Tempel in Jeruzalem voltrokken werden. Tijdens het ritueel van de Grote Verzoendag was het gebruikelijk dat de hogepriester het lot toe te wees over twee bokken: één lot voor de Eeuwige en één lot voor Azazel. Het doel van het ritueel van de bok waarop het lot voor Azazel viel, was om *verzoening* (boete) *te doen voor het kwade.* De hogepriester legde zijn beide handen op de kop van de bok 'en bekende over hem al de onrechtvaardigheden van de Israëlieten en al hun overtredingen, al hun zonden'. Het doel van de bok waarop het lot voor de Eeuwige viel, was om *verzoening te bewerkstelligen voor het heilige,* 'om verzoening te bewerken *voor de tempel,* voor de onreinheden van de kinderen van Israël en voor hun overtredingen, zelfs al hun zonden. Zo zal hij doen bij de ingang van ontmoetingstent die staat te midden van hun onreinheden'.[10] Op de heiligste dag van het jaar was het de hoogste opdracht om *verzoening te bewerken voor het heilige.* Het ging vooraf aan het offer dat de intentie had om de zonden weer goed te maken.

§ 5 RELIGIE IS GEEN LUXE

Laten wij ons geen illusies maken. Er zijn geen makkelijke oplossingen voor problemen die zowel uitermate persoonlijk als universeel, dringend en eeuwig zijn. Technologische vooruitgang creëert meer problemen dan zij oplost. Deskundigen op het gebied van efficiency of sociale programma's zullen de mensheid niet verlossen. Hoe belangrijk hun bijdragen ook zijn, de kern van het probleem bereiken ze niet. Daarom is religie met zijn eisen en visies geen luxe, maar een zaak van leven en dood. Het is waar dat de boodschap vaak verwaterd is en vertekend door geleerddoenerij, rationalisering, formalisme en bijgeloof. Maar dit is precies onze taak: te herinneren aan de dringende problemen, de eindeloze crises van het menselijke bestaan, het zeldzame hunkeren van de geest, de eeuwige stem van God, waar de aanspraken van religie een antwoord op zijn.

§ 6 HET GROOTSTE VERSCHIL

Het vermogen om te kunnen onderscheiden is een eerste functie van het verstand. We zien het verschil tussen wit en zwart, mooi en lelijk, prettig en onprettig, winst en verlies, goed en kwaad, recht en onrecht. Het lot van de mensheid hangt af van het besef dat het verschil tussen goed en kwaad, recht en onrecht alle andere verschillen overtreft. Zolang dit besef niet is doorgedrongen staat de voorkeur voor plezier verbonden met kwaad boven onplezierigheid verbonden met goed. De kern van de bijbelse boodschap is om de mens het grote belang van dit verschil te leren.

Nadat de Eeuwige het universum geschapen had, bezag hij zijn schepping. Wat was het woord dat zijn indruk weergaf? Als een kunstenaar een woord zou moeten vinden om te beschrijven hoe het universum er in Gods ogen in de dageraad van zijn bestaan uitzag, dan zou dat woord 'verheven' of 'mooi' zijn. Maar het woord dat de Bijbel gebruikt is *goed*. Inderdaad, wanneer wij door een telescoop de sterrenhemel beschouwen, komen bij ons woorden op als grootsheid, mysterie en glorie. Maar de God van Israël is van glorie niet onder de indruk. Hij is onder de indruk van *goedheid*.

Goed en kwaad zijn geen waarden te midden van andere waarden. Goed is leven en kwaad is dood. *Besef goed, vandaag stel ik u voor de keuze tussen voorspoed en tegenspoed, tussen leven en dood... Kies voor het leven, voor uw toekomst* (Deut. 30:15,19). Goed en kwaad zijn geen waarden te midden van andere waarden. Het verschil tussen goed en kwaad telt even zwaar als het verschil tussen leven en dood.

> 'Gerechtigheid is voor ons altijd een plicht geweest, maar lange tijd was het een verplichting zoals elke andere. Het voldeed, net als de andere, aan een maatschappelijke behoefte. De druk van de samenleving op het individu maakte gerechtigheid verplicht. Hiermee was onrecht niet meer of minder schokkend dan elke andere inbreuk op de regel. Voor slaven was er geen rechtvaardigheid, behalve misschien in een relatieve, bijna vrijblijvende vorm. Openbare veiligheid was niet alleen maar de hoogste wet, wat ze ook werkelijk voortdurend was, zij werd ook nog zo afgekondigd. Nu zouden wij niet meer de moed hebben om principieel vast te leggen dat openbare veiligheid onrechtvaardigheid rechtvaardigt, zelfs niet wanneer wij elke bijzondere consequentie van dat beginsel aanvaarden.'

> 'Laten wij bij deze kwestie stilstaan en ons de bekende vraag stellen: 'Wat doen we als we horen dat met het oog op het algemene welzijn, voor een waarachtige bestaanswijze van de mensheid, ergens een mens was, een onschuldig mens, veroordeeld om eeuwig gemarteld te worden?' Misschien leggen we ons erbij neer in de verwachting dat een of ander toverdrankje het ons laat vergeten, dat we er nooit meer iets over horen. Maar als we het moesten weten, als we erover moesten denken, als we moesten beseffen dat de afschuwelijke foltering van deze mens de prijs voor ons bestaan was, dat het zelfs de fundamentele voorwaarde van het bestaan in algemene zin was, nee! Duizendmaal nee! Dan is het beter te aanvaarden dat niets zou behoren te bestaan! Dan is het beter dat onze planeet wordt opgeblazen.'
>
> 'Wat is er nu gebeurd? Hoe is de rechtvaardigheid opgekomen uit het maatschappelijk leven waarin ze altijd aanwezig was zonder bepaald voorrecht, en boven dat leven uitgestegen, categorisch en transcendent? Laten we de toon en de accenten van de profeten van Israël in gedachte terugroepen. Hun stem horen wij wanneer een groot onrecht is begaan en door de vingers is gezien. Uit de diepte der eeuwen klinken hun protesten op. Zij gaven aan de rechtvaardigheid een krachtig gebiedend stempel, dat het heeft behouden en waarmee zij van toen af aan een oneindig uitgebreid stelsel van regels heeft bezegeld. Zou pure filosofie dit tot stand hebben kunnen brengen? Er is niets leerzamer dan te zien hoe de filosofen om het probleem heen hebben gedraaid, het hebben aangeraakt en het toch gemist hebben.'[11] [Henri Bergson]

Maar hoe is zo'n suprematie mogelijk? Is ons gevoel voor schoonheid en lelijkheid, voor winst en verlies scherper dan ons gevoel voor goed en kwaad?

§ 7 HOE EEN BONDGENOOT TE VINDEN

Het ego is een sterke rivaal van het goede. Het goede heeft een kans om te overwinnen als het samenvalt met voordeel, als verdienste loont. Als het goede gerealiseerd moet worden met verlies, zonder beloning, wordt het gemakkelijk verslagen. Maar, omdat het karakter van goede eigenschappen met zich mee brengt dat het goede niet gedaan wordt voor een beloning,

welke kans heeft het goede om ooit over de belangen van het ego te zegevieren? Wie staat ons bij in de strijd tegen het kwaad?
Heeft het goede niet de neiging om machteloos te worden tegenover verleidingen? Misdaad, slechte gewoontes en zonde bieden ons beloningen aan, terwijl deugd vraagt om zelfbeheersing, zelfverloochening. Zonde is spannend en vol opwinding. Is deugd spannend? Zijn er veel spannende verhalen die goede eigenschappen beschrijven? Zijn er veel bestsellers die de avonturen in goedheid beschrijven?

§ 8 DE THORA IS EEN TEGENGIF

Wanneer de aard van de mens het enige zou zijn dat wij hebben, dan zou het er somber uitzien. Maar we hebben ook de hulp van God, het gebod, de mitswa. Het centrale bijbelse feit is *Sinaï*, het Verbond, het woord van God. Sinaï werd ons geschonken omdat Adam gefaald had. Het schenken van de kennis van zijn wil was een teken van een bepaald vermogen om het kwaad aan te kunnen. De stem is meer dan een uitdaging. Hij is krachtig genoeg om de woestenij van de ziel aan het wankelen te brengen, om het ego uit te schudden, om Gods wil als vuur te laten oplichten.
Voor de jood staat Sinaï bij elke handeling van de mens op het spel. Het allerhoogste is niet goed en kwaad, maar God en zijn gebod om het goede lief te hebben en het kwaad te haten. Niet de zondigheid van de mens staat centraal, maar het gebod van God.
'De Eeuwige schiep de boze neiging in de mens en hij schiep de Thora om die in toom te houden.'[12] Het leven van de mens werd vergeleken met 'een eenzame nederzetting, die door binnendringende bendes verstoord werd. Wat deed de koning? Hij benoemde een bevelhebber om haar te beschermen.' De Thora is een waarborg, de Thora is een tegengif.[13]
We zijn nooit alleen in onze strijd met het kwaad. Een mitswa is, anders dan het concept van plicht, niet anoniem en onpersoonlijk. Het doen van een mitswa is een antwoord geven op zijn wil, reageren op wat hij van ons verwacht. Daarom wordt het doen van een mitswa voorafgegaan door een gebed: 'Gezegend Jij...'
Wat is een mitswa? Een gebed in de vorm van een daad. En bidden is zijn nabijheid ervaren. 'Ken hem in al uw wegen.' Gebed hoort een onderdeel te

zijn van onze manier van doen. Het hoeft niet altijd op onze lippen te liggen, als het maar altijd in onze gedachten, in onze harten is.
In het licht van de Bijbel is het goede meer dan een waarde, het is een *goddelijke zorg*, een weg van God. In de eenheid van God ligt een diepzinnige waarheid besloten: alle daden zijn voor hem van belang. Hij is aanwezig in al onze daden. *Goed is de EEUWIGE voor alles en allen, hij ontfermt zich over heel zijn schepping* (Ps.145:9). Er is geen respect voor God zonder respect voor de mens. Menslievendheid is de weg naar liefde tot God. De angst dat wij een ander pijn doen moet even diep zijn als ontzag voor God, want *Wie een verschoppeling onderdrukt, beledigt zijn schepper, wie zich over een arme ontfermt, eert hem* (Spreuken 14:31).

§ 9 IS HET GOEDE EEN PARASIET?

Wat wij bespreken als een ethische kwestie is slechts een aspect van het grotere, wereldoverstijgende probleem van de relatie tussen goed en kwaad. Wie van de twee bestaat zelfstandig? Is het goede uiteindelijk een parasiet op de stam van het kwade? Of is het juist andersom: leeft het kwaad als parasiet op de stam van het goede?
In ons verstandelijke klimaat lijkt er maar één antwoord op het probleem te zijn. Idealen hebben een hoog sterftecijfer in onze generatie. Het hedendaagse denken lijkt op een begraafplaats van afgedankte idealen. Je voelt dat de mens met zijn morele streven slechts luchtkastelen kan bouwen. Al onze maatstaven zijn niets anders dan vermomde wensen.
Wanneer je deze wereld aanvaardt als de uiteindelijke werkelijkheid, en je geest is realistisch en je hart gevoelig voor lijden, dan ben je geneigd om te betwijfelen dat het goede óf de oorsprong, ofwel het uiteindelijke doel van de geschiedenis is. Voor de joodse geest is het kwaad eerder een werktuig dan een ijzeren muur. Het is eerder een verleiding, een mogelijkheid, dan een uiteindelijke macht.
De woorden van de psalmist, *Mijd het kwade, doe wat goed is* (34:15), zijn de samenvatting van goed leven. Maar het blijkt dat de joodse traditie gelooft dat de juiste weg om het kwaad te verlaten is om goed te doen. Het legt de nadruk op de tweede helft van de zin: *doe wat goed is.*

§ 10 HET KWAAD IS NIET HET UITEINDELIJKE PROBLEEM

Het kwaad is niet het uiteindelijke probleem van de mens. Het ultieme probleem van de mens is zijn relatie tot God. Het kwaad kwam de geschiedenis binnen als gevolg van de ongehoorzaamheid van de mens aan God, door zijn schending van de enige mitswa die hij had (niet eten van de vrucht van de boom der kennis). Het bijbelse antwoord op het kwade is niet het goede, maar het *heilige*. Het is een poging om de mens te verheffen tot een hoger bestaansniveau, waar hij niet alleen is als hij oog in oog met het kwaad komt te staan. Leven in het licht van Gods aangezicht verleent de mens een liefdevolle kracht die hem in staat stelt de machten van het kwade te overwinnen. De verleidingen van de ondeugd wordt overtroffen door de vreugdes van de mitswa. *Leef als mensen die aan mij gewijd zijn* (Exodus 22:30). Hoe verwerven we die eigenschap, die kracht? 'Met elke nieuwe mitswa die God aan Israël uitvaardigt, voegt hij hun heiligheid toe.'[14]

Wij voeren geen oorlog tegen het kwaad in naam van een abstract concept van plicht. Wij doen niet het goede omdat het van waarde is of doelmatig, maar omdat we dat aan God verplicht zijn. God schiep de mens en wat goed is 'in zijn ogen' is goed voor de mens. Het leven is zowel menselijk als goddelijk. De mens is een kind van God, niet alleen van waarde voor de samenleving. Wij kunnen dingen onderzoeken zonder God. We kunnen zonder God niet oordelen over waarden.

Wij stellen ons geen waarden voor die absoluut zijn en in de hemel opgeslagen liggen, om met Plato te spreken. Waarden zijn geen eeuwige denkbeelden die onafhankelijk van God en mens bestaan. Zonder Gods wil zou er geen goedheid zijn. Zonder de menselijke vrijheid zou goedheid niet in de geschiedenis op haar plaats zijn. De Griekse filosofie stelt belang in *waarden*. Het joodse denken richt zich op de *mitswot*.

§ 11 GOD EN DE MENS HEBBEN EEN GEZAMENLIJKE TAAK

Het kwaad is niet alleen een bedreiging, het is ook een uitdaging. Niet de onderkenning van het gevaar of geloof in de verlossende kracht van God is voldoende om de tragische toestand van de wereld ten goede te keren. Wij kunnen het tij van het kwaad niet keren door onze toevlucht te zoeken in tempels, door vurig de nog in toom gehouden almacht van God af te smeken.

De mitswa, de bescheiden, eenvoudige handeling van dienstbaarheid aan God, van hulp aan de mens, van loutering van de persoonlijkheid, is onze manier om het probleem aan te pakken. We weten niet hoe het probleem van het *kwaad* op te lossen, maar we zijn niet vrijgesteld van het aanpakken van *kwade zaken*. De macht van het kwaad ontkracht niet de werkelijkheid van het goede. Het is veelbetekenend dat de joodse traditie, hoewel zich bewust van de mogelijkheden van het kwade in het goede, de nadruk legt op de mogelijkheden om het goede in het goede te bevorderen. Ben Azzai zei: 'Verlang enthousiast om een kleine mitswa te doen en vlucht voor overtreding, want de ene mitswa leidt tot een andere mitswa en een overtreding leidt tot een andere overtreding; want de beloning van een mitswa is een andere mitswa en de beloning van een overtreding is een overtreding.'[15]
Aan het einde der dagen zal het kwaad overwonnen worden door de Ene, in historische tijden moeten de kwalen een voor een overwonnen worden.[16]
Hoewel zich bewust van de gevaren en valkuilen van het bestaan is de joodse traditie een voortdurende herinnering aan de grootse en eeuwige kansen om het goede te doen. Ons wordt geleerd het leven in deze wereld lief te hebben door de mogelijkheden van barmhartigheid en heiligheid en door de vele mogelijkheden die wij hebben om de Eeuwige te dienen. 'Kostbaarder dan het hele leven in de komende wereld is dan ook één enkel uur van leven op aarde – een uur van berouw en goede daden.'[17]
Het is waar: deze wereld is slechts 'een voorportaal voor de komende wereld', waar we ons moeten voorbereiden voordat we 'de feestzaal' binnengaan.[18]
Toch wegen in Gods ogen de inspanning en de voorbereiding zwaarder dan de goede afloop en volmaaktheid.

§ 12 HET VERMOGEN OM TE VOLBRENGEN

Omdat het jodendom de nadruk legt op het fundamentele belang van de mitswa, neemt het aan dat de mens het vermogen heeft om te volbrengen wat God van hem verlangt, althans tot op zekere hoogte. Dit zou inderdaad een artikel van het profetische geloof kunnen zijn: het geloof in ons vermogen om zijn wil te doen. *De geboden* (mitswot) *die ik u vandaag heb gegeven, zijn niet te zwaar voor u en liggen niet buiten uw bereik. Nee, die geboden zijn heel dichtbij, u kunt ze in u opnemen en ze u eigen maken; u kunt ze volbrengen* (Deuteronomium 30:11, 14).

De joodse traditie legt voortdurend meer de nadruk op het feitelijke falen van de mens dan op zijn wezenlijke onvermogen om het goede te doen. Ondanks alle onvolmaaktheid blijft de waarde van goede daden in alle eeuwigheid.

Het denkbeeld waar het jodendom mee begint is niet de werkelijkheid van het kwaad of de zondigheid van de mens, maar meer het wonder van de schepping en het vermogen van de mens om de wil van God te doen. Er is altijd een mogelijkheid om een mitswa te doen, en kostbaar is het leven omdat we altijd en overal in staat zijn om zijn wil te doen. Daarom is wanhoop het joodse geloof vreemd.

Het is waar dat het gebod om heilig te zijn buitensporig is en dat onze voortdurende mislukkingen en overtredingen ons vervullen met berouw en verdriet. Toch zijn wij nooit verloren. Wij zijn de kinderen van Abraham. Ondanks alle fouten, mislukkingen en misstappen blijven wij deel uitmaken van het Verbond. Zijn compassie is groter dan zijn gerechtigheid. Hij wil ons aanvaarden met alle tekortkomingen en zwakheid. *Want hij weet waarvan wij gemaakt zijn* (yetser)*, hij vergeet niet dat wij uit stof zijn gevormd* (Psalm 103:14).

Het jodendom zou een axioma van Kant, 'ik zou moeten, daarom kan ik', afwijzen, het zou in plaats daarvan stellen: 'Jou is geboden, daarom kun je.' Het jodendom leert, zoals gezegd, dat de mens de mogelijkheden heeft om te volbrengen wat God gebiedt, ten minste tot op zekere hoogte. Aan de andere kant worden wij voortdurend gewaarschuwd om niet te vertrouwen op eigen kracht en tegen het geloof dat de mens, door zijn kracht alleen, in staat zou zijn om de wereld te redden. Goede daden alleen zullen de geschiedenis niet goedmaken. Het is de gehoorzaamheid aan God die ons waardig zal maken om door God te worden verlost.[19]

Als het jodendom uitsluitend had vertrouwd op de menselijke hulpbronnen voor het goede, op het vermogen van de mens om te volbrengen wat God van hem vraagt, op de kracht van de mens om redding te bereiken, waarom legde het dan telkens weer grote nadruk op de belofte van de messiaanse verlossing? Inderdaad, messianisme houdt in dat elke levenswijze, zelfs de hoogste menselijke pogingen moeten falen in de verlossing van de wereld. Het houdt in dat, ondanks haar grote betekenis, de geschiedenis voor zichzelf niet voldoende is.

§ 13 DE BEHOEFTE AAN VERLOSSING

Er zijn twee problemen: de bijzondere zonden, de voorbeelden van inbreuk op de wet, en het algemene en radicale probleem van 'de boze drift' in de mens. De wet gaat over het eerste probleem, gehoorzaamheid aan de wet voorkomt slechte daden. Het probleem van de kwade impuls echter wordt niet door naleving van de wet opgelost. Het antwoord van de profeet was eschatologisch. *De dag zal komen – spreekt de* EEUWIGE *– dat ik met het volk van Israël... een nieuw verbond sluit, een ander verbond dan ik met hun voorouders sloot... Ik zal mijn wet in hun binnenste leggen en hem in hun hart schrijven* (Jeremia 31:31-33). *Ik zal jullie een nieuw hart en een nieuwe geest geven, ik zal je versteende hart uit je lichaam halen en je er een levend hart voor in de plaats geven. Ik zal jullie mijn geest geven en zorgen dat jullie volgens mijn wetten leven en mijn regels in acht nemen* (Ezechiël 36:26-27).

'Gedurende een bepaalde periode moest de wereld in duisternis gehuld zijn. Wat is het bewijs? Er staat geschreven: *De mens verdrijft de duisternis, hij dringt door tot in het binnenste der aarde, tot aan de steen van diepst verborgen donkerte* (Job 28:3). Want zolang de kwade aanleg in de wereld bestaat, zijn diepe duisternis en de schaduw van de dood in de wereld. Wanneer de kwade impuls met wortel en tak zal zijn uitgeroeid, zullen diepe duisternis en de schaduw van de dood uit de wereld verdwijnen.'[20]

De wereld heeft behoefte aan bevrijding, maar deze bevrijding kan niet worden verwacht als een akte van onversneden genade. De taak van de mens is om de wereld de verlossingswaardig te maken. Zijn vertrouwen en zijn inzet zijn voorbereidingen voor de uiteindelijke verlossing.

[* In *Who is man?* (1966), hoofdstuk II *Enkele definities van de mens*, § 2 *Wat willen wij weten?* schrijft Heschel:
"Een definitie van de mens in de elfde druk van de *Encyclopædia Brittanica* luidt: 'De mens is een zoeker naar de hoogste mate van comfort en dat met de kleinst mogelijke inspanning.' In het Duitsland van vóór de naziperiode werd de volgende stelling over de mens vaak geciteerd: 'Het menselijk lichaam bevat een hoeveelheid vet, genoeg om zeven stukken zeep van te maken, genoeg ijzer om een middelgrote spijker te maken, een hoeveelheid fosfor voldoende om tweeduizend luciferkoppen te maken, genoeg zwavel voor een mens om zich van zijn vlooien te ontdoen.' Wellicht bestond er verband tussen deze stelling en wat de nazi's werkelijk deden in de vernietigingskampen: zeep maken uit menselijk vlees."]

HOOFDSTUK 37

HET PROBLEEM VAN HET NEUTRALE

§ 1 HET ISOLEREN VAN DE ETHIEK

De zwakte van veel moraalfilosofische stelsels ligt in hun streven naar isolement, in het stilzwijgende vermoeden dat het goede niets te maken heeft met moreel neutrale daden. Maar er is een onderling verband tussen de morele en alle andere handelingen van de mens, zowel op het gebied van de theorie als op het gebied van esthetische of technische toepassingen. Je moet iemand met moreel besef niet voorstellen als een beroepstovenaar die zich onder bepaalde omstandigheden moreel hoogstaand gedraagt en in andere situaties neutraal blijft.

Daarom kan het morele probleem niet worden opgelost als een moreel probleem. Het moet aangepakt worden als onderdeel van het complete menselijke vraagstuk. Het allergrootste probleem is het leven in zijn totaliteit, niet goed en kwaad. Wij kunnen ons niet met ethiek bezighouden, behalve als we ons bezighouden met de hele mens, de aard van het bestaan, van zijn doen en laten en van zijn betekenis.

De mens leeft in drie gebieden: het animale, het verstandelijke en het geestelijke. Het animale gebied is geestelijk neutraal en neutraliteit brengt risico's met zich mee. Er is onzuiverheid in de natuurlijke levensstaat en veel dat ongeordend, ruw en wreed is. Wie zal de bruut in ons bedwingen als hartstocht de geest overstelpt? Wie zal ons leren dat het goede de prijs van zelfverloochening waard is? In geen enkel debat tussen geluk en mededogen, tussen plezier en rechtvaardigheid zou de laatste zegevieren. Behalve als wij ons leven in zijn totaliteit onder de wet van de heiligheid stellen, is het resultaat van verlokkingen dubieus.

Neutraliteit is een illusie. Aan het einde van zijn dagen blijkt de mens of een priester, ofwel een piraat te zijn geworden. Het leven dat we achterlaten als we voortgaan langs de weg van de tijd is vol met aanwijzingen naar een heiligdom of naar de restanten van een visioen. Het visioen van God laat 'een koninkrijk van priesters, een heilig volk' zien. Elk huis kan een tempel zijn, elke tafel een altaar en het hele leven een lied voor God.

Elke handeling – gedachte of daad – is een illustratie van de totaliteit van het bestaan. Zelfs de geest die maar één keer op een lang vervlogen ogenblik van het bestaan flakkerde, zal elke handeling verlichten, zodat bijna elke handeling door de stille verhevenheid van de toewijding zal worden aangeraakt. Op hetzelfde moment kan de wreedheid en de harteloosheid waarvoor een mens op sommige ogenblikken van zijn leven bezwijkt uitbreken, zelfs in zijn handelingen van hartstochtelijke toewijding.

§ 2 HOE MET HET NEUTRALE OM TE GAAN

Het probleem van het leven begint niet met de vraag wat wij aan moeten met de schurken, hoe we criminaliteit of misdaden kunnen voorkomen. Het probleem van het leven begint met het besef dat iedereen blunders maakt in de omgang met zijn medemens. De stille wreedheden, de geheime schandalen, die geen wet kan voorkomen, zijn de werkelijke haard van morele besmetting. Het probleem van het leven begint bij onszelf, hoe we omgaan met onze emoties, de wijze waarop wij bezig zijn met jaloezie, hebzucht en trots. Het eerste dat in het leven van een mens op het spel staat is niet het feit van de zonde, van het verkeerde en het immorele, maar de neutrale handelingen, wat nodig is. Onze bezittingen vormen niet minder een probleem dan onze passies. De eerste taak is daarom niet zozeer hoe met het kwaad om te gaan, maar *hoe met het neutrale om te gaan,* hoe met onze behoeften om te gaan. De enige waarborg tegen voortdurend gevaar is voortdurende waakzaamheid, voortdurende leiding. Zo'n leiding en waakzaamheid wordt gegeven aan iedereen die leeft bij het licht van de Sinaï en die de weken, dagen en uren invoegt in het ritme van *keva* (structuur) en *kavanah* (intentie).

Drie maal per dag herinneren wij ons dat de Eeuwige in het licht van zijn aangezicht 'de Thora van het leven en de barmhartigheid' gaf. De hele dag moeten wij leren hoe een situatie te zien in het licht van zijn aangezicht.

Denk aan hem bij alles wat je doet, dan baant hij voor jou de weg (Spreuken 3:6). Van deze woorden hangt alles af.[1]

Religiositeit en leven zijn geen verschillende domeinen. Behalve als leven een vorm van verering is, heeft onze verering geen levendigheid. Religie is geen reservaat, een periode gereserveerd voor plechtige vieringen op feestdagen. De geest verwelkt als hij in een schitterende afzondering is opgesloten.

Beslissend is niet de climax die we op zeldzame momenten bereiken, maar hoe deze 'resultaten' de sfeer van het hele leven beïnvloeden. Het doel van de joodse wet is om de grammatica van het leven te zijn, voor alle relaties en functies van het leven. Het hoofdonderwerp is niet zozeer de gevestigde gewoonte als wel de persoon.

Religie is niet gemaakt voor buitengewone gelegenheden, zoals geboorte, huwelijk en dood. Religie probeert ons te leren dat geen enkele handeling afgezaagd is en dat elk moment een buitengewone kans is.

De hoogste top van geestelijk leven wordt niet persé bereikt in de zeldzame ogenblikken van vervoering. De hoogste top ligt daar waar wij ook zijn, en kan bestegen worden door een gewone daad. Er kan een net zo verheven heiligheid zijn in het onderhouden van vriendschap, het dagelijks naleven van de spijswetten, als in het uitspreken van een gebed op de Grote Verzoendag: de 'sjabbat van de sjabbatot' – *Jom Kippoer (Yom ha-Kippurim)*.

Het karakter wordt niet bepaald door een zeldzame, grootmoedige handeling maar door dagelijkse daden, door een voortdurend streven om onze ongevoeligheid te doorklieven. Het is de constante die heiligt. Het jodendom is een poging om het gehele leven te plaatsen onder de glorie van de uiteindelijke betekenis, om alle verspreide daden te verbinden met de Ene. Door het duurzame ritme van gebeden, geboden, herinneringen en vreugdes wordt de mens geleerd zijn grootsheid niet te verspelen.

§ 3 ALLE VREUGDES KOMEN VAN GOD

Zoals gezegd is een van onze problemen om goede eigenschappen vitaliteit te schenken. Zonde is spannend en vol opwinding. Maar zijn goede eigenschappen spannend? Gaan hartstocht en verdienste samen?

Wij geloven dat het ego veranderd kan worden in een vriend van de geest. 'De boze impuls' kan de helper worden van 'de goede impuls'. Maar zo'n verandering voltrekt zich niet in wanhoopsmomenten, of door ons morele failliet te aanvaarden, maar door de bewustwording van ons vermogen om te antwoorden op Gods vraag. Wij moeten leren hoe wij 'de goede impuls' meer macht kunnen geven, hoe we schoonheid kunnen verlenen aan geheiligde daden. De macht van het kwaad kan verteerd worden in de vlammen van het vreugdevuur.

Het mag waar zijn dat niet alle vreugdes tot God leiden, maar wel komen alle vreugdes van God. Zelfs bescheiden vrolijkheid heeft uiteindelijk haar oorsprong in heiligheid.

Misschien is dit een van de bedoelingen van de joodse opvoeding: hoe het onuitsprekelijke genoegen van goede daden te leren voelen. Er is gezegd dat de vreugde waarmee de daad is verricht, kostbaarder is dan de daad zelf. Het goede zonder de vreugde is het goede ten halve gedaan, en de liefde en het plezier waarmee wij het goede en het heilige doen, zijn de toets van onze geest. *Uw wet verheugt mij... Hoe lief heb ik uw wet* (Psalm 119:77, 97).

'Ethisch handelen sluit onvermijdelijk pijn in. In het goede kan geen gelukzaligheid zijn – het kan alleen paradijselijk zijn aan gene zijde van goed en kwaad.'[2] In contrast hiermee is de joodse ervaring een getuigenis van *simchah shel mitsvah*, van 'de vreugde goede daden te doen.'[3] Iedereen weet dat uit het lijden een weg voert naar de Eeuwige. Het jodendom herinnert ons eraan dat vreugde een weg tot God is. De mitswa en de heilige Geest zijn onverenigbaar met leed en wanhoop.

De gelukzaligheidservaring door het goede te doen is het meest verheven ogenblik dat stervelingen kennen. De discipline, de opoffering, de zelfverloochening die vaak een rol spelen bij het doen van het goede, bederven de vreugde niet. Zij maken er deel van uit.

Dagelijks bidden wij: 'Gelukkig zijn wij; hoe goed is ons deel, hoe plezierig ons lot, hoe prachtig ons erfdeel.' Er is vreugde in het joodzijn, in het behoren tot Israël, tot God, in het vermogen om de hemel te proeven in een geheiligde daad. Het is vreugdevol om een verbinding te vormen met de eeuwigheid, in het vermogen om zijn wil te doen. Een rabbijnse stelregel luidt dat 'de mitswot niet gegeven zijn met het doel om genoegen te verschaffen'.[4] Maar genoegen is niet hetzelfde als vreugde.

> 'Ik ben tevreden met iets wanneer het wat belangstelling van het gemoed opwekt of een prikkel van het instinct bevredigt. Het doet mij plezier omdat het aan een behoefte tegemoetkomt. Het is een genoegen in relatie met mijn gevoeligheid of met mijn werkzaamheden. En we spreken terecht van de genoegens van het gevoel en van de beweging. Maar vreugde is niet egocentrisch zoals genoegen dat is. Ongetwijfeld is

er genoegen in de vreugde, want al onze emoties worden gekleurd door plezier of pijn, maar zo'n soort plezier is het genoegen van de vreugde. Er bestaat ook een groeien in de vreugde, maar dat behoort niet tot haar kern. De vreugde zelf hecht zich niet aan het onderwerp maar aan het voorwerp, en het vreugde scheppen in een object is dat waarderen omwille van de zaak zelf. Vreugde is dus een actieve belangeloosheid en haar instinctieve drijfveer is niet alleen om haar voorwerp in stand te houden, maar om zichzelf aan hem over te geven en om onbezorgd in hem te rusten als in iets van intrinsieke waarde en belofte.

Vreugde scheppen in iets is respect hebben voor de eigen aard ervan. Dit ligt opgesloten in de strikte gedachtegang om zich erin te verheugen met het oog op het object zelf. Vreugde scheppen in wat werkelijk is, is de eigen opvatting van harte aan de waarheid van de aangelegenheid ondergeschikt te maken. Vreugde scheppen in wat mooi is, is de inspiratie van schoonheid, vertrouwen en niet de handigheid van de kunstgreep. De belangen van het object schrijven stap voor stap de wijze van benadering voor.'[5]

HOOFDSTUK 38

HET PROBLEEM VAN DE INTEGRITEIT

§ 1 GEVESTIGDE BELANGEN

De *mitswa*, zeiden we, is ons instrument bij de aanpak van het kwaad. Maar gebruiken wij de gereedschappen op de juiste wijze? Als *kavanah* net zo wezenlijk is voor de dienst aan God als een onpartijdig oordeel is voor wetenschappelijk onderzoek, als, met andere woorden, niet alleen essentieel is wat men doet maar ook wat de motivatie ervan is, dan mag de mogelijkheid van werkelijke dienst, van oprechte vroomheid betwijfeld worden.

Dieptepsychologie maakt duidelijk dat de drijfveren van menselijk handelen complex zijn, dat het buitenredelijke het bewuste leven overheerst of op z'n minst beïnvloedt en dat de kracht en de drang van het ego ons gedrag en onze beslissingen doordringen. We kunnen wel denken dat we God liefhebben, terwijl we in het echt meer belangstelling hebben voor ons ego.

Psychologisch lijkt het onmogelijk dat een mens in staat zou zijn om God van ganser harte lief te hebben, om het goede te doen om het goede en zonder te denken aan beloning en eigenbelang. Wij hoeven geen wichelroede te gebruiken om te stuiten op diepe lagen van gevestigde belangen onder de oppervlakte van onze directe motieven. Iedereen die tot zelfreflectie in staat is, weet dat de aandacht voor het eigen ik in elke vezel aanwezig is. Het is heel moeilijk om zich los te maken van de ingewikkelde verstrengeling van ik-gerichte belangen.

Dus leiden niet alleen onze slechte maar ook onze goede daden tot een probleem. Als onze goede daden, nemen we aan, goed gedaan zijn, zijn ze dan ook goed bedoeld? Dienen wij God met het oog op hem? Zijn we in staat om hem te dienen in zuiverheid?

§ 2 VREEMDE GEDACHTEN

Bovendien, aangenomen dat de mens slaagt in zijn bedoeling om een goede daad te beginnen op grond van zuivere en oprechte motieven, zal het hem dan ook lukken om zichzelf te beschermen tegen de zelfingenomenheid die ongetwijfeld bij hem opkomt tijdens het ten uitvoer brengen van zijn goede daad?

Bewustzijn verblijft in het gezelschap van zelfbewustzijn. Bij elk inzicht of begrip voegt zich het besef van zelfbewustzijn wat gevaarlijk veel lijkt op ijdelheid. Met zijn kenmerkend gebrek aan terughoudendheid en tact is het ego geneigd om opdringerig tussenbeide te komen, zelfs in kwesties die achter zijn rug begonnen zijn. Zo'n tussenkomst van 'vreemde gedachten' – die los staat aan de betekenis van de handeling – die niet tot de oorspronkelijke beweegreden behoorde, vormt een probleem op zichzelf.

Maar behalve dat wij onzeker zijn of onze motivatie die aan de handeling voorafgaat zuiver is, en dat wij tijdens de handeling door 'vreemde gedachten' in verlegenheid worden gebracht, ben je zelfs na de handeling nog niet veilig. De joodse traditie spoort ons aan om onze handelingen van barmhartigheid voor anderen te verbergen,[1] maar kunnen wij ze verbergen voor onszelf? Zijn we in staat om het gevaar te overwinnen van trots, overtuigingen van eigen goedheid, ijdelheid en superioriteitsgevoel, ontleend aan zogenaamde aan God toegewijde handelingen?

Het is makkelijker om het lichaam te beheersen dan de ziel. De gelovige mens weet dat zijn innerlijk leven vol valkuilen zit. Het ego, 'de boze impuls' probeert voortdurend te betoveren. De verleidingen zijn heftig, maar zijn tegenstand is onbuigzaam. En zo bewijst hij zijn geestelijke kracht en houdt hij de overhand, onoverwinnelijk. Lijkt zijn situatie niet glorieus? Maar dan gebruikt de 'boze impuls' een subtieler middel, hij wenst hem geluk: wat ben jij toch gelovig! – Hij wordt trots op zichzelf. En dan is hij in de val gelopen.[2]

§ 3 DE VLUCHT IN WANTROUWEN

Het probleem van de integriteit gaat niet alleen over de aard van onze morele daden maar ook over de eerlijkheid van ons denken. Het is niet alleen moeilijk om je een mens voor te stellen die goed doet om het goeddoen, we trekken ook het vermogen om het goede puur en onvoorwaardelijk te bevatten in twijfel. De eerste vereiste voor een onpartijdig oordeel is om zonder vooroordelen te zijn en zichzelf buiten beschouwing te kunnen laten. Je kunt je afvragen of het niet laten meetellen van jezelf iets is wat een mens ooit kan bereiken. Psychologisch en sociologisch onderzoek heeft niet alleen laten zien hoe de motieven voor ons gedrag verweven zijn met de functies van instinctieve begeerten, maar ook hoe de gevestigde belangen van het ego niet alleen doordringen in morele beweegredenen, maar ook in waarnemingen, het kenvermogen.

De ontdekking van deze tragische, hachelijke situatie is een zeer pijnlijke slag voor het gevoel van geestelijke veiligheid. Welke les kan hieruit anders getrokken worden dan de raad dat wantrouwen de kortste weg is naar het begrijpen van de menselijke aard. Dit lijkt de hedendaagse lezing te zijn van de Gulden Regel: *Wantrouw je naaste zoals je jezelf wantrouwt.* Zo kan de situatie van de hedendaagse mens dus gekenschetst worden als een vlucht in wantrouwen. Er rust een taboe op het denkbeeld van objectieve geldigheid, van heiligheid of van een hoogste waarde. Het is een publiek geheim dat elke handeling een kwaadaardige achtergrond heeft, dat heimelijke motieven de voedingsbodem voor elke goede eigenschap vormen en dat rechtvaardigheid een camouflage van het kwaad is. De deugd mist diepte, de werkelijkheid mist eerlijkheid. Alles wat wij kunnen doen is goedheid verenigen met egoïsme, om waarheid te gebruiken als opportunistisch smoesje en om genotzucht in alle smaken te proeven. In een wereld als deze, die zo lijkt op een pandemonium, moet eerlijkheid worden beschouwd als *wishful thinking*, zuiverheid als de kwadratuur van de cirkel van de menselijke natuur en de begrippen van objectieve geldigheid, heiligheid of een hoogste waarde moeten als schijnheiligheid of bijgeloof worden beschouwd.

De hysterie van het wantrouwen houdt velen in de ban. Het heeft niet alleen ons begrip voor anderen aangetast maar ook ons zelfvertrouwen. Kunnen we onszelf vertrouwen? Kunnen we onze aspiraties en onze overtuigingen vertrouwen?

De mens die zichzelf wantrouwt deinst terug voor het licht, vaak bang om zich zijn gevoelens te realiseren, bang om te erkennen wat hij gelooft, bang om lief te hebben wat hij bewondert. Zelf op een dwaalspoor geraakt geeft hij anderen de schuld voor zijn falen, draait om dingen heen, strijkt glad en is onbetrouwbaar. Levend in angst denkt hij dat de hinderlaag een normale verblijfplaats is.

De nieuwe kijk op het kwaad drijft de mens tot wanhoop. Want het afschuwelijke van het kwaad is niet zozeer zijn kennelijke macht, alswel zijn cryptische alomtegenwoordigheid, zijn vermogen tot camouflage.

Jezelf wantrouwen is een ernstiger bedreiging van het geloof dan twijfel, en *anthropodicee*, de rechtvaardiging van de mens, is vandaag net zo'n lastige kwestie als *theodicee*, de rechtvaardiging van God. Is er iets zuivers, iets wat niet door egoïsme is besmet in de mensenziel? Is integriteit ooit mogelijk? Kunnen wij ons eigen geloof vertrouwen? Staat vroomheid ooit los van opportunisme?

§ 4 DE BEPROEVING VAN JOB

Zelfreflectie werd niet door de analytische psychologie ingeluid. Serieus gewetensonderzoek is een essentiële trek van vroomheid, en de vrome mens is geneigd te vermoeden dat zijn ontzag en toewijding heimelijke verbindingen kunnen zijn met egoïstische doeleinden.

Keer op keer roept de Bijbel op om God te eerbiedigen 'met heel uw hart'. *'Leef in verbondenheid met mij, leid een onberispelijk leven'* (Genesis 17:1). *U moet volledig op de* EEUWIGE, *uw God, gericht zijn* (Deuteronomium 18:13). *Heb daarom de* EEUWIGE *lief met hart en ziel en met inzet van al uw krachten* (Deut. 6:5). En toch lijkt het erop dat de bijbelse mens verontrust is door het probleem of de mens ooit in staat is om God met zijn hele hart te dienen.

Er is een heel bijbelboek, in zekere zin, gewijd aan het onderzoek van dit probleem: *het boek Job*. Uit het gezichtspunt van deze wereld is het thema van het boek Job *theodicee*, de rechtvaardiging van God met het oog op het bestaan van het kwaad. Uit het gezichtspunt van de hemel is zijn thema *antropodicee*, de rechtvaardiging van de mens. In het openingsverhaal van het boek lezen wij dat de discussie tussen God en de Aanklager gaat over de vraag of Job God diende 'uit ontzag' of 'uit liefde'. *De* EEUWIGE *vroeg aan de Aanklager: 'Heb je ook op Job gelet, mijn trouwe dienaar? Zoals hij is er niemand op aarde: hij is integer en onberispelijk, hij heeft ontzag voor mij en mijdt het kwaad.' De Aanklager antwoordde de* EEUWIGE: *'Zou Job werkelijk zonder reden zoveel ontzag voor u hebben? U beschermt hem immers, evenals zijn gezin en alles wat hem toebehoort. U hebt het werk dat hij doet gezegend, zodat zijn bezit zich steeds meer uitbreidt. Maar als u uw hand naar hem uitstrekt en aantast wat hem toebehoort, zal hij u ongetwijfeld in uw gezicht vervloeken'* (1:8-11).

Dat de schrijver het redelijk vond om Job de meest vreselijke beproevingen te laten ondergaan om te bewijzen dat de mens in staat is tot onbaatzuchtige trouw maakt duidelijk hoe serieus en fundamenteel het probleem was voor de bijbelse mens.

De profeet klaagde: *Ze roepen niet eerlijk en oprecht tot mij, maar liggen te jammeren op hun bed. Ze kerven hun lichaam voor hun goden, smekend om koren en wijn* (Hosea 7:14). Volgens het boek *Spreuken* (11:20) *verfoeit de* EEUWIGE *bedriegers*. Toch lijkt de profeet te beseffen hoe moeilijk het is om niet te corrumperen, om niet verfoeilijk te zijn.

> *Niets is zo onbetrouwbaar als het hart,*
> *onverbeterlijk is het, wie zal het kennen?* Jeremia 17:9

§ 5 'EEN KROON OM OVER OP TE SCHEPPEN'

Er zijn veel passages in de joodse literatuur waarin onthechting wordt voorgeschreven en evenveel waarin geklaagd wordt dat dit zo lastig is. De eerste geleerde waarvan de farizeese traditie niet alleen de naam maar ook een uitspraak heeft bewaard, is Antigonos van Socho, die leefde in de eerste helft van de 3e eeuw VC. Zijn spreuk luidde: 'Wees niet als knechten die hun heer alleen dienen om loon te ontvangen. Wees als de knechten die hun heer niet alleen dienen om de beloning.'[3] Hoezeer toewijding aan de Thora ook van levensbelang, kostbaar en heilig is, het is schadelijk om de Thora te bestuderen voor eigen doeleinden, haar te bestuderen zodat we rabbijnen genoemd kunnen worden, om hier of in het komende leven beloond te worden.[4] Het is fataal om van de Thora 'een kroon te maken om daarmee op te scheppen', 'een schop om mee te graven'. Volgens Hillel 'zal hij die de kroon van de Thora tot zijn eigen voordeel gebruikt, omkomen. Hij die winst behaalt voor zichzelf met de woorden van de Thora, neemt zijn eigen leven'[5]

De rabbijnen waarschuwen ons voortdurend: 'Voor hem die de Thora alleen bestudeert om de Thora zelf, wordt de studie een levenselixer... maar voor wie die de Thora om andere redenen bestudeert, wordt de studie een dodelijk gif.'[6] 'Als je de woorden van de Thora volbrengt met het oog op de Thora zelf, dan brengen zij je leven; maar als je de woorden van de Thora om andere redenen vervult, zullen ze je doden.'[7]

In de rabbijnse literatuur is Abraham de enige persoon van wie gezegd wordt dat hij God diende 'uit liefde'.[8] Dat Abraham de enige was om uitgekozen te worden,[9] wijst op een besef van de onvolmaaktheid van de geest van alle andere profeten en heiligen.

§ 6 VERMOMD POLYTHEÏSME

Je kunt alle wetten naleven en tegelijk *een vermomd veelgodendom* aanhangen. Want als je een religieuze handeling verricht met de bedoeling een ander mens waarvoor je bang bent te plezieren, of waarvan je hoopt te profiteren, dan bewijs je God geen eerbied, maar een menselijk wezen. 'Zo iemand is erger dan een afgodendienaar... Wanneer deze hulde bewijst aan de sterren, vereert hij niets dat tegen God rebelleert, terwijl de ander wezens vereert waarvan sommigen tegen God rebelleren. De afgodendienaar vereert maar één object, maar het aantal menselijke wezens dat godslasteraars kan vereren, is onbeperkt. Ten slotte is de innerlijke houding van de dweper voor iedereen duidelijk, je kunt ervoor op je hoede zijn – zijn verwerping van God is algemeen bekend. De verwerping van de huichelaar blijft echter onopgemerkt... Daarom is hij de ergste van de universele kwalen.'[10]

Vermomd polytheïsme laat ook de verering van God samengaan met de toewijding aan zijn eigen voordeel, zoals er gezegd is: *Laat geen andere god bij je toe, buig je niet voor een vreemde god* (Psalm 81:10), waarover de leraren opmerkten dat dit betekende, de vreemde god in de mens zelf.[11]

§ 7 HET FALEN VAN HET HART

God vraagt om het hart. Maar ons grootste falen is in het hart. Wie kan vertrouwen in goede bedoelingen als hij weet dat onder het mom van kavanah een zweem van ijdelheid zou kunnen schuilen? Wie kan er aanspraak op maken ook maar één mitswa te hebben vervuld met volkomen toewijding? Rabbi Elimelech van Lizjensk zei tegen zijn leerlingen: 'Ik ben zestig jaar en ik heb niet één mitswa vervuld.'[12] *Er is niet één mitswa die we volmaakt vervullen...* behalve de besnijdenis en de Thora die wij in onze kinderjaren leren,[13] want deze beide handelingen zijn niet vervuild door 'vreemde gedachten' of onzuivere motieven.

Ik heb nog iets onder de zon gezien: op de plaats waar recht gesproken wordt, heerst onrecht. Ik zag de plaats waar gerechtigheid zou moeten zijn, en er heerst onrecht. Daarom zal God *zowel de rechtvaardigen als de goddelozen aan zijn oordeel onderwerpen* (Prediker 3:16–17). *Want God oordeelt over elke daad, ook over de verborgen daden, zowel over de goede als de slechte.* (12:14). 'Elke daad' verwijst volgens rabbi Judah naar 'mitswot en goede daden'.[13a]

Want niemand op aarde is zo rechtvaardig, dat hij goed doet zonder te zondigen (Pred. 7:20). De commentatoren menen dat dit vers betekent dat zelfs een rechtvaardig mens bij gelegenheid zondigt. Volgens hen is het leven een mozaïek van volmaakte daden, bestrooid met enkele zonden. Maar de Baäl Sjem leest het vers: *Want er is geen rechtvaardige mens op de aarde die goed doet en er is geen zonde in het goede.* 'Het is onmogelijk dat het goede vrij zou zijn van zonde en eigenbelang.'[14] Op grond van de ervaring lijkt onze geestelijke situatie hopeloos.

> *Wij zijn allen bevuild,*
> *smerig zijn onze beste daden,*
> *smerig als met bloed bevlekte kleren.* Jesaja 64:5

'Zelfs onze goede daden zijn niet aangenaam maar weerzinwekkend, want wij verrichten ze uit zelfverheerlijking en uit trots en om op onze naasten indruk te maken.'[15]

De geest is altijd vatbaar voor 'vreemde gedachten' en er is geen makkelijke manier om ze uit te bannen. Leerlingen vroegen aan een chassidische rabbi in zijn laatste levensuren wie ze als hun meester moesten kiezen na zijn overlijden. Hij antwoordde: 'Als iemand jullie zou vertellen hoe vreemde voornemens uit te roeien, weet dan dat hij jullie meester niet is.'

Volgens één legende waren de laatste woorden die de Baäl Sjem uitte voor hij deze wereld verliet: 'Eeuwige der Wereld, verlos mij van hoogmoed en van bijbedoelingen.' Volgens een andere legende waren zijn laatste woorden: *Laat de voet van hoogmoedigen mij niet vertrappen* (Psalm 36:12).

Pas als we op de plaats van bestemming zijn, weten we waarmee we hem moeten vereren (Exodus 10:26). 'Al onze *service*, alle goede daden die wij in deze wereld doen: wij weten niet of ze enige waarde hebben, of ze werkelijk zuiver zijn, eerlijk, of gedaan omwille van de hemel – totdat wij daar aankomen – in de komende wereld, pas daar zullen wij weten wat onze dienst hier was.'[16]

Wat Mozes zei tegen Israël, *Ik stond toen tussen hem en u* (Deuteronomium 5:5), werd door rabbi Michaël van Zloczów allegorisch uitgelegd als stond er: *De 'ik' staat tussen God en mens.*[17]

HOOFDSTUK 39

HET ZELF EN HET NIET-ZELF

§ 1 IS VERLANGEN DE MAAT VAN ALLES?

Is het waar dat, zoals boven afgevraagd, onze religieuze overtuigingen niets anders zijn dan pogingen om onze onderbewuste wensen te bevredigen? Dat onze ethische maatstaven niets anders zijn dan vermomde verlangens? Dat verlangen de maat is van alle dingen?

Als wij ons bij onze handelingen nooit laten leiden door een norm maar door egoïstische verlangens, dan moeten we onze pogingen opgeven om ultieme normen voor ons gedrag te vinden en in plaats daarvan al onze aandacht richten op de psychologie van de begeerte. Dan zou ons beginsel moeten zijn: verlangen is de vader van alle waarden, wat wenselijk is, is waardevol.

Is het waar dat het enige wat een mens kan doen het stimuleren van zijn eigen voorspoed is? Dat een psychologie van begeerte in staat zou zijn om zowel bedoelingen te omschrijven als een complete set gedragsregels vast te stellen? Ondanks het verleidelijke van deze visie verandert de geestdrift van hen die haar doordénken en doorléven bij het onderzoeken van de rol van begeerten in het menselijke leven, uiteindelijk in weerzin en wanhoop. Maar waarom zou het denkbeeld dat de mensheid een ten hemel stijgende stank van gulzigheid zou zijn, afstotelijk zijn? Bovendien, waarom moet een beschaving die schittert door rijkdommen en gevestigde belangen, uitlopen op walging? Waarom bederft het gemoed als de wortels van de waarden beginnen te rotten? Wat is er fout aan het leven in een jungle van prikkels? En wat aan een leven van vraatzucht? Waarom moet weerzin de nasleep zijn van hebzucht?

Kunnen de wanhoop en afschuw, die de vieze lucht van een plat-hedonistisch leven in onze harten oproept, verklaard worden als genotzucht in het verborgene? Inderdaad kunnen theorieën proberen om zich van zulke reacties te ontdoen omdat ze vaag en logisch zinloos zijn en blijk geven van zelfoverschatting in een beredeneerde vermomming. Maar zulke theorieën zien de op ervaring gebaseerde feiten van het menselijke bewustzijn over het hoofd.

Er bestaat inderdaad een voortdurende spanning in de mens tussen het brandpunt van het zelf en het doel dat voorbij dat zelf ligt. Dierlijk leven is een leven voortgedreven door krachten zonder rekening te houden met bestudeerde doeleinden. Dierlijk in de mens is de impuls om al zijn aandacht te richten op behoeftebevrediging. Spiritualiteit in de mens is de wil om hogere doelen te dienen en daardoor overstijgt hij zijn behoeften. Het getuigt van begripsverwarring om te zeggen dat de hunkering om vrij te zijn van eigenbelang even egoïstisch is als elk ander belang. Het verschil zit in het doel of de richting van het handelen. Egoïstische belangen zijn middelpuntzoekend. Losstaan van eigenbelang is middelpuntvliedend, een zich afkeren van het zelf. Het wezen van de mens, zijn uniekheid, ligt in zijn vermogen om zichzelf te overtreffen, om zijn behoeften en egoïstische beweegredenen te overstijgen. Het is struisvogelpolitiek om de ernst van die spanning niet te willen zien. Als je de hoop opgeeft, als de kracht om dit probleem aan te pakken ontbreekt, kom je terecht in de hel van de cynicus. Maar hoe zou de strijd voor integriteit gestreden moeten worden?

§ 2 DE OMZETTING VAN BEHOEFTEN

Een levend organisme kan niet worden omschreven door het aantal cellen dat het bevat en een mens kan niet omschreven worden door het aantal van zijn behoeften en evenmin kan zijn leven worden opgevat als een wisselwerking tussen behoefte en bevrediging. Verlangens leiden geen zelfstandig bestaan, het zijn reacties op objecten: ze ontstaan in bepaalde situaties. De levenskunst is een kunst om met verlangens om te gaan, en het karakter van de mens wordt gevormd en onthuld door de wijze waarop hij zijn hartstochten en begeerten beteugelt. Wellicht hebben veel mensen trauma's, maar van belang is dat de een zich wendt tot de dichtkunst, de ander tot maatschappelijk werk en een derde tot de misdaad.

Het onderscheidende kenmerk van de mens is zijn vermogen om zijn *verlangens om te zetten*. Hij weet niet alleen hoe hij zijn behoeften kan vergroten en bevredigen, maar ook hoe hij ze kan wijzigen, hoe hij verlangen en lust kan weerstaan in plaats van ze alleen maar te ondergaan. Zijn creatieve prestaties bestaan eerder uit bewuste veranderingen, uit kiezen en verwisseling van tegenstrijdige bedoelingen, dan uit een ronduit meedogenloze verdringing.

In de biologie spreken we van *heterogenesis* als een manier van voortplanting waarbij de ouder nakomelingen voortbrengt die in structuur en gewoonten van hem afwijken, maar die na een of meer generaties tot het oudermodel terugkeren. Een dergelijk verschijnsel is mogelijk in het innerlijke leven van de mens. Terwijl we de behoeftevermeerdering niet kunnen stuiten en evenmin menselijke hartstocht met succes kunnen onderdrukken, is het ons gegeven om verlangens om te zetten en om hartstocht te richten op doeleinden van onze eigen keuze. Zo kunnen dus egoïstische behoeften leiden tot het bereiken van doeleinden van algemene betekenis.
Maar lost de conversietechniek het probleem van egoïsme op? Is het gerechtvaardigd om aan te nemen dat de mens door de omzetting van behoeften niet alleen in staat is om gedragspatronen te veranderen, maar ook de richting van motivatie om te buigen? Verbergen we niet eerder eigenbelang dan dat we het veranderen? Verborgen kwaad is een grotere bedreiging dan openlijk kwaad. Corrupte belangen kunnen kwaadaardiger zijn dan oorspronkelijke behoeften. Komt de omzetting van verlangens niet neer op het aanbieden van een veilige terugtocht aan motieven die we menen te beteugelen? Is het *überhaupt* mogelijk om egoïstische motieven te overwinnen?

§ 3 BESCHEIDENHEID

De ontdekking van een mislukking om een verlangen in goede banen te leiden gaat gepaard met een drang om deze te onderdrukken. Dan lijkt het dat de enige manier om verlost te worden van de verslaving aan het ego, het wegcijferen van onszelf is. Maar wegcijferen van onszelf als zodanig is een vlucht waardoor we nog erger in de knoei kunnen komen. Eliminatie van het zelf is op zichzelf geen deugd. Het is geen morele eis om het leven of het recht op bevrediging op te geven. Als bescheidenheid op zichzelf deugdzaam zou zijn, zou zelfdoding het toppunt van moreel leven zijn. Het is Moloch[1] die het offer van het leven verlangt. Het is militarisme dat de dood op het slagveld als het hoogste ideaal verheerlijkt. De profeten van Baäl gingen zich meer te buiten aan zelfvernedering dan de profeten van Israël.
Eigenlijk kan alleen hij die de rechtvaardigheid van zijn eigen rechten werkelijk begrijpt, recht doen wedervaren aan de rechten van anderen. Het leren aanvaarden van regels – het volwassen worden – bestaat uit het verdiepen

van je hartstochtelijke begrip voor de rechten en behoeften van anderen op dezelfde wijze als je hartstochtelijk begrip hebt voor je eigen rechten en behoeften.

De waarde van een offer wordt niet alleen bepaald door wat je weggeeft, maar ook door het doel waaraan het gegeven wordt. Het Hebreeuwse woord voor het verbum 'offeren' betekent letterlijk dichtbij komen, benaderen. Het is niet onze taak om afstand van ons leven te doen, maar om het dicht bij God te brengen. Wij streven niet naar losstaande momenten van zelfvergetelheid, maar naar nuchtere, voortdurende bevestiging van anderen, naar het vermogen om de behoeften en de problemen van onze medemensen aan te voelen. Noem een dergelijke houding nooit wegcijfering of rancune tegenover de ziel. Wat is uitgewist, is een agressiviteit, een hardvochtigheid, waarvan de ziel in zijn goede momenten een afkeer heeft en het verwenst.

Het zelf kan tot vriend van de geest worden gemaakt als je in staat bent om een blijvende voorstelling te ontwikkelen van alles buiten jezelf, van de psychische angsten en de waardigheid van de ander.

Egocentriciteit is het tragische misverstand van ons lot en ons bestaan. Voor de mens is humaniteit in de kern hetzelfde denkbeeld als mens. Om mens te zijn moet je meer dan een mens zijn. Het zelf is geestelijk onvolgroeid, het groeit in de betrokkenheid om wat buiten jezelf ligt. Dit is de diepzinnige paradox en het verlossende kenmerk van het menselijke bestaan. Er is geen vreugde voor het zelf in het zelf. Vreugde wordt meer gevonden in geven dan in krijgen, meer in dienen dan in nemen.

We hebben allemaal talenten, neigingen en vaardigheden meegekregen. Maar talent zonder toewijding, begaafdheid zonder roeping, vaardigheid zonder geestelijke waardigheid eindigen in frustratie. Wat is geestelijke waardigheid? De gehechtheid van de ziel aan een doel dat voorbij het zelf ligt, een doel niet in, maar voorbij het zelf.

Dit is inderdaad het mysterie van het zelf, niet verklaarbaar in termen van psychologische analyse. Zoals het gevoel voor het onuitsprekelijke alle woorden overstijgt, zo overstijgt de drang tot oprechtheid, de kracht om boven zichzelf uit te komen, alle belangen en wensen.

§ 4 ZELFRESPECT

Wanneer wij het probleem van het zelf behandelen, moeten wij ons verre houden van alle overdrijving. Zelfrespect is niet slecht. Wanneer je neemt wat niet van jou is, wanneer je eigenbelang laat prevaleren ten koste van anderen of als je jezelf aanwijst als het ultieme doel, dan ontstaat het kwaad. Is het verkeerd dat een mens zich bewust is van het goede dat hij doet en dat hij zelfs vreugde schept in wat hij doet? Is het slecht om van een goede daad te genieten? Hoor je een daad niet als goed te beschouwen tenzij die automatisch verricht is? Moeten we niet zeggen dat een rechtvaardig mens iemand is voor wie wat *nodig* is ook *gewenst* is en niet iemand die het goede doet ondanks zijn eigen wil? De juiste verhouding tussen jezelf en het goede is er geen van spanning maar van innerlijke harmonie en overeenstemming. In het bijbelse denken wordt de verbinding van het zelf met de daad en zelfs het krijgen van een beloning als wenselijk beschouwd.

Het feit dat de mensen 'het onrecht afkeuren uit vrees dat zij er het slachtoffer van zullen worden en niet omdat zij ervoor terugdeinzen om het te plegen',[2] het feit dat wij, als wij rechtvaardigheid verdedigen, daar misschien onbewust door eigenbelang toe bewogen worden, spreekt helemaal niet de innerlijke, absolute betekenis van rechtvaardigheid tegen. Het laat zien dat de rechtvaardigheid zo diep in de werkelijkheid van onze samenleving geworteld is, dat het tot ons spreekt als een vereiste voor overleven, niet alleen als een ethisch of religieus gebod. Je kunt je natuurlijk voorstellen dat er een maatschappij gevestigd zou kunnen worden waarin moord als juist wordt beschouwd. Maar het feit dat een dergelijke maatschappij na verloop van tijd de vijandschap van andere groepen zou uitlokken, het feit dat zulke groepen voor hun eigen veiligheid zouden opstaan om die maatschappij te vernietigen, het feit dat het overleven van de mensheid in haar geheel onverenigbaar is met kwaad, is een teken dat de noodzaak van rechtvaardigheid sterker is dan onze bewuste verhouding ermee.[3]

HOOFDSTUK 40

DE DAAD VERLOST

§ 1 BESEF VAN INNERLIJKE ONDERWERPING

Is het denkbeeld van integriteit een ongebreidelde fantasie? Het woord van Mozes, '*De EEUWIGE is de enige! Heb daarom de EEUWIGE lief met hart en ziel en met inzet van al uw krachten*', het woord van Jozua, '*Eerbiedig de EEUWIGE, dien hem met onvoorwaardelijke trouw*' (24:14) en het woord van Samuel, '*Dus: heb ontzag voor de EEUWIGE en wees hem oprecht, met hart en ziel toegewijd*' (1 Samuel 12:24) kunnen niet worden afgedaan als utopisch. De profeten zouden niet hebben verlangd de Eeuwige hartgrondig lief te hebben als een dergelijke liefde volslagen onmogelijk zou zijn.

Zo moeten wij beginnen in ons streven om onszelf te zuiveren: met het ons *bewustworden van onze innerlijke onderwerping* aan het ego, het onder ogen zien van de smetjes in onze goede eigenschappen en met het herkennen van de ondertoon van afgoderij in onze verering van God.

Het is van grote waarde je subtiele schijnheiligheden te kennen, in het hebben van geen absoluut vertrouwen in het geloof, om schaamte en berouw te voelen. De steek van schaamte is de enige pijn die het ego niet kan verdragen en de enige slag die zijn krachten kan laten krimpen en terugdeinzen en berouw is het reddende aspect van onze ziel. Wroeging is waardevoller dan offer.

> *U wilt van mij geen offerdieren,*
> *in brandoffers schept u geen behagen.*
> *Het offer voor God is een gebroken geest;*
> *een gebroken en verbrijzeld hart*
> *zult u, God, niet verachten.* — Psalm 51:18-19

U, Eeuwige, staat in uw recht, maar tot op deze dag staat de schaamte ons op het gezicht (Daniël 9:7). 'Waarom is dit zo? Rabbi Nehemiah zei: Omdat zelfs als wij rechtvaardigheid betrachten, schaamte ons vervult als wij onze daden overzien.'[1]

En de mens hoort kritisch te staan tegenover zijn hele optreden. Want niemand is rechtvaardig in zijn ogen. Toch is het besef van onze innerlijke onderwerping het eerste teken van hulp.

§ 2 ZUIVERE MOMENTEN

Hoe minder wij bereid zijn om ons neer te leggen bij onze ketening aan het ego en hoe beter wij begrijpen dat uiteindelijke betekenis te vinden is in daden, gevormd aan de rand van het zelf, des te groter is, tenminste voor een *moment*, de kans op bevrijding. En het moment is wat het meest telt.

Er zijn momenten dat wij ons allemaal bewust worden van de grootsheid van de kosmische werkelijkheid, waartegenover de onwaardigheid van ego-centrisch denken, de schone schijn van beloningen en de begeerte van de ijdelheid ons met schaamte vervullen. Er is zoveel wijsheid in het bos, zoveel goedheid in de grond, en geen spoor van aanmatiging. Wij worden ons bewust van onze werkelijke toestand, heen en weer geslingerd tussen plicht en vlucht, en van het feit dat er geen ontsnappingsmogelijkheid is, dat zelfs de dood geen uitweg biedt. Beschaamd, geschokt door de ellende van een overbelast ego, proberen we uit de cirkel van het ego uit te breken.

§ 3 BEROUW

Hoe troostrijk het vertrouwen op ogenblikken van zuivere toewijding ook is, de benauwdheid blijft. Na al onze inspanningen en pogingen om het zelf te zuiveren, ontdekken wij dat afgunst, ijdelheid en arrogantie in het donker op de loer blijven liggen. Waar komt onze hulp vandaan? De ogenblikken waarin je jezelf in vervoering vergeet, gaan snel voorbij. Wat is het antwoord dan?

Moeten wij dan wanhopig worden omdat we niet in staat zijn om volmaakte zuiverheid te bereiken? Dat zou het geval zijn als volmaaktheid ons doel zou zijn. Maar wij zijn niet verplicht om voor eens en voor altijd volmaakt te zijn. We zijn alleen verplicht om steeds weer opnieuw boven het niveau van het zelf uit te stijgen. Perfectie is goddelijk en door perfectie als een doel voor de mens te stellen, wordt de mens opgeroepen om goddelijk te zijn. Het enige dat wij kunnen doen is te proberen om onze harten *berouwvol* te reinigen. Berouw begint met een gevoel van schaamte over ons onvermogen om ons los te maken van onszelf. Berouwvol zijn over mislukkingen is heiliger dan zelfingenomen zijn in volmaaktheid.

§ 4 GOD IS VOL COMPASSIE

In de wereld van de joodse godsvrucht kunnen twee stemmen worden gehoord. Eén stem is streng en vastberaden: goede daden verricht uit onzuivere motieven zijn volstrekt ontoereikend.[2] De andere stem is gematigd: goede daden zijn waardevol zelfs als hun motief niet zuiver is.[3]

Wat zijn de feiten? Zelfs de zuiverste bedoeling is niet sterk genoeg om alle hoeken van de ziel te vullen die aan alle kanten open ligt voor het binnendringen van het ego. Wie zou kunnen bestaan als hij geoordeeld werd naar de strenge, vastberaden maatstaf van algehele intentionele zuiverheid? Inderdaad voert de stem van de gematigdheid in het algemeen de boventoon. Dus wordt ons geleerd te geloven dat 'vreemde gedachten' of zelfs onzuivere motieven de waarde van een geheiligde daad niet verzwakken.

De ziel is broos, maar God is vol mededogen met het leed van de ziel, met het falen van het hart. In de Talmoed wordt gezegd: 'Er zijn er die verlangen (anderen te helpen), maar de middelen niet hebben, terwijl anderen de middelen hebben, maar niet het verlangen (om te helpen).' Toch zijn beiden heilig in de ogen van God.[4]

§ 5 RESULTATEN ZUIVEREN DE MOTIEVEN

Het jodendom legt de nadruk op de daad en hoopt op de bedoeling. Elke ochtend wordt er gebeden:

> *Maak zoet, zo smeken wij Jou, o Eeuwige onze God, de woorden van Jouw Thora in onze mond... zodat wij Jouw Thora omwille van haarzelf studeren.*

Met het doel voortdurend in onze gedachten wordt ons geleerd dat we door moeten gaan met het naleven van de wet, zelfs als we nog niet zo ver zijn dit te doen 'omwille van God'. Want het goede zal ons, zelfs als het niet ten behoeve van het goede gedaan is, uiteindelijk leren hoe omwille van God te handelen.

We moeten doorgaan met het verrichten van geheiligde daden, zelfs als we gedwongen zouden worden het zelf met menselijke prestatiedrang te lokken. Zuiverheid van motief is het doel, vastberadenheid in handelen is de weg. Het is nutteloos om het ego in het vrije veld te bestrijden, als een gewonde hydra krijgt het voor elke afgehakte kop er twee terug.

Wij moeten ons niet uitleven in zelfonderzoek, we hoeven ons niet te concentreren op het probleem van de egocentriciteit. De manier om het zelf te zuiveren is niet te blijven stilstaan bij het zelf maar de concentratie op je taak.

§ 6 DE DAAD VERLOST

Elke religieuze of ethische les die de eerste plaats inruimt voor de innerlijke deugden als geloof en zuivere motieven, moet schipbreuk lijden. Als geloof de enige standaard zou zijn, dan zou de inspanning van de mens tot mislukken zijn gedoemd. Inderdaad, het besef van de zwakheid van het hart, de onbetrouwbaarheid van het innerlijke wezen van de mens kan misschien een van de redenen zijn geweest die het jodendom gedwongen hebben om zijn toevlucht te nemen tot daden in plaats van op innerlijke devotie te vertrouwen. Misschien is dit de achtergrond van de raad van de rabbijnen: doe altijd het goede, zelfs als het niet gedaan wordt om het goede. Het is de handeling die ons de betekenis van die handeling leert.

De weg naar de zuivere intentie is geplaveid met goede daden. Het goede wordt uitgevoerd in doen, en een goede daad brengt een intense fascinatie mee die een tegenwicht vormt tegen de druk en de vurigheid van het eigen ik. Het eigen ik wordt verlost door de absorberende kracht en de onverbiddelijke uitdaging van de rechtvaardige taak die ons wacht. Het is de daad die overweldigt, die de ziel in vervoering brengt en die bewijst dat de grootste schoonheid groeit op de grootste afstand van het centrum van het ego.

Daden gericht op ideale doelen, daden niet verricht met achteloos gemak als routine maar met inspanning en overgave aan hun betekenis, zijn sterker dan de verrassing en aanvallen van wispelturigheid. Het dienen van geheiligde doelen kan armzalige motieven transformeren. Want zulke daden zijn veeleisend. Wat ook ons motief voorafgaande aan de handeling geweest mag zijn, de handeling zelf verlangt onverdeelde aandacht. Zo is het verlangen naar beloning niet de stuwende kracht van de dichter in zijn creatieve momenten en het najagen van plezier of voordeel is niet het belangrijkste van een religieuze of morele handeling.

Op het moment dat de musicus de geest krijgt – helemaal opgaat in het spelen van een concert, is de gedachte aan applaus, roem of beloning verre van hem. Zijn volledige aandacht, zijn hele wezen is één met de muziek. Een gedachte die van buitenaf zijn geest binnenkomt, zou de concentratie verbreken en het zou de zuiverheid van zijn spel verstoren. Toen hij met zijn impresario onderhandelde zal hij wel aan zijn beloning hebben gedacht, maar tijdens de uitvoering vraagt de muziek zijn volledige concentratie.

Bij het verrichten van een religieuze of morele daad verkeert de mens in dezelfde situatie. Aan zichzelf overgelaten staat de ziel bloot aan eigenzinnigheid. Maar in de daad ligt een kracht die de valse verlangens zuivert. De handeling, het leven zelf vormt de wil. Het goede motief ontstaat terwijl het goede gedaan wordt.

Wanneer het aanvankelijke motief sterk en zuiver is, kunnen bedoelingen die zich gedurende de handeling opdringen zelfs dienen om de motieven te inspireren, want het aanvankelijke motief kan de vitaliteit van de indringer in zijn eigen kracht opnemen.

Een mens kan doordrenkt zijn van egoïstische motieven, maar een daad en God zijn sterker dan dat. De verlossende kracht die zich ontlaadt door het goede te doen, zuivert de geest. De daad is wijzer dan het hart.

Een leerling van rabbi Mendel van Kotsk klaagde bij zijn meester over zijn onvermogen om God te aanbidden zonder zich van zichzelf bewust te zijn en een zweem van trots te voelen. Is er een manier van bidden waar het zelf niet in binnendringt? vroeg hij.

'Ben je ooit een wolf tegengekomen terwijl je alleen in het bos wandelde?'

'Ja' antwoordde hij.

'Wat hield je op dat moment bezig?'

'Angst, niets anders dan angst en de wil om te ontkomen.'

'Zie je, in zo'n ogenblik was je bang zonder dat jij je van jezelf bewust was, of trots was op je angst. Op deze wijze mogen wij God aanbidden.'

Hoewel diep doordrongen van de onzuiverheid en onvolmaaktheid van al onze daden, moet het feit van ons doen gekoesterd worden als het grootste voorrecht, als een bron van vreugde, als datgene wat het leven zijn uiteindelijke waarde verleent.

Wij vertrouwen erop dat doorleefde momenten in de omgang met God, en daden verricht in de navolging van Gods wil, nooit zullen vergaan. De waarde van het goede blijft, zonder rekening te houden met alle onzuiverheid.

§ 7 'DIEN HEM MET VREUGDE'

Het ligt in de joodse traditie besloten om opgetogen te zijn over de kans om de wet te mogen vervullen, ook al is het onvolmaakt. Het is in elk geval beter dan bezorgd te zijn over het niet in staat om zijn de wet volmaakt te volbrengen. *Dien de EEUWIGE met vreugde, kom tot hem met jubelzang* (Psalm 100:2).

Israël voelt een zeker welbehagen en een zekere vreugde in het vervullen van de wet die voor een gehuurde knecht zwaar en verwarrend is. Want 'de zoon die zijn vader dient, dient hem met vreugde, zeggend: Zelfs als het mij niet helemaal lukt (om Zijn geboden te volbrengen), zal hij als liefhebbende vader toch niet boos op mij zijn. Hiertegenover is een gehuurde knecht altijd bang dat hij een fout zal maken en daarom dient hij God in verontrusting en verwarring.'[5] Inderdaad, wanneer Israël zich niet op zijn gemak voelt omdat zij voor God terecht moeten staan, zeggen de engelen hun: 'Wees niet bang voor het oordeel... Kennen jullie Hem niet? Hij is jullie naaste bloedverwant, Hij is jullie broeder en wat meer is, Hij is jullie vader.'[6]

§ 8 'WIJ VERKNOEIEN EN HIJ HERSTELT'

Het eeuwige gebod probeert als een zaag de hardheid van de harten weg te snijden. Ondanks alle pogingen blijft de hardheid. Wat is dan de betekenis van al die moeite? Rabbi Tarfon zei: 'Al ligt het niet aan jou het werk af te maken, toch ben je niet vrij je eraan te onttrekken.' Wat we ook doen, het is niet meer dan gedeeltelijke vervulling, de rest wordt voltooid door God.

Afzonderlijk zijn wij niet in staat onze ziel te bevrijden van heimelijke motieven. Dit is echter onze hoop: God zal verlossen waar wij falen. Hij zal voltooien wat wij proberen uit te voeren. Het is de genade van God die diegenen helpt die alles doen wat binnen hun vermogen ligt om wat hun vermogen te boven gaat tot een goed einde te brengen.

Rabbi Nachman van Kosow vertelde een gelijkenis. Een ooievaar viel in de modder en was niet in staat zijn poten eruit te trekken, totdat hij op een idee kwam: Heb ik geen lange snavel? Hij stak dus zijn snavel in de modder, leunde erop en trok zijn poten eruit. Maar wat had dat voor zin? Zijn poten waren eruit, maar zijn snavel zat vast. Toen kreeg hij een ander idee. Hij stak zijn poten in de modder en trok zijn snavel eruit. Maar wat had dat voor zin? Zijn poten zaten vast in de modder...

Zo is ook de situatie van de mens. Als hij in één opzicht succes heeft, faalt hij in een ander. Wij moeten ons voortdurend voor ogen houden: *wij bederven en de Eeuwige herstelt.* Hoe laakbaar is de manier waarop wij laten mislukken en hoe goed en hoe mooi is de manier waarop hij herstelt.
Uit de diepte roepen wij om hulp. Wij geloven in staat te zijn verborgen motieven te overwinnen, omdat anders geen goed zou worden gedaan en liefde onmogelijk zou zijn. Toch 'hebben wij om een zuiver hart te verwerven goddelijke hulp nodig'.[7]
Daarom bidden wij:

Reinig onze harten opdat wij Jou in oprechtheid mogen aanbidden.

(sabbatliturgie)

Alles is ontoereikend: zowel wat we doen als wat we laten. Wij kunnen niet vertrouwen op onze vrome toewijding want die is besmet met vreemde gedachten, arrogantie en ijdelheid. Het vraagt een grote inspanning *om te beseffen voor wie wij staan*, want een dergelijk besef is meer dan een losse gedachte. Het is een weten waar de hele persoon bij betrokken is, de geest, het hart, lichaam en ziel. Dit te weten is al het andere te vergeten, met inbegrip van het zelf. Op zijn best kunnen we dit maar voor een ogenblik bereiken en alleen van tijd tot tijd.
Wat blijft er dan nog voor ons te doen behalve *bidden om het vermogen om te bidden*, betreuren dat we niet weten dat wij leven in zijn nabijheid? En zelfs als zo'n gebed besmet is met verwaandheid, aanvaardt zijn genade onze zwakke pogingen en maakt die goed. Het is onze constante poging om te bidden, de ongebroken trouw aan onze plicht om te bidden, die kracht geeft aan onze broze dienst aan God. Het is de heiligheid van de gemeenschap die betekenis verleent aan ons individuele eerbetoon. Dit zijn de drie zuilen waarop ons gebed tot God opstijgt: onze eigen trouw, de heiligheid van Israël en de genade van God.

HOOFDSTUK 41

VRIJHEID

§ 1 HET PROBLEEM VAN DE VRIJHEID

We hebben gezegd dat de *grand premisse* van religie is dat de mens zichzelf kan overtreffen. Deze mogelijkheid is de essentie van vrijheid. Volgens Hegel is de wereldgeschiedenis niets meer dan de ontwikkeling van het bewustzijn van de vrijheid. Wat geeft ons nu de zekerheid dat vrijheid geen *misleidend* concept is? Met het woord vrijheid bedoelen wij de onafhankelijkheid van de wil van voorafgaande psychologische en fysiologische voorwaarden. Maar staat de wil ooit los van het karakter van de persoon en zijn omgevingsfctoren? Is niet elke handeling het gevolg van een voorafgaande factor? Is het moment zelf waarin een beslissing wordt genomen niet beladen met de last van het verleden? Het vermogen van het verstand om de voors en tegens van een bepaalde handeling af te wegen en aan de ene de voorkeur te geven boven de andere is beperkt tot die redenen die bewust en duidelijk zijn. Toch zijn deze redenen afgeleid van andere redenen, die op hun beurt ook weer een oneindige stamboom hebben. Wat ook de *genese*, de wordingsgeschiedenis, van de oorspronkelijke redenen geweest was, het onder ogen zien van de *descendenten*, de afkomst, is geen kwestie van onbevooroordeeld en besluitloos denken. Kunnen wij werkelijk volhouden de macht te bezitten over de beslissingen van onze eigen wil?

Wie kan als vrij worden beschouwd? Vrij is niet altijd degene wiens handelingen worden beheerst door eigen wil. De wil is namelijk geen ultieme en op zichzelf staande grootheid. Beweegredenen worden bepaald door externe krachten waarop we geen grip hebben. Evenmin is iemand vrij die *is* wat hij wil zijn, want onmiskenbare omgevingsfactoren spelen een rol in wat hij zijn wil. Kan hij die goed doet om het goede als vrij worden beschouwd? Maar hoe is het mogelijk om goed te doen in belang van het goede?

Hoe is persoonlijke vrijheid dan mogelijk? Haar aard is een mysterie,[1] en de geweldige hoeveelheid aangroeiend bewijs van determinisme maakt het ons zeer lastig om in vrijheid te geloven. En toch, zonder een dergelijk geloof heeft het morele leven geen zin meer. Zonder vrijheid serieus te nemen is het onmogelijk om humaniteit serieus te nemen.

Vanuit naturalistisch standpunt is de menselijke vrijheid een hersenschim. Wanneer alle feiten in het universum en daardoor ook in de menselijke geschiedenis absoluut afhankelijk zijn van en bepaald worden door oorzaken, is de mens een gevangene van zijn omstandigheden. Er kunnen geen vrije, creatieve ogenblikken in zijn leven zijn omdat deze een vacuüm in de tijd of een breuk in de keten van oorzaak en gevolg veronderstellen.

De mens leeft onderworpen aan zijn natuurlijke omgeving, aan de maatschappij en aan zijn eigen personage, gebonden aan behoeften, belangen en egoïstische verlangens. Toch betekent vrij-zijn het overstijgen van natuur, de maatschappij, zijn 'karakter', behoeften, belangen en begeerten. Hoe is vrijheid dan voorstelbaar?

§ 2 VRIJHEID IS EEN GEBEURTENIS

De werkelijkheid van vrijheid, van het vermogen om te denken, te willen of te beslissen buiten de fysiologische en psychologische causaliteit om, is alleen maar voorstelbaar wanneer we aannemen dat het menselijke leven zowel het *proces* als de *gebeurtenis* in zich sluit (zie hoofdstuk 22). Wanneer de mens wordt beschouwd als een proces, wanneer zijn toekomstige beslissingen gezien worden als berekenbaar, dan moet vrijheid worden ontkend. Vrijheid betekent dat de mens in staat is om zich uit te drukken in gebeurtenissen, los van zijn betrokkenheid in de natuurlijke levensprocessen.

Geloven in vrijheid is geloven in manifestaties, vooral volhouden dat de mens in staat is om te ontsnappen aan de beperkingen hem opgelegd door de processen waarbij hij betrokken is en om te handelen op een wijze die niet door eerdere factoren wordt afgedwongen. Vrijheid is een toestand waarin men buiten zichzelf treedt, een gebeurtenis van *spirituele extase*, in de oorspronkelijke betekenis van het woord.

Wie is dan vrij? De creatieve mens die niet wordt meegesleurd door de stromen van dwang, die niet geketend is door processen, die geen slaaf is van omstandigheden.

Op zeldzame momenten zijn wij vrij. Meestal worden we gestuurd door een proces. We geven toe aan de macht van geërfde karaktereigenschappen of aan de kracht van externe omstandigheden. Vrijheid is geen aanhoudende toestand van de mens, 'een duurzame houding van de persoon in kwestie'.[2]

Vrijheid *is* niet, zij *gebeurt*. Vrijheid is een handeling, een gebeurtenis. Wij zijn allemaal uitgerust met het vermogen tot vrijheid. Maar in de werkelijkheid handelen wij slechts in zeldzame, creatieve ogenblikken vrijelijk.

Het vermogen van de mens om zichzelf te overstijgen, uit te rijzen boven alle natuurlijke banden en beperkingen, betekent ook dat elk mens leeft in een gebied dat wordt beheerst door wet en noodzaak én in een gebied van creatieve mogelijkheden. Het gaat er vanuit dat de mens bij een dimensie hoort die hoger is dan de natuur, de maatschappij en het zelf en het aanvaardt de werkelijkheid van een dergelijke dimensie die boven de natuurlijke orde staat. Vrijheid betekent niet het recht om te leven zoals het ons uitkomt. Het betekent de kracht om geestelijk te leven, om te stijgen tot een hoger bestaansniveau.

Vrijheid is niet, zoals vaak wordt beweerd, een onzeker beginsel, het vermogen om te handelen zonder na te denken. Een dergelijke opvatting verwart vrijheid met chaos, vrije wil met een gril van ongemotiveerde wilskracht, met ondoordacht handelen.

Vrijheid is ook niet hetzelfde als de mogelijkheid om tussen twee motieven te kiezen. Vrijheid sluit een keuze in, maar zij wortelt in het besef dat het zelf niet soeverein is. Het ongenoegen over de tirannie van het ego is een last. Vrijheid ontstaat op het moment waarin wij onszelf overstijgen en zo uitkomen boven onze gewoonte om het zelf te beschouwen als een doel op zichzelf. *Vrijheid is een daad van onafhankelijke betrokkenheid van de geest, een geestelijke gebeurtenis.*

§ 3 VRIJHEID EN SCHEPPING

De hoofdvraag van vrijheid is hoe we zeker kunnen weten dat de zogenaamde gebeurtenissen geen vermomde aspecten van een gebeuren zijn, of dat creativiteit niet voortkomt uit natuurlijke ontwikkelingen waarvan wij ons niet van bewust zijn. Het denkbeeld van creatieve mogelijkheden en de mogelijkheid van geestelijk leven steunen op de gedachte van de schepping en op de visie dat de mens meer is dan een natuurproduct.

Het uiteindelijke concept in de Griekse wijsbegeerte is het denkbeeld van de kosmos of orde. De eerste les in de Bijbel is de gedachte van de *schepping*. Overgebracht in eeuwige principes betekent kosmos voorbestemd zijn, terwijl schepping vrijheid betekent. De essentiële betekenis van de schepping is niet het denkbeeld dat het heelal op een bepaald ogenblik in de tijd geschapen werd. De echte betekenis van de schepping is, zoals Maimonides uitlegde, het denkbeeld dat het heelal niet ontstond uit noodzaak, maar als gevolg van vrijheid.

De mens is vrij om in vrijheid te handelen en vrij om de vrijheid te verspelen. Als hij kiest voor het kwaad, geeft hij zijn verbintenis met de geest op en doet hij afstand van de mogelijkheid om vrijheid te laten gebeuren. Zo mogen wij vrij zijn om vrijheid te gebruiken of te negeren. We zijn niet vrij om vrijheid te bezitten. We zijn vrij om te kiezen tussen goed en kwaad. We zijn niet vrij om een keuze achterwege te laten. Wij worden werkelijk gedwongen om te kiezen. Zo is alle vrijheid een wachten van God op de mens om te kiezen.

§ 4 GODDELIJKE ZORGZAAMHEID, *RACHAMIEM*

De beslissende gedachte in de boodschap van de profeten is niet de nabijheid van God bij de mens, maar de nabijheid van de mens bij God. Daarom is de Bijbel meer de antropologie van God dan de theologie van de mens. De profeten spraken niet zozeer over de betrokkenheid van de mens op God als wel over de betrokkenheid van God op de mens. In het begin is er Gods betrokkenheid. Vanwege zijn betrokkenheid bij de mens kan de mens bij hem betrokken zijn en kunnen wij hem zoeken.

In het joodse denken kan het probleem van het zijn nooit los worden behandeld, maar alleen in relatie tot God. De hoogste categorieën van zo'n zijnsleer zijn niet zijn en worden, maar wet en liefde (rechtvaardigheid en compassie, orde en mededogen). Zijn, maar ook allen die zijn, staat in een spanningsveld tussen goddelijke rechtvaardigheid en goddelijke compassie.

Voor de meesten van ons is het abstracte, onveranderlijke beginsel van orde en noodzaak een elementaire categorie, onafscheidelijk verbonden met het concept van het zijn (of van ons bewustzijn van het zijn). Voor het joodse denken is orde of noodzaak geen elementaire categorie, maar een aspect van de dynamische eigenschap van het hemelse oordeel. Verder stelt het joodse denken dat 'zijn' is ingesteld (geschapen) en niet alleen door noodzaak, maar ook door vrijheid gehandhaafd wordt, door Gods vrije en persoonlijke betrokkenheid bij het zijn.

De goddelijke zorgzaamheid is geen latere theologische toevoeging, maar een fundamentele categorie van de zijnsleer. De werkelijkheid schijnt in stand gehouden te worden door de noodzaak van haar wetten. Maar wanneer wij vragen: waarom is noodzaak noodzakelijk? – dan is er maar één antwoord: de goddelijke vrijheid, de goddelijke zorgzaamheid.

De vraag zou gesteld kunnen worden: Is het geloofwaardig dat het eeuwige betrokken zou zijn bij het alledaagse? Moeten wij niet eerder aannemen dat de mens te onbeduidend is voor zijn betrokkenheid? De waarheid is echter dat niets alledaags is. Wat in onze ogen oneindig klein lijkt, is oneindig groot in de ogen van de oneindige God. Omdat het eindige nooit op zichzelf staat – het is op ontelbare manieren verwikkeld in de loop van oneindige gebeurtenissen. En hoe hoger het niveau van geestelijk besef, des te groter is de mate van gevoeligheid voor en de bezorgdheid om anderen.

We moeten doorgaan met vragen: wat is de mens dat God om hem zou geven? En we moeten doorgaan met ons te herinneren dat het juist Gods aandacht voor de mens is die de basis van de grootheid van de mens vormt. *Zijn* is *staan voor* en waar de mens voor staat, is het grote geheim, het mysterie van zijn bondgenoot te zijn. *God heeft de mens nodig.*[3]

HOOFDSTUK 42

DE GEEST VAN HET JODENDOM

§ 1 DE BETEKENIS VAN GEEST

Godsdienst wordt zondig wanneer deze de afzondering van God begint te bepleiten en daarmee vergeet dat het ware heiligdom geen muren kent. Altijd heeft de godsdienst geleden onder de neiging om een doel in zichzelf te worden, het heilige af te zonderen, parochiaal, zelfgenoegzaam en zichzelf zoekend te worden. Alsof de opdracht niet was om de menselijke aard te verheffen, maar om de macht en de schoonheid van zijn instellingen te versterken of het aantal doctrines te vergroten. Godsdienst heeft vaak meer gedaan om vooroordelen heilig te verklaren dan om te worstelen om waarheid, meer om het heilige tot fossiel te maken dan om het wereldlijke te heiligen. Toch is het de religieuze opdracht om te waken tegen de verstarring van waarden.

Diep in ons hart is er een voortdurende verleiding om het indrukwekkende te vereren, om een afgod te maken van zaken die ons dierbaar zijn. Het is makkelijk om het illustere te adoreren. Het is makkelijk om schoonheid te waarderen en lastig om de maskerade van pretenties te doorzien.

Als een dichter Samaria, de hoofdstad van het noordelijke rijk Israël, zou hebben bezocht, dan zou hij liederen hebben gedicht ter meerdere glorie van haar schitterende bouwwerken, haar mooie tempels en monumenten van wereldlijke glorie.[1] Maar Amos van Tekoa (ca. 755 v.C.) sprak tijdens zijn bezoek aan Samaria niet over de pracht van het 'huis van ivoor' en ook zong hij geen lof van de paleizen. Wanneer hij ze bekeek, zag hij niets anders dan morele verwarring en onderdrukking. In plaats van gefascineerd te zijn was hij met schrik vervuld. *'Ik heb een afschuw van de hoogmoed van Jakobs volk, ik heb een afkeer van zijn burchten'* riep hij uit in de naam van de Eeuwige. Was Amos niet gevoelig voor schoonheid?

Wij moeten geen enkele menselijke instelling of object als een doel op zichzelf beschouwen. Alles wat de mens in deze wereld tot stand brengt, zijn schamele pogingen, en een tempel die meer gaat betekenen dan een herinnering aan de levende God is een gruwel.

Wat is een afgod? Een ding, een kracht, een persoon, een groep, een instelling of ideaal beschouwd als *suprème*. God alleen is de allerhoogste.

De profeet verafschuwt idolatrie. Hij weigert om het middel als doel en het tijdelijke als het uiteindelijke te beschouwen. Mensheid noch natuur is het aanbidden waard, evenmin als ideeën of idealen. Zelfs het kwaad moet niet verafgood worden, maar instrumenteel gebruikt. De boze drang voorspelt geen onheil, het kan in de dienst aan God geïntegreerd worden. Het was voor rabbi Meir mogelijk om op te merken: 'En God zag dat het zeer goed was – zeer goed is de boze impuls.'

Zelfs de wetten van de Thora zijn geen absolute grootheden.[2] Niets wordt vergoddelijkt – macht, wijsheid, helden, instituties, geen van alle. Het toekennen van goddelijke eigenschappen aan wat dan ook, hoe subliem en verheven ook, is een vertekening van zowel het denkbeeld dat het vertegenwoordigt als van het concept van het goddelijke dat wij eraan toekennen.

Na langs de afgrond van het heidendom te zijn gegaan is het jodendom dikwijls een eenzame, onopgemerkte stem die zich verheft tegen de neiging van de mens om middelen in doelen te veranderen. Een uitdaging van de soevereiniteit van elke waarde, of het nu het ego, de staat, de natuur of de schoonheid is. Het jodendom heeft de onwrikbaarheid en het isolationisme van waarden verstoord door het natuurlijke te verheffen tot het morele, door de schoonheid op te lossen in het geheiligde en door te proberen het menselijke te vormen naar het beeld van het goddelijke. Het heeft niet alleen schoonheid verafschuwd wanneer die ten koste van de rechtvaardigheid ten toon werd gespreid, het heeft het ritueel verworpen wanneer het verricht werd door moreel verwerpelijke lieden. Zelfs de godsdienst zelf, de eredienst, werd niet als een absolute waarde beschouwd. 'Uw gebeden zijn een gruwel,' zegt Jesaja tegen de uitbuiters van de armen. Blijf weg uit de synagoge, schreef de Gaon van Vilna aan zijn gezin, als jullie je niet kunnen onthouden van afgunst en roddelen over de kleding van de andere aanwezigen. ['Elia', zei de Gaon, 'kan God dienen zonder beloning!']

Er bestaat niets voor zichzelf, er is niets geldig uit eigen hoofde. Wat een doel lijkt te zijn is alleen maar een oponthoud op de weg. Alles is geplaatst in de dimensie van het heilige. Alles is begiftigd met oriëntatie op God.

Jodendom verwerpt de trouw aan valse goden, is gevoelig zijn voor Gods oneindige inzet in elke eindige situatie, is getuige zijn van zijn nabijheid in de uren van zijn verborgenheid, is te onthouden dat de wereld onverlost is.

We zijn geboren om een antwoord te zijn op zijn vraag. Onze weg is óf een pelgrimstocht óf een vlucht. We zijn verkozen om gevrijwaard te zijn van bevliegingen van wereldse successen, om onafhankelijk te blijven van hysterie en bedrieglijke glorie. We zijn niet verkozen voor de overgave aan pracht en praal, zelfs als we daardoor buitenstaanders blijven.

Dit is de betekenis van het woord *spiritueel:* het is de verwijzing naar het overstijgende in ons eigen bestaan, de richting van het Hier naar het Ginds. Het is de extatische kracht die onze doelen in beweging zet, die waarden bevrijdt uit de benauwdheid van in zichzelf gekeerde bedoelingen, die van een aankomst een nieuwe pelgrimage maakt, een nieuw op weg gaan. De opwaartse beweging van het zijn is een allesdoordringende neiging die alle waarden omvat en overstijgt in een nooit eindigend proces. Het spirituele is niet iets wat wij bezitten. Het is iets waaraan we deel mogen hebben. Wij bezitten het niet, we kunnen erdoor in bezit genomen worden. Als wij het bespeuren, is het alsof onze geest een ogenblik meedrijft op een eeuwige stroom waarin onze denkbeelden kennis worden, boven zichzelf uit geheven.

Het is onmogelijk om geest als zodanig te begrijpen. Geest is een *richting,* het zich wenden van alle wezens tot God: *theotropisme.* Het is altijd meer dan – en verheven boven – wat wij zijn en kennen.

§ 2 DE GEEST VAN HET JODENDOM: SABBAT

Is er een unieke uitdrukking voor de geest van het jodendom? Is er een woord dat zijn uitzonderlijke aard zou kunnen uitdrukken?

Neem de tekst van de *Tien Geboden,* het meest typerende monument van joodse onderwijzing, om te zien of een dergelijk woord gevonden kan worden. De Tien Geboden zijn in alle talen vertaald en hun woordenschat is deel gaan uitmaken van de wereldliteratuur. Wanneer wij die vermaarde tekst lezen in welke taal dan ook, Grieks, Latijn of Engels, dan valt een verrassend feit op. Alle woorden van de Hebreeuwse tekst zijn vlot vertaald in gelijkwaardige woorden. Er is een woord voor *pesel:* een gesneden beeld, er zijn woorden voor bijvoorbeeld *shamayim* en *erets:* hemel en aarde. De hele tekst is getrouw in andere talen vertaald en toch leest het alsof het oorspronkelijk in die andere talen geschreven was. Maar let eens op! Er is één Hebreeuws woord waar geen woord voor gevonden is en dat onvertaald is gebleven: *sabbat.*

'Gedenk de sabbatdag'. In het Grieks van de Septuagint lezen wij *Sabbaton,* in het Latijn van de Vulgaat *Sabbatum,* in het Aramees *Shabbatha,* in de King James-vertaling de *Sabbath* [en *sjabbat* of *sabbat* in de Nederlandse vertaling]. Misschien is sabbat wel het denkbeeld dat het meest kenmerkende van het jodendom uitdrukt.

Wat is de sabbat?[2] Een herinnering aan de koninklijke waardigheid van elk mens. De afschaffing van het verschil tussen meester en knecht, rijk en arm, succes en mislukking. Wie de sabbat viert, ervaart zijn uiteindelijke onafhankelijkheid van beschaving en maatschappij, van prestatie en bezorgdheid. De sabbat is de belichaming van het geloof dat alle mensen gelijk zijn en dat gelijkheid van de mensen de adeldom van de mensen betekent. De grootste zonde van de mens is te vergeten dat hij een vorst is.

De sabbat is een verzekering dat de geest groter is dan het universum, dat voorbij het goede het heilige is. Het heelal werd in zes dagen geschapen, maar het hoogtepunt van de schepping was de zevende dag. De dingen die gedurende de zes dagen verwezenlijkt werden zijn goed, maar de zevende dag is heilig. De sabbat is *heiligheid in de tijd.*

Wat is de sabbat? De nabijheid van eeuwigheid, een ogenblik van Gods majesteit, de glans van vreugde. De ziel wordt verruimd, tijd is een verrukking en ingekeerdheid en vertrouwdheid een hoogste beloning. Verontwaardiging wordt gevoeld als een ontheiliging van de dag en ruzie als de zelfmoord van zijn toegevoegde ziel. De mens staat niet alleen, hij leeft in de tegenwoordigheid van de dag.[3]

§ 3 DE KUNST OM DE BESCHAVING TE OVERTREFFEN

Sla je blik op en kijk: wie heeft dit alles geschapen. Zes dagen per week zijn we bezig om de natuurkrachten te onderwerpen, bezig met de vaardigheden van de beschaving. De zevende dag is gewijd aan de herinnering aan de schepping en aan de herinnering aan de verlossing, aan de bevrijding van Israël uit Egypte, aan de exodus uit een grote beschaving de wildernis in, waar het woord van God gegeven werd. Door ons werk gedurende zes dagen nemen wij deel aan de werken van de geschiedenis. Door de zevende dag te heiligen worden wij herinnerd aan de handelingen die de geschiedenis overtreffen, verheffen en verlossen.

De wereld is afhankelijk van de schepping en de waarde van de geschiedenis is afhankelijk van de verlossing. Het joodse gedachtegoed is de wereld te bekrachtigen zonder er onderworpen aan te te zijn, een onderdeel van de beschaving te zijn en die te boven te gaan, en de ruimte te veroveren en de tijd te heiligen. Het jodendom is *de kunst om de beschaving te overtreffen*, heiliging van de tijd, heiliging van de geschiedenis.

De beschaving wordt op de proef gesteld. Haar toekomst zal ervan afhangen hoeveel van de sabbat haar geest zal doordringen.

De sabbat, zoals die door de mens ervaren wordt, kan niet overleven in ballingschap, als een eenzame vreemdeling te midden van goddeloze dagen. Zij heeft behoefte aan het gezelschap van de andere dagen. Alle dagen van de week moeten spiritueel kloppen met de zevende dag. Zelfs als we niet een hoogte kunnen bereiken waarop ons hele leven een pelgrimstocht naar de zevende dag zou zijn, zou de gedachte aan en de waardering van wat die dag ons zou kunnen brengen, altijd bij ons moeten zijn.

De sabbat is de melodie van ons leven, volgehouden ondanks alle opschudding en wisselvalligheden die ons geweten bedreigen. Sabbat is ons besef van Gods nabijheid in de wereld. Zij leert ons de genietingen van de geest te voelen, de vreugdes van het goede, de grandeur van een leven onder geopende hemel, in het zicht van de eeuwigheid.

Wat de sabbat is onder de dagen, is de geheiligde mens, de *talmid chacham*, onder ons, het gewone volk. De geheiligde mens is hij die weet hoe de tijd moet worden geheiligd. Niet misleid door de schittering van de ruimte blijft hij zijn aandacht richten op de plaats waar het goddelijke raakt aan het wervelende wiel van het leven.

De sabbat is meer dan een dag, meer dan een naam voor één zevende deel van de week. Het is eeuwigheid in de tijd, het is de *spirituele ondergrond van de geschiedenis.*

In het joodse taalgebruik betekent leven *onder geopende hemel* leven *in het licht van de sabbat.*[4] Elke vrijdagavond worden lichten in de ziel ontstoken, het mededogen versterkt, de gevoeligheid verdiept.

De sabbat is één dag, *Sjabbesdikeit** zou al onze dagen moeten doordringen. Sjabbesdikeit is spiritualiteit, de samenvatting en de geest van het jodendom.

De grote droom van het jodendom is niet om priesters te vormen, maar een volk van priesters. Om alle mensen te heiligen, niet alleen enkele mensen.

> 'En waarom werd aan de stam van Levi niet een deel in het land Israël toegekend?... Omdat de stam trouw was aan de verering van God en aan Zijn dienst. De roeping van de Levieten was om de menigte de oprechte wegen van de EEUWIGE en Zijn rechtvaardige oordelen te onderwijzen... Maar niet alleen de stam van Levi was op deze wijze geheiligd. Elk menselijk wezen, in deze wereld geboren, bewogen door zijn geest en geleid door zijn verstand om zich aan de EEUWIGE toe te wijden teneinde Hem te dienen en Hem te aanbidden en Hem te leren kennen en die handelt in overeenstemming met Gods bedoeling en de doolwegen die de mensen bedacht hebben vermijdt, wordt geheiligd met de hoogste heiligheid.'[5]

Maimonides

[* SJABBESDIK = behorend bij de sabbat]

HOOFDSTUK 43

HET VOLK ISRAËL

§ 1 DE BETEKENIS VAN HET JOODSE BESTAAN

Een jood moet een hoge prijs voor zijn bestaan betalen. Hij moet een verheven leven leiden in een wereld die hem niet gunstig gezind is en weinig meevoelend is voor zijn voortbestaan. Sommigen van ons vragen zich, moe van opoffering en de inspanning, vaak af: is het joodse bestaan deze prijs waard? Anderen raken in paniek, zij zijn verbijsterd en hebben de hoop op herstel opgegeven.

De betekenis van het joodse bestaan, het hoofdthema van elke joodse filosofie, is verbijsterend. Het zou een vervorming geven om dit bestaan te plaatsen in het kader van persoonlijke, verstandelijke voorkeuren of van hedendaagse opvattingen. De aanspraak van Israël moet herkend worden *voordat* er een poging tot uitleg kan worden gewaagd. Zoals de oceaan meer is dan onze kennis erover, zo overtreft het jodendom de inhoud van alle filosofieën daarover. Het jodendom is niet uitgevonden. We kunnen het aanvaarden of verwerpen, maar mogen het niet verdraaien.

De vraag naar de betekenis van mijn bestaan als jood baart mij zorg als enkeling. Maar als ik erover nadenk, is mijn opgave niet het probleem van één jood, maar van alle joden. En hoe dieper ik graaf, des te sterker besef ik de omvang van het probleem: het omvat niet alleen de huidige joden, maar ook die van het verleden en die van de toekomst, de betekenis van het joodse bestaan in alle tijden.

Waar het in ons leven om gaat is meer dan het lot van één generatie. De huidige joodse generatie draagt het erfgoed van Israël. De taken, begonnen door de aartsvaders en de profeten en uitgevoerd door ontelbaren uit het verleden, zijn toevertrouwd aan de generatie van nu. Geen andere groep heeft hun plaats ingenomen. Zij zijn de enige bedding voor de joodse traditie, degenen die het jodendom kunnen behoeden voor de vergetelheid, degenen die het hele verleden aan de komende generaties moeten doorgeven. Of wij zijn de laatste, de uitstervende joden, óf wij zijn degenen die onze traditie nieuw leven zullen inblazen. Zelden heeft in de joodse geschiedenis zoveel afgehangen van één generatie. De erfenis der eeuwen wordt verspeeld, óf verrijkt.

§ 2 DENKEN VERENIGBAAR MET ONZE BESTEMMING

Wij kunnen het jodendom niet leren begrijpen door een gezapig schaakspel van theorieën te spelen. Alleen denkbeelden die betekenis hebben voor hen die ondergedompeld zijn in ellende mogen aanvaard worden als beginselen voor hen die veilig kunnen wonen. In pogingen om het joodse bestaan te begrijpen moet een joodse filosoof tot overeenstemming zien te komen zowel met de mensen van Sinaï als met het volk van Auschwitz.

Wij zijn het meest in twijfel getrokken volk onder de zon. Ons bestaan is of overbodig of onmisbaar voor de wereld, het is of tragisch of heilig om joods te zijn.

Het is een kwestie van immense verantwoordelijkheid dat wij hier, en joodse leraren overal, de taak hebben opgenomen om de jeugd de wil om vandaag – en morgen en voor eeuwig en altijd – joden te zijn, bij te brengen. Hoe kunnen wij de allerhoogste prijs rechtvaardigen die het Joodse volk dikwijls, zijn hele geschiedenis door, gedwongen werd te betalen, als het jood-zijn niet van absolute betekenis is? Als je het jodendom nuchter en vooruitziend beoordeelt, moet je het kenschetsen als een goed dat, zo nodig, de voorkeur verdient boven elke andere mogelijkheid die ooit op onze weg zou kunnen komen.

De taak van de joodse filosofie is vandaag niet alleen om het wezen van het jodendom te beschrijven, maar ook om zijn universele belang uiteen te zetten, de uitwerking van zijn aanspraken op de mogelijkheid van de mens om menselijk te blijven. De eenzame pracht van het joodse denken te ontdekken, een smaak van eeuwigheid in het dagelijks leven te brengen, is de grootste hulp die wij kunnen geven aan de mens in onze tijd die zo diep gevallen is dat hij zich zelfs niet kan schamen voor wat er in zijn dagen gebeurd is.

Het jodendom is niet geboren door een stom toeval als nevenverschijnsel van een volksverhuizing of in de duisternis van een primitief verleden. Eerst kwam Gods droom van Israël en pas daarna kwamen de joden in de wereld. Wij werden gevormd in overeenstemming met een bedoeling en omwille van een bestemming. Onze zielen sidderen door de echo van onvergetelijke ervaringen en door de verheven verwachting van onze eigen reactie. Jood zijn is zich inzetten om grote denkbeelden te ervaren. De taak van de joodse filosofie is niet alleen deze denkbeelden onder woorden te brengen, maar ook de diepte van die inzet in heldere, samenhangende gedachten. De taak van de joodse filosofie is *om ons denken af te stemmen op onze bestemming*.

Het leven biedt een troosteloze aanblik wanneer het niet weerspiegeld wordt in wat meer dan leven is. Niets kan als waardevol beschouwd worden tenzij het beoordeeld is door vergelijking met iets wat waardevoller is. Het voortbestaan van de mens hangt af van de overtuiging dat er iets bestaat wat de prijs van het leven waard is. Het hangt af van een gevoel voor de suprematie van het duurzame. Die gevoelde overtuiging slaapt misschien, maar ze ontwaakt als ze uitgedaagd wordt. Bij sommige mensen leeft dit gevoel als een af en toe opkomende wens, bij anderen is het een voortdurende zorg.

Van de joodse geschiedenis hebben wij geleerd dat als een mens niet meer dan menselijk is, hij minder dan menselijk is. Het jodendom is een poging om te bewijzen dat je om een mens te zijn, méér dan een mens moet zijn, dat om een volk te zijn, je méér dan een volk moet zijn. Israël werd gevormd om een 'heilig volk' te zijn. Dit is het wezen van zijn waardigheid en het wezen van zijn waarde. Het jodendom is een schakel met de eeuwigheid, verwantschap met de uiteindelijke werkelijkheid.

Bij de meeste mensen komt een gevoel op van contact met het ultieme wanneer hun zelfvertrouwen door een hevige beproeving wordt weggevaagd. Het jodendom is een poging om ons met dat gevoel te doordringen als een dagelijks besef. Het brengt ons ertoe om onrecht als een bovennatuurlijke calamiteit te beschouwen, de goddelijke betekenis van menselijk geluk aan te voelen, om een beetje boven de schemer van het zelf te blijven en het stelt ons zo in staat om het eeuwige binnen het tijdelijke te voelen.

Wij zijn begunstigd met het bewustzijn van betrokken te zijn bij een geschiedenis die de tijd en zijn banaliteiten overstijgt. Wij hebben geleerd ons bewust te zijn van de verwikkelingen van het leven waar het alledaagse met het verhevene verweven is. Onze ervaring van de geestelijke *grandeur*, van de goddelijke ernst van het menselijke leven, is eindeloos. De bloesems mogen vernietigd worden, maar de bomen houden stand door het vertrouwen dat komt uit het binnenste van onze wortels. Het voor de hand liggende misleidt ons niet, omdat wij weten dat alle genot slechts een voorwendsel is om kracht toe te voegen aan wat vreugde en verdriet te boven gaat. Wij weten dat geen uur het laatste uur is en dat de wereld meer is dan de wereld.

§ 3 ISRAËL – EEN GEESTELIJKE ORDE

Waarom is het behoren tot het Joodse volk een geheiligde relatie? Israël is een *geestelijke orde* waarin het menselijke en het uiteindelijke, het natuurlijke en het heilige, een duurzaam verbond sluiten waarin verwantschap met God niet een streven is maar een bestemde werkelijkheid. Voor joden kan er geen band met God zijn zonder de band met het volk Israël. Als wij Israël loslaten, keren wij God de rug toe.

Joods bestaan bestaat niet alleen uit het volgen van bepaalde leerstellingen en het naleven van de wet, maar allereerst leven *in* de geestelijke orde van het Joodse volk, leven *in* de joden van het verleden en *met* de joden van nu. Het is niet alleen een bepaald kenmerk in de individuele ziel maar allereerst het bestaan van de gemeenschap van Israël. Het is geen ervaring of een geloofsbelijdenis of het bezit van psychische trekjes of de aanvaarding van een theologisch leerstuk, maar het leven in een heilige dimensie, in een spirituele orde. Ons deel van heiligheid verwerven wij door te leven in de joodse gemeenschap. Wat wij als enkelingen doen is een alledaags gebeuren, wat wij als nakomelingen van Israël bereiken doet ons groeien in het oneindige.

De betekenis van geschiedenis is om een heiligdom in de tijd te zijn en iedereen heeft zijn aandeel in het grote ritueel. De uiteindelijke betekenis van menselijke daden beperkt zich niet tot het leven van degene die deze daden verricht en zijn ook niet beperkt tot het specifieke moment waarop ze verricht worden.

Religieus leven is niet alleen een persoonlijke zaak. Ons eigen leven is een beweging in de symfonie der eeuwen. Ons is geleerd om te bidden én om te leven in de eerste persoon meervoud. Wij doen een mitswa 'in de naam van heel Israël'. Wij handelen én als enkelingen én als de gemeenschap van Israël. Alle generaties zijn, als het ware, op elk moment aanwezig.

Israël is de boom, wij zijn de bladeren. Ons vasthouden aan de stam houdt ons in leven. Er is misschien nooit méér behoefte geweest aan het jodendom dan in onze tijd, een tijd waarin vele gekoesterde verwachtingen van de mensheid verpulverd zijn. Wij zouden voortrekkers moeten zijn zoals onze vaderen drieduizend jaar geleden. De toekomst van alle mensen hangt ervan af of zij beseffen dat het gevoel voor heiligheid van even wezenlijk belang voor het leven is als gezondheid.

Door de joodse levenswijze te volgen houden wij dat gevoel in stand en behouden het licht voor de toekomstige visioenen van de mensheid.
Het is onze bestemming om te leven voor wat meer is dan onszelf. Ons bestaan alleen al is een weergaloos symbool van een dergelijk streven. Door te zijn wat wij zijn, namelijk joden, betekenen wij meer voor de mensheid dan door welke bijzondere dienst ook die wij mochten verlenen.
Wij hebben vertrouwen in God en vertrouwen in Israël. Hoewel sommige van zijn kinderen zijn afgedwaald, blijft Israël Gods partner. Wij kunnen niet haten wat God liefheeft. Van rabbi Aäron de Grote is de volgende uitspraak: 'Kon ik de grootste heilige maar liefhebben zoals de Eeuwige de grootste schurk liefheeft.'
Israël bestaat niet om er te zijn, maar om de droom van God te koesteren. Ons geloof kan op de proef worden gesteld, maar onze bestemming is verankerd in het uiteindelijke. Wie kan het resultaat van onze geschiedenis vaststellen? Uit het wonder kwamen wij te voorschijn en in het wonder zullen wij terugkeren.

§ 4 DE WAARDIGHEID VAN ISRAËL[1]

Om bij Israël te horen is een geestelijke handeling op zichzelf. Het is uitermate ongemakkelijk om een jood te zijn. Het voortbestaan van ons volk is op zichzelf een *kiddush hashem*, een getuigenis van het joodse geloof. Wij leven ondanks levensgevaar. Ons bestaan is een weigering om ons over te geven aan een gewone toestand, aan veiligheid en welstand. Als deskundigen op het gebied van assimilatie hadden de joden kunnen verdwijnen zelfs voordat de namen van de moderne landen bekend waren. Nog altijd zijn wij geduldig en koesteren wij de wil om onze wezenskern te vereeuwigen.
Wij zijn joden zoals wij mensen zijn. Het alternatief voor ons bestaan als joden is geestelijke zelfmoord, verdwijning. Het is *geen* overgang naar iets anders. Het jodendom heeft bondgenoten maar heeft geen plaatsvervangers. Joods geloof bestaat uit toewijding aan God, toewijding aan de Thora en toewijding aan Israël.
Er bestaat een unieke band tussen het volk en het land Israël. Zelfs voordat Israël een volk wordt, is het land ervoor voorbestemd. In onze eigen dagen zijn wij getuigen geweest van een herinnering aan de kracht van Gods mys-

terieuze belofte aan Abraham en van het bewijs van het feit dat het volk zijn belofte hield: *Als ik jou vergeet, Jeruzalem, laat dan mijn hand de snaren vergeten* (Psalm 137:5). De jood in wiens hart de liefde voor Sion sterft, is gedoemd om zijn geloof te verliezen in de God van Abraham die het land schonk als onderpand voor de verlossing van alle mensen.

Het volk Israël kermde in zijn nood. Uit Egypte, het land van overvloedig voedsel, werden zij de woestijn ingedreven. Hun zielen waren ingedroogd, er was helemaal niets, geen vlees om te eten, geen water om te drinken. Alles wat zij hadden was een belofte: geleid te worden naar het land van melk en honing. Zij zouden Mozes bijna gestenigd hebben. 'Waarom toch hebt gij ons uit Egypte gevoerd om mij, mijn kinderen en mijn kudde van dorst te laten omkomen?' riepen zij. Maar nadat zij zich voor het gouden kalf neergebogen hadden – toen God besloten had zich los te maken van zijn volk, niet langer in hun midden te wonen, maar aan een engel de taak toe te vertrouwen om hen uit de wildernis naar het Beloofde Land te leiden – riep Mozes uit: *'Als u niet zelf meegaat, laat ons dan niet verder trekken'* (Exodus 33:15). Misschien is dit het geheim van de joodse geschiedenis: *te kiezen om liever in de wildernis te blijven dan door Hem verlaten te worden.*

Israëls ervaring van God is geen resultaat van speurwerk. Israël ontdekte God niet. Israël werd ontdekt door God. Het jodendom is *Gods zoeken naar de mens.* De Bijbel is een verslag van Gods benadering van zijn volk. In de Bijbel lees je meer over Gods liefde voor Israël dan over Israëls liefde voor God.

Wij hebben God niet gekozen: Hij heeft ons gekozen. Er is geen concept van een uitverkoren God maar er is het denkbeeld van een uitverkoren volk. Het denkbeeld van een uitverkoren volk wijst niet op een voorkeur voor een volk op basis van uitsluiting van andere volken. Joden zeggen niet dat zij een beter volk zijn. Het 'uitverkoren volk' betekent een volk benaderd en uitverkoren door God. De betekenis van deze uitdrukking is zuiver in de verhouding tot God, eerder dan in de verhouding tot andere volken. Zij duidt niet op een eigenschap van het volk, maar op een relatie tussen het volk en God.

Gekweld en vervolgd door vijandschap en onrecht waren onze voorouders voortdurend verheugd dat zij joden waren. 'Gelukkig zijn wij. Hoe goed is ons deel, hoe aangenaam ons lot, hoe mooi wat we als erfenis meekregen.' Wat is de oorsprong van dat gevoel?

Het zoeken naar onsterfelijkheid hebben alle mensen gemeen. Voor de meesten wijst de verwarrende vraag naar de toekomst. Joden denken niet alleen aan het einde, maar ook aan het begin. Als delen van Israël hebben zij de gave gekregen van een heel zeldzaam en kostbaar bewustzijn, het bewustzijn dat we niet in een luchtledig leven. Wij lijden nooit aan een kwellende zorg en angst dat wij ronddolen in de leegte van de tijd. Wij bezitten het verleden en zijn daarom niet bang voor wat komen zal. Wij herinneren ons onze herkomst. Wij werden opgeroepen en kunnen dat niet vergeten als wij de klok van de eeuwige geschiedenis opwinden. Wij hebben het begin voor ogen en geloven in een einde. Wij leven tussen twee historische polen: Sinaï en het Koninkrijk van God.

Jeruzalem, ik heb wachters op je muren gezet
die nooit zullen zwijgen, dag noch nacht.
Jullie die een beroep doen op de EEUWIGE,
gun jezelf geen rust
en gun hem evenmin rust,
totdat hij Jeruzalem weer heeft gegrondvest
en haar roem op aarde heeft bevestigd.

Jesaja 62:6-7

DANKBETUIGING

God in search of man is een vervolg en verdere uitwerking van een aantal ideeën uit *Man Is Not Alone* uit 1951 (*De mens is niet alleen*, Utrecht 2011).
Voor waardevolle suggesties bedankt de schrijver professor Maurice Friedman, professor Fritz Kaufmann en rabbijn Jakob Riemer die het gehele of gedeeltelijke manuscript hebben gelezen. Voor de warme vriendschap van Roger W. Straus jr. ben ik veel dank verschuldigd.

OPMERKINGEN BIJ DE NEDERLANDSE VERTALING

Voor de vertaling van het woord *religion* is gekozen voor 'godsdienst' waar het woord in de richting wijst van de meer geïnstitutionaliseerde betekenis. Voor 'religie' is gekozen als er wordt verwezen naar de meer persoonlijke relatie tussen God en mens, maar in principe zijn beide vertalingen verwisselbaar.
Voor de vertaling van *awe* ('ontzag' en 'vrees' hebben bij Heschel dezelfde inhoud) wordt verwezen naar de toelichting bij dit woord in de voetnoot aan het einde van hoofdstuk 10 op bladzijde 117. Het woord *faith* heeft twee betekenissen: geloof in de zin van 'overtuiging' en van 'vertrouwen'. De reikwijdte van het Hebreeuwse woord *emoena/le-ha'amien* ligt tussen 'verstandelijk aannemen' en 'van harte vertrouwen en je toewijden' in. Bij de keuze is gekeken naar bedoeling van de schrijver. Vertrouwen in de zin van het Engelse *trust* komt overeen met het Hebreeuwse *bitachon*.
Het Engelse *Lord* is vertaald met de 'Eeuwige' en in bijbelcitaten geschreven als EEUWIGE. 'Hij' en 'hem' als godsaanduiding zijn conform de Nederlandse spelling niet met hoofdletters geschreven. In citaten zijn de oorspronkelijke hoofdletters wel gehandhaafd.

Net als bij bijvoorbeeld William James, Rudolf Otto en Friedrich Nietzsche is er bij Heschel sprake van 'literaire bewijsvoering': de woorden zijn meer aanduidend dan beschrijvend (zie § 5 op p. 176). Heschel wil niet zozeer overtuigen, ompraten als wel een sfeer scheppen waarin de zeggingskracht bestaat uit voelen en ervaren. Heschel beschrijft *de joodse religieuze ervaring* om zo de weg naar God en humaniteit te wijzen. De uitdaging is dan om te proberen de oorspronkelijke toon- en klankkleur van de woorden en zinnen zo goed als mogelijk te benaderen.
Deze vierde Nederlandse druk is met zorg verbeterd en aangepast aan het hedendaags taalgebruik.
Aanvullingen en aantekeningen van de redactie zijn tussen [vierkante] haakjes geplaatst. Namen en woorden uit de joodse traditie worden daarin toegelicht. Hiervoor is o.a. gebruik gemaakt van de literatuurlijst op de pagina hiernaast. Verwijzingen naar bijbelplaatsen zijn vaak aangevuld met de bijbeltekst zelf. Hebreeuwse woorden zijn in de aanvullingen gespeld volgens *Hebreeuwse en Jiddische woorden in het Nederlands*. De spelling van de door Heschel genoemde bronnen is ongemoeid gelaten.
In deze uitgave is als aanhangsel Heschels biografische notitie over Maimoninides opgenomen.

Het motto bij deze Nederlandse uitgave – een uitspraak van Hans Denck – is gekozen door de uitgever, mede indachtig Heschels artikel *Protestantse vernieuwing; een joodse visie*, in 1963 geschreven voor *The Christian Century* en zijn lezing *De oecumenische beweging*, in 1963 gepubliceerd in *Catholic News*, New York. Beide essays zijn opgenomen in onze uitgave *De sabbat en andere essays* uit 2006. De tekst op het achterplat is een compilatie uit de toespraak *De betekenis van tijd* die Heschel in februari 1938 hield als vervanger van de grieperige Martin Buber voor de vergadering van Quakers in Frankfurt am Main. De Quakers verspreidden honderden illegaal gestencilde exemparen van de toespraak. Deze tekst verscheen voor het eerst in druk in *Hebrew Union College Bulletin* van maart 1943 en is in licht gewijzigde vorm opgenomen in de bundel *Man's quest for God* uit 1954.

(D.M.)

LITERATUUR:

H. Beem: *Sje-eriet; woordenboekje van het Nederlandse Jiddisch*, Assen 1967

Thomas Cahill: *The gifts of the Jews*, Doubleday 1999

Dr. Joseph Dan: *Joodse mystiek*, Kampen/Tielt 2003

Isodore Epstein: *Judaism; a historical presentation*, Londen 1959

Arthur Green: *These are the Words*, Woodstock, Vermont 1999

Dr. Frans Hartensveld: *Geroepen is de mens*, Baarn 1992

Dr. Albert van der Heide: *Het jodendom*, Kampen 2001

A. J. Heschel: *Israël: een echo van eeuwigheid* (Israel: An Echo of Eternity), Baarn 1995

A. J. Heschel: *Wie is de mens?* (Who is man?), Baarn 1992

A. J. Heschel: *De aarde is des Heren* (The Earth is the Lord's), Baarn 1991

A. J. Heschel: *Onzekerheid in vrijheid* (The insecurity of freedom), Houten 1989

A. J. Heschel: *De Sabbat* (The Sabbath), Amsterdam 2006

A. J. Heschel: *In het licht van zijn aangezicht* (Man's quest for God), Utrecht 2000

A. J. Heschel: *Adam waar ben je?* (The Concept of Man), Hilversum 1983

Dr. Pieter W. van der Horst: *Het vroege jodendom van A tot Z*, Zoetermeer 2006

Edward K. Kaplan & Samuel H. Dresner: *Abraham Joshua Heschel; Prophetic Witness*, New Haven/Londen 1998

Daniël Mok (red.): *Een wijze uit het westen*, Amsterdam 2001

Dr. Evert H. van Olst: *Spiritualiteit bij Abraham Joshua Heschel*, Zoetermeer 1997

A. van der Ploeg (red.): *De terugkeer van de mens; Een zoektocht aan de hand van Abraham Joshua Heschel*, Sliedrecht 2004

Rabbijn S. Ph. de Vries Mzn.: *Joodse riten en symbolen*, Amsterdam 1968

Deel 1 *God*

NOTEN BIJ HOOFDSTUK 1 *Het zelfbewustzijn van het jodendom*

1 Een kenmerk van filosofie en wetenschap is dat elk antwoord nieuwe vragen oproept. Het verschil lijkt te zijn dat de filosofische problemen telkens opnieuw opduiken en dat geen van de antwoorden op die problemen zonder tegenspraak blijft, omdat elk antwoord een totaal antwoord dient te zijn.

2 Zelfkennis of zelfbegrip is in verschillende vormen het centrale onderwerp van de filosofie geweest (de eerste van de drie spreuken, gebeiteld in de voorgevel van de tempel van Apollo in Delphi was: *Ken u zelf*). Socrates en Plato hebben op haar belang de nadruk gelegd; zie *Charmides*, 167B-172C; *Alcibiades*, 133B; Xenophanes, *Memorabilia*, IV, 2, 24. Aristoteles, *Metaphysica*, 1072B 20. Vergelijk Plotinus, *Enneaden*, IV, 4.2; *Theologie des Aristoteles*, vertaald door Dieterici (Leipzig 1893) p. 18. Elke filosofie is 'geestelijke zelfwaarneming' (J. F. Fries, *System der Metaphysik* (1824) p. 110), 'de wetenschap van de innerlijke ervaring' (Th. Lips, *Grundtatsachen des Seelenlebens*, p. 3), 'de zelfkennis van de menselijke geest' (Kuno Fisher, *Geschichte der Philosophie*, dl I, ed. 5, p. 11); vergelijk Max Scheler, *Die transzendentale und die psychologische Methode* (Leipzig 1922) p. 179. In de joodse literatuur wordt de omschrijving van de filosofie als zelfbegrip vermeld door Bachja ibn Pakoeda van Saragossa, *The Duties of the Heart* (*Chowot ha lewawot*), *shaar habehinah*, hfdst. 5, ed. Haymson, dl II, p. 14. Vergelijk Joseph ibn Saddik, *Haolam Haqaton*, ed. S. Horovitz (Breslau 1903) begin. Zie Maimonides, *The Guide of the Perplexed*, I, 53. Volgens Hermann Cohen, *Religion der Vernunft* (Frankfurt a/M 1929) p. 23, is de zelfkennis van de mens de diepste bron van de godsdienst. Uitspraken over de zelfkennis in de Hebreeuwse literatuur zijn verzameld door I. L. Zlotnik, *Maamarim* (Jeruzalem 1939) pp. 17-26.

3 A. J. Heschel, *Man is Not Alone* (New York 1951) p. 55. [*De mens is niet alleen*, Utrecht 2011]

4 F. P. Ramsey, *The Foundations of Mathematics and Other Logical Essays* (New York 1950) p. 269.

5 Kant, *Critique of Pure Reason*, voorwoord voor de eerste druk, vertaald door J. M. D. Meikeljohn (New York 1899) p. XL, noot.

6 *Shabbat*, 51 a.

7 Zie Julius Guttmann, 'Religion und Wissenschaft im Mittelalterlichen und im Modernen Denken', in: *Festschrift zum 50 Jährigen Bestehen der Hochschule für die Wissenschaft des Judentums* (Berlijn 1922) p. 147 e.v.

8 Zie A. J. Heschel, *Die Prophetie* (Krakau 1936) p. 15. De categorieën waarin de bijbelse mens zich voorstellingen maakt van God, de mens en de wereld, verschillen zodanig van de abstracte vooronderstellingen waar het overgrote deel van de westerse filosofie op rust, dat bepaalde inzichten die in de geest van de bijbelse mens zinvol zijn, betekenisloos zijn voor de Griekse geest. Het zou een prestatie van de eerste orde zijn om de bijzondere aard van het bijbelse denken te reconstrueren en zorg-

vuldig uiteen te zetten hoezeer het van alle andere denkenwijzen afwijkt. Het zou nieuwe vergezichten openen voor het begrijpen van morele, maatschappelijke en religieuze problemen en ons gehele denken verrijken. Het bijbelse denken zou een rol kunnen spelen bij het vormen van onze filosofische visies over de wereld.

9 A. Heschel, *The Sabbath: its meaning for modern man* (New York 1951, Boston 2003) p. 75; p. 84 van de Nederlandse uitgave (Amsterdam 2006).

10 John Dewey, *A Common Faith* (New Haven 1934); *The Collected Works Of John Dewey*, 2008.

11 Zie Heschel, *Man's Quest for God* (New York 1954) p. 104.

12 Zie *Man is Not Alone*, p. 163

13 *Mishnah Sanhedrin*, VI, 5. [De *Sjechina* is God in zoverre deze zich manifesteert in deze wereld; de *Misjna* is de eerste schriftelijke codificatie van de rabbijnse leer uit ca. 200.]

NOTEN BIJ HOOFDSTUK 2 *Wegen naar zijn aanwezigheid*

[Zie bij de eerste paragraaf ook: Rudolf Boon, *Ons cultureel draagvlak: wat is ermee gebeurd?*, Soesterberg 2008]

1 Het werkwoord *ta'am* betekent altijd 'bespeuren', 'smaken'. Het zelfstandige naamwoord wordt ook in dezelfde betekenis gebruikt als 'oordeel'. In onze passage geeft de *Targoem* (Aramese vertaling) het woord *ta'amu* weer met 'besef' en de *Septuagint* (Griekse vertaling) met 'smaak'. Vergelijk Seforno's *Commentaar* ter plaatse: 'smaak, d.i. voel met je zintuig en *zie* met het oog van het verstand, dat God goed is.'

2 Zie rabbijn Isaiah Horowitz, *Shne Lubot Haberith*, p. 40a. Vergelijk ook *Man is Not Alone*, p. 164, noot 2.

3 Zie *Megillah*, 6b. [*megilla* = boekrol]

4 Spreuken 2:3-5.

5 *Berachot*, 33b. [*beracha* = zegenspreuk, lofzegging]

6 Om slechts een paar voorbeelden te noemen: *Hij was de EEUWIGE met heel zijn hart toegedaan* (2 Kron. 22:9). *Op de dag van mijn nood zoek ik de EEUWIGE* (Ps. 77:3). *Ik zocht de EEUWIGE en hij gaf antwoord, hij heeft mij van alle angst bevrijd* (Ps. 34:5). *De EEUWIGE zoeken is hetzelfde als Hem een verzoek doen of Zijn wet gehoorzamen. Gelukkig wie zijn richtlijnen volgen, hem zoeken met heel hun hart.*
Met heel mijn hart heb ik u gezocht, laat mij niet afdwalen van uw geboden (Psalm 119:2,10).

7 *Mechilta* op *Exodus* 19:9. [*Mechilta*, *Sifra* en *Sifre* zijn de bekendste en best bewaarde vertegenwoordigers van een groep midrasjverzamelingen op de halachische gedeeltes van de Thora.]

8 Zie *Selected Poems of Jehudah Halevi*, vertaald door Ninah Salaman (Philadelphia 1928) pp. 115-166. [Halevi was een Spaans-joodse filosoof en vooral dichter.]

9 *Aan de mens is gezegd: 'Kijk eens naar de hemel en aanschouw de wolken boven je* (Job 35:5). *Overpeins de werken van de EEUWIGE, want zo zul je Hem leren kennen door Wiens woord de wereld in aanzijn komt.* Geciteerd op de naam van rabbi Meir door Maimonides, *Responsa*, ed. A. Freimann (Jeruzalem 1934) 347, p. 312. Zie ook de *Wijsheid van Salomo* 13:1 e.v.; *Baruch* 54:17 e.v.

Volgens oude legendes ontdekte Abraham het ware geloof door over de natuur te mediteren, zie Louis Ginzberg, *The Legends of the Jews*, dl I. hfdst. V, p. 210-213. Vergelijk ook p. 138 e.v. van dit boek. Volgens Bahya [Bachja], *The Duties of the Heart*, ed. Moses Haymson, dl I, p. 3, is het onze plicht om te 'mediteren over de wonderen die in Zijn schepping tot uiting komen, zodat ze ons als bewijs kunnen dienen van Zijn bestaan'.
[Responsa (*She'elot u-Teshuvot*) zijn de verzamelingen van specifieke vragen over de halacha. Deze kwesties werden schriftelijk afgehandeld.]

NOTEN BIJ HOOFDSTUK 3 *Het verhevene*

1 Walter Schubart, *Russia and Western Man* (New York 1950) p. 62 e.v.
2 W. Rhys Roberts, *Longinus on Style* (Cambridge 1899) p. 31.
3 Roberts, *op.cit.*, p. 209. Het is een belangwekkende samenloop dat de eerste verhandeling over het verhevene die ons bij name bekend is, geschreven werd door Caecilius, een Siciliaans redenaar die onderwees in Rome in de dagen van Augustus en die 'in het geloof een jood' was; zie W. R. Roberts, *American Journal of Philology*, XVIII, pp. 303 e.v. en *op.cit.*, pp. 220-222. Mommsen oppert de mogelijkheid dat Longinus een jood was die Mozes en Homerus in dezelfde mate vereerde. *Römische Geschichte*, dl VI, p. 494. Volgens Pauly-Wissowa, dl V, p. 1174 e.v. was Caecilius een aanhanger van het joodse geloof. Vergelijk echter de formule 'Er zij land'.
4 Longinus, *On the Sublime*, hfdst. XXXV; vergelijk Samuel H. Monk, *The Sublime, A Study of Critical Theories in XVIII-Century England* (New York 1935) p. 17.
5 Longinus, *op.cit.*, IX, 10.
6 In *A Philosophical Inquiry into the Origin of Our Ideas of the Sublime and the Beautiful*, dl II, § 1, p. 8; III, 27.
7 'Het mooie bereidt ons voor om iets belangeloos te beminnen, zelfs de natuur; het verhevene bereidt ons voor om iets hoog te achten, zelfs als dat strijdt met ons (praktische) eigenbelang.' *Critique of Aesthetic Judgment*, p. 134.
8 *Man is Not Alone*, p. 4. [Zie over het verhevene ook R. Otto, *Het heilige* hfdst. 4 § III, *Het moment van het majestas.*]

NOTEN BIJ HOOFDSTUK 4 *Verwondering*

1 Charles S. Peirce, *Collected Papers* (Cambridge, Mass. 1935) dl V, p. 65.
2 J. Arthur Thomson, *The system or Inanimate Nature*, p. 650.
3 A. N. Whitehead, *Adventures of Ideas* (New York 1933) p. 185.
[De dingen als vanzelfsprekend gaan zien is naar het oordeel van Heschel de beste manier om het vermogen de bedoeling van God te begrijpen te onderdrukken en uiteindelijk van hem te vervreemden. De moderne mens liep in de val door te gaan denken dat alles kan worden verklaard en beheerst. Deze overschatting van de wetenschappelijke mogelijkheden en het gebrek aan verwondering zijn overigens

meer kenmerkend voor populariseerders van wetenschap en voor technocraten dan voor creatieve geleerden. Het is voor ons moeilijk geworden om in de gewone en vertrouwde dingen nog iets van een geheim te ontdekken. Heschel verwijst in dit verband naar Whitehead, de grondlegger van de procesfilosofie, die spreekt over het 'dogmatisch bedrog in het Europese denken', de gedachte dat onze begrippen recht zouden doen aan de complexiteit van de werkelijkheid. Bekendheid met wetten die het verloop van natuurlijke processen bepalen komt bij Heschel niet in mindering op de verwondering. De verbazing over het bestaan van de dingen als zodanig wordt er, voor de religieuze mens tenminste, niet minder door.]

4 *Theaetetus*, 155d .

5 *Metaphysica*, 12, 982b, 12.

6 'De bijzondere filosofische gezindheid bestaat voornamelijk hierin dat een mens in staat is om zich te verwonderen in een mate die de gewone en dagelijkse verwondering overtreft... hoe lager een mens in verstandelijk opzicht staat, hoe minder het bestaan zelf een probleem voor hem is; elk ding, hoe het is en dat het is, lijkt hem nogal vanzelfsprekend.' Schopenhauer, *Supplements to the World as Will and Idea*, hfdst. XVII.

'Het gevoel van verwondering is de bron en de onuitputtelijke oorsprong van het verlangen naar kennis (van het kind). Het drijft het kind onweerstaanbaar voort om het mysterie op te lossen en als het bij zijn pogingen een oorzakelijk verband tegenkomt, zal het niet moe worden om hetzelfde experiment tien keer, honderd keer te herhalen om de sensatie van de ontdekking telkens opnieuw te ondergaan... De reden dat de volwassene zich niet langer verwondert is niet dat hij het raadsel van het leven heeft opgelost, maar dat hij gewend is geraakt aan de wetten die zijn wereldbeeld bepalen. Maar waarom deze bijzondere wetten en geen andere gelden, blijft voor hem even verbazingwekkend en onverklaarbaar als voor het kind. Hij die deze stand van zaken niet begrijpt, miskent zijn diepe betekenis en hij die het stadium bereikt heeft dat hij zich over niets meer verbaast laat alleen maar zien dat hij de kunst van bespiegelend redeneren verloren heeft.' Max Planck, *Scientific Autobiography* (New York 1949) pp. 91-93.

7 *Mechanica*, 847a, 11.

8 Zie *Man is Not Alone*, pp. 11, 13 e.v.

9 *God is Hij 'Die de regen zendt die op aarde valt, hij laat het water over de akkers vloeien.*
Onaanzienlijken brengt hij tot aanzien, treurenden geeft hij weer vertrouwen.
Hij doorkruist de listen van de sluwen, wat zij ondernemen zal mislukken.
De wijzen overtroeft hij in hun wijsheid, verraderlijke plannen lopen op niets uit.
Overdag stuiten ze op duisternis, ze tasten in de middag rond alsof het nacht is.
Maar de armen redt hij van de gesel van hun tong, hij redt hen uit de greep van de sterken.
Er is hoop voor de weerlozen – het kwaad wordt de mond gesnoerd' (Job 5:10-16).
EEUWIGE, u bent mijn God.

Ik zal u hulde bewijzen, uw naam loven. Want wonderbaarlijk zijn uw daden, u hebt uw beleid sinds mensenheugenis trouw en betrouwbaar uitgevoerd. Hun stad hebt u tot een bouwval gemaakt, hun versterkte vesting tot een ruïne; het bolwerk van barbaren is geen stad meer. Nooit zullen ze herbouwd *worden. Daarom zal het gewelddadige volk u eren, de stad van wrede volken ontzag voor u tonen. U was een toevlucht voor de zwakken, een toevlucht voor de armen in hun nood* (Jesaja 25:1-4). Zie Psalmen 107:8, 15, 21, 31: *Laten zij de EEUWIGE loven om zijn trouw, om zijn wonderen aan mensen verricht..., ...ze zagen de daden van de EEUWIGE, zijn wonderen op de oceaan* (24). *Kijk omhoog: wie heeft dit alles geschapen? Hij laat het leger sterren voltallig uitrukken, hij roept ze bij hun naam, een voor een; door zijn kracht en onmetelijke grootheid ontbreekt er niet één* (Jes. 40:26).

10 *Daarom zal ik met krachtige hand ingrijpen en Egypte straffen, ik zal er wonderbaarlijke daden verrichten, en dan zal hij jullie laten gaan* (Ex. 3:20). *De EEUWIGE antwoordde: 'Ik wil een verbond sluiten. Voor de ogen van heel je volk zal ik zulke wonderbaarlijke daden verrichten als er onder geen enkel volk op aarde ooit verricht zijn, en het hele volk dat bij jou is, zal zien welke ontzagwekkende dingen ik, de EEUWIGE, voor jou zal doen* (34:10). *En Jozua zei tegen het volk: 'Reinig u, want morgen zal de EEUWIGE in uw midden wonderen verrichten'* (Joz. 3:5). *'Nu koning Nebukadnessar van Babylonië ons aanvalt, willen wij u vragen de EEUWIGE voor ons te raadplegen. Misschien zal hij opnieuw wonderdaden verrichten en zal de vijand het beleg opbreken'* (Jer. 21:2). *Als in de dagen van zijn bevrijding uit Egypte laat ik dit volk wonderbaarlijke daden zien* (Micha 7:15). *Geprezen zij God, de EEUWIGE, de God van Israël. Hij doet wonderen, hij alleen* (Ps. 72:18). *U bent groot, u doet wonderen, u alleen bent God* (86:10). *Zing voor de EEUWIGE een nieuw lied: wonderen heeft hij verricht. Zijn rechterhand heeft overwonnen, zijn heilige arm heeft redding gebracht* (98:1). *Vergeten waren zij God, hun redder, die iets groots had verricht in Egypte, wonderen in het land van Cham, geduchte daden bij de Rietzee* (106:21-22). *...Die wonderen doet, hij alleen – eeuwig duurt zijn trouw –* (136:4). *Hij doet grote, ondoorgrondelijke dingen, ontelbaar zijn de wonderen die hij verricht* (Job 9:10).

11 *"Hij laat het rollen langs de hele hemel, zijn schichten lichten tot het einde van de aarde. Dan horen we zijn donder bulderen, zo is het geluid van zijn majesteitelijke stem, en doet hij eenmaal van zich spreken, dan laat hij steeds meer bliksems volgen. God laat zijn donder wonderbaarlijk rollen, hij doet grote dingen die wij niet bevatten.*

Hij beveelt de sneeuw: 'Val op de aarde,' hij zegt de regenvloed: 'Stort neer met al je kracht.' Hij doet de hand van de mens verstarren, opdat ieder weet wat God vermag. De wilde dieren gaan naar hun holen, ze blijven in hun leger.

Uit zijn kamers komt de storm te voorschijn, de noordelijke winden voeren koude aan. Uit Gods adem vormt zich ijs en de uitgestrektheid van de zee bevriest. Donkere wolken maakt hij zwaar van vocht, lichtend strekt het wolkendek zich uit. Flitsen schieten heen en weer zoals hij het wil, om zijn bevelen uit te voeren, waar de mens ook leeft.

Of het nu is om de aarde te straffen of ten teken van liefde – hij laat het gebeuren"(Job 37:3-13).

12 *'Hebt u mij niet als melk uitgegoten en als kaas doen stremmen? Met vlees en huid ben ik door u bekleed, met botten en pezen hebt u mij samengeweven. U schonk mij het leven en de liefde, uw zorg heeft mij bewaard. Maar dit houdt u in uw hart verborgen, ik weet wat u met mij voorhebt'* (Job 10:10-13).

13 Mechilta op Ex. 15:11: *Wie onder de goden is uw gelijke, EEUWIGE? Wie is uw gelijke, zo ontzagwekkend en heilig, wie dwingt zoveel respect af met roemrijke daden, wie anders verricht zulke wonderen?*

14 Rabbi Samuel bar Nahmani zegt: 'Het verdienen van zijn brood is zelfs een groter wonder dan de verlossing, want de verlossing geschiedt door een engel en het brood verdienen wordt mogelijk gemaakt door de Heilige, Hij zij geprezen. Met betrekking tot het eerste lezen wij: *De engel, die mij bevrijd heeft van alle onheil* (Genesis 48:16), terwijl we met betrekking tot het tweede lezen: *Gul is uw hand geopend, u vervult het verlangen van alles wat leeft*' (Psalm 145:16). Rabbi Joshua ben Levi zegt: 'Het verdienen van brood is een groter wonder dan het wijken van de Rode Zee.' *Genesis Rabba*, hfdst. 20, 22. Zie *Pesahim* 118a.

15 *Seder Eliyahu Rabba*, hfdst. 2, ed. Friedmann, p. 8 (in Nahum N. Glatzer, *In Time and Eternity*, p. 22 e.v.): 'Zoals de Heilige, Hij zij geprezen, vele wonderdaden heeft verricht om Israël uit Egypte te bevrijden, zo doet Hij met een stuk brood dat een mens in zijn mond steekt.' *Pesikta Rabbati*, ed. M. Friedmann, hfdst. 33, p. 152a. 'Groter is het wonder dat zich voltrekt wanneer een zieke mens ontkomt aan een gevaarlijke ziekte dan wat gebeurde toen Hananja, Misaël en Azarja ontsnapten uit de vurige oven. Want Hananja, Misaël en Azarja ontkwamen aan een door mensenhand ontstoken vuur, dat iedereen kan blussen, terwijl een zieke mens ontkomt aan een hemels vuur en wie kan dat blussen?' *Nedarim*, 41a.

16 *Midrash Tehillim*, 136, 4. 'Wonderen gebeuren altijd. Maar omdat ze tot ons komen niet omdat we verdienen gered te worden, maar dankzij Zijn grote barmhartigheid en genade, blijven ze onopgemerkt. Alleen een geslacht dat Hem van ganser harte dient, is waardig om de wonderen die het overkomen, te kennen.' Rabbi Eliëzer van Tarnogród, *Amaroth Tehorot* (Warschau 1838), op Psalm 136:4: *...Die wonderen doet, hij alleen – eeuwig duurt zijn trouw – ...*

17 Nachmanides, *Commentaar* op Exodus13:16: '*Hoe zou moeten blijken dat u mij goedgezind bent, mij en ook uw volk, tenzij u met ons meegaat? Alleen dan nemen wij immers een bijzondere plaats in onder de volken die de aarde bewonen.*'
[Mozes Nachmanides (†1270) was de grootste talmoedgeleerde van zijn tijd en zijn invloed droeg bij tot de verspreiding van de kabbalistische leer in Spanje. In enthousiaste brieven aan diverse joodse gemeenten verklaarde hij dat de mystiek de kern van het jodendom vormt. Ieder woord uit de Thora bevat een mysterie.]

18 Kant, *Critique of Practical Reason*, vertaald door Abbott (Londen 1889) p. 260.

NOTEN BIJ HOOFDSTUK 5 *Het gevoel voor het mysterie*

1 Het moeilijke woord hier is *ha'olam*, dat door de Septuagint vertaald wordt met 'eeuwigheid', door de Vulgaat met 'wereld' en door anderen met 'kennis' (op grond van het verwante Arabische woord). In overeenstemming met rabbijnse bronnen (*Kohelet Rabba* 3, 15; *Tanhuma*, Kedoshim, 8; *Midrash Tehillim*, 9, 1) verklaart Rashi het als 'verborgenheid' of mysterie.

[Rasji, initialennaam van Rabbi Salomo Jitschaki (Troyes, Champagne, 1040-1105) was een Frans-joods geleerde en commentator van Bijbel en Talmoed. Hij studeerde aan de talmoedhogescholen in Mainz en Worms en keerde op 25-jarige leeftijd terug naar Troyes, waar hij een school stichtte. Zijn werk wordt beschouwd als een heldere samenvatting van de enorme hoeveelheid interpretaties van Bijbel en Talmoed. Rasji heeft commentaren geschreven op vrijwel de hele *Tanach* (O.T.). Zijn Pentateuch-commentaar werd het meest geliefde Joodse volksboek en was het eerste gedrukte Hebreeuwse boek (1475). In christelijke kringen heeft dit commentaar m.n. de bijbeluitleg van de Victorijnen en van Nicolaus van Lyra beïnvloed en wordt ook nu nog geraadpleegd door christelijke exegeten. Zijn commentaar op de (Babylonische) Talmoed is nodig voor het begrijpen van de talmoedteksten en wordt in elke talmoeduitgave afgedrukt. Zijn werk is ook een bron voor de bestudering van het Oud-Frans. Zijn talmoedverklaringen werden voortgezet door zijn schoonzoons, kleinzoons en anderen, de zgn. tosafisten (v. Hebr. *tosafot* = toevoegingen). LITERATUUR: *Pentateuch*, met Nederlandse vertaling van Rasji's commentaar door A. S. Onderwijzer (5 dln, 1895–1901; herdruk 1975); met Duitse vertaling door S. Bamberger (1935), met Engelse vertaling door Abraham ben Isaiah e.a. (5 dln, 1950); *Parschandata, Comm. of Rashi on the prophets and hagiographs*, door I. Maarsen (3 dln, 1930–1936).]

2 *Zohar*, dl III, p. 128a. [Zohar (Hebr.) 'Boek van de Glans', naam van het invloedrijkste werk van de kabbala, naar de vorm een mystiek commentaar op de vijf boeken van Mozes. De auteur van het boek is vermoedelijk Mozes de León (ca. 1250-1305), die het voorstelt alsof hij slechts de onthuller is van de mystieke leer, opgetekend door Rabbi Simeon ben Jochai (2de eeuw n.C.). Het werk is in het Aramees geschreven.]

3 Abraham Flexner, *Universities* (New York 1930) p. 17.

4 Gilbert N. Lewis, *The Anatomy of Science* (New Haven 1926) p. 154.

5 'God alleen is wijs' volgens Socrates, en de mens die beweerde werkelijk wijsheid te bezitten, maakte zich schuldig aan verwaandheid of zelfs godslastering. Hij noemde zich een minnaar van de wijsheid. *Apologie*, 20 e.v.

6 Oliver Goldsmith, *The Citizen of the World*, 37.

7 De etymologie wordt door hedendaagse geleerden meestal in twijfel getrokken. Vergelijk de verwijzing in Brown-Driver-Briggs, *A Hebrew and English Lexicon of the Old Testament* (Oxford 1906; Peabody, Massachusetts 1996) p. 761. ['*Olam haba* = 'de komende wereld', leven na de dood]

8 *Midrash Tehillim*. 46, 1; *Yalkut Shimoni*, II, 751. Het is tekenend dat *Midrash Tehillim*, 45, 4 de idee van het stille gebed – *In mijn hart wellen de juiste woorden op* (Psalm 45:2; zie *Or Zarua*, p. 112) – afstamt van de kring rond Korach die, toen de aarde haar mond opende om Korach en zijn bende op te slokken, in stilte berouw kregen en niet omkwamen (Numeri 26:11). Later ontvingen ze de gave der profetie en dichtten psalmen. Volgens één legende betraden ze springlevend het paradijs. Zie Louis

Ginzberg, *Legends of the Jews*, dl VI, p. 104. Vergelijk ook *Genesis Rabba*, 12, 1.

9 *Rosh Hashanah*, 21 b.

10 *Mechilta* op Exodus 12:2 (*'Voortaan moet deze maand bij jullie de eerste maand van het jaar zijn.'*); Yalkut Shimoni, I, 764. [*Yalkut Shim'oni* is een midrasj-enyclopedie op de hele Bijbel uit de twaalfde eeuw.]

11 *Sifre* Numeri p. 68.

12 *Midrash Tehillim* op 106:2.

13 *Yalkut Shimoni*, I, 173.

14 *Yalkut Reubeni* op *Exodus* 19:2.

15 Numeri *Rabba*, 19,5.

16 *Zohar*, dl III, p. 159a. Vergelijk de opmerking op *Let there be light* in dl I, 140a.

17 Zie *Prediker Rabba* op 12:9.

NOTEN BIJ HOOFDSTUK 6 *Het mysterie is niet opgelost*

1 In de Septuagint wordt de paradox verduidelijkt door enkele toegevoegde woorden. Het vers luidt: 'De zon plaatste Hij aan de hemel. De HERE heeft gezegd in duisternis te willen wonen.'

2 Hegel, *The Philosophy of Religion*, dl II, p. 122. Zijn omschrijving is amper deugdelijk.

3 *Mishnah Hagiga*, 2, 2.

4 *Sirach* 3:21 e.v. Zie *Jerushalmi Hagigah* 77c; *Genesis Rabba* 8, 2. 'De grote mysteriën van de wereld zijn aan God alleen bekend.' Maimonides in zijn brief aan rabbi Hisdai, in *Kobets*, ed. Lichtenberg, dl II, p. 24d. De eerste woorden van de EEUWIGE die Mozes in zijn leven hoorde, waren: Mozes, Mozes, kom niet dichterbij. Mozes was dichterbij gekomen om het 'wondere verschijnsel' te zien van de brandende braamstruik, maar toen de stem zijn ziel bereikte, *bedekte hij zijn gezicht, want hij durfde niet naar God te kijken* (Exodus 3:3, 5 e.v.). En de rabbijnen merkten op: als beloning voor 'Toen verborg Mozes zijn gezicht' *sprak de EEUWIGE persoonlijk met Mozes, zoals een mens met een ander mens spreekt.* (Exod. 33:11) en omdat hij beducht was om te kijken, lezen we: *hij aanschouwt de gestalte van de EEUWIGE* (Numeri 12:8). Maar kregen Nadab en Abihu, die hun hoofden ontblootten en zich verlustigden in de aanblik van de glans van de *Sjechina*, niet (de doodstraf) voor wat ze gedaan hadden? (*Exodus Rabba*, Exod. 3.1.)

5 De reden voor dit voorschrift is, omdat het Heilige der Heiligen de woonplaats is van 'de heerlijkheid die troont op de cherubs, de Levieten instructies krijgen opdat ze niet doordringen tot de Eeuwige om te kijken. Ze moeten wachten tot de priesters de sluier brengen. Dan zal de heerlijkheid geopenbaard worden in de verhulling van zijn macht en naar zijn woonplaats terugkeren'. Nachmanides, *Commentaar* op *Numeri* 4:20; zie rabbi Eliëzer van Mainz, *Yereyim*, 352.
[SJECHINA of SHECHINA = inwoning, (immanente) aanwezigheid van God.]

6 *Shabbat*, 31a, zie het commentaar in *Tosafot*, verwijzend naar Jesaja 36:6. [Het werk van Rashi werd voortgezet door een school van talmoedgeleerden die bekend staan als de *tosafisten*, genoemd naar de *Tosafot* (toevoegingen) die zij schreven naar aanleiding van Rashi's commentaar.]

7 Rabbi Isaac Meir Alter van Ger, geciteerd in *Sefat Emet*, dl III, p. 81a.
8 *Kiddushin*, 71a. [*qiddush* = heiliging]
9 K. Kohler, in *Jewish Encyclopaedia*, dl I, pp. 202-203, s.v. 'Adonai'; W. Bacher, *ibid.*, dl XI, pp. 262-264, s.v. 'Shem Hameforash'; L. Blau, *ibid.* dl XII, p. 119-120, s.v. 'Tetragrammaton'. De betekenis van het Hebreeuwse gelijkwaardige woord voor de Onuitsprekelijke Naam, 'Shem Hameforash' (ook 'Shem Hameyuhad'), is duister. Over 'The Substitutes for the Tetragrammaton', zie Jakob Z. Lauterbach, *Proceedings of the American Academy for Jewish Research* (1931) dl II, pp. 39-67.
10 Een Babylonische Amora parafraseerde *Exodus* 3:14 als volgt: Ik word niet gelezen zoals Ik geschreven word; Ik word geschreven als het Tetragrammaton en uitgesproken als 'Adonai'.
11 *Mishnah Sanhedrin*, X, 1.
12 In de Musaf-liturgie voor de Ontzagwekkende Dagen. [*musaf* = 'toegevoegd']
13 *Jerushalmi Yoma* III, 7, 40d; *Bab. Yoma* 39b; *Prediker Rabba* 3, 15.
14 *Otzar Hegeonim, Kiddushin*, 71a.
15 *Sefer Hasidim*, ed. Wistinetzki (Frankfurt a/M 1924) pp. 388, 1588. [*Sefer Chasidim* = 'Boek der Vromen' door *Yehuda he-Chasid* (Juda de Vrome uit Regensburg, ca. 1150-1217). Het is een intrigerende mengeling van vroomheid en schuldbesef tegen de achtergrond van middeleeuws volks- en bijgeloof.]
16 In Psalm 9:1 leest de grote Masorah [= de overgeleverde uitspraak] *al mut* als één woord in de betekenis van 'verborgenheid'; zie Rashi's *Commentaar. Midrash Tehillim* schijnt het ook zo gelezen te hebben (zie S. Bubers opmerking ter plaatse) en somt als gevolg daarvan ettelijke 'verborgen' thema's op zoals de paradox dat de as van de rode koe de onreine reinigt en de reine verontreinigt; de beloning voor goede daden; het einde der dagen. Zo had het eerste hoofdstuk van het boek *Genesis* niet de bedoeling ons in te lichten over de wijze waarop het heelal tot stand kwam. De menselijke taal heeft geen woorden om zulke informatie uit te drukken. 'Omdat het onmogelijk is om het mysterie van de schepping kenbaar te maken, verborg de Schrift het in de woorden *In het begin schiep God de hemel en de aarde.*' *Batei Midrashot*, ed. Wertheimer (Jeruzalem 1950) dl I, p. 251; Maimonides, *The Guide of the Perplexed*, Inleiding; Nachmanides, *Commentaar* op *Genesis* 1:1. Over het mysterie van de goddelijke kennis zegt Maimonides: 'Geen mond kan hierover iets zeggen, geen oor kan hiervan iets horen en geen mensenhart kan haar betekenis vatten.' *Mishneh Torah, Yesode Hatorah*, 2, 10. Evenmin is 'het einde der dagen' iets wat een mens kan doorgronden. Zou een mens je vertellen wanneer de dag van de verlossing zal komen, antwoord hem dan: de Eeuwige zegt: 'het is in Mijn hart.' 'Als het hart het geheim niet geopenbaard heeft aan de mond, aan wie zou mijn mond het hebben kunnen openbaren?' *Prediker Rabba* op 12:9; vergelijk *Sanhedrin*, 99a, en het commentaar van Maharsha. Zelfs voor de profeten bleef 'de komende wereld' een mysterie. 'Niemand heeft het gehoord of vernomen, geen oog heeft het gezien.' Het is 'wijn

bewaard in de druiven sinds de dagen der schepping' (*Berachot*, 34b en Jesaja 64:4).

17 *Deuteronomium Rabba*, 11, 8. Gewoonlijk is elke nieuwe perikoop [fragment uit de Bijbel dat in de eredienst wordt voorgelezen] in de Pentateuch van de vorige gescheiden door de ruimte van negen letters. De perikoop in het boek *Genesis*, waarin de laatste dagen van Jakob beschreven zijn, is echter 'gesloten'. Ze is van de voorgaande gescheiden door de ruimte van maar één letter. Als reden hiervoor wordt gegeven dat 'Jakob het einde (wanneer de Messias zou komen) wenste te openbaren, maar het was voor hem verborgen (gesloten)' (*Genesis Rabba*, 96, 1). Terwijl de zoons rondom het gouden bed stonden waarin Jakob lag, bezocht de *Sjechina* hem voor een ogenblik en vertrok even snel en met haar verdween elk spoor van de kennis van het grote mysterie uit de geest van Jakob. Deze wenste het einde aan zijn zoons te openbaren en zei tot hen: *Kom allemaal hier, dan zal ik jullie vertellen hoe het je in de toekomst zal vergaan* (Gen. 49:1). God zei tot hem: *Eer aan God, omdat hij dingen verbergt* (Spreuken 25:2). Deze daden liggen niet op jouw weg. *Bij een roddelaar is een geheim niet veilig, wie betrouwbaar is, hult zich in zwijgen.* (Spr. 11:13). *Genesis Rabba*, hfdst. 96 (nieuwe bewerking).
De taal van de Bijbel is bijzonder rijk aan woorden die het concept 'verbergen' of 'verborgen zijn' uitdrukken. Deze overvloed is vooral indrukwekkend in vergelijking tot de Griekse taal. De Griekse vertalers van de Bijbel konden maar één woord vinden: *krypto* (behalve *kalypto*) om de talrijke Hebreeuwse synoniemen weer te geven. *Theologisches Wörterbuch zum Neuen Testament*, dl III, p. 967.

18 *Want de EEUWIGE is een alwetende God* (1 Samuël 2:3).

19 *Zwijgen moeten de leugenaars, die hoogmoedig en vol verachting rechtvaardige mensen beschuldigen.* (Ps. 31:19). Deze woorden werden door de rabbijnen als volgt uitgelegd: 'Laat hen gebonden worden! *Laat hen stom gemaakt worden!* Laat hen tot zwijgen gebracht worden! de leugenaars, *die hoogmoedig spreken tegen* (de wil van) *de Rechtvaardige*, die het leven is van alle werelden, over aangelegenheden die Hij aan Zijn schepselen onthouden heeft, *met trots*, om snoevend te kunnen zeggen: Ik spreek over (het mysterie van) de schepping en hoon om te denken dat hij Mijn heerlijkheid minacht.' *Gen. Rabba* 1, 5.

20 Sophocles, *Antigone*, 951 en 133 e.v.

21 *Genesis* 18:25.

22 *Man is Not Alone*, p. 241 e.v.

23 Plotinus, *Enneaden*, III, 8.4.

24 De Moesaf-liturgie voor sabbat. [*musaf* = 'toegevoegd']

25 Jesaja 63:15: *Zie neer vanuit de hemel, kijk vanuit uw heilige, luisterrijke woning. Waar zijn uw strijdlust en uw machtige daden? U bent niet meer met mij begaan, uw compassie gaat aan mij voorbij.* Zie Psalm 89:50 (*Waar is uw liefde van vroeger, EEUWIGE, hebt u David geen trouw gezworen?*) en *Yoma*, 69b.

26 Vergelijk Maimonides, *The Guide of the Perplexed*, dl II hfdst. 25.

27 *Menahot*, 29b.
[Akiba ben Josef (Palestina, ca. 50 – Jeruzalem, ca. 135) was schriftgeleerde, leraar

(*tanna*) en geestelijk leider van het Joodse volk in de periode sinds de verwoesting van de Tempel in 70 tot het einde van de Bar Kochba-opstand (135). Zijn invloed op de ontwikkeling van de joodse traditie en op de massa van het Joodse volk is te vergelijken met die van de profeten en van de grote filosofen. Bij het ontstaan van de opstand tegen Rome speelde hij een grote rol. Akiba verzamelde de mondeling bewaarde traditiestof en bracht deze systematisch samen en vormde zo de *Misjna van rabbi Akiba*. Met rabbi Ismaël, wordt hij wel beschouwd als de vader van de rabbijnse wereld. Terwijl Ismaël meer het standpunt van de priesteraristocratie innam, bleef Akiba de vertegenwoordiger van het volk en van de armen. Zijn leerlingen waren o.a. rabbi Meïr (†175), rabbi Jehoeda ben Ilai (*Sifra* op Leviticus) en rabbi Simon bar Jochai (*Sifré* op Numeri en Deuteronomium; *Mechilta de Simon bar Jochai*).]

NOTEN BIJ HOOFDSTUK 7 *Ontzag*

1 *Het begin van wijsheid is ontzag voor de EEUWIGE, wie leeft naar zijn wet, getuigt van goed inzicht. Zijn roem houdt stand, voor altijd* (Psalm 111:10). *Wijsheid begint met ontzag voor de EEUWIGE, inzicht is vertrouwdheid met de Heilige* (Spreuken 9:10); zie Spr. 1:7: *Het begin van alle kennis is ontzag voor de EEUWIGE; een dwaas veracht de wijsheid en weigert elk onderricht.* 15:33: *Wie ontzag heeft voor de EEUWIGE wint aan wijsheid, bescheidenheid gaat aan eerbetoon vooraf.* *Alles wat je hebt gehoord komt hierop neer: heb ontzag voor God en leef zijn geboden na. Dat geldt voor ieder mens* (Prediker 12:13). *Ontzag voor de EEUWIGE gaat boven alles; wie daarnaar leeft is met niemand te vergelijken. Liefde voor de EEUWIGE begint met ontzag voor hem, verbondenheid met de EEUWIGE begint met trouw aan hem.* (Sirach 25:11-12) en *Spreuken der Vaderen* III, 21:

Waar geen wijsheid is, is geen ontzag;
Waar geen ontzag is, is geen wijsheid.

2 *En hij sprak tot de mens: 'Ontzag voor de EEUWIGE – dat is wijsheid; het kwaad mijden – dat is inzicht'* (Job 28:28).

3 Zie *Man is Not Alone*, p. 286.

4 *Zohar*, dl I, 11b. In de eerste paragraaf van de *Shulchan Aruch*, de Verzameling van Wetten, wordt het woord van de psalmist, *Steeds houd ik de EEUWIGE voor ogen, met hem aan mijn zijde wankel ik niet* (16:8) beschreven als *het grondbeginsel van de Thora* (volgens de asjkenazische rabbi Mozes Isserles, ca. 1525-1572). Het was in de joodse vroomheid een vereiste om zich voortdurend bewust te zijn van zijn presentie. Als hulp werd aanbevolen om het innerlijke oog voortdurend gericht te houden op de vier letters van de Onuitsprekelijke Naam. Als parafrase op *Psalm* 32:2 werd gezegd dat gelukkig de mens is voor wie het een zonde is om één ogenblik niet aan God te denken.

5 Maimonides, *The Guide of the Perplexed*, dl III, hfdst. 52. Vert. Ch. Rabin (Londen 1952).

6 Met het oog op God wordt *yirah* in de Bijbel voornamelijk gebruikt in de zin van ontzag. Zie Gesenius-Driver-Briggs, *Hebrew and English Lexicon of the Old Testament* (Oxford 1906) p. 431. Vergelijk ook *Toon ontzag voor je moeder en je vader* (Leviticus 19:3),

aansluitend op de woorden in de Tien Geboden, *Toon eerbied voor uw vader en uw moeder* (Ex. 20:12); zie Hosea 3:5: *Dan zullen ze weer verlangen naar de EEUWIGE, hun God, en hun koning David; en uiteindelijk keren ze vol ontzag terug naar de EEUWIGE en zijn zegen.* Zie ook Robert H. Pfeiffer, 'The Fear of God', in: *Eretz Israël*, dl III, p. 59 e.v. Op sommige plaatsen betekent *yirah* inderdaad vrees voor Gods straf voor een zonde. Zie Abraham ibn Daud, *Emunah Ramah* (Frankfurt a/M 1852) p. 100 en Joseph Albo (1380-1444), *Sefer ha Ikkarim* ('Het boek van principes'), ed. I. Husik (Philadelphia 1930) dl III, hfdst. 34. Volgens Louis Finkelstein, *Maho le-Massektot Abot ve-Abot d'Rabbi Nathan* (New York 1950) p. 33 e.v., had de school van Sjammai een tegenovergestelde opvatting over de verhouding tussen vrees en liefde.

[Onder de farizeïsche leiders namen, in de tijd vóór de verwoesting van de Tweede Tempel in het jaar 70, Hillel en Sjammai de eerste plaats in. Hillel was de *nassi* ('vorst'), gezagdrager in burgerlijke en politieke zaken en Sjammai de *av bet din* ('voorzitter van de rechtbank') voor godsdienstige zaken. Samen vormden zij een koppel (*zoegot*). Hillel vatte de essentie van het jodendom samen in de gulden regel: 'Wat gij niet wilt dat u geschiedt, doe dat ook een ander niet'. Van Sjammai is de uitspraak: 'Ontvang iedereen met opgewekt gelaat'.]

7 *Angst is niets anders dan het opgeven van de hulp die het redelijk denken biedt* (Wijsheid van Salomo 17:12).

8 Zie J. Albo, *Ikkarim*, ed. I. Husik (Philadelphia 1930) dl III, hfdst. 32. [Albo voerde de Hebreeuwse term *ikkar* (principe) in de technische betekenis van dogma in. Met Joseph Albo kwam een einde aan de middeleeuws-joodse godsdienstfilosofie die met Saädja was begonnen.]

9 *Israël, bedenk dus dat de EEUWIGE, uw God, niets anders van u vraagt dan dat u ontzag voor hem toont, dat u de weg volgt die hij u wijst, dat u hem liefhebt, hem met hart en ziel dient.* (Deuteronomium 10:12); zie Psalm 2:11: *Onderwerp u, toon de EEUWIGE uw ontzag, breng hem bevend uw hulde.* Vergelijk *Seder Eliahu Rabba*, hfdst. 3: 'Ik vreesde in mijn blijdschap, ik verblijdde mij in mijn angst en mijn liefde zegevierde over alles.'

10 Zie ook Psalm 23:1, 4: *De EEUWIGE is mijn herder, het ontbreekt mij aan niets. Al gaat mijn weg door een donker dal, ik vrees geen gevaar, want u bent bij mij, uw stok en uw staf, zij geven mij moed.* 102:26-29: *Vóór alle tijden hebt u de aarde gegrondvest, de hemel is het werk van uw handen. Zij zullen vergaan, maar u houdt stand, zij zullen als kleren verslijten, u verwisselt ze als een gewaad en zij verdwijnen, maar u blijft dezelfde, uw jaren nemen geen einde. De kinderen van uw dienaren zullen veilig wonen, ook op hun nageslacht rust uw oog.* 112:7: *Voor een vals gerucht zal hij niet vrezen, hij is standvastig en vertrouwt op de EEUWIGE.*

11 *Zohar*, dl I, p. 11b. Zie *Shabbat*, 31b. Vergelijk *Man is Not Alone*, p. 146.

12 Zie Wijsheid 6:10: *Zij die alles wat heilig is zorgvuldig in ere houden, zullen zelf geheiligd worden, en zij die deze les ter harte nemen, zullen worden ontzien.*

NOTEN BIJ HOOFDSTUK 8 *Hemelse glorie*

1 Zie ook Exodus [*Sjemot*] 16:6, 7: *Hierop zeiden Mosjee en Aharon tegen de Jisraëlieten: 'Vanavond nog zult u inzien dat de EEUWIGE zelf u uit Egypte heeft geleid, en morgen, in de ochtend, zult u de majesteit van de EEUWIGE zien. Hij heeft gehoord hoe u zich beklaagt. Dat is tegen hem gericht, want wie zijn wij dat u zich bij ons zou beklagen?'. Zodra Aharon dit aan het volk had opgedragen en allen zich met het gezicht naar de woestijn hadden opgesteld, verscheen in een wolk de majesteit van de EEUWIGE* (10). *De majesteit van de EEUWIGE rustte op de Sinaï. Zes dagen lang bedekte de wolk de berg. Op de zevende dag riep de EEUWIGE Mosjee vanuit de wolk. En terwijl de Israëlieten de majesteit van de EEUWIGE zagen, als een laaiend vuur op de top van de berg, ging Mosjee de wolk binnen en klom hij verder omhoog* (24:16 e.v.).

2 Zie I. Abrahams, *The Glory of God* (Oxford 1925) p. 17, weerleggend A. van Gall, *Die Herrlichkeit Gottes* (Gießen 1900).

3 I. Abrahams, *op.cit.*, p. 24 e.v.

4 *Kavod*, het Hebreeuwse woord voor heerlijkheid, waarvan de wortel 'zwaarte' betekent, het feit van zwaar zijn, dan rijkdom, sterkte, eer, roem, waardigheid en waarde. Maar het betekent ook *de hogere ziel*, zoals blijkt uit de psalmen: *Mijn ziel zal voor u zingen en niet zwijgen* (30:13). *Daarom verheugt zich mijn hart en juicht mijn ziel* (16:9). *Ontwaak, mijn ziel, ontwaak met harp en lier* (57:9). *Laat dan de vijand mij achtervolgen, mij inhalen, vertreden en vertrappen in het stof, mij beroven van mijn eer en mijn leven* (7:6). En Genesis: *Ik wil niet deelnemen aan hun beraad, op hun bijeenkomsten wil ik niet zijn. In woede ontstoken doden zij mannen, moedwillig verlammen ze stieren* (49:6). Zo zegt de psalmist: *Mijn hart is gerust, o God, ik wil zingen en spelen. Mijn ziel, ontwaak met harp en lier, ik wil het morgenrood wekken* (108:2). Vergelijk Qimhi, *Sefer ha-Sherashim* (Berlijn 1847) p. 311; verg. I. Abrahams, *The Glory of God*, p. 18 en Pedersen, *Israel*, I-II, index, onder *kabhodh*. In onze studie houden we ons alleen bezig met *kavod* toegepast op God. Het zou natuurlijk onzinnig zijn om te veronderstellen dat in het meest verheven profetische visioen de serafs zouden uitroepen: '*Heilig, heilig, heilig is de EEUWIGE van de hemelse machten. Heel de aarde is vervuld van zijn roem.*'

5 Zie ook Jesaja: *In het westen zal men de naam van de EEUWIGE vrezen en in het oosten zijn majesteit* (59:19). *Sta op en schitter, je licht is gekomen, over jou schijnt de luister van de EEUWIGE. Duisternis bedekt de aarde en donkerte de naties, maar over jou schijnt de EEUWIGE, zijn luister is boven jou zichtbaar. Volken laten zich leiden door jouw licht, koningen door de glans van je schijnsel* (60:1-3). *De tijd is gekomen om alle landen en volken bijeen te brengen. Ze zullen komen en mijn luister zien* (66:18). *De EEUWIGE is koning – laat de aarde juichen, laat vreugde heersen van kust tot kust* (Psalm 97:1). *Zijn bliksems verlichten de wereld, de aarde ziet het en beeft. De bergen smelten als was voor de EEUWIGE, voor de EEUWIGE van heel de aarde. De hemel vertelt van zijn gerechtigheid, alle volken aanschouwen zijn majesteit* (4-6).

6 *Man is Not Alone*, p. 63 e.v.

7 *Likkute Maharan*, I, 133. 'Rabbi Helbo zei: De wijn van Perugitha (een plaats in het noorden van Israël, beroemd om haar wijn) en het water van Diomsith sneden de tien stammen van Israël af (ze werden zo in beslag genomen door deze genoegens

dat ze de studie verwaarloosden en hun geloof verloren, wat ten slotte leidde tot hun ballingschap en verdwijning).' 'Rabbi Eleazar ben Arak bezocht die plaats en voelde zich aangetrokken tot [haar inwoners en hun overdadige leven] en [daarom] verdween zijn geleerdheid. Toen hij terugkeerde naar [zijn woonplaats], stond hij op om in de Rol (van de Thora) te lezen. Hij wilde *Hahodesh hazeh lakem [Voortaan moet deze maand bij jullie de eerste maand van het jaar zijn]*, (Exod. 12:2) lezen, [in plaats waarvan hij las] *hahares'h hayah libbam* (wat betekent: hun hart was stil en ongevoelig). In elk woord van de tekst las hij een letter verkeerd,' *Shabbat*,147a.

8 Zie *Niddah*, 31a. [Nidda: lett.: menstruatie; m.b.t. reinheidsregels en seksuele moraal]

9 Ibn Gabirol, *A Choice of Pearls*, ed. Ascher (Londen 1859) p. 82.

10 Jesaja 42:20.

11 Ezechiël 12:1; zie Jeremia 5:21: *Luister toch, dwaas en onverstandig volk, dat ogen heeft, maar niet ziet, en oren heeft, maar niet hoort.*

12 *Hagigah*, 12b. De bozen kunnen het geestelijke licht dat verborgen is voor de ogen van het lichaam niet van duisternis onderscheiden. Dit is te wijten aan hun blindheid. *Waren ze wijs, dan hadden ze inzicht en begrepen ze hoe het ze zou vergaan* (Deut. 32:29). *Maar zij zijn onwetend, het ontbreekt hun aan elk begrip; ze lopen in duisternis rond.* Ze weten zelfs niet dat ze in de duisternis wandelen. Ze lijken op hem die op de middag tastend rondloopt 'zoals de blinde tastend rondloopt in de duisternis'. Het is een dubbele duisternis: ze zijn blind en ze beseffen hun blindheid niet. (Rabbi Phinehas Horowitz, *Hamakneh*, voorwoord.)

NOTEN BIJ HOOFDSTUK 9 *De wereld*

1 Sophocles, *Oedipus Tyrannus*, 1424-1429; *Electra*, 86-95.

2 *Hippolitus*, Akte IV, 1116.

3 *King Lear*, Akte I, scène 2, 1-2.

4 [Belarius is de verbannen lord in Shakespeare's] *Cymbeline*, Akte III, scène 3, 2-7.

5 *Hij bracht me naar de binnenhof van de tempel van de* EEUWIGE. *Bij de ingang, tussen de voorhal en het altaar, stonden ongeveer vijfentwintig mannen. Ze stonden met hun rug naar de tempel, met hun gezicht naar het oosten, en ze bogen zich in aanbidding neer voor de zon* (Ezech. 8:16). *Ze veronachtzaamden alle geboden van de* EEUWIGE, *hun God. Ze goten twee beelden in de vorm van een stierkalf en maakten een Asjerapaal. Ze aanbaden de hemellichamen en dienden Baäl* (2 Kon. 17:16). *Hij herstelde de offerplaatsen die zijn vader Hizkia verwijderd had, richtte nieuwe altaren op voor Baäl en maakte een nieuwe Asjerapaal, naar het voorbeeld van koning Achab van Israël. Hij aanbad de hemellichamen en diende die* (2 Koningen 21:3).

6 G. Soutar, *Nature in Greek Poetry* (Londen 1939) pp. 178-191.

7 *The Works of Francis Thompson*, dl III, pp. 80-81. Zie Will Herberg, *Judaism and Modern Man* (New York 1951) p. 34.

8 Diels, *Die Fragmente der Vorsokratiker*, Heracleitus, fragment 30.

9 *Timaeus*, slot.

10 Marcus Aurelius, *Meditaties*, IV, 23.

11 De zin in *Sirach* 40:1, die de aarde 'de moeder van allen' noemt, (*Ieder mens zijn veel zorgen beschoren, de nakomelingen van Adam dragen een zwaar juk, vanaf de dag dat zij de moederschoot hebben verlaten tot op de dag dat zij naar hun aller moeder terugkeren.*) is vaak verkeerd uitgelegd, namelijk als uitdrukking van voorstellingen van de aarde als moeder van de mens. Het komt ons voor dat de juiste betekenis een verwijzing is naar de uithoeken van de aarde als het gebied van het leven na de dood. Vergelijk Ezech. 26:20: *...dan zal ik je doen afdalen naar hen die je zijn voorgegaan, naar het volk van weleer. Daar zul je wonen, in het land van de diepten, bij hen die zijn afgedaald in de afgrond, in de eeuwige ruïnes. Je zult niet langer in het land van de levenden wonen, daar zul je geen plek meer hebben.* 32:32: *Het land van de levenden heb ik vervuld van angst voor de farao, maar nu komt hij met zijn volk te liggen te midden van de onbesnedenen en de gesneuvelden – zo spreekt God, de EEUWIGE.* Job 1:21: *En hij zei: 'Naakt ben ik uit de schoot van mijn moeder gekomen en naakt zal ik in haar schoot terugkeren. De EEUWIGE heeft gegeven, de EEUWIGE heeft genomen, de naam van de EEUWIGE zij geprezen.'* Psalm 116:9: *Ik mag wandelen in het land van de levenden onder het oog van de EEUWIGE.* Psalm 139:15 (*Toen ik in het verborgene gemaakt werd, kunstig geweven in de schoot van de aarde, was mijn wezen voor u geen geheim.*) verwijst niet naar de aarde maar naar de diepten van het aardrijk. God is Hij die de mens wrocht; de diepten van het aardrijk waren de plaats van dat werk. Vergelijk IV Ezra 5:28: *En nu Here, waarom hebt u dit enige volk aan velen over gegeven? - en hebt boven die wortel andere bereid, en hebt het enige, dat uw is, onder velen verstrooid?* [IV Ezra is de apocalyps.]

12 Elke gebeurtenis in de natuur werd beschouwd als een daad van de goddelijke voorzienigheid; vergelijk Jesaja 40:26: *Kijk omhoog: wie heeft dit alles geschapen? Hij laat het leger sterren voltallig uitrukken, hij roept ze bij hun naam, een voor een; door zijn kracht en onmetelijke grootheid ontbreekt er niet één.* Job 38:4-6: *Waar was jij toen ik de aarde grondvestte? Vertel het me, als je zoveel weet. Wie stelde haar grenzen vast? Jij weet dat toch? Wie strekte het meetlint over haar uit? Waar zijn haar sokkels verankerd, wie heeft haar hoeksteen gelegd?*

13 Vergelijk Abravanel, *Mifalot Elohim*, VII, 3. In het voetspoor van Saädja Gaon (892-942) staaft Abravanel zijn stelling dat het heelal vernietigbaar is met verwijzingen naar de rabbijnse literatuur. [Saädja publiceerde zijn grote filosofische werk *Emoenot we Deot* (Geloof en kennis) in 933. Dit was de eerste systematische poging om de joodse leer en praktijk een rationele basis te verschaffen.] Maimonides, *The Guide of the Perplexed*, II, hfdst. 27 en 29; Gersonides van Bagnols (†1334), *Milchamot ha Shem* ('De oorlogen van God'), IV, 1.16 en later Hermann Cohen (†1918), *Ethik des reinen Willens*, p. 387 e.v. houden vast aan de stelling van de onvernietigbaarheid.

14 *Adventures of Ideas*, p. 154.

15 Job 38:7: *...terwijl de morgensterren samen jubelden en Gods zonen het uitschreeuwden van vreugde.* Psalm 114:4: *...de bergen schrokken op als rammen, als lammeren sprongen de heuvels op.*

16 J. G. Frazer, *The Dying God*, p. 5.

17 Zie Louis Ginzberg, *The Legends of the Jews*, dl I, p. 44 en dl V, p. 60 n. 194.

NOTEN BIJ HOOFDSTUK 10 *Een aan ons gerichte vraag*

1 Plato, *Brieven*, VII, 341.
2 Francis Bacon, *Apothegms*, 64.
3 Zie p. 324 e.v.
4 *Man is Not Alone*, p. 28 e.v.
5 C. A. Coulson, *Science and Religion: A Changing Relationship* (pamflet) Cambridge 1954.
6 Een indrukwekkende nieuwe uiteenzetting van het teleologische bewijs is te vinden in Frederick R. Tennant, *Philosophical Theology* (Cambridge 1929-'30) dl II, pp. 78 e.v . Vergelijk ook Frederick J. W. Woodbridge, *Nature and Mind* (New York 1937) pp. 29-36.
7 Het woord *doleket* is dubbelzinnig. Het kan 'verlicht', 'vol van licht', of 'in vlammen' betekenen. In de eerste zin is het opgevat door het 'Rashi'-commentaar op *Genesis Rabba*, in de tweede door *Yede Moshe* en de commentaren van rabbi David Luria en rabbi Zev Einhorn. De parabel is in beide betekenissen van belang. Zie p. 408.
8 *Genesis Rabba*, hfdst. 39.
9 *Man is Nat Alone*, p. 69.

NOTEN BIJ HOOFDSTUK 11 *Een ontologische vooronderstelling*

1 De beroemde stelling van 'de grondlegger van de algemene taalwetenschap', Wilhelm von Humboldt (†1835) dat 'de mens voornamelijk met zijn objecten leeft... zoals de taal die aan hem voorstelt' (zie Ernst Cassirer, *Language and Myth*, New York 1946, p. 9) geldt niet voor creatief denken. Intuïtie en uitdrukking zijn niet hetzelfde. Het denken bevat elementen die niet tot woorden kunnen worden herleid, die zich aan verwoording onttrekken. Non-figuratieve kunst kan worden omschreven als een poging om een voorconceptuele, voorsymbolische ontmoeting met de werkelijkheid weer te geven. Vergelijk ook Philip Wheelwright, *The Burning Fountain* (Bloomington 1954) p. 18 e.v. Voor een analyse van en een kritiek op symbolisme in godsdienst en theologie, zie A. J. Heschel, *Man's Quest for God*, pp. 117-144.
2 George P. Adams, 'The Range of Mind', in: *The Nature of Mind* (Berkeley, Cal. 1936) p, 149. Vergelijk J. Loewenberg, 'The Discernment of Mind', *ibid.* p. 90 e.v. [In dit verband wijzen wij op: William James, *Vormen van religieuze ervaring*, Amsterdam 2010 en *De wil om te geloven*, Amsterdam, 2007.]
3 Rabbi Loew van Praag, *Netivot Olam*, netiv haavodah, hfdst. 2.
4 Zie *Man is Not Alone*, p. 84 e.v. [*Religie heeft haar goddelijke keerzijde hier in het geloof* (GvdL).]
5 *The Guide of the Perplexed*, dl I, p, 50.
6 *Ibid.*, p. 57.
7 *Ibid.*, p. 59.
8 *Ibid.*, boek II, p. 5.
9 *Ibid.*, boek I, p. 58, *Heft uw ogen naar omhoog en ziet: wie heeft dit alles geschapen?* "Moeten wij ons nu op grond van het voorgaande voorstellen dat een mens door zijn ogen op te slaan kan kennen en zien wat niet geoorloofd is om te kennen en te zien? Nee, de

werkelijke betekenis van de passage is dat iedereen die verlangt de werken van de Heilige te overpeinzen en te leren kennen omhoog mag kijken om te turen naar de myriaden van legerscharen en legioenen die daar bestaan, elk verschillend van de ander, elk machtiger dan de ander. Dan zal hij al turende vragen: wie (*mi*) heeft dit alles geschapen? 'Wie heeft dit alles geschapen?' is in wezen zeggen dat de gehele schepping haar oorsprong vindt in een gebied dat een eeuwig *wie* blijft, omdat het verborgen blijft." *Zohar*, dl II, 231b.

NOTEN BIJ HOOFDSTUK 12 *Over de betekenis van God*

1 'De vesting zal verlaten liggen, het rumoer van de stad valt stil. Burcht en wachttoren worden ruïnes voor altijd, een lustoord voor wilde ezels, weidegrond voor het vee. Zo zal het blijven *totdat van boven een geest over ons wordt uitgegoten*. Dan zal de woestijn een boomgaard worden, een boomgaard die is als een woud' (*Jesaja* 32:14-15).

2 In het verhaal van Hagar lezen we: *Toen opende God haar de ogen en zag zij een waterput* (Genesis 21:19). 'Alle mensen zijn blind totdat God hun ogen opent' (*Genesis Rabba*, 53, 13). Toen Hagar met haar kind door de woestijn van Berseba zwierf en geen water kon vinden, liet ze haar kind onder een struik achter, ging weg en zei: 'Ik kan het sterven van mijn kind niet aanzien'. Zij zag niet wat er vóór haar was, totdat *God haar ogen opende en zij een waterput zag*. Toen Bileam naar Moab ging om het volk van Israël te vervloeken, zag hij niet wat zijn ezel waarnam, totdat *de EEUWIGE Bileam de ogen opende, zodat hij de engel van de EEUWIGE op de weg zag staan* (Numeri 22:31). 'Het gaat de kracht van de mens te boven om veel dingen te zien, behalve als God wil dat hij ziet' (*Lekah Tov* op *Numeri* 22:31). Dit geldt zowel voor individuen als voor het hele volk. *Ze begrijpen het niet, ze beseffen het niet; blijkbaar zitten hun ogen dichtgeplakt, waardoor ze niets zien en het hun aan inzicht schort* (Jesaja 44:18).
Ik geef hun het inzicht dat ik de EEUWIGE ben (Jeremia *24:7*). *Ik zal hem toestaan mij te naderen. Wie zou dat zelf wagen? – spreekt de EEUWIGE* (Jer. 30:21). Daarom zegt de psalmist: *Gelukkig wie door u gekozen is en u mag naderen* (65:5). God is de Leraar, niet alleen de Schepper, de gever van wijsheid, niet alleen de gever van het leven. *Ik ben de EEUWIGE, jullie God, die jullie onderricht in je eigen belang, die jullie leidt op de weg die je gaat* (Jes. 48:17). We moeten naar waarheid zoeken met al onze kracht, we moeten ook bidden om Zijn leiding in al ons zoeken. *Van het einde der aarde roep ik u aan, want mijn hart bezwijkt. Breng mij op de rots hoog boven mij* (Psalm 61:3). 'Leid mij waar ik zelf niet kan opklimmen' (rabbi David Kimchi). We moeten niet moedeloos worden wanneer onze inspanningen falen. *Maar de Eeuwige zal met u zijn waar uw wijsheid eindigt en hij beschermt je tegen hinderlagen* (Spreuken 3:26 *volgens Jerushalmi Talmud, Peah*, 1, 1). *Niet de ouderdom maakt wijs, de jaren leiden niet vanzelf tot een juist oordeel* (Job 32:9). 'Niet iedereen die de Thora leert, wordt wijs. Tenzij God de mens met geest begiftigt, zal hij niet thuis zijn in wat hij weet.' *Tanhuma*, ed. S. Buber, I, p. 193. 'Voor hem, die in de Thora zwoegt, zal de Thora zwoegen.' *Sanhedrin* 99b. Zie ook *Megillah* 6b over gedenken.

3 *Berachot*, 33b.

4 *Shabbat*, 104a.

5 *Yoma*, 39a. Op het leven van het individu is het beginsel toegepast dat 'zegeningen van boven slechts daar neerdalen waar enige inhoud is en niet alleen leegheid'. Het vers *Ik ben van mijn lief, en hij verlangt naar mij* (Hooglied 7:11) werd geacht te slaan op de betrekking tussen God en mens: eerst moet ik de zijne worden en dan, als gevolg daarvan, gaat zijn verlangen naar mij uit. Alleen 'als de mens tracht zich te reinigen en tot God te naderen, rust de *Sjechina* op hem'. *Zohar*, dl I, p. 88a-b. Want 'de beweging boven wordt alleen veroorzaakt als antwoord op een prikkel van beneden en hangt af van het verlangen van wat beneden is'. *Zohar*, dl I, p. 86b; zie III, 132b. 'Hoe kan men een mens herkennen in wie de Heilige behagen schept en in wie Hij woont? Als we zien dat een mens de Heilige probeert te dienen met vreugde, met zijn hart, zijn ziel en zijn wil, dan kunnen we er zeker van zijn dat de *Sjechina* in hem woont.' *Zohar*, dl II, p. 128b. 'Zelfs de dingen die onze zintuigen waarnemen, kunnen wij niet kennen dan door de barmhartigheid die van U komt. Want het licht zelf kunnen we niet zien, onze blik wordt erdoor dof gemaakt. Het goddelijke licht geeft ons de kracht om licht gedeeltelijk waar te nemen en stelt onze blik in staat om over te gaan van mogelijkheid naar werkelijkheid... De genade van het begrijpen wordt met meer uitwerking verleend aan hen die Hem kennen dan aan anderen.' Albo, *Ikkarim*, II, hfdst. 15, ed. I. Husik, p. 97 e.v.

6 De rol van de tijd in het religieuze begrijpen wordt in de joodse literatuur regelmatig behandeld. In hun commentaar op Jesaja 55:6, *Zoek de* EEUWIGE *nu hij zich laat vinden*, overwogen de rabbijnen de vraag op welke momenten hij zich wellicht laat vinden. Het antwoord was: *de tien dagen van inkeer*, van de nieuwjaarsdag tot de Grote Verzoendag. *Rosh Hashanah* 18a. Maimonides, *Mishneh Torah*, *teshuvah*, 2, 6.

Jesaja (55:6) zegt: *Zoek de* EEUWIGE *nu hij zich laat vinden, roep hem terwijl hij nabij is* en David zegt: *Zie uit naar de* EEUWIGE *en zijn macht, zoek voortdurend zijn nabijheid* (1 Kronieken 16:11). Waarom vertelde David ons om voortdurend zijn nabijheid te zoeken? Om ons te leren dat God soms gezien wordt en soms niet, dat hij soms luistert en soms niet, dat hij soms klaar staat en soms niet, soms gevonden wordt en soms niet, soms nabij is en soms niet. Eén keer werd hij gezien, zoals er geschreven staat: *De* EEUWIGE *sprak persoonlijk met Mozes, zoals een mens met een ander mens spreekt* (Exodus 33:11); en dan niet gezien, zoals er geschreven staat: *'Laat mij toch uw majesteit zien,' zei Mozes* (Exod. 33:18). Zo werd Hij ook op de Sinaï gezien, zoals er geschreven staat: *En zij zagen de God van Israël* (Exod. 24:10), en: *De verschijning van de majesteit van de* EEUWIGE *was een laaiend vuur'* (Exod. 24:17), maar een andere keer werd hij niet gezien, zoals er geschreven staat: *U hebt geen gedaante gezien op de dag dat de* EEUWIGE *u op de Horeb toesprak* (Deuteronomium 4:15), en: *U hoorde een stem spreken, maar een gedaante zag u niet* (Deut. 4:12). Er staat geschreven, toen Israël in Egypte was: *God hoorde hun jammerkreten* (Exod. 2:24), maar toen Israël zondigde, staat er geschreven: *maar hij wilde niet naar u luisteren en hield zich doof* (Deut. 1:45). Hij beantwoordde de roep van Samuel te Mizpa, zoals er geschreven staat: *Hij riep de* EEUWIGE *om hulp voor Israël, en de* EEUWIGE *verhoorde hem* (1 Samuel 7:9), maar bij een andere gelegenheid antwoordde Hij niet, zoals er geschreven staat: *'Hoe lang blijf je nog treuren om Saul, die ik verworpen heb?'* (1 Sam. 16:1). Hij antwoordde David, zoals er geschreven staat: *Ik zocht de* EEUWIGE *en hij gaf antwoord,* (Psalm 34:5), maar bij een andere gelegenheid antwoordde hij hem niet, zoals er geschreven staat: *David bad tot God voor de jongen* (2 Samuel 12:16). Als Israël berouw heeft, staat hij tot hun beschikking, zoals er geschreven is: *Maar ten slotte zult u de* EEUWIGE, *uw God, weer zoeken, en hem ook vinden* (Deut. 4:29), maar wanneer Israël geen berouw heeft, staat God niet tot hun beschikking, zoals er geschreven staat: *Als ze dan met hun schapen, geiten en runderen op weg gaan om de* EEUWIGE *te zoeken, zullen ze hem niet vinden: hij zal zich voor hen verborgen houden* (Hosea 5:6). Soms is hij dichtbij, zoals er geschreven staat: *Allen die hem aanroepen is de* EEUWIGE *nabij* (Psalm 145:18) en soms ver, zoals er geschreven staat: *De* EEUWIGE *is ver verwijderd van de goddelozen* (Spreuken 15:29). *Pesikta de Rav Kahana* [ca. 6e eeuw en genoemd naar een Babylonisch-Palestijnse geleerde uit de 3e eeuw], XXIV, ed. S. Buber (Lyck 1868) p. 156a. Zie ook *Jerushalmi Talmud Makkot*, 2, 31d.

"Er zijn tijden dat God genadig is en bereid om degenen die tot Hem bidden te zegenen en tijden dat Hij niet genadig is en het oordeel over de wereld losbreekt en tijden waarop het oordeel is opgeschort. Er zijn jaargetijden waarin de genade overvloedig is en jaargetijden waarin het oordeel overvloedig is en jaargetijden waarin het oordeel overvloedig is, maar wordt opgeschort. Zo is het ook met de maanden en met de dagen van de week en zelfs met de gedeelten van elke dag en met elk uur. Daarom staat er geschreven: *Voor alles wat gebeurt is er een uur, een tijd voor alles wat er is onder de hemel* (Prediker 3:1) en wederom: *En nu,* EEUWIGE, *richt ik mijn gebed tot u, laat dit een uur zijn van mededogen* (Psalm 69:14). Daarom wordt hier gezegd: 'Laat hem niet te allen tijde tot het Heiligdom komen'. Rabbi Simeon zei: 'Deze uitleg van het woord *tijd* is helemaal juist en zo waarschuwde God Aäron om niet dezelfde fout als zijn zonen te maken door te proberen een verkeerde 'tijd' te verbinden met de Koning, zelfs als hij zou merken dat het wereldbestuur tijdelijk in de handen van een ander geplaatst zou zijn, en hoewel hij de macht heeft om er één mee te worden en het bijna tot Heiligheid te brengen'." *Zohar*, dl III, 58a.

7 Je moet goed begrijpen dat wanneer een van hen, die een dieper inzicht heeft gekregen, 'iets wil mededelen, mondeling of schriftelijk, van de mysteriën die hij waargenomen heeft, het hem niet mogelijk is om helder en systematisch uit te leggen wat hij zoal ervaren heeft, zoals hij gedaan zou hebben in elke andere wetenschap die een algemeen aanvaarde manier van onderricht kent. Wanneer hij anderen probeert te onderwijzen, moet hij worstelen met dezelfde moeilijkheid die hij bij zijn eigen studie onder ogen moest zien, namelijk dat de dingen voor één ogenblik helder worden en dan in duisternis terugwijken. De aard van dit onderwerp schijnt dit met zich mee te brengen, of iemands aandeel daarin nu groot of klein is. Wanneer

een metafysicus of theoloog, die een deel van de waarheid bezit, van plan is om zijn kennis over te brengen, kan hij dit dan ook niet anders doen dan in gelijkenissen en raadsels. De schrijvers over dit onderwerp hebben veel verschillende gelijkenissen gebruikt, die niet alleen verschilden in onderdelen maar ook in hun wezenlijke aard.' Maimonides, *The Guide of the Perplexed*, inleiding, ed. J. ibn Shmuel, p. 7.

8 *Man's Quest for God* (New York 1954) p. 74; *Man is Not Alone*, p. 165.

NOTEN BIJ HOOFDSTUK 13 *God zoekt de mens*

1 De liturgie van de Grote Verzoendag.

2 'Rabbijn José zei: Juda legde het zo uit: *De* EEUWIGE *verscheen vanaf de Sinaï* (Deut. 33:2). Lees het niet zó, maar lees: *De* EEUWIGE *is gekomen naar Sinaï*. Toch aanvaard ik deze uitleg niet, maar *De* EEUWIGE *is gekomen van Sinaï*, om Israël te verwelkomen als een bruidegom die zijn bruid tegemoet gaat.' *Mechilta, Bahodesh* op 19:17. Gods verbond met Israël was een daad van genade. 'Hij zorgde voor onze verlossing uit Egypte zodat wij Zijn volk zouden worden en Hij onze Koning.' *Kuzari*, II, 50. 'De eerste mens zou God nooit gekend hebben als Hij hem niet zou hebben aangesproken, beloond en gestraft... Hierdoor was hij ervan overtuigd dat Hij de Schepper van de wereld was en hij kenschetste Hem door woorden en eigenschappen en noemde Hem *de* EEUWIGE. Als hij deze ervaring niet zou hebben gehad, zou hij met de naam *God* tevreden zijn geweest; hij zou niet hebben bemerkt wat God was, of Hij één is of velen, of hij individuen kent of niet.' *Kuzari*, IV, 3.
[Het doel van Halevi's *Koezari* (*Sefer ha-Kuzari*), met als ondertitel *Een boek van argumenten en bewijzen tot steun aan het verachte geloof*, is te laten zien dat het jodendom de voorkeur verdient boven christendom en islam. Het is een het Arabisch geschreven dialoog tussen een joods geleerde en de vorst van de Chazaren, een Tartaarse stam aan de Wolga, die met zijn volk in de 8e eeuw tot het jodendom is overgegaan.
Juda Halevi, *Kuzari: het boek van de Chazaar*, Amsterdam 2010]

3 Zie *Selected Poems of Jehudah Halevi van Toledo* (Juda ha-Levi, ca. 1085-1141), vertaald door Nina Salamon (Philadelphia 1928) pp. 134-135.

4 *Man is Not Alone*, p. 87 e.v.

5 *Deuteronomium* 5:22, volgens de Aramese vertaling van Onkelos en Jonathan ben Uzziël en de uitleg van *Sanhedrin*, 17b; *Sotah*, 10b en de eerste uitleg van Rashi.

6 *Moreh Nebuchim*, inleiding, ed. J. ibn Shmuel (Jeruzalem 1947) pp. 67. *The Guide of the Perplexed*, vertaald door Ch. Rabin, (Londen 1952) p. 43 e.v. [*Dalalat al-Cha'irin* (Arab.), *More ha-Nevuchim*, of *Moré Newoechim* (Hebr.), *Dux neutrorum* (Lat.): *Gids der verdoolden*.]
In min of meer dezelfde trant lezen we in de *Zohar* dat de Thora een gedachte openbaart 'voor een ogenblik en haar dan aanstonds kleedt in een ander gewaad, zodat ze daarin verborgen is en zich niet vertoont. De wijzen, wier wijsheid hen vol ogen maakt, dringen door het gewaad door tot de kern van het woord dat daarin verborgen is. Wanneer het woord dus voor een ogenblik geopenbaard is, kunnen zij wier

ogen wijs zijn, het dat eerste moment zien, maar het is gauw opnieuw verborgen.' *Zohar*, dl II, p. 98b. Zie ook Plato, *Brieven*, VII, 341.

7 Rabbi Yaakov Yosef van Ostrog, *Rav Yevi* (Ostrog 1808) p. 43b.

8 *Tanhuma*, Yitzo, I. Volgens de rabbijnen werden de woorden niet alleen gehoord door Israël, maar door de inwoners van de hele wereld. De goddelijke stem verdeelde zich in 'de zeventig talen' van de mensheid, zodat iedereen haar zou kunnen verstaan. *Exodus Rabba*, 5, 9.

9 *Berachot*, 17a.

10 Volgens rabbijn Jonathan 'vertoefde de *Sjechina* drieënhalf jaar op de Olijfberg in de hoop dat Israël zou omkeren, maar ze deden het niet, terwijl een hemelse stem uitriep: Ga terug, trouweloze zonen.' *Klaagliederen Rabba*, inleiding, 25.

11 Volgens *Masechet Kallah*, hfdst. 5, ed. M. Higger (New York 1936) p. 283, verwijzen deze passages naar een eeuwigdurende stem.

12 'Deze roep van God komt tot degene die de Thora genomen heeft als een licht op zijn pad, die verstandig geworden is, die een helder begripsvermogen heeft, die ernaar verlangt om de gunst van de Almachtige deelachtig te worden en om op te stijgen tot de geestelijke hoogten van de heiligen en die zijn hart afwendt van wereldse zorgen en begeerten.' Bachja, *The Duties of the Heart, Avodat Elohim*, hfdst. 5 (dl II, p. 55).

13 Rabbi Mordechai Azulai, *Or Hachamah* (Przemysl 1897) dl III, p. 42b.

NOTEN BIJ HOOFDSTUK 14 *Inzicht*

1 *Siddur Saadia*, p. 379. Volgens de *Wijsheid van Salomo* (7:25) is de wijsheid waardoor de wereld geschapen is, *de adem van Gods kracht, de zuivere straling van de luister van de Almachtige; niets dat onrein is kan haar binnendringen... Ze gaat over op elk volgend geslacht van vrome mensen en maakt hen tot vrienden van God, en tot profeten* (7:27). *God zei: 'Er moet licht komen,' en er was licht* (Genesis 1:3). Volgens een oude opvatting zou dat licht, als het in de wereld gebleven zou zijn, de mens in staat hebben gesteld om met één blik de wereld te overzien. Vooruitlopend op de boosheid van de zondige generaties tijdens de Zondvloed en de Toren van Babel, die onwaardig waren om van de zegen van zo'n licht te genieten, verborg God het. In de komende wereld zal het aan de vromen in al zijn oorspronkelijke glorie verschijnen (*Hagigah* 12a). Maar als het helemaal verborgen zou zijn, zou de wereld, volgens een andere opvatting, 'niet in staat zijn geweest om ook maar één ogenblik te bestaan. Maar het werd alleen verborgen als een zaad dat andere voortbrengt, zaden en vruchten, en de wereld wordt door hem onderhouden. Er is geen dag die niet iets van dat licht uitstraalt om alle dingen te ondersteunen, want hiermee voedt de Heilige de wereld' *Zohar*, dl II, p. 149a. Zie dl II, pp. 166b-167a. Vergelijk voor het hele probleem mijn opstellen 'Did Maimonides Strive for Prophetic Inspiration?' in: *Louis Ginzberg Jubilee Volume* (Hebreeuws) (New York 1945) pp. 159-188; 'Inspiration in the Middle Ages', in: *Alexander Marx Jubi-*

lee Volume (New York 1950) pp. 175-208. [*Siddur/siddoer* of *tefilla* = Gebedenboek]

2 *Abot* 6, 2.

3 *Zohar*, dl III, pp. 126a, 52b, 58a; dl I, pp. 78a, 90a, 124a, 193a; dl II, p. 5a; zie *Hagigah*, 15b en *Pirke de Rabbi Eliëzer*, hfdst. 15.

4 Volgens *Psalm* 19:3.

5 *Hagigah*, 5b.

6 *Toldot Yaakov Yosef* (Lemberg 1863) p. 172a; zie de bronnen genoemd in *Sefer Baäl Shem Tov*, dl II, p. 167, en rabbi Eliëzer Azkari, *Haredim* (Venetië 1601) p. 81a.

7 Rabbi Levi Yitzhak van Berditsjev, *Kedushat Levi* (Lublin 1927) p. 186b; zie p. 28a. Vergelijk *Lekkute Yekarim* (Mesyrov 1797) p. 2d.

8 *Zohar*, dl I, p. 90a.

9 *Midrash Rabba*, *Hooglied* 5, 2, en *Zohar*, dl III, p. 95a.

10 Volgens *Numeri Rabba* 14, 7 verwijst het vers *Wie kan aantreden om met hem te strijden?* (Job 41:2) naar Abraham, die uit zichzelf kennis van het bestaan van God kreeg. 'Er was geen mens die hem leerde hoe hij kennis kon verwerven van de Heilige, Hij zij geprezen.' Hij was een van de vier mensen die God uit zichzelf leerden kennen. De andere drie waren Job, Hizkia (*mijn sterkte is de* EEUWIGE) en de Messias. De bedoeling van deze passage is echter om er de nadruk op te leggen dat Abraham geen menselijke hulp ontving. Het verwijst niet naar goddelijke hulp. Bovendien is de omstandigheid dat vier mensen uitgekozen zijn een uitzondering die de regel bevestigt.

11 *Yoma*, 38b.

12 *Zohar*, dl I, p. 88b; [Genesis 15:1, *Geen zegen over een lege tafel*].

13 *Zohar*, dl I, p. 51a [*Het mysterie van de offervlam; het verterende hemellicht*].

14 *Zohar*, dl I, p. 77b.

15 'Je kunt nooit materie zien zonder vorm of vorm zonder materie... Vormen zonder materie kunnen niet worden waargenomen door de ogen in het hoofd, maar alleen door het oog van het hart. Op dezelfde wijze kennen wij de Eeuwige van het heelal zonder zichtbaar beeld.' *Mishne Torah, Yesode Hatorah*, IV, 7. Zie *The Duties of the Heart*, dl II, p. 55. De uitverkorenen hebben de gave van 'een innerlijk oog, dat de dingen ziet zoals ze werkelijk zijn' (*Kuzari* IV, 3); zie Ibn Ezra, *Commentaar* op Exodus 7:8, 9 (*De* EEUWIGE *zei tegen Mozes en Aäron: 'Als de farao jullie om een wonder vraagt, moet jij, Mozes, tegen Aäron zeggen dat hij voor de ogen van de farao zijn staf op de grond gooit; die staf zal dan een grote slang worden.'*). De term wordt ook door Abu Hamid Muhammad al Gazzali (1058-1111) gebruikt, zie David Kaufmann, *Geschichte der Attributenlehre* (Gotha 1877) p. 202, n. 180, en J. Obermann, *Der philosophische und religiöse Subjektivismus Ghazalis* (Wenen 1921) p. 27. Vergelijk Aristoteles, *De Mundo*, 391: 'Door het goddelijke oog van de ziel goddelijke dingen aanschouwen en die aan de mensheid uitleggen.'

16 De talmoedische uitdrukking *ovanta deliba* schijnt het concept van inzicht mede te omvatten. Het is een handeling die leidt tot een waarneming van de geheimenissen van de Merkaba, zie *Megillah* 24a en *Tosafot, Avoda Zara*, 28b.

17 *The Duties of the Heart, heshbon hanefesh*, hfdst. 3, § 10. Bachja verwijst naar 'de innerlijke wetenschap' die hij beschrijft als het licht van de harten en de glans van de zielen. Over deze wetenschap zegt de Schrift: *maar u wilt dat waarheid mij vervult, u leert mij wijsheid, diep in mijn hart* (Psalm 51:8). *The Duties of the Heart*, dl I, p.7.

18 *Selected Poems of Moshes Ibn Esra*, uitgegeven door Heinrich Brody en vertaald door Solomon Solis-Cohen (Philadelphia 1945) p. 124. De uitdrukking komt ook voor in Bachja, *ibidem, Avodat Elohim*, hfdst. 5.

19 *Kuzari* IV, 3

20 *Shirim Nivharim*, ed. Shirman, gedicht 4, regel 22.

21 Shirman, *ibid.*, gedicht 2, regel 5.

22 *Selected Poems of Jehudah Halevi* (Philadelphia 1928) p. 94.

23 *Diwan des... Jehuda ha-Levi*, uitg. H. Brody (*Gottesdienstliche Poesie*; Berlijn 1911) p. 159.

24 *Zohar*, dl I, p. 103-b; zie dl II, p. 116b. Zie Rabbenu Hananels visie, geciteerd in *Commentar zum Sepher Jezira* door R. Jehuda G. Barsilai uit Barcelona, ed. Helberstam (Berlijn 1855) p. 32. De *Zohar* verbindt *bishe'arim* met het werkwoord *lesha'er*, schatten. Zie *Spreuken* 23:7 en Rashi op *Sotah*, 38b.

NOTEN BIJ HOOFDSTUK 15 *Geloof*

1 *Heft uw ogen naar omhoog*, 'Door dit te doen zul je weten dat het de geheimzinnige Oude van dagen is wiens wezen gezocht maar niet gevonden kan worden, die dit alles geschapen heeft..., Hij moet altijd gezocht worden hoewel Hij mysterieus en niet te onthullen is... Maar wanneer een mens door onderzoek en overdenking de uiterste grens van het kennen heeft bereikt, houdt hij op alsof hij wil zeggen: wat weet je? - wat hebben je naspeuringen opgeleverd?' *Zohar*, dl I, p. 1b.

2 *Man is Not Alone*, p. 92.

3 *Mishnah Torah, teshuvah*, X, 6.

4 Rabbi Shneur Zalman van Ladi herinnert aan de dief die een beroep doet op God om hem te helpen, terwijl hij inbreekt in een huis om te stelen; zie *Berachot*, 63a.

5 *Jerushalmi Sanhedrin*, X, 2, 28b.

6 Mechilta op Exodus 15:11 (*Wie onder de goden is uw gelijke,* EEUWIGE? *Wie is uw gelijke, zo ontzagwekkend en heilig, wie dwingt zoveel respect af met roemrijke daden, wie anders verricht zulke wonderen?*). Volgens de legende in *Gittin*, 56b zou Titus godslasterlijk gezegd hebben: 'Zelfs de zwijgenden spreken soms, maar Gij zwijgt voor altijd.' Zie *Arugat Habosem*, dl I, p. 26.

7 *Genesis Rabba*, 30, 10.

NOTEN BIJ HOOFDSTUK 16 *Het begripsvermogen te boven*

1 *Man is Not Alone*, p. 74.

2 *Jerushalmi Berachot*, 9, 1.

3 Voor een gedetailleerde analyse, zie *Man is Not Alone*, pp. 102-123.

Deel 2 *Openbaring*

NOTEN HIJ HOOFDSTUK 18 *Het profetische understatement*

1 *Mozes zei: 'Nu zult u inzien dat het de* EEUWIGE *is die mij gezonden heeft om alles te doen wat ik heb gedaan, en dat het niet uit mijzèlf is voortgekomen'* (Numeri 16:28).

2 De profeten pasten hun woorden aan het menselijke bevattingsvermogen aan; zie de *Mechilta* op *Exodus* 19:18; vergelijk de *Mishnah van rabbi Eliëzer*, regel 14, ed. H.G. Enelow (New York 1933) p. 25.

NOTEN BIJ HOOFDSTUK 19 *Het mysterie van de openbaring*

1 Maimonides, *The Guide of the Perplexed*, boek II, hfdst. 33.

2 Inleiding op zijn *Commentaar op Mishnah Sanhedrin*, hfdst. X, regel 8.

[2ª De EEUWIGE richtte zich tot mij: 'Mensenkind, klaag alle profeten van Israël aan die het nog wagen te profeteren; zeg tegen de profeten die op eigen gezag spreken: "Luister naar de woorden van de EEUWIGE! Dit zegt God, de EEUWIGE : Wee de verdwaasde profeten die hun eigen ingevingen volgen zonder iets te hebben gezien! Israël, je profeten zijn als jakhalzen die leven tussen de ruïnes. Ze zijn niet in de bres gesprongen voor hun volk, ze hebben er geen muur omheen gebouwd waardoor het op de dag van de EEUWIGE in de strijd zou kunnen standhouden. Hun visioenen zijn bedrieglijk, hun voorspellingen zijn vals. Ze zeggen: 'Zo spreekt de EEUWIGE ...,' terwijl ze niet door de EEUWIGE gezonden zijn. En dan verwachten ze nog dat er iets van hun woorden bewaarheid wordt!
Is het niet zo – zegt God, de EEUWIGE – dat jullie visioenen bedrieglijk zijn en jullie voorspellingen vals? Jullie zeggen: 'Zo spreekt de EEUWIGE ...,' terwijl ik niets heb gezegd! Omdat jullie woorden bedrieglijk zijn en jullie visioenen vals, zal ik jullie straffen – spreekt God, de EEUWIGE.
Ik keer me tegen de profeten met hun bedrieglijke leugens en valse voorspellingen. Ze zullen uit de gemeenschap worden gestoten. Ze zullen niet meer ingeschreven staan in de boeken van het volk van Israël, en in het land van mijn volk zal geen plaats meer voor hen zijn. Dan zullen jullie inzien dat ik God, de EEUWIGE , ben. De profeten hebben mijn volk op een dwaalspoor gebracht toen ze zeiden dat het vrede zou blijven, en mijn volk bouwde muren die door de profeten met witkalk werden bepleisterd – maar het bleef geen vrede. Zeg daarom tegen die witkalkers dat hun muur zal instorten. Als er slagregens komen, als er hagelstenen neerkletteren, als er een stormwind losbreekt en de muren instorten, zal er dan niet worden gezegd: 'Waar is jullie pleisterwerk gebleven?' Daarom – zegt God, de EEUWIGE – zal ik in mijn woede een stormwind laten losbreken en slagregens doen neerslaan, ik zal hagelstenen laten neerkletteren in mijn alles verwoestende toorn. Ik haal de witgepleisterde muren omver, ze zullen instorten en hun fundamenten zullen bloot komen te liggen. De stad zal in puin vallen en jullie zullen omkomen. Jullie zullen

weten dat ik de EEUWIGE ben. Ik zal mijn woede koelen op de muren en op de witkalkers, ik zeg jullie dat de muren zullen verdwijnen samen met hen die ze hebben bepleisterd: de profeten van Israël met hun profetieën over Jeruzalem, die visioenen hadden van vrede terwijl het geen vrede zou blijven – zo spreekt God, de EEUWIGE" (Ezechiël 13).]

3 Maimonides, *The Guide of the Perplexed*, I, 65.

4 *Ibid.*, I, 41.

5 Rabbi Solomo Adret van Barcelona (†1310), *Maamar Al Ishmael*, in J. Perles, *R. Salomo b. Abraham b. Aderath*, Breslau 1863 (Hebreeuws), p. 12.

6 Rabbi Loew van Praag, *Tiferet Israel*, hfdst. 43.

NOTEN BIJ HOOFDSTUK 20 *De paradox van Sinaï*

Voor een fenomenologische analyse van het profetische gebeuren zoals zich dat weerspiegelt in het bewustzijn van de profeten en voor een vergelijking van de bijbelse profetie met soortgelijke verschijnselen in andere godsdiensten, zie mijn boek *The Prophets*.

1 1 Koningen 8:12: *EEUWIGE, u hebt gezegd dat u in een donkere wolk wilde wonen*; Psalm 18:10 en 2 Samuel 22:10: *Hij schoof de hemel open en daalde af, duisternis onder zijn voeten.*

2 Twee maal zegt de Bijbel: *Het volk bleef op grote afstand staan* (Exodus 20:18, 21).

3 Rabbi Yehuda van Zakilkov, *Lekute Maharil* (Lublin 1899) p. 47 a.

4 *De volken betekenen niets in zijn ogen, voor hem zijn ze minder dan niets* (Jesaja 40:17). En *De mensen op aarde zijn slechts nietige wezens; hij doet met de hemelse machten en met de mensen op aarde wat hij wil. Er is niemand die hem kan tegenhouden of tegen hem kan zeggen: 'Wat hebt u gedaan?'* (Daniël 4:32). [*LOOFHUTTENFEEST (Hebr.: *Soekot*): Oorspronkelijk was het een dankfeest na de oogst; later kwam daarbij de herinnering aan de goddelijke bescherming tijdens de omzwervingen in de woestijn. Families bouwen ter gelegenheid van dit feest een *soeka*, een tijdelijke hut, en verzamelen vier soorten boomtakjes, van een palm, mirte, wilg en paradijsappel (*Citrus medica*). Onder het zingen van passages uit de Psalmen 113 t/m 118 worden de takjes naar alle windstreken bewogen: 'Van U – aan U. En zoals dit zo alles overal ter wereld!']

NOTEN BIJ HOOFDSTUK 21 *Een religie van tijd*

1 A. J. Heschel, *The Sabbath* (New York 1951) p. 7 e.v.; *De sabbat* (Amsterdam 2006) p. 27 .

2 *Pesahim*, 68b.

3 *The Sabbath*, p. 96; *De sabbat*, p. 95.

4 De Sri Lankaanse godsdiensthistoricus Ananda K. Coomaraswamy (†1947), geciteerd door Aldous Huxley, *The Perennial Philosophy* (New York 1945, p. 51; 's-Gravenhage 1950, p. 62) Vergelijk p. 53 (p. 64 van de Nederlandse editie): 'Het grote aantal Boeddha's en *Bodhisattva's* (heilige wezens, tot verlichting bestemd), waar de mahayanatheologen over spreken, is in overeenstemming met de omvang van hun kosmolo-

gie. Tijd is voor hen zonder begin en de ontelbare hemelruimtes, die alle bewuste wezens in alle mogelijke soorten onderhouden, worden geboren, ontwikkelen zich, raken in verval en sterven, alleen om dezelfde kringloop te herhalen – nog eens en nog eens tot de laatste onvoorstelbaar verre voltooiing, wanneer alle bewuste wezens in alle werelden de verlossing zullen hebben verworven uit de tijd, komende in het eeuwige Zelf of Boeddhaschap.'

5 Geciteerd door Huxley, *ibid.*, p. 189 (p. 197 Ned. ed.). [Zie in dit verband ook: Rudolf Otto, *Die Gnadenreligion Indiens und das Christentum* (Gotha 1930, Amsterdam 2005) en *West-Östliche Mystiek; Vergleich und Unterscheidung zur wesensdeutung* uit 1926.]

NOTEN BIJ HOOFDSTUK 22 *Proces en gebeurtenis*

1 G. B. Smith, *Religious Thought in the Last Quarter-Century* (Chicago 1927) p. 103 e.v.

2 Engelse filosoof en theoloog († 1900), geciteerd in H. McLachlan, *The Religious Opinions of Milton, Locke, and Newton* (Manchester 1941) p. 98.

NOTEN BIJ HOOFDSTUK 23 *Israëls verplichting*

1 De woorden *rebus sic stantibus* (nu de zaken er zo voorstaan) drukken de beperking uit die bij overeenkomsten vanzelf spreekt. Moreel gesproken is een aanvaarde verplichting alleen maar afdwingbaar als de omstandigheden fundamenteel dezelfde blijven.

2 *Tanhuma*, ed. S. Buber, II, 76; *Sifre* op *Deuteronomium* 11:13; *Berachot*, 63b; Rashi op *Exodus* 19:1; *Deut.* 11:13-14 (*Als u de geboden gehoorzaamt die ik u vandaag voorhoud, en de* EEUWIGE, *uw God, liefhebt en hem met hart en ziel dient, belooft de* EEUWIGE: *'Ik zal jullie akkers op de juiste tijd regen geven, in het najaar en in het voorjaar.*) en 26:16 (*Vandaag draagt de* EEUWIGE, *uw God, u op om u aan deze wetten en regels te houden. Neem ze zorgvuldig in acht en leef ze met hart en ziel na.*)

3 *Kiddushin*, 22b.

4 *Jerushalmi Sanhedrin*, IV, 21b.

5 'Als iemand slechts één sabbat behoorlijk onderhoudt, wordt dat beschouwd alsof hij alle sabbats onderhouden had vanaf de dag waarop God Zijn wereld schiep tot de tijd van de wederopstanding der doden' (*Mechilta* op *Exodus* 31:16).

NOTEN BIJ HOOFDSTUK 24 *Een onderzoek naar de profeten*

1[a] *Ga de hele geschiedenis maar eens na, vanaf de dag dat God de mens op aarde schiep, en doorkruis de hele wereld van het uiterste oosten tot het uiterste westen: is zoiets geweldigs ooit voorgekomen, heeft men ooit iets dergelijks vernomen? Is er ooit een volk geweest dat net als u vanuit een vuur de stem van een god heeft gehoord en dat heeft overleefd? Is er ooit een god geweest die het heeft aangedurfd zich een volk toe te eigenen waarover een ander volk macht uitoefende, en die dat deed met grootse daden, met tekenen en wonderen en felle strijd, met sterke hand en opgeheven arm, en op angstaanjagende wijze – zoals u met eigen ogen de* EEUWIGE, *uw God, in Egypte hebt zien doen? U bent er getuige van geweest opdat u zou beseffen dat de* EEUWIGE *de enige God is; er is geen ander naast hem. Vanuit de hemel heeft hij zijn stem laten horen om u op te voeden, en op aarde heeft hij u dat grote vuur laten zien en vanuit het vuur zijn geboden bekendgemaakt. De* EEUWIGE *heeft uw voorouders liefgehad en hun nageslacht uitgekozen, en hij zelf heeft u met zijn grote macht uit Egypte bevrijd* (Deut. 4:32-37).]

1 Zie A. J. Heschel, *Die Prophetie* (dissertatie, Krakau 1936) pp. 8-40; in het Engels als uitgebreide herdruk verschenen onder de titel *The Prophets* (New York 1962).

2 *Der Wille zur Macht*, 811. [Zie hierover ook W. James, *Vormen van religieuze ervaring*.]

3 Amos: *Toen de sprinkhanen ook het laatste groen van het land wegvraten, zei ik: 'EEUWIGE, mijn God, vergeef het volk van Jakob toch, hoe zou het dit kunnen overleven? Het is zo klein!' Toen kreeg de EEUWIGE medelijden: 'Het zal niet gebeuren,' zei de EEUWIGE.*

Dit heeft God, de EEUWIGE, mij laten zien: Ik zag hoe God, de EEUWIGE, bevel gaf om het land met vuur te straffen. De vlammen verteerden het water in de diepte. Toen ze over het land sloegen zei ik: 'EEUWIGE, mijn God, ik smeek u: houd op hiermee! Hoe zou het volk van Jakob dit kunnen overleven? Het is zo klein!' Toen kreeg de EEUWIGE medelijden: 'Ook dit zal niet gebeuren,' zei God, de EEUWIGE.

Dit heeft hij mij laten zien: Ik zag hoe de EEUWIGE op een loden muur stond met een loden voorwerp in zijn hand. En de EEUWIGE vroeg mij: 'Wat zie je, Amos?' Ik antwoordde: 'Lood.' Toen zei de EEUWIGE: 'Een loden last zal ik mijn volk Israël opleggen, ik zal het niet langer sparen. De offerhoogten van Isaaks volk zullen worden verwoest, de heiligdommen van Israël zullen in puin vallen, en ik zal het huis van Jerobeam treffen met het zwaard' (7:2-9).

Maar de EEUWIGE heeft me van achter mijn schapen vandaan gehaald, en het is de EEUWIGE die tegen me heeft gezegd: "Ga naar mijn volk Israël en profeteer daar." Luister daarom naar de woorden van de EEUWIGE. Jij zegt dat ik niet mag profeteren in Israël, geen profeet mag zijn voor Isaaks volk (15-16).

Dit heeft God, de EEUWIGE, mij laten zien: Ik zag een mand met rijp fruit. En de EEUWIGE vroeg mij: 'Wat zie je, Amos?' Ik antwoordde: 'Een mand met rijp fruit.' Toen zei de EEUWIGE: 'Weldra zal de tijd rijp zijn, ik zal mijn volk Israël niet langer sparen (8:1-2).

▸ Micha: *Ongelukkige die ik ben, het is als bij de late oogst, als bij de laatste pluk: geen volle druiventros meer om te eten, geen vroege vijg meer, waarnaar ik smacht. Zij die trouw waren zijn verdwenen uit het land, niemand is nog rechtschapen. Allen zijn op bloed belust, iedereen belaagt zijn naaste. Ze bekwamen zich in het kwaad: alleen voor geld stellen leiders een onderzoek in, rechters spreken recht tegen betaling, hooggeplaatsten zeggen wat hun het beste uitkomt, en zo houden zij het recht op afstand. De deugdzaamste van hen is als een doornstruik, de oprechtste is erger dan een stekelhaag. De dag van straf, door uw wachters aangekondigd, is gekomen, en het volk is in beroering! Geloof je naaste niet, vertrouw je vriend niet, let op je woorden, ook bij wie er in je armen ligt. De zoon veracht zijn vader, de dochter verzet zich tegen haar moeder, de schoondochter tegen haar schoonmoeder, en huisgenoten blijken vijanden.*

Maar ik, ik blijf uitzien naar de EEUWIGE, ik blijf hopen op de God die mij redding zal brengen. Hij zal mij horen, mijn God.

Jij die me haat, maak je niet vrolijk over mij.

Al ben ik gevallen, ik sta op, al is het donker om mij heen, de EEUWIGE is mijn licht.

De woede en boosheid van de EEUWIGE zal ik dragen – ik weet, ik heb tegen hem gezondigd – tot hij voor mij heeft gepleit, mij recht heeft verschaft.

Hij zal me naar het licht voeren en ik zal zijn gerechtigheid aanschouwen.
Zij die me haat zal het zien en beschaamd zijn, zij die me vroeg: 'Waar is hij dan, de EEUWIGE, *je God?'*
Ik zal toekijken en genieten wanneer ze als straatvuil vertrapt wordt (7:1-10).
Wie is een God als u, die schuld vergeeft en aan zonde voorbijgaat?
U blijft niet woedend op wie er van uw volk nog over zijn; liever toont u hun uw trouw. Opnieuw zult u zich over ons ontfermen en al onze zonden tenietdoen. Onze zonden werpt u in de diepten van de zee.
U bewijst Jakob uw trouw en Abraham uw goedheid, zoals u gezworen hebt aan onze voorouders, in de dagen van weleer (18-20).

‣ Jesaja: *Ik schreeuwde het uit: 'Wee mij! Ik moet zwijgen, want ik ben een mens met onreine lippen, en ik leef te midden van een volk dat onreine lippen heeft. En nu heb ik met eigen ogen de koning, de* EEUWIGE *van de hemelse machten, gezien.' Toen nam een van de serafs met een tang een gloeiende kool van het altaar en vloog daarmee op mij af. Hij raakte mijn mond ermee aan en zei: 'Nu zijn je lippen gereinigd. Je schuld is geweken, je zonden zijn tenietgedaan.' Daarop hoorde ik de stem van de Eeuwige zeggen: 'Wie zal ik sturen? Wie kan namens ons gaan?' Ik antwoordde: 'Hier ben ik, stuur mij.' Toen zei hij: 'Ga en profeteer het volgende tegen dit volk: "Luister goed, maar begrijpen zul je het niet; kijk goed, maar inzien zul je het niet." Maak het hart van het volk ongevoelig, stop hun oren toe, smeer hun ogen dicht. Dan kunnen ze met hun ogen niet zien, met hun oren niet luisteren, en tot hun hart zal het niet doordringen. Ze zullen niet naar mij terugkeren en geen herstel vinden.' Ik vroeg: 'Hoe lang, Eeuwige?' Hij antwoordde: 'Totdat de steden en huizen geheel verlaten zijn en er geen mens meer woont, tot heel het land verwoest is, één grote woestenij. Totdat de* EEUWIGE *de mensen heeft weggevoerd en er totale verlatenheid heerst in het land* (6:5-12).
Dus zal ik luid huilen om Jazer, weeklagen om de wijnstokken van Sibma.
En jullie, Chesbon en Elale, zal ik met mijn tranen doordrenken: voorbij zijn de vreugdekreten om je zomervruchten en je oogst.
Dan zal de vreugdezang in de boomgaard verstommen, in de wijngaard wordt niet meer gejubeld of gejuicht, in de kuipen worden geen druiven meer getreden. Ik maak een einde aan alle vreugdekreten.
Als een lier klaagt mijn hart om Moab, mijn binnenste weent om Kir-Cheres.
Hoezeer Moab zich ook aftobt op zijn offerhoogten, hoe vaak het ook bijeenkomt om te bidden bij het heiligdom – het is alles tevergeefs.
Zo heeft de EEUWIGE *destijds over Moab gesproken, en nu spreekt hij als volgt: In drie jaar tijd, gerekend naar de jaren van een dagloner, zal Moab ontluisterd worden, al zijn machtsvertoon ten spijt.*
Wat ervan overblijft, zal pover en onbeduidend zijn (16:9-14).
Een aangrijpend visioen heeft de EEUWIGE *mij geopenbaard:*
de verrader pleegt verraad, de verwoester verwoest.
Inwoners van Elam, val aan! Meden, sla het beleg!
De EEUWIGE *maakt aan het lijden van de verdrukten een eind.*
Ik sta te trillen op mijn benen, ik krimp ineen als een vrouw in barensnood. Wat ik hoor verbijstert me, wat ik zie ontstelt me. Mijn hart beeft, ik ben door angst bevangen; de EEUWIGE *heeft mijn dierbare avondschemer veranderd in een nachtmerrie.*
Het feestmaal is aangericht, de kleden zijn uitgespreid, er wordt gegeten en gedronken.
Sta op, vorsten, vet uw schilden in!

Want dit heeft de Eeuwige mij gezegd:
'Zet een wachtpost uit, laat hem melden wat hij ziet. Ziet hij strijdwagens, met paarden bespannen, een karavaan met ezels en kamelen, laat hij dan toezien, nauwlettend toezien.'
De wachter ('Een leeuw') *zegt: 'Heel de dag sta ik op wacht, Eeuwige, elke nacht blijf ik op mijn post.'*
Daar komen soldaten op strijdwagens, wagens, met paarden bespannen.
Dan roept hij: 'Gevallen, gevallen is Babel!
Al zijn godenbeelden liggen verbrijzeld!'
Mijn volk, vertrapt en vertreden als op de dorsvloer, de EEUWIGE *van de hemelse machten, de God van Israël, heeft mij dit laten weten, en ik heb het jullie gemeld* (21:2-10).

Daarom zeg ik: 'Laat mij nu alleen. Bittere tranen zal ik wenen om de ondergang van mijn volk. Tracht niet langer mij te troosten.'
Deze dag van ontreddering, verwoesting en verwarring is een dag van God, de EEUWIGE *van de hemelse machten. Het Dal van het visioen is met gekerm gevuld, hulpgeroep weerkaatst tegen de bergwanden. Elam had de pijlkoker gegrepen, de strijdwagens en de ruiters stonden gereed, Kir had het schild geheven. Jullie mooiste dalen vulden zich met strijdwagens, ruiters stelden zich op voor de poort – toen nam hij Juda's beschutting weg.*
Op die dag inspecteerden jullie de wapens in het Woud van de Libanon. Jullie ontdekten hoeveel bressen er in de muren van de Davidsburcht waren. Het water van het onderste waterbekken sloegen jullie op. Jullie bekeken welke huizen in Jeruzalem afgebroken konden worden om de stadsmuur te versterken. En ten slotte legden jullie tussen de muren een reservoir aan voor het water van het oude waterbekken. Maar jullie hadden geen oog voor de maker van dat alles; hem die alles lang tevoren schiep hebben jullie veronachtzaamd.
Op die dag heeft God, de EEUWIGE *van de hemelse machten, jullie opgeroepen tot weeklacht en rouw; jullie moesten je kaalscheren en een rouwkleed aantrekken. Maar jullie maakten plezier en vierden feest. Jullie slachtten koeien, schapen en geiten, jullie deden je te goed aan vlees en wijn. 'Laten we eten en drinken, want morgen sterven we.' Dit heeft de* EEUWIGE *van de hemelse machten tegenover mij verklaard: 'Dit wangedrag wordt jullie, zolang je leeft, onder geen beding vergeven – zegt God, de* EEUWIGE *van de hemelse machten'* (22:4-14).

EEUWIGE, *u bent mijn God. Ik zal u hulde bewijzen, uw naam loven. Want wonderbaarlijk zijn uw daden, u hebt uw beleid sinds mensenheugenis trouw en betrouwbaar uitgevoerd. Hun stad hebt u tot een bouwval gemaakt, hun versterkte vesting tot een ruïne; het bolwerk van barbaren is geen stad meer. Nooit zullen ze herbouwd worden. Daarom zal het gewelddadige volk u eren, de stad van wrede volken ontzag voor u tonen. U was een toevlucht voor de zwakken, een toevlucht voor de armen in hun nood, beschutting tegen stortbuien, schaduw tegen hitte. Want het woeden van die wrede volken is als een stortbui tegen een muur, als hitte in een dorre streek. U doet het barbaarse gejoel verstommen, u tempert de triomf van tirannen, zoals de schaduw van een wolk de hitte tempert* (25:1-5).

Ook wij verlaten ons op u, EEUWIGE: *wij gaan de paden van uw recht. Wij richten ons op uw naam, naar u gaat ons verlangen uit. Reikhalzend kijk ik naar u uit, zelfs 's nachts verlang ik naar u. Wanneer u een oordeel over de wereld velt, zullen de mensen op aarde gerechtigheid leren. Maar niet de goddeloze: al wordt hij gespaard, gerechtigheid zal hij nooit leren. In het land van het recht doet hij slechts onrecht; de macht van de* EEUWIGE *merkt hij niet op.*

EEUWIGE, uw opgeheven hand ziet hij niet. Laat hem dan tot zijn schande zien hoe u ijvert voor uw volk, hoe het vuur uw vijand verteert. EEUWIGE, geef ons vrede, alles wat wij deden, hebt u voor ons gedaan. EEUWIGE, onze God, andere heren hebben ons in hun macht gehad, maar alleen uw naam zullen wij prijzen.
Doden zullen niet herleven, schimmen niet opstaan. U bent tegen hen opgetreden, hebt hen vernietigd, elke herinnering aan hen hebt u uitgewist.
Uw volk hebt u groot gemaakt, EEUWIGE, en zo voor uzelf roem verworven. U hebt uw volk groot gemaakt en het land naar alle kanten uitgebreid. EEUWIGE, in onze nood hebben wij u gezocht; toen u ons tuchtigde, riepen wij u aan ('uitten zij een gemurmel'*). Zoals een zwangere vrouw in barensnood ineenkrimpt en schreeuwt in haar weeën, zo verschenen wij voor u, o EEUWIGE. Wij waren zwanger en krompen ineen, maar al wat we baarden was lucht; wij brachten het land geen uitkomst, op aarde werd geen mens meer geboren.*
Jullie doden zullen herleven, de lijken opstaan. Ontwaak, jullie daar in het stof, en jubel!
Uw dauw is een dauw die leven geeft, de aarde brengt haar schimmen weer tot leven (26:8-19).
Elk visioen is voor jullie als de tekst van een verzegeld boek, dat wordt voorgelegd met de vraag: 'Lees dit eens,' waarop hij antwoordt: 'Dat gaat niet, het is verzegeld.' Of als het wordt voorgelegd aan iemand die niet lezen kan: 'Lees dit eens,' dan zal hij zeggen: 'Ik kan niet lezen' (29:11-12).
Hoor, een stem zegt: 'Roep!' En een stem antwoordt: 'Wat zou ik roepen? De mens is als gras, hij bloeit als een veldbloem (40:6).
Hij heeft me gezegd: 'Mijn dienaar ben jij. In jou, Israël, toon ik mijn luister.'
Maar ik zei: 'Tevergeefs heb ik me afgemat, ik heb al mijn krachten verbruikt, het was voor niets, het heeft geen zin gehad. Maar de EEUWIGE zal me recht doen, mijn God zal me belonen.'
Toen sprak de EEUWIGE, die mij al in de moederschoot gevormd heeft tot zijn dienaar om Jakob naar hem terug te brengen, om Israël rond hem te verzamelen – dat ik aanzien zou genieten bij de EEUWIGE en dat mijn God mijn sterkte zou zijn. Hij zei: 'Dat je mijn dienaar bent om de stammen van Jakob op te richten en de overlevenden van Israël terug te brengen, dat is nog maar het begin. Ik zal je maken tot een licht voor alle volken, opdat de redding die ik brengen zal tot aan de einden der aarde reikt' (49:3-6).
God, de EEUWIGE, gaf mij een vaardige tong, waarmee ik de moedeloze kan opbeuren. Elke ochtend wekt hij mijn oor, zodat het toegerust is om aandachtig te horen.
God, de EEUWIGE, heeft mijn oren geopend en ik heb geen verzet geboden, ik ben niet teruggedeinsd. Ik heb mijn rug blootgesteld aan mijn folteraars, wie mij de baard uittrokken, bood ik mijn wangen aan. Ik heb mijn gezicht niet verborgen toen ze mij beschimpten en bespuwden.
God, de EEUWIGE, zal mij helpen, daarom word ik niet gekwetst en is mijn gezicht zo onbewogen als een rots, want ik weet dat ik niet beschaamd zal staan.
Hij die mij recht verschaft is nabij. Wie durft tegen mij een geding aan te spannen? Laten we samen voor het gerecht verschijnen. Wie is mijn tegenstander in deze zaak? Laat hij mij tegemoet treden.
God, de EEUWIGE, zal mij helpen – wie zal mij dan veroordelen? Mijn belagers vallen uiteen als een kledingstuk, als een gewaad dat ten prooi is aan de motten (50:4-9).
Er is niemand die uw naam aanroept, die zich ertoe zet uw hand te grijpen. U hebt uw gelaat voor ons

verborgen, u hebt ons moedeloos gemaakt en ons overgeleverd aan ons eigen wangedrag.
Toch, EEUWIGE, *bent u onze vader, wij zijn de klei, door u gevormd, wij zijn het werk van uw handen.*
Laat uw grote woede toch varen, EEUWIGE, *houd onze schuld niet steeds in gedachten, maar zie ons aan: wij zijn toch uw volk?*
Uw heilige plaatsen zijn een woestijn geworden: Sion is een woestijn, Jeruzalem een woestenij.
Onze heilige, luisterrijke tempel, waar onze voorouders u hebben vereerd, is ten prooi gevallen aan het vuur, en alles wat ons dierbaar was, is verwoest.
Laat dit alles u onbewogen, EEUWIGE? *Blijft u zwijgen en laat u ons zozeer lijden?* (64:6-11).

‣ Jeremia: *Ik riep: 'Nee,* EEUWIGE, *mijn God! Ik kan het woord niet voeren, ik ben te jong.' Maar de* EEUWIGE *antwoordde: 'Zeg niet: "Ik ben te jong." Richt je tot iedereen naar wie ik je zend en zeg alles wat ik je opdraag. Wees voor niemand bang, want ik zal je ter zijde staan en je redden – spreekt de* EEUWIGE.' *En de* EEUWIGE *strekte zijn hand uit, raakte mijn mond aan en zei tegen mij: 'Hiermee leg ik mijn woorden in jouw mond. Nu, op deze dag, geef ik je gezag over alle koninkrijken en volken, om ze uit te rukken en te verwoesten, om ze te vernietigen en af te breken, op te bouwen en te planten.'*
De EEUWIGE *richtte zich tot mij: 'Wat zie je, Jeremia?' Ik antwoordde: 'Ik zie een amandeltwijg.' 'Dat zie je goed,' zei de* EEUWIGE, *'zo snel als een amandelboom in het voorjaar uitbot, zo snel laat ik mijn woorden uitkomen.'*
De EEUWIGE *richtte zich opnieuw tot mij: 'Wat zie je?' Ik zei: 'Ik zie een gloeiend hete kookpot die vanuit het noorden overhelt.' De* EEUWIGE *zei: 'Vanuit het noorden zal onheil over alle inwoners van dit land worden uitgestort* (1:6-14).

*Ik zei: '*EEUWIGE, *mijn God, u hebt Jeruzalem en dit volk misleid: wij zouden in vrede leven, toch staat het zwaard ons op de keel!'* (4:10).

O bonzend hart! O razend hart! Ik krimp ineen van pijn! Ik kan niet zwijgen, tot in mijn ziel voel ik het hoorngeschal, hoor ik het krijgsgeschreeuw.
Ramp op ramp wordt gemeld, heel het land gaat te gronde. Plotseling zijn mijn tenten vernield, onverwacht mijn tentdoeken gescheurd.
Hoe lang nog moet ik de strijdvaan zien, de ramshoorn horen schallen? (4:19-21).

*'*EEUWIGE, *u wilt toch dat ze eerlijk zijn? U sloeg hen, maar het raakte hen niet. U bracht hen aan de rand van de afgrond, zij weigerden van die straf te leren. Zij gingen onverdroten voort en weigerden terug te keren. Ik dacht: Het zijn maar eenvoudige mensen, veel kennis hebben ze niet. Zij weten niet wat de* EEUWIGE *van hen vraagt, zijn niet bekend met het recht van hun God. Ik zal me tot hun leiders richten, zij weten beslist wat de* EEUWIGE *van hen vraagt, zij zijn bekend met het recht van hun God. Maar ook zij hebben het juk gebroken, hoog en laag heeft zijn riemen losgerukt.*
Daarom werden ze gedood door leeuwen uit het bos, verscheurd door wolven uit de steppe, daarom loerden panters op hun steden. Ieder die zich buiten waagde, werd verscheurd. Niet te tellen zijn hun misdaden, hun ontrouw bleek talloze malen' (5:3-6).

'Wee mij! Hoe pijnlijk zijn mijn wonden, niet te helen is mijn letsel.
Ik dacht: Dit lijden kan ik wel dragen.
Maar mijn tent is vernield, alle touwen zijn doorgesneden. Mijn kinderen zijn mij ontvallen, ze zijn er niet meer. Niemand zet ooit nog mijn tent op, niemand spant mijn tentdoeken meer.'

HOOFDSTUK 24

'De herders zijn een kudde dwazen, ze gaan niet te rade bij de EEUWIGE. Daarom lukt hun niets, en is hun eigen kudde verstrooid.
Luister! Een geluid komt naderbij, een machtig gedreun uit het noorden, om Juda's steden tot een woestenij te maken, tot een oord voor jakhalzen.'
'Ik erken, o EEUWIGE, dat het niet aan de mens is zijn weg te bepalen, zijn pad uit te zetten, te kiezen waarheen hij zal gaan. Straf mij, EEUWIGE, maar doe het rechtvaardig, niet uit woede, vaag mij niet weg.
Stort uw woede uit over volken die u niet kennen, over naties die uw naam niet aanroepen, want zij verslinden Jakobs volk, laten er niets van over, en zijn weidegrond verwoesten zij' (10:19-25).
'EEUWIGE, u staat altijd in uw recht als ik het tegen u opneem. Toch vraag ik, hoe verantwoordt u dat boosdoeners in voorspoed leven, en trouwelozen rust genieten?
U hebt hen geplant, ze schoten wortel, liepen uit en droegen vrucht. Ze hebben de mond vol van u, maar dragen u niet in het hart.
Maar mij kent u, EEUWIGE, u ziet mij, u weet dat ik u in mijn hart draag. Sleep die boosdoeners weg, voer ze als schapen naar de slachtbank, zonder ze af om ze te laten doden.
Hoe lang nog zal de aarde treuren, zullen gras en bloemen verdorren? Het vee en de vogels komen om door de wandaden van haar bewoners, die denken: Hij voorziet niet hoe ons einde zal zijn.'
'Als het je al zwaar valt snelle lopers bij te houden, kun je het dan tegen paarden opnemen? Jij struikelt al op het vlakke land, wat kun je dan beginnen in het struikgewas bij de Jordaan?
Ook je broers en zusters, je hele familie, zullen je laten vallen, ook zij zullen je naschreeuwen. Vertrouw hen niet, al zijn ze nog zo vriendelijk (12:1-6).
'EEUWIGE, al getuigen onze wandaden tegen ons, grijp toch in omwille van uw naam. Talloze malen waren wij u ontrouw, wij hebben tegen u gezondigd.
Bron van hoop voor Israël, redder in tijden van nood, waarom bent u als een vreemdeling in dit land, als een reiziger die maar één nacht blijft?
Waarom bent u als een radeloze man, als een soldaat die ons niet kan redden? U bent toch in ons midden, EEUWIGE, wij behoren u toch toe? Laat ons niet in de steek' (14:7-9).
Ik zei: 'Ach EEUWIGE, mijn God, hun profeten verkondigen: "Het zwaard zal jullie bespaard blijven en jullie zullen geen honger lijden; ik schenk jullie blijvende vrede in dit land".' De EEUWIGE antwoordde: 'Die profeten verkondigen leugens, en dat in mijn naam. Ik heb hen niet gezonden, hun niets opgedragen, niet tot hen gesproken. De visioenen die ze profeteren zijn leugens, waarzeggerij, holle woorden en eigen verzinsels (14:13-14).
Als ik naar de akkers ga, zie ik ze liggen, geveld door het zwaard. Als ik de stad in ga, zie ik ze liggen, uitgeteerd door de honger. Zelfs profeten, zelfs priesters komen terecht in een onbekend land.'
'Hebt u Juda verworpen, hebt u van de Sion een afkeer gekregen? Waarom hebt u ons zo hard geslagen dat er geen genezing voor ons is? Wij hoopten op vrede, maar vrede bleef uit, wij verwachtten genezing, maar angst overviel ons. EEUWIGE, wij bekennen onze schuld, en de schuld van onze voorouders: wij hebben tegen u gezondigd. Maar verstoot ons toch niet, doe het niet, omwille van uw naam. Ontluister uw troon toch niet, denk aan uw verbond met ons, verbreek het niet. Brengen die nietige goden van andere volken soms regen, of schenkt de hemel buien uit zichzelf? U, de EEUWIGE, onze God, doet dat

toch? Wij vestigen onze hoop op u, want u hebt alles gemaakt' (14:18-22).

'Wee mij! Ach moeder, dat u mij moest baren! Ik wek overal ergernis, iedereen bestrijdt mij. Ik ben niemands schuldeiser, en heb zelf geen schulden, toch word ik door iedereen vervloekt.

EEUWIGE, ik heb voor hen toch tot u gebeden, ('De EEUWIGE zei: "Ik zal u zeker bevrijden!"') *voor hen gepleit in tijden van rampspoed en nood? Maar het ijzer en het brons uit het noorden doen hun vernietigend werk.'*

'Jullie rijkdommen en schatten laat ik plunderen, dat is de prijs voor ('niet voor een prijs en om') *de zonden die je overal beging. Ik maak jullie tot slaaf van je vijanden* ('Ik laat je vijanden voorbij gaan')*in een onbekend land. Want het vuur van mijn toorn slaat uit, de vlammen zullen jullie verzengen.'*

'O EEUWIGE, u kent mij. Denk aan mij, bekommer u om mij, wreek mij op mijn achtervolgers. Heb met hen niet zo veel geduld dat het mij het leven kost. Weet dat ik omwille van u belasterd word. Telkens als ik uw woorden hoorde, nam ik ze als voedsel tot mij. Uw woorden gaven mij een diepe vreugde, want ik behoor u toe, o EEUWIGE, God van de hemelse machten.

Nooit was ik in vrolijk gezelschap, nooit heb ik plezier gemaakt. Eenzaam was ik, door uw toedoen, u had mij immers volgegoten met uw woede. Waarom blijft mijn lijden duren, is mijn wond niet te genezen, waarom wil hij maar niet helen? U hebt mij teleurgesteld, als een beek die drooggevallen is.'

'Dit zegt de EEUWIGE: Als je bij mij terugkeert en ik je aanneem, zul je mij weer dienen. Als je waardige woorden spreekt, niets onwaardigs, zul je weer mijn zegsman zijn. Laat dit volk zich naar jou richten, jij mag je niet richten naar hen.

Ik maak jou voor dit volk tot een bronzen vestingmuur. Ze zullen je bestrijden, maar je niet overwinnen, want ik zal je ter zijde staan om je te beschermen en te redden – spreekt de EEUWIGE.

Ik zal je redden uit de handen van boosdoeners, ik bevrijd je uit de greep van geweldenaars' (15:10-21).

Ze zeggen tegen mij: "Wat komt er uit van de woorden van de EEUWIGE?"

Ik ben u, mijn herder, nooit ontvlucht, naar een onheilsdag heb ik nooit uitgezien. U weet wat over mijn lippen komt, al mijn woorden zijn u bekend.

Word niet mijn ondergang – niet u! U bent toch mijn toevlucht in tijden van nood?

Laat mijn achtervolgers te schande staan – niet mij! Laat hen ten onder gaan – niet mij! Breng onheil over hen, tref hen, tref hen dodelijk' (17:15-18).

'Ze zeiden: "Laten we iets tegen Jeremia ondernemen. Want het onderricht van onze priesters, de raad van onze wijzen, de verkondiging van onze profeten zullen allerminst verdwijnen. Kom, we brengen hem in opspraak, we schenken aan zijn woorden niet langer gehoor."

EEUWIGE, luister naar mij, hoor de plannen van mijn tegenstanders. Mag goed met kwaad worden vergolden? Een kuil hebben ze voor mij gegraven – en dat terwijl ik voor u stond om voor hen te pleiten, om uw toorn van hen af te wenden. Geef daarom hun kinderen prijs aan de honger, lever ze uit aan het zwaard. Beroof hun vrouwen van hun man en kinderen, laat hun mannen sterven door de pest, hun jongens vallen in de oorlog. Laat gejammer uit hun huizen klinken, omdat u onverhoeds een bende op hen afstuurt. Want zij hebben een kuil gegraven om mij te vangen, zij hebben een strik op mijn pad gezet. EEUWIGE, u kent hun moorddadige plannen tegen mij. Dek hun misdaden niet toe, wis hun zonden niet uit. Laat hen voor uw ogen bezwijken, reken met hen af als uw toorn losbreekt' (18:18-23).

'EEUWIGE, *u hebt mij verleid, en ik ben bezweken, u was te sterk voor mij en hebt mij in uw greep gekregen. Dag in dag uit lachen ze om mij, iedereen bespot mij.*
Telkens als ik spreek, moet ik schreeuwen: "Ik word mishandeld, onderdrukt!" Want de woorden van de EEUWIGE *brengen mij dag in dag uit schande en vernedering.*
Als ik denk: Ik wil hem niet meer noemen, niet meer spreken in zijn naam, dan laait er in mijn hart een vuur op, dan brandt het in mijn gebeente. Ik doe moeite om het in bedwang te houden, maar ik kan het niet.
Want de mensen bauwen mij na: "Overal paniek! Overal paniek! Roep het, dan vertellen wij het verder." Al mijn vrienden zijn uit op mijn val: "Misschien laat hij zich verleiden, dan krijgen wij hem in onze greep, dan wreken wij ons op hem."
Maar de EEUWIGE *staat mij ter zijde als een machtige krijgsman. Daarom komen mijn belagers ten val, ze krijgen mij niet in hun greep. Ze zullen diep worden beschaamd, ze zullen hun doel niet bereiken. Ze worden overladen met eeuwige schande, nooit zal die worden vergeten.*
EEUWIGE *van de hemelse machten, die alles rechtvaardig onderzoekt, die hart en nieren doorgrondt, laat mij zien dat u zich op hen wreekt. U leg ik mijn zaak voor.*
Zing voor de EEUWIGE, *loof de* EEUWIGE, *want hij heeft het leven van de arme uit de handen van boosdoeners gered. Vervloekt is de dag waarop ik ben geboren, de dag waarop mijn moeder mij baarde. Die dag mag niet gezegend zijn. Vervloekt is de man die mijn vader het goede nieuws bracht, en riep: "U hebt een kind, een jongen!"*
Het zal die man vergaan als de steden die de EEUWIGE *meedogenloos verwoestte. Hij hoort kreten om hulp in de morgen, krijgsgeschreeuw op het middaguur.*
Had hij me maar in de schoot gedood, dan was mijn moeder mijn graf geworden, dan was haar schoot voor altijd zwanger gebleven.
Waarom moest ik de moederschoot verlaten? Ik heb alleen maar verdriet en pijn, ik slijt mijn dagen in schande' (20:7-18).

Nadat ik het koopcontract aan Baruch, de zoon van Neria, gegeven had, bad ik tot de EEUWIGE: *"Ach* EEUWIGE, *mijn God, u hebt met uw grote kracht, met uw machtige arm, de hemel en de aarde gemaakt. Voor u is niets onmogelijk. U bewijst uw liefde aan duizenden, u laat voor de schuld van de ouders ook de kinderen boeten, u bent de grote, machtige God, uw naam is* EEUWIGE *van de hemelse machten. Uw besluiten zijn indrukwekkend, uw daden machtig. U let aandachtig op de levensweg van de mensen en beloont ieder naar zijn daden. U hebt in Egypte tekenen en wonderen verricht, en verricht die tot op de dag van vandaag in Israël en onder heel de mensheid, zodat uw naam nu overal gevestigd is. U hebt uw volk Israël met angstaanjagende tekenen en wonderen uit Egypte weggeleid, met sterke hand en opgeheven arm, en u hebt hun dit land gegeven, dat u hun voorouders onder ede had beloofd: een land dat overvloeit van melk en honing. Uw volk trok het binnen en nam het in bezit, maar gehoorzaamde u niet. Ze leefden uw wet niet na, volgden uw geboden niet op. Daarom werd deze ellende hun deel. De belegeringswal reikt al tot de stadsmuur, de stad staat op het punt te worden ingenomen. Ze valt in handen van de Chaldeeën, die haar bestormen. Het zwaard, de honger en de pest brengen haar ten val. Wat u hebt aangekondigd, ziet u nu zelf gebeuren. Toch hebt u,* EEUWIGE, *mijn God, mij gezegd de akker te kopen en in aanwezigheid van getuigen te betalen. En dat terwijl de stad in handen van de Chaldeeën valt".'* (32:16-25)

4 Maimonides in een brief aan rabbi Hisdai, in *Kobets Teshubot Haram bam Weiggerotav*, ed. Lichtenberg (Leipzig 1859) II, pp. 23a-23b.

5 *Man is Not Alone*, p. 83.

NOTEN BIJ HOOFDSTUK 25 *De Bijbel en de wereld*

1 De theorie dat de Bijbel literatuur is, werd door de tijdgenoten van Ezechiël verdedigd. God heeft de profeet opgedragen om tegen 'het struikgewas' te profeteren: *"Luister naar de woorden van de EEUWIGE! Dit zegt God, de EEUWIGE: Ik steek je in brand, en het vuur zal al het levende en dorre hout verteren. De laaiende vlam zal niet doven, alle gezichten, in noord en zuid, zullen erdoor worden verschroeid, en alles wat leeft zal weten dat ik die vlam heb aangestoken. Het vuur zal niet doven!"' Ik antwoordde: 'Ach EEUWIGE, mijn God, zullen ze dan niet zeggen: "Hij spreekt in raadselen, die man!"'* (Ezechiël 20:47-49).
'Niet te benijden is de mens die de Thora beschouwt als een boek met louter verhalen en alledaagse dingen! Als dat zo was, zouden wij, zelfs wij, een Thora kunnen schrijven over alledaagse zaken en *van nog groter uitnemendheid*. Nee, de vorsten van de wereld bezitten *boeken van groter waarde*, die wij als voorbeelden zouden kunnen gebruiken om een dergelijke Thora samen te stellen.' *Zohar*, III, 152a. In Mozes ibn Ezra, *Shirat Israel*, vind je echter een waardering van de literaire kwaliteiten van de Bijbel. [Zie b.v. ook: *De Bijbel volgens Nicolaas Matsier* (Amsterdam 2003) en de *Grunberg-bijbel* (Amsterdam 2005).]

2 Zie Tor Andrae, *Die Person Muhammeds* (Stockholm 1918) p. 97, en Gustave E. von Grunebaum, *Medieval Islam* (Chicago 1946) p. 94 e.v. Over de bedenkingen van de mutazilieten, zie I. Goldizher, *Vorlesungen über den Islam* (Heidelberg 1910) p. 102. [Mutazilieten waren de eerste theologen of beoefenaars van de *kalâm*, een woord dat eigenlijk 'gesprek' betekent en dus duidt op de dialectische behandeling van de vraagstukken des geloofs.]

3 A. J. Heschel, *Man's Quest for God*, p. 25.

4 A. Jeremias, *Jüdische Frömmigkeit* (Leipzig 1927), p. 57.

NOTEN BIJ HOOFDSTUK 26 *Geloof, samen met de profeten*

1 'Hij die zelfs maar een enkele mitswa met zuiver geloof op zich neemt, is waardig dat de heilige Geest op hem zou rusten.' *Mechilta* op 14:31, ed. J. Lauterbach, I, p. 252.

2 *Degel Mahneh Ephraim*, Yitro.

3 *Yosippon*, ed. D. Günzburg (Berditsjev 1913) p. 22.

4 *Zohar*, dl II, 99a [*De liefdesopenbaring van de Thora*]; zie deel III, 58a.

5 *Seder Eliahu Rabba*, IX, ed. M. Friedmann (Wenen 1902) p. 48.

6 Hillel zei: 'Laat Israël met rust. De heilige Geest rust op hen. Ze zijn wel geen profeten, maar ze zijn leerlingen van profeten.' *Tosefta Pesahim*, 4, 8.

7 Jesaja 59:21, *Want de profetie zal u nooit verlaten*. Rabbi David Kimchi, *Commentaar, ad*

locum. [In de zgn. Rabbijnenbijbels (*Miqra'ot Gedolot*) kunnen dit soort commentaren staan. Kimchi (ca. 1194-1270) schonk veel aandacht aan taalkundige problemen.]

8 *Psalm* 51:13. Zie Targum en Rashi *ad locum*. Deze bede is een deel van de liturgie van de berouwvolle dagen. [In de talmoedische tijd ging in de Aramees-sprekende landen – Palestina en Babylonië – de voorlezing van de Bijbel vergezeld van een *targoem*, een vertaling in de landstaal.]

NOTEN BIJ HOOFDSTUK 27 *Het beginsel van de openbaring*

De schrijver is van plan elders een uitvoerige studie uit te geven over de betekenis van het beginsel van de openbaring in de joodse traditie. [Zie: Lawrence Perlman, *Abraham Heschel's Idea of Revelation*, 1989.]

1 Vergelijk de verklaring van rabbi Mozes Cordovero (†1570), geciteerd door rabbi Abraham Azulai, *Or Hachama* (Przemysl 1897) dl II, p. 145d-146a.

2 Maimonides bespreekt de tweede aanspraak in zijn *Commentaar* op de Misjna, terwijl hij de eerste in *The Guide of the Perplexed* bespreekt.

3 'Onder ons volk is een traditie in omloop dat de dag van de openbaring op de berg Sinaï mistig, bewolkt en enigszins regenachtig was.' Maimonides, *The Guide of the Perplexed*, boek III, hfdst. 9. Vergelijk rabbi Isaac Caro (een Spaanse talmoedist en bijbelcommentator die veel schreef in de tweede helft van de vijftiende en de eerste helft van de zestiende eeuw. Hij was een oom van rabbi Joseph Caro), *Toldot Yizhak* (Amsterdam 1708) p. 65a.

4 *Exodus Rabba*, 5, 9.

5 *Jerushalmi Makkot*, II, 31d.

6 *Genesis Rabba*, 17, 5.

7 Zij wordt gelijkgesteld met de Wijsheid, die van zichzelf zegt: *De* EEUWIGE *heeft mij vóór al het andere verworven, toen hij zijn scheppingswerk begon, schiep hij eerst mij* (Spreuken 8:22). Zie Jezus Sirach 1:4: *De wijsheid is vóór alles geschapen, inzicht en begrip bestonden al voor de tijd begon*. Wijsheid van Salomo 9:9: *Bij u is de wijsheid, die uw werken kent en die erbij was toen u de wereld schiep*. Vergelijk Louis Ginzberg, *The Legends of the Jews*, dl V, pp. 4 en 132 e.v.

8 *Shevuot*, 5a.

9 Rabbi Yehuda Loew ben Bezalel (Maharal), *Derech Hayim* (Warschau 1833) p. 8d.

10 Vergelijk *Pesikta de Rabbi Kahana*, 4, ed. S. Buber, p. 39a en *Sanhedrin*, 21b.

11 Rashi (†1105), *Commentaar* op het *Hooglied* 1:2. Zie *Tanhuma*, Balak, 14; *Numeri Rabba*, 20, 20.

12 Rabbi Moshe Cordovero, *Pardes Rimonim*, XXI, 6 (Korets 1786) p. 165a.

13 Rabbi Jesaja Horowitz, *Shne Luhot Haberit*, p. 59a. [*Sjné Loechot ha Brit*: 'Twee tafelen des verbonds'; dit boek droeg bij aan de verbreiding van de kabbalistische leer onder de Oost-Europese joden.]

14 Rabbi Abraham Azulai, *Hesed Leavraham*, *mayan* 2, *nahar* 12. Met het oog op de wet van

Deut. 21:10-14 (*Als u ten strijde trekt tegen de vijand, en de* EEUWIGE, *uw God, levert hem aan u uit, en u ziet onder de mensen die u krijgsgevangen maakt een mooi meisje dat bij u in de smaak valt en dat u tot uw vrouw wilt maken, en u neemt haar mee naar huis, dan moet zij haar hoofd kaalscheren, haar nagels knippen en de kleren die ze als krijgsgevangene droeg afleggen. Gedurende een maand mag ze in uw huis om haar vader en haar moeder treuren. Daarna mag u met haar slapen en kan ze uw vrouw worden. Als u haar op een gegeven moment niet meer wilt, moet u haar laten gaan waarheen ze wil. U mag haar niet verkopen en haar evenmin als een slavin behandelen, want u hebt haar al haar eer ontnomen.*) merkt de Talmoed op: 'De Thora hield rekening met het feit van de hartstocht.' *Kiddushin* 21b.

Volgens Maimonides werden de offers in de wet opgenomen omdat het volk van die tijd geen afstand had kunnen doen van het offeren als vorm van de eredienst waarmee het zoals alle andere volken van die tijd vertrouwd was. *The Guide of the Perplexed*, boek III, 32, 46. Deze motivatie wordt misschien aangegeven in *Leviticus* 17:7 (*Men mag geen offerdieren meer slachten voor bokken die als goden vereerd worden. Deze bepaling blijft voor de Israëlieten en hun nakomelingen voor altijd van kracht.*) en in *Leviticus Rabba*, 22, 5 wordt ze uitdrukkelijk vermeld; zie *Zohar*, dl III, 224a. De offercultus wordt niet vermeld in de Tien Geboden. Hij werd pas ingevoerd nadat de kinderen van Israël het gouden kalf hadden aangebeden. Zie Abravanel, *Commentaar* op *Jeremia* 7:22 en Seforno, *Commentaar*, inleiding op *Leviticus*. Zie Zev Yaavets, *Toldot Israel*, dl I (Berlijn 1925) pp. 154-160.

15 *Leshem Shevo Veahlama* (Pietrkov 1911) dl II, p. 305b.

16 *Hullin*, 60b.

17 *Toameha Hayim Zahu* (Jeruzalem 1924) dl III, p. 40.

18 *Prediker Rabba*, ter plaatse.

19 Zie *Temunah* (Korets 1784) pp. 27a, 30a-31a; rabbi Moshe ben Joseph di Trani (1505-1585), *Bet Elohim* (Venetië 1576) p. 58b; rabbi Abraham Azulai, *Hesed Leavraham, mayan* 2, *nahar* 11; rabbi Gedaliah van Luninec, *Teshuoh Hen*, in de naam van de Baäl Sjem.

20 *Sanhedrin*, 89a. Het woord *signon* wordt in twee betekenissen gebruikt, die beide denkbeeld en uitdrukking aanduiden. Zie Isaac Husiks opmerking in zijn uitgave van Albo's *Ikkarim*, III, p. 84. [*Sefer ha-'ikkarim*: book of principles]

21 Rabbi Samuel Edels, *Commentaar* op *Sanhedrin*, 89b. [Mede dankzij Edels (1565-1632) werd de Talmoed in Polen meer bestudeerd dan ooit.]

22 De Tien Geboden zijn in de Pentateuch in twee lezingen gegeven die enkele verschillen vertonen. [Exodus 20:2-17: '*Ik ben de* EEUWIGE, *uw God, die u uit Egypte, uit de slavernij, heeft bevrijd. Vereer naast mij geen andere goden. Maak geen godenbeelden, geen enkele afbeelding van iets dat in de hemel hier boven is of van iets beneden op de aarde of in het water onder de aarde. Kniel voor zulke beelden niet neer, vereer ze niet, want ik, de* EEUWIGE, *uw God, duld geen andere goden naast mij. Voor de schuld van de ouders laat ik de kinderen boeten, en ook het derde geslacht en het vierde, wanneer ze mij haten; maar als ze mij liefhebben en doen wat ik gebied, bewijs ik hun mijn liefde tot in het duizendste geslacht. Misbruik de naam van de* EEUWIGE, *uw God, niet,*

want wie zijn naam misbruikt laat hij niet vrijuit gaan. Houd de sabbat in ere, het is een heilige dag. Zes dagen lang kunt u werken en al uw arbeid verrichten, maar de zevende dag is een rustdag, die gewijd is aan de EEUWIGE, *uw God; dan mag u niet werken. Dat geldt voor u, voor uw zonen en dochters, voor uw slaven en slavinnen, voor uw vee, en ook voor vreemdelingen die bij u in de stad wonen. Want in zes dagen heeft de* EEUWIGE *de hemel en de aarde gemaakt, en de zee met alles wat er leeft, en op de zevende dag rustte hij. Daarom heeft de* EEUWIGE *de sabbat gezegend en heilig verklaard. Toon respect voor uw vader en uw moeder. Dan wordt u gezegend met een lang leven in het land dat de* EEUWIGE, *uw God, u geven zal. Pleeg geen moord. Pleeg geen overspel. Steel niet. Leg over een ander geen vals getuigenis af. Zet uw zinnen niet op het huis van een ander, en evenmin op zijn vrouw, op zijn slaaf, zijn slavin, zijn rund of zijn ezel, of wat hem ook maar toebehoort.'*

Deuteronomium 5:6-21:

'Ik ben de EEUWIGE, *uw God, die u uit Egypte, uit de slavernij, heeft bevrijd. Vereer naast mij geen andere goden. Maak geen godenbeelden, geen enkele afbeelding van iets dat in de hemel hier boven is of van iets beneden op de aarde of in het water onder de aarde. Kniel voor zulke beelden niet neer, vereer ze niet, want ik, de* EEUWIGE, *uw God, duld geen andere goden naast mij. Voor de schuld van de ouders laat ik de kinderen boeten, en ook het derde geslacht en het vierde, wanneer ze mij haten; maar als ze mij liefhebben en doen wat ik gebied, bewijs ik hun mijn liefde tot in het duizendste geslacht. Misbruik de naam van de* EEUWIGE, *uw God, niet, want wie zijn naam misbruikt laat hij niet vrijuit gaan. Neem de sabbat in acht, zoals de* EEUWIGE, *uw God, u heeft geboden; het is een heilige dag. Zes dagen lang kunt u werken en al uw arbeid verrichten, maar de zevende dag is een rustdag, die gewijd is aan de* EEUWIGE, *uw God; dan mag u niet werken. Dat geldt voor u, voor uw zonen en dochters, voor uw slaven en slavinnen, voor uw runderen, uw ezels en al uw andere dieren, en ook voor vreemdelingen die bij u in de stad wonen; want uw slaaf en slavin moeten evengoed rusten als u. Bedenk dat u zelf slaaf was in Egypte totdat de* EEUWIGE, *uw God, u met sterke hand en opgeheven arm bevrijdde. Daarom heeft hij u opgedragen de sabbat te houden. Toon respect voor uw vader en uw moeder, zoals de* EEUWIGE, *uw God, u heeft geboden. Dan wordt u gezegend met een lang leven en met voorspoed in het land dat de* EEUWIGE, *uw God, u geven zal. Pleeg geen moord. Pleeg geen overspel. Steel niet. Leg over een ander geen vals getuigenis af. Zet uw zinnen niet op de vrouw van een ander, en laat evenmin uw oog vallen op zijn huis, of op zijn akker, zijn slaaf, zijn slavin, zijn rund of zijn ezel, of wat hem ook maar toebehoort.'*]

De rabbijnen losten de kwestie van de twee versies op, door aan te nemen dat beide lezingen dezelfde goddelijke oorsprong hadden en op wonderbaarlijke wijze tegelijkertijd uitgesproken werden (*Mechilta* op 20:8). Ibn Ezra is echter van mening dat deze en veel van dit soort varianten in de Bijbel voortvloeien uit het gegeven dat voor Mozes de betekenis van de openbaring wezenlijker was dan de woorden. 'Weet dat de woorden zijn als lichamen en de betekenissen als zielen, en het lichaam is een vat voor de ziel. Dit is de reden waarom geleerden [...] voorzichtig zijn met betekenissen maar gemakkelijk woorden veranderen of verschillende woorden gebruiken als de betekenis dezelfde blijft.' Inleiding op de Tien Geboden in zijn *Commentaar* op *Exodus* 20; zie zijn *Commentaar* op *Deuteronomium* 5:5. Vergelijk Ibn Adret, *Responsa*, 1, 12; Nachmanides, *Commentaar* op *Numeri* 2:4 en op *Genesis* 1:4; Ibn Zimra, *Responsa*, III, 149; Shem Tov, *Commentaar* op *The Guide of the Perplexed*, II, 29; rabbi Shneur Zalman van Ladi, *Tanya*, hfdst. 21. [Door Sjneoer Zalman van Liady (1745-1813) en zijn opvolgers werd de zgn. Chabad-stroming (*Chochma-Bina-Da'at*: Wijsheid-Inzicht-Kennis) ontwikkeld, waar studie een even belangrijke plaats inneemt als gebed en meditatie. De aanhangers van Chabad bestuderen vooral het boek *Tanya* dat in 1814 voor het eerst compleet verscheen en een diepzinnige visie op de chassidische religieuze houding biedt.]

23 Rabbi Yaakov Yosef van Ostrog, *Rav Yevi* op *Psalm* 18. Het denkbeeld wordt besproken door rabbi Moshe Alshech, *Commentaar* op *Leviticus* 9:2. Volgens de rabbijnen aanschouwen alle profeten, met uitzondering van Mozes, een visioen van God door een schemerige spiegel. Mozes echter zag een visioen door een heldere spiegel. Het verschil was volgens Rashi dat de profeten ten onrechte geloofden dat ze God gezien hadden terwijl Mozes, die door een heldere spiegel keek, wist dat hij hem niet zag! *Yebamot*, 45b. Zie Joseph Albo, *Ikkarim*, dl 3, 9.

24 *Zohar*, dl III, p. 52a.

25 *Midrash Tehillim*, 119, 9, ed. S. Buber, p. 493.

26 *Zohar*, dl III, p. 152a.

[Godsdienstwetenschapper Erwin R. Goodenough (*The psychology of religious experiences*, New York 1965, p. 8) combineerde twee belangrijke uitdrukkingswijzen, de oude religieuze notie van de sluier die de godheid bedekt en Freuds psychologische theorie van de verdringing, en bracht toen het volgende naar voren:

'De mens hangt een gordijn op tussen zichzelf en het *tremendum* en op dat gordijn projecteert hij de verhalen over hoe de wereld ontstond, afbeeldingen van goddelijke of bovenmenselijke machten of wezens die het universum en de mens beheersen, en ook codes voor ethiek, gedrag en ritueel die hem voordeel brengen en geen rampen. Zo heeft de mens zich overal beschermd met behulp van de religie.'

Klinisch psycholoog Paul Pruyser (*Tussen geloof en ongeloof*, Baarn 1976, p. 238) concludeert dan het volgende: 'Wat voor namen men ook gebruikt: gordijn, sluier, muur, de deken der verdringing, de drempel van het bewustzijn – de kern van Goodenoughs stelling is dat het *tremendum* door de waarnemer ervan op afstand wordt gehouden, omdat een rechtstreeks contact ermee te gevaarlijk is. Rudolf Otto (*Het heilige*, Amsterdam 2002, p. 100) had reeds opgemerkt dat in de religieuze beeldspraak veel aanwijzingen te vinden zijn dat mensen een soort veiligheidsschild nodig hebben wanneer ze tot het heilige naderen. Ze houden hun handen voor hun gezicht. De mens probeert dus het tremendum te bedekken: hij werpt er een dekmantel overheen om de krachtige en misschien explosieve inhoud te bedekken, en op die bedekking tekent hij beelden, getallen, hiëroglyfen, woorden en diverse symbolen om aan te geven wat er zich daaronder zou kunnen bevinden. De hoes verbergt, de tekeningen openbaren, maar men kent wat eronder zit nooit volledig.']

27 *Shabbat*, 97a; *Hooglied Rabba*, 1,39. Vergelijk *Shabbat*, 89b; *Yebamot*, 49b; *Baba Kamma*, 38a; *Sanhedrin*, 111b; *Midrash Tehillim*, 7,1.3.

28 *Tosefta Berachot*, 3, 7.

29 *Seder Eliahu Rabba*, hfdst. 4, ed. M. Friedmann (Wenen 1902) p. 17. [In de midrasjverzameling *Tanna de-be-Eliyahu*, ook wel *Seder Eliyahu* genoemd, overheersen ethisch vermaan en spreuken van wijsheid.]

30 *Prediker Rabba*, 5, 4.

31 *Leshem Shevo Veahlemah*, dl II, p. 305b. Zie boven, noot 15.

32 Rabbi Mendel van Kotsk.

33 *Midrash Tehillim*, 3, 1.

34 *Midrash Tehillim* op 119:19.

35 Zie I. Reicher, *Torat Harishonim* (Warschau 1926); S. Gandz, *The Dawn of Literature*, Osiris, dl VII, 1939, p. 438 e.v.

36 *Seder Eliahu Zuta*, hfdst. 2, ed. Friedmann, p. 172.

37 *Temurah*, 14b.

38 *Jerushalmi Shabbat*, XVI, 1.

39 *Temurah*, 14b; *Gittin*, 60a.

Deel 3 *Weerklank*

NOTEN BIJ HOOFDSTUK 28 *Een wetenschap van daden*

1 *Shabbat*, 88a. Zie ook de passage uit *Midrash Hazita*, geciteerd in *Man is Not Alone*, p. 93.

2 *Kiddushin*, 40b.

3 *Leviticus Rabba*, 31, 4.

4 'De wegen van God zijn anders dan die van de mens; de mens draagt anderen op om iets te doen terwijl hij zelf niets doet, terwijl God Israël alleen gebiedt om die dingen te doen en na te leven die hijzelf doet.' *Exodus Rabba*, 30, 9. Zie *Jerushalmi Rosh Hashana*, 1,3, 7a.

5 *Tanhuma* op Genesis 46:28.

NOTEN BIJ HOOFDSTUK 29 *Meer dan innerlijkheid*

1 *Sanhedrin*, 106b.

2 Ignaz Goldziher, *Vorlesungen über den Islam* (Heidelberg 1910) pp. 167 e.v.; D. S. Margoliouth, 'The Devil's Delusion of Ibn Al-Jauzi', in: *Islamic Culture*, X (1936) p. 348. *De broeders en zusters van de Vrije Geest* die in de dertiende eeuw opkwamen, leerden dat God het best kon worden gediend in geestelijke vrijheid en dat de sacramenten en verordeningen van de Kerk niet nodig waren. 'Omdat de mens in wezen goddelijk is en in staat is om zich door meditatie en het afzien van zinnelijke dingen met God verenigd te weten, kan hij in zijn vrijheid doen wat God doet en moet hij handelen

zoals God in hem werkt. Dus bestaat er voor de vrije mens deugd noch ondeugd. God is alles en alles is God en alles is het Zijne.' 'Zo groot is de deugd van liefde en barmhartigheid dat alles wat in hun naam gedaan werd, geen zonde kon zijn... Wees barmhartig en doe wat je behaagt.' J. Herkless, *Encyclopaedia of Religion and Ethics*, dl II, pp. 842 e.v.; H. Ch. Lea, *A History of the Inquisition* (New York 1909) dl II, p. 321.

[* *Bhakti marga*, de weg van geloof en liefde, is in India de geluksleer van de aanhangers van enkele goden die hun mededogen uitstrekken over dolende schepselen. De voornaamste is *Vishnu*, die de titel *Ishvara*, EEUWIGE draagt. De bekwame verdediger van dit gelukspad is Ramanuya. Zijn theologie vertoont trekken van verwantschap met de ideeën van Jezus van Nazareth, speciaal in de vertolking van de hervormingsgezinden. De protestants-christelijke leer is gebouwd op de stelling dat de dwaze, fouten makende mens zich nooit voor God kan rechtvaardigen, zelfs niet met zijn meest verdienstelijke daden. God zelf moet hem vergeving schenken, zijn hart vernieuwen door de heilige Geest, zodat hij aangespoord door dankbaarheid een zuiver leven gaat leiden. Het voor-Indiase ideaal is niet *sanctitas*, heiliging, maar *serenitas*, zielenrust. Zie hierover: R. Otto, *De genadereligie van India en het christendom; overeenkomsten en verschillen*, Amsterdam 2005.]

3 *Romeinen* 3:20. *Daarom is voor hem geen sterveling onschuldig omdat hij de wet naleeft, want juist de wet leert ons de zonde kennen.* Zie voor de theologische kanten van het probleem E. La B. Cherbonnier, *Hardness of Heart* (New York 1955) hfdst. XI.

4 Rabbi Eleazar ben Azariah zei: 'De Schrift zegt (Deut. 24:19) *Wanneer u bij de graanoogst op de akker een schoof vergeet, mag u niet teruggaan om die op te halen. Laat hem achter voor de vreemdelingen, weduwen en wezen.* Je ziet dat hij onmiddellijk daarna zegt: *De* EEUWIGE, *uw God, zal u erom zegenen.* Zo geeft de Schrift de zekerheid van een zegen aan iemand door wie een verdienstelijke daad tot stand komt (het voeden van de vreemdeling), hoewel hij niet wist wat hij deed (omdat hij vergat om de schoof van het veld te halen). Je moet nu toegeven dat als een *sela* (een munt) in de zoom van iemands gewaad geknoopt was en ze viel eruit en een arme man vindt haar en houdt zich daarmee in leven, de Heilige, Hij zij geprezen, de zekerheid van een zegen geeft aan de mens die de sela verloren heeft.' *Sifra* op 5:17, ed. Weiss, p. 27 a.

5 Halevi, *Kuzari*, 1, III.

6 Maimonides, *The Guide of the Perplexed*, boek III, 17; zie echter *Mishnah Torah*, Melachim 8, 11.

7 *Abot* 5, 20

8 A. J. Heschel, *The Sabbath*, p. 15. [Vergelijk *de zwijgende eredienst* van de quakers.]

9 A. J. Heschel, *Man's Quest for God*, hfdst. 4.

10 *Exodus Rabba*, 41, 6. Rabbi Simon ben Lakish beweerde dat de hele inhoud van de joodse leer aan Mozes op de Sinaï gegeven was, *Berachot*, 5a. In zijn bespreking van het dogma van de mondelinge leer stelt Maimonides alleen dat de algemene vormen van de vervulling van de bijbelse wetten zoals *sukka* (loofhut), *lulav* (takkenbun-

del bij de loofhut), *sjofar* (ramshoorn) en *tsitsit* (kwastjes aan de zoom van kleren [Num. 15;37] hun oorsprong in Mozes vonden, maar niet de ontelbare details die zich voordoen in uitzonderlijke gevallen en die uitvoerig besproken worden in de rabbijnse literatuur.

11 *Pesikta Rabbati*, ed. M. Friedmann (Wenen 1880) p. 64b; *Numeri Rabba*, 19. Volgens een middeleeuwse geleerde kan iedereen die werkt in de Thora omwille van haarzelf, betekenissen en wetten ontdekken 'die zelfs aan Mozes op de Sinaï niet gegeven werden'. Alfred Freimann, Yehiel, de vader van Rabbenu Asher, over de studie van de Thora, in *Louis Ginzberg Jubilee Volume* (New York 1954) (Hebreeuws) p. 360.

12 *Pirke de Rabbi Eliëzer*, hfdst. 21.

13 Rabbi Yom Tov Lipmann Heller, *Tosefot Yom Tov*, voorwoord.

14 Rabbi Jesaja Halevy Horovitz (ca. 1570-1630), *Sjné Loechot ha Berit* (Twee tafelen van het Verbond), p. 25b. Zie rabbi Moshe Cordovero (1522-1576), *Pardes Rimonim*, 23, *sub humra*. [*Pardes* (boomgaard) is gebaseerd op de *Zohar* en laat zich lezen als een gedicht. Het is een rationele uiteenzetting van de theoretische *kabbala*. Zijn uitspraak 'Niets bestaat buiten God' vertoont overeenkomst met het pantheïsme dat Spinoza een eeuw later zou verkondigen. Spinoza heeft verklaard dat hij deze gedachten aan Cordovero ontleende. Cordovero bleef echter traditioneel monotheïstisch, gezien zijn standpunt: 'God is helemaal werkelijkheid, maar niet alle werkelijkheid is God' (G. Scholem, *Major Trends in Jewish Mysticism*, New York 1941/1995). Horowitz droeg met zijn werk bij aan de verbreiding van de kabbalistische leer onder de Oost-Europese joden.]

15 *Genesis Rabba*, 19, 3.

16 *Jerushalmi Sanhedrin*, IV, 22a. Zie *Pne Moshe*, ter plaatse; ook *Midrash Tehillim*, hfdst. 12.

17 Rabbi Moshe Cordovero, *Shiur Komah* (Warschau 1885) p. 45 e.v.

NOTEN BIJ HOOFDSTUK 30 *De kunst van het zijn*

1 Bachja ibn Pakoeda, *The Duties of the Heart*, ed. Haymson (New York 1925) dl I, p. 4.

2 Hachayim, ms. München, in *Otsar Hasafrut*, dl III, p. 66.

3 *Sifre* op *Deuteronomium* 11:13.

4 Zie Pakoeda, *The Duties of the Heart*, ed. Haymson, dl I, p. 7.

4[a] Volgens *Moed Katan*, 9a, werd de Grote Verzoendag niet in acht genomen in het jaar waarin Salomo's tempel werd ingewijd omdat het volk deelnam aan de vrolijke feestelijkheden van de inwijding van de tempel. Toen het volk zich ongerust maakte omdat het verzuimd had de heilige dag in acht te nemen, weerklonk een stem uit de hemel die aankondigde: 'Jullie zijn allemaal bestemd voor het leven in de komende wereld.'

5 *Mishnah Kiddushin*, 4:14.

6 *Berachot*, 17a. In Javne, vlakbij de Middellandse Zee, was de beroemde academie voor de talmoedstudie gevestigd die was opgericht door Rabban Jochanan ben Zakkai na de verwoesting van de tweede tempel in het jaar 70.

7 De Talmoed veroordeelt de Farizeeër die zegt: 'Wat is mijn plicht zodat ik hem kan doen?' *Sotah* 22b. 'God is niet tevreden met daden die alleen in gehoorzaamheid aan een gebod verricht zijn. Hij verlangt vooral dat het hart zuiver is en zich richt op het bereiken van ware verering. Het hart is koning en leidsman van de organen van het lichaam. Vandaar dat, wanneer het hart zichzelf er niet toe kan brengen om God te vereren, de verering door de andere leden van het lichaam slechts weinig waard kan zijn. Vandaar het vers: *Mijn zoon, geef me je vertrouwen* (Spreuken 23:26).' Mozes Chaim Luzzatto (1707-1747), *Mesillat jesjariem* (Het pad van de oprechten), ed. Mordechai M. Kaplan (1881-1983), p. 140.

8 *Exodus Rabba*, 36, 3.

9 'De goddelijke Thora zou het wezen zelf van de mens moeten worden, zodat een persoon zonder Thora niet langer als mens beschouwd kan worden, net zo min als hij als mens beschouwd kan worden als hij dood is.' Rabbi Moshe Almosnino, *Tefillah Lemoshe*, p. 11a [*tefilla* = gebedenboek].

[* *Houd hun ook deze regels voor*, Exodus 21:1; 'opgediend als een gerecht, klaar om gegeten te worden'. De halachist Josef Karo (1488-1575) maakte deze nieuwe compacte samenvatting ('gedekte tafel') van de halacha volgens de vierdelige opzet van 'de Tur' van Jakob ben Asher.]

10 A. J. Heschel, *The Sabbath*, p. 100 [ook van de Nederlandse uitgave uit 2006].

11 'Shechinah is de mitswa', *Tikkune Zohar*, VI; zie *Zohar*, dl I, p. 21a.

12 Zie boven, pagina 74.

NOTEN BIJ HOOFDSTUK 31 *Kavanah*

[*Kavanah* (aandacht en concentratie, oriëntatie op God) wordt door de Nederlandse *Spellingslijst Hebreeuws en Jiddisch* gespeld als *kawwana*.]

1 *Mishnah Berachot*, 1, 5.

2 *Tanhuma*, ed. S. Buber, ter plaatse; *Jerushalmi Shekalim*, I, 46b.

3 Er bestaat een oude strijdvraag tussen joodse wetgeleerden, te weten of de aanwezigheid van *kavanah* – van de juiste oriëntatie op God bij het vervullen van zijn plicht – een onvoorwaardelijke vereiste is bij de vervulling van alle godsdienstige handelingen. Zo rees bij voorbeeld de vraag of iemand die toevallig de *sjofar* (ramshoorn) heeft horen blazen op de eerste dag van *Tishri* (nieuwjaarsdag) zonder aan het bijbelse gebod te denken, geacht kan worden aan de wet te hebben voldaan. *De eerste dag van de zevende maand zullen de hoorns schallen. Vier die dag gezamenlijk als heilige dag;* (Num. 29:1). Een klassiek precedent is te vinden in de offerdienst in de tempel. Volgens de wet moet de priester die op rituele wijze slacht dat doen *met het gepaste oogmerk*, bij voorbeeld in het besef dat hij het ritueel voltrekt om Gods wil, of in het besef dat hij handelt namens de eigenaar van het offer (de persoon wiens offer de priester brengt). Zie *Mishnah Zebahim*, 4, 6. Wanneer de dienstdoende priester echter de ceremonie heeft verricht *met een ongepaste bedoeling* (hij offerde het bijvoorbeeld voor een

andere persoon dan degene wiens offer het was), dan ontslaat het offer de eigenaar niet van zijn verplichting en moet de eigenaar opnieuw het offer brengen waartoe hij gehouden was. Zie *Mishnah Zebahim*, 1, 1. (Zelfs hoewel het eerste offer zijn oorspronkelijke heiligheid behoudt en alle daaruit voortvloeiende rituelen voltrokken moeten worden.) Wordt het offer voltrokken met een bepaald soort van ongepaste bedoeling – zoals wanneer de priester handelt met de bedoeling om het offer te eten of te verbranden op het verkeerde uur (*piggul*) – dan wordt het beschouwd als onrein, heiligschennend of zondig. Zie *Mishnah Zebahim*, 3b. Wanneer aan de andere kant de priester helemaal geen oogmerk koesterde (hij handelde zonder het doel van de verrichting voor ogen te hebben), dan ontslaat het offer de eigenaar van zijn verplichting, uitgaande van het beginsel: geen intentie wordt geacht een gepaste intentie te zijn (*Zebahim*, 2b). De objectieve omstandigheden verwijzen naar het doel van de handeling. Het doel is impliciet aanwezig.

Samenvattend: aanwezigheid van de gepaste bedoeling is vereist voor de handeling; aanwezigheid van een ongepaste bedoeling maakt de handeling (in sommige gevallen) ongeldig. Het ontbreken van een doel, gepast of ongepast, hoewel niet wenselijk, maakt de handeling niet ongeldig.

Een ander precedent. Er bestaat een regel dat een scheidingsbrief van het begin af aan uitdrukkelijk bestemd moet zijn geweest voor de vrouw die hem moet ontvangen. Wanneer dus een scheidingsbrief geschreven was zonder een naam te vermelden en de naam later was ingevoegd, dan is de brief ongeldig. Het beginsel is: de brief moet worden geschreven met een speciale bedoeling, het moet gedaan worden met het oog op de vrouw voor wie hij bestemd is. Anders dan in het geval van het offer maakt afwezigheid van een oogmerk in dit geval de handeling ongeldig. De reden is: als in de scheidingsbrief geen naam is vermeld, slaat hij uit zichzelf niet op een bepaalde vrouw, terwijl een offer impliciet in relatie staat tot de wil van God, om wiens wil het wordt gebracht, zelfs wanneer de priester dat niet duidelijk voor ogen stond toen hij het bracht.

De vraag rijst of alle godsdienstige handelingen beschouwd moeten worden in overeenstemming met het offer of overeenkomstig de scheidingsbrief.

De rabbijnse autoriteiten zijn verdeeld over deze kwestie. Sommigen houden staande dat het gepaste oogmerk onvoorwaardelijk vereist is voor de vervulling van een gebod, en dat religieuze handelingen herhaald moeten worden wanneer ze zonder zo'n doel zijn uitgevoerd. Daarom werd het in latere tijden gewoonte om, wanneer men op het punt stond een religieuze handeling te verrichten, te verklaren: 'Ik ben gereed en voorbereid om het goddelijke gebod van... te vervullen.' Anderen houden staande dat, hoewel de gepaste intentie wenselijk is, de geldigheid van religieuze handelingen niet afhangt van de intentie waarmee ze verricht zijn. Alleen dan is de intentie onmisbaar wanneer de vervulling van een gebod bestaat uit een mondelinge handeling. Telkens wanneer de vervulling een uiterlijk waarneembare

handeling inhoudt, is die handeling geldig, zelfs als er geen gepaste bedoeling achter zit. Zie Rabbenu Yonah, *Berachot*, 12a.
De laatste opvatting houdt echter niet in dat geen kavanah vereist zou zijn. Zij betekent alleen dat de daad zonder kavanah geacht wordt te zijn verricht met kavanah, want waar een bewuste intentie ontbrak, mag toch aangenomen worden dat de daad werd verricht voor zijn eigen, juiste doel. Hieruit volgt dat een daad verricht met een ongepaste intentie – in welk geval niet aangenomen kan worden dat het juiste doel werd nagestreefd – niet geldig is door het ontbreken van kavanah. Zie Engel, *Athvan Deoraitha* (Lemberg 1891) hfdst. 23.

NOTEN BIJ HOOFDSTUK 32 *Een godsdienstig gedragspatroon*

[AGGADA: (*vertelling*) verhalende en geloofsverdiepende rabbijnse literatuur;
HALACHA: (*het gaan*) netwerk van voorschriften en leefregels, dat het joodse leven in al zijn facetten omspant.]

1 *Tractatus Theologico-politicus* (1670), III, IV, XIII.

2 Kant ontleende zijn kennis van het jodendom deels aan Spinoza's *Tractatus* en deels aan Mendelssohns *Jerusalem*. Hij hield vol dat het jodendom '*eigentlich gar keine Religion*' is. Verg. Hermann Cohen 'Spinoza über Staat und Religion, Judentum und Christentum', in: *Jüdische Schriften* (Berlijn 1924) dl III, pp. 290-372 en dl I, p. 284 e.v. Hetzelfde geldt voor Hegel; vergelijk Hegel, *Early Theological Writings* (Chicago 1948) p. 195 e.v. [Moses Mendelssohn (1729-1786) droeg in belangrijke mate bij tot de verbreiding van de verlichtingsgedachten onder de joden. Deze joodse geleerde was sterk beïnvloedt door Leibniz. 'Ik erken geen eeuwige waarheden behalve de waarheden die door de menselijke rede niet alleen maar kunnen worden begrepen, maar ook kunnen worden gefundeerd en geverifieerd.' *Jeruzalem* II, p. 98. Volgens Maimonides en andere joodse godsdienstfilosofen is het verstand de dienares van religie.]

3 Dat Spinoza's *Tractatus* in meer dan één opzicht als voorbeeld diende voor Mendelssohns *Jerusalem* is bewezen door Julius Guttmann, *Mendelssohns Jerusalem und Spinozas Theologisch-Politischer Traktat* (Berlijn 1931). Zie ook Guttmann, *Die Philosophie des Judentums* (München 1933) p. 312 e.v. Voor een kritische beschouwing, vergelijk Isaac Heinemanns studie over Mendelssohns filosofie in *Metsudah* (1954) p. 205 e.v.

4 *Jerusalem*, hfdst. 2. Zie Hermann Cohen (1842-1918), *Die Religion der Vernunft*, p. 415 e.v.

5 Joseph Albo, *Ikkarim*, dl 3, hfdst. 25.

6 Rabbi Samuel Hanagid, *Mevo Hatalmud*.

7 Op grond van *Genesis Rabba*, 44, 8, werd geopperd dat de term *(h)aggada* oorspronkelijk ook werd gebruikt voor de verhalende gedeeltes van de Bijbel met inbegrip van de Pentateuch. Zie M. Guttmann, *Clavis Talmudis*, I, 453.

8 Vergelijk *Genesis Rabba*, 85, 2.

9 *Genesis Rabba*, 60, 8.

10 *Sifre, Deuteronomium*, 49 op 11:22 (*Wanneer u alle geboden die ik u geef zorgvuldig naleeft, en u de*

EEUWIGE, uw God, liefhebt, hem bent toegedaan en de weg volgt die hij wijst...).

11 *Yalkkut Shimoni, Psalmen,* 672.

12 *Midrash Tehillim,* 28, 5. Volgens Maimonides, *Commentaar op Spreuken der Vaderen,* slot, wordt *kaddisj* (openlijke lofprijzing aan God) alleen na *aggada* gezegd; zie echter *Mishneh Torah, Ahavah,* slot, en *Magen Avraham,* 54, 3.

13 *Jerushalmi Shekalim,* V, aanhef. Aggada was een van de schatten die aan Israël beloofd werden bij Mara (*Mechilta* op 15:26) en die Mozes kreeg tijdens de veertig dagen die hij in de hemel doorbracht. *Exodus Rabba,* 47:1; zie Ibn Zimra, *Responsa,* IV, 232. Anders dan de Eerste Tafelen van het Verbond bevatten de Tweede Tafelen ook aggada (*Exodus Rabba,* 46:1). Over het geloof in de goddelijke oorsprong van aggada, zie *Leviticus Rabba,* 22:1; *Jerushalmi Megillah,* 4, 1.

14 *Sifre, Deuteronomium,* 48; *Kiddushin* 30a.

15 *Midrash Mishle* op 10:3.

16 Rabbi Shneur Zalman van Ladi, *Shulchan Aruch,* Talmud Torah, hfdst. 2, § 1-2.

17 Zie Maimonides, *Commentary on the Mishnah, Sanhedrin,* X, inleiding. Abraham Geiger schreef aan de rabbijnen '*ein getrübtes exegetisches Bewusstsein*' toe. Zie Michael Sachs, *Die Religiöse Poesie der Juden in Spanien* (Berlijn 1845) p. 160.

18 Elijah Morpurgo, in Asaf, *Mekorot Letoldot Hachlnuch Beisrael,* dl II, p. 231.

19 Eduard Lehmann, 'Die Perser', in: Chantepie de la Saussaye, *Lehrbuch der Religionsgeschichte,* bewerkt door Alfred Bertholet en Eduard Lehmann (Tübingen 1925) dl II, p. 246. [Zie over het begrip *daena* b.v. J. H. Kramers *De godsdiensten van Iran* in *De godsdiensten der wereld,* Amsterdam 1940.]

20 *Shabbat,* 31a-b.

21 'Rabbi Joshua ben Karha zei: Waarom gaat in onze liturgie de paragraaf *Hoor o Israël* vooraf aan de paragraaf *En het zal geschieden indien gij luistert* (die over de wetsnaleving gaat)? Opdat een mens eerst het juk van het koningschap van de hemel op zich zal nemen en daarna het juk der geboden op zich neemt.' *Mishneh Berachot,* II, 2.

22 *Mechilta* op 20:3. Volgens *Mechilta de Rabbi Simon ben Jochai* (Frankfurt a/M 1905) p. 103, is 'Ik ben de EEUWIGE, uw God' een deel van elk gebod van de wet, want zonder geloof in de werkelijkheid van God zijn er geen geboden; zie David Hoffmanns commentaar.

23 *Yebamot,* 6a-6b.

24 A. J. Heschel, *The Sabbath,* p. 17; *De sabbat,* p. 41, Amsterdam 2006.

25 Nachmanides, *Commentaar* op *Leviticus* 19:2 (*Zeg tegen de gemeenschap van Israël: 'Wees heilig, want ik, de EEUWIGE, jullie God, ben heilig'*).

26 *Baba Metsia,* 30b.

27 Zie *Kiddushin,* 32b.

28 *Nedarim,* 81a; de citaten zijn *van Jeremia* 9:11 e.v., licht geparafraseerd.

29 R. Nisim op *Nedarim* 81a.

30 *Midrash Tehillim,* 119:13.

31 Zie bij voorbeeld *Sotah*, 40a. Bij het bestuderen van de Talmoed, het voornaamste onderwerp van de joodse studie gedurende vele eeuwen, werden de aggadische gedeeltes vaak verwaarloosd. Dankzij de ononderbroken traditie bij de studie van halacha is de kennis van haar oude bronnen tot op de dag van vandaag behouden. Het ontbreken van een soortgelijke traditie bij de studie van *aggada* heeft ons veel kennis van de *aggadische* bronnen onthouden. Sommige leraren lieten de aggadische gedeeltes weg. Bahya (Bachja) klaagde dat de studie van 'de plichten van het hart' veronachtzaamd werd, 'hoewel zij de grondslag vormen van alle voorschriften'. Bahya, *The Duties of the Heart*, dl II, p. 49; ook dl I, p. 14. Zie ook rabbi Isaäc Aboab (ca. 1492), *Menorat Hamoar* (De lamp van het licht), inleiding. Rabbenu Yonah, *Shaare Teshuvah*, 3, 20. Rabbi Abraham, de zoon van Maimonides, *Milhamot Hashem* (Jeruzalem 1953) p. 49. Rabbi Joseph ibn Kaspi, in I. Abrahams, *Hebrew Ethical Wills*, II, p. 153 e.v. Luzatto, *Mesillat Yesharim*, voorwoord. Rabbi Chayim van Volozjin, *Nefesh Hachayim*, 4, 1. [*Nefesh* (vitaliteit), samen met *Nesjama* (de hoogste ziel) en *Roeach* (geest) vormen zij de *drie delen van de ziel*. Mozes Chaim Luzatto (1707-1747) schreef een handboek voor hen die naar zelfbeheersing streefden, *Mesillat jesjariem* (Het pad der oprechten), dat de weg tot ware vroomheid beschrijft.]

32 Zie Maimonides, *The Guide of the Perplexed*, boek III, p. 43. De krachtige verwerping van aggada door rabbi Zeira (*Jerushalmi Maaserot*, III, 51a), zelf een vooraanstaande aggadist, kan niet de aggada in het algemeen hebben beoogd, maar haar misbruik; zie A. Marmorstein, *The Old Rabbinic Doctrine of God* (Londen 1937) pp. 137 e.v. Wellicht is het hier de plaats om eraan te herinneren dat rabbi Zeira honderd dagen vastte om de dialectische methode van het onderwijs aan de Babylonische scholen te vergeten. Zie *Baba Metsia*, 85a.

33 Nachmanides wist zich in zijn commentaar met deze kwestie geen raad. 'Het was zeker nodig om met de geschiedenis van de schepping te beginnen. De schepping is de meest fundamentele geloofsregel en hij die hem ontkent is een atheïst (*kofer baikkar*) en heeft geen deel in de Thora.' Toch vindt hij het aansnijden van de kwestie verantwoord omdat, zegt hij, de geschiedenis van de schepping een mysterie blijft, ondanks wat het boek *Genesis* over haar vertelt. De kennis van het mysterie, die gerenommeerde enkelingen mochten hebben, is uitsluitend aan de traditie ontleend. Voor de gewone mensen zou de verwijzing naar de schepping in de Tien Geboden dus voldoende zijn geweest.

34 *Mishnah Berachot*, 9, 5.

35 S. Schechter, *Studies in Judaism*, First Series, p. 151.

36 *Jerushalmi Peah*, 16a. Op de vraag van een filosoof wie de verfoeilijkste van allen is, antwoordde een rabbijn: 'Hij die zijn Schepper verloochent'. Zie *Tosefta Shevuot*, 3, 6.

37 *Mechilta* op *Exodus* 14:31 (*Toen ze de Egyptenaren dood langs de zee zagen liggen en het tot hen doordrong hoe krachtig de* EEUWIGE *tegen Egypte was opgetreden, kregen ze ontzag voor de* EEUWIGE *en stelden ze hun vertrouwen in hem en in zijn dienaar Mozes*).

38 *Mishnah Sanhedrin*, 10, 1.

39 *Klaagliederen Rabba* 2, inleiding. Volgens S. Abramson, *Leshonenu*, XIV, p. 122-125, is de oorspronkelijke tekst niet *meor*, maar *seor* in de betekenis van 'wezen' [*essence*].

40 Zie de tekst in *Pesikta de Rabbi Kahana*, ed. S. Buber (Lyck 1868) en *Jerushalmi Hagigah*, 1, 7, 76c. In *Pesikta* volgt op deze passage de stelling dat men de Thora behoort te studeren, zelfs als het niet met het oog op de Thora zelf gebeurt, want al studerende leert men hoe de Thora te bestuderen met het oog op de Thora zelf.

41 Volgens Maimonides, Halevi, Nachmanides en anderen bevatten de eerste woorden van de Tien Geboden het gebod om te geloven in het bestaan van God.

42 Over de verhouding tussen geloofsbelijdenis en geloof, zie *Man is Not Alone*, p. 167 e.v.

43 *Berachot*, 8a.

44 Vergelijk de suggestie van Maimonides, *Introduction to the Mishnah*, dat halacha in deze passage in een ruimere betekenis dan elders gebruikt wordt. De passage bracht Maimonides in grote verlegenheid. 'Wanneer je haar letterlijk neemt, is ze ver bezijden de waarheid, want dan zou ze inhouden dat *de vier ellen halacha* de enige soort van kennis was die we zouden moeten verwerven, waarnaast alle andere vormen van wijsheid en wetenschap verworpen zouden moeten worden. Betekent het dat in de tijd van Sem en Heber (voor de tijd van Abraham) waarin halacha niet bekend was, God in het geheel geen deel had in deze wereld?'

45 *Shabbat*, 31b.

46 *Mishneh Torah*, *Yesode Hatorah*, VI, 8.

47 *Hullin*, 132b en Rashi's commentaar. Als hij gelooft in offeranden, hoewel hij niet vertrouwd is met hun wetten, is hij gerechtigd tot een portie in de uitdeling van priesterlijke gaven.

48 Louis Finkelstein, *The Pharisees* (Philadelphia 1938) p. 145.

49 Zie Julius Guttmann, *Die Philosophie des Judentums* (München 1935) p. 206 e.v.; Joseph Sarachek, *Faith and Reason* (Williamsport, Pa., 1935).

50 Zie D. Z. Hilman, *Iggrot Baäl Hatanya* (Jeruzalem 1953) p. 97; M. Teitelbaum, *Harav Meladi* (Warschau 1914) dl II, p. 87 e.v.

[Gaon = Hoogheid, de erkende autoriteiten die beslissen over religieuze kwesties.
Van Isaäk Luria (1514-1572) is de leer van de *tsimtsoem*, dat is de samentrekking die aan de schepping voorafging, een vrijwillige samentrekking of zelfbeperking van de Oneindige om plaats te maken voor de eindige wereld van de verschijnselen. In het duistere vacuüm dat zo ontstond, projecteerde de Oneindige zijn licht en voorzag in vaten die de media zouden zijn van de veelzijdige manifestaties van het goddelijke licht in de schepping. Sommige vaten konden de instroming van het licht echter niet verdragen en braken. Dit 'breken der vaten' (*sjewirat ha keliem*) veroorzaakte een degeneratie van de hogere werelden en chaos en verwarring op aarde. In plaats van zich op uniforme wijze door het heelal te verbreiden, viel het licht van de Oneindige nu uiteen in vonken die slechts bepaalde delen van de schepping verlichtten, terwijl andere delen in duister gehuld bleven – een

situatie die van negatieve aard is en volgens de Kabbala tot op nu voortduurt.
Zo begonnen licht en duisternis, goed en kwaad, hun strijd om de heerschappij over de wereld. De goddelijke harmonie werd verstoord en de *Sjechina* (een van de aanduidingen voor God) werd in ballingschap gedreven. Tegelijkertijd schoten de vonken van het goddelijke licht her en der verspreid door het duister, met als gevolg dat goed en kwaad zo vermengd werden dat er geen kwaad bestaat dat niet een element van het goede bevat, noch iets goeds dat volledig vrij is van kwaad.
Het chassidisme wijzigde Luria's leer van de *tsimtsoem* zodat zij niet langer een inkeer van God tot zichzelf betekende om plaats te maken voor zijn schepping, maar meer een aanpassing van de macht van zijn oneindig licht aan het uithoudingsvermogen van zijn schepselen, op dezelfde wijze als 'een liefhebbende vader zijn woorden aanpast aan het begripsvermogen van zijn jonge zoon die hij iets wil leren'.
Volgens deze interpretatie hield de aanvankelijke scheppingsdaad niet het vormen van een duister vacuüm in, zoals in het systeem van Luria, maar slechts de vermindering van de intensiteit van het goddelijke licht. Dus is er geen plek in de schepping die niet in meerdere of mindere mate door het goddelijke wordt verlicht. De vonken van de Godheid doordringen alles in de natuur, de organische zowel als de anorganische, en zijn aanwezig in alle schepselen en in goed en kwaad.
Omdat in alles vonken van het goddelijke aanwezig zijn, kan de materie als zodanig niet vijandig of tegengesteld aan God zijn, maar moet zij juist iets van grote waarde hebben dat we moeten aanvaarden. Alles wat de mens nodig heeft, is van de vreugdes van het leven te genieten in volle zuiverheid en vroomheid, omdat zij manifestaties van het goddelijke zijn. Zo kunnen we een bijdrage leveren om het stoffelijke in het geestelijke te veranderen of, zoals de Kabbala het uitdrukt, 'de vonken in staat te stellen op te stijgen' en verenigd te worden met het goddelijke licht.

> *'Eenvoudige mensen menen dat zij God slechts door gebeden en de Thora kunnen dienen. In werkelijkheid is dit niet het geval, want Gods heerschappij strekt zich uit over alles en zelfs de materie kan een middel zijn voor de dienst aan God. Hemelse verplichtingen – het nakomen van de mitswot – zijn belangrijk omdat ze de neergezonken vonken weer laten opstijgen, maar wereldse zaken – zoals eten, drinken en alle soorten arbeid – hebben ook een goddelijke betekenis.'*
>
> (S. A. Horodetsky in *Ha-Chassidim we-ha Chassidoeth*, 1, 88)

Bovendien is het een grotere verdienste om God ook door middel van alle zintuigen en aardse zaken te dienen. Zo wordt het aardse immers gesublimeerd tot het hemelse en worden 'inferieure aandriften' verlost en tot goede getransformeerd.
De chassidische opvatting van de *tsimtsoem* bepaalde ook het chassidische standpunt over het kwaad. Dit is volgens het chassidisme iets relatiefs en niet iets absoluuts. Het is niet het negatieve van het goede dat zijn oorsprong heeft in de duisternis, zoals in de Kabbala van Luria, maar het kwaad is een lagere graad van het goede, door de vermindering van het goddelijke licht dat het bestraalt. Zonder dit licht zou het kwaad niet kunnen bestaan en als het in laatste instantie God zelf is die het kwaad zijn levenskracht geeft,

bestaan er ongetwijfeld verzachtende omstandigheden voor de zwakheid van de mens die hem tot zonde doet vervallen. De zondaar hoeft daarom niet lang te twijfelen aan Gods vergeving. Ook als de mens zwaar heeft gezondigd zal God, die hem als het ware daarbij heeft 'geholpen', nog bij hem zijn en hem vergeven. Door deze opvattingen gaf het chassidisme de eenvoudige zielen het bewustzijn van Gods nabijheid en verlossende werkzaamheid die hun geest schraagde, hun gevoel van eigenwaarde versterkte en hen tegelijk doordrong van alle religieuze waarden die uit zo'n bewustzijn plegen voort te komen – de vreze Gods en de liefde tot hem, vertrouwen in zijn goedheid, overgave aan zijn wil en een innerlijke blijmoedigheid die, ondanks alle ellende, ongeschokt blijft.]

NOTEN BIJ HOOFDSTUK 33 *Het probleem van de polariteit*

1 *Genesis Rabba* op 27:28 (*God geve je dauw uit de hemel en vette, vruchtbare aarde, een overvloed van koren en wijn.*)

2 *Kad Hakemach*, Shavuot. [Sjavoeot, *Shavu'ot* (weken) = Wekenfeest]

3 Bachja ibn Pakoeda [Bahya ibn Paquda], *Duties of the Heart*, ed. Hayson, IV, p. 91.

4 Rabbi Samuel Eliëzer Edels (†1632) stelde twee afzonderlijke commentaren samen, een over de *wettelijke* en een andere over de *aggadische* gedeelten van de Talmoed. In zijn voorwoord verklaart hij dat het hem spijt de twee gescheiden te hebben, want beide zijn aspecten van de ene Thora.

5 *Sotah* 21 b.

[Heschel gebruikt hier het begrip *piëtisme* ironisch. Zonder zijn toevoeging *foolish* betekent het: de richting in het protestantisme die nadruk legt op vroomheid van het gemoed en op een leven dat daarmee overeenstemt, een diepdoorleefde vroomheid dus. In ironische zin is het *sanctimonious hypocrite*, een afkeurende benaming voor een overdreven en schijnheilig vroom leven: *een kwezel is een bespieder in de kerk, een kwaadspreker achter de hor en een duivel in de kamer*; lett.: 'kleinigheden doen'.]

6 *Sanhedrin*, 98b.

7 *Sukkah*, 28a.

8 Ongetwijfeld is dit de betekenis van de passage zoals Maimonides die heeft opgevat, *Mishneh Torah, Yesode Hatorah*, IV, 3. Zie ook Maimonides, *The Guide of the Perplexed*, boek III, hfdst. 51; A. J. Heschel, *Maimonides* (Berlijn 1935) hfdst. IX; Ibn Adret in *'En Jakob* (Wilna 1883) op *Sukkah*, 28a, en *Responsa*, I, 93.

9 *Commentary on the Midrash, Berachot*, 9, 5.

10 'God heeft ook het ene tegenover het andere gesteld; het goede tegenover het kwade en het kwade tegenover het goede; goed van goed en kwaad van goed; het goede doet het kwade uitkomen en het kwade doet het goede uitkomen; het goede is gereserveerd voor de goeden en het kwaad voor de kwaden.' *Yetsirah*, VI, 6. De passage in Prediker 7:14, *God heeft naast de goede ook de slechte dagen gemaakt*, inspireerde een middeleeuwse joodse auteur om een verhandeling (*Temurah*) te schrijven om te bewijzen dat tegenstelling en tegenspraak noodzakelijk zijn voor het bestaan. 'Alle

dingen hangen samen, de zuivere en de onzuivere. Er is geen zuiverheid behalve door onzuiverheid; een mysterie dat uitgedrukt wordt door de woorden: *Kan een mens zuiver maken wat onzuiver is?* (Job 14:4). Het brein wordt omvat door een schaal, een schaal die niet gebroken zal worden vóór de dag waarop de doden zullen herrijzen. Dan zal de schaal gebroken worden en licht uitstralen in de wereld van het brein zonder enige bedekking.' *Zohar*, dl II, p. 69b. In alles is een polariteit behalve in God. Want alle spanning eindigt in God. Hij overstijgt alle tweedeling.

11 Rabbi Mordecai Joseph van Isbitsa, *Me Hashiloah* (Wenen 1860) pp. 14d-15a.

12 *Sifre*, ter plaatse.

13 A. J. Heschel, *Man's Quest for God*, p. 107.

14 Rabbi Aäron Halevi van Barcelona, *Sefer Hachinuch*, mitswa 20.

15 Joseph Albo (†1444), *Ikkarim*, III, 27.

NOTEN BIJ HOOFDSTUK 34 *De betekenis van 'observance'*

1 Zie *Man is Not Alone*, pp. 232 e.v.

2 *Abot*, 2, 14.

3 *Exodus Rabba*, 12, 3; *Tanhuma* op *Exodus* 9:22. [*Toen zei de* EEUWIGE *tegen Mozes: 'Strek je arm uit naar de hemel, dan gaat het in heel Egypte hagelen, op mensen, dieren en planten.'*]

4 Friedrich Leopold von Stollberg, geciteerd door Franz Rosenzweig, *Jehuda Halevi*, p. 153.

5 Voor een overzicht van dergelijke pogingen, zie Isaac Heinemann, *Ta'ame Hamitsvot Besafrut Israel* (Jeruzalem 1942).

6 *Megillah*, 32a.

7 Vergelijk rabbi Akiba's verklaring in *Sanhedrin*, 99b.

8 *Abot*, 1,3.

9 Rabbi Nahum van Tsjernobil, *Meor 'Ainayim*.

10 *Abot*, 4, 2.

11 *Genesis Rabba*, 44.

12 Bachja, dl IV, p. 91.

13 Bachja, dl IV, pp. 91-92.

14 Albo, *Ikkarim*, III, 28.

15 Zie *Mekilta* op 22:30; *Sifre* op *Numeri* 15:40.

16 *Yoma*, 39a.

17 *Leviticus Rabba*, 24, 4.

NOTEN BIJ HOOFDSTUK 35 *Mitswa en zonde*

1 *Devar misval* staat tegenover *devar reshut*. Vergelijk *Shabbat*, 25b: 'Geen plicht, noch een mitswa maar een godsdienstig neutrale handeling.'

2 Rabbi Nachman van Bratzlav (1772-1811), *Likkute Maharan*, II, 5, 10. [Nachman, een achterkleinzoon van de kabbalistische prediker en volksgenezer

rabbi Israël Ba'al Sjem Tov (acroniem: Besjt, 1700-1760), maakte verhalen vol van verbeeldingskracht en geestelijke inhoud.
Hieronder volgt een fragment uit LM II, 10:
Liefhebbende, zorgzame God, alle blijdschap en vervulling in mijn leven komt alleen van Jou.
De kennis hoe volstrekt ik van Jou afhankelijk ben, geeft me vrede in mijn hart.
Jouw aanwezigheid overdekt mijn leven, omarmt mij met hoop, vreugde en liefde.
Ik heb je liefde geproefd, je compassie ervaren, je geduld ondervonden en ik ben een en al dankbaarheid.
Leer me, God, zo te leven dat ik gericht ben op alles wat zinvol is in het leven.
Als onberekenbare pijnen en kwalen toenemen, als herinnering en geheugen zwakker worden, leer mij het gesprek aan te gaan met mijn fysieke bestaan, in een groeiend bewustzijn van haar vergankelijkheid; leer mij het gesprek aan te gaan met mijn ziel, in een groeiend bewustzijn dat zij eeuwig is en zonder leeftijd.
Nachman van Bratzlav: *Geef mij uw hart*, Utrecht 2001; *Kitzur Likutey Moharan* (verkorte editie van *Likutey Moharan*, 2 delen), Jeruzalem 2009.]

3 *Sanhedrin*, 17a [*Sanhedrin*, oorspronkelijk: raad van oude wijze lieden].

4 *Sanhedrin*, 37a. ['Zelfs de onwaardigen onder u zijn vol van deugd zoals een granaatappel vol is van pitten'; het was een geliefd citaat van de Besjt. Zijn chassidisme bood een uitweg uit de achterlijkheid en wanhoop waaraan de eenvoudigen van geest ten prooi waren gevallen.]

5 *Shabbat*, 133b.

6 *Pirke de Rabbi Eliëzer*, hfdst. 34. [*Pirqé de-rabbi Eli'ezer*, midrasjverzameling met een overwegend verhalend karakter.]

7 *Avoda Zara*, 2a.

8 *Genesis Rabba*, 3, 7.

9 *Genesis Rabba*, 19, 17.

10 Kenmerkend is de uitdrukking 'overvloeiend van mitswot'; zie hier boven noot 4. [Een God welgevallige daad wordt 'grote mitswe' genoemd; iemand een plezier doen: 'doe mij een mitswe'; een verlossende dood na langdurig lijden is een '*mitswetaud*'.]

11 Niddah, *30b*. [*Steeds houd ik de* EEUWIGE *voor ogen, met hem aan mijn zijde wankel ik niet* (Psalm 16:8); *Ik ken mijn wandaden, ik ben mij steeds van mijn zonden bewust* (Psalm 51:5).]

12 *Abot*, 4, 28.

13 *Selected Religious Poems*, p. 113.

14 *Shabbat*, 105b.

15 *Sukkah*, 52b.

16 Bachja ibn Pakoeda, *The Duties of the Heart*, dl I, p. 14.
[De filosoof *Bahya Ibn Paquda* (tweede helft elfde eeuw, Spanje) hield zich vooral bezig met religieuze ethiek. Zijn boek *Chowot ha lewawot* ('De plichten des harten') is oorspronkelijk in het Arabisch geschreven en later vertaald in het Hebreeuws en bevat een eerste systematische uiteenzetting over joodse ethiek.]

17 *Leviticus Rabba*, 4, 2.
18 *Leviticus Rabba*, 18, 1; zie *Niddah*, 30b; *Baba Metsia*, 107a.
19 *Abot*, 2, 5. [Hillel was een invloedrijke leraar uit de tijd vóór de verwoesting van de Tweede Tempel in het jaar 70. Hillel stierf waarschijnlijk rond het jaar 10.]
20 *Berachot*, 61a, zie Rashi; *Erubin*, 18a.

NOTEN BIJ HOOFDSTUK 36 *Het probleem van het kwaad*

1 *Genesis Rabba*, hfdst. 39. Zie in dit boek noot 7 bij hoofdstuk 10.
2 Schopenhauer maakte de gedachte populair dat de Bijbel geen besef had van het probleem van het kwaad. Zie *Die Welt als Wille und Vorstellung*, II, hfdst. 48; *Parerga und Paralipomena*, ed. Gusbach, II, p. 397; *Sämtliche Werke*, ed. Frauenstadt, III, p. 712 e.v. Over zijn vijandigheid tegenover de Bijbel zie Isak Unna, 'Die Stellung Schopenhauers zum Judentum', in: *Jüdische Schriften, Josef Wohlgemuth zu seinem siebzigsten Geburtstage [...] gewidmet* (Berlijn 1928) p. 103 e.v.
3 Wat de rabbijnen dachten over de situatie van de mens blijkt uit het volgende commentaar. We lezen in *Habakuk* 1:14: *Als vissen in de zee maakt u de mensen, als kruipende dieren zonder leider.* 'Waarom wordt de mens hier vergeleken met de vissen van de zee? Net als bij de vissen van de zee verslinden de grotere de kleinere, zo ook bij de mensen. Als er geen ontzag voor de overheid zou zijn, zouden de mensen elkaar levend verslinden. Dit is nauwkeurig wat wij geleerd hebben: rabbi Hanina, de plaatsvervangende hogepriester, zei: 'Bidt voor het welzijn van de overheid, want als er geen ontzag voor de overheid bestond, zouden de mensen elkaar levend verslinden.' *Avodah Zara*, 3b-4a en *Abot*, 3, 2.
'In de komende tijd zal de Heilige, Hij zij gezegend, de boze impuls (*yetser hara*) nemen en doden in de aanwezigheid van de rechtvaardigen en van de goddelozen. Voor de rechtvaardigen zal de boze *yetser* zo reusachtig als een berg lijken, voor de kwaadaardigen zal hij zo dun als een haar lijken. Zowel de eersten als de laatsten zullen huilen. De rechtvaardigen zullen zich verwonderen dat zij zo'n grote macht konden overwinnen. De goddelozen zullen verbaasd zijn dat ze voor zo'n zwakke macht bezweken zijn. En de Heilige, Hij zij geprezen, zal zich verbazen met hen, zoals er gezegd is: *Dit zegt de* EEUWIGE *van de hemelse machten: Ook al lijkt het jullie, die van dit volk nog over zijn, nu onmogelijk, waarom zou het voor mij onmogelijk zijn?* (Zacharia 8:6). *Sukkah*, 52a.
4 *Sukkah*, 52a. Zie de interpretatie van Jesaja 64:5 [*Wij allen zijn onrein geworden, onze gerechtigheid is als het kleed van een menstruerende vrouw. Wij allen zijn als verwelkte bladeren, verwaaid op de wind van ons wangedrag.*] in *Baba Metsia*, 32b.
5 Reinhold Niebuhr, *The Nature and Destiny of Man*, dl I, p. 222 e.v.
6 De macht van beelden en afgoden die de mens geneigd is te aanbidden, vloeit daaruit voort dat ze een zweem van het heilige hebben. *Pesel*, het Hebreeuwse woord voor beeld, wordt in de *Zohar* verbonden met *pesolet*, dat 'afval' betekent. Afgoden

zijn het afval van heiligheid. Zie *Zohar*, dl II, p. 91a.

7 *Zohar*, dl II, pp. 203a-203b; zie pp. 69a-69b. De *kelipot* of de krachten van het onheilige zijn van de mens uit gezien onzuiver en schadelijk. Maar vanuit het heilige gezien, bestaan ze omdat de Schepper dit wilde en in zijn belang. Een vonk van heiligheid woont in hen en houdt ze in stand. Rabbi Abraham Azulai, *Or Hahamah* (Przemysl 1897) dl II, p. 218a.

8 *Zohar Hai* (Lemberg 1875) dl I, p. 2.

9 *Zohar*, dl III, p. 80b.

10 *De stier biedt Aäron aan als reinigingsoffer namens zichzelf, om voor zichzelf en zijn familie verzoening te bewerken. De beide bokken moet hij naar de ingang van de ontmoetingstent brengen, en daar, ten overstaan van de* EEUWIGE, *moet hij door loting vaststellen welke bok bestemd is voor de* EEUWIGE *en welke voor Azazel. De bok die door het lot voor de* EEUWIGE *bestemd is, moet hij als reinigingsoffer opdragen; de bok die door het lot bestemd is voor Azazel moet levend voor de* EEUWIGE *blijven staan om verzoening mee te bewerken, en daarna de woestijn in worden gestuurd, naar Azazel* (*Leviticus* 16:6 e.v.). Zie *Sifra, Aahare*, hfdst. 4, ed. Weiss, p. 81c. Volgens *Ezechiël* 45:18-20 moet twee keer per jaar verzoening over de tempel worden gedaan.
[Zie ook René Girard, *Le bouc émissaire*, Parijs 1982.]

11 Henri Bergson, *The Two Sources of Morality and Religion* (New York 1935) p. 67 e.v.

12 *Sifre, Deuteronomium*, 45; *Kiddushin*, 30b.

13 *Leviticus Rabba*, 35, 5.

14 *Mechilta*, ter plaatse.

15 *Abot*, 4, 2.

16 'Israël zei tot de Heilige: Hij zij geprezen: Heerser van het heelal! Jij kent de kracht van de boze impuls, hoe sterk hij is! De Heilige, Hij zij gezegend, zei tot hen: Jullie drijven hem een beetje op in deze wereld en ik zal hem van jullie wegnemen in de toekomst... In de komende wereld zal ik hem met wortel en tak uit jullie uitroeien.' *Numeri Rabba*, 15, 16.

17 *Abot*, 4:17

18 *Abot*, 4:21.

19 Vergelijk Reinhold Niebuhr, *An Interpretation of Christian Ethics*, p. 65. [Het Sinaï-verbond kent vele vernieuwingen, waaronder het 'gij zult'-gebod dat de Duits filosoof Kant in de achttiende eeuw de 'categorisch imperatief' zou noemen, het '*du sollst*'.]

20 *Genesis Rabba*, 89, 1. De boze impuls wordt vaak 'een steen' genoemd, zie Theodor, ter plaatse.

NOTEN BIJ HOOFDSTUK 37 *Het probleem van het neutrale*

1 *Berachot*, 63a.

2 N. Berdjajew, *The Destiny of Man*, p. 30.

3 *Shabbat*, 30b. Zie *Midrash Tehillim*, 112, 1. Maimonides, *Mishne Torah, Lulav*, 8, 15.
[*Simchat Thora*, de Vreugde der Wet.]

4 *Mitswot lav lehanot nitnu, Erubin,* 31a; *Rosh Hashanah,* 28a. Rashi: 'maar als een juk.'
5 W. R. Boyce Gibson, *Encyclopaedia of Religion and Ethics,* dl VIII, p. 152a.

NOTEN BIJ HOOFDSTUK 38 *Het probleem van de integriteit*

1 Ons wordt verteld dat in elke stad in Palestina een plaats was, genaamd 'de kamer van de zwijgenden', waarin de mensen hun charitatieve donaties in het geheim stortten en waar in dezelfde beslotenheid de verarmde leden van zichzelf respecterende families hun ondersteuning ontvingen. *Mishnah Shekalim,* 5, 6; *Tosefta Shekalim,* 2, 16.
2 Rabbi Raphael van Bersjt.
3 *Abot,* 1:5. Zie Louis Ginzberg in *Jewish Encyclopaedia,* 1, 629. In zijn commentaar op Psalm 112:1, *Gelukkig de mens met ontzag voor de* EEUWIGE *en met liefde voor zijn geboden,* zei rabbi Eliëzer: 'In Zijn geboden en niet in de beloning van Zijn geboden.' *Abodah Zarah,* 19a.
4 *Sifre, Deuteronomium,* 41 (op 11:13: *Als u de geboden gehoorzaamt die ik u vandaag voorhoud, en de* EEUWIGE, *uw God, liefhebt en hem met hart en ziel dient...*).
5 *Abot,* IV, 7.
6 *Taanit,* 7a.
7 *Sifre, Deuteronomium,* 306. Vergelijk de opvattingen van rabbi Joshua ben Levi en rabbi Jonathan in *Yoma,* 72b, en van Rabba in *Shabbat,* 88b.
8 Te handelen 'uit liefde' betekent bestudering of volbrenging van de Thora 'omwille van de Thora zelf' (*Sifre Deuteronomium* 48; *Nedarim* 62a), 'omwille van de hemel' (vergelijk *Abot,* II, 17, met *Sifre Deuteronomium,* 41).
9 Volgens Rabban Jochanan ben Zakkai, was het rabbi Joshua ben Hyrcanus die later aanspraak maakte op dezelfde onderscheiding voor Job. Zie *Mishnah Sotah* V, 5.
10 Bachja ibn Pakoeda, *The Duties of the Heart,* yihud hamasseh, hfdst. 4.
11 Bachja, *ibid.,* shaar hayihud, hfdst. 10. Zie Solomon Schechter (†1915), *Some Aspects of Rabbinic Theology; Major Concepts of the Talmud,* p. 69.
12 Rabbi Yaakob Aäron van Zalsjin, *Bet Yaakov* (Pietrkov 1899) p. 144.
13 *Midrash Tehillim,* 6, 1. Volgens sommige rabbijnen meenden onze voorvaderen, – zelfs op het ogenblik waarop zij, staande voor Sinaï, uitriepen: *'Alles wat de* EEUWIGE *gezegd heeft zullen we ter harte nemen'* (Exodus 24:7), op welk ogenblik Israël volgens de traditie de hoogste graad bereikte van de geestelijke ontwikkeling van de mens (*Shabbat,* 88a), – niet ten volle wat zij zeiden. *Maar zij bedrogen hem met hun mond, met hun tong logen zij hem voor, hun hart was niet aan hem gehecht, zij waren zijn verbond niet trouw* (Psalm 78:36-37). Volgens rabbi Meir waren hun harten op dat ogenblik gericht op afgoderij. Zie *Mechilta, mishpatim,* 13; *Tosefta, Baba Kamma* 7, 9; *Tanhuma,* ed. S. Buber, 1, 77; *Exodus Rabba,* 42, 6; *Leviticus Rabba,* 6, 1; *Deuteronomium Rabba,* 7, 10.
13[a] *Prediker Rabba,* 11 slot.
14 *Toldot Yaakov Yosef* (Lemberg 1863) p. 150d. 'Er is geen mogelijkheid voor volmaakte

kavanah in deze wereld.' Rabbi Zadok, *Resyse Laylah* (Warschau 1902) in het begin.

15 David Kimchi van Narbonne (1169-1235), *Commentaar op Jesaja*, ter plaatse. Evenzo Samuel David Luzzatto (1800-1860) in zijn commentaar. Vergelijk rabbi N. J. Berlin, Commentaar op *Sheeltoth*, § 64, p. 420. Zie ook Rashi, *Baba Batra*, 9b. Vergelijk Eliëzer ben Jehoeda (1858-1922), *Thesaurus* ('*Milon*'), dl IX, p. 4328.
Tegen de bedoeling en de geest van Jesaja in werd zijn woord vaak gebruikt om de 'goede werken' aan te vechten. Over de antiwettelijke en antibijbelse kanten van een dergelijk concept, zie E. La B. Cherbonnier, *Hardness of Heart*, p. 94 e.v. Hiertegenover meende rabbi Hanina dat het de bedoeling van de profeet was om goede werken te prijzen, hoe ontoereikend ze ook mogen zijn. 'Net zoals in een kleed elke draad zich met de andere verenigt om een heel kleed te vormen, zo verenigde zich elke uit liefdadigheid geschonken penning met de andere tot een groot bedrag.' *Baba Batra*, 9b.

16 Rabbi Isaac Meir van Ger.

17 Geciteerd door rabbi Kalonymus Kalman Epstein, *Maor Vashamesh* (Lemberg 1859) p. 29b.

NOTEN BIJ HOOFDSTUK 39 *Het zelf en het niet-zelf*

[1 *Zo liet hij op een heuvel in de buurt van Jeruzalem een offerplaats maken ter ere van Moloch, de gruwelijke god van de Ammonieten* (1 Koningen 11:7). *Ontwijd de naam van je God niet door een van je kinderen aan Moloch te offeren. Ik ben de* EEUWIGE (Leviticus 18:21). *Ikzelf zal mij tegen zo iemand keren en hem uit de gemeenschap stoten, omdat hij een van zijn kinderen aan Moloch heeft geofferd en daarmee mijn heiligdom heeft verontreinigd en mijn heilige naam heeft ontwijd* (Lev. 20:3).]

2 Plato, *De staat*, 344c.

3 Zie *Man is Not Alone*, p. 224 e.v.

NOTEN BIJ HOOFDSTUK 40 *De daad verlost*

1 *Exodus Rabba*, 41:1. Zie Will Herberg, *Judaism and Modern Man* (New York 1951) p. 149 e.v.

2 In één bijzonder geval noemen de rabbijnen de persoon die zonder het gepaste oogmerk een gebod vervult, een overtreder. (*Nazir*, 23a, zie Albo, *Ikkarim*, III, hfdst. 28.) Eén rabbi beweerde dat 'het beter zou zijn dat hij die de Thora niet naleeft omwille van haarzelf, niet geboren was'. Een gezegde van Raba, *Berachot*, 17b. Hoewel deze extreme zienswijze door de meeste joodse theologen verworpen werd, werd ze tot op zekere hoogte door anderen ondersteund. Volgens Bachja ibn Pakoeda: 'Alle werken voor God verricht, moeten puurheid van hart en doelbewustheid als wortels hebben. Waar de beweegreden bezoedeld is, worden goede daden niet aanvaard, hoe talrijk ze ook zijn en zelfs niet als ze onafgebroken verricht worden.' *The Duties of the Heart*, inleiding.

3 *Hullin*, 7a. Zie *Tosefot*, ter plaatse. God houdt de beloning van welke schepselen ook niet in, zelfs de bozen worden beloond voor het goede dat zij mochten doen. Hij houdt de beloning zelfs voor een gepast woord niet in. Zie *Pesahim*, 118a; *Nazir*, 23b. Onthouding van arbeid op de sabbat uit luiheid en niet uit respect voor de sabbat wordt toch verdienstelijk geacht.

4 *Hullin*, 7b.

5 *Tanhuma*, Noach 19.

6 *Midrash Tehillim*, 118, 10. Zie Solomon Schechter, *Some Aspects of Rabbinic Theology*, p. 55 e.v.

7 Rabbenu Yonah, Commentaar op Alfasi, *Berachot*, 5, 1. Vergelijk Psalm 51:12, *Schep, o God, een zuiver hart in mij, vernieuw mijn geest, maak mij standvastig*, en Jeremia 32:40: *Ik zal hen met ontzag voor mij vervullen*. Zie boven, hoofdstuk 12, noot 2.

NOTEN BIJ HOOFDSTUK 41 *Vrijheid*

1 Zie William James, *The Will to Believe and Other Essays in Popular Philosophy* (Harvard 1897/ Cambridge 1979/Amsterdam 2007).
'Op grond van ethische argumenten moet vrijheid erkend worden als een noodzakelijk bestanddeel van moreel leven... De vraag is dan ook niet of persoonlijke vrijheid mogelijk is, maar de moeilijkere: hoe is zij mogelijk?... Vrijheid van wil laat zich wat betreft haar ontologische aspect niet bewijzen, ten minste niet in de strikte betekenis. Bovendien kan haar werkelijke mogelijkheid alleen worden volgehouden binnen de grenzen van een veronderstelde werkelijkheid. Wat nog gebeuren moet, is in waarheid het belangrijkste deel van het werk, maar vandaag zijn we daartoe nog lang niet in staat. We kunnen maar één of twee stappen doen om te komen tot een opheldering van het probleem. De aard en de actualiteit van persoonlijke vrijheid gaan de grenzen van de menselijke rede te boven.' N. Hartmann, *Ethics*, dl III, p. 205 e.v.; de Duitse uitgave p. 69b e.v.
[Zie ook: Rudolf Otto, *Het Heilige* (Amsterdam 2002) hoofdstuk 3 over het 'creatuurgevoel'.]

2 William James, *Review of 'Personal Idealism'* (January 1903), [over F. C. S. Schiller *Personal Idealism* (Londen 1902)].

3 *Man is Not Alone*, p. 25, p. 241 e.v.

NOTEN BIJ HOOFDSTUK 42 *De geest van het jodendom*

1 [*Omri werd koning van Israël. Hij regeerde twaalf jaar. Toen hij zes jaar in Tirsa had geregeerd, kocht hij van een zekere Semer een berg. Hij liet er huizen op bouwen en noemde de stad die hij liet bouwen Samaria, naar Semer, de vorige bezitter van de berg* (1 Koningen 16.24).]

2 Zie hoofdstuk 32 *Een godsdienstig gedragspatroon* § 5 *Thora is meer dan wet*, e.v.

3 Vergelijk A. J. Heschel, *The Sabbath* (New York 1951/Boston, Mass. 2003; *De sabbat, zijn betekenis voor de moderne mens*, Amsterdam 2006).

[Het wezen van de joodse godsdienst is naar de woorden van A. J. Heschel de betrokkenheid op de dimensie van de tijd. Niet de ruimtelijke zaken staan in het middelpunt, maar de 'heiliging' van de tijd. De sabbat is het teken en het voorbeeld van die beleving en is, zo stelt Heschel in het eerste hoofdstuk van dit boekje 'een paleis in de tijd'. Vanuit dit thema wordt de verhouding met God, de eeuwigheid, de opdracht aan de mens en de houding tegenover het werk gezien.]

4 [Onder geopende hemel: *sub specie æternitatis*; in het licht van de sabbat: *sub specie Sabbatis*.]

5 Maimonides, *Mishneh Torah*, Shemitah ve-Yobel, 13, 12-13.

NOOT BIJ HOOFDSTUK 43 *Het volk Israël*

[1 Israël (Hebr.: *Jisraeel* = 'Strijder Gods'), erenaam van Jakob en zijn nakomelingen. Behalve als tweede naam van Jakob gebruikt de Tanach de betiteling vooral voor de tien noordelijke stammen. *Bene jisraeel* (= kinderen van Israël) betekent ook het hele volk. Je kunt er ook de bewoners van het zuidelijk rijk van de twee stammen mee aanduiden (*Jesaja* 5:7; *Jeremia* 10:1). Op den duur heeft de naam Israël betrekking gekregen op het gehele Joodse volk.]

AANHANGSEL

Eenzaam te midden van de zijnen,
Velen zegenrijk beschijnend.
Moedig, ruim van blik en bezonnen,
Veel bestreden, maar niet overwonnen.

Abraham Joshua Heschel

DE NADAGEN VAN MAIMONIDES

MAIMONIDES (GRIEKS VOOR RABBI MOZES BEN MAIMON) STAMDE UIT EEN GESLACHT VAN GELEERDEN EN RABBIJNEN DIE OVER HET ALGEMEEN GOED KONDEN LEVEN EN WERKEN IN CORDOBA, HET CENTRUM VAN DE ISLAMITISCHE CULTUUR IN ANDALUSIË.

In 1148, Mozes was ongeveer tien jaar oud, kwam er een einde aan een lange periode van tolerantie. Zijn familie zwierf enige jaren rond om zich uiteindelijk te vestigen in Fez, Marokko. Daar verbleven zij van 1159 tot 1165. Daarna brak er weer een periode van omzwervingen aan. Na een verblijf in onder andere Palestina, waar vader Maimon vermoedelijk is gestorven, vestigde de familie zich in 1168 in Caïro.

Mozes participeerde samen met zijn broer David in een lucratieve handel met Indië, voltooide zijn medicijnstudie en vestigde zich als arts. In 1171 werd Mozes hoofd van de joodse gemeenschap in Egypte. Om de plaatselijke verhoudingen te herstellen moest hij na vijf jaar terugtreden. In 1177 werd Mozes hoofd van zijn eigen gemeente in Fostat, de voorstad van Caïro. In 1185 volgde zijn benoeming tot arts van sultan Al-Fadil en zijn hofhouding. Aan zijn materiële welvaart kwam een einde toen zijn broer David verdronk bij een scheepsramp op de Indische oceaan. Het familiekapitaal ging mee ten onder.

'Ik treurde en was niet te troosten, Hoe zou ik mij hebben kunnen troosten?', schrijft Maimonides over het verlies van zijn geliefde broer in een van zijn brieven. *'Had ik de Thora-studie niet als afleiding gehad en had ik in de wetenschap geen compensatie gevonden voor mijn verdriet, dan zou ik aan mijn verdriet ten onder zijn gegaan.'*

Volgens hem komen alle ideeën voort uit een openbaring.
De eindeloze stroom van het goddelijke bereikt het menselijk denken,
maar ook aardse gebeurtenissen, overal waar iets zijn vorm krijgt:
die gedachte was een van Maimonides' manieren om duidelijkheid te verkrijgen.

Heschel, *Maimonides: Eine Biographie* (1935)

DE NADAGEN VAN MAIMONIDES

HET LEVEN VAN MAIMONIDES LIJKT AANNEMELIJKER ALS LEGENDE DAN ALS HISTORISCH FEIT. ZIJN PRESTATIES ZIJN ZO ONGELOFELIJK DAT JE BIJNA GENEIGD BENT TE GELOVEN DAT MAIMONIDES DE NAAM IS VAN EEN ACADEMIE VAN GELEERDEN EN NIET DE NAAM VAN EEN ENKELING.

Naast arts was hij de meest creatieve rabbijnse geleerde van het millennium, een baanbrekend filosoof, een opmerkelijke wiskundige, bioloog en jurist, een autoriteit en wegbereider op het gebied van de vergelijkende godsdienstwetenschap, een meester zonder weerga en een adviseur voor velen.

De inhoud van zijn werk is als graniet, de vorm ervan is plechtig. Daardoor hebben studenten hem altijd gezien als een toonbeeld van helderheid, een onbewogen beweger, een persoon die vroeg in zijn leven en voor eens en altijd geestelijke standpunten had ingenomen. In werkelijkheid ontrolde zich achter de façade een dramatisch leven.

Hoewel hij architect was van intellectuele systemen, een voorbeeld van een gestructureerd leven, een meester op het gebied van wetenschappelijke organisatie, maar ook als persoon maatschappelijk betrokken, was zijn innerlijke bestaan vol van speuren, zoeken, strijden en zelfonderzoek. Zo'n innerlijke worsteling moet vooraf zijn gegaan aan de dramatische verandering in zijn levenswijze gedurende de ongeveer tien laatste jaren van zijn leven.

Zijn leven was rijk aan successen geweest, toch moesten vele doelen, belangrijke projecten, ontworpen en bewerkt gedurende vele jaren, nog gerealiseerd worden. Een commentaar op alle preken in de Talmoed en andere bronnen, de vertaling in het Hebreeuws van zijn in het Arabisch geschreven werk, de afronding van de al begonnen commentaren op de Babylonische Talmoed, evenals zijn werk in verband met de Jeruzalemse Talmoed[1] – al deze plannen werden losgelaten. De hartstochtelijke overgave aan studie en wetenschap, die hem sinds zijn jeugd had beheerst en onsterfelijke werken had voortgebracht, maakte nu plaats voor een andere volledige overgave: *het genezen van zieken* en verstrekken van adviezen. Hij ging door met het geven van Responsa (*She'elot u-Teshuvot*) en met het aanbrengen van verbeteringen in eerdere geschriften Na de voltooiing van de *Gids der Verdoolden* schreef hij nog

een aanzienlijk aantal verhandelingen over medische onderwerpen. Het lijkt er inderdaad op dat hij meer jaren van zijn leven aan hulpverlening gegeven heeft dan aan zijn belangrijkste werk *Mishneh Torah*, de wettelijke code, waaraan hij tien jaar werkte. [*Een afschrift van dit wetboek;* Deut. 17:18.]
Van de twee grote prestaties in zijn leven werd de Mishneh Torah of *Herhaling of Samenvatting van de Thora*, geschreven voor het volk, als leerboek voor leken net zo goed als voor rabbijnen, terwijl de *Gids der verdoolden*, een systeem van de filosofie van het jodendom, voor weinigen geschreven werd. De *Gids* staat onder invloed van het in de Arabische wereld omgevormde aristotelisme. Maimonides probeerde de theologische doctrines rationeel te onderbouwen en hun verenigbaarheid met het verstand aan te tonen. Zo probeerde hij voor de intellectuelen die onder de indruk van de superioriteit van de Arabische wijsbegeerte onzeker geworden zijn, 'verdoolden' zijn geworden ten opzichte van de traditionele joodse leer, de zin van die leer te verduidelijken.
Vooral door de Latijnse vertaling van dit werk, door Al Charisi rond 1240 vervaardigd onder de titel *Dux neutrorum*, heeft Maimonides invloed uitgeoefend op de Latijnse scholastiek, in het bijzonder bij de scheppingsleer bij Albertus Magnus en Thomas van Aquino, en met zijn idee van de negatieve theologie op de mystieke traditie in de godsleer van Eckhart.
De *Mishneh Torah* is een veertiendelige systematische codex van de joodse leefregels zoals die in de talmoedische en na-talmoedische literatuur zijn ontwikkeld. Het is geschreven in glashelder Hebreeuws met formuleringen die hun zeggingskracht ten volle hebben behouden. De *Mishneh Torah* wordt ook vaak aangeduid als *Ha-jad ha-chazaka* (= De sterke hand), een titel die samenhangt met de veertien delen waaruit het bestaat. Het woord *jad* (hand) heeft namelijk de getallenwaarde 14. Dit staat ook in verband met het slotvers van de Torah: 'Het was helemaal in overeenstemming met de *sterke hand* en de *ontzaglijke prestaties* die *Mozes* heel Israël heeft getoond'. Het geniet tot vandaag een groot gezag, ook al leidde het tot grote en langdurige discussies. Als een soort introductie op dit werk schreef hij het *Sefer mitswot* (= Het boek van de geboden), een systematische opsomming van de 248 geboden en de 365 verboden die in de Thora voorkomen. Dit oorspronkelijk in het Arabisch geschreven werk werd in het Hebreeuws vertaald, zowel door Mozes ibn Tibbon als door Juda ben Salomon al Charizi.

De *Mishneh Torah* was niet alleen zijn *magnum opus*. Het was bedoeld om een revolutie te ontketenen in het joodse *lernen* en het jodendom te hervormen.[2] Aanvaarding zou het intellectuele en spirituele leven van het Joodse volk radicaal veranderen. Het laat de joodse geschiedenis van gedaante veranderen.
Zou dit boek door het volk aanvaard worden? Deze vraag moet de schrijver verontrust hebben. Maar het antwoord kwam spoedig. Korte tijd na de verschijning werd dit uitzonderlijke werk het voorwerp van lof, maar ook het mikpunt van scherpe kritieken. Deze aanvallen dreigden het werk te diskwalificeren als betrouwbare en gezaghebbende code van de joodse wet.
Bijzonder scherp was de kritiek op Maimonides omdat hij nagelaten had zijn bronnen in zijn zeer grote code aan te halen. In de woorden van zijn vermaarde tegenstander, rabbi Abraham ben David van Posquières, maakte dit verzuim het moeilijk, zo niet onmogelijk, zijn uiteenzettingen te controleren en dwong het zijn lezers zijn oordelen op zijn gezag te aanvaarden.

> 'Het was zijn bedoeling het beter te doen, maar hij deed het niet beter, want hij volgde niet de handelwijze van alle schrijvers die hem voorgingen. Zij voerden altijd bewijs aan voor hun uiteenzettingen en citeerden de juiste autoriteit voor elke beschouwing. Dit was zeer nuttig, want soms was de rechter geneigd iets te verbieden of toe te staan en steunde zijn argument op een andere autoriteit. Had hij geweten dat er een grotere autoriteit was, die de wet anders uitlegde, dan zou hij misschien anders beslist hebben. Daarom zie ik geen reden waarom ik mijn traditie en mijn ondersteunende opvattingen zou opgeven vanwege het compendium van deze schrijver. Als hij, die met mij van mening verschilt, groter is dan ik – best. Als ik groter ben dan hij, waarom zou ik mijn mening dan laten varen uit eerbied voor hem? Bovendien zijn er kwesties waarover de *Geonim* (eminenties) van mening verschillen en deze schrijver heeft de mening van één uitgekozen en die in zijn compendium opgenomen. Waarom zou ik op zijn keus vertrouwen als die niet aanvaardbaar voor mij is en ik niet weet of de afwijkende autoriteit al dan niet bevoegd is om een andere mening te hebben? De enige mogelijkheid is, dat hij aanmatigend is.'

Hoewel hij van andere kritieken niet onder de indruk was, erkende Maimonides dat het weglaten van bronvermeldingen, gedaan uit behoefte naar beknoptheid, een ernstige fout was. Hij sprak de hoop uit dat hij te zijner

tijd een aanvullend werk zou kunnen schrijven, waarin hij autoriteiten zou aanhalen voor beslissingen in alle gevallen waarin de bronnen niet duidelijk waren uit de context.[4] Maar waarom liet hij na de voetnoten of het bronnenboek te schrijven, waarvan het lot van zijn levenswerk afhing?
In een brief aan Joseph ibn Gabir in Bagdad merkt Maimonides op:

> 'Van de man die zijn studie staakt of die nooit gestudeerd heeft, wordt in de Thora gezegd: *Hij heeft geen ontzag getoond voor de woorden van de* EEUWIGE (Numeri 15:31). Dit is ook van toepassing op de man die zijn studie niet voortzet, zelfs wanneer hij een grote geleerde geworden is, want studie van de Thora is het hoogste gebod.'[5]

Hoewel hij voortdurend de nadruk legde op het fundamentele belang van studie en de bevordering van het *lernen*, veranderde Maimonides zijn eigen levenswijze op een manier die onverenigbaar was met zijn vroegere overtuiging van de hoogste voorrang voor intellectuele activiteiten. Deze belangrijke verandering, die misschien zijn verzuim voetnoten aan zijn grote code toe te voegen kan verklaren, wordt terloops vermeld in het slothoofdstuk van *De gids der verdoolden*. In een brief van september 1199 beschrijft Maimonides hoe zijn tijd gedurende de laatste jaren van zijn leven was ingedeeld. De Provençaalse geleerde Samuel ibn Tibbon, die bezig was met de voorbereiding van een Hebreeuwse vertaling van *De gids der verdoolden*, schreef een brief aan de auteur om hem over enkele moeilijkheden te raadplegen en ook om te kennen te geven dat hij hem graag zou bezoeken. Dit was zijn antwoord:

> 'Over je wens om bij mij te komen, kan ik alleen maar zeggen dat je bezoek mij zeer zou verheugen, want ik verlang werkelijk om met jou van gedachten te wisselen en ik zou je bezoek met nog meer vreugde dan jij tegemoet zien. Toch moet ik je afraden je aan de gevaren van de reis bloot te stellen, want, afgezien van een ontmoeting met mij en mijn inspanning om te doen wat ik kan om jou te eren, zou je bezoek je geen enkel voordeel brengen. Verwacht niet dat je ook zelfs maar één uur, overdag of 's nachts met mij zou kunnen overleggen over een of ander wetenschappelijk onderwerp. Want mijn dagindeling is de volgende:
> Ik woon in Mizr (Fostat) en de sultan zetelt in Kahira (Caïro). De afstand tussen deze plaatsen bedraagt twee sabbatsreizen (ca. 2 km.). Mijn verplichtingen tegenover de

sultan zijn zeer zwaar. Ik ben verplicht hem dagelijks te bezoeken, 's morgens vroeg, en wanneer hij of een van zijn kinderen of een van de bewoners van de harem zich niet goed voelt, mag ik Kahira niet verlaten en moet ik het grootste deel van de dag in het paleis blijven. Daarom begeef ik mij in de regel heel vroeg in de morgen naar Kahira en zelfs als er niets bijzonders gebeurt, ga ik niet voor de namiddag terug naar Mizr. Dan sterf ik bijna van de honger. [...] Ik vind de gangen vol mensen, zowel joden als niet-joden, edelen en gewone mensen, rechters en justitiële medewerkers, vrienden en vijanden – een bonte menigte die op mijn terugkeer wacht. Ik stijg af van mijn rijdier, was mijn handen, ga naar mijn patiënten en verzoek hen met nadruk nog even geduld te hebben terwijl ik een lichte maaltijd nuttig, mijn enige maaltijd per etmaal.

Dan ga ik voor mijn patiënten zorgen en recepten schrijven en aanwijzingen geven voor hun uiteenlopende kwalen. Patiënten komen en gaan tot de nacht valt en soms zelfs, verzeker ik je plechtig, tot twee uur in de nacht of later. Ik spreek met hen en schrijf recepten voor hen, terwijl ik lig door volledige afmatting, en als het nacht wordt, ben ik zo uitgeput dat ik nauwelijks kan spreken.

Dit heeft tot gevolg dat geen Israëliet een gesprek onder vier ogen met mij hebben kan, behalve op de sabbat. Op die dag komt de hele gemeente, althans de meeste leden, bij mij na de morgendienst. Ik geef hen dan aanwijzingen voor hun gedrag gedurende de hele week, wij *lernen* wat tot de middag, waarna zij vertrekken. Sommigen van hen komen terug en studeren met mij van na de middagdienst tot het avondgebed. Zo breng ik die dag door. Ik heb je nu maar gedeeltelijk bericht wat je zou zien als je mij zou bezoeken.

Ik verzoek je bij mij te komen wanneer je voor onze broeders de begonnen vertaling voltooid hebt, maar niet met de hoop dat je bezoek gunstig voor je studie zou zijn, want ik ben, zoals ik je uiteengezet heb, uitermate bezet.'

Dit is Maimonides' laatste metamorfose: van metafysica naar medicijnen, van beschouwing naar praktijk, van bespiegeling naar de navolging van God. God is niet alleen het object van kennis, hij is het voorbeeld dat je moet navolgen. Mensen, die de Eeuwige in zijn voorzienigheid wil leiden, komen in de plaats van de abstracte concepten die het middel vormen voor de intellectuele voorstelling van God. De inspanning om de medemens in zijn lijden te helpen, is nu de vorm van zijn religieuze toewijding.

De neiging van het *neoplatonisme* tot *gnosis*, waarbij de nadruk ligt op het totale opgaan in de beschouwing van God als voornaamste en eigenlijk enige doel van de mens – en dat vaak leidt tot onderwaardering van het leven en een vlucht uit de wereld – had in vroeger dagen in Maimonides een spanning gecreëerd met de bijbelse en rabbijnse nadruk op de morele houding, op de voorrang van de geheiligde daad. De betekenis van zijn laatste jaren ligt in de overwinning op de spanning tussen deze neigingen. Beschouwing van God en naastenliefde worden verbonden tot een eenheid.
Zijn levenslange zoektocht naar persoonlijke vervolmaking lijkt zijn vervulling te hebben gevonden in de navolging van God. Persoonlijk succes wordt losgelaten voor de versterking van Gods aanwezigheid in menselijke daden, 'om in zijn daden te zijn als God'.[7]
Hij had steeds volgehouden dat, omdat 'complete toewijding aan Hem en het gebruik van rationeel denken door Hem standvastig lief te hebben' het doel van de mens is en dit in de regel bereikt wordt door 'eenzaamheid en afzondering', men 'alleen in geval van nood met andere mensen moet omgaan'.[8] Nu verwierp hij deze stelling en was aldoor met mensen bezig. Misschien heeft hij gestreefd naar of is hij dichtbij de toestand gekomen waarin je met andere mensen spreekt en tegelijk onafgebroken denkt aan God, waarbij je constant in de nabijheid van God bent in het hart, hoewel in het lichaam onder de mensen – op de wijze in de parabel beschreven: *Ik sliep, maar mijn hart was wakker* (Hooglied 5:2).[9] Een levenslange intellectuele toewijding was nodig om gelijktijdig betrokkenheid bij mensen en verzonkenheid in de beschouwing van God te bereiken.
In *De gids der verdoolden* stelt Maimonides in navolging van Aristoteles twee idealen of volmaaktheden die de mens moet proberen te bereiken. Het eerste is lichamelijke, economische en morele vooruitgang, die hem de helderheid van geest zal bieden om het tweede en hoogste ideaal te bereiken, namelijk verstandelijke volmaaktheid. De hoogste volmaaktheid van de mens —

> 'is dat hij alles van dingen weet wat een volmaakt ontwikkelde persoon kan weten. Het is duidelijk dat deze *hoogste volmaaktheid geen handelingen of morele eigenschappen omvat* en dat zij *alleen bestaat uit kennis*, verworven door bespiegeling of onderzoek [...] en alleen de bron van eeuwig leven is. Op die manier is het doel van de Thora om het

> ons mogelijk te maken beide volmaaktheden te verwerven. Zij richt zich eerst op het aanleren van goede, wederzijdse relaties tussen de mensen door onrechtvaardigheid op te heffen en door het bereiken van een edelmoedig en voortreffelijk karakter. In de tweede plaats wil zij ons juiste en oprechte opvattingen geven, waardoor uiteindelijke volmaaktheid bereikt wordt.'[10]

In het slothoofdstuk komt Maimonides echter met een nieuwe rangorde van idealen, waarin de hoogste volmaaktheid op een nieuwe manier omschreven wordt. Zij wordt niet langer omschreven als 'alles van dingen te weten wat een volmaakt ontwikkelde persoon kan weten'. 'De werkelijke menselijke volmaaktheid', zegt hij nu, 'bestaat uit het verkrijgen van rationele deugden – ik doel op het bezit van ideeën die juiste inzichten *over goddelijke aangelegenheden* leren'. In tegenstelling tot zijn eerdere opvatting dat de uiteindelijke volmaaktheid van de mens zuiver intellectueel is – zij sluit geen handelingen of morele eigenschappen in, maar alleen kennis – omschrijft hij nu het einddoel van de mens als *de navolging van Gods daden* en eigenschappen, te weten vriendelijkheid, recht en rechtvaardigheid.
Deze radicale verandering in zijn levensfilosofie komt tot uiting in zijn uitleg van de woorden van Jeremia 9:23-24:

> *Dit zegt de* EEUWIGE:
> *De wijze moet zich niet beroemen op zijn wijsheid, de sterke niet op zijn kracht, de rijke niet op zijn rijkdom.*
> *Wil iemand zich op iets beroemen, laat hij zich erop beroemen dat hij mij kent, inziet dat ik, de* EEUWIGE, *dit land liefde schenk, rechtvaardigheid en recht, want daar schep ik behagen in – spreekt de* EEUWIGE.

> *De profeet zegt niet dat de kennis van de Eeuwige het hoogste doel van de mens is.* Want als dat zijn plan geweest zou zijn, zou hij gezegd hebben: *Wie zich wil beroemen, laat hij zich erop beroemen dat hij mij kent*, en hier zou hij gestopt zijn. Of hij zou gezegd hebben: *Dat hij mij begrijpt en weet dat ik Eén ben*; of hij zou gezegd hebben: *Dat ik geen enkele gelijkenis heb*, of: *Er is niemand als Ik*, of iets dergelijks. Maar hij zegt dat men zich mag beroemen in het kennen van God en in de kennis van zijn daden en attributen, waarmee hij zijn activiteiten bedoelt. Toen Mozes bad: '*laat mij dan weten wat uw plannen zijn*' (Exodus 33:13), werd hem gezegd dat Gods daden en handelingen, die gekend en nagevolgd

> horen te worden (in de parafrase van Jeremia) *liefde, rechtvaardigheid en recht* zijn. Ten slotte zegt de profeet: *want daar schep ik behagen in – spreekt de* EEUWIGE. Het is Gods bedoeling dat van júllie liefde, rechtvaardigheid en recht komt, dat de mens die activiteiten zal navolgen en dat het hun levenswijze zal zijn.'[11]

Maimonides kan niet begrepen worden zonder waardering van wat voor hem de hoogste prioriteit heeft: zijn verhouding tot God, die hij beschrijft als liefde tot God, als dorst *naar de levende God* (Psalm 42:3). Wat is de weg die leidt naar de liefde voor God? Maimonides leert dat beschouwing en kennis de bron van de liefde zijn.

> 'Wanneer iemand de grote en wonderbaarlijke werken beschouwt, die Hij geschapen heeft en daardoor Zijn onvergelijkbare en oneindige wijsheid gaat beseffen, dan zal hij Hem loven, prijzen en verheerlijken en er zeer hartstochtelijk naar verlangen om Hem te kennen.'[12] 'Deze liefde is alleen mogelijk als wij de ware aard van de dingen begrijpen en de goddelijke wijsheid die daaruit spreekt.'[13] 'Je kunt God niet liefhebben anders dan door de kennis waarmee je Hem kent en de liefde is evenredig aan de kennis. Hoe minder van het laatste, hoe minder van het eerste en hoe meer van het laatste, hoe meer van het eerste.'[14]

Het hoogtepunt van Maimonides' pogingen om kennis van God te krijgen, is de erkenning dat —

> 'alles wat wij begrijpen is het feit dat Hij bestaat, dat Hij een Wezen is aan wie geen van Zijn schepselen gelijk is, die niets met hen gemeen heeft, die geen meervoud inhoudt, die nooit te zwak is om andere wezens voort te brengen en wiens verhouding tot het heelal hetzelfde is aan die van een kapitein tot een schip. Zelfs dit is niet de werkelijke verhouding en een juiste vergelijking, maar dient alleen maar om ons duidelijk te maken dat God het universum regeert. Dat betekent dat Hij het universum duurzaamheid geeft en de noodzakelijke ordening in stand houdt.'[15]

'Positieve, rationele kennis van het wezen van God gaat het menselijke verstand te boven. Want God is zodanig dat, als het verstand zijn Wezen overdenkt, kennis verandert in onwetendheid en wanneer de tongen ernaar verlangen om Hem te verheerlijken, welsprekendheid verandert in vermoeidheid.'[16]

De geest faalt als hij *Gods essentie* probeert te begrijpen, maar het is ook het allermooiste instrument waardoor wij *Gods nabijheid* bemerken.
'Het mysterie van het denken is de diepste en meest directe ervaring van Gods aanwezigheid. Want het denken ontstaat door contact van de geest met het Actieve Intellect, een transcendente, onstoffelijke entiteit, die vlak naast de sfeer van de maan is geplaatst en dient als intermedium tussen de goddelijke Geest en het menselijke verstand door de goddelijke uitstraling door te geven aan de menselijke ziel als zij eenmaal het stadium van het verworven intellect bereikt heeft.
Het universum is het werk van God als directe oorzaak. Het is geschapen door goddelijke uitstraling en alle veranderingen in de kosmos komen uit de Eeuwige voort.'[17] 'Het is de goddelijke uitstraling die ons in staat stelt om te denken en waardoor wij intellectuele kennis verkrijgen. Hoewel de uitstraling – die alle mensen bereikt door middel van het Actieve Intellect – onveranderlijk is, verandert haar uitwerking op de geest van een enkeling naar gelang van de bijzondere aard of gevoeligheid van die persoon. Het Actieve Intellect dat uitstraalt van God naar ons is de schakel die ons met God verbindt. Wij hebben het in onze macht om die schakel te versterken en te bevestigen of om haar zwakker en zwakker te maken totdat wij haar verbreken. Zij zal sterk worden wanneer wij haar gebruiken in de liefde tot God. Zij zal zwak worden wanneer wij onze gedachten op andere dingen richten.'[18]
Het denken zelf is heilig. Het denken zelf is de aanwezigheid van God.

> 'Wanneer een mens alleen in zijn huis is, zit hij, beweegt hij en handelt hij niet zoals hij zit, beweegt en handelt wanneer hij in de aanwezigheid is van een grote koning. Evenmin spreekt hij en maakt plezier te midden van zijn gezin en verwanten zoals hij spreekt in de adviesraad van de koning. Daarom moet hij, die ervoor kiest om menselijke volmaaktheid te verwerven en om echt een man Gods te zijn, erop letten en weten dat de grote koning die hem altijd begeleidt en aan hem gehecht is, groter is dan ieder menselijk individu, zelfs als deze David of Salomo zou zijn. Deze koning, die aan hem gehecht is en die hem begeleidt, is het intellect dat naar ons overvloeit en is de band tussen ons en Hem, geprezen zij Hij. Evenals wij Hem waarnemen door middel van dat licht dat Hij naar ons liet overvloeien – zoals er gezegd is: *door úw licht zien wij licht* (Psalm 36: 10) – zo onderzoekt Hij ons door middel van dit

> zelfde licht en daarom is Hij, geprezen zij Hij, voortdurend bij ons en onderzoekt Hij ons uit den hoge:
> *Als iemand zich verbergt, zou ik hem dan niet zien?* (Jeremia 23:24). Begrijp dit goed. Weet dat wanneer volmaakte mensen dit begrijpen, zij tot zo'n bescheidenheid komen, zo'n eerbied en ontzag voor God, zo'n respect en zo'n schaamte voor Hem, geprezen zij Hij – en dit dan echt, zonder verbeelding –, dat hun vertrouwelijk gedrag bij hun vrouwen en privé hetzelfde is als hun gedrag in het openbaar met andere mensen.'[19]

Ondanks al zijn toewijding aan het genezen van het menselijke lichaam en de erkenning van de waarde van lichamelijk welzijn, onderstreept Maimonides dat de situatie dat de mens in een lichaam leeft, de geest verhindert om te begrijpen wat bovennatuurlijk is.
'Ik zeg dat er een grens is aan de menselijke rede. Zolang de ziel in het lichaam zetelt kan zij het bovennatuurlijke niet begrijpen, want niets dat is ingebed in de natuur kan boven haar uitkijken. De rede is beperkt tot de sfeer van de natuur en kan niet begrijpen wat haar grenzen te boven gaat.'[20]
'...Zolang de ziel in het lichaam zetelt, kan zij het bovennatuurlijke niet bevatten.' 'Het stoffelijke is een machtige sluier en hindernis, die de bevatting belet van wat dat los van het stoffelijke staat. Dit is van toepassing op de edelste en zuiverste stof, te weten die van de hemellichamen. Dit geldt te meer voor het duistere en troebele lichaam van de mens. Vandaar dat wij, steeds wanneer ons verstand zich verheft om God te begrijpen, op een machtige sluier en hindernis stuiten. Hierop wordt in alle boeken van de profeten gezinspeeld, namelijk dat wij door een sluier van God gescheiden zijn en dat de Eeuwige voor ons verborgen is door een zware wolk, of door duisternis, of door een nevel, of door een omhullende wolk – en soortgelijke toespelingen op ons onvermogen om de Eeuwige te begrijpen vanwege het stoffelijke. [...] Het beletsel bestaat uit de obscure aard van onze substantie.'[21] 'Onvolmaaktheid, bederf, onvolwaardigheid zijn alleen aan het stoffelijke toe te schrijven.
Elk levend wezen sterft en lijdt aan ziektes, alleen door de aard van het lichaam en niet vanwege zijn wezen. De tekortkomingen en zonden van de mens zijn allemaal te wijten aan de aard van het lichaam en niet aan zijn verschijningsvorm, terwijl al zijn deugden te danken zijn aan zijn vorm.

Bijvoorbeeld de kennis van God, de vorming van denkbeelden, de beheersing van hebzucht en hartstocht, het vermogen om te beslissen wat de voorkeur verdient en wat vermeden dient te worden – ze komen allemaal voort uit zijn vorm. Aan de andere kant ontspringen eten, drinken, seksualiteit, buitensporige begeerte, hartstocht en alle ondeugden in de aard van het lichaam. Omdat het onmogelijk is voor het lichaam om zonder verschijningsvorm te bestaan en voor de vorm om zonder stof te bestaan, was het noodzakelijk dat de zeer hoogwaardige menselijke gestalte, het *beeld van God en zijn gelijkenis*, verbonden zou worden met aards, troebel en duister stof. Daarom verleende de Schepper aan het menselijke wezen macht, heerschappij, bewind en gezag over de stof, zodat hij het stof zou onderwerpen, zijn impulsen zou bedwingen en het in de beste en zo harmonisch mogelijke toestand zou terugbrengen.

In dit opzicht verschillen menselijke wezens van elkaar. Er zijn enkelingen die altijd streven naar het hoogste. Hun gedachten zijn bezig met het vormen van denkbeelden, het bereiken van ware kennis en de *verbinding met het goddelijke intellect*, dat op hen neerstroomt en dat de bron is van de menselijke gestalte. Telkens als de impulsen van het lichaam zo'n individu voortdrijven naar de modder en het schandelijke, dat naar algemene overtuiging onlosmakelijk met de stof verbonden is, lijdt hij pijn doordat hij verstrikt is geraakt, en is hij beschaamd en van streek door wat hij heeft meegemaakt, en verlangt hij deze schande met alle kracht te verkleinen en voor haar op alle manieren gevrijwaard te worden.'[22]

Oud worden was een ervaring die Maimonides met vreugde leek te begroeten. 'Want wat wij louter door de ouderdom verkrijgen is een instelling om goede morele eigenschappen te ontwikkelen.'[23]

"De filosofen hebben al uitgelegd dat lichamelijke vermogens in de jeugd de mens belemmeren in het zich eigen maken van ethische waarden en zelfs nog meer in het bereiken van zuiver denken, dat leidt tot de hartstochtelijke liefde tot God. Naar de mate waarin deze fysieke vermogens verzwakt worden en het vuur van de verlangens geblust wordt, wint het intellect aan kracht en licht. De kennis wordt zuiverder en de geest schept behagen in wat hij waarneemt. Hieruit vloeit voort dat, wanneer een volmaakte mens verzwakt is door ouderdom en hij zijn einde nadert, zijn inzicht zeer krachtig toeneemt. Vreugde over zijn inzicht en een grote liefde voor het voorwerp van zijn inzicht worden sterker en de ziel wordt van het lichaam gescheiden in een toestand van verrukking. Van Mozes, Aäron en Mirjam zeiden de rabbi's dat zij stierven door een kus, zij stierven 'in de verrukking van dit inzicht, dankzij de kracht van hun hartstochtelijke liefde...'. Het intellect blijft eeuwig in dezelfde toestand, als eenmaal het scherm en de hindernis zijn weggenomen en de persoon onafgebroken voortleeft in die toestand van intense verrukking."[24]

'In het licht van zo'n overpeinzing is de gedachte aan de dood een gedachte van verwachting. Zo opgevat luidt de dood een nieuwe en hogere bestaansstaat in, die bereikt wordt door de verwerkelijking van het verstandelijke vermogen van de mens. Want het is kennis van en liefde tot God die de mens het eeuwig leven schenken. De onsterfelijkheid van de ziel is de onsterfelijkheid van de verworven geest. Dus is de ziel die na de dood van de mens blijft, niet de ziel die tot leven komt op het ogenblik dat een mens geboren wordt; dit laatste is slechts een vermogen, een kunnen, terwijl de ziel die een afzonderlijk bestaan leidt na de dood een realiteit is.'[25]

In de nacht van de twintigste Tebet, 4965 (13 december 1204), 'steeg een schitterende rookkolom ten hemel: Mozes ben Maimon, de dienaar van God in Fostat', lezen wij in een middeleeuwse kroniek. Joden en Arabieren rouwden drie dagen om hem. Toen het nieuws Alexandrië bereikte was er veel verdriet, een vasten werd uitgeroepen en de voorzanger las uit *Leviticus* 26:2 en van het eerste boek *Samuel* hoofdstuk 4 tot de woorden: *Want de ark Gods is buitgemaakt.*

Toen jaren later Maimonides' stoffelijk overschot naar Palestina werd overgebracht, vielen volgens een legende rovers de stoet aan. Zij wilden de doodkist in de zee werpen, maar zij konden die niet optillen, hoewel zij met meer dan dertig man waren. Toen zij dit zagen, zeiden zij: Dat was een gelovig man. Zij gingen de joden achterna die zij door hun aanval verspreid hadden en wierpen zich op als hun escorte. Men zegt dat Maimonides als gevolg van zijn eigen wens in Tiberias begraven werd op de plek waar rabbi Jehuda Hanassi zo vaak vertoefd had.

Een onbekende bracht het volgende opschrift op zijn grafsteen aan:

Hier ligt een mens en toch geen mens;
Ware jij een mens, dan brachten hemelse wezens je voort.

Later werd dit opschrift verwijderd en in zijn plaats verscheen:

Hier ligt Maimuni, de verbannen ketter.

Het volk richtte voor hun leraar een gedenkteken op met de woorden:

Van Mozes tot Mozes is er niemand geweest als Mozes.

Samuel Ibn Tibbon voltooide zijn vertaling van *De gids der verdoolden* op de dertigste november 1204. Hij ging onmiddellijk scheep en reisde naar Fostat om de meester te ontmoeten. Hij was te laat.

Dit essay is een verkorte en enigszins bewerkte versie van *Maimonides: eine Biographie*, uitgegeven door Erich Reiss, Berlijn 1935

In Heschels werkzame leven zijn drie perioden duidelijk te onderscheiden.
De eerste twintig jaar van zijn leven was doortrokken met de joodse orthodoxie in de chassidisch-jiddische traditie.
In Berlijn maakte hij kennis met de hele wereldse breedheid van wetenschap en filosofie. Na deze keus voor de twintigste eeuw en zijn vertrek naar Amerika laten de laatste tien jaar van zijn leven een derde grote verandering zien. Deze verandering gaat geleidelijker dan de beide andere keren. In toenemende mate ging hij de praktische consequenties trekken uit zijn denken. Maatschappelijke betrokkenheid krijgt een grotere plaats en filosofie, ethiek en mystiek komen in een wat andere verhouding tot elkaar te staan. Volgens Heschel zelf hing dat samen met een hernieuwd luisteren naar de boodschap van de profeten. Door het omwerken van zijn proefschrift over de profeten leerde hij in die tijd dat hij zijn activiteiten niet tot zijn studeerkamer kon beperken.
Het zijn de overeenkomsten tussen Maimonides en Heschel die de uitgever hebben doen besluiten deze (verkorte) biografie van Maimonides in dit boek op te nemen.

NOTEN BIJ *DE NADAGEN VAN MAIMONIDES*

1 Rabbi Moses ben Maimon, *Responsa*, red. J. Blau, blz. 725, no. 447; *Kovets*, red. Lichtenberg, Leizpig, 1859, deel II, blz. 15c; zie deel II, blz. 44a (hierna te noemen *Kovets*).

2 Zie A. Heschel, *Maimonides* (Berlijn 1935), blz. 92-110.

3 Rabad, laatste bezwaar (*hassagah*) bij de verschijning, in de vertaling van Isadore Twersky, *Rabad of Posquières* (Cambridge 1962), blz. 131.

4 Kovets, deel I, blz. 26a.

5 Kovets, deel II, blz. 15c.

6 Kovels, deel II, blz. 6c; zie A. Marx, *Jewish Quarlerly Review*, deel XXV (NS), 1957, blz. 375 e.v. Ik gebruikte gedeeltelijk de vertaling die te vinden is in *A Treasury of Jewish Letters*, samensteller Franz Koeler (Philadelphia 1953), deel I, blz. 211-212.

7 *The Guide of the Perplexed*, deel II, hoofdstuk 54 (hierna te noemen *De Gids der verdoolden*). Ik gebruikte de vertaling van Sh. Pines en M. Friedlaender.

8 *a.w.*, deel III, hfdst. 51.

9 *a.w.*, deel III, hfdst. 51. [Hier volgt een fragment:

‣ 'Het onderwerp van dit hoofdstuk is om mensen te bemoedigen die hun gedachten alleen op God willen richten nadat zij de (voorbereidende) kennis over Hem reeds verworven hebben. Dit is een vorm van religie die hoort bij hen die het wezen van de dingen hebben aanschouwd. Hoe meer zij aan Hem denken en verlangen bij Hem te zijn, hoe meer hun verering toeneemt.

De Thora heeft ons duidelijk gemaakt dat die verering alleen maar gevoeld kan worden nadat de juiste kennis verworven is. Er staat: *Om de Eeuwige, uw God, lief te hebben en Hem te dienen met hart en ziel* (Deut. 11:13). Liefde hoort in gelijke verhouding te staan tot kennis. Na de liefde komt deze verering waarop de Wijzen ook al wezen toen zij zeiden: dit is de godsdienst van het hart (*Taänit*, f. 2a).

Weet dan dat alle daden die de godsdienst van ons eist, zoals het lezen van de Thora, gebed en de vervulling van de andere geboden, alleen bedoeld zijn om de mens eraan te wennen dat hij zich beter met Gods geboden bezig kan houden dan met de dingen van deze wereld. Men moet zich gedragen alsof men met Hem bezig is in plaats van met dingen buiten Hem.

Bij het bidden van het *Shema** moet men eerst de geest vrijmaken van alles en dan bidden. Wanneer dit bereikt en vasthoudend geoefend is, dient men bij het lezen van de Thora zijn ziel volledig te richten op de overdenking van de tekst. Nadat ook dit een tijd geoefend is, dient men te proberen zijn ziel en gedachten altijd helemaal vrij te maken van afleiding, en goed te letten op alles wat men leest van de uiteenzettingen van de profeten en zelfs van de gebeden, zodat men mediteren kan over wat men leest en de bedoeling ervan kan overwegen. Nadat dit is bereikt en deze daden van verering vrij van enige afleiding en zonder te denken aan de alledaagse beslommeringen uitgevoerd kunnen worden, moet men dezelfde routine volhouden gedurende de dagelijkse bezigheden. Maar wanneer men de handelin-

gen verbonden met de geboden uitvoert, moet men zich alleen concentreren op wat men doet, zoals we hebben uitgelegd. Echter, wanneer u alleen bent, wanneer u wakker in bed ligt, moet u deze kostbare tijd nadrukkelijk gebruiken om uw gedachten alleen te richten op deze verstandelijke dienst van God, die erin bestaat Hem nabij te zijn en te verkeren in Zijn aanwezigheid, in die werkelijke nabijheid waarover ik het had, en niet in een nabijheid van gevoel of in verbeelding.
Een enkel mens heeft door zijn kennis van de werkelijkheid en door de vreugde over de verworven kennis deze toestand bereikt, dat hij met mensen sprak en bezig was met profane dingen, terwijl zijn verstand helemaal op Hem gericht was. Zo was zijn hart altijd in Zijn aanwezigheid, terwijl hij uiterlijk tussen de mensen verkeerde op een wijze die beschreven is in de dichterlijke vergelijkingen die juist voor dit doel bedacht zijn, zoals: *Ik slaap, maar mijn hart is wakker. Hoor, mijn geliefde klopt* (Hooglied 5:2).
De filosofen hebben al uitgelegd dat in de jeugd de lichamelijke processen het bereiken van de meeste deugden in de weg staan, en al helemaal het abstracte denken dat men verwerft door een vervolmaking van het begripsvermogen dat voert tot verlangen naar Hem. Dit kan onmogelijk bereikt worden wanneer de lichamelijke verlangens nog in volle hevigheid werken. Maar naarmate die functies afnemen en het vuur van het verlangen dooft, wordt het verstand sterker, zijn licht schijnt helderder en zijn vermogens worden gezuiverd, zodat het zich kan verheugen in waartoe het in staat is. Daardoor neemt dit vermogen zeer sterk toe wanneer een wijs en volmaakt mens ouder wordt en oog in oog met de dood komt te staan. De vreugde over het begripsvermogen neemt toe en het vurige verlangen naar het Object van deze kennis wordt sterker, totdat op dat ogenblik en in deze staat van vreugde de ziel zich losmaakt van het lichaam. Om deze reden hebben de Wijzen met betrekking tot de dood van Mozes, Aäron en Mirjam aangegeven dat zij drieën stierven door een kus (van God). Zij wilden daarmee aangeven dat zij alle drie stierven in een toestand van intense vreugde en verlangen naar het Object van hun kennis.
Andere profeten en vooraanstaande lieden bereikten deze graad niet, maar van allen geldt dat hun verstandelijk inzicht sterker werd op het moment van de scheiding, zoals er geschreven staat: *Je gerechtigheid gaat voor je uit, de majesteit van de EEUWIGE vormt je achterhoede* (Jesaja 58:8).
Wanneer het verstand deze staat van duurzaamheid heeft bereikt, blijft het zo in deze toestand, omdat het belemmerende omhulsel is weggenomen. En altijd zal het in deze staat van intense vreugde, die niets meer van doen heeft met de vreugden van het lichaam, blijven' (*Gids der Verdoolden* III, 51).

Maimonides beschrijft hier de extase waarmee de mens een leven gewijd aan het belangeloos najagen van kennis, kan afronden. Hoewel hij het verstand boven het gevoel stelt, spreekt Maimonides hier over onmiskenbaar religieuze ervaringen.

Voor hem was het rationele denken dus allerminst een autonoom gebied. Het staat juist in dienst van de enig ware toegang tot God. De uiterste inspanning van het verstand, gecombineerd met een helemaal op de contemplatie gerichte leefwijze, is de meest adequate beleving van de godsdienst. Maimonides' beschrijving van deze weg (die in de literatuur wel eens wat oneerbiedig 'twee-verdiepingen-' of '*split-level*-spiritualiteit' wordt genoemd) heeft meer invloed gehad op de mystieke stromingen die na hem kwamen dan op zijn eigen volgelingen. Maar juist daardoor is zijn getuigenis buiten de tegenstellingen tussen filosofen en mystici gebleven en heeft het één van de klassieke monumenten van joodse spiritualiteit kunnen worden.**]

10 *a.w.*, deel III, hfdst. 27.
11 *a.w.*, deel III, hfdst. 54.
12 *Mishneh Torah, Yesodeha-Torah*, II, a.
13 *De Gids der verdoolden*, deel III, hfdst. 28.
14 *Mishneh Torah, Teshubah*, X, 6.
15 *De Gids der verdoolden*, deel I, hfdst. 58.
16 *a.w.*, deel II, hfdst. 58.
17 *a.w.*, deel III, hfdst. 12.
18 *a.w.*, deel II, hfdst. 37.
19 *a.w.*, deel III, hfdst. 52.
20 *Kovets*, deel II, blz. 23c.
21 *De Gids der verdoolden*, deel III, hfdst. 9.
22 *a.w.*, deel III, hfdst. 8.
23 *a w.*, deel I, hfdst. 54; zie ook Kovets, deel II, blz. 30c.
24 *De Gids der verdoolden*, deel I, hfdst. 51.
25 *a.w.*, deel I, hfdst. 70; deel III, hfdst. 27.

* SHEMA: Het jodendom berust op twee fundamentele principes, namelijk:
A het geloof in de Ene en enige God;
B de verkiezing van Israël om de drager van dit geloof te zijn.
Deze twee principes zijn zo nauw met elkaar verbonden dat zij als het ware een eenheid vormen. Ze vinden hun klassieke formulering in de indrukwekkende woorden van *Deuteronomium* (6:4) die bekend staat als het *Sjema* ('Hoor' of 'luister'), naar het eerste woord waarmee zij begint: *Luister, Israël: de EEUWIGE, onze God, de EEUWIGE is de enige!* Deze uitspraak werd Israëls belangrijkste geloofsbelijdenis.

** Albert van der Heide, *'Gij zult het overpeinzen dag en nacht'*; vormen van beleving in het jodendom. In: Marcel Messing (red.), *Religie als levende ervaring*, Assen 1988.

A. J. Heschel: *Maimonides; A biography*, 1982
M. Reisel: Maimonides, 1963
R. van der Vegt: *Mezbizh en Kotzk*, 1988

HESCHELS FENOMENOLOGISCHE METHODE

GEVORMD DOOR ZIJN CHASSIDISCHE OPVOEDING STAPT ABRAHAM HESCHEL DE DUITSE ACADEMISCHE WERELD IN. Het contrast is groot tussen het joodse leven van zijn jeugd en de culturele en intellectuele wereld waarin Bijbel en jodendom amper een rol spelen. Juist in die seculiere wereld houdt hij vast aan zijn bezieling en gaat hij zijn eigen weg. Hij wil aantonen dat God de primaire realiteit is waaruit al het andere voortkomt en geen postulaat is van de praktische rede. God is geen symbool maar de Levende, en godskennis is zeker wel mogelijk. Want God spreekt en openbaart zich, en die openbaring bemiddelt een manier van denken waarin gerechtigheid centraal staat. Dat is wat Heschel in de academische wereld naar voren wil brengen en daarvoor is het gangbare neo-kantiaanse denken niet geschikt.

Heschel vindt een geschikte methode in de fenomenologie van Husserl. Deze op het bewustzijn gerichte denkmethode is namelijk – in tegenstelling tot het kantiaanse denken – in staat om voorbij de eigen categorieën bij de werkelijkheid te komen. Het bewustzijn wordt gezien als intentioneel. Het is altijd gericht op *iets*, het is altijd bewustzijn van *iets*. Dat iets, dat *fenomeen* staat centraal. Het gaat er niet om dat als het ware te grijpen en onder te brengen in aan het fenomeen vreemde categorieën. Het gaat om dat fenomeen zelf, in zijn eigenheid. Het denken neemt de objecten niet in bezit om daar vervolgens allerlei denkexercities op uit te voeren. Dat levert geen kennis op van de zaak zelf. Kennis komt alleen tot stand door bewustzijn van de zaak zelf. Hier wordt het woord *verstehen* voor gebruikt. Het gaat hier om twee aspecten: ten eerste de intentionaliteit van het bewustzijn en ten tweede het denken of kennen als onmiddellijk bewustzijn, als '*verstehen*', verstaan, concreet aan tijd en de relatie tussen God en mens verbonden.

Op fenomenologische wijze onderzoekt Heschel het profetische bewustzijn. Wat ervoeren de profeten? Wat gebeurt er met de profeten? De aanspraak is in elk geval dat hun inspiratie van God komt. Zij hebben dus een bewustzijn van God en, omdat het bewustzijn intentioneel is, is daar werkelijk contact met God. Wanneer we ons richten op het bewustzijn van de profeet op dat moment, krijgen we zicht op God. Zo is de fenomenologie bruikbaar door de intentionaliteit: deze waarborgt de realiteit van het openbaringsgebeuren.

Voor Heschel gaat openbaring over de relatie tussen God en de wereld en niet over het wezen van God zelf. Er wordt geen abstracte kennis of eeuwige waarheid overgebracht. We leren van de profeet alleen Gods wil en zijn houding tegenover de wereld zoals die zich dan manifesteert. Deze opvatting van kennis als concreet en relationeel maakt de fenomenologische methode bruikbaar en aantrekkelijk voor Heschel. Ze past bij de levende en concrete theologische inhoud.

Bij Heschel gaat het dus niet om God zelf want zijn wezen is onkenbaar. Vragen naar Gods wezen is een Griekse manier van denken. Daar kan die vraag alleen door abstracte speculatie worden beantwoord. Dan is echter God niet meer de Levende, maar is hij als object ondergebracht in ons denksysteem, ondergeschikt aan onze metafysische aannames. Deze manier van denken over God vormt Heschels front. Want God is geen object van abstract en speculatief denken. God is altijd Subject. Heschel vraagt ook niet hoe God is, maar wat hij doet. De filosofische coherentie en consistentie van Heschels werk ligt in de fenomenologie dat de achtergrond van al zijn (diepte-) theologische en filosofische werk vormt.

BRONNEN:

Coen Constandse: *De terugkeer tot de hartstocht voor God* in *De terugkeer van de mens*, Sliedrecht 2004;
Lawrence Perlman: *Heschel's Idea of Revelation*, Atlanta 1989.

PERSONENREGISTER

Abrahams, I. 412, 446
Adams, George P. 416
Andrae, Tor 435
Aäron de Grote 394
Abraham 3, 4, 10, 78, 115, 121, 145, 149, 153, 160, 194, 206, 209, 233, 248, 256, 257, 261, 273, 274, 289, 302, 309, 324, 342, 353, 364, 395, 399, 402, 406, 411, 421, 424, 427, 435-437, 445-447, 453, 463
Abraham ben David van Posquières 463
Aeschylus 53
Agur 68
Akiba 79, 80
Albo, Joseph 304, 411, 438, 445, 450
Al Charisi 462
Amos van Tekoa 384
Antigonos van Socho 364
Aquino, Thomas van 462
Aristoteles 30, 32, 40, 41, 60, 179, 203, 400, 422, 466
Athene 33
Augustinus 30
Aurelius, Marcus 414
Azulai, Abraham 435, 437, 453
Baäl 91, 140, 144, 156, 188, 221, 238, 366, 369, 413, 421, 437, 448
Ba'al Sjem Tov 451
Bachja ibn Pakoeda van Saragossa 400
Bacon, Francis 50, 415
Barth, Karl 279
Belarius 93
Ben Azzai 352
Berdjajew, N. 454
Bergson, Henri 36, 454
Boeddha 30
Boon, Rudolf 401
Boyce Gibson,W. R. 454
Bunam van Pzysza, Rabbi 28
Burke, Edmund A. 54, 57
Cassirer, Ernst 415
Chantepie de la Saussaye 446
Cherbonnier, E. La B. 441, 455
Cohen, Hermann 400, 414, 444, 445
Coleridge, Samuel T. 53. 94, 212
Comte, Auguste 50
Conrad, Joseph 69
Coomaraswamy, A. K. 425
Cordovero, Moshe 436, 441
Coulson, C. A. 415
Cowper, William 94
Daniël 76
Dewey, John 36, 401
Eckhart 198, 462
Edels, Eliëzer 449
Edels, Samuel 437
Eleazar ben Azariah 441
Elia ben Salomo 313
Euthyphro 35
Fichte, Johann 280
Finkelstein, Louis 411, 448
Fisher, Kuno 400
Flexner, Abraham 406
Frazer, J. G. 415
Fichte 280, 303
Fries, J. F. 400
Gabirol, Ibn 340, 413
Goldizher, I. 435
Goldsmith, Oliver 406
Grunebaum, Gustave E. von 435
Guttmann, Julius 400, 445, 448
Gaia 97
Ginzberg, Louis 402, 406, 415, 421, 436, 441, 454, 478
Girard, René 453
Goethe 111
Goldziher, Ignaz 440
Guttmann, Julius 400
Habakuk 56
Halevi 45, 147, 401, 419, 420, 422, 441, 447, 450, 451
Hanagid, Samuel 445
Hegel 41, 72, 194, 303, 379, 407, 445
Herberg, Wil 414, 456
Hillel 341, 364, 411, 435, 452
Hirsch van Zydaczów 345
Homerus 53
Horodetsky, S. A. 449
Horovitz, Halevy 441
Horowitz, Jesaja 436
Horus 101
Humboldt, Wilhelm von 415
Huxley, Aldous 425
Isaac, Rabbi 342, 408, 455
Isis 101
Jakob, Isaac 188
James, William 21, 36, 416, 456, 457
Jeremias, A. 435
Job 48, 62, 76
Joseph ibn Gabir 464
Joseph ibn Saddik 400
Juda ben Salomon al Charizi 462
Judah, rabbi 365
Kohler, K. 408
Kant 28, 40, 54, 66, 112, 125, 194, 271, 280, 303, 353, 400, 405, 444, 454
Karo, Josef 442

Kepler, Johannes 111
Kierkegaard 279
King Lear 93, 413
Kotsk, Mendel van 121, 376, 439
Kramers, J. H. 446
Krisjna 198
Lehmann, Eduard 446
Lewis, Gilbert N. 406
Lips, Th. 400
Longinus, Cassius 53, 54, 402
Luria, Isaäk 448
Luther 279
Luzatto, Mozes Chaim 446
Martineau, James 202
Meir, rabbi 40, 385, 401, 455
Milton, John 53
Magnus, Albertus 462
Maimonides 17, 39, 83, 126, 127, 139, 146, 150, 180, 313, 318, 382, 389, 400, 401, 407, 408, 410, 411, 414, 417, 419, 421, 423, 424, 434-436, 441, 445-447, 450, 454, 457, 460
Meikeljohn, J. M. D. 400
Mendel van Kotsk 121, 376, 439
Mendelssohn Moses 14, 302, 303, 445
Miriam 38
Morpurgo, Elijah 445
Mozes 30, 38, 39, 41, 43, 44-46, 71, 74-80, 87, 88, 103, 121, 139, 146, 151, 152, 171, 172, 180-189, 207-212, 215, 216, 219, 223-227, 231, 233, 239, 243, 245, 248-250, 256-259, 261, 263, 274, 287, 288, 299, 302-305, 312, 316, 318, 330, 366, 372, 395, 402, 405-407, 410, 418, 422, 423, 434, 435, 438, 441, 445-447, 450, 460, 462, 467, 472, 473, 475, 476
Mozes ibn Tibbon 462
Nachman van Kosow, rabbi 377
Nachmanides 66, 263, 405, 407, 408, 438, 446, 447
Nachman van Bratzlav 104, 451
Nehemiah, Rabbi 372
Newton, Isaac 99, 111
Niebuhr, Reinhold 4, 453, 454
Nietzsche 77, 215
Nisim, R. 446
Onderwijzer, A. S. 406
Otto, Rudolf 5, 18, 117, 264, 397, 402, 425, 439, 457
Pakoeda, Bachja ibn 146, 400, 442, 449, 452, 455, 456
Paley, William 112
Paquda, Bahya ibn 449
Parmenides 41
Peirce, Charles S. 402
Pericles 33, 203
Perlman, Lawrence 477
Pfeiffer, Robert H. 411
Plato 32, 35, 40, 41, 60, 96, 103, 106, 351, 400, 415, 420, 456
Plotinus 79, 400, 409
Plutarchus 97
Praag, Loew van 416, 424
Raleigh, Sir Walter 196
Ramsey, F. P. 400–480
Ranke, Leopold von 132, 198
Raphael van Bersjt 454
Rasji 406
Rhys Roberts, W. 402
Rosenzweig, Franz 451
Samuel ibn Tibbon 464
Schechter, S. 447
Scheler, Max 400
Schelling, Friedrich 36
Schiller, F. C. S. 457
Schubart, Walter 402
Seneca 93
Shelley 95
Simeon ben Yohai, rabbi 275
Smith, G. B. 425
Socrates 103, 106, 208, 400, 406
Sophocles 409, 413
Soutar, G. 413
Spengler, Oswald 197
Spinoza, Baruch de 14, 41, 302, 303, 441, 444, 445, 302
Tarfon, rabbi 377
Tennant, Frederick Robert 415
Thales 41
Thomas van Aquino 462
Thompson, Francis 414
Thomson, J. Arthur 402
Thomas van Aquino 462
Tsjernobil, Nahum van 451
Typhon 101
Unna, Isak 452
Vilna, Gaon van 313, 385
Wheelwright, Philip 415
Whitehead, Alfred N. 99, 402
Woodbridge, Frederick J. W. 415
Wordsworth, William 55
Xenophanes 400
Yonah, Rabbenu 308, 444, 446, 456
Zakilkov, Yehuda van 425
Zloczów, Michaël van 366
Zlotnik, I. L. 400

BIJ DEZELFDE UITGEVER VERSCHENEN

Frederik van Eeden: *De kleine Johannes*

Mircea Eliade: *Het heilige en het profane*

Abraham Joshua Heschel: *De sabbat*

William James: *Vormen van religieuze ervaring*

William James: *De wil om te geloven en andere essays*

William James: *De onsterfelijkheid van de mens*

Rufus Jones & Daniël Mok: *Quakers, triomf en tragiek van het geweten*

Eva Kessler: *Liefdevol opvoeden, een kunst*

Verena Mayer: *Edmund Husserl, denken zonder vooroordelen*

Daniël Mok: *Een wijze uit het westen, beschouwingen over Rudolf Otto*

Rudolf Otto: *Het heilige, over het buitenredelijke van religie*

Rudolf Otto: *De genadereligie van India en het christendom*

Kocku von Stuckrad: *Geschiedenis van de westerse astrologie*

FSC www.fsc.org MIX Papier van verantwoorde herkomst FSC® C004472

Technische realisatie: Uitgeverij Abraxas, Amsterdam & Drukkerij Wilco BV, Amersfoort.
Gedrukt op *Bioset* 90 g/m², hout- en chloorvrij papier zonder optische witmakers.
Het druk- en bindwerk van onze boeken wordt verzorgd door PEFC- EN FSC-gecertificeerde grafische bedrijven, die ook in het bezit zijn van de ISO 9001 *Kwaliteitsmanagement* en ISO 14001 *Millieumanagement* certificaten.
Omslagfoto: *Mt. Moses (Sinai)*, Lillian Knight, 2010; inzet: Gustave Doré, op *Exodus* 32:15, 1865.

WWW.UITGEVERIJABRAXAS.NL